"纪念二里头遗址发现55周年学术研讨会"

及其文集《夏商都邑与文化》(二)

获中国社会科学院创新工程资助

夏商都邑与文化
（二）

「纪念二里头遗址发现55周年学术研讨会」论文集

中国社会科学院考古研究所 编
许宏 主编

中国社会科学出版社

图书在版编目(CIP)数据

夏商都邑与文化（二）：纪念二里头遗址发现 55 周年学术研讨会论文集 / 许宏主编；中国社会科学院考古研究所编. —北京：中国社会科学出版社，2014.10

ISBN 978-7-5161-4955-3

Ⅰ.①夏… Ⅱ.①许…②中… Ⅲ.①夏文化（考古）—国际学术会议—文集②商文化（考古）—国际学术会议—文集 Ⅳ.①K871.3-53

中国版本图书馆 CIP 数据核字（2014）第 235448 号

出 版 人	赵剑英
责任编辑	郭　鹏
特约编辑	丁玉灵
责任校对	卢占伟
责任印制	李寡寡

出　　版	中国社会科学出版社
社　　址	北京鼓楼西大街甲 158 号（邮编 100720）
网　　址	http://www.csspw.cn
	中文域名：中国社科网　010-64070619
发 行 部	010-84083685
门 市 部	010-84029450
经　　销	新华书店及其他书店

印刷装订	环球印刷（北京）有限公司
版　　次	2014 年 10 月第 1 版
印　　次	2014 年 10 月第 1 次印刷

开　　本	710×1000　1/16
印　　张	37.5
插　　页	6
字　　数	634 千字
定　　价	138.00 元

凡购买中国社会科学出版社图书，如有质量问题请与本社联系调换
电话：010-64009791

版权所有　侵权必究

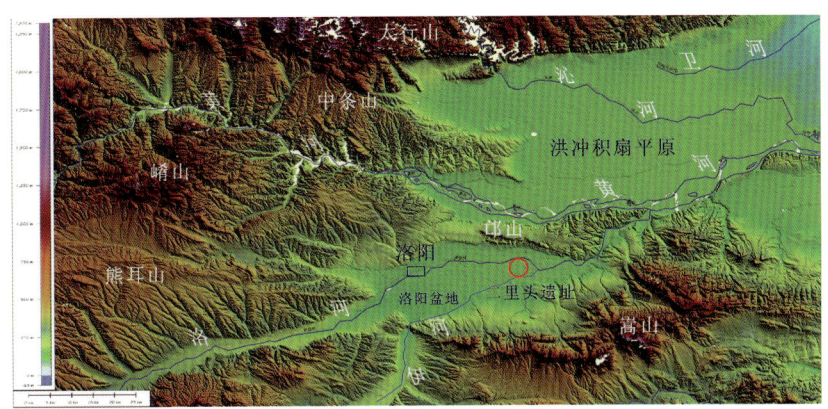

洛阳盆地和二里头遗址的地理位置(同第347页图1)

二里头遗址所在区域地貌(同第349页图2)

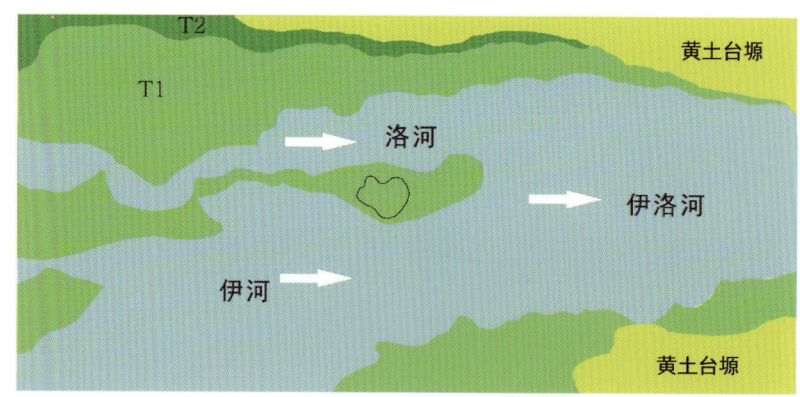

距今10000—7000年间

距今7000—4000年间

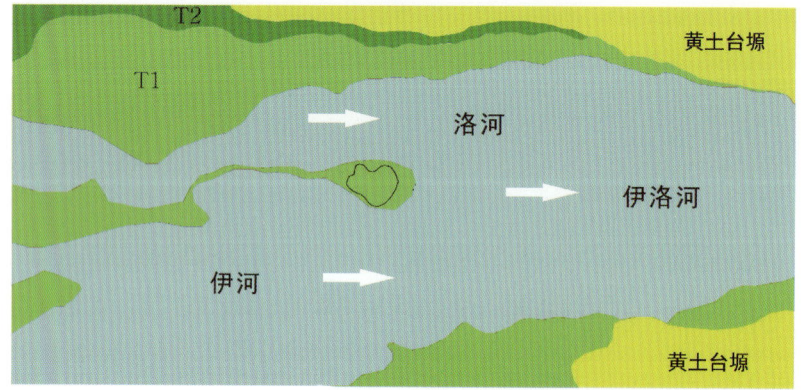

异常洪水泛滥时期

二里头地区全新世伊洛河演变示意(一)(同第362页图12)

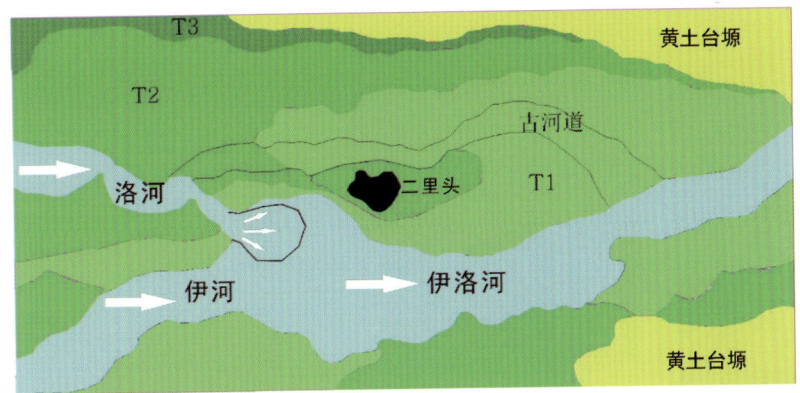

洪水晚期

二里头时期

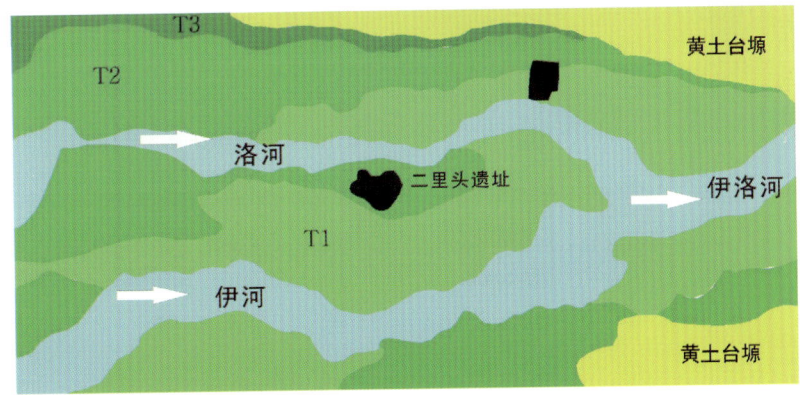

近现代时期

二里头地区全新世伊洛河演变示意(二)(同第363页图13)

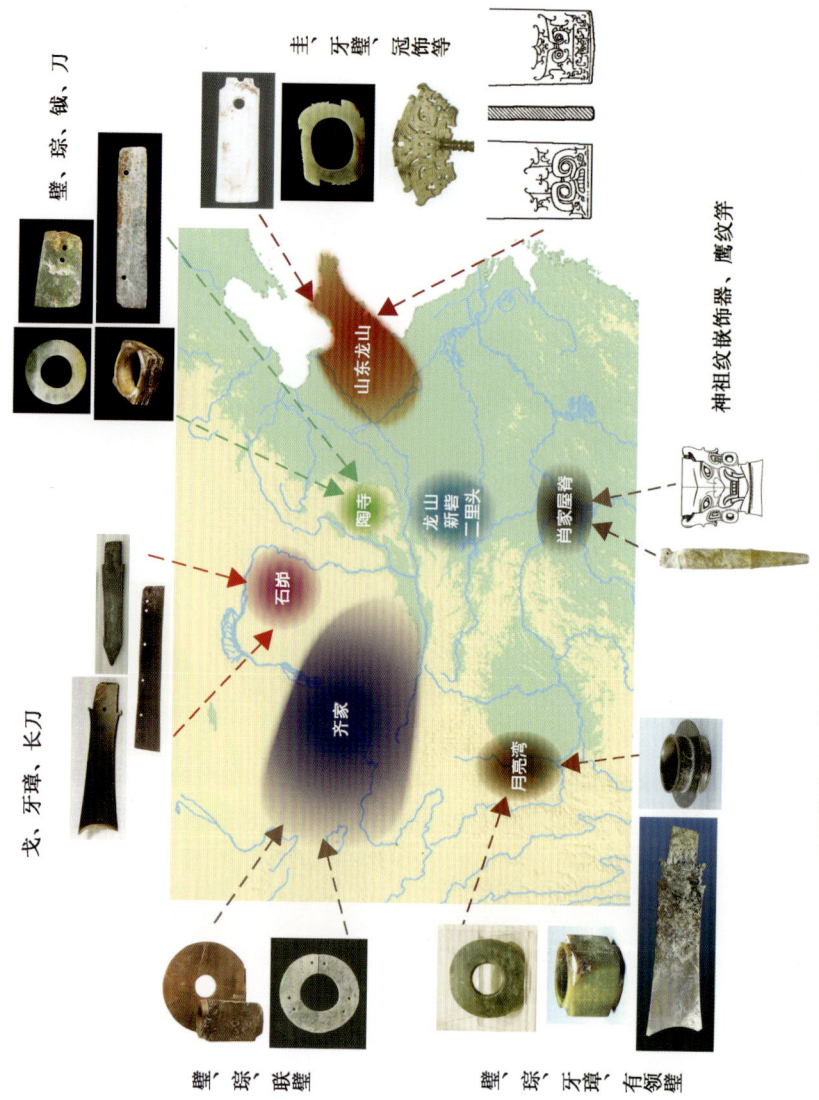

公元前2300—前1600年六个方国的代表性玉礼器（同第231页地图2）

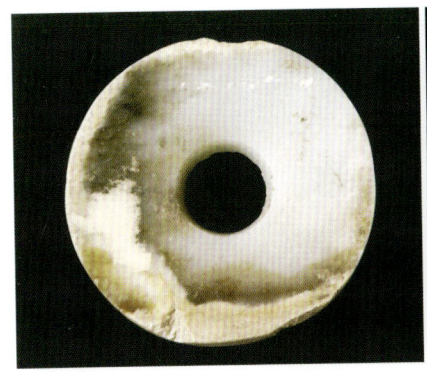 

第一种闪玉 齐家文化 玉璧（同第193页图53）　　第二种闪玉 齐家文化 玉围圈片（同第194页图56）

第三种闪玉 山西龙山文化 神祖纹玉戚（同第189页图48）

第四种闪玉 石峁文化 牙璋（同第167页图14）

四种典型华西闪玉

81VM4:5

87VIM57:4

84VIM11:7

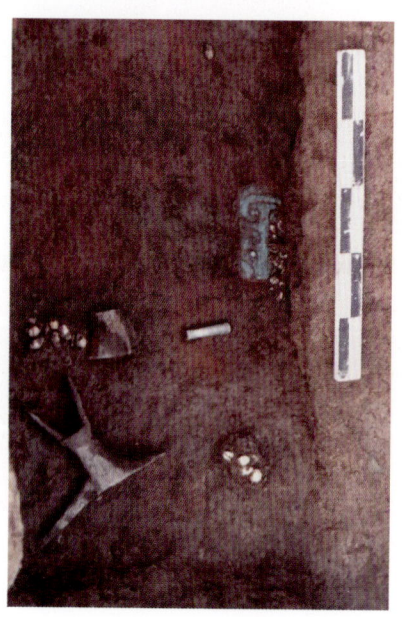
84VIM11:7 出土情况

二里头遗址铜牌饰及出土情况(同第251页图2)

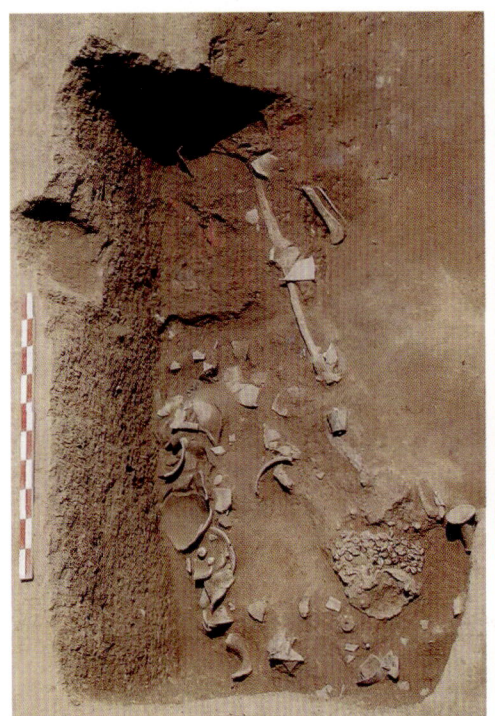

出土情况　　　　　龙形器 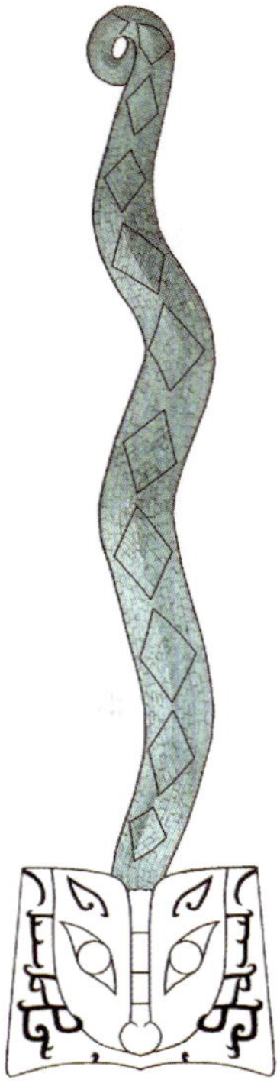　　　　全身复原
　　　　　　　　　　　　　　　（王青、李存信）

龙形器头部　　　　　头部复原（李存信）

02VM3 绿松石龙形器的出土情况及复原（同第262页图8）

全器

局部

玫茵堂收藏 2 号爵所见铸造工艺（同第 132 页图 3）

目　　录

一位老考古人心目中的偃师二里头遗址
　　——纪念偃师二里头遗址发现55周年 ……………… 杨育彬（ 1 ）
"夏王朝"考古：学术史・新动向・新思考 ……………… 许　宏（ 10 ）
偃师商城西亳说的两点瑕疵 ………………………………… 孙庆伟（ 19 ）

陶寺、石峁与二里头
　　——中原及北方早期国家的形成 ………………… 戴向明（ 46 ）
二里头遗址的出现 …………………………… ［日］大贯静夫（ 61 ）
试谈二里头遗址宫殿建筑基址 ………… 徐昭峰　曹蕊　赵美涵（ 78 ）
略论二里头遗址的围垣作坊区 …………………………… 陈国梁（ 92 ）
关于二里头文化城址的几点认识 ………………… 袁广阔　朱光华（109）
从《偃师商城》报告再看偃师商城的始建年代 …………… 李伯谦（120）

也论二里头青铜器的生产技术 …………………………… 张昌平（126）
二里头遗址出土青铜鼎及相关问题探讨 ………………… 高江涛（138）
万邦玉帛
　　——夏王朝的文化底蕴 …………………………… 邓淑苹（146）
二里头遗址出土镶嵌绿松石牌饰的初步研究 …………… 王　青（249）
牙璋研究与夏史史迹探索 ………………………………… 朱乃诚（278）
中国古代镶嵌工艺与绿松石装饰品 ……………………… 秦小丽（296）

中原地区的古代居民 ……………………………………… 王明辉（327）
禹州瓦店遗址多学科研究的新进展 ……………………… 方燕明（340）

伊洛河水系变迁和二里头都邑的出现
　　……………………………… 夏正楷　张俊娜　张小虎（346）
二里头遗址土壤中微量元素与人体健康的
　　初步研究 …………… 赵春燕　赵海涛　陈国梁　许　宏（365）
二里头遗址Ⅴ区出土木炭的分析与研究
　　……… 王树芝　赵海涛　陈国梁　许　宏　赵志军　齐乌云（372）
从二里头遗址出土动物遗存看二里头文化的
　　畜牧业经济 ……………………… 李志鹏　司　艺　杨　杰（383）
二里头遗址出土玉器的工艺技术分析 ………………… 叶晓红（402）
偃师商城遗址出土人骨与牙齿中铅含量的
　　检测 ………………………………………… 赵春燕　谷　飞（431）

夏代时期的太行山东麓地区 ……………………………… 张渭莲（437）
夏时期太行山西麓考古学文化谱系研究 ………………… 常怀颖（456）
丹江流域二里头时代遗存试析 …………………………… 彭小军（505）
岳石文化衰变原因新探 …………………………………… 庞小霞（514）
小双桥遗址与白家庄期商文化研究三题 ………………… 李宏飞（524）
一年成聚　二年成邑
　　——对于三星堆遗址一期文化遗存的两点认识 ……… 雷　雨（545）

透过青铜器的高精细照片进行纹饰研究
　　……………………… ［日］广川守　［日］内田纯子　岳占伟（552）
从社会到图像
　　——商周"兽面纹"含义再析 ………………………… 郭明建（569）
百年来刻画符号研究述评 ………………………………… 牛清波（580）

编后记 ……………………………………………………………（596）

一位老考古人心目中的偃师二里头遗址

——纪念偃师二里头遗址发现 55 周年

杨育彬

1959 年是新中国十年大庆的日子，也是中国考古学史上一个光彩夺目的亮点，那一年发现并开始发掘偃师二里头遗址。这是新中国考古的重大发现之一，被列入《中国 20 世纪百项考古大发现》名录，成为探索夏文化的一座里程碑。时至今日，55 年过去，偃师二里头遗址引起了我这一位老考古人深切的回忆和思考。

一　深切的回忆

笔者一直很喜欢文科的课目，对历史和地理更是情有独钟。上中学时，就能勾画出中国的地理、首都、主要城市、经济和文化，对中国古代历朝的兴亡和历史年代，也可以说是耳熟能详。1956 年年初是高中三年级最后一个寒假，我曾到同年级同学王鸿年家里做客，他姐姐王鸿玲 1954 年考上北京大学（简称"北大"）历史系，正在考古专业学习，谈到北大老师知识的渊博、学校燕园环境之优美、祖国历史的悠久、考古发现之神秘，真令我心驰神往，大开眼界。于是到北大历史系学习考古，成了我当年高考的一个梦想。1956 年 7 月高考的作文题目是《向科学进军》，我把自己的梦想和热情，都融进了这篇高考作文里，最后接到北大历史系的录取通知。1957 年 9 月历史系分专业时就选择了考古专业，终于圆了我的一个梦。

在北大历史系考古专业学习的时候，讲授中国上古史的老师讲的是炎黄、唐尧、虞舜、夏禹……讲授考古学通论的老师讲的是旧石器时代和新石器时代的仰韶文化、龙山文化……两者怎样对照联系起来，似乎还有较大的空间和距离。即便是讲授商周考古的邹衡先生，也是把重点放在商代，对再早的夏代只是简单一笔带过。这倒给学生们寻找夏文化增加了机遇和兴趣。在学校除了系里老师讲断代考古之外，还请到了校外著名学者讲授考古专题课，如胡厚宣先生讲授"甲骨学与商代史"、夏鼐先生讲授"田野考古学"、郭宝钧先生讲授"商周青铜器"、徐旭生先生讲授"古史传说与夏文化"。后者的讲课，更引发了学生们对夏文化的浓厚兴趣。徐老先生的课时，约是每周两节，也没讲几次。讲述中国古代部族的分野，即北方的华夏集团、东方的东夷集团和南方的苗蛮集团，他们之间时而相互征战，时而和平共处，三者势力的消长、融合、同化，最终形成后来的汉族。讲述探索夏文化的问题时，他指出要明确夏文化的含义，包括夏族文化和夏文化两个概念。二者既有区别，又有密切联系。前者指夏族本身的文化，其地域范围较小，但年代较长，包括禹之前和桀之后；后者指夏王朝时期的文化，地域范围较广，但年代较短，始于禹而终于桀。他特别指出中原地区有两个地域与夏的关系最紧密，一是豫西伊、洛、颍水流域，二是晋南汾、浍、涑水流域。这些已被日后的考古发现所证实。1959年11月，笔者在当年《考古》第11期上读到徐旭生先生撰写的《1959年夏豫西调查夏墟的初步报告》，介绍了偃师二里头遗址、登封告成八方间遗址（即后来王城岗遗址）、登封石羊关遗址和禹县谷水河遗址的考古调查发现。认为二里头遗址东西约长3公里—3.5公里，南北宽约1.5公里，属商代早期，当时实为一大都会，为商汤都城的可能性很不小。还强调了龙山文化对探索夏文化的重要性，而且必须与考古调查和发掘相结合。这从徐旭生先生亲自到豫西调查"夏墟"的本身也可看出来。探索夏文化对于一个考古专业的学生是多么诱人，尤其是对像我这样在河南长大的中原学子更是如此。日后搞夏商考古又成了笔者一个新的梦。

1961年9月，我从北大毕业后分配到河南省文化局文物工作队从事文物考古工作。地方上要求工作人员参加文物保护宣传、古建修葺、碑刻登记、古书和古字画鉴定、文物陈列等等，当然也包括一些古墓和遗址的调查，但这些均与我自己心仪已久的夏商考古不沾边，此外，还要配合每年的中心工作，参加社教和"四清"活动，一样也不能少。总之，工作任务杂，数量多，还要求见效快，出成果，能发表就行。无暇去所谓的提高，想专搞那一段也很难。

1963年春，配合豫西农田水利建设，笔者终于有机会只身前往偃师调查古文化遗址，与二里头文化有了第一次接触。在这次近一个月的考古调查中，发现了宫家窑仰韶文化遗址、夏后寺二里头文化遗址和南蔡庄二里头文化遗址，后者与二里头遗址隔河相望，其文化内涵与之相同，当时还被认为是商代早期。考古调查的结果写成了一篇调查简报发表在《考古》1964年第3期上。①

1963年8—12月，笔者奉命到山西侯马参加文化部文物局组织的晋都新田考古发掘大会战。在黄景略、叶学明诸先生的指导下，进行了一次犹如后来国家田野考古领队培训班那样的考古锻炼。偶尔也有难得的一天假日，与两三知己沿着汾河河谷的阶地进行考古踏察，漫步在这被《左传》称为"大夏"或"夏墟"的故地②，时而采集到一些龙山文化或类似二里头文化的陶片，喜悦之情，难以言表。

直到1972年，笔者开始了长达十余年的郑州商城考古发掘，才真正在夏商考古中起步。1977年上半年，安金槐先生领军，发现了登封王城岗龙山文化城址，按其所在的地理方位，考古发现的遗迹遗物，结合文献记载及其附近东周阳城的存在，遂与"都阳城"系起来。1977年11月，国家文物局在这里召开河南登封告成遗址发掘现场会，这是在"文化大革命"结束之后文物考古界一次重要的学术盛会，展示了夏文化探索的重大突破。全国有中央及各省市文物考古部门和大专院校共32个单位110位代表出席会议，会上安金槐先生介绍了登封王城岗龙山文化晚期城址的考古发现，论述了当属于夏代早期文化。赵芝荃先生介绍了偃师二里头遗址的考古发掘，并分析指出二里头文化是由河南龙山文化发展而来，二里头文化二期、三期之间有较大的差异，认为二里头遗址三期时已成为距今三千五六百年的商代早期都邑。邹衡先生在会上作了长篇发言，提出二里头文化一期至四期均是夏文化，再早再晚都不是。对于郑州商城则提出了汤都郑亳说。此外，黄石林、佟柱臣、张彦煌等许多位专家学者都在会上发了言，论述了个人对夏文化的观点。夏鼐所长最后作了总结。③ 笔者有幸到会，作为材料组的成员，编写了会议简报和会议纪要。会后我以"余波"的署名，发表了一篇综述性报道《国家文物局在登封召开告成遗

---

① 杨育彬：《河南偃师仰韶及商代遗址》，《考古》1964年第3期。
② 《左传》昭公元年："迁实沈于大夏，主参，唐人事因。"《左传》定公四年："分唐叔以……命以《唐诰》而封于夏虚，启以夏政，疆以戎索。"
③ 夏鼐：《谈谈探讨夏文化的几个问题——在登封告成遗址发掘现场会闭幕式上的讲话》，《河南文博通讯》1978年第1期。

址发掘现场会》，介绍了会议的概况和重点讨论的四个问题：一是夏文化在考古分期上的相对年代问题；二是关于王城岗城址是不是夏代城的问题；三是关于夏文化的面貌问题；四是关于从理论高度去探索夏文化的问题。会上专家们对于夏文化有四种看法，第一种意见是夏文化相当于河南龙山文化晚期和二里头文化一、二期，二里头文化三、四期属于商代早期。第二种意见是夏文化相当于二里头文化一、二期，而三、四期则为商代早期。第三种意见是夏文化相当于河南龙山文化晚期和二里头一至四期。第四种意见认为夏文化相当于二里头文化一至四期，再早再晚均不是。当时写会议报道似乎还不让署上作者的真名字，署名"余波"则有两个含义，一是笔者当时工作单位是河南省博物馆，采用了"豫博"的谐音；二是笔者觉得学术争论一定是长期的，将成为会后连续不断的余波。这次学术盛会留下了一段永恒的记忆。[①]

笔者支持河南龙山文化晚期为早期夏文化的观点，并认为在二里头一、二期文化与三、四期文化之间有着很大的不同，显示了二者之间发生过某种变革，结合一些文献记载来看，这种变革正是成汤自东向西灭掉夏而建立了商王朝的反映，从这时起，二里头已成了商代的第一个都城——亳都，也就是史书里记载的"西亳"。亦即二里头一、二期文化是夏文化的晚期直至结束，二里头三、四期文化是属于汤灭夏后建都西亳的商代早期文化。就文化因素来看，里面既包括了灭夏以前的先商文化，又包括夏亡国以后留下来的夏代文化，随着时间的推移，夏代文化渐渐被商代文化所吸收和融合，而后又发展为郑州二里岗期的商代中期文化。[②] 直到1983年发现偃师商城之后，我才逐渐把汤都西亳的认识由偃师二里头转移到偃师商城上来。

二　相关问题的思考

二里头遗址先后出土了相当数量且工艺复杂的青铜器。有爵、斝、鼎、盉等容器，凿、刀、锛、锥、鱼钩等生产工具，戈、戚、钺、镞等兵器，

---

① 余波：《国家文物局在登封召开告成遗址发掘现场会》，《河南文博通讯》1978年第1期。

② 杨育彬：《谈谈夏文化的问题——兼对〈郑州商城即汤都亳说〉一文商榷》，《河南文博通讯》1980年第4期。

还有铜铃等乐器以及圆牌铜器、兽面纹铜牌等杂器。容器多为素面,也有乳钉纹、带状网格纹和条形镂孔等装饰。戈的内部饰有云纹或齿状纹,圆牌铜器类似有钟表盘的刻度,兽面纹铜牌饰用绿松石镶嵌,异常精美。上述青铜器从器类、器形、纹饰和铸造工艺方面,均已构成中国古代青铜文明及冶铸技术的基本格局。青铜礼器的出现,改变了过去以玉器或陶器为主要礼器的状况,开启了以青铜器为中心的礼器群,影响到商、周后世,青铜礼器成为中国古代青铜文明的核心和标志。[①] 二里头遗址还出土了较多的玉器,包括有圭、璋、戚、钺、斧、戈、琮、璜、铲、刀、镯(镯)、坠、磬、柄形器、版、镞、贝、管、铃舌等,大多为礼器,也有工具和装饰品,其品类和数量较前大增,并有不少精美的线刻花纹、钻孔、扉牙等装饰,制玉工艺有了很大的进步。[②] 在这些玉器中不乏大型宏制之器,其中有长40多厘米的玉戈,长50厘米—60厘米以上的玉刀,长48厘米—54厘米的玉璋,这些都是一些特定的礼器,对周边和后代产生很大影响,其中类似二里头文化玉璋的分布,影响到半个中国。二里头遗址出土的各类陶器完整的、复原的有数千件之多,以灰陶为主,也有一些黑陶、白陶,有泥质陶、夹砂陶、印纹硬陶,甚至原始瓷器,反映了当时社会生活的重要侧面。有的形制较大,有的纹饰精美,显示了王者气派。[③] 还出土有漆器、骨器、象牙器、绿松石器、纺织品等,尤其是在一座贵族墓内出土的一件由2000多片各种形状的绿松石组成的龙形牌,精美绝伦,最形象艺术地再现了我们祖先图腾的中国龙。[④]

  在偃师二里头遗址的考古发掘中,重要遗迹的发现更是引人注目。在二里头二期时,遗址中心区有了纵横相交的四条大道,大道围绕正中区域内的偏东侧,修建了南北相连的5号和3号大型宫殿建筑,皆为一体的多进院落布局,开启了中国古代宫室建筑最早的实例。二里头三期时,宫殿区周围增筑了城墙,形成了中国最早的宫城,面积约10.8万平方米。宫城与大道平行,平面大致呈长方形,北偏西5度左右,与城内宫殿建筑方向相

---

  ① 杨育彬:《河南出土夏商青铜器研究》,《青铜文化研究》(第二辑),黄山书社2001年版。
  ② 杨育彬:《河南出土三代玉器研究》,《中原文物》2003年第5期。
  ③ 中国社会科学院考古研究所:《二里头陶器集粹》,中国社会科学出版社1995年版。
  ④ 中国社会科学院考古研究所二里头工作队:《河南偃师市二里头遗址中心区的考古新发现》,《考古》2005年第7期。

同，这大约就是夏代宫殿建筑的方向。而偃师商城、郑州商城和武汉盘龙城宫殿建筑的方向均为北偏东，则为为商代宫殿建筑的方向。在宫城内西南部建有1号宫殿，面积达1万平方米，为大型庭院式建筑，其南正对宫城南大门中轴线（7号基址），其西南还有8号基址，可能是宫城最偏南的西门。宫城东侧在原5号和3号宫殿基址上新建了2号大型宫殿和4号宫殿，均采用单体建筑纵向排列，构成宫城另一条南北中轴线。二里头四期包括其偏晚时段，宫城仍在继续使用，1号、2号等大型宫殿并未遭到什么破坏，还新建了6号大型建筑和庭院围墙。"种种迹象表明，在一般认为已实现了王朝更替的二里头文化第四期（包括其晚段）这里的宫殿区仍在使用中，仍在兴建新的大型建筑工程，仍集中着大量的人口，存在着贵族群体和服务于贵族的手工业。它的繁荣程度并不逊色于第三期，在若干方面甚至较第三期有所发展。因此从考古学的层面上看，这一阶段的二里头遗址仍属于都邑性质的大型聚落。即便在其间发生了王朝更替的历史事件，也并未导致这一都邑迅速而全面的衰败。相当于二里头文化第四期的二里头遗址，仍在发挥着重要的作用。"[1]

这种现象颇令人费解。其实已有学者把二里头四期的考古新发现与古文献中"汤既胜夏，欲迁其社，不可"作了很有道理的解读。[2] 在夏桀后期，生态环境明显恶化，旱灾和地震频发，导致伊洛断流。《国语·周语》曰："昔伊洛竭而夏亡。"古本《竹书纪年》云："夏桀末年，社坼裂。"今本《竹书纪年》载，夏桀十年"地震，伊洛竭"。《墨子·非攻下》也说当时"日月不时，寒暑杂至，五谷焦死"。在这样情况下，夏桀仍然狂征暴敛，筑宫建室，惹得天怒人怨，人们便诅咒他"时日曷丧，予及汝皆亡"（《尚书·汤誓》）。其后开始了商汤灭夏的进程，商的势力由小到大，从"七十里为政于天下"，到"十一征而无敌于天下"。从"汤始征，自葛载"，到"韦顾既伐，昆吾夏桀"。一路征伐下来，把夏之与国的势力和夏朝本身的军事力量消灭得差不多了，公元前1600年，商汤兵临二里头城下，夏桀并未怎样抵抗便仓皇逃亡南巢并死于斯地。因而二里头遗址宫城等仍得以保留，最后可能是换了主人。直到汤都西亳偃师

---

[1] 许宏：《何以中国——公元前2000年的中原图景》，生活·读书·新知三联书店2014年版。
[2] 罗琨：《二里头考古新发现与汤"欲迁夏社"的思考》，《二里头遗址与二里头文化研究》，科学出版社2006年版。

商城建成使用之后，二里头遗址才被废弃成了夏墟。

纵观整个二里头遗址的布局，可谓井井有条，宫城居中，四条纵横大道成了环城大道并向四周延伸，宫城北面是祭祀遗址区；宫城南面是铸铜作坊、绿松石器作坊等手工作坊区，并围筑以夯土墙。这样，祭祀区、宫城、手工作坊区又构成了一条南北大中轴线。宫城东西两侧发现了不少大中型夯土基址，当为贵族居住区，加强了对宫城的拱卫。这些表明二里头遗址是我国最早一处规划精密、布局严谨的都城。[①] 比较遗憾的是偃师二里头遗址还没有发现王都的大城墙。按道理说应该是有大城墙的，也许因为范围太大至今尚未发现；又可能是由于二里头遗址中心区地势较高，周边地势较低，城墙已被破坏无存；或者由于当时国力隆盛，夏王朝既无内忧，也无外患，强大到周边方国无法染指于此的地步，因此就没有必要筑城墙。这还期待于今后的考古发现。

从最新的 ^{14}C 测年看，偃师二里头一期到四期的年代范围为公元前1750—前1520年，约200多年。这与学术界公认的夏代积年为471年差之甚远。[②] 因此二里头文化只是夏文化的晚期阶段，而早期夏文化就必须向前去寻找。多年来，登封王城岗遗址[③]、禹州瓦店遗址[④]和新密新砦遗址[⑤]的大规模发掘，展现了早期夏代都邑和早期夏文化的面貌。而二里头文化则是河南龙山文化晚期、新砦期文化的直接后继传承者。偃师二里头遗址成为夏代晚期最繁荣的王都。《逸周书·度邑解》载："自洛汭延于伊汭，居易无固，其有夏之居。"指的就是今洛阳一带。古本《竹书纪年》云："太康居斟鄩，羿亦居之，桀又居之。"今本《竹书纪年》说："仲康元年

[①] a. 杜金鹏：《偃师二里头遗址都邑制度研究》，《夏商周考古学研究》，科学出版社2007年版。b. 许宏：《何以中国——公元前2000年的中原图景》，生活·读书·新知三联书店2014年版。

[②] 《太平御览》卷八二引《竹书纪年》："自禹至桀十七世，有王与无王，用岁四百七十一年。"夏商周断代工程采用此说，见夏商周断代工程专家组：《夏商周断代工程1996—2000年阶段成果报告》（简本），世界图书出版公司2000年版。

[③] a. 河南省文物研究所、中国历史博物馆考古部：《登封王城岗与阳城》，文物出版社1992年版。b. 北京大学考古文博学院、河南省文物考古研究所：《登封王城岗考古发现与研究（2000—2005）》，大象出版社2007年版。

[④] a. 河南省文物考古研究所：《禹州瓦店》，世界图书出版公司2004年版。b. 北京大学考古文博学院、河南省文物考古研究所：《登封王城岗考古发现与研究（2000—2005）》，大象出版社2007年版。c. 又见《河南省文物考古研究所2007年工作总结》。

[⑤] 北京大学震旦古代文明研究中心、郑州市文物考古研究院：《新密新砦——1999—2000年田野考古发掘报告》，文物出版社2008年版。

己丑，帝即位，居斟鄩。"《史记·孙子吴起列传》记载了战国军事家吴起与魏武侯之对话："夏桀之居，左河济，右泰华，伊阙在其南，羊肠在其北。"从考古发现并结合这些文献记载，可印证二里头遗址应是夏代多位王之都斟鄩。当然，据文献记载夏代晚期之都城还有好几处，如斟灌、老丘、西河、原城等，只是还有待于未来的考古发现。

二里头文化分布甚广，其中心在嵩山南北的洛阳、郑州一带，这里应是王都控制的近畿地区，这里还发现有面积约100万平方米的巩义稍柴大型二里头文化聚落址①，以及面积51万平方米的荥阳大师姑二里头文化城址②，这对于夏王朝的政治、军事和经济的发展至关重要。早年，有学者一度曾认为稍柴遗址是夏都斟鄩。而荥阳大师姑则有可能是夏王朝的东方军事重镇或是方国都邑。二里头文化分布的其他区域有河南东部、北部和南部，山西南部、陕西东部及豫鄂交界地带。这些地方大致与夏王朝的地域相一致，这里面有平顶山蒲城店二里头文化城址③、驻马店杨庄大型聚落址④及商洛东龙山大型聚落址⑤，并有其他近300多处二里头文化遗址，构成了中原夏王朝存在与发展的支撑点。在夏王朝晚期，其政治和经济控制影响力不断向四周扩张，在更远的地方诸如湖北长江边上的盘龙城遗址，也发现有一定数量的二里头文化遗存。⑥这些均与对重要资源的控制有关。夏王朝的近畿地区，地肥水美，农业和林业生产十分发达，但一些矿产资源却很缺乏。"国之大事，在祀与戎"，无论祭祀或战争，都离不开青铜器的制造。人们的日常生活，更离不开食盐。铜矿、锡矿、铅矿和食盐，这些重要的战略物资都产自外地。于是较近中条山的铜矿、运城盆地的池盐，更远的长江中下游之铜、锡、铅矿，都成了夏王朝扩张、控制的目标。⑦

---

① 河南省文物研究所：《河南巩县稍柴遗址发掘报告》，《华夏考古》1993年第2期。
② 郑州市文物考古研究所：《郑州大师姑》，科学出版社2004年版。
③ a. 魏兴涛等：《河南平顶山蒲城店遗址发掘简报》，《文物》2008年第5期。b. 魏兴涛：《蒲城店二里头文化城址若干问题探讨》，《中原文物》2008年第3期。
④ 北京大学考古学系、驻马店市文物保护管理所：《驻马店杨庄——中全新世淮河上游的文化遗存与环境信息》，科学出版社1998年版。
⑤ 陕西省考古研究所、商洛市博物馆：《商洛东龙山》，科学出版社2011年版。
⑥ 湖北省文物考古研究所：《盘龙城——1963—1994年考古发掘报告》，文物出版社2001年版。
⑦ a. 刘莉、陈星灿：《中国早期国家的形成——从二里头和二里岗时期的中心和边缘之间的关系谈起》，《古代文明》第1卷，文物出版社2002年版。b. 佟伟华：《二里头文化向晋南的扩张》，《二里头遗址和二里头文化研究》，科学出版社2006年版。c. 许宏：《何以中国——公元前2000年的中原图景》，生活·读书·新知三联书店2014年版。

偃师二里头55年的发掘与发现，找到了比商代前期更早的且二者之间没有缺环的王都遗址，以极其丰富的遗迹、遗物之发现证实了夏王朝的存在，圆了多少代中国人的一个梦，这实在是很不容易的事情，也是一件十分了不起的事情。远在20世纪20年代，国内疑古学派就否认夏王朝的存在，在学术界引起很大的争论。而国外的学者对夏王朝更是持怀疑态度。当国家夏商周断代工程启动之后，青年旅美学者沈幅帧先生在1998年8月4日写给夏商周断代工程项目办公室江林昌先生的信中还提到："但是在西方学者眼中，夏朝仅是一个传说的朝代，即使有考古证据显示中国的文明在商朝建国前即已萌芽，然而所谓的夏朝并不是一个所谓'政治国家'（Political State）。"（参见《夏商周断代工程简报》第42期，1998年9月25日）进入新世纪之后，国外学者对夏王朝的认识有了些松动，日本驹泽大学饭岛武次教授、日本京都大学冈村秀典教授、日本九州大学宫本一夫教授等开始认可夏王朝的存在。[1] 韩国梨花大学姜寅虎教授也支持夏王朝的存在。[2] 在偃师二里头遗址的考古发掘中还没有发现夏代的文字，这着实是一个缺憾。如果说能像安阳殷墟发现甲骨文那样，把商代的存在定为信史，那当然最好不过。但事实上夏代文字并能证实历史的发现，在当前看来似乎是可望而不可即的事情。但这并不过分妨碍对夏王朝的定性。诸如早于安阳殷墟的偃师商城和郑州商城虽然没有发现当时的文字和对历史的叙述，但通过历史文献记载和考古发掘的重要发现，仍然可以认定为商代之亳都或隞都，虽然还存在着学术争论。同理，通过历史文献记载和重大的考古发现，在没有见到夏文字历史的记述下，也仍然可以认定夏王朝的存在和偃师二里头遗址是夏代晚期的王都。假以时日，也期盼着能有夏代文字的考古发现，使探索夏文化得以锦上添花，有着更大的突破。

（作者单位：河南省文物考古研究院）

---

[1] 许宏：《"夏王朝"考古：学术史·新动向·新思考》，《中国社会科学院古代文明研究中心通讯》第26期，2014年。

[2] 姜寅虎：《对二里头遗址最新测年报告的学术思考》，《二里头遗址与二里头文化研究》，科学出版社2006年版。

"夏王朝"考古：学术史·
新动向·新思考

许 宏

一 中日学界的不同动向

2010年3月，日本驹泽大学饭岛武次教授，在中国社会科学院考古研究所做了一场题为《二里头文化と夏王朝の年代》的讲座。其中他谈到其在《中国考古学概论》[①] 一书中，已"认为二里头文化是夏王朝时代的文化应是合理的"。而同一年，日本京都大学的冈村秀典教授则出版了《夏王朝——王権誕生の考古学》[②]，从书名即可知是明确提出"夏王朝肯定论"的著作。在2003年以前，日本学者基本上没有肯定夏王朝存在的，可以说2003年是日本关于夏文化考古认识的转型年。除了上述两位之外，其他日本学者也有开始持"夏王朝肯定论"者，如宫本一夫教授[③]等。2012年，饭岛武次教授的《中国夏王朝考古学研究》出版。[④]

众所周知，在中国内地，坚信夏王朝的存在是数十年来学界的主流认识。"证经补史"情结与研究取向，使得中国学者在数十年夏文化与夏商分界探索上倾注了极大的热情，其参与人数和发表学说之多，历时日之长，讨论之热烈，都远超其他学术课题，围绕某大遗址是夏都还是商都的"郑亳说"、"西亳说"等论战构成奇特景观。

但自21世纪前后，一些中青年学者开始反思，逐渐接受20世纪上半叶以"古史辨"为核心的反思传统，以及海外学界相对保守严谨的态度

---

① [日]饭岛武次：《中国考古学概论》，同成社，2003年。
② [日]冈村秀典：《夏王朝——王権誕生の考古学》，讲谈社，2003年。
③ [日]宫本一夫：《神話から歴史へ——神話時代 夏王朝——》，讲谈社，2005年。
④ [日]饭岛武次：《中国夏王朝考古学研究》，同成社，2012年。

和观点,"超脱"出原有的话语系统,出现了质疑传统的"夏王朝可知论"的声音,提倡"有条件的不可知论"(即主张没有当时的有足够历史信息的文书类资料出土,不可能解决族属和王朝归属问题)①,形成两大话语系统并存的局面。这与日本学者开始认可夏王朝的存在(当然每个人的考虑不同)形成对照。

二 冈村秀典教授新著评价

冈村秀典教授的《夏王朝——王権誕生の考古学》出版不久的2004年年初,我正在日本做学术访问,第一时间获赠冈村先生的大作,一气读完,非常兴奋。在这部书中,冈村先生对中国考古学界某些思维方式的评价入木三分,正是我们这一代中国学者在反思的。同时,他又最大限度地给中国考古学界的不懈努力以肯定的评价。

按我的理解,尽管书名上醒目地用了"夏王朝",但冈村先生的理念不同于中国学者的主流认识,他们往往积极地将文献与考古资料作简单的比附。作者是把这一问题从文献和考古两个方面来解析的,他首先系统地梳理了传世文献,指出这些文献所载"夏"的史迹,只能让我们了解战国秦汉人眼中的"夏王朝"是什么样,而不能当作信史来看待。可以说,这部书是融严谨的考古学分析与对文献中所遗留史影的总体把握于一身的。

冈村秀典教授对"夏王朝"的认定,是建立在考古学分析的基础上的。他指出"夏王朝"的上限还不能确定,只是认可了中国学者关于二里头与偃师商城时空和族群关系的推理,认为这应当就是夏商分界的考古学证据,即找到了"夏王朝"的下限,从而确认二里头为夏王朝的遗存,由是提出"夏王朝存在论"。

如果我们认可考古学属于广义的历史学的一部分,那么我们就该承认考古学所能够做的,更多是解释而非实证。尤其在早期历史的探索中,"真相"是无从验证的,所以"正确"与"错误"之类的断语并不合适。从这个意义上讲,冈村秀典先生的"夏王朝存在论"也是一种推断而非实证。但到目前为止,二里头与偃师商城的兴废是中国历史上第一次王朝更替——夏商革命的说法,不能不说仍是最能"自圆其说"的假说。

---

① 许宏:《方法论视角下的夏商分界研究》,《三代考古》(三),科学出版社2009年版。

三 夏文化探索的学术史观察

从学术史上看，包括夏鼐先生在内的众多学者对"夏文化"的定义，都有从考古学局限性的角度反思的必要。①

作为 20 世纪 50—80 年代中国考古学的领军人物，夏鼐的态度和言论在这段学术史的每一个时期，都起着至关重要的作用。夏鼐在 1962 年发表的综述性文章中，在与夏商相关的文化的定性上非常谨慎："1952 年在郑州二里岗发现了比安阳小屯为早的殷商遗存，后来在郑州洛达庙和偃师二里头等地，又发现了比二里岗更早的文化遗存"。② 这相当确切地给出了当时考古学在夏商文化探索中所能得出的最大限度的结论。由于考古学的局限性和出土资料的限制，到目前为止，这一结论仍未被突破。显然，就早期王朝与族属的研究而言，早于殷墟时代的考古学文化已进入未知的领域。

但在随后的夏商时期考古发现与研究中，夏鼐关于在文化命名上要慎用族名的叮嘱并没有被很好的贯彻。即便是怀有上述清醒认识的夏鼐，在主政考古所时，还是认可考古所的发掘简报中对二里头宫室建筑给予明确的朝代定性。③

1977 年 11 月，夏鼐在"登封告成遗址发掘现场会"上，指出关于"夏文化问题"的论证前提是两个"假定"："首先应假定：①我们探讨的夏王朝是历史上存在过的，不像有些疑古派认为可能没有夏王朝。②这个夏文化有它一定的特点。发言的同志虽然没有说明这两点，看来大家想的是差不多的。"④

上面这段引文应当包含如下几层意思：(1)"夏文化"讨论的前提是承认文献记载中的夏王朝为信史；(2)"夏文化"能够在没有当时文字材料的情况下，从考古学中辨识出来。此外，在当时的中国学术界，"夏王

---

① 许宏：《高度与情结——夏鼐关于夏商文化问题的思想轨迹》，《南方文物》2010 年第 2 期。
② 夏鼐：《新中国的考古学》，《红旗》1962 年第 17 期；《考古》1962 年第 9 期。
③ 例如，中国科学院考古研究所二里头工作队《河南偃师二里头早商宫殿遗址发掘简报》，《考古》1974 年第 4 期。
④ 夏鼐：《谈谈探讨夏文化的几个问题——在登封告成遗址发掘现场会闭幕式上的讲话》，《河南文博通讯》1978 年第 1 期。

朝存在说"与"夏文化可定说"这两个前提已不被认为是"假定",而成为深入人心的共识。

这样的自信显然源于甲骨文和殷墟的发现:

> 由于近代在殷墟发现了商朝后期的甲骨卜辞,其中的有关记录已经基本上证实了《殷本纪》所列商王世系,可见《夏本纪》中的夏王世系,也决不会出自史迁的杜撰。总之,夏朝的存在是完全可以肯定的。①
> 既然商代历史和《史记·殷本纪》中的商王世系已为安阳殷墟发掘和甲骨文所证实,人们就有理由相信《史记·夏本纪》中夏代世系也非虚构。事实上,这已成为王国维以来熟谙中国历史、文化的国学研究者的共同信念。②

这种对夏文化探索的信心与共识显然已偏离了殷墟晚商王朝得以确认的根本前提,即地下文字材料与古典文献的互证。这样的共识与其说是实证的结果,毋宁说是一种情结。或像上引文所言,是一种"共同信念"。

夏鼐在1977年登封现场会上的发言中,正式对"夏文化"的概念作了界定,即:"'夏文化'应该是指夏王朝时期夏民族的文化。"③ 可以说,这一界定决定了相关讨论的路向。其中包含了狭义史学中的政治实体、确切的时段("夏王朝")和具体的族属("夏民族")概念,而这些恰恰都不是考古学所擅长解决的问题,甚至是无法解决的问题。

此后,多数学者接受这一说法或仅对这一界定有所修正。

邹衡的表述是:"夏文化,也就是夏王朝所属的考古学文化。"④

《中国大百科全书·考古学》"夏文化问题"条的定义是:"中国考古学以探索夏王朝时期在夏人活动地域内遗留的物质文化遗存为目标的学术课题。"⑤

直到近年出版的《中国考古学·夏商卷》,对"夏文化"的定义仍

---

① 邹衡:《试论夏文化》,《夏商周考古学论文集》,文物出版社1980年版。
② 中国社会科学院考古研究所:《中国考古学·夏商卷》,中国社会科学出版社2003年版。
③ 夏鼐:《谈谈探讨夏文化的几个问题——在登封告成遗址发掘现场会闭幕式上的讲话》,《河南文博通讯》1978年第1期。
④ 邹衡:《试论夏文化》,《夏商周考古学论文集》,文物出版社1980年版。
⑤ 殷玮璋:《夏文化问题》,《中国大百科全书·考古学》,中国大百科全书出版社1986年版。

是:"'夏文化'是指夏代在其王朝统辖地域内夏族(或以夏族为主体的人群)创造的物质文化和精神文化遗存,核心内容是关于夏王朝(国家)的史迹。"需要说明的是,"夏文化、商文化同后来的宗周文化、秦文化、楚文化一样,是历史时期考古学文化的名称"。①

值得注意的是,夏鼐曾明确指出:"历史时期中的'殷周文化'、'秦汉文化',或'隋唐文化',这里所用的'文化'一辞……与考古学上含有特定意义的'文化',严格说来,是要加以区别的"。② 但在后来的具体研究实践中,学者们更倾向于把以族属命名的文化看作考古学文化。

显然,夏鼐关于"夏文化"的界定奠定了日后夏文化讨论的基础,与此同时,它的提出也就决定了这一讨论的结局。回顾研究史,问题不言自明。夏鼐在上引登封会议发言的总结中作了乐观的预测:"虽然这次会上没有能够作出结论,但可以肯定,离做结论的日期是一天比一天近了。"③ 然而,纵观数十年的论战,二里头文化究竟属夏属商仍在争议中,主流观点摇来摆去,无法认为取得了实质性的进展。这些论题,可以认为都是在无从验证的假说的层面上进行的,已超出了考古学所能解决问题的范围。

四 近年的发现与新思考

关于夏商文化的定性问题,我个人的观点偏于保守,认为考古学、文献史学两大话语系统能够契合的上限,是殷墟文化——商王朝晚期的遗存。再往前,就是所谓的"原史时代"。④ 在当时的有足够的历史信息的文书发现之前,文献上的族群、国(王朝)、都邑等,都无法与具体的考古遗存"对号入座",无法得到确认。因而在我个人的话语系统中,暂时只用考古学的定名。

我非常赞赏冈村秀典教授在《夏王朝》中的称谓:"郑州城"而非

---

① 中国社会科学院考古研究所:《中国考古学·夏商卷》,中国社会科学出版社2003年版。
② 夏鼐:《关于考古学上文化的定名问题》,《考古》1959年第4期。
③ 夏鼐:《谈谈探讨夏文化的几个问题——在〈登封告成遗址发掘现场会〉闭幕式上的讲话》,《河南文博通讯》1978年第1期。
④ 许宏:《商文明——中国"原史"与"历史"时代的分界点》,《东方考古》第4集,科学出版社2008年版。

"郑州商城";"偃师城"而非"偃师商城"。至于二里头，本人不敢断言二里头遗址和二里头文化即为夏都和夏文化，因为我们排除不了它属于商都和商文化（甚至其他国族）的可能。因而，对于二里头文化至二里岗文化期的广域王权国家遗存，日本学者西江清高教授等倡导的"初期王朝"的提法①是妥当的。

年代上进入了文献所载夏王朝纪年的龙山时代晚期，在考古学上并没有发现与二里头都邑和二里头文化规模相近、属于同一发展阶段的"核心文化"遗存。在中原腹地，我们见到的仍是不相统属的小的地域集团及其中心聚落林立。登封王城岗、禹州瓦店、新密古城寨、新砦等遗址（群），都属于这类遗存。② 由于在所谓的王朝诞生传说地、时值"夏王朝"早期尚未发现与"王朝"相称的气象，所以我们倾向于把它们归为"前王朝时代"。

21世纪以来，二里头遗址发现了始建于二里头文化第二期的主干道路网、前后多院落的大型宫室建筑，带有围垣设施的"国家高科技产业基地"（含青铜器和绿松石器制造作坊）③，这些在整个东亚地区都是最早的。新近发掘的5号基址就属于二里头文化二期，与同时期的3号基址东西并列。后者以院内发现成组贵族墓，其中一墓出有大型绿松石龙形器而著称。两座大型建筑都是至少三进院落，5号基址在发掘区内的面积已超过2000平方米，向南伸出发掘区。鉴于3号基址被二里头文化晚期的2号、4号等基址所叠压，具体面貌不详，5号基址是迄今所知保存最好的二里头文化早期的大型宫室建筑。④

二里头遗址宫殿区宫室建筑群以北的巨型坑中用幼猪祭祀的遗存也始见于二里头文化第二期，或为偃师商城宫城内发现的国家级祭祀场的源头。⑤ 依最新的动物牙釉质的锶同位素比值分析研究，二里头聚落中以猪的饲养最具规模，黄牛和羊（以绵羊为主，也有部分山羊）有外地来源

---

① [日]西江清高：《1987年の動向：中国——初期王朝時代》，《考古学ジャーナル》第291號，1988年。小澤正人、谷豊信、西江清高：《中国の考古学》，同成社，1999年。
② 许宏：《公元前2000年：中原大变局的考古学观察》，《东方考古》第9集，科学出版社2012年版。
③ 许宏：《最早的中国》，科学出版社2009年版。
④ 赵海涛、许宏、陈国梁：《二里头遗址宫殿区2010—2011年度勘探与发掘新收获》，《中国文物报》2011年11月4日。
⑤ 同上。

的迹象，但在晚期都有本地饲养增强的趋势。①

虽然在二里头文化二期遗存中，还没有发现如二里头文化晚期那样的宫城、以酒器为中心的青铜礼容器群（已有陶、漆礼容器群）等，但从上述迹象看，中原初期王朝的都邑制度、宫廷礼制产生的时间可能上溯至二里头文化第二期。

五　系列测年数据提出的问题

目前中国内地的测年技术，已进入高精度系列方法测年的新阶段。由于在有直接层位关系的遗存单位中采集成组的样品，产生系列数据，可以给以往的单个样品过于宽泛的年代数据加以限制，所以精确度有所提高。而从这样的视点看，以往基于单个数据对二里头文化年代所做的讨论，就略显粗疏了。

到目前为止，与初期王朝时代相关的测年数值，有两个难以动摇的支点。一是郑州出土二里岗文化晚期（二里岗上层）一段的水井木料（保存状况极好）所测数值，为公元前 1400±8 年；② 一是新砦遗址第二期遗存（一般称"新砦期"，笔者认为在目前的状况下，称为"新砦类遗存"更为合适）标本的数值，约当公元前 1870—前 1720 年（由北京大学、中国社会科学院考古研究所、奥地利维也纳有关机构三方测出并加以比照）。③

但具体问题还有讨论的余地。

关于二里头文化的年代，依最新系列测年的结果，是公元前 1750—前 1530 年之间。④ 但这一测年结果，是以"新砦类遗存"绝对早于二里头文化一期为前提的。鉴于新砦遗址和二里头遗址都没有发现"新砦类遗存"晚段和二里头文化一期早段的遗存单位的直接叠压打破关系，加上文化面貌上的共性，包括本人在内的若干学者认为"新砦类遗存"晚

---

① 赵春燕、李志鹏、袁靖、赵海涛、陈国梁、许宏：《二里头遗址出土动物来源初探——根据牙釉质的锶同位素比值分析》，《考古》2011 年第 7 期。
② 夏商周断代工程专家组：《夏商周断代工程 1996—2000 年阶段成果报告（简本）》，世界图书出版公司 2000 年版。
③ 张雪莲、仇士华、蔡莲珍、薄官成、王金霞、钟建：《新砦—二里头—二里岗文化考古年代序列的建立与完善》，《考古》2007 年第 8 期。
④ 同上。

段和二里头一期早段同时存在的可能性不能排除。如是，二里头文化的年代上限可能会达到公元前1800年左右。

至于二里头文化四期晚段与二里岗文化早期（二里岗下层）一段的关系，也因为二者没有直接的叠压打破关系，而不能断定为绝对的早晚关系。在即将完成的《二里头（1999—2006）》田野考古报告中，我们就把二里头文化四期晚段与二里岗文化早期一段在分期上归为一个段别。

大体相当于郑州商城的二里岗下层一期和偃师商城第一期的这类遗存中，含有浓厚的二里头文化第四期的文化因素，很难从二里头文化四期遗存中划分出来。从二里头遗址新的发掘材料看，"偃师商城第一期的年代，大致同郑州以C1H9为代表的二里岗下层一期相当，又同二里头遗址V区H53和III区H23为代表的二里头四期（晚段）相当"[①]的论断是合适的。

由于二里头文化下限年代的确定也是以二里岗文化早期为参照系的，与上述"新砦类遗存"的情况相同，其年代下限也可能稍晚，达到公元前1500年左右。

如是，二里头文化和二里岗文化早期（二里岗下层）就被卡定在公元前1800—前1400年这一时间段内。约400年的这段时间被划分为五期9段，它们的相互关系表示如下（表1）。

表1　　二里头文化与相关文化遗存的年代关系

"新砦类遗存"	二里头文化	二里岗文化
早段 1870BC—1790BC		
晚段 1790BC—1720BC	一期早段 1800BC／1750BC—	
	一期晚段—1705BC	
	二期早段、晚段	
	三期早段、晚段	
	四期早段 1565BC—	
	四期晚段—1530BC／1500BC	早期一段 1509BC—1465BC
		早期二段
		晚期一段 1415BC—1390BC

---

① 中国社会科学院考古研究所：《中国考古学·夏商卷》，中国社会科学出版社2003年版。

如果我们认可《竹书纪年》等文献中的夏商纪年，那么，二里头文化的主体究竟在夏纪年范畴内还是商纪年范畴内呢？如果我们认可二里岗文化和殷墟文化这两个不同考古学文化同属于商王朝的文化，那么为什么二里头文化和二里岗文化不可能是同一个人们共同体（商王朝）的文化？一言以蔽之，到目前为止，在有关"夏王朝"的研究中，我们还没有证据可以排除任何一种假说提示的可能性。

最后，请允许我引用在座的冈村秀典教授的意见作为今天演讲的要旨：

> 尽管日本学界的风向有所转变，但并非夏王朝的实际存在已有了确实的证据。
>
> 我们现在要直面的问题，不是夏王朝的实际存在与否，而是要搞清在已被甲骨文证明了的殷王朝之前，是否存在可称为王朝的王权和政体；如是，它是否可以称为中国最早的王朝，其政体具有怎样的社会、经济、文化的特质。考古学可以充分发挥其特长之处，舍此无他。①

本文为2012年1月18日在日本京都大学人文科学研究所的演讲提要。

（作者单位：中国社会科学院考古研究所）

---

① 冈村秀典：《夏王朝——中国文明の原像》"补论"，讲谈社学术文库版，2007年。

偃师商城西亳说的两点瑕疵

孙庆伟

偃师商城西亳说是当前夏商都邑研究中最具影响力的学术观点,得到了学术界的广泛响应。① 但也有部分学者对这种观点表达了诸多的疑惑,认为现有的考古材料还不足以证明偃师商城就是成汤的西亳。② 笔者在学习过程中③,也意识到偃师商城西亳说难称完美,特别是它在论证方法上存在两点明显的瑕疵。以下试做分析。

瑕疵一:偃师商城始建依据的瑕疵

纵观偃师商城研究史,发掘者对偃师商城始建年代的判断几经曲折,判断依据前后凡六变。

(一)以大城城墙建造年代为始建标准

1983年4月,中国社会科学院考古研究所洛阳汉魏故城工作队对偃师商城进行了首次试掘。根据勘探和发掘情况,主持此项工作的段鹏琦认为:

> 根据现有勘察资料,我们认为,偃师商城始建年代的确定虽然有待于南部城区的全面考察和发掘,但我们有理由断定,商文化的二里岗期当是该城历史上的兴盛时期之一;在与二里岗上层相当的某段时

---

① 如中国社会科学院历史研究所编著的多卷本《商代史》中的《商代都邑》卷即持此说,该书认为偃师商城小城是成汤到大庚所用的都城,偃师商城大城则为大庚所扩建;此外,从大庚到大戊时期,偃师商城和郑州商城并为王都,实行两京制。《商代史》,中国社会科学出版社2010年版,第53—55页。

② 刘绪:《困惑八问——向偃师商城西亳说求解》,"夏商都邑考古暨纪念偃师商城发现30周年国际学术讨论会"递交论文,河南偃师,2013年10月28—29日。

③ 孙庆伟:《什么可以成为夏商分界的证据——夏商分界研究综述》,待刊稿。本文是该文"偃师商城与夏商分界"部分的摘要。

间里,城墙曾作过修补;该城废弃的年代,约相当于二里岗上层晚期或更迟一些的时期。因此,可以说偃师商城是商代前期的城址。①

段鹏琦作出上述判断的主要依据是偃师商城西、北城墙上两条探沟(83YCHT1和T2)中的地层关系及包含物特征,如在T1中发现该探沟的第5层叠压着城墙的附属堆积,而该层出土陶器的年代"显然比二里岗上层要早";此外,T1中还发现叠压着城墙附属堆积的路土L2,其中的包含物包括可复原的细绳纹鬲和泥质黑褐色豆盘各1件,而这两件器物的时代"约晚于二里头四期"。

在把偃师商城推定为商代前期城址的同时,段鹏琦还指出:

> 鉴于偃师商城的规模、形制及城内建筑布局情况,说它是商代前期诸亳之一,大概不会有什么问题。如果考虑到它的地理位置,甚至可以径直称其为西亳。至于它是否为汤所都之西亳,现在尚无明确判断的足够依据,但这并不是说该城没有是汤都西亳的可能性。

随后,中国社会科学院考古研究所抽调钟少林、黄石林、赵芝荃、徐殿魁和刘忠伏五人新组建河南第二工作队(后来也称"偃师商城考古队")专门负责该城的发掘研究工作,由赵芝荃出任队长。当年秋天,考古所河南二队对偃师商城进行了首次正式发掘,主要工作包括"发掘了商城的西城门一座;试掘一号夯土建筑基址和城南灰土遗址各一处;钻探勘察东、西城门各三座和城内主要大道若干条;复查城内一、二、三号大型夯土建筑基址"等。

值得注意的是,未等发掘材料公布,黄石林和赵芝荃就对偃师商城的年代和性质给出了新的判断,强调偃师商城是"一座商代最早的城址","这座城址应即汤都西亳"。② 半年之后,发掘简报公布,赵芝荃在其中重申了上述看法,主张偃师商城"应是商代早期兴建的","它是目前所知我国都城遗址

---

① 中国社会科学院考古研究所洛阳汉魏故城工作队(段鹏琦等执笔):《偃师商城的初步勘探和发掘》,《考古》1984年第6期。有关偃师商城的钻探过程还可参看段鹏琦《偃师商城发现追记》,原载《河南文史资料》1998年2辑,收入杜金鹏、王学荣主编《偃师商城遗址研究》,科学出版社2003年版,第625—629页。

② 黄石林、赵芝荃:《偃师商城的发现及其意义》,《光明日报》1984年4月4日第3版。

中年代最早的一座",并"初步认为这座城址就是商汤所都的西亳"。①

赵芝荃和黄石林的判断依据是:

> 这座城址的年代,从考古试掘情况看,发现个别城门曾被封堵,封堵后附近变成一片墓地。这批墓葬,有的打破了城墙,有的打破了城门内的路土。随葬品有陶鬲、斝、鼎、尊、簋、敛口盆、带鋬罐、圆腹罐、高领罐等等。这些陶器,有的属于郑州二里岗文化(商代前期)上层,有的则属于二里岗文化下层的遗物;此外,还有铜斝、铜簋、铜戈、铜刀、铜镞及玉璜、玉饰(属二里岗上层)等遗物。从考古地层学判明,城址的年代早于二里岗下层,应该是商代早期营建的。②

这组重要地层关系主要见于偃师商城的西二城门,因此发掘简报给予了重点介绍,其中说:

> 在城门附近第 2 层下面叠压着属于二里岗期上层的墓葬 4 座……在第 3 层下面也叠压着属于二里岗期上层的墓葬 4 座……在 4A 层下面叠压着属于二里岗期下层的墓葬共有 13 座……M12 出土的三件陶器相当于二里岗上层偏晚,M7 和 M18 出土的六件陶器与二里岗下层大约相当,M18 又似早于 M7……这批小墓虽开口于不同的层位,但都叠压或直接打破城内的路土,这就从地层上表明,城墙的建造年代早于这批小墓,城址应当是商代早期兴建的。

不难看出,赵芝荃接手偃师商城的发掘工作之后,也依然是以城墙建造年代作为该城始建依据的。但是,依据上述地层关系,赵芝荃只能说这座城址的年代不晚于 M18 等小墓所代表的二里岗下层阶段,而无法证明它就是西亳,所以他必须另找证据——考古材料之外的证据。而赵芝荃的证据是:

---

① 中国社会科学院考古研究所河南第二工作队(赵芝荃、徐殿魁执笔):《1983 年秋季河南偃师商城发掘简报》,《考古》1984 年第 10 期。
② 黄石林、赵芝荃:《偃师商城的发现及其意义》,《光明日报》1984 年 4 月 4 日第 3 版。

历代西亳说者均明确指出西亳在偃师以西的尸乡一带……现在发现的商城不但正在偃师县西，而且恰有一条名叫"尸乡"的长沟从城址中部横穿而过，如此相符，绝非偶然巧合。综合以上多方面的材料，我们初步认为这座商城就是商汤所都的西亳。①

借助文献记载，偃师商城就从一座商代前期城址转变为汤都西亳了。而在当时，包括赵芝荃在内，学术界普遍相信夏商分界应在二里头文化二、三期之间，偃师商城既是西亳，那么它的始建年代就应该在二里头文化三期，所以赵芝荃和徐殿魁在第一次发掘简报中就推测偃师商城的始建"有可能属于二里头文化三期"。但由于缺乏相应的考古学证据，所以又推测该城的始建"也有可能属于二里头文化四期"，并表示"偃师商城究竟何时而建？最后要由将来的考古发掘而定"。②

但坐等新材料未免过于被动，而更积极的做法则是对已有考古材料进行了必要的解读来证明偃师商城就是西亳，比如徐殿魁就这样解读西二城门的有关材料：

从上述路土 L2 出土的陶鬲和豆盘，M18（引者按，该墓为 X2 城门内侧十三座打破路土 L2 的墓葬之一）的斝、瓮和两件盆以及 M7 的陶鬲，与郑州二里岗下层的 H9、南关外中层的 H62 甚至和二里头四期出土的同类器相接近的情况来看，这些墓葬和路土的时代当不会晚于二里岗下层 H9 等单位，而二里岗下层偏早的一些单位，一般亦都认为它与二里头四期大致是平行或属同期的。邹衡先生就认为以 H9 等单位为代表的先商文化第一段第 II 组与二里头四期大致是平行的。那么，相当于二里头四期的路土叠压城墙的附属堆积，接近二里头四期的墓葬打破城门内侧路土等现象，表明商城始建年代至少相当于二里头四期，甚至可能早到二里头三期。③

---

① 中国社会科学院考古研究所河南第二工作队（赵芝荃、徐殿魁执笔）：《1983年秋季河南偃师商城发掘简报》，《考古》1984年第10期。

② 赵芝荃、徐殿魁：《河南偃师商城西亳说》，胡厚宣主编《全国商史学术讨论会论文集》，《殷都学刊》增刊，1985年，第403—410页。

③ 愚勤（徐殿魁）：《关于偃师尸乡沟商城的年代和性质》，《考古》1986年第3期。

徐殿魁的意图是：先是通过陶器类型学研究，最大限度地提高西二城门路土以及打破路土诸墓葬的年代，判断它们可以早到或接近二里头文化四期，而被路土和墓葬打破的城墙及其附属堆积的年代自然就水涨船高，"至少"相当于二里头四期，"甚至可以早到二里头三期"，这样就可以与二里头文化二、三期分界的观点相契合。

徐殿魁的上述判断要成立，需满足两个前提条件：一是西二城门路土和墓葬出土陶器确实能早到二里头四期，二是这批墓葬的形成与商城的始建有一个"时间差"。前者属于类型学研究，自然有可游移的空间；而后一个条件，偃师商城西亳说学者似乎普遍相信，如赵芝荃就说，"大量的田野迹象告诉人们，小墓的埋葬，距离建城初始，显然还隔着一个城门使用和封堵的阶段，因此建城的上限，也不言自明"。①

但郑亳说学者并不认同上述假设，如邹衡就一针见血地指出：

> 关于偃师商城的兴废情况，发掘者曾说："我们有理由断定，商文化的二里岗期当是该城历史上的兴盛时期之一；在与二里岗上层相当的某段时间里，城墙曾作过修补；该城废弃的年代，约相当于二里岗上层晚期或更迟一些的时期。"笔者认为，这个结论是基本符合尸乡沟商城的实际情况的。有的发掘者则另有说法："尸乡沟商城应建于二里岗期下层之前，有可能属于二里头文化四期，但也不能完全排除始建于二里头文化三期的可能性。"显然，这个结论是说不通的……如果该作者真有关于二里头文化四期单位破（或压）城墙（或城门、宫殿）的地层，则应该说："尸乡沟商城的始建年代不能晚于二里头文化四期"，而不应该说"有可能"。至于"二里头文化三期"的"可能性"则纯属一种推想而已。
>
> 诚然，在宫城四周的堆积中，"也发现有二里头文化四期的灰坑和陶器"，但发掘者并没有说明这些灰坑是破坏或者叠压着宫城，可见并没有明确的地层关系，因而只好说"可能"了。如果发掘者仅仅根据城内的商代文化层中也出有二里头文化遗物，尤其是城墙夯土中还包含有二里头文化一、二期的鸡冠錾手之类的陶片，而能断定城

---

① 赵芝荃、徐殿魁：《偃师尸乡沟商代早期城址》，中国考古学会编《中国考古学会第五次年会论文集》，文物出版社 1988 年版，第 8—16 页。

墙的年代，则也可提出尸乡沟商城始建于二里头文化一、二期的"可能性"，为何只提出二里头文化三期？这种推想如能证实，那么郑州商城内同样发现有洛达庙期（多属二里头文化三期，也有二期的）文化层，城墙夯土中包含的陶片"大部分属于洛达庙期"，则更有理由推想郑州商城始建于二里头文化三期，甚至二期的"可能性"了。显然，这种推想并没有多少科学的成分，因而是没有必要的。①

邹衡的意思很明确，那就是：如果发掘者要证明偃师商城始建于二里头四期，甚至是二里头三期，那么"拿证据来"，而如果仅仅是"推想"，那只是发掘者的一厢情愿，是"没有多少科学的成分"，"因而是没有必要的"。

赵芝荃和徐殿魁又何尝不知道这个道理，但问题恰恰就在于他们没有可以一锤定音的证据，所以才会做出上述"推想"，并寄希望于"将来的考古发掘"。而另一位偃师商城西亳说学者方酉生，虽然曾经力主二里头遗址西亳说，现在则也尝试着从另一个角度为新说解围，他说：

因为商城作为王都的时间很长，城址本身的物质文化遗存也会有早晚的区分，而且根据考古地层学的规律，越是时间早的，叠压在最下面，越是时间晚的在最上面，并且按照一般事物发展的规律，早期的物质文化总比较不发达一些，再加上后期的破坏，扰乱等影响，能保存下来的就更为稀少了。在没有全面、彻底通过发掘了解以前，要把商城城址的年代上限、卡得十分准确，并不是一件轻而易举的事。还有一点应该考虑进去的，就是商汤建国以后，据说在位的时间只有13年，因此目前发现的商城城墙是否为商汤在位时修筑起来的也很难说，也有可能是商汤死了以后某个王在位时修筑起来的，如果我们把这些因素都考虑在内，只要遗址内出土的实物资料符合于早到汤至大戊这段在西亳建都的时间内就可以了，以后还可以不断根据发掘出的新材料来加以修正和补充，把上限年代推断得更为准确。②

---

① 邹衡：《西亳与桐宫考辨》，北京大学考古系编《纪念北京大学考古专业三十周年论文集》，文物出版社1990年版，第108—149页。
② 方酉生：《论偃师商城为汤都西亳》，《江汉考古》1987年第1期。

方酉生所言或许是实情，但依然是一个无法确定的"推想"——因为谁也不能保证偃师商城"早期的物质文化"就一定"比较不发达一些"，谁也不能保证早期的物质文化就一定保存的"更为稀少"，而且也没有任何证据显示成汤在位时没有修筑西亳的城墙，而是"商汤死了之后某个王在位时修筑起来的"。

赵芝荃、徐殿魁和方酉生的种种解释和假设，其实正反映出这样一个尴尬的事实——如果该城址就是商汤的西亳，而夏商分界就像他们此前所主张的那样当在二里头文化二、三期之间，那么在偃师商城内就缺乏可以证明其始建年代可以早到这一时期的考古学证据。因此，摆在偃师商城西亳说学者面前的有两条道路可供选择：一是寄希望于在偃师商城内发现更早的商文化遗存，以证实商城的始建确实可以早到二里头文化三期；二是改变（确切地说是拉后）夏商分界的界限，以偃师商城内已发现的最早商文化遗存作为夏商分界的界标。很明显，如果选择前者，则很可能遥遥无期，而采用后者，则可以立竿见影。[①] 后来的事实表明，赵芝荃等学者采取了二者兼容的办法，而这也导致了偃师商城始建年代标准的第一次转变。

（二）以宫殿基址建造年代为始建标准

在偃师商城发现之后的十来年间，寻找确凿的、时代更早的始建证据一直是偃师商城考古队的首要任务。为方便讨论，我们先将1984—1994年间偃师商城有关发掘的概况罗列如下表（表1）：

表1　　　　　　　　1984—1994 年偃师商城发掘概况

发掘时间	发掘地点	主要收获与认识
1984 年春	4 号宫殿基址	确认该宫殿基址面积约 1600 平方米，根据地层关系，"只能说 D4 基址的建筑，使用年代早于二里岗上层"[②]

[①] 当然，偃师商城的发掘者也可以有第三条道路，即一方面继续坚持原来的二里头文化二、三期分界，另一方面也接受偃师商城考古材料最早只能到二里岗下层偏早或二里头四期的事实，放弃将其定性为西亳的企图。很显然，这是偃师商城西亳说学者最不可能接受的选择。

[②] 中国社会科学院考古研究所河南第二工作队（赵芝荃、刘忠伏执笔）：《1984 年偃师尸乡沟商城宫殿基址发掘简报》，《考古》1985 年第 4 期。

续表

发掘时间	发掘地点	主要收获与认识
1985—1986 年	5 号宫殿基址	发掘出复杂的地层关系,其中"五号宫殿上层基址的建筑年代晚于二里岗下层,废弃年代为二里岗上层偏晚阶段。下层基址的废弃年代接近于南关外期中层,其建筑与使用的年代应早于南关外期中层"①
1991—1994 年	Ⅱ号建筑群	发掘了 15 座大型夯土基址和Ⅱ号建筑群的部分东围墙。其中Ⅱ号建筑群遗址包括上、中、下三层建筑遗迹,"然而直接与三个时期建筑关系密切的遗物出土甚少,绝大多数是些零星散碎的残陶片,极难判断其时代特征",只能确定该建筑群遗址的废弃时间"应不晚于郑州二里岗上层文化时期"②

在以上几次发掘中,以 5 号宫殿基址的相关发现最为有利,赵芝荃判断 5 号宫殿下层基址(后编为 6 号宫殿基址,下文均以 6 号宫殿遗址称之)的"建筑与使用的年代应早于南关外期中层",其中就包含有深意。

南关外遗址是 1955 年发掘的,主持发掘的安金槐将这里的商代文化遗存分为三层,因下层出土的陶器"与郑州二里岗期和洛达庙期的同类器,都有着显著的不同",安金槐称之为"南关外期",时代为商代早期;而南关外"中层的遗物形制基本上属于郑州商代二里岗期下层",在安金槐的商文化分期体系中,属于商代中期。③ 但赵芝荃对此却有不同的看法,他在"通检了南关外期和洛达庙期陶器的质料、制法、火候、纹饰和器类等方面,所得结果几乎都是相同的,唯一的差别是南关外期陶器的质料是以砂质褐陶和泥质褐陶为主,约占总数量的 80% 以上,洛达庙期陶器的质料是以砂质灰陶和泥质灰陶为主,褐陶的数量不多",所以赵芝荃认为"郑州南关外下层文化就是二里头四期文化"。至于南关外中层,赵芝荃的意见则更加明确,因为在他看来,"如果说南关外下层陶器在质料方面与二里头四期的还存在有一些区别的话",那么南关外中层陶器的"质料、制法、纹饰与二里头四期的更趋一致,已找不到什么明显的区别

---

① 中国社会科学院考古研究所河南第二工作队(赵芝荃、刘忠伏执笔):《河南偃师尸乡沟商城第五号宫殿基址发掘简报》,《考古》1988 年第 2 期。

② 中国社会科学院考古研究所河南第二工作队(王学荣执笔):《偃师商城第Ⅱ号建筑群遗址发掘简报》,《考古》1995 年第 11 期。

③ 河南省博物馆:《郑州南关外商代遗址的发掘》,《考古学报》1973 年第 1 期。

了",所以"南关外中层也是二里头四期文化"。① 赵芝荃特别强调偃师商城 6 号宫殿基址的废弃年代"接近南关外中层",目的还是要证明这座宫殿"建筑与使用的年代应早于南关外期中层",也就是要早于二里头四期。只不过他同时也注意到"宫殿内发现有二里头四期的文化层",而且"城墙夯土中包含有二里头四期的鬲足",所以最终还是认为"偃师商城的始建年代当以二里头四期为是"。②

由于多次发掘的考古材料证明偃师商城的始建年代不会早于二里头文化四期,偃师商城西亳说学者只能接受这个事实,并据此将夏商分界调整为二里头文化三、四期之际。如方酉生就曾经这样表述西亳说学者学术观点的转变:

> 我们在《1959 年河南偃师二里头试掘简报》(《考古》1961 年第 2 期) 的结语中说:"此遗址内以晚期(即洛达庙类型)文化层分布最广,这是值得注意的,或许这一时期相当于商汤建都的阶段。更早的文化遗存,可能是商汤建都以前的。"我们在《河南偃师二里头遗址发掘简报》(《考古》1965 年第 5 期) 的结语中说:"遗址中有早、中、晚三期之分,其早期的堆积,推测当早于商汤的建都时期。"到 1983 年偃师商城发现以后,我们只是将原来夏商二代的分界作了必要的调整,即从原来二里头遗址中期(即后来分为 4 期的第 3 期) 作为早商文化(即商汤都西亳时期的文化),改成为第 3 期是夏桀的都斟鄩时期的物质文化,也即夏商二代的分界从二里头遗址的第 2、3 期之间,改为二里头遗址的第 3、4 期之间而已。③

不但夏商分界改变了,判断偃师商城始建的标准也悄悄地发生了变化——从原先以城墙建造年代为标准转变为以城内宫殿基址的年代(主要是 6 号宫殿基址) 为依据,这一转变为此后的相关研究开了一个不好的先例,导致偃师商城始建年代的判断依据屡屡改变。

---

① 罗彬柯(赵芝荃):《小议郑州南关外期商文化——兼议"南关外型"先商文化说》,《中原文化》1982 年第 2 期。
② 赵芝荃:《关于汤都西亳的争议》,《中原文物》1991 年第 1 期。
③ 方酉生:《田野考古学与夏代文化探索》,《武汉大学学报》(人文社科版) 2002 年第 5 期。

(三) 以商文化因素的出现为始建标准

最初几年间,偃师商城西亳说与郑亳说学者就城址的始建年代展开了拉锯战,一方说可以早到二里头四期,甚至三期,另一方则说最早只能早到二里岗下层偏晚阶段。由于可资讨论的地层关系有限,双方就只好在陶器类型学以及某些具体遗迹的形成过程上大做文章。[①] 虽然这种争论彼此都难以说服对方,但偃师商城西亳说学者所面临的压力无疑要更大——既然他们主张偃师商城始建于二里头文化三期或四期,那么他们就负有"举证"的责任,要拿出相应的考古学证据来。所以,赵芝荃等发掘者意识到,要彻底解决偃师商城的始建年代和夏商分界问题,首先必须构建偃师商城商文化的年代序列,用完善的分期研究来增强说服力。因此,进入90年代后,赵芝荃[②]、刘忠伏和徐殿魁[③]等偃师商城的发掘者均把主要精力放到该城的分期研究上来,并于1995年中国商文化国际学术讨论会同时推出了各自的分期结果。[④]

虽然赵芝荃与刘忠伏、徐殿魁的分期有所不同,但实际上是互为补充的两项成果——赵芝荃的文章只讲了关键地层关系、各期典型单位及分期结果,但未介绍各期文化特征;刘忠伏和徐殿魁的文章着重介绍了各期陶器特征,却没有交代分期的依据。

赵芝荃把偃师商城分为三期6段,其中第一期的两段"约相当于二里头第四期文化",第三期第5、6段则"约相当于二里岗上层早、晚段"。赵芝荃该文最重要的一个贡献是介绍了"宫城中灰土沟的文化层的叠压关系",他所界定的偃师商城商文化第一期第一段唯一一个典型单位ⅧT23的

[①] 有关论争可参看拙文《交锋——邹衡的夏商文化论争》,《古代文明研究通讯》总第59期,2013年12月。

[②] 赵芝荃:《论偃师商城始建年代的问题》,中国社会科学院考古研究所编《中国商文化国际学术讨论会论文集》,中国大百科全书出版社1998年版,第49—57页。

[③] 刘忠伏、徐殿魁:《偃师商城的发掘与文化分期》,中国社会科学院考古研究所编《中国商文化国际学术讨论会论文集》,第58—68页。

[④] 赵芝荃曾经解释为什么偃师商城发掘者会有各自的分期结果,他说,"1994年秋考古队要编写偃师商城文化分期的论文,参加1995年在偃师市举行的中国商文化国际学术讨论会",他"遂把整理资料全部交给考古队,由刘忠伏、徐殿魁写成《偃师商城的发掘与文化分期》一文,把偃师商城文化分为二期五段",而他本人"根据个人对偃师商城的理解,利用已经发表的资料,在北京写成《论偃师商城始建年代的问题》,提交中国商文化国际学术讨论会"。参看赵芝荃《再论偃师商城的始建年代》,《中原文物》1999年第3期。

⑨B 层即见于此沟。该地层与偃师商城的城墙和宫殿基址均无直接的地层学关系，而只是包含有商文化因素如卷沿细绳纹鬲（T23⑨B：42），但赵芝荃还是据此判断"偃师商城始建于偃师商城一期之初"。这也就是说，此时的赵芝荃是以商文化因素在偃师商城的出现来判断该城的始建年代了。

（四）以铸铜作坊年代为始建标准

1996年，杜金鹏担任偃师商城工作队的队长。在接手偃师商城考古工作之前，杜金鹏就密切关注这里的发掘情况，并根据已公布的材料把偃师商城的始建年代"定在二里头文化第四期、南关外期"，并推断它"很可能是太戊所建亳都之新城"。① 在担任队长之后，杜金鹏全盘审视各家意见，认为学术界之所以对偃师商城的始建年代众说纷纭，"除了大家在分析问题的方法和角度上有所区别之外"，同时也受制于材料的局限性，所以强调该队工作的当务之急还是要发掘出能够卡住城址始建年代的遗迹和遗物，并形成了一套缜密的思考：

> 偃师商城究竟始建于何时？这是人们苦苦探索的一个关系重大的课题。以往人们解决这个问题的重要途径之一，便是根据城墙的始建年代来推论。大家使用较多的是西二城门的发掘材料……严格地说，西二城门内侧的墓只能决定此处城墙始建和初始使用时间的下限，而不能说明其上限。若要真正搞清楚城墙的始建年代，一是要看城墙（包括与城墙同时建造的护城坡，下同）夯土内时代最晚的陶片的年代（城墙的始建时间不早于城墙夯土内所包含的时代最晚的陶片的年代）；二是要看被城墙所打破或叠压的时代最晚的遗存的年代（城墙的始建时间不早于被城墙所打破或叠压的时代最晚的遗存的年代）；三是要参看叠压或打破城墙及护城坡的时代最早的遗存的年代（城墙的始建时间不晚于叠压或打破城墙及护城坡的时代最早的遗存的年代，并由此可以较准确地判断城墙使用时间的上限）……在以往的发掘中，虽然发现了叠压或打破城墙（或护城坡）的文化遗存，

---

① 杜金鹏：《偃师商城始建年代与性质的初步推论》，原载田昌五主编《华夏文明》第三集，北京大学出版社1992年版，收入《偃师商城初探》，中国社会科学出版社2003年版，第26—44页。

但是，被城墙或护城坡叠压或打破、且时代与商代初年接近的文化遗存，则没有发现过。因此，要准确地推断偃师商城城墙的始建年代，一直缺乏完整、可靠的地层依据。①

杜金鹏的思路很清楚——要确定偃师商城的始建年代，既要看其下限，也要看其上限，两者结合起来，才能把始建年代卡在一个相对准确的年代范围之内。由于以往发掘材料多与年代下限有关，所以杜金鹏亟须找到更为准确的年代上限材料。正是在此背景下，1996年5月至1997年4月，杜金鹏主持了偃师商城东北隅的考古发掘，并找到了一组理想的地层关系，具体情况是：

此次发掘的一段城墙，在其内侧有附属堆积层，即"护城坡"……我们在护城坡的下面发现了3个锅底状灰坑，即H8、H9和H10……城墙的护城坡的始建年代不会早于3个灰坑的年代。根据灰坑中出土陶片推断，H8、H9的年代为偃师商城第一期晚段，时间大体相当于郑州二里岗C1H9和H118等单位见诸发表的几件器物所代表的时期，而H10虽然也开口于护城坡之下，但出土陶片极少，其中陶鬲之形态较H8、H9所出同类器物稍早……根据这一地层关系，我们初步推断，本段城墙的始建年代，不会早于偃师商城第一期晚段。

上述判断无疑是正确的。与此同时，杜金鹏还注意到：

从城墙及其附属堆积中也出土了大量陶片，其中包括以花边圆腹罐为代表的二里头文化第二期和以抹缘盘口深腹罐为代表的二里头文化第三期陶片。年代最晚的陶片，其时代约与H8、H9相当，即属于偃师商城第一期晚段。值得注意的是，城墙夯土中出土的二里头文化陶片，绝大多数属二里头文化二、三期，而未见可确凿认定为第四期的陶片。以前在解剖南、西、东城墙时也曾发现这种情况，综合这些考古学现象，似可认为，偃师商城初始是建立在二里头文化二、三期遗址之上（遗址的规模不会大），建筑时间不可能早到二里头文化第三期。

---

① 杜金鹏等：《试论偃师商城东北隅考古新收获》，《考古》1998年第6期。

这就等于是彻底否定了当初赵芝荃和徐殿魁关于偃师商城始建于二里头三期的"推想",也再次证明了其始建年代上限只能是偃师商城商文化一期后段。

在偃师商城东北隅,杜金鹏及其同事还发掘了叠压在护城坡之上的路土和墓葬,"根据墓葬中的随葬品可以判明,这些墓葬的年代大体上属于偃师商城第二期晚段,约相当于商文化郑州二里岗H17所代表的时代",这就等于卡住了城墙始建年代的下限。综合所有这些信息,杜金鹏对偃师商城始建年代的判断是:

> 我们可以断定,这段城墙的建造年代应在路土和墓葬之前,护城坡下的灰坑H8、H9等之后,即偃师商城第一期文化晚段和第二期文化晚段之间。具体地讲,我们倾向于认为,本段城墙始建于偃师商城第二期文化早段。

换用商文化分期的通用术语,杜金鹏的上述结论可以表述为:偃师商城东北隅城墙的始建既不晚于郑州二里岗商文化H17所代表的阶段,又不早于二里岗H9所代表的时期。

这是一个符合考古材料的结论,也是一个郑亳说学者基本可以接受的结论。但杜金鹏及其同事们对此结论并不满意,原因是在发掘过程中,他们还"发现了一些与青铜冶铸有关的遗迹遗物",包括:

> 在护城坡内出土有铜渣;在护城坡所叠压的灰坑内,发现有铜渣、木炭或陶范;在城墙夯土里出土有铜渣、木炭以及陶范和坩埚的残片;在护城坡下的地面上发现有红烧土面和红烧土坑等。凡此遗迹遗物,都证明这里应有一处商代早期的青铜冶铸作坊遗址。

杜金鹏之所以格外强调这里的青铜冶铸作坊,是因为:

> 从现有的地层关系和遗迹现象来看,偃师商城东北隅的青铜冶铸遗存,是先于此处城墙而存在的早商文化遗存……其年代为偃师商城第一期文化晚段。由此似可推断,此时偃师商城已是一处规模颇大的

城邑。应该指出的是，护城坡下叠压的3座灰坑中出土的陶片，均属于典型的商文化遗存，而非当地的二里头文化遗存。换言之，此时的偃师商城遗址已是一座商代城邑……偃师商城初始建造年代当不晚于郑州二里岗 C1H9 所代表的时代。

这处青铜冶铸遗存的年代可以早到偃师商城第一期文化晚段，比东北隅城墙建造时代早一段，这才是杜金鹏格外重视它的关键原因。杜金鹏的逻辑是：由于铸铜作坊遗址"是商周都城不可或缺的文化内涵之一"，"青铜冶铸在夏商周三代是实力和技术含量很高的行业，在一般聚落中不可能存在"[1]，所以只要有了这类作坊，就可以认为在偃师商城这片土地上（准确地说，应当是没有城墙的偃师商城）已经出现了商代都邑。因此，当杜金鹏强调"偃师商城初始建造年代当不晚于郑州二里岗 C1H9 所代表的时代"时，他实际上是以铸铜作坊而非城墙作为始建依据的。

（五）以偃师商城小城年代为始建标准

1996 年秋季，偃师商城小城被确认。在对小城五个地点的发掘中，获得了两组具有关键意义的地层关系：一是小城北城墙叠压着水沟 G2，另一是 22 座商代早期墓葬打破城墙及其附属堆积以及城外道路。[2] 也就是说，G2 可以卡住小城的年代上限，而 22 座墓葬又可以确定小城的年代下限。

据发掘简报，G2 长度"原应在 57 米以上"，"沟的形状笔直、规整，绝非自然形成，而系人工挖掘所致"。"沟内灰土中出土的陶器以深暗色调为主，明显具有偃师商城商文化第一期的特征。其中Ⅰ式鬲具有一期文化早段特点，Ⅱ式鬲则系典型的一期文化晚段器物"，而且"Ⅱ式鬲出土较多"。在 22 座墓葬中，"时代最早的是 M16，其所出土陶器中鬲的形制为折沿、双唇、薄胎，饰细绳纹，时代相当于偃师商城商文化第二期早段"，此外，"M12 出土陶鬲时代为二期晚段（相当于郑州二里岗 H17 为代表的下层晚段时期）"，"M6 出土陶鬲、陶簋的时代为三期中段（相当于郑州二里岗上层早段）"。

---

[1] 中国社会科学院考古研究所河南第二工作队：《河南偃师商城东北隅发掘简报》，《考古》1998 年第 6 期。

[2] 中国社会科学院考古研究所河南第二工作队（王学荣、杜金鹏、岳洪彬执笔）：《河南偃师商城小城发掘简报》，《考古》1999 年第 2 期。

根据上述地层关系，偃师商城小城的年代就应当是"不早于"G2包含物的年代，即偃师商城商文化一期晚段，同时"不晚于"22座墓葬中最早的M16之年代，也即偃师商城商文化的二期早段，然而发掘者的最终结论却是"小城城墙的修筑与初始使用时间应不晚于偃师商城商文化第一期晚段"。上文提到，杜金鹏担任队长伊始，明明指出判断偃师商城始建年代应遵循"城墙的始建时间不早于被城墙所打破或叠压的时代最晚的遗存的年代"之原则，那为什么话音未落就不按既定原则，反而会得出这种有违一般地层学原理的结论呢？王学荣和杜金鹏给出的解释是：

> 按照通常的理解，这条被城墙叠压着的水沟的年代就是城墙建造年代之上限，而水沟中出土的时代最晚的遗物属于偃师商城商文化第2段偏早阶段，它们基本上代表着城墙建造年代的上限。但是，在发掘过程中，我们发现这条沟内的堆积在不同的地段呈现出不同的状况，由此而怀疑水沟出土物与城墙的年代关系，恐较上述通常的理解要复杂些。①

可见发掘者清楚地知道，"按照通常的理解"，小城的年代确实应该是"不早于"偃师商城商文化第2段（按，也即发掘简报中所说的"一期文化晚段"）的偏早阶段，但问题在于G2堆积具有特殊性，具体是：

> 该水沟内的堆积情况是：在城墙基础和城外道路下，水沟的底部是淤土，上部是较纯净的赭红色夯土。在城外壕沟（G1）以北，水沟的底部是淤土，并伴出许多螺壳；其上层也是淤土，基本无文化遗物。在城墙以南，水沟的底部一般是淤土；而上部则是灰土，灰土中包含有不少的陶片，包括鬲、罐、盆、尊等的口沿，它们的形制特征较多地属于偃师商城商文化第2段，同时也有接近第1段的。因此说，这些灰土堆积的年代，应是当地商文化第1、2段之际或第2段偏早时。根据水沟内的上述堆积情况，似可这样推测，该水沟在城墙建造之前即已存在，修建城墙时，在城墙经过的地方用土填充了水沟并施夯；城墙以北地方的水沟，因城墙的阻截而形成"死沟"逐渐自然淤塞；

① 杜金鹏等：《试论偃师商城小城的几个问题》，《考古》1999年第2期。

而城内的水沟在城墙建成后,也变成了"死沟",人们不断地将生活垃圾倾倒进沟内,很快将其填平。若情况果真如此,那么,城内水沟中的上层堆积,即灰土堆积,应该是晚于城墙建造时间的文化遗存,其年代可视为城墙建造的下限,也即城墙使用年代的上限。

这就是说,发掘者认为这条水沟比较特殊,它是因建城墙而废弃的,城墙建好之后,城内的居民把废弃物丢在沟内,所以是先有城墙,再有沟内的废弃物,因此城墙的建筑年代就应该是"不晚于"沟内器物的年代,沟内包含物的年代也就从城墙建造年代的上限变成了年代下限。

根据这一理解,王学荣、杜金鹏对偃师商城小城年代形成了如下的判断:

> 根据现有的考古资料可以断言,偃师商城小城最晚建于其商文化的第 2 段。以之同郑州商城商文化遗存相对比,可以说偃师商城小城的建造年代不晚于郑州二里岗 C1H9,或说在相当于 C1H9 的时候,偃师商城小城已经建成。

以小城作为偃师商城的始建标准本来是没有疑义的,但问题是发掘者对 G2 的处理方式难免招人诟病,令人信服的做法只能是以 G2 和城墙包含物的年代作为小城始建年代的上限,而不是反过来将 G2 年代作为小城始建年代的下限。

(六) 再次以宫城北部"大灰沟"为始建标准

为了丰富偃师商城第一期第一段的考古材料,偃师商城考古队于 1996 年秋、1997 年春以及 1999 年秋冬季对宫城北部的"大灰沟"(即此前赵芝荃发掘的宫城北部灰土沟)进行了多次发掘。[1] 发掘者先是推测"'大灰沟'很可能是取土后形成的沟状遗迹,之后,又被用来作为专门储存宫殿区内生活垃圾的场所",但后来判断它实际上是商王室的祭祀遗存。[2]

---

[1] 中国社会科学院考古研究所河南第二工作队(张良仁、杜金鹏、王学荣执笔):《河南偃师商城宫城北部"大灰沟"发掘简报》,《考古》2000 年第 7 期。

[2] 1999 年第三次发掘之后,"大灰沟"被确认为"王室祭祀遗存"。参看中国社会科学院考古研究所(王学荣执笔):《河南偃师商城商代早期王室祭祀遗址》,《考古》2002 年第 7 期。

发掘者认为"大灰沟"的底部堆积,也即 T28 的第⑧、⑨、⑩层"在商文化年代学研究方面具有重要意义",原因是:

> 根据以往材料,二里岗期早商文化的最早遗存,以郑州二里岗 H9 为典型单位。根据我们对偃师商城和郑州商城有关考古材料的对比分析,认为郑州二里岗 H9 与偃师商城商文化以"大灰沟"T28⑧、大城东北隅 H8、H9 为代表的第 2 段的文化面貌基本相同,二者年代应基本相当。如此,则叠压在"大灰沟"T28⑧之下的 T28⑨、⑩层所代表的偃师商城商文化第 1 段,在年代上超出了传统认识上的二里岗期商文化,是目前所知最早的商文化遗存。

偃师商城西亳说学者并以此为依据对该城的始建年代进行了新的判断,结论是:

> 宫城北部原为建筑取土挖成的东西向大沟,沟内自下而上填埋着宫殿使用时期先后形成的、层次分明的堆积。其底层堆积在偃师商城陶器编年序列中位列第一期早段,是偃师商城中已知最早的商文化遗存。最初的宫殿应不晚于灰沟底层出土陶器所标识的年代……偃师商城的发掘资料同样证明,大城(甚至包括小城)城墙的修筑年代,并不代表该城的始建年代。只有最初的宫殿和宫城,才是该城始建年代真正的标志性建筑物。因此,可断定灰沟底层堆积所代表的第一期早段,是该城出现于洛阳平原接近实际的年代。于是,城址始建年代这一关键性课题得到了解决。①

在这里,偃师商城西亳说学者先是提出应该用"最初的宫殿和宫城"来取代"大城(甚至包括小城)城墙"作为该城始建的依据,但在实际操作中又因为缺乏"宫殿和宫城"方面的材料,转而采用可能与宫殿建造相关的"大灰沟"来作为论据,并且把"大灰沟"底部商文化陶器的年代看作偃师商城始建年代的下限,理由是——大灰沟是商人建宫殿取土形成的,沟内包含物是居住在宫殿内的商人所遗留,所以宫殿年代不会晚

---

① 高炜等:《偃师商城与夏商文化分界》,《考古》1998 年第 10 期。

于沟底陶器的年代。很显然，这种包含着层层假设——而且是最有利于己说的假设——的解释自然无法令学术界信服，以至于有论争对手嘲讽偃师商城西亳说学者是在"大胆地对一些考古现象进行逼真的解说"。[1] 因此，判断偃师商城的始建年代还是应该回归到城墙本身，否则就容易陷入漫无标准的泥潭。就目前的材料而言，把小城北城墙下压的 G2 的年代视为偃师商城始建年代的上限，这才是最符合考古学通例，最不会招致论争对手诟病的年代基础。

偃师商城发现以来，偃师商城西亳说学者对该城始建的判断依据多次变更，这其中固然有新材料出现的缘故，如小城的确认，但归根结底还是研究方法上的问题。因为始建年代的每一次变动事实上都意味着对早商文化的重新诠释，而这正折射出偃师商城西亳说立论基础是西亳本身，而非考古学文化，否则就不应该出现对早商文化把握不定的现象。

瑕疵二：在早商文化判断上的瑕疵

偃师商城西亳说学者曾经指出，偃师商城最重要的贡献是"使以偃师商城第一期为代表的最早的商文化得以认定，夏、商文化界定难题随之可望解决"。[2] 由于偃师商城西亳说学者最终判定二里头文化"第四期（至迟其晚段）已经进入商代早期"，这与郑亳说历来所主张二里头文化一至四期为夏文化，二里岗期商文化为早商文化的观点实际上只有半期之差，所以两派学者在早商文化的认定上前所未有地接近。但是，这种皆大欢喜的背后其实存在着重大瑕疵。

众所周知，在偃师商城发现之前，偃师商城西亳说学者几乎都以二里头遗址为西亳，以二里头文化三、四期为早商文化。那么，偃师商城的出现何以促使他们对早商文化产生了全新的认识，从而可以把夏商文化分界向后推迟了一期半（从二里头文化二、三期之交推迟到二里头文化第四期的前后段之交）？换句话说，难道偃师商城发现之后，就必须重新认识早商文化？二里头遗址西亳说就一定要被放弃吗？答案是未必。当年二里头遗址西亳说的五大主力——赵芝荃、方酉生、殷玮璋、郑光和安金槐，后三

---

[1] 刘绪：《偃师商城——不准确的界标》，《中国文物报》2001 年 8 月 15 日第 7 版。
[2] 高炜等：《偃师商城与夏商文化分界》，《考古》1998 年第 10 期。

者在偃师商城发现之后都未放弃原有观点，而且都能自圆其说。① 再如杜金鹏，虽然现在是偃师商城西亳说的主将，但在偃师商城发现伊始，也是把它看作商王太戊新建的都城，"它与二里头遗址的关系，可以看作同一都城的新、旧城址"，这一认识在考古学层面而言依然是可以成立的。② 所以，偃师商城的出现，并不一定意味着必须放弃二里头遗址西亳说。

那么赵芝荃等学者为何要改变观点？原因很简单，因为他们不再相信二里头遗址是西亳，转而相信偃师商城是西亳。那么，偃师商城为什么是西亳？归纳起来，他们主要有三条理由：

第一，在年代上看，这是一座始建于二里头文化四期的城址；

第二，有关西亳的文献记载不能"轻易抹杀"；

第三，"偃师商城出现于夏王朝京畿腹地，应是夏商之际重大历史事变直接的具体反映"。③

但实际上这三条证据都不足以证明偃师商城就是汤都西亳，这里试做分析：

首先看年代。即便按偃师商城西亳说学者当前的认识，"大灰沟" T28 第⑨、⑩层早于郑州二里岗 H9 所代表的阶段，并据此认为该城的始建可以早到二里头四期，但这最多只能说把原有的商文化年代序列（实际上是郑亳说学者提出的年代序列）向前延伸了④，但并不能说这延伸出的部分就是最早的商文化。更何况在二里头遗址西亳说学者看来，此种做法反而是把早商文化推后了整整一期（二里头文化三期）。因此，从考古学的角度看，偃师商城的发现只是增加了一座二里头文化四期的城址（年代姑且按偃师商城西亳说学者所主张的），通过考古学研究可以判定它与二里头遗址、郑州商城的相对早晚

---

① 殷玮璋和安金槐先生主张夏商分界在二里头文化二、三期之间，而郑光先生主张在二里头文化一、二期之间。偃师商城发现之后，安金槐先生认为二里头遗址是早期西亳，偃师商城是"由偃师二里头迁来后建的晚期'西亳'都城遗址"，而郑光先生则认为偃师商城是盘庚所建的亳殷。可参看安金槐《王城岗、二里头、尸乡沟商城和郑州商城的文化分期与发展序列》，《安金槐考古文集》，中州古籍出版社 1999 年版，第 49—54 页；郑光《试论偃师商城即盘庚之亳殷》，《故宫学术季刊》第 8 卷第 4 期，1991 年。

② 杜金鹏：《偃师商城始建年代与性质的初步推论》，《偃师商城初探》，第 26—44 页。

③ 参看张立东、任飞主编《手铲释天书——与夏文化探索者的对话》中对高炜的专访，大象出版社 2003 年版，第 336—340 页。

④ 如杜金鹏先生就强调了偃师商城的发掘材料是"修正"而不是"印证"了邹衡先生的研究成果，这主要就是指商文化年代序列而言的。参看杜金鹏《关于夏商界标研究几个问题的讨论》，《三代考古》（二），科学出版社 2006 年版，第 221—242 页。

关系，但如果不借助其他手段，就无法判断它们各自的性质。因此，无论将偃师商城的年代定在何时，都不能成为该城址是西亳的必然证据。

其次是文献依据。偃师商城西亳说学者指出，"历代西亳说者均明确指出西亳在偃师以西的尸乡一带……现在发现的商城不但正在偃师县西，而且恰有一条名叫'尸乡'的长沟从城址中部横穿而过"，所以"如此相符，绝非偶然巧合"。① 这里且不谈对这些文献如何理解的问题②，但一个明显的事实是，在偃师商城发现之前，同样是依据这些文献，同样是这些学者，却几乎都主张二里头遗址就是西亳，这足以表明文献记载在西亳的判断上也不具备决定性作用。

再看第三点，也即偃师商城和二里头遗址的相对位置。偃师商城西亳说学者强调，偃师商城出现在夏王朝的腹地，如果不是因为商人灭夏，这种情况能够发生吗？用高炜的话来说，正是因为"悟到偃师商城出现于夏王朝京畿腹地，应是夏商之际重大历史事变直接的具体反映"，所以才形成了"偃师商城之始建为夏、商王朝交替界标说"的重要认识。③ 这一理由看似很坚实，但实际上是建立在一个假设之上，即二里头遗址与偃师商城是一废一兴，前后紧密衔接或略有交错，或者说它必须建立在二里头遗址是最晚的夏都，而偃师商城是最早的商城这种假设之上才可以成立。而这个假设本身，也即二里头遗址哪几期遗存是作为夏都存在，偃师商城究竟是不是最早的商代城址本来就是要论证的问题，如今却又被用作了论据，所以这实际上是一种循环论证。试想，如果换作二里头遗址西亳学者，他们主张夏商分界在二里头文化二、三期之间，而偃师商城的始建是在二里头四期（按偃师商城西亳说的现有认识）或二里岗下层阶段（按郑亳说的主张），这样两处遗址在年代上有一期半或两期之差，根本就不存在一兴一废的问题，那么偃师商城这种特殊的地理优势就荡然无存了，自然不能据此论定它是商汤的西亳了，更无所谓夏商分界的界标了。

既然以上三点都不能成为赵芝荃放弃旧说的理由，那么他究竟因何而变？他自己是这样解释的：

---

① 黄石林、赵芝荃：《偃师商城的发现及其意义》，《光明日报》1984年4月4日第3版。
② 可参看前引刘绪《困惑八问——向偃师商城西亳说求解》一文。
③ 参看张立东、任飞主编《手铲释天书——与夏文化探索者的对话》中对高炜的专访，大象出版社，第336—340页。

我们曾把二里头文化从中一分为二，推断其三、四期为商代早期，一、二期为夏代晚期，在我们深入研究二里头文化，发现此四期文化包括形成、发展、繁荣和尾末等过程，前后一脉相传，是一个考古学文化体，应当是一个历史阶段或王朝所遗留的物质文化，不能一分为二。如若全部归商，则商之纪年过久，其建国时期要延到公元前1900年，似为不妥。如若全部入夏，则"殷汤所都"没有着落，西亳说不能轻易抹杀，二里头文化是商是夏？一时难以推断，头脑中有了疑团。因此，在登封会议上只是介绍二里头遗址，是商是夏，未加可否。"山穷水尽疑无路，柳暗花明又一村。"正当我踌躇满腹，百思难解时，1983年春季在偃师尸乡沟一带发现一座商代早期城址，其地望、年代、形制与内容等均与汤都西亳相符。这一重大发现，犹如一缕清新的春风吹走了我们头脑中的疑云，汤都西亳的问题终于得到了圆满的解决，二里头遗址的主要发展阶段当然是夏都无疑了。①

不难看出，促使赵芝荃改变初衷的真正原因并不是考古材料本身，而主要是基于两点：首先，相比二里头遗址，偃师商城的地理位置更符合文献中对西亳的描述；其次，如果把偃师商城确定为西亳，则夏商分界在二里头文化三、四期之间，这样就比较好地解决了把二里头文化一分为二，前半属夏、后半属商的状况，同时早商文化的绝对年代也在比较合理的范围内。总而言之，在偃师商城发现之后，赵芝荃觉得相比二里头遗址西亳说，偃师商城西亳说是一种"更优解"。这就是他改变观点的真正原因，也正是瑕疵所在。

二里头遗址西亳说并非不能质疑或改变，关键是改变的理由。要证明二里头遗址不是西亳，偃师商城才是亳都，其实只有两条道路可走：一是在偃师商城内找到可以一锤定音的证据，如可以证明偃师商城为亳都的文字材料；二是像邹衡那样，通过对夏商时期诸考古学文化的系统研究，提出全新的夏商文化体系，从文化面貌上来区分出夏和早商文化，由此提出郑亳说来挑战二里头遗址西亳说。很明显，文字证据可遇而不可求，所以实际上只有后一条道路可走。但很遗憾，在赵芝荃等学者提出偃师商城西亳说时，上述两方面的证据均缺乏。所以，即便偃师商城西亳说在结论上是正确的，但它的研究方法存在重大瑕疵，难免要遭到二里头遗址西亳说和郑亳说学者的强烈质

---

① 赵芝荃：《关于汤都西亳的争议》，《中原文物》1991年第1期。

疑，如殷玮璋就非常严厉地批评赵芝荃的转变，他说：

> "偃亳说"者曾经力主二里头遗址"西亳说"。他（引者按，指赵芝荃）认为二里头文化第三、四期遗存是商代早期文化，指出二里头遗址的第"三期除保留了一、二期的常用器物之外，新增加有鬲、簋和大口尊等，与商代二里岗期商代的器类大致相同。第四期的陶器是二里头第三期文化发展为二里岗期文化的中间环节，它把二里头第三期文化和商代二里岗期文化联结起来了"。为此，他对"郑亳说"一度持强力反对的态度。
>
> 然而，在偃师商城发现之后，他的研究思路出现明显变化。他抛开文化因素分析法，改用预设观点、再"为证而据"的方法，把文献中一些"西亳"的材料充当依据贴附到偃师商城的头上，提出"偃亳说"……"偃亳说"者就此把"西亳"的桂冠从二里头遗址搬移到尸乡沟商城（即偃师商城之"大城"）的头上。后来，在偃师商城之内发现"小城"之后，因它的年代比"大城"早，他们又把"西亳"桂冠从偃师商城之"大城"换到偃师商城"小城"的头上。①

而郑亳说的支持者董琦也这样反问以偃师商城为夏商分界界标的倡导者高炜：

> 请问高炜先生，以一座城址的发现与发掘来决定一个考古学文化的文化属性，难道还是考古学研究吗？如果没有发现偃师商城，二里岗文化就不是早商文化了吗？如果没有偃师商城的发掘资料，二里头文化与二里岗文化就无法区分，夏商文化就无法分界了吗？答案是否定的。……《分界》（引者按，指高炜领衔执笔的《偃师商城与夏商分界》一文）立论的基础就不是考古学研究的基础。②

---

① 殷玮璋：《在反思中前行——为偃师商城发现30年而作》，"夏商都邑考古暨纪念偃师商城发现30周年国际学术讨论会"递交论文，河南偃师，2013年10月28—29日；又见《南方文物》2014年第1期。

② 董琦：《再析〈偃师商城与夏商文化分界〉的研究脉络》，《中国历史博物馆馆刊》1999年第2期。

虽然殷玮璋和董琦的学术主张不同，但他们对偃师商城西亳说的批评均指向其立论的基础并非考古学研究，认为偃师商城西亳说并不是通过对考古学文化研究而获得的。对于此点，偃师商城西亳说学者也并非没有意识到，所以杜金鹏后来就特别强调了导致他改变观点的原因是考古材料本身而非其他。他说：

> 1995年夏、秋之交，我们讨论《中国考古学》夏商卷纲要时……我持夏商文化分界于二里头文化二、三期之间说，虽然认可偃师商城是商代早期城址，但并不认为它是汤都亳邑（根据当时公布的材料，我推测偃师商城当约建于大戊时期……）……及至1996年我接手偃师商城的工作，在一系列考古发掘实践中，在有明确可靠地层关系的基础上，把偃师商城始建年代步步前推，尤其是小城的发现和"大灰沟"内1段遗存的反复确认，证明偃师商城的始建比许多学者所认可的年代要早。经研究对比，我认为偃师商城1段与二里头四期晚段年代相当，结合二里头四期晚段时大量涌现下七垣文化因素之考古现象的存在，我不仅接受了以偃师商城的出现作为夏商文化界标的观点，而且在《中国考古学》夏商卷中还将二里头四期晚段时突然大量涌现下七垣文化因素，作为夏、商更替的标志之一……可以说，我的这个转变，是在田野考古实践中，根据新发现新材料，经过反复探讨、慎重思考，本着实事求是原则做出的尊重考古实际的选择。[1]

追本溯源，偃师商城西亳说的出台是与夏商文化研究中的"都城界定法"密切相关的。按照杜金鹏的定义，此种方法是"是指以商汤灭夏之后所建早商都城（准确说是以其始建年代）为夏、商王朝更替的界标，并在此基础上划分夏文化与商文化、先商文化与早商文化之考古学研究方法"，因此"'都城界定法'实即'汤都界定法'"。[2] 由殷墟发掘与晚商

---

[1] 杜金鹏：《"偃师商城界标说"解析》，河南省文物考古研究所编《华夏文明的形成与发展——河南省文物考古研究所建所五十周年暨华夏文明的形成与发展学术研讨会论文集》，收入《夏商周考古学研究》，第246—261页。

[2] 杜金鹏：《夏商分界研究中"都城界定法"的理论与实践》，中国社会科学院考古研究所夏商周考古研究室编《三代考古》（二），科学出版社2006年版，收入《夏商周考古学研究》，科学出版社2007年版，第262—299页。

文化的确定来看,"都城界定法"无疑是卓有成效的,以此类推,凭借商汤亳都的确定来辨认早商文化自然也是可行的。但在具体实践中,应该意识到"都城界定法"是有局限性的,关键在于都城本身是否能够被切实地界定。殷墟遗址之所以能被证实为晚商都邑,主要是依靠了甲骨文和西北冈王陵,如果没有这两类特殊遗存,殷墟的性质就很难完全坐实,晚商文化自然就无法确认。就目前而言,完全证实的三代都邑遗址其实也仅有殷墟、丰镐、成周(洛邑)等少数几处而已,即便是周原遗址,虽然历年来出土了大量的文字资料和重要的遗迹遗物,但由于现在对先周文化未有定论,所以学术界对其是否为古公亶父所迁之岐依然存有疑虑。[①] 相比之下,目前偃师商城更缺乏一锤定音的证据,距离完全证实它为西亳尚有很远的距离,偃师商城西亳说学者以它为定点来纵论夏商文化和夏商分界自然会引起论争对手的激烈反应。

需要提到的是,在相关论争中,有偃师商城西亳说学者认为邹衡的郑亳说也是"都城界定法"的产物,如杜金鹏就指出:

> 从邹先生整个夏、商考古学说中,我们可以清楚地看出,其夏文化内涵特征论,实际上并不是基于从古代文献的可靠记载中找到了"夏礼"之真谛,也不是出于从考古学的分析研究上发现了夏、商文化之根本不同,而完全是以"郑州商城即汤都亳邑"为根本前提和基本出发点所推阐出来的观点。[②]

对于杜金鹏的这一解读,邹衡认为是"完全扭曲了"他诸篇论文的原意,所以很慎重地与杜金鹏商榷了研究方法[③],甚至在他晚年还就此问题与杜金鹏进行过激烈的辩论,他说:[④]

> 我创立"郑亳说"并非如杜先生所析,仅仅依据古代文献立论,尽管古代文献也是很重要的。众所周知,我是主要从郑州大量的考古材料

[①] 徐天进:《周公庙遗址考古调查的缘起及其学术意义》,《中国文物报》2004年7月2日第7版。
[②] 肖冰(杜金鹏):《夏文化内涵特征疑问》,《华夏考古》1994年第4期。
[③] 邹衡:《与肖冰先生商谈夏文化的内涵问题》,《华夏考古》1994年第4期。
[④] 邹衡:《"郑亳说"立论前提辨析之再辨析》,《考古与文物》2007年第1期。

着眼，再结合古代文献才提出来的……在我之前，早有郑州商城隞都说，我曾为该说做过地望考证（《论文集》第一篇），发现了隞都与郑州商城的地望不合。后来经过我对全部商文化年代与分期的研究（《论文集》第二、三篇），发现了隞都与郑州商城的年代又是矛盾的……在以上基础上，我对历来汤都亳诸说都经过仔细地梳理，并一一予以否定，但无一不是在文献记载和考古发现相结合的情况下进行的。

纵观邹衡夏商文化研究过程，他确实是从考古学文化面貌着手，在排定了商文化谱系之后才提出郑亳说的。他之所以认为郑州商城是亳都，绝对不是根据文献立论——事实上，文献证据是郑亳说的最大短板①——而是因为他的考古学文化分析结果表明，只有把早商文化确定在二里岗下层 H17 阶段才能最好地解释夏、先商和早商文化的年代、特征、分布状况及其相互关系。但这只是考古学文化研究的结果，所以他必须通过证明郑州商城为成汤亳都来证明二里岗下层 H17 阶段所代表的商文化就是早商文化，换言之，邹衡需要通过郑亳说来证明他的夏商文化谱系是正确的，而二里头文化西亳说学者所持的夏商文化体系是错误的。

所以郑光就这样分析郑亳说的出台原因：

> "郑亳说"之由来，我们认为并不在于考古和文献史料有什么新的发现，而在于《亳说》（引者按，指邹衡《郑州商城即汤都亳说》一文）作者对夏商文化分期理论有新的变化，为保障那种变化的确立而产生此说……这种变化主要在：将原来以偃师二里头三、四期作为商代早期改为以郑州二里岗期作为商代早期……郑州二里岗期既由商代中期改为商代早期或前期，那么郑州商城就必须由商代第二个都城改为第一个都城亳了。否则就不能跟分期的变化相适应。就这样旧说被推翻了，证据也找出来了。②

---

① 郑亳说文献短板主要表现在两方面：其一，它立论所用的文献材料——《春秋》襄公十一年"同盟于亳城北"是一条有争议的文献，清代以来诸多学者认为"亳城"当为"京城"之误；其二，如果郑亳说成立，实际上就等于否定了传世文献中所有与南亳、北亳和西亳有关的记载，对传世文献如此大规模的否定，应该极其谨慎。

② 石加（郑光）：《"郑亳说"商榷》，《考古》1980 年第 3 期。

郑光可谓是郑亳说的知音——它确确实实是邹衡为了适应他的夏商文化分期体系而"找出来"的证据。且不论郑亳说是对是错,但它立论的基础是考古学文化,而非文献记载或者其他。两相对比,郑亳说是先在考古学上确定了早商文化,再来找亳都证明它所界定的早商文化是正确的,而偃师商城西亳说则是先认定了亳都,再以亳都来确定早商文化,两者的研究逻辑恰好相反。我们可以不同意郑亳说的结论,但无法指责它的研究方法;反之,即便偃师商城西亳说结论是正确的,但论证方法上确有可商之处。

由于郑亳说以考古材料立论,全面审视考古学文化面貌,因此所得结论具有很大的关联性而不会轻易变更,这就是为什么无论是把汤都定在二里头、郑州商城还是偃师商城,邹衡始终坚持他所划分的商文化第一期第Ⅱ组为先商文化之末,而第二期第Ⅲ组为早商文化之始,始终坚持夏商分界当在二里头下层偏晚阶段,也即C1H17阶段;即便后来他将郑州商城的始建提前到C1H9阶段,但他宁可将C1H9阶段的郑州商城视为成汤灭夏之前的先商之亳,也不愿把H9划为早商,而仍以H17为早商文化之代表①,这正是他坚持从考古学文化出发来分辨夏商文化的必然结果——换句话说,成汤建亳的时间可由早商提前的先商阶段,但早商与先商文化的界限决不能变。反之,偃师商城西亳说对早商文化的辨认摇摆不定,目前以大灰沟T28第⑨⑩层为最早的商文化也未必是最终认识,凡此种种,皆是由于研究方法所决定的。②

分析几十年来的夏商文化论争,不难发现问题的症结就在于二里头遗址西亳说、郑亳说和偃师商城西亳说分别就夏商文化的年代序列提出了一套方案,但不论哪一种观点,它们所能解决的只是相关考古学文化的相对年代问题。然而,要区分夏文化和早商文化,不仅要确定考古学文化的族属,还要确定它们的绝对年代,但这已经超出了考古学的能力范围,因此必须借助于其他手段,而最有效的方法就是把二里头或二里岗文化的某一阶段与成汤亳都联系起来,通过亳都来确定考古学文化的绝对年代,从而找出夏商文化的分界。这就是为什么无论是二里头遗址西亳说还是偃师商城西亳说,抑或是郑亳说,最终都必须落实到都邑之上,特别是亳都之

---

① 邹衡:《西亳与桐宫考辨》注110,北京大学考古系编《纪念北京大学考古专业三十周年论文集》,文物出版社1990年版。

② 比如说,假设在偃师商城内发现比T28第⑨⑩层更早的商文化,偃师商城西亳说学者就必须再次更改对早商文化的认识。

上。郑亳还是西亳，表面上看是都城之争，实际上是对考古学文化绝对年代的诉求，于是都邑成为解决年代问题的枢纽。但考古学实践表明，确定早期都邑的关键是要有文字类证据，舍此难成定论。[1] 但就目前而言，殷墟之外，再无具有类似条件的夏商都邑，这也正是许宏对二里头遗址是否为夏都持"有条件的不可知论"原因所在。[2] 笔者对此颇有同感，也主张在有更充分证据之前，夏与早商都邑的界定均属待定状态，二里头遗址西亳说、郑亳说和偃师商城西亳说目前都可以作为"一说"而存在，这是由考古学自身的局限性所决定的。[3]

本研究得到"教育部人文社会科学重点研究基地项目"资助，项目批准号14JJD780004。

2014年4月13日初稿
2014年6月6日二稿

（作者单位：北京大学考古文博学院）

---

[1] 即便有文字材料，遗址的性质也并不一定能够遽定，如陶寺遗址出土有朱书陶文，但究竟是尧都还是禹都，学术界便众说纷纭。参冯时《"文邑"考》，《考古学报》2008年第3期。

[2] 许宏：《方法论视角下的夏商分界研究》，中国社会科学院考古研究所夏商周考古研究室编《三代考古》（三），科学出版社2009年版，第68—80页；《"夏王朝"考古：学术史·新动向·新思考》，"夏商都邑考古暨纪念偃师商城发现30周年国际学术研讨会"递交论文，2013年10月28—30日，河南偃师。

[3] 笔者并不是说夏和早商都邑的真实性待定，而是指二里头、郑州商城和偃师商城等都邑性遗址与具体都邑的对应关系尚处于待定状态。有关考古学在绝对年代判断上的局限性，可参看徐苹芳先生《中国文明形成的考古学研究》一节，原载《中国文物报》2005年2月25日和3月4日，收入《中国历史考古学论文集》，上海古籍出版社2012年版，第29—38页。

陶寺、石峁与二里头

——中原及北方早期国家的形成

戴向明

一

国家起源问题是全世界考古学都非常关注的一个重点课题。近些年中国考古学对国家起源的探讨似乎被遮蔽在文明起源探索的热潮之中，甚至很多人秉承"国家是文明社会的概括"之理念而将两者相等同。传统上人们认为夏是中国历史上第一个王朝国家，具体到考古遗存上，二里头文化即是夏文化，那么二里头所代表的社会组织就是最早的国家。后来又有学者认为二里头文化只是晚期的夏文化，早期夏文化则要上溯到河南龙山文化的晚期，于是就有了王城岗为禹都阳城、新砦为后羿代夏之所居的说法。但对于王城岗、新砦等河南龙山文化的城址和大型聚落是否已经形成早期国家社会组织了，或者这样的社会同二里头代表的国家社会有何不同，则缺乏明确的说明和论证。

在探讨中国早期文明或社会发展阶段的过程中，苏秉琦率先提出了国家起源、形成与发展的三部曲：从古国、方国到帝国[①]，这一学说得到了人们普遍的赞同和推崇。稍后严文明、张忠培等又进一步将其发展为"古国—王国—帝国"的理论模式。[②] 在这些著名学者的影响下，很多人

[①] 苏秉琦：《中国考古学的黄金时代即将到来——纪念北京大学创设考古专业四十年》，《中国文物报》1992年12月27日；《北京大学"迎接二十一世纪考古学"国际学术讨论会上的讲话（提纲）》（1993年）和《国家起源与民族文化传统（提纲）》（1994年），《华人·龙的传人·中国人——考古寻根记》，辽宁大学出版社1994年版。

[②] a. 严文明：《黄河流域文明的发祥与发展》，《华夏考古》1997年第1期。b. 张忠培：《中国古代的文化与文明》，《考古与文物》2001年第1期。

都将公元前3000年前到二里头文化出现之前的复杂社会组织称为"古国"（也有人称为"邦国"），或认为古国即与西方社会进化论中的"酋邦"大体相对应；总之，是将这种社会同早期简单的氏族部落和其后夏商周这样的广域王权国家相区别开来。这一理论模式的提出和广泛应用为中国早期历史的阶段性变化梳理出了一个较为清晰的线索，对于认识各地区史前社会的发展无疑具有积极意义和极大的推动作用。但与此同时，很少有人进一步深究那些"古国"社会之间的巨大差异，以及早期国家的起源问题。有些只是笼统提到国家的起源应追溯到史前晚期，即某些复杂的大型聚落或城址可能已经属于国家形态的社会组织了，但对于什么是国家、国家与"古国"有无区别及什么样的区别、究竟在哪个阶段有哪些史前聚落（群）最早演化成了国家组织，则往往缺乏严格的定义、周密的论证和系统的表述。比如，山东的大汶口和龙山，长江下游的东山村、凌家滩与良渚，中原的西坡、大地湾与陶寺，各地区这些前后不同时期的大型中心聚落所反映出的社会结构有何区别？我们是笼统地将它们都称为"古国"、还是可以区别出不同类型或发展程度不同的"古国"（或酋邦）？这些史前末期的区域集团有无已经超越了古国或酋邦而发展成真正的国家社会了？等等。

  迄今为止关于古代国家还没有一个被普遍采纳的标准定义，但无论是在史学界还是考古学界，人们对"国家"含义的理解实际上并无大的分歧。尤其是在西方学术界，几十年来经过大量而深入的讨论分析，人们对于"酋邦"、"国家"这样的重要概念及其所指向的具体社会形态大体形成了基本一致的认识（除了有人不喜欢使用"酋邦"来定义某种复杂社会组织，而采用其他理论模式或途径来表述其社会进化论）。作为复杂的区域社会组织，酋邦（特别是复杂酋邦）与国家在政治、经济和意识形态领域拥有许多共同或相似的特征，两者本质的区别主要在于社会政治结构方面。酋邦是在一个最高首领（酋长）控制之下的地域集团，围绕权力核心形成的贵族阶层与普通民众存在着明显的经济和社会地位的差异；而国家除了具有上述特征，不同之处是在最高统治者之下还形成了一整套分层与分工的官僚管理系统，以及维护国家统治的司法体系和常备军队等。具体到考古遗存上，国家应比酋邦拥有更复杂的多层级的聚落系统（多层行政管理等级），规模更大、结构更复杂的中心都邑和多功能的高级建筑群，包括宫殿、庙宇，以及王陵等等。①

　　这里需要强调的是，我们要探讨人类社会进化过程中具有普遍意义的阶段性变化，就需要有可以比较和交流的明确的概念、理论模式和认知系统。比较上述中、西方学者提出的不同理论模式，笔者认为我国学者提出的社会发展模式中的"古国"即与西方进化论中的"酋邦"大体相当，而"王国"则无疑属于早期国家社会了。

二

　　前面提到，过去学术界普遍将夏看作是中国历史上最早的王朝国家，之前属于史事不清的古史传说时代。在考古学上，近些年来二里头文化为夏文化②、二里头遗址为夏代都邑的看法逐渐得到了多数学者的认同。二里头被视为夏代的王都，不仅是其地望与史书记载相符，而且从考古发现看它也具备了早期国家都邑的基本特征：聚落繁荣期的总面积达到约300万平方米，是中原同时期唯一一处特大型聚落，并且与周围的其他聚落一起共同构成了四层聚落等级③，形成了一种多层级的、金字塔形的社会结构系统；有成组的宫殿建筑并出现了面积逾10万平方米的宫城，宫城周围还有许多大小不等的夯土基址，显示了布局有序、地位和功能有别的不同等级上层建筑的特征；宫城附近有铸铜作坊和绿松石作坊，表明社会上层对高端手工业专业化生产的控制与管理；遗址内已发现的随葬铜礼器和玉器的零散的贵族墓葬、宫城北面的大型祭祀区等，使我们相信这里应存在更高级的贵族大墓和国家操控的祭祀行为。但所有这些都是在二里头二期之后逐渐出现或形成的。一期聚落面积只有约100万平方米，且遗迹分布呈现较松散的状态，尚无大型建筑、高等级墓葬等高规格遗存的发现。④ 因此不能笼统地将整个二里头一期至四期聚落都视为王国都邑，其间实际上经历了很大的变化。根据现有的考古发现，只能认为二里头发展成国家都邑、二

---

① 相关概念的出处和讨论可参见戴向明《中原地区龙山时代社会复杂化的进程》，《考古学研究》（十），科学出版社2012年版。

② 邹衡：《试论夏文化》，《夏商周考古学论文集》，文物出版社1980年版。

③ 刘莉：《中国新石器时代——迈向早期国家之路》，文物出版社2007年版。

④ 有关二里头遗址的相关资料参见：a. 中国社会科学院考古研究所《偃师二里头》，中国大百科全书出版社1999年版。b. 杜金鹏、许宏主编《偃师二里头遗址研究》，科学出版社2005年版。

里头代表的夏人集团进入王朝国家是在二里头二期之后。① 此前的二里头一期聚落很可能已经兴起为一处大型区域中心，但还没有完成从"古国"（或酋邦）向王国的转变。然而无论如何，二里头作为夏王朝中心都邑的确认是探索中国早期国家起源的一块重要基石。

在这样一个基点确立之后，一些学者把探索国家起源的目光投向了更早的龙山时代。对于龙山时代所处的社会发展阶段，有人认为那些城址或大型聚落所代表的区域团体属于"万国林立"的"古国"或"邦国"，也有人称之为"酋邦"，还有学者认为陶寺、王湾三期文化等已经进入"王国"阶段了。② 不管怎样，多数学者表达的只是一种笼统的认识，而缺乏对不同个案详加辨别的具体分析。

在整个中原文化区，根据已知的考古资料，早于二里头而形成国家社会的只有晋南临汾盆地内陶寺"中期大城"所代表的区域集团，对此笔者曾有过专门的论述。③ 陶寺早期聚落规模不是很大，只有数十万平方米，它所统辖的聚落群的范围大概也只限于塔儿山周围；遗址内大型建筑的情况尚不清楚，而墓地布局显示高级贵族仍然受制于强烈的血缘族群关系。因此尽管陶寺早期墓葬展现了多层次的等级结构和明显的贫富与身份地位的差异，但其社会形态应当还没有超出一个复杂酋邦的范畴。陶寺中期聚落则发生了极大的变化，聚落总面积急剧扩大到了约400万平方米，而且主体部分环绕有大型防御设施，其内面积达到280万平方米；宏观聚落格局显示陶寺所整合的地域范围很可能覆盖了临汾盆地的大部，并且拥有比早期层级更多、结构更复杂的聚落控制系统；聚落内有集中分布的"宫殿"建筑区，南部高处"小城"内则有以结构复杂的大墓 IIM22 为核心的较独立的"王族墓区"，其旁边还有一处大型祭祀建筑基址（IIFJT1），而石器等手工业生产和分配也显露出了集中控制与管理的迹象。④ 所有这些发现都表明陶寺中期聚落较早期有了飞跃性的发展，具有很多与二里头相似之处，具备了早期国家的基本特征。陶寺晚期的年代下

---

① 许宏：《二里头文化聚落动态扫描》，《早期夏文化与先商文化研究论文集》，科学出版社2012年版。

② 李伯谦：《中国古代文明进程的三个阶段》，《文明探源与三代考古论集》，文物出版社2011年版。

③ 戴向明：《中原地区龙山时代社会复杂化的进程》，《考古学研究》（十），科学出版社2012年版。

④ 陶寺遗址的考古资料数量多且分散，相关资料出处可参见前引戴向明文中的注释。

限当进入到了二里头一期，此时的陶寺似乎因外力的暴力冲击而出现了许多衰败迹象，对其整体的聚落形态和社会状况、与周边其他大型聚落关系等方面的评估还需更多的考古资料，相信假以时日有关的问题会逐渐明朗起来。总之，我们讨论陶寺遗址的社会性质，同样应该将不同时段的变化做动态的分析。

超出中原之外，在与之毗邻的黄河中游范围内，于史前的末期就已进入早期国家的，可能还有最近两年新发现的陕西神木石峁城址。石峁雄踞在陕北黄土高原，文化地理上属于北方文化区。这一文化区内的陕北、晋中北、冀西北，有人习惯称之为"三北地区"，实际上还应包括内蒙古的中南部。这一地区在仰韶时代可算作中原文化区向北延伸的地带，到龙山时代自身的特色逐渐增强而发展成为一个相对独立的区域。在这一广大的地理范围内，龙山时期的文化面貌呈现出很强的共性，或统称之为"三北龙山文化"，或有"游邀文化"、"老虎山文化"、"永兴店文化"、"大口一期文化"等不同的称谓①，但所指都应属于同一文化共同体。多年来，在这个文化区域内的内蒙古中南部、陕北等地发现了很多石城址，也有一些面积较大的聚落，但总体看规模都不是很大；从已经发掘过的遗址观察，也没有发现明显的贫富和社会等级分化的现象，因此以前人们普遍认为龙山时期在这个广袤的北方文化区内没有形成高度复杂的社会系统。

然而石峁城址的发现犹如石破天惊，彻底改变了人们以往的认识。石峁城址由内、外两道石砌城墙构成，外城墙只见于遗址的东、南部。内城的面积约210万平方米，内、外城之间的面积约190万平方米，整个城址的总面积超过400万平方米。城内靠近西墙的中心部位还有一处石砌护坡包裹起来的高台，当地俗称"皇城台"，台顶面积约8余万平方米，上面似有大型建筑。在"皇城台"和内、外两道城墙上都发现有城门，此外在内、外城墙上还有墩台，外城墙有马面、角楼等建筑设施。经调查在城内发现有多处集中分布的居住址、墓葬和陶窑等遗迹，其中多数位于内城里面。2012年考古队集中发掘了位于外城东北部的一座城门遗迹"东门址"，门道宽约9米，两侧各有一座高大的包石夯土墩台，墩台内侧壁各有两处"门塾"建筑，门址内外还各有形似"瓮城"的建筑，从而使得

---

① 参见韩建业《中国北方地区新石器时代文化研究》，文物出版社2003年版。

整个通道呈曲尺形；以上所有这些设施实际上构成了一组大型建筑，总面积约2500余平方米。外瓮城的石墙内发现有几件玉铲和玉璜，内瓮城墙体表面及其倒塌堆积中发现有很多成片分布的"壁画"残块。另外，在外瓮城墙外侧和城门门道入口处各发现一处集中埋置人头骨的遗迹，每处分别埋有24个以年轻女性为主的人头骨，推测与建城时的奠基或祭祀活动有关。此处门址及城墙上的马面、角楼等复杂的结构和先进的建筑技术已显示出了后世历史时期城墙（门）建筑固有的许多特征，而为史前时期所罕见。发掘表明东门址经历了两次修建过程，根据这里的出土物和城内其他地点出土的遗物判断，发掘者认为东门址和城墙与遗址主体年代一致，大约在龙山晚期到夏代早期之间。[1]

在近两年的勘察和发掘之前，早年对石峁遗址曾有过调查和小规模的试掘，而最引人注目的则是大量石峁玉器的面世。这些玉器通过各种途径和方式、在不同时期流散到了社会各色人等的手里。[2] 最早引起学术界关注的是20世纪70年代戴应新先生征集并发表的一批石峁玉器。[3] 这些玉器种类繁多，主要有玉刀、铲、斧、钺、戚、戈、牙璋、圭、璜、璧、璇玑（牙璧）、人头雕像以及蚕、蝗、鹰、虎头等玉饰件，其中以玉兵礼器为多。对这些玉器的年代曾有过不同的看法，但近两年的发掘出土了一些与往日所见相同的器物，现在可以初步确定石峁所出玉器与上述城址的年代应是一致的。根据考古人员的调查和发掘可知，石峁玉器有一些出在城墙里，应属于建城时有意放置，可能同某种特殊的信仰和仪式有关；还有很多流散的玉器是从墓葬中盗掘出去的，与陶寺及其他同时期的龙山遗址相比照，可以断定那些随葬玉器的应属于贵族墓葬。石峁玉器与晋南陶寺、清凉寺[4]大墓中所出土的玉器在种类、形制等方面有一些相似之处，但石峁玉器的种类、数量却又远多于陶寺和清凉寺，而且像玉刀、铲、牙璋等器物体型既大而又非常的扁薄，具有鲜明的自身风格和技术传统。石峁玉器的使用规模和功能用途的广泛性似都超越陶寺之上，显示了该遗址不同凡响的特点；单从这一点判断，石峁城址的规格就不会低于陶寺。

---

[1] 陕西省考古研究院等：《陕西神木县石峁遗址》，《考古》2013年第7期。
[2] 王炜林、孙周勇：《石峁玉器的年代及相关问题》，《考古与文物》2011年第4期。
[3] a. 戴应新：《陕西神木县石峁龙山文化遗址调查》，《考古》1977年第3期。b.《神木石峁龙山文化玉器》，《考古与文物》1988年第5、6期。
[4] 山西省考古研究所等：《山西芮城清凉寺史前墓地》，《考古学报》2011年第4期。

石峁的考古工作才刚刚开始，目前有关该聚落内部的结构与设施、周围聚落的分布状况和层级结构等方面都还不太清楚。但是，从已经了解的情况看，石峁规模宏大、结构复杂的城址及大型建筑，精美的玉器及其出土背景等方面，都表现出许多与陶寺中晚期聚落相似之处，甚至显露出比陶寺更加恢宏的气势，当无可争议地拥有"在北方文化圈中的核心地位"。① 种种迹象表明，石峁很有可能是在龙山时代晚期至二里头初期崛起于陕北高原上的一个早期国家的都邑性聚落。其建城的年代或许略晚于陶寺中期，而与陶寺晚期和二里头早期并存（两者的年代当有部分重合）。

综上可见，在整个黄河中游地区，陶寺、石峁和二里头所代表的区域集团，应是现在所能辨识出的、先后兴起的三个早期国家。

三

下面简单谈谈这三个早期国家兴起的背景。

对中原地区史前社会发展演变的历程，笔者曾撰文做过系统的讨论分析，其中就涉及到了陶寺和二里头国家形成的背景与动因。② 下面做一些补充论证。

中原地区复杂社会的形成起始于仰韶中期，从那时起各地都出现了许多大小不同的聚落群（聚落群的地域范围一般在数十到二三百平方公里之间），很多群落内都可分成二、三层聚落等级，并至少有一个较大的中心聚落，河南灵宝西坡遗址的发掘表明至晚到仰韶中晚期之际已出现了明显的社会等级分化。③ 从已掌握的资料观察，仰韶中期中原文化与社会发展的中心应在晋南豫西和陕西关中东部一带，到仰韶晚期这里发展的势头有所减弱，但到庙底沟二期晋南豫西重又成为中原最发达的区域。尤其是晋南，在临汾盆地和运城盆地内，庙底沟二期的聚落数量多、分布密集；到该期的晚段，终于在临汾盆地孕育出了高度发达的陶寺集团。陶寺早期

---

① 陕西省考古研究院等：《陕西神木县石峁遗址》，《考古》2013 年第 7 期。
② 戴向明：《中原地区龙山时代社会复杂化的进程》，《考古学研究》（十），科学出版社 2012 年版。
③ 中国社会科学院考古研究所、河南省文物考古研究所：《灵宝西坡墓地》，文物出版社 2010 年版。

聚落的大型防护设施、大型建筑、特别是多层次的墓葬等级，都展现出了这个时期中原所见最复杂的聚落结构和社会形态。到龙山时期，晋南出现了几处特大型聚落，其中陶寺和我们近年在运城盆地北部发掘的绛县周家庄遗址①的总面积都在 400 万平方米以上，而陶寺中期"大城"和周家庄环壕内所包围起来的聚落主体都有近 300 万平方米；此外，位于临汾盆地南部曲沃、翼城交界处的方城—南石遗址也达二三百万平方米②，还有在运城中条山南麓的芮城县寺里—坡头遗址的面积也有约 200 万平方米③，该遗址内还有一处等级较高的清凉寺墓地。④ 像这样面积达二三百万平方米以上的龙山期特大型聚落，目前在整个中原地区只见于晋南。在龙山时期文化同样很发达的河南境内，已发现大小城址十几座，但大多面积只有数万到数十万平方米，最大的新砦遗址也不过 100 万平方米；⑤ 而在陕西的关中地区，已知的龙山期聚落更是乏善可陈。综合考察中原各区域这些大型聚落和城址，包括遗址的规模、所在群落中聚落的层级以及中心聚落内部的结构和内涵等方面，我们认为只有陶寺集团率先发展出了早期国家社会（详见前文）。从以上的梳理可以看出，晋南在龙山时代令人惊异的表现，是与这里自仰韶中期、特别是庙底沟二期以来长期奠定的深厚的文化和社会基础有着密切关系的。

晋南在龙山时期社会变化的一个突出特点，就是围绕陶寺、周家庄、寺里—坡头等这样的特大型聚落，很可能形成了几个大型区域集团；这些大型区域组织应是在整合了若干早期较小的地域团体的基础上形成的，覆盖范围多在 1000 余平方公里以上。而陶寺无疑也是在强力吸附了许多临近聚落的人口而不断发展壮大、将周围一些较小的聚落群整合成一个庞大的区域组织、并在同晋南其他大集团的对抗竞争中而崛起为一个早期国家

---

① 中国国家博物馆田野考古研究中心等：《山西绛县周家庄遗址 2007—2012 年勘察与发掘简报》，将刊。

② a. 何驽：《2010 年陶寺遗址群聚落形态考古新进展》，《中国社会科学院古代文明研究中心通讯》第 21 期，2011 年。b. 中国社会科学院考古研究所山西工作队等：《山西曲沃县方城遗址发掘简报》，《考古》1988 年第 4 期。c. 山西省考古研究所：《山西翼城南石遗址调查、试掘报告》，《三晋考古》（二），山西人民出版社 1996 年版。

③ 山西省考古研究所等：《山西芮城寺里—坡头遗址调查报告》，《古代文明》第 3 卷，文物出版社 2004 年版。

④ 山西省考古研究所等：《山西芮城清凉寺史前墓地》，《考古学报》2011 年第 4 期。

⑤ 北京大学震旦古代文明研究中心、郑州市文物考古研究院：《新密新砦——1999—2000 年田野考古发掘报告》，文物出版社 2008 年版。

的；而晋南其他大型集团，从目前所知资料看，似乎都还没有超越类似"复杂酋邦"这样的社会形态。

那么在众多剧烈竞争的集团当中，陶寺何以会率先发展出最复杂的国家形态的社会呢？这恐怕与其所处的独特的地理位置和文化与社会环境有关。在龙山时代，从中原的西北部到北方地区形成了一个范围广大的"鬲文化圈"，而与东部的"鼎文化圈"相区别。在这个鬲文化圈内，可以划分出陕西关中的客省庄文化、晋西南豫西的三里桥类型、晋南的陶寺类型，以及北方地区的"三北龙山文化"（该文化还可以进一步分出几个类型）。在这个文化圈中有两个陶鬲起源中心，其中客省庄文化是高体单把鬲的发源地，而"三北龙山文化"则是双鋬鬲和矮体单把鬲的发源地（具体起源地有不同认识，这里暂不讨论）。客省庄文化东进、北上，北方龙山文化南下，促成了三里桥和陶寺类型的形成；鉴于这两个类型有很多的共性，笔者曾提出可以将它们合称为"陶寺—三里桥文化"。① 该文化延续了很多本地区庙底沟二期文化的因素，同时也受到了来自中原腹地王湾三期文化的一些影响，就其整体面貌而言仍然属于中原文化区。这样，从文化地理的角度看，临汾盆地就处于中原文化区的北部边沿，与晋中及其以北的北方文化区直接对峙。这种文化上的分野在不同社会群体的认同、彼此的交流、对抗和竞争等互动关系中也当有实际的社会意义。事实上，陶寺早期文化面貌的变化，很可能就是受到包括北方等外来文化影响的结果，而其中大型贵族墓葬的形制、随葬品等所体现出的礼制特征则有来自东方大汶口文化的影子；到陶寺中晚期，陶寺更是直接受北方龙山文化的冲击而出现了鬲、罐形斝、甗等整套的炊器，当然还有通过南边三里桥类型所传递过来的中原龙山文化的影响，而玉器等高端手工业产品的种类也更加丰富，其整体文化面貌与早期相比有非常大的改变，如果没有外来文化的强力冲击，这种情况是很难自动发生的。可以说，陶寺所在的临汾盆地正处于中原和北方两大文化圈相交界、彼此抗衡和挤压的风口浪尖上，这种压迫性的环境、区域内外不同集团间的互动与竞争无疑极大刺激和促进了陶寺集团内部结构的复杂化。

综合上述分析，可以说，正是本地区自身深厚的文化传统同各种外来刺激和影响的结合、以及区域内外各种社会集团间的激烈竞争，促成了陶

---

① 戴向明：《黄河流域新石器时代文化格局之演变》，《考古学报》1998年第4期。

寺国家的诞生。

陶寺国家兴起之后，其强大的集群势力必然也会对外产生一定的冲击，其中对北方、尤其是陕北的影响比较明显，在神木新华遗址就有一些肥足鬲等富有陶寺特点的因素。[①] 陕北除了与晋南的陶寺类型相临近，其南边还直接面对陕西中部的客省庄文化，同时也受到其西南齐家文化的一些冲击，因此这里也是中原和西北两大文化区交汇影响的地方。北方地区在仰韶时代主要受中原文化影响，仰韶晚期始自身特色逐渐增强，在历经庙底沟二期形成的"阿善三期文化"之后，终于在龙山时代兴起了可以同中原分庭抗礼的"三北龙山文化"。现在看来，这种独立的文化传统的养成，也为石峁集团的勃兴奠定了坚实的社会基础。此后的数千年间，在广大的北方地区不断崛起的诸民族集团持续不断地南下冲击中原王朝，比如先秦时期的戎狄、秦汉以降的匈奴、鲜卑、唐代的突厥等等；可以说，中原与北方诸民族此消彼长的冲突、碰撞与融合，几乎贯穿了古代中国历史的始终。而出乎以前人们想像的是，这种局面竟始于史前末期的龙山时代。石峁集团的兴起应会对陶寺集团构成极大的挑战与威胁；虽然目前还不能确定陶寺晚期的衰落是否与石峁的南下冲击有关，但这种可能性是存在的。

除了这种大的区域间抗衡的催发作用，另一方面我们还应看到，像陶寺一样，石峁集团的崛起首先也应是北方地区内部各集团间激烈竞争的结果。从庙底沟二期到龙山早期，内蒙中南部到陕北一带的"阿善三期文化"和"老虎山文化"相继出现了很多带有石围墙的聚落，人们一般称之为"石城址"，较为集中地分布在包头以东大青山南麓、乌兰察布的岱海和黄旗海附近以及鄂尔多斯到陕北一带。[②] 每一处集中分布的石城址及其附近的聚落所构成的聚落群可能都代表了一个社会集团，同时期的不同集团间就可能存在对抗与竞争的关系。起初这些区域组织的规模大概都不是很大，群体内也缺乏大型中心聚落，聚落内部也不见明显的等级分化现象，表现出的是一种"聚落联合体"的形式。但到了龙山晚期及稍后，随着神木石峁大型城址的出现，明确表明在陕北一带聚合起了一个势力强大、有着大型都邑的范围广大的社会集团。

---

① 陕西省考古研究所等：《神木新华》，科学出版社2005年版。
② 参见韩建业《中国北方地区新石器时代文化研究》，文物出版社2003年版。

目前我们对整个北方史前时期的经济形态还不是很了解，但这里自仰韶以来就一直存在许多稳定的定居村落，其中不同区域在不同时期有着兴衰交替的波动，这当与气候、环境的变化有直接的关系。① 而包括陕北和内蒙鄂尔多斯在内的南流黄河两岸则属于比较稳定的区域，这一带的聚落遗址一直持续不断地出现，直到龙山晚期耸立起了巨大的石峁城址。这些遗址里面出土遗存所反映的居住、生活和生产状况，包括陶器等生活用具、石器和骨器等生产工具，都与中原同时期的遗址在类别和性质上没有根本的区别。即使现在我们还无法完全搞清北方地区在不同时期生业结构和各种经济类型所占的比重，但可以初步判断农业生产始终是其生业经济的重要组成部分。

北方地区特别是长城沿线属于气候变化的敏感地带，也是历史上的农牧交错带，这里土壤的肥沃性、水热状况等方面都远不如中原地区，而且易受气候波动的影响，其农业生产的条件比起中原来是差很多的。根据已知的研究，距今4000年左右全球气候趋于冷干，但受局地气候差异的影响，在这段时间里陕北等地却显示出相对温湿的特征[2]，河套及邻近地区的降雨量也处于一个相对较高的时期[3]，这大概为本区域农业生产的发展、养活更多的人口、孕育出石峁这样的大型聚落提供了相对较好的自然环境；但与此同时气温却又处于持续下降的过程中[4]，这又会对农业产生不利的影响。这种干湿冷暖的强烈反差和气候易于波动的特点，肯定会造成农业等经济生产的不稳定，使得本地区的人民时常会面对资源紧张、食物不足等方面的生存压力，从而会加剧各社会群体间因对土地、食物等资源的争夺而形成的紧张关系。在这种激烈的竞争中，不同群体间势必会出现以大并小的局面，最终形成了像石峁那样特大聚落所代表的、很可能是覆盖范围很广的区域集团。为了有效处理内部事务、协调集团内不同群体间的利益关系并应对外部力量的挑战，对整合这种大型集团起到领导作用的上层精英就会组织起复杂的社会控制和管理体系，这同时也保障了集团

---

① 韩建业：《中国北方地区新石器时代文化研究》，文物出版社2003年版。
② 贾鑫、王琳等：《中全新世关中陕北陇东地区文化演变及环境驱动力》，《兰州大学学报》（自然科学版）第44卷第6期，2008年。
③ 史培军等：《10000年来河套及邻近地区在几种时间尺度上的降水变化》，《黄河流域环境演变与运行规律研究文集》，地质出版社1991年版。
④ 张兰生、史培军、方修琦：《中国北方农牧交错带（鄂尔多斯地区）全新世环境演变及未来百年预测》，《中国北方农牧交错带全新世环境演变及预测》，地质出版社1992年版。

内统治者利益的最大化并享有无上的尊崇和荣耀。石峁国家应该就是在这样的过程中孕育出来的。

陶寺、石峁两大集团在龙山时代先后兴起，并且都延续到了二里头初期，其后随着这两大集团的衰落，位于中原腹地的二里头则发展成了一个国家社会的大型都邑。我们现在还不清楚它们之间的兴衰交替是否有着直接的关联、是否二里头的成长壮大也受到了北面陶寺的刺激和影响，但可以肯定的是，二里头也是在中原腹地龙山时代各区域集团不断争斗的过程中崛起的，而从其文化因素的构成看，更多地与东邻地区文化和社会集团的冲击有关。

二里头文化的中心区域在洛阳盆地及东到郑州之间的环嵩山地区。这里自仰韶晚期的秦王寨类型开始就形成了独具特色的文化传统，但直到庙底沟二期阶段，尽管可能也出现了一些区域性的社会组织，却没有像与之毗邻的晋南那样发展出高度复杂的社会系统。到龙山时代，随着王湾三期文化的兴起，此前沉寂的局面为之一变，在中原大地上涌现出了许多的城址。但这些城址的规模都不是很大，其中较大的如登封王城岗不过30余万平方米[1]；到龙山末期出现的新密新砦遗址总面积约100万平方米，但"城墙"内面积也不过70万平方米。[2] 这些城址中有些出现了大型建筑基址，但目前还都缺乏多功能的高级建筑群、高级贵族大墓的发现。总之，无论是这些城址的规模以及它们所能整合的聚落群的范围、还是城址内涵等方面，都无法同晋南陶寺等特大型聚落相比，都还没有超越"酋邦"（或"古国"）的范畴而跨入早期国家社会。[3] 另一方面还应看到，这些大小不同的城址及其他大型聚落所整合起来的众多的社会集团，彼此间可能会经常处于对抗与竞争的状态中，但有时为了共同应对外部力量也会形成联盟。正是在这种长期不断的竞争与合作的过程中，到龙山末期和二里头一期，形成了郑州地区的新砦集团与洛阳盆地的二里头集团东西对峙的局面。

---

[1] 北京大学考古文博学院、河南省文物考古研究所：《登封王城岗考古发现与研究（2002—2005）》，大象出版社2007年版。

[2] a. 北京大学震旦古代文明研究中心、郑州市文物考古研究院：《新密新砦——1999—2000年田野考古发掘报告》，文物出版社2008年版。b. 赵春青、张松林等：《河南新密新砦遗址发现城墙和大型建筑》，《中国文物报》2004年3月3日。

[3] 戴向明：《中原地区龙山时代社会复杂化的进程》，《考古学研究》（十），科学出版社2012年版。

龙山晚期，由于受豫东、北等地文化的冲击，嵩山东部郑州地区出现了"新砦期"遗存，该类遗存既有许多来自造律台等东方文化的新因素，同时也保留了更多王湾三期文化的传统，可以归属为王湾三期文化晚期的一个地方类型；该类型应包括新砦二、三期所代表的遗存的总和，年代跨越了龙山末期到二里头一期阶段。[①] 新砦很可能是来自东方的上层统治者统辖当地人而建立的一个大型聚落，该集团兴起后又向西扩展，在嵩山北部留下了一个出有许多高等级玉器的巩义花地嘴遗址。[②] 但花地嘴似乎到新砦二期的晚段就中断了，与此同时在洛阳盆地的偃师却开始出现了与新砦同等规模的二里头一期聚落。二里头文化一期遗存的形成并非直接承自本地的王湾三期文化，尽管也保留了后者的一些内容，但其文化的主体则是来源于东面的"新砦类型"，同时又吸收了周边文化的一些因素、并进一步综合创新而形成。[③] 二里头文化这种脱胎换骨的变化、二里头聚落的建立，即使现在还不敢确定是由西进的新砦类型的一支人群分离并独立发展的结果，但至少可以推断，二里头是外来集团与本地集团在激烈的角逐中经过征服、兼并、融合而创建起来的。此后，这个新生的文化与社会集团迅速地发展壮大，到二里头二期终于孕育出了一个高度复杂的、势力空前强盛的早期国家，并最终将与其对峙的东面的新砦集团覆盖消融。

总结上述分析，在包括中原和北方地区在内的整个黄河中游，从龙山时代到二里头时代，陶寺、石峁和二里头是目前考古所发现的三个规模最大、结构最复杂、内涵最丰富的特大型聚落，它们所整合的区域集团应代表了三个连续兴起的国家社会。这三个早期国家兴起的背景有一些共同之处。其一，它们所在的地区都有着长期稳定发展的深厚的文化传统：陶寺所依托的是晋南的庙底沟二期文化，石峁依托的是陕北和内蒙古中南部一带的阿善三期文化和"老虎山文化"，二里头依托的是郑—洛地区的王湾三期文化；其二，三者兴起之前所在的区域都属于各自文化或社会势力角逐的边缘地带：陶寺所在的临汾盆地位于庙底沟二期

[①] 戴向明：《中原龙山到二里头时期文化与社会发展阶段的两个问题》，《庆祝张忠培先生八十寿论文集》，科学出版社2014年版。

[②] 郑州市文物考古研究所、北京大学考古文博学院：《河南巩义市花地嘴遗址"新砦期"遗存》，《考古》2005年第6期。

[③] 韩建业：《论二里头青铜文明的兴起》，《中国历史文物》2009年第1期。

文化的北部边缘区，石峁所在榆林地区则处于龙山前期"永兴店类型"的南部边缘地带①，而二里头所在的洛阳盆地近于王湾三期文化的西北边区且尚无一处龙山城址发现，这样的情形为几个新兴集团的发展提供了相对稳定的环境，使得它们较容易地坐大坐强；其三，三者的兴起又都与外来文化的强力刺激或集团势力的直接冲击关系密切：陶寺早、中期两次文化面貌的巨变都应受到了北方及其他外来文化的强烈影响，石峁的兴起也与其北面"老虎山文化"的南下有直接关系，而二里头的兴起则是东来的一群人与洛阳盆地土著人群直接碰撞、融合的结果；其四，它们在兴起的过程中区域聚落数量或规模及其反映的人口规模都有明显的增长趋势，这从临汾盆地②、运城盆地③和洛阳盆地④的区域系统调查都能得到反映，只有陕北及附近地区的情况还不是很清楚。即便现在还不能确定是否人口的增长直接导致了资源紧张、压力增大而促成了大型区域政体的发展，但陶寺、石峁和二里头出现的人口向中心都邑集中的"核心化"以及同时期大型聚落的增多、聚落总规模的扩大，都应与人口增长有直接关系，这至少是复杂的国家组织形成的一个重要基础；其五，三者兴起之初都面对着周边其他集团的强力抗衡与竞争，尔后才脱颖而出成为统领一方的国家政体的：如陶寺经由早期聚落与其他同等集团的竞争而发展起了中期"大城"，二里头一期聚落与新砦之间经过抗衡而孕育出了二里头国家都邑，而石峁很可能也经历了这样一种与他者竞争之后由小到大的发展过程。

概括地说，陶寺、石峁、二里头的崛起都是在各种外来势力与本地势力发生冲撞、本区域各新兴集团间经过剧烈角逐，由小集团的竞争与合作而演化出大集团的过程中实现的。可以说，各种势力和不同社会集团间的激烈碰撞与竞争乃是这几个早期国家形成的最为关键的因素，其中战争很可能起到了最重要的催化作用。

---

① 韩建业：《中国北方地区新石器时代文化研究》，文物出版社2003年版。
② 何驽：《2010年陶寺遗址群聚落形态考古新进展》，《中国社会科学院古代文明研究中心通讯》第21期，2011年。
③ 中国国家博物馆田野考古研究中心、山西省考古研究所等：《运城盆地东部聚落考古调查与研究》，文物出版社2011年版。
④ 中国社会科学院考古研究所二里头工作队：《河南洛阳盆地2001—2003年考古调查简报》，杜金鹏、许宏主编《偃师二里头遗址研究》，科学出版社2005年版。

本文为国家科技支撑项目"中华文明探源及其相关文化保护技术研究"之"中华文明起源过程中区域聚落与居民研究"（2013BAK08B05），以及国家社科基金重大项目"环境考古与古代人地关系研究"（批准号：11&ZD183）之子课题"考古学文化区系类型形成与演化的环境基础研究"之研究成果。

2014年6月

（作者单位：中国国家博物馆田野考古研究中心）

二里头遗址的出现

[日] 大贯静夫 著　周嘉宁 译

绪论

1991年出版的《中国文物地图集·河南分册》（国家文物局主编1991）首次将河南省境内各时代的遗址分布全貌公之于众。笔者（大贯1997a）曾根据此书，推想自龙山时代王湾三期文化至二里头文化的时代区间内，曾发生过社会结构由在嵩山以南十分典型的并立的线状组织发展为统合的、大型网状组织的、巨大的社会变革。值得重视的是，作为这种社会变革的背景，中心区域诞生了二里头这一巨大聚落的洛阳盆地，在此前的龙山时代却与周边地域不同，不曾存在大规模的聚落群。早年就有隋裕仁（1987）等学者指出过，作为大规模中心聚落的二里头遗址的出现，对王湾三期文化以来的社会变化进程具有极为重要的意义。本文的论点虽非全新，但希望通过对聚落分布及聚落群的变迁的考察，以讨论二里头遗址在该进程中的位置。

与笔者几乎同时，同样基于《河南分册》的数据，刘莉（Liu 1996）曾以同等地位的政体间交流这一当时流行的理论对早期王朝形成前的社会统合过程加以说明，认为如盆地这样地理上处于孤立的地域的发展存在界限，而不受地形制约的平原地区，诸相邻集团可展开竞争，才有更大的发展可能性。但这无法说明为何二里头时代洛阳盆地一跃成为中心。诚然，依照当时《河南分册》的数据，平原地区在龙山时代的遗址分布密度也较洛阳盆地周边更高，乍看之下仿佛是形成了大型网状组织的地域集团，但依笔者所见，这不过是表明经常遭遇洪水泛滥的平原地区存在大量的小规模分散居住的遗址而已（大贯1997a）。

赵春青（2001）曾对龙山时代遗址群进行过详细的分析，其理解与笔者近似，笔者也从中获得诸多参考。主要的差异点在于，赵将黄河南北整体设定为一个大遗址群，而将黄河以南的洛阳盆地视为该大遗址群的一部分。尽管黄河以北乍看之下也仿佛有一个以庙街遗址为中心的大型地域性集团，但其中大部分是龙山时代激增的小规模的简单遗址，进入二里头时代后几乎都消失不见了。该遗址群的演变发展与华北平原地区相似，不值得过高评价（大贯1997a）。

此后，随着对洛阳盆地及其周边遗址详细的分布调查（中国社会科学院考古研究所二里头工作队2005、陈等2003），遗址数量飞跃性地增加，时期与面积等信息也得到了修正。笔者曾于2005年在中国召开的国际研讨会上基于这一新数据进行过发言，但当时仅发表了要旨（大贯2006）。本文在此基础上，加入了近来发表的调查研究的新成果，试图再度探讨、总结二里头遗址出现的意义。

一　二里头遗址的二里头一期

在此前的文章中笔者虽也指出二里头遗址的出现具有历史划时代的意义，但当时对于一期的认识尚不充分。根据后来的调查（许宏等2004），尽管二里头遗址直到二期面积才达到300万平方米，但一期时也已是超过100万平方米的大型聚落。并且，一期出土了青铜器、象牙制品、绿松石等遗物，表明该聚落无论从规模上还是性质上都具有特殊性，从最初起就区别于其他聚落。不仅如此，调查结果还暗示了该期阶段是由多个聚落组合而成的可能性：突然出现意味着该聚落并非渐进式地扩大，而是大量的人从其他地方迁移来此，可能反映了由最初是多个不同的集团分开居住，到随后慢慢融合的历史进程。这个最早的一期的居住区位于后来成为宫殿区的二里头遗址的中心部，在之后的时代里逐渐向外扩张，渐进式地形成了巨大的聚落。

二　二里头遗址的诸问题

二里头遗址和二里头文化之所以受到如此的重视，是因为该遗址被普遍视为《史记》等文献记载的中国第一个王朝夏王朝的都城，而二里头文化被普遍视为夏遗留下的考古学文化（邹 1980、冈村 2003、饭岛 2011 等）。根据夏鼐（1977）所说，所谓夏文化指的是夏王朝时代夏民族的文化，而王朝成立之前的文化称为先夏文化。自邹衡（1980）以来，中国的研究者一般对二里头文化＝夏文化＝夏王朝的观点不抱疑义，但我国的考古学者并未将二里头文化与夏朝之间画上等号。西江（2003）、宫本（2005）、饭岛（2012）注意到二期起遗址规模的扩大、宫殿·宫殿区的形成见于二期，以及青铜器的普及等现象，认为王朝的成立是在二期。冈村（2003、2007）则将三期中青铜礼器的出现和王城内功能的分化视为王朝礼制建立的标志，认为三期才是王都、王朝的开始。尽管所依据的标准各不相同，但以上研究二里头文化这一考古学范畴与社会发展阶段的范畴都存在着一定的错位。

进而，根据陶器和地层的变化而区分出的二期和三期 1 号、2 号宫殿建造于二期层之上，与三期层明确区分，可视为划时代的分界，认为三期是二里头政治体制的完成应不存异议。然而，近年来逐渐揭开面纱的二期的宫殿以及相伴随的贵族墓葬却是处于二期层中途。也就是说，如果以宫殿的出现为标准，那么严谨的时代分界线应当在二期中途，而二期早段与一期的区别就消失了。对此，笔者（大贯 2006）认为，虽然社会层面变革的标志是在三期，但其转折点可上溯至二期，而大遗址的突然出现在一期就已开始。这可类比于讨论日本考古学时，弥生时代早期的文化分布范围虽然狭小，但作为划时代的分界线而受到重视，或是对大和朝廷统一之前的古坟时代的重视。

三　洛阳盆地新的遗址分布调查

在洛阳盆地进行详细的遗址分布调查的许宏（2006）与笔者同样对洛阳盆地中心巨大聚落的突然登场加以关注。许宏等人通过调查而确立的最新遗址分布（图 1）中遗址的分布密度增高了，这与笔者使用的《中国文物地图集·河南分册》有较大的不同，但从中所读出的变化并没有太大的差异。

在《河南分册》的分析结果中，笔者（大贯 1997a）注意到，虽然从龙山时代到二里头时代，各地的遗址数量在减少，但其中洛阳盆地周边与其他地区相比，遗址数量的减少率相对较低，且在同一遗址中叠压龙山

64 / 夏商都邑与文化(二)

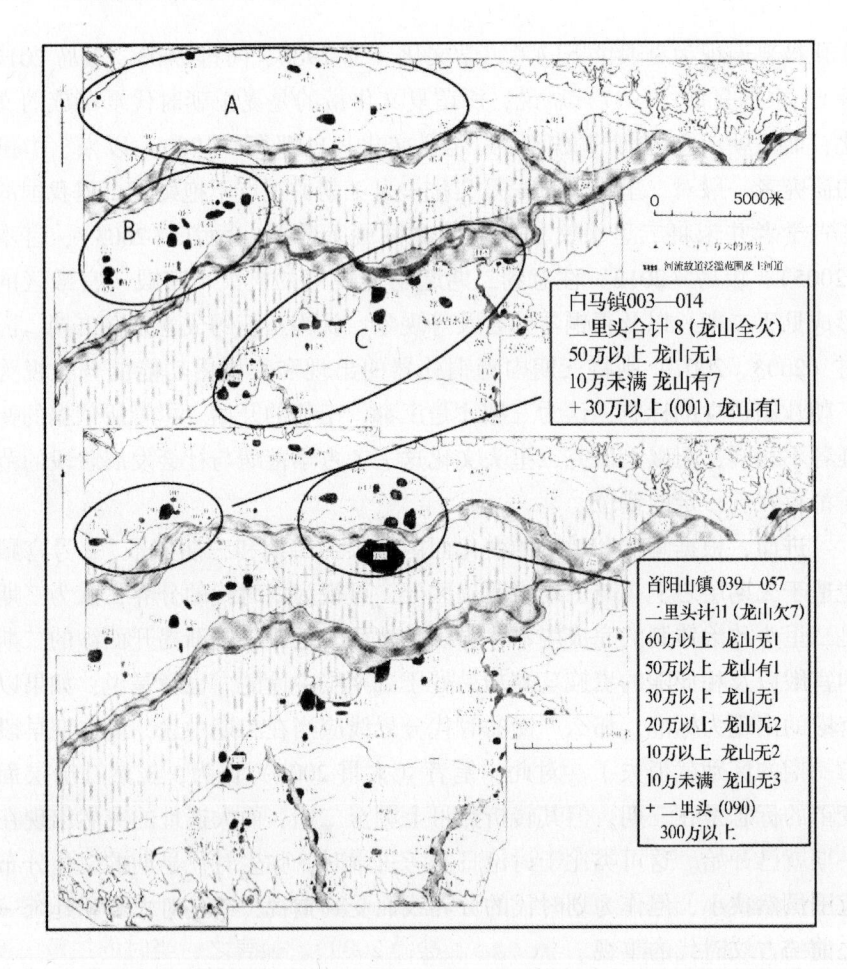

图1 洛阳盆地中西部地区龙山时代（上）与二里头时代（下）的遗址分布
(依中国社会科学院考古研究所二里头工作队2005年图3、4改绘)

地层的重复率相对较高。为了与最新的洛阳盆地的分布调查结果比较，虽范围略有扩大，若把属于同一地区的洛阳市、偃师市及孟津县在《河南分册》中的遗址数抽出，可发现自龙山期（这一地区龙山早期的遗址较少，可能绝大部分都属于晚期）至二里头期，遗址数急剧减少了约半数（但由于排除了只记录为商代的遗址，也存在增加的可能性）。同时，既具有龙山层又具有二里头层的遗址的重复率达四成，较同时代的周边地区为高。

与此相对，洛阳盆地伊洛流域近年详细分布调查所得的数据表明，该地区龙山时代的遗址数为95处，二里头时代的遗址数目为125处，不仅未减少，反而达到前者的 1.3 倍之多。这确实是符合二里头文化中心地位的数值。终结于龙山期的遗址有 39 处，而出现于二里头时期的遗址多达 69 处，这与《河南分册》中的数据有明显差异。并且，有 56 座遗址同时涵盖龙山文化与二里头文化，重复率约为六成。这一重复率虽然高于由《河南分册》所得的数值，但相比于遗址数的倍增，重复率的增高并没有那么显著。在以往的研究中，考虑到不同地区分布调查有粗有细，相比起各地区遗址的绝对数量，增减率和重复率的比较更受重视。增减率的波动较大，重复率则是相当有效的判断标准。始于二里头期的遗址数的增加较大程度地影响了增减率。由于考察增减时采取的各时期的年代跨度不同，这一数字也不能表明同时存在的聚落数量的增减率。尽管如此，在某一时期，限定一定的时间跨度而比较地域间增减率的高低，仍旧可以获取到许多信息。

（一）洛阳盆地中西部遗址群

具体来看自龙山期至二里头期洛阳盆地中西部的聚落分布：通过最新的分布调查（再见图 1）可以观察到，二里头时期，南岸坐落着二里头遗址的洛河北岸发展起了新的聚落。这一对洛阳盆地北半侧的开发行为，或许可以视为二里头的大型聚落建立的背景。

尽管现在的二里头遗址位于伊河与洛河之间，但古时两河的交汇点位于更西侧，二里头遗址南侧有被称为古伊洛河的古河道（中国社会科学院考古研究所二里头工作队 2005、盐泽 2009）。换言之，当时的二里头遗址位于伊洛两河的北岸。基于此来观察洛阳盆地西部龙山期至二里头期遗址分布的变化便可发现，在伊河与洛河的旧交汇点及伊河南岸，龙山文化与二里头文化叠压的大遗址的分布密度相当之高。

在旧伊河洛河所夹的三角地带共发现 9 处二里头时期的遗址，其中 7 处叠压着龙山文化层。如图 1 所示，以最大的一座超过 40 万平方米的遗址为首，大型遗址都有龙山地层（但复合遗址各时期的面积尚不明确）。二里头时期新出现的只有 2 处不足 10 万平方米的遗址。当然，如果将时代再度细分，并不能保证这些遗址都是连续居住的，但该遗址群的连续性很强这一点应当是可以肯定的。

伊河南岸也存在可粗分为三块的遗址群：东群有 79.5 万平方米的高崖西（134）、26 万平方米的高崖东北（132），中群有 27.5 万平方米的掘山（147）、19万平方米的西窑沟（148），西群有68万平方米的南寨上村东（154）、22.5万平方米的南寨西村南（151）、21万平方米的俎家庄北（156），每个遗址群中都存在这样的大型聚落。其中，最大的聚落以四、五公里的间隔排列于旧伊河北岸。这些遗址都拥有龙山文化层，具有较强的连续性。

像这样与龙山期保持着较强连续性的遗址群的规模并无大的变化（各时期的遗址面积变化难以确知，此处重视的是遗址的数量和分布范围）。这些沿古伊洛河南岸分布的大遗址的背后，是分布于伊河洛河支流流域的遗址群。大遗址作为支流流域遗址群的中心聚落，多位于支流注入大河的河口位置，这种近距离的网状结构不同于嵩山以南的支流遗址群的聚落分布。洛阳盆地以二里头遗址为中心重新统合的社会组织的出现的基础在龙山时代就已形成，这就是我们格外关注洛阳盆地西部遗址群的理由。

二里头遗址所在的古伊洛河北岸则与上述区域不同。将二里头遗址计入其中，首阳山镇遗址群共有龙山期遗址6处（最大超过50万平方米的1处，超20万平方米2处，超10万平方米1处，不足10万平方米1处），至二里头时期，倍增为12处（最大的二里头遗址以下，超60万平方米的1处，超50万平方米1处，超30万平方米1处，超20万平方米2处，超10万平方米3处，不足10万平方米3处）。同时具有龙山文化层的遗址仅有4座，而二里头期出现的全新的遗址则有8座。这一遗址群的西面有白马寺镇遗址群：龙山期仅有3座不足10万平方米的小规模遗址，至二里头期均废弃；取而代之的是二里头期才起步的8处遗址，其中1座虽隶属不同的乡，但仍应视为该遗址群的一部分。这8处遗址中，其中超50万平方米的1座，超30万平方米的1座，其余则为不足10万平方米的小型遗址——虽规模有限，但对这片此前人居稀少的地区而言则是有一定程度的发展。

洛阳盆地西部，龙山时期就已具备较大规模的三角地带的遗址群和沿伊河南岸分布的遗址群在二里头期并无显著变化，同时古伊洛河北岸以二里头遗址为代表的遗址群崛起。若上溯至仰韶时期，则可看到古伊洛河北岸也曾广泛地分布着遗址，龙山期则是一段空白。这一点与仰韶、龙山、二里头时代没有发生大变化的另两个地区不同。龙山时期伴随着全球性的气候暖湿化，河南省境内遗址的增加是普遍现象，因而这一空白应当视为该地区的独特现象。

事实上，根据花粉孢子分析（宋等 2002、张等 2011），二里头遗址在龙山时代末期也处于暖湿气候，由于这种湿润的气候，处于微高地的二里头遗址周围的广阔地区被水淹没，也可发现洪水的痕迹。二里头周边的河岸在这一地区海拔最低，位于 120 米以下。并且，由于这一地点距离古伊河和古洛河的交汇点较近，可能常受河水泛滥之灾。龙山时代古伊洛河北岸遗址分布稀少的原因大约正在于此。此后，二里头 1 期前半气温开始趋冷，后半进一步干燥化，导致周围水面下降，露出土地，草木开始出现，动物开始活动。一般而言，气候干冷对农耕民众来说是不利因素，但在古伊洛河北岸却起到了正面作用：进入二里头时期，作为洛阳盆地中心的古伊洛河北岸，出现了可以开垦为农田以供给大量人口所需的土地。这一转折点出现于二里头一期。在后文将要言及的新砦遗址（北京大学震旦古代文明研究中心等 2008）的分析中，繁荣的二期（二里头一期前半以前）因气候暖湿而发现了大量水稻，衰退的三期（二里头一期后半）虽未出土植物遗存而难以判明其实际情况，但可以想见，伴随着干燥化，当地转向了以粟、黍为主的旱地农耕。相邻的洛阳盆地东部也发现了龙山期的水稻，但二里头时期不曾发现（陈等 2003）。

与此不同，在二里头遗址，虽也出土了适应干燥环境的小麦，但水稻的发现数量仅次于粟，达 1/3 之多（许 2009）。唯独洛阳皂角树（洛阳市文物工作队编 2002）出土水稻较少，这是周边广泛分布着低地的特殊地理环境所致，还是作为物资集散的中心聚落的特殊地位所致，尚难以判断。

（二）洛阳盆地东部遗址群

由于细分了时代的遗址数量十分有限，要探究有多少遗址自龙山期至二里头期有人连续居住相当困难，但鉴于二里头一期的遗址明显地少于二期以降，可以判断，连续居住的遗址数量并不多。为探讨这一问题，有必要参考另一团队（陈等 2003）在洛阳盆地东端，上述调查区域以东不远处伊洛河的两条支流沿岸进行的分布调查的情况（图 2）。根据该调查，正如上文已提及的，在二里头一期时出现了巨大的稍柴遗址的伊洛交汇点的坞罗河流域，有龙山期遗址 16 座，二里头期 21 座；同时，在其西面的干沟河流域，龙山期遗址有 28 座，二里头期有 30 座，小幅地增加着。不过，若将龙山时代分为前后两期，二里头文化也进行时代细分，再来看遗址数的变化：除时代未作细分的遗址，坞罗河流域有龙山后期遗址 9 处，二里头一期有 6 处，二里头二期则有 12 处，同时存在的遗址数即使在其最高水平也十分少，尤其二里头一期时遗址还减少了。叠压着龙山后期地层的二里头一期遗址只有 2 座，重复率仅为 22%。干沟河流域龙山后期遗址 20 座、二里头一期 4 座、二里头二期 9 座，同样，二里头 1 期遗址大量减少。同时具有龙山地层和二里头一期地层的遗址仅有两座，重复率为 20%，与坞罗河流域相当。与此形成鲜明对比的，是二里头一期地层和二期地层的重复率，坞罗河流域高达 100%，干沟河也达到 75%。

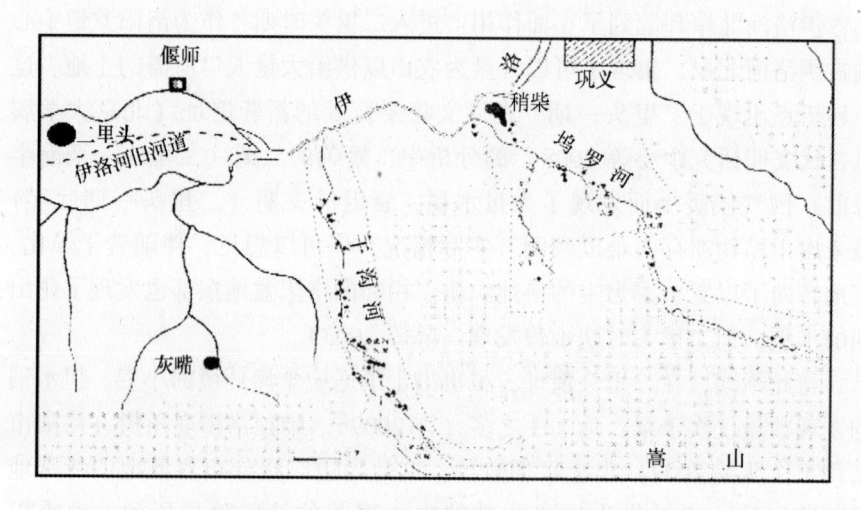

图 2　洛阳盆地东部地区二里头期遗迹分布（依陈等 2003 年图 2、9 改绘）

考虑到龙山后期的时间跨度几乎相当于二里头一期至四期合计的时间跨度，若以划分二里头时代的刻度再进行细分，同时存在的遗址数恐怕会进一步减少。我们不能将这些数值直接等同于当时实际存在的聚落数，但二里头一期阶段聚落数减少是可以肯定的，陶器型式的激烈变化也佐证了这一点。正是在这一阶段，出现了二里头遗址，并诞生了被称为二里头文化的新的陶器样式。随后，在聚落数增加的二期，陶器的型式趋于统一和固定。

此外，正如许宏等（中国社会科学院考古研究所二里头工作队 2005）既已指出的，同样在洛阳盆地之内，东部的遗址数虽也在增加，但除去仅有的 3 处之外，其余均为不足 6 万平方米的小规模遗址，这与大规模遗址林立的西部截然不同。可以认为，洛阳盆地的西部在早期王朝的形成过程中扮演了更为重要的角色。

不止是在龙山期不曾有大型遗址的这片广阔的空地上突然出现了约150万平方米的巨大的二里头遗址，在洛阳盆地东端这一重要地区，二里头一期时也出现了规模仅次于二里头遗址的稍柴遗址（河南省文物研究所1993），这具有历史性的意义。这一社会变革的契机，恐怕还是要归结于二里头文化一期阶段二里头聚落在洛阳盆地的出现（大贯2006）。正如西江（2005）也将稍柴遗址视为面向东方的窗口加以重视，笔者认为，这样的社会组织至少可以上溯到两遗址诞生的一期晚段。若要讨论在二里头一期的早段，稍柴的聚落与位于更东面的，接下来将要言及的以有着龙山和新砦期的城墙的新砦聚落为中心的集团有着怎样的关系，则有待今后更加详细的报告。

四　二里头文化第一期

（一）背景

二里头遗址几乎不曾发现王湾三期文化的文化层，而是在二里头文化第一期时有大量人口突然移居来此。正如上文已言及的，二里头期气候趋于寒冷干燥。一方面，洛阳盆地及其周边农民的生活变得困难；另一方面，以二里头遗址为代表的古伊洛河北岸出现了适合农耕的土地，于是这成为人口由周围地区向古伊洛河北岸集中的一大原因。阐释人群的移动是文化史考古学的经典命题之一。为回答这一问题，就有必要探讨从当地的早期文化即王湾期文化到二里头文化一期的陶器变化。

首先需要一提的是，即使是王湾三期文化中有分布于二里头遗址所在的洛阳盆地的陶器，也难以将二里头文化第一期的陶器视为其渐进变化的结果。邹衡（1980）曾经强调，二里头文化的陶器与之前的王湾三期文化的陶器不连续，而一期、二期、三期的陶器是连续发展不曾间断，归属于同一陶器文化的。1999年的报告书在说明一期到四期的陶器变化时列举了19种器型，其中15种始自一期，占到了绝大多数。"河南龙山文化虽是二里头文化的主要来源，但两者是不同的文化。前者与后者之间产生了质的变化，反映当时氏族、部落或部族中的巨大分化及其间激烈的斗争"。这一结果体现在二里头遗址和二里头文化一期陶器上。虽然根据陶器类型设定的考古学文化这种行为本身具有主观性，但陶器类型的变化确实反映着历史动态这一点也是不可否定的。

据张鹏程（2012）的观点，因存在早期的大城而备受关注的陶寺遗址也是突然出现于临汾盆地的。陶寺文化的分布只局限于临汾盆地这一狭小的区域内，陶寺前期早段更是只发现于陶寺前期城址的聚落。与二里头文化一样，这样的状况也反映了社会组织的重构与陶器类型变化之间紧密的关联。

（2）二里头遗址的一期陶器

虽然在中国科学院考古研究所洛阳发掘队1961年的简报中，二里头遗址一期的陶器被归为河南龙山后期的陶器，但报告也指出其与一般的河南龙山文化的陶器并不连续，存在着缺环。此后，1965年的简报（同1965）将对早期（等于一期）陶器归属的表述变更为基于河南龙山文化并吸收了山东龙山文化要素而形成的"二里头类型"。

按时代排列收录1980年以后出土的陶器的照片图录《二里头陶器集粹》（中国社会科学院考古研究所编1995）于1995年出版，较1999年的报告书（同1999）更早一步发表了包含一期陶器在内的大量材料。这本图录与刊载1978年以前出土材料的1999年报告的差别不仅在于收录对象不同，图录解说者郑光对于一期陶器的理解也与后者不同。根据郑光的观点，此前二里头遗址所出土的被归为一期的陶器中的一部分，常常与典型的二期陶器共出于同一地层、灰坑或墓葬，即是说，过去被归为一期的陶器中的一部分实属二期。郑光所质疑的一期陶器的概念，正是图录出版时尚未面世的1999年报告书以及基于该报告书的现在普遍使用的一期陶器的概念。郑一期的陶器中，存在着难以与龙山陶器相区别者，其与郑二期的陶器的区别被加以强调。虽然由于未言明所指具体是哪些陶器，在理解上有一些不明确的地方，但黑白图版中22的双耳盆、15的器盖、16的碗等，并不见于1999年报告的一期。鉴于同一单位出土了典型的二里头一期的陶器，难以认为这些龙山风格的陶器构成了区别于过去认识的一期的单独阶段，但考虑到目前为止发现数量很少，或许可将其视为是移居来此的人们最初使用过而很快就被淘汰的陶器。即使是针对这样狭义的二里头一期，郑光也言道，若不精通二里头的陶器，要区别一期与二期的陶器是十分困难的。

1999年报告虽也将一期分为早晚两个阶段，但公布了作为分期根据的出土单位或文化层的陶器很少，导致理解上存在困难。根据顾万发

(2003）的观点，1999年报告的一期早段可对应郑光一期，晚段相当于郑光二期早段——且将这样的思路存于脑中，本文实际所使用的"一期"是基于1999年分期的。

李维明（2002）曾提出以1999年报告中早晚二分的各单位为基础的一期的细分方案，将大量的陶器根据类型学分别归入早期或晚期，尽管也存在部分与1999年报告的地层不相符合的问题，这一分期于理解上是最方便的。早段有接近龙山的器物，晚段则多见与二期相仿的器物，这一点与1999年报告的分期是共通的。然而，由于明确揭示地层与遗迹之间关系的材料公布得很少，这一方案可能相当程度上只是桌案上的研究（对此郑光曾给予批判）。

五　关于新砦遗址

新砦遗址位于与郑州市相邻的新密，是一处从王湾三期延续至二里头文化二期，面积达100万平方米的大型遗址。《河南分册》中虽然也将新砦遗址视作龙山时代向二里头时期过渡期的一处大型遗址，但由于所在遗址群中其他遗址规模均很小，对新砦遗址的评价并不高（大贯1997a）。

2008年出版的大型报告书（北京大学震旦古代文明研究中心等2008）从地层上确认了一期（王湾三期文化）、二期（作者称为"新砦二期文化"）、三期（二里头文化一期）等文化层。由于在一期龙山和二期新砦期发现了城墙，对新砦遗址的总体评价提高了。报告将新砦期分为早晚两期，认为从河南龙山王湾三期文化，经历了新砦期，到二里头一期的过程是渐进变化的。过去所认知的典型的新砦期，在这本报告中被归为新砦二期晚段。山本（2011）曾指出，在二期的早晚两阶段之间，存在陶器类型变化上划时代的分界，否定了新砦二期文化这种提法。笔者从罐、鼎、器盖的组合比例的大幅波动考察，也认为二期的早段和晚段之间存在着划时代的分界。

在此，三期二里头文化一期阶段的陶器与此前的二期的陶器之间有较强的连续性，并非简单的后来人群取代前者。在二里头文化一期阶段，这一遗址失去了其地域特征，聚落衰退，迎来终了。取而代之的，是郑州市周边如洛达庙、曲梁、大师姑等被归为二里头文化的遗址，这些遗址在二里头二期的出现具有历史性的意义。尤其，大师姑遗址是自二里头二期晚段起伴随着城墙出现的，与二里头遗址的宫殿营建活动之间存在着联动。

现在成为问题的是新砦二期晚段的分布范围。依照自王湾三期文化至二里头文化渐进变化的思路，起初新砦二期晚段被认为分布于嵩山周边相当广阔的区域。赵芝荃（1985）曾提出新砦期陶器的分布与二里头一期的分布范围重合，将其置于二里头文化最早阶段的位置上。隋裕仁（1987）则认为煤山遗址介于王湾三期文化与二里头二期之间的二里头一期阶段是新砦期，但新砦期不曾在洛阳盆地扩张，即二里头一期和新砦期是同时并存的关系。许宏（2006）也认为，在同一时期，新砦期分布于包括煤山遗址在内的颍汝地区，二里头一期早段则分布于伊洛地区。

然而，2008年的报告书对此前被视为新砦期分布范围的各遗址进行了彻底的再检讨，认为新砦期只分布于西不及颍汝，北不越黄河，东止于郑州西部的相当于王湾三期文化东北部的狭小范围内。若继续遵照渐进式变化这一思路，这就意味着二里头文化是形成于嵩山东部的。煤山的"二里头一期"在隋等人的论述中被排除于二里头一期之外而被视为新砦期，但在新砦报告中却被排除于新砦期之外。饭岛（1985、1991）早先关于应把煤山遗址"二里头一期"从二里头文化中割离出来而置于王湾三期文化末期位置的提法在今日看来也是非常重要的一种主张。

2008年新砦报告书认为，尽管嵩山东部的王湾三期文化终结并变为新砦二期文化，西部地区却延续着王湾三期文化，此后，从东部的新砦期诞生出了二里头一期，再向西部扩张。但这种论断至少存在一大矛盾而难以成立：新砦二期晚段（新砦期）的陶器类型并未发现于各地的龙山文化层，反而是在二里头一期或相当于该期的地层中发现的。

将二里头遗址一期一分为二的李维明（2002）提出，新砦遗址上层发现的二里头一期是二里头一期的较晚阶段，新砦期与二里头一期早段是同时期的。顾万发（2003）、许宏（2006）等人也同意这一观点。同时，李维明和邹衡一样，认为二里头文化不曾经过新砦期，而是直接诞生于王湾三期文化的。

关于这一问题，最新的 ^{14}C 校正年代（注意：并非测定值）表明新砦—龙山止于公元前1870年，新砦二期早段为公元前1870—公元前1790年，晚段（旧称新砦期）为公元前1790—公元前1720年，二里头文化一期则为公元前1735—公元前1705年。由于仅凭年轮校正所得的年代范围过大，为缩小范围，这一结果事实上是以考古学研究者们的分期为根据进行了补正的，但所谓考古学的分期法本身是因人而异的。换言之，若以新砦期·二里头一期早段并行说为前提，也可能产生出另一种的校正年代结果（大贯 2012）。事实上，新砦二期晚段（旧称新砦期）和二里头遗址一期校正前的测年数据几乎相同，也可视为同时并存的旁证（许 2006）。不过，新砦二期早段具有以上两者所不具有的年代甚早的数值，表明其可能早于二里头一期早段。问题是，新砦二期早段的嵩山西部地区是怎样的情况。

考虑新砦二期早段的位置，就不得不考虑其与王湾三期文化末期的关系。一直以来王湾三期文化被认为在嵩山北侧和南侧存在着地域差（赵 1996、韩、杨 1997），正如德留（2003）根据炊煮器的组合将之分为洛阳地区、颍汝地区、郑州地区三块，分别对应伊洛河、颍汝河、贾鲁河（含双洎河）三大水系，由陶器上看到的地域特征与水系是密切相关的。德留（2004）认为这三大区域的分别贯穿二里头文化始终。就二里头一期来看，其间的差别显著，但这种鼎立状态随着二期以降伊洛水系陶器分布的扩大而逐渐瓦解，趋于统一。当然，正如秦小丽（2004）等人所分析的，陶器类型因遗址不同具有多样性，地域性并未完全消失。

王立新（2006）曾指出，许多研究者基于自龙山至二里头的变化是渐进式的这一立场认为，新砦期的性质是两者之间的过渡这种想法存在错误，事实上应视其为跨越嵩山南北的大规模的社会重组。按照这一思路，虽然无法排除洛阳盆地西部以外的区域的人也向二里头遗址迁移，但鉴于二里头一期晚段南北的地域性并未消除，基本承续了王湾三期文化的地域差，因而二里头聚落的成员主要是来自洛阳盆地西部周边的移居者。

在这样短的一个阶段里，王湾三期至二里头文化一期陶器的突然变化是否意味着二里头遗址的出现呢。鉴于伊洛地区和颍汝地区的王湾期文化和二里头文化一期之间并不存在新砦二期，没有必要单独设立新砦二期至二里头一期这一转变期文化的概念。虽也存在如李这样重视二里头一期尤其是早段的鼎立状态而将其分为二里头类型（不同于过去所说的"二里头类型"）、煤山类型、新砦类型的思路，但如果跟从新砦 2008 年报告，重视二里头遗址及新的陶器类型的出现，则应当区分为体现地域间对立的二里头文化与新砦二期文化。颍汝集团虽区别于此两者，但缺乏一贯性，难以作为鼎立的一足与此两者并提（图 3）。

然而，处于王湾三期文化至二里头一期变化过程的中间位置的新砦二期早段的分布范围仅限于嵩山东麓。依照 ^{14}C 校正年代，这一阶段长达 80 年，但同样阶段在洛阳盆地西部，二里头一期的开始年代尚无法通过陶器

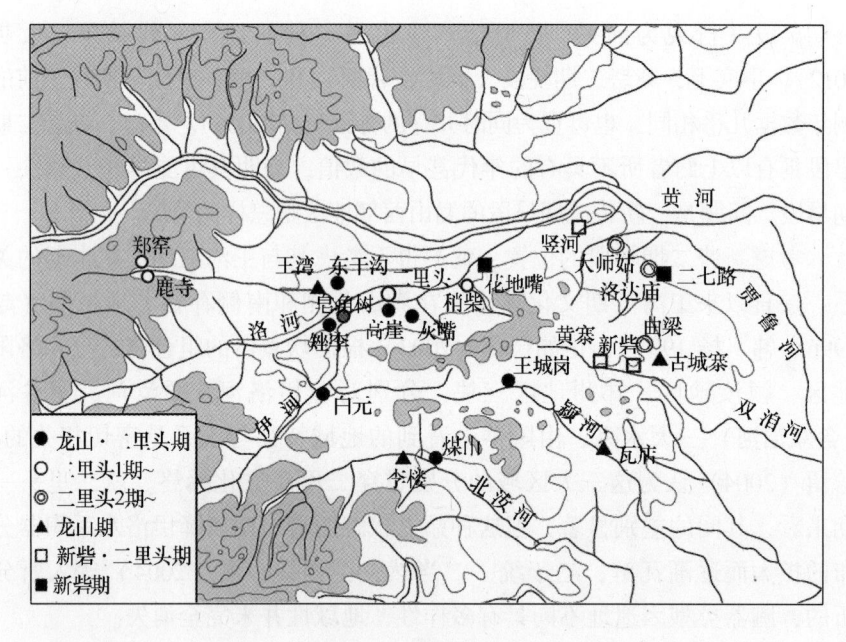

图3 相关遗址的分布

类型追溯至如此之早。也可能郑光一期包含了这一阶段。新砦遗址也存在发现了洪水迹象的阶段，就如许宏（2006）认为这一阶段的伊洛地区是空白，洛阳盆地是否也发生过什么呢。期待今后对这一课题的讨论能探明二里头文化的成立。

总结与课题

本文不仅基于全球性气候变动这一无关考古发掘的视角，也基于发掘调查及遗迹分布调查的结果对二里头遗址这一大型聚落的出现背景进行了说明，并认为新的社会组织的成立与陶器的变化是联动的，站在这一立场上对陶器反映的信息进行了思考。但同时笔者也深刻感到，"透物见人"的考古学实践依旧任重而道远。

本文内容系在2012年10月日本中国考古学会关东部会月例会上发表内容的一部分，因页数限制，省略了陶器分析的章节，此后又受教于盐泽先生所提供的关于古伊洛河道的资料。

参考文献

［日］饭岛武次：《夏殷文化の考古学的研究》，山川出版社，1985年。

［日］饭岛武次：《中国新石器文化研究》，山川出版社，1991年。

［日］饭岛武次：《中国夏王朝考古学研究》，同成社，2012年。

［日］大贯静夫：《〈中国文物地図集——河南分冊——〉を読む》，《住の考古学》，1997a，第139—154页。

［日］大贯静夫：《中国における土器型式の研究史》，《考古学雑誌》82—84，1997b，第109—124页。

［日］大贯静夫：《关于最近的拉网式考古调查等的成果（提要）》，《二里头遗址与二里头文化研究》，2006年，第541—542页。

［日］大贯静夫：《中国初期王朝の年代》，《考古学ジャーナル》627，2012年，第1页。

［日］冈村秀典：《中国新石器時代の戦争》，《古文化談叢》30，1993年，第1245—1259页。

［日］冈村秀典：《夏王朝——王権誕生の考古学——》，讲谈社，2003年。

［日］冈村秀典：《王朝成立的考古学证据（提要）》，《二里头遗址与二里头文化研究》，2006年，第523—524页。

［日］冈村秀典：《学术文库版「补论」》，《夏王朝——中国文明の原像——》，讲谈社学术文库，2007年，第205—307页。

［日］塩沢裕仁：《汉魏洛阳城周边的水文环境》，《东汉魏晋南北朝都城境域研究》，洛阳博物馆文化丛书，2009年，第71—85页。

［日］德留大辅：《中国新石器時代河南中部地域の土器から見た地域間交流（上）（下）》，《古代文化》第55卷第5期，2003年，第27—43页；2003年第55卷第6期，第28—39页。

［日］德留大辅：《二里頭文化二里頭類型の地域間交流》，《中国考古学》2004年第55卷第4期，第79—110页。

［日］西江清高：《先史時代から初期王朝時代》，《世界历史大系中国史1》2003年，第3—102页。

［日］西江清高：《地域間関係からみた中原王朝の成り立ち》，《国家形成の比較研究》2005年，第304—323页。

［日］宫本一夫：《中国の歴史01　神話から科学へ》，讲谈社，2005年。

［日］山本尧：《东京大学大学院人文社会系研究科修士论文》，2011年。

王立新：《从嵩山南北的文化整合看王朝的出现》，《二里头遗址与二里头文化研究》，2006年，第410—426页。

夏鼐：《碳—14测定年代和中国史前考古学》，《考古》1977年第4期，第217—

232 页。

河南省文物研究所：《河南巩县稍柴遗址发掘报告》，《华夏考古》1993 年第 2 期，第 1—45 页。

河南省文物研究所编：《禹州瓦店》，世界图书出版公司 2004 年版。

韩建业、杨新改：《王湾三期文化研究》，《考古学报》1997 年第 1 期，第 1—21 页。

许宏：《嵩山南北龙山文化至二里头文化演进程管窥》，《中原地区文明化进程学术研讨会文集》，科学出版社 2006 年版，第 212—222 页。

许宏：《最早的中国》，科学出版社 2009 年版。

许宏、陈国梁、赵海涛：《二里头遗址聚落形态的初步考察》，《考古》2004 年第 11 期，第 23—31 页。

国家文物局主编：《中国文物地图集·河南分册》，中国地图出版社 1991 年版。

顾万发：《〈"新砦期"研究〉增补》，《中国上古史研究专刊》第 3 期，2003 年，第 109—128 页。

秦小丽：《二里头時代の中原東部地区》，《中国考古学》第 4 期，2004 年，第 1—28 页。

邹衡：《试论夏文化》，《夏商周考古学论文集》，文物出版社 1980 年版，第 95—182 页。

隋裕仁：《二里头类型早期遗存的文化性质及其来源》，《中原文物》1987 年第 1 期，第 49—55、23 页。

宋豫秦、郑光、韩玉玲、吴玉新：《河南偃师市二里头遗址的环境信息》，《考古》2002 年第 12 期，第 75—79 页。

中国科学院考古研究所洛阳发掘队：《1959 年河南偃师二里头试掘简报》，《考古》1961 年第 2 期，第 82—85、81 页。

中国科学院考古研究所洛阳发掘队：《河南偃师二里头遗址发掘简报》，《考古》1965 年第 5 期，第 215—224 页。

中国社会科学院考古研究所河南二队：《河南密县新砦遗址的试掘》，《考古》1981 年第 5 期，第 398—408 页。

中国社会科学院考古研究所河南二队：《河南临汝煤山遗址发掘报告》，《考古学报》1982 年第 4 期，第 427—475 页。

中国社会科学院考古研究所编：《二里头陶器集粹》，中国社会科学出版社 1995 年版。

中国社会科学院考古研究所编：《偃师二里头——1959—1978 年考古发掘报告》，中国大百科全书出版社 1999 年版。

中国社会科学院考古研究所二里头工作队：《河南洛阳盆地 2001—2003 年考古调

查简报》,《考古》2005 年第 5 期, 第 18—37 页。

赵芝荃:《略论新砦期二里头文化》,《中国考古学会第四次年会论文集》, 文物出版社 1985 年版, 第 13—17 页。

赵芝荃:《试论二里头文化的源流》,《考古学报》1986 年第 1 期, 第 1—20 页。

赵春青:《中原龙山文化王湾类型再分析》,《洛阳考古四十年》, 科学出版社 1996 年版, 第 95—115 页。

赵春青:《郑洛地区新石器时代聚落的演变》, 北京大学出版社 2001 年版。

张鹏程:《试论史家湾遗存》,《考古与文物》2012 年第 6 期, 第 38—49 页。

张俊娜、夏正楷:《中原地区 4ka BP 前后异常洪水事件的沉积证据》,《地理学报》第 66 卷第 5 期, 2011 年, 第 685—697 页。

陈星灿、刘莉、李润权、华翰维、艾琳:《中国文明腹地的社会复杂化进程——伊洛河地区的聚落形态研究》,《考古学报》2003 年第 2 期, 第 161—217 页。

杜金鹏:《新砦文化与二里头文化》,《中国社会科学院古代文明研究中心通讯》第 2 期, 2001 年, 第 23—28 页。

北京大学考古文博学院、河南省文物研究所:《登封王城岗考古发现研究(上·下)》, 大象出版社 2007 年版。

北京大学考古文博院、郑州市文物考古研究所:《河南新密市新砦遗址 1999 年试掘简报》,《华夏考古》2000 年第 4 期, 第 3—10 页。

北京大学古代文明研究中心、郑州市文物考古研究所:《河南新密市新砦遗址 2000 年发掘简报》,《文物》2004 年第 3 期, 第 4—20 页。

北京大学震旦古代文明研究中心、郑州市文物考古研究院:《新密新砦——1999—2000 年田野考古发掘报告》, 文物出版社 2008 年版。

方燕明:《河南龙山文化和二里头文化碳十四测年的若干问题讨论》,《中原文物》2005 年第 2 期, 第 18—32 页。

洛阳市文物工作队编:《洛阳皂角树》, 科学出版社 2002 年版。

李维明:《二里头一期遗存与夏文化初始》,《中原文物》2002 年第 1 期, 第 33—42 页。

Li Liu, Settlement Patterns, Chiefdom Variability, and the Development of Early States in North China, *Journal of Anthropological archaeology*, 1996, 15, pp. 237–288.

(本文原刊于《中華文明の考古学》, 同成社, 2014 年 3 月)

(作者单位: 东京大学文学部)

试谈二里头遗址宫殿建筑基址

徐昭峰　曹蕊　赵美涵

二里头遗址宫殿建筑基址是夏文化的重要物质载体，对于探讨二里头遗址作为都城开始的时间和二里头文化四期二里头遗址的性质，以及对于探讨夏代的礼仪制度和夏商分界等问题都具有重要的学术意义。从最早发现的1号、2号宫殿建筑基址，到近年来新发现的3号、4号、5号、6号、7号、8号、9号宫殿建筑基址，使得我们需要重新审视二里头单体或成组宫殿建筑的时代、形制、功用，在此基础上进一步探讨二里头宫殿建筑群的布局、演变及其历史背景，以深化二里头文化的研究。

一　二里头文化早期的宫殿建筑

（一）二里头文化一期的宫殿建筑

二里头文化一期，二里头遗址的遗存见于Ⅱ—Ⅳ、Ⅷ、Ⅸ等区，范围逾100万平方米（图1），显现出不同于同时期一般聚落的规模和分布密度。遗存中已有青铜工具、象牙器、绿松石器等规格较高的器物，并发现刻画符号。故分析该期的二里头遗址很可能已成为中心聚落。[1] 在2010—2011年的发掘中，在宫殿区的北部发现巨型坑1座。巨型坑位于宫城东北部，东距宫城东墙西缘约3米—5米，北距宫城北墙约13米，平面形状略呈长方形，东西长约66米，南北宽约33米，总面积约2200平方米，深度一般为4米—4.6米，最深达6.7米。巨型坑内存在从二里头文化一期晚段到四期晚段的连续堆积。最下层为二里头文化一期晚段的堆积，包含物很少。二里头文化第二期遗存是坑内的主要堆积，发现有大片用陶片

---

[1] 许宏、陈国梁、赵海涛：《二里头遗址聚落形态的初步考察》，《考古》2004年第11期。

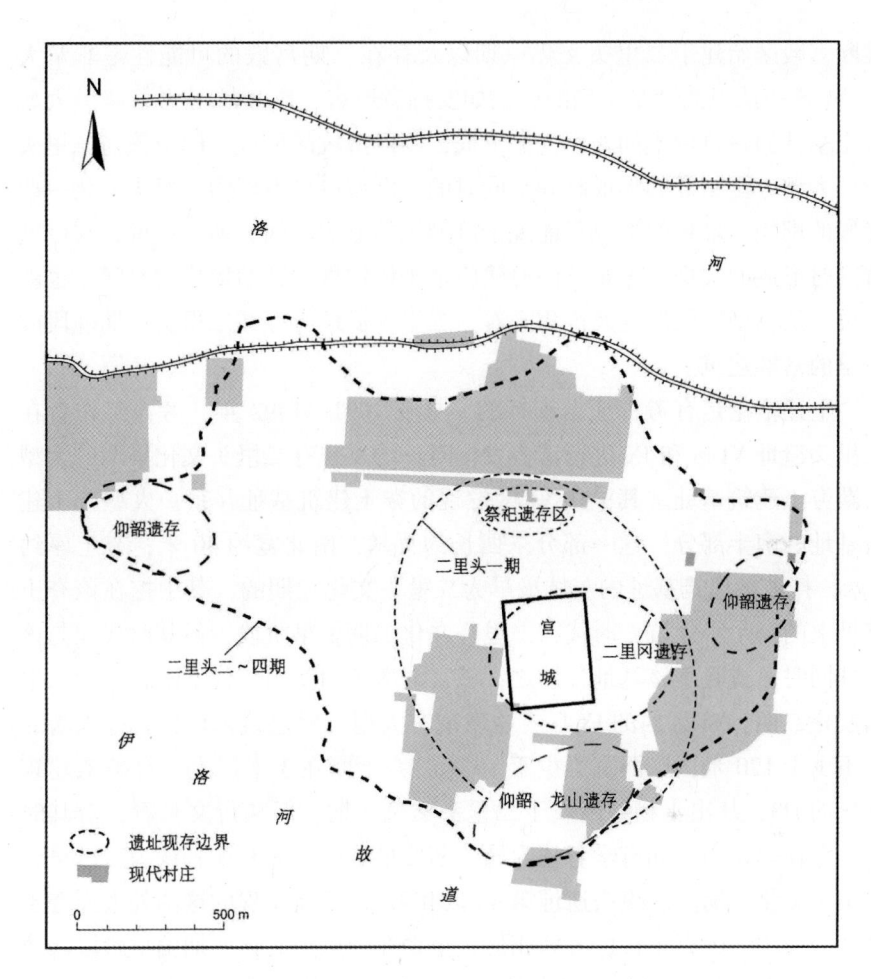

采自许宏、刘莉《关于二里头遗址的省思》
图1　二里头遗址各期文化遗存分布图

铺垫的活动面、祭品为猪的祭祀遗存、经过处理的房址和灶、路土面等。三期包含物也较少，该期之末巨型坑表面已经接近水平。四期局部有密集铺垫陶片的路面。发掘者通过对比分析认为，巨型坑是为了解决大型夯土基址的建筑用土问题而挖掘形成，形成时间不晚于二里头文化第二期。[①]有学者认为，最少在二里头文化一期晚段，该巨型坑即已开挖形成，因此

[①] 中国社会科学院考古研究所二里头工作队：《二里头遗址宫殿区2010—2011年度勘探与发掘新收获》，《中国社会科学院古代文明研究中心通讯》第22期，2012年。

推断宫殿区始建于二里头文化一期以及存在一期宫殿的可能性是非常大的。① 这一认识无疑是正确的。诚如发掘者所言,巨型坑是为了解决大型夯土基址的建筑用土问题而挖掘形成,则巨型坑的形成时间应该与二里头遗址大型夯土基址的形成时间是同时的。巨型坑最下层为二里头文化一期晚段的堆积,堆积的形成只能晚于巨型坑的形成时间,换句话说,与巨型坑同时形成的大型夯土基址的修建应早于该坑堆积开始形成的时间。也就是说,从巨型坑的形成及堆积来看,二里头遗址应存在二里头一期晚段或更早的宫殿建筑。

上述推论是有考古证据支持的。早在1991—1992年,考古工作者在二里头遗址Ⅵ区和Ⅸ进行考古发掘时,均发现有二里头文化早期的大型宫殿夯土建筑基址。其中在Ⅵ区发现的夯土建筑基址,系一大型夯土建筑基址的南半部分,这一部分东西长约百米,南北宽约40米,夯土厚约3米,打破该建筑基址的灰坑最早为二里头文化二期的,其中挖在该夯土基址上的一个小灶坑,时代在二里头文化二期偏早阶段,但其时代或与该基址同时,或晚于该基址,总之,该宫殿建筑的使用年代下限,应为二里头文化二期。Ⅵ区西的Ⅸ区,也发现有大型宫殿建筑基址,其范围南北长不少于120米,东西宽不少于80米,夯土厚在3米以上。打破该建筑基址的H3,从出土物判断属于二里头文化二期,但从行文来看,对其时代是存在争议的,如有学者认为属二期偏早阶段,另有学者认为可以早到二里头文化一期。二里头遗址第Ⅵ区和第Ⅸ区新发现的这两处大型夯土基址的使用、废弃年代,大体相仿,至少在二里头文化二期偏早阶段已建成使用,而其始建年代,极可能属于二里头文化一期。② 根据该文的描述,笔者想补充的是,这两处大型宫殿建筑基址的废弃年代最晚在二里头文化二期,早可至二里头文化二期偏早或一期晚段,但笔者更倾向于废弃时间在二里头文化二期偏早或一期晚段。原因有三:其一,中原地区从史前直至二里头文化时期的中心型聚落,如新密古城寨、登封王城岗、新密新砦等均有大型夯土建筑基址的发现,二里头文化一期二里头遗址成为超过100万平方米的大型中心聚落,理应有大型夯土建筑;其二,若这两处

---

① 张国硕:《论二里头遗址作为都城的延续年代》,《中国社会科学院古代文明研究中心通讯》第26期,2014年。

② 杜金鹏:《夏商考古新的发现与思考》,《郑州大学学报》(哲学社会科学版)1994年第1期。

夯土宫殿建筑始建于二里头文化一期，正与前文分析的巨型坑形成时间、形成原因相吻合；其三，这符合二里头遗址宫殿建筑的布局演变规律（详后）。

(二) 二里头文化二期的宫殿基址

二里头文化二期，二里头遗址宫殿区有了较大变化。变化之一是建造并使用于一期的第Ⅵ区和第Ⅸ区的大型宫殿建筑在二期已经毁弃；变化之二是宫殿区的南移，核心大型宫殿建筑南移至第Ⅴ区。自该期直至夏末，核心宫殿区就未再转移。

二里头文化二期核心宫殿区已经形成，自二、三期之交建成的宫城是在二期"井"字形中心道路网的规模上修建而成的，而"井"字形中心道路网从二期形成之后直至二里头文化四期基本未发生变化。[①] 二期的核心大型宫殿，主要是发现于第Ⅴ区的3号和5号宫殿建筑。二者位于宫殿区东中部，东西并列。根据行文的描述，3号基址在东，而5号基址在西，二者之间以宽约3米的通道相隔，通道的路土下发现有长逾百米的木结构排水暗渠。其中3号基址系一座（或一组）大型多院落建筑，局部为2号基址所叠压。3号基址南北窄长，主体部分至少由三重庭院组成。已揭露的三重庭院的西庑经统一规划，已探明基址的长度达150余米，远远超出2号基址，宽度则略窄于后者，有50米左右。北院内发现有积水迹象的大型坑状遗迹，2号基址北部的主体殿堂及殿前广庭，都是在填平夯实它的基础上兴建起来的。3号基址中院主殿夯土台基宽6米余，其上发现有连间房屋和前廊遗迹。中院院内部分南北宽约20米。中院和南院院内发现有成排的墓葬和石砌渗水井等。[②]

5号基址整体是一座规模较大的夯土台基，至少经过3次修建或增建。最上层夯土东西宽约48米，南缘超出发掘范围，发掘区内南北长45米，总面积超过2100平方米。由至少三进院落及东围墙、东庑组成，台基以东、以北、以西有路土活动面。每进院落包括主殿和院内路土，主殿以窄墙间隔成不同的房间。台基北院和中院以东有围墙，中院以东还有东

[①] 中国社会科学院考古研究所二里头工作队：《河南偃师市二里头遗址宫城及宫殿区外围道路的勘探与发掘》，《考古》2004年第11期。

[②] 中国社会科学院考古研究所二里头工作队：《河南偃师市二里头遗址中心区的考古新发现》，《考古》2005年第7期。

庑。南院以东、以北有回廊。北院主殿东西总长约34.6米，南北宽约7米—7.35米，总面积约250平方米。中院主殿被严重破坏，东西总长约11.2米、南北宽约4.5米，面积约50平方米，东墙中段有一处南北长约0.95米的门道。南院主殿至少由东、中、西三室组成，中室南墙上有东西宽约1.4米的门道一处。室内面积以中室最大。在北院和中院院内分别发现有二里头文化二期的墓葬，墓葬规模较大，出土有绿松石、漆器、白陶等较高规格的器物。[1]

除此之外，二期之时，在宫殿区以南兴建了铸铜作坊。在宫殿区东北至西北的Ⅲ、Ⅵ、Ⅸ区也有该期的中型夯土建筑基址和中型墓葬。在1号基址以西、以南又分别发现了属于该期的夯土遗存。上述情况表明二里头遗址在二里头文化二期进入了全面兴盛时期。在宫殿区以南，发现了宽约1米、约呈直角相交的两段夯土墙Q5，残存的东西一段墙长逾160米，南北一段长逾80米，这两段夯土墙应是一处围垣设施的一部分[2]，始建于该期的铸铜作坊遗址和始建于三期的绿松石作坊遗址均位于该围垣内。

二　二里头文化晚期的宫殿基址

（一）二里头文化三期的宫殿基址

正如主持二里头遗址发掘工作的许宏先生所言，从遗存的分布范围和内涵来看，二里头文化三期二里头遗址持续着二期以来的繁荣，宫殿区、铸铜作坊与道路网等重要遗存的总体布局基本如旧。但也发生了若干显著变化。

其一，在宫殿区周围增筑了宫城城墙，新建了一批夯土基址。

其二，兴建并使用于二里头文化二期的3号和5号大型宫殿建筑在二、三期之交废弃。始建于三期的大型宫殿建筑与二期的宫殿建筑又基本保持着统一的建筑方向和建筑规划轴线。兴建于三期的2号、4号宫殿基址是在对3号基址的废墟做了平毁、夯填处理的基础上新建的。三期和二

---

[1] 中国社会科学院考古研究所二里头工作队：《二里头遗址宫殿区2010—2011年度勘探与发掘新收获》，《中国社会科学院古代文明研究中心通讯》第22期，2012年。
[2] 中国社会科学院考古研究所二里头工作队：《二里头遗址2004—2006年田野考古的主要收获》，《中国社会科学院古代文明研究中心通讯》第12期，2006年。

期相比，建筑格局发生了变化，即由一体化的多重院落布局演变为以2号、4号和1号为代表的单体建筑纵向排列。

其三，位于宫城西南部的1号和7号、宫城东部的2号和4号基址，分别依同一条建筑轴线而建，显示出明确的中轴对称的建筑理念。① 形成东西并列的两个建筑中心。

宫城平面略呈纵长方形，总面积约10.8万平方米。东墙残长330余米，其上已发现门道2处，分别位于2号基址东南角外及偏南的宫城东墙上。在宫城的南墙西段和西墙南段，各有1座夯土基址（7号、8号基址）跨建于宫墙之上，其中7号基址恰好坐落于1号宫殿基址南大门的正南方。② 从层位关系和相对位置看，7号和8号基址的建筑和使用年代与宫城城墙相同。③ 宫城以南东西向大道的南面，发现有始建于该期的一处面积不小于1000平方米的绿松石作坊。④

除上述这些重要的遗存外，在宫城西墙内、1号基址西南角至8号基址之间发现了一道东西向的夯土隔墙（Q2）。在1号基址西南角以南，发现了另一处规模稍小的夯土台基（9号基址）。Q2和9号基址的兴建与使用年代应与1号基址大体同时。⑤

（二）二里头文化四期的宫殿基址

二里头文化四期，二里头遗址的面积并未较此前缩减，所有建于三期的宫室建筑与宫城，绿松石器作坊、铸铜作坊及其外面的围垣设施，及其四条垂直相交的大路都沿用到此期。此外还至少兴建了3座新建筑，其中6号基址建于宫城东部的2号基址以北，面积达2500平方米，是一处复合型的大型庭院建筑。6号基址以西则新建有11号基址，其面积尚有待确认。在宫城与围垣作坊区之间的大路东部，还兴建了一处长方形的中型夯土基

---

① 许宏、陈国梁、赵海涛：《二里头遗址聚落形态的初步考察》，《考古》2004年第11期。
② 中国社会科学院考古研究所二里头工作队：《河南偃师市二里头遗址中心区的考古新发现》，《考古》2005年第7期。
③ 中国社会科学院考古研究所二里头工作队：《河南偃师市二里头遗址宫城及宫殿区外围道路的勘探与发掘》，《考古》2004年第11期。
④ 许宏、刘莉：《关于二里头遗址的省思》，《文物》2008年第1期。
⑤ 中国社会科学院考古研究所二里头工作队：《河南偃师市二里头遗址宫城及宫殿区外围道路的勘探与发掘》，《考古》2004年第11期。

址（10号基址）。① 也就是说，二里头文化四期，二里头遗址宫城及其外围四条垂直相交的大路继续使用，宫城内1号、2号、4号、7号、8号、9号建筑继续使用，新建6号、11号，宫城外新建10号建筑。宫城以南的绿松石器作坊、铸铜作坊及其外面的围垣设施四期继续使用。在宫殿区南侧大道以南，距宫城南墙约18米—19米处，又发现1道东西向夯土墙Q3，位于Q5以南约7米余，墙宽2米左右，有较宽且深的基槽，夯筑质量高于宫城城墙，已确认长度达200余米，始建年代为二里头文化四期偏晚，不久即遭毁弃，该墙为宫城以南另一处围垣设施的北墙的可能性较大。②

三　二里头宫殿基址的演变、特点及相关问题

（一）二里头遗址宫殿建筑的演变及布局特点

张国硕先生认为，在现今我们能够观察到的、有限的夏商都城诸遗址中，宫殿区的建造年代和延续年代更接近都城的实际延续年代。一般情况下，只要宫殿区继续存在，那么这个地方作为都城的地位就能够保持下去；而一旦宫殿区整体被毁弃而又未在都城范围内建造新的宫殿区，则预示着该都城的终止或王朝都城的转移。总之，理应以考古发现和确认的宫殿区的建造年代和使用年代作为各都城的延续年代。③ 这一认识是非常有见地的。果真如此，二里头文化一期之时，二里头遗址面积逾100万平方米，它应该是伊洛地区乃至更大区域的最大的中心。二里头遗址在第Ⅵ区和Ⅸ区业已存在东西并列的面积分别近千平方米和超过400平方米的特大型夯土建筑基址，无疑具有了王都的规模和内涵，该期二里头遗址已具有王都的地位。

二里头文化二期，从二里头遗址宫殿建筑的布局演变来看，其宫殿区整体南移，主要分布于第Ⅵ区以南的第Ⅴ区，主体宫殿建筑第3号和第5号东西并列。在宫城北面的Ⅵ区和Ⅸ一带，集中分布着一些可能与祭祀有关的建筑基址。主要包括圆形的地面建筑和长方形的半地穴建筑及其附属

---

① 中国社会科学院考古研究所二里头工作队：《二里头遗址2004—2006年田野考古的主要收获》，《中国社会科学院古代文明研究中心通讯》第12期，2006年。
② 同上。
③ 张国硕：《论二里头遗址作为都城的延续年代》，《中国社会科学院古代文明研究中心通讯》第26期，2014年。

墓葬。长方形半地穴建筑与圆形地面建筑往往相伴。[1] 而对这些可能与祭祀有关的建筑基址的描述明显与上述笔者认为属二里头文化一期的大型夯土宫殿建筑有异，不是同一类遗存，笔者同时也认为它们不是同一时期的遗存，祭祀遗存应晚于VI区和IX区一带二里头文化一期的大型夯土宫殿建筑。而据相关资料，二期之时，在宫殿区以南兴建了铸铜作坊。在宫殿区东北至西北的III、VI、IX区也有该期的中型夯土建筑基址和中型墓葬。在1号基址以西、以南又分别发现了属于该期的夯土遗存。在宫殿区以南的Q5，应是一处围垣设施的一部分。[2] 上述表述中，笔者认为"宫殿区东北至西北的III、VI、IX区也有二期的中型夯土建筑基址、中型墓葬"可能和"在宫城北面的VI区和IX区一带，集中分布着一些可能与祭祀有关的建筑基址"是同一处遗存。宫殿区外围建造有交互垂直的四条"井"字形大道。上述情况表明二里头遗址在二里头文化二期进入了全面兴盛时期。宫殿区居中，北部为祭祀区，南部为手工业作坊区，并形成以此为轴线的聚落布局形态直至二里头文化四期晚段，奠定了二里头遗址全盛时期的规模。

　　二里头文化三期，二期建造并使用的3号、5号宫殿建筑毁弃，取而代之的是在3号基址废墟上拔地而起的2号宫殿，以及2号南面的4号宫殿，四条"井"字形大道以里筑起了宫城城墙。该期一改二里头文化前期宫殿建筑集中于一起的布局形态，形成两个建筑中心，第一组即以2号、4号宫殿基址为中心，并以此为轴线分布，宫城东墙上偏南的门址应与4号宫殿有关，宫城东墙上2号基址东南部的门址应与2号基址有关；第二组以1号、7号宫殿基址为中心，并以此为轴线分布，1号为外朝正殿，7号为正对1号宫殿的宫城正门，8号则为附属于1号宫殿的宫城侧门。这种布局形态一直延续至二里头文化四期晚段。也如有学者指出的那样，该期宫殿建筑群布局组合方面，是由二期的东西向左右对称布局，转变为三期之南北纵向式排列布局。[3] 从大的时间段来说，这种变化其实也是二里头文化早期（一二期）和晚期（三四期）之间的变化。

　　至二里头文化四期，三期形成的聚落布局和宫殿布局基本未发生大的

---

　　[1] 中国社会科学院考古研究所：《中国考古学·夏商卷》，中国社会科学出版社2003年版。
　　[2] 中国社会科学院考古研究所二里头工作队：《二里头遗址2004—2006年田野考古的主要收获》，《中国社会科学院古代文明研究中心通讯》第12期，2006年。
　　[3] 王学荣：《制度革新与文化融合》，《二里头遗址与二里头文化研究》，科学出版社2006年版。

变化（图2）。笔者曾认可《偃师二里头——1959—1978年考古发掘报告》①中关于二里头遗址1号宫殿基址废弃于三、四期之交的观点，但即使如此，笔者也认为二里头遗址作为夏都废弃年代应在二里头文化四期晚段。② 后研

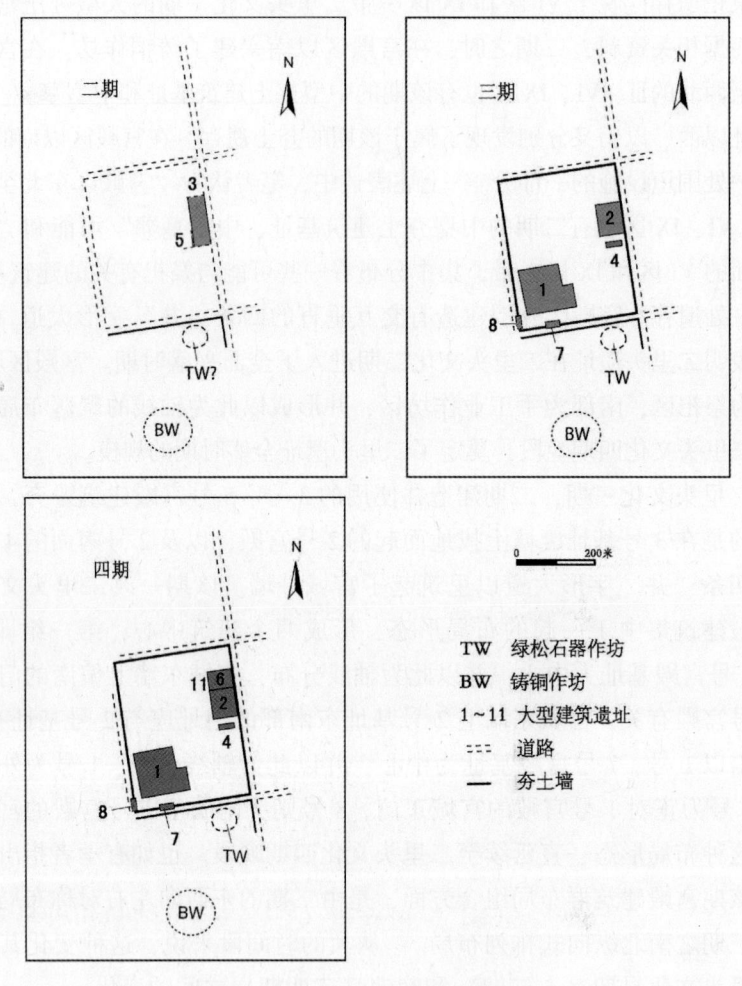

采自许宏、刘莉《关于二里头遗址的省思》
图2 二里头遗址中心区布局的演变过程

---

① 中国社会科学院考古研究所：《偃师二里头——1959—1978年考古发掘报告》，中国大百科全书出版社1999年版。
② 徐昭峰：《二里头夏都毁弃年代考辨》，《二里头遗址与二里头文化研究》，科学出版社2006年版。

读了杜金鹏先生①和许宏先生②关于二里头遗址1号宫殿基址始建、使用和废弃年代的宏论，深以为是。但两者也有些许差异，关于始建年代，杜金鹏先生认为在二里头二、三期之际，许宏先生认为早不到三期初或二、三期之交，所以认为它的始建年代不早于三期早段；关于其使用年代杜金鹏先生认为使用于二里头文化三期至四期晚段，许宏先生认为不早于三期早段直至整个第四期；关于其废弃年代，杜金鹏先生认为大约废弃于二里头文化四期晚段，许宏先生则认为应晚于二里头文化四期晚段。但无论如何，二里头文化四期宫城西侧1号及其附属7号、8号、9号基址继续使用，宫城东侧2号、4号这一轴线上，在2号北面新建了6号基址，以及可能与6号有关的11号，宫城以南的10号，宫殿区范围内四期遗存的丰富程度远远超过三期。不唯如此，宫城城墙、"井"字形大道、新筑的宫城南围垣Q3及其内的铸铜作坊、绿松石作坊继续使用，墓葬所见青铜容器和玉器等礼器的数量和质量均超过三期，形制较大、制作精美的陶器也屡有发现，青铜兵器始见于此期。③ 总之，二里头遗址在其四期并非如以前所认识的处于衰落阶段，恰恰相反，仍处于繁荣阶段，其性质仍属于都邑应是事实。

（二）二里头宫殿建筑的功用及基本布局

关于二里头宫殿建筑的功用，可以以资料最为明确的1号、2号和4号基址为例进行分析。

1号宫殿建筑，由主体殿堂、中庭、东厨、四周的廊庑、南侧门塾、东北部2个便门构成，与之有关的还有7号、8号、9号基址和Q2。主体夯土台基略呈正方形，东西长约108米，南北宽约100米，主体殿堂的台基位于基址北部居中位置，东西长约36米，南北宽约25米。关于其性质，有"朝堂说"、"王宫说"、"前朝后寝一体说"、"庙堂说"、"庙寝合一说"④、"前朝说"⑤

---

① 杜金鹏：《二里头遗址宫殿建筑基址初步研究》，《考古学集刊》第16集，文物出版社2005年版。

② 许宏：《二里头1号宫殿基址使用年代刍议》，《二里头遗址与二里头文化研究》，科学出版社2006年版。

③ 许宏、陈国梁、赵海涛：《二里头遗址聚落形态的初步考察》，《考古》2004年第11期。

④ 杜金鹏：《二里头遗址宫殿建筑基址初步研究》，《考古学集刊》第16集，文物出版社2005年版。

⑤ 杜金鹏：《偃师二里头遗址一号宫殿基址再认识》，《安金槐先生纪念文集》，大象出版社2005年版。

等。笔者认为该基址就是夏王布政之所,也就是前朝。

从单体宫殿建筑群来讲,1号基址是现今我们可以确认的二里头遗址规模、体量最大、规格最高的宫殿建筑。正如有学者分析的,1号宫殿有近万平方米的宏大规模,四面廊庑围成封闭的庭院,巍峨高大的主殿坐北朝南,殿前是可容数千人的广庭,显然具备作为朝堂的条件。① 其实不唯如此,还表现在,其一,1号基址的主殿东西长约36米,南北宽约25米,堂高而阔,与文献所载夏之世室吻合。戴震《明堂考》:"王者而后有明堂,其制盖起于古远。夏曰世室,殷曰重屋,周曰明堂。三代相因,异名同实。"《礼记·明堂位》:"朝诸侯于明堂。"《淮南子·本经训》高诱注:"明堂,王者布政之宫。"《考古记》有所谓"夏后氏世室",《竹书纪年》则言"太室",《谷梁传》云"大室犹世室也",故所谓明堂即为高大宽敞的大室。② 二里头遗址中最为符合这一条件的建筑就是1号基址。其二,东厨的确认。杨鸿勋先生曾指出,一号宫殿东廊北段连接有厨房,这被后世沿袭为"东厨"制度。③ 东厨制度在秦汉时期已经定型,后代沿袭不改。④ 作为前朝正殿的1号宫殿,必定也具有祭祀功能,同时根据甲骨卜辞和商代铜器铭文的记载,王庭也是商王及王室成员时常举行飨宴和祭祀活动的地方⑤,那么作为1号基址重要组成部分的宽阔的中庭也即王庭,它和1号基址的正殿同时具有举行飨宴和祭祀活动的功能,这就需要配套的东厨建筑。其三,1号基址的正南门,为具有门塾的一门三道制,是二里头遗址现今可以确定的门址规格最高者,反映出1号基址也是宫城内规格最高的建筑——前朝。其四,宫城南墙偏西的7号基址,对应1号基址正南门,根据其位置及形制,应为1号基址的宫城门址,《诗经·大雅·绵》:"乃立皋门,皋门有伉。"毛传:"王之郭门曰皋门。伉,高貌。"7号基址即应为皋门,是宫城的一处重要礼制建筑。其五,1号基址西南角以南,规模稍小的9号夯土台基,相关的资料未见公布,笔者想做一大胆推测,该处基址可能为"社"。《礼记·郊特牲》:"社祭土而

---

① 杜金鹏:《偃师二里头遗址一号宫殿基址再认识》,《安金槐先生纪念文集》,大象出版社2005年版。
② 王震中:《商代都邑》,中国社会科学出版社2010年版,第110页。
③ 杨鸿勋:《宫殿考古学通论》,紫禁城出版社2001年版,第34页。
④ 杜金鹏:《二里头遗址宫殿建筑基址初步研究》,《考古学集刊》第16集,文物出版社2005年版。
⑤ 王震中:《商代都邑》,中国社会科学出版社2010年版,第100页。

主阴气也",又说"天子大社,必受霜露风雨,以达天地之气"。正如有学者指出的,社坛的建筑形制是中间设有方坛,四周砌有矮的垣墙,不设屋顶。① 9号基址虽然形制不清楚,但其所处位置在1号基址前朝以南的西南部,墙高不应超过1号基址的廊庑,更不应该有高的屋顶遮挡1号基址,所以其形制极有可能为环有矮垣的方坛,正与天子大社形制相符。其六,在1号基址院内、北面和南面均有墓葬和祭祀遗存存在,院内这些与祭祀有关的遗存是1号基址建造或使用时期的遗存,而1号基址以南的这些与祭祀有关的遗存应该是9号基址天子大社建造和使用时期的相关遗存。而Q2的修建是为了突出天子大社的威严。其七,除7号门址外,在1号基址西南部的宫城西墙有8号门址,在1号基址的北庑西侧和东庑北侧各有一门,它们的存在是不同场合、不同阶层的人进出1号基址的反映,更说明1号基址规格之高。7号皋门应是重大场合、天子进出的门址,8号则是非重大场合朝臣出入的门址,1号基址东北部的两处门址应是嫔妃和1号基址的勤杂人员出入的闸门。

  2号基址也是四面廊庑围绕的一座主体殿堂,构成封闭的坐北朝南的一组建筑,基址南北长约73米,东西宽约58米。主殿台基东西长约33米,南北宽约13米,主殿由东西相连的三室构成。外围四周由廊庑和夯土墙形成封闭的自成一体的单元,主殿前有广庭,东有东厨建筑,南有一个门道和东西塾构成的门址,在门址外围两侧有小型的隔间,有学者认为是警卫房舍。② 更为重要的是,在该基址内主殿的北侧,发现1座大墓M1。M1平面作长方形,口部东西长5.2米—5.35米,南北宽4.25米,该墓被盗严重,仅发现1具完整的狗骨架置于红漆木匣中,填土和盗洞中发现有朱砂、红漆的陶龙头、漆皮和蚌饰片等。③ 对于M1的性质,一般认为是墓葬。

  从形制看,2号基址和1号基址不同,1号基址高大威严,2号基址局促、肃穆,封闭性极强,祭祀遗存突出,一处是主殿西北部的烧土坑,一处是主殿正室正对的广庭内烧土坑,为"燎祭"遗存的可能性极大。《尚书·武成》:"武王燎于周庙。"可见祭祖之礼有燎祭。2号基址有学

---

① 王震中:《商代都邑》,中国社会科学出版社2010年版,第70页。
② 杜金鹏:《二里头遗址宫殿建筑基址初步研究》,《考古学集刊》第16集,文物出版社2005年版。
③ 中国社会科学院考古研究所二里头工作队:《河南偃师二里头二号宫殿遗址》,《考古》1983年第3期。

者认为是"夏社"①，但一般认为是宗庙。在4号基址发掘后，学者对2号和4号基址作为一整体进行考虑，如有学者认为，2号和4号体现了当时帝王宫殿的内朝、外朝制度，若2号宫殿确系宗庙建筑，应是时王供奉其先王神主的地方，也是日常祭祖活动的地方，4号宫殿则专为举行某些特殊祭祖典礼的场所。②有学者依据《周礼·夏官·祭仆》："大丧，复于小庙。"郑玄注："小庙，高祖以下也。始祖曰太庙"的相关记载，认为2号基址是宗庙中的"太庙"，4号基址或即"小庙"遗迹；或者二者关系可能是宗庙以内太室和寝庙。③也有学者认为2号大致可视为后寝，4号则为前庙，总谓之寝宫或宗庙建筑群。④虽说有异，但基本都认为2号、4号建筑应为宗庙建筑群。

若以上论述成立，至迟在二里头文化三期，二里头夏都已形成"左宗右社"的宫殿布局形制。至四期，2号以北增筑6号基址，宫殿区的整体功用和布局未发生变化。首先，向前追溯，二里头文化二期，正如有学者指出的那样，二期的3号多重院落和三期的2号、4号建筑前后组合，时期相承，性质相近。即不论多重院落的3号建筑群，抑或前后组合的2号、4号建筑群，均属放置祖先神物及举行祖先祭奠的宗庙寝宫。⑤其次，在3号基址北院内发现有积水迹象的大型坑状遗迹，一般而言应与祭祀遗存相关，在3号基址中院和南院院内发现有成排的墓葬和石砌渗水井等，这些墓葬也不排除是该基址使用时期的祭祀遗存。最后，在宫殿区东北部的巨型坑发现有二期的大量祭祀遗存，其与3号、5号基址的位置，应该是距离3号基址近。是故二里头文化二期3号基址也为宗庙建筑群，3号以西的5号基址，其北院主殿面积达250平方米，应为近似1号基址主殿的朝堂。一期第Ⅵ区和第Ⅸ区发现的大型宫殿建筑基址的布局或与其后相同，待资料丰富后再做讨论。

综上可见，从二里头文化一期至四期，二里头遗址作为夏都，宫殿区基本布局是一、二期东西对称分布，至三、四期东西各沿南北轴线形成两

---

① 赵芝荃：《二里头文化与二里岗文化》，《庆祝苏秉琦考古五十五年论文集》，文物出版社1989年版。
② 杜金鹏：《偃师二里头遗址4号宫殿基址研究》，《文物》2005年第4期。
③ 郑杰祥：《二里头遗址新发现的一些重要遗迹的分析》，《二里头遗址与二里头文化研究》，科学出版社2006年版，第21—22页。
④ 宋镇豪：《偃师二里头遗址大型建筑基址的历史学考察》，《二里头遗址与二里头文化研究》，科学出版社2006年版，第89页。
⑤ 同上书，第88页。

组建筑中心，但其总体布局一直是左侧为宗庙，右侧为朝堂。至迟在二里头文化二期，宫殿区规模已经形成，大体北侧为大型祭祀区、中间为宫殿区、南侧为作坊区，南北形成大的轴线布局，最迟沿用至二里头文化四期晚段（图3）。二里头文化二期奠定了二里头遗址全盛时期的规模。二里头文化三期时，二里头遗址进入全盛时期，四期持续着三期以来的繁荣。

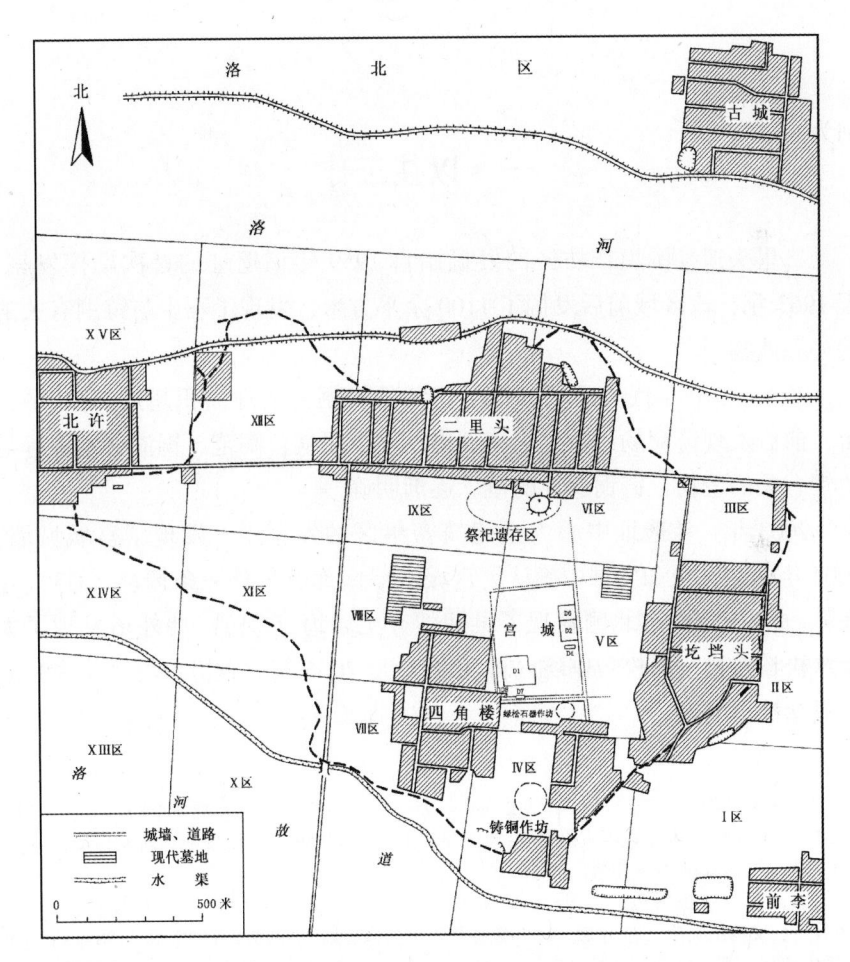

采自中国社会科学院考古研究所二里头工作队《二里头遗址2004—2006年田野考古的主要收获》

图3 二里头遗址平面图

（作者单位：辽宁师范大学历史文化旅游学院）

略论二里头遗址的围垣作坊区

陈国梁

一 以往工作

二里头遗址围垣作坊区的发掘始自1959年该遗址的首次勘探发掘,至1963年,该区域前后发掘了1100余平方米,发现了不少与铸铜有关的遗迹和遗物。①

20世纪80年代该区域进行了连续的发掘,清理面积超过2000平方米,前后发现铸铜场所数处,清理出了不少坩埚、陶范、铜渣、木炭等与铸铜有关的遗物,铸铜遗址的概念逐渐明确。②

2003年,在遗址中心大型建筑密集区的发掘中,发现了宫城城墙,2004年,在钻探和发掘中确认了宫城城墙南部有另外一条墙垣(Q3)存在③,此后在Q3东北侧发现了早期的夯土墙垣(Q5),此外还发现了大量绿松石遗物,绿松石作坊区得以确认④,2006年,围垣作坊区作为独立的概念被提出来。⑤

---

① 中国科学院考古研究所洛阳发掘队:《1959年河南二里头遗址试掘简报》,《考古》1961年第2期;中国社会科学院考古研究所:《偃师二里头——1959年~1978年考古发掘报告》,中国大百科全书出版社1999年版。

② a. 郑光、杨国忠、张国柱、杜金鹏:《偃师县二里头遗址》,《中国考古学年鉴(1984)》,文物出版社1984年版。b. 《偃师县二里头遗址》,《中国考古学年鉴(1985)》,文物出版社1985年版。c. 郑光、杨国忠、张国柱、杜金鹏:《偃师县二里头遗址》,《中国考古学年鉴(1987)》,文物出版社1988年版。

③ 中国社会科学院考古研究所二里头工作队:《河南偃师二里头遗址宫城及宫殿区外围道路的勘察与发掘》,《考古》2004年第11期。

④ 中国社会科学院考古研究所:《二里头(1999—2006)》,文物出版社2014年版。

⑤ 赵海涛、陈国梁、许宏:《二里头遗址发现大型围垣作坊区 全面揭露一处二里头文化末期大型庭院建筑》,《中国文物报》2006年7月21日第二版。

2012年11月至2013年5月，在作坊区西部的发掘中发现了一道墙垣遗迹（Q7）[①]，可能与作坊区西部的围垣设施有关。

至此，除南部围垣设施外，围垣作坊区的整体轮廓逐渐清晰。

50余年来，该区域的发掘面积超过4400平方米（表1、图1），为我们探讨二里头遗址作坊区的布局和内涵提供了丰富的基础性资料。

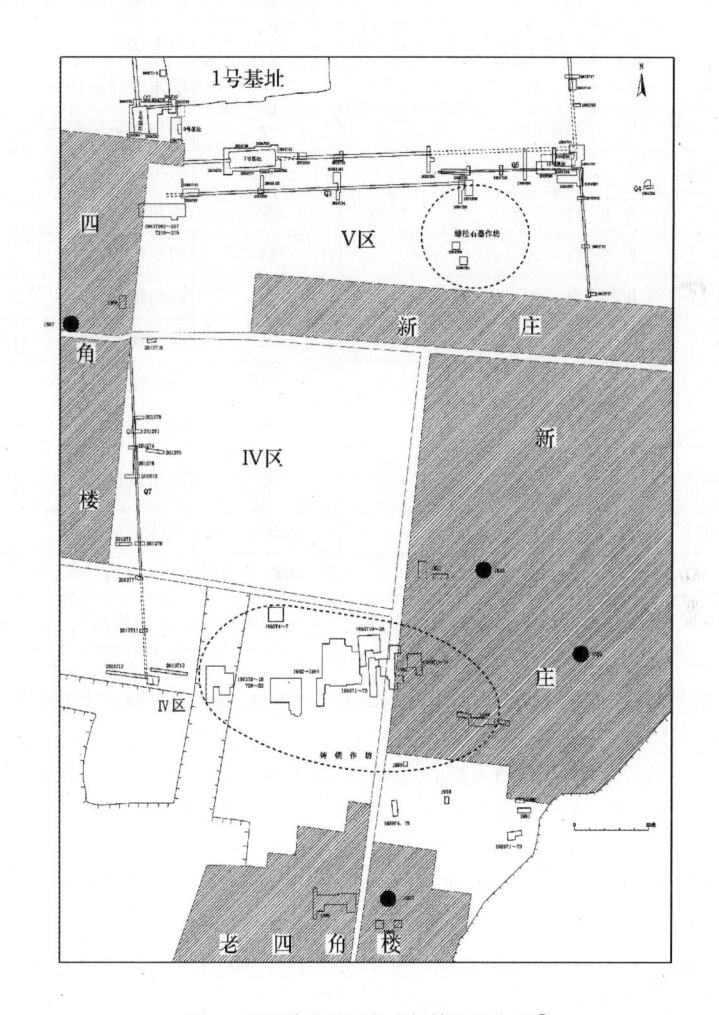

图1　围垣作坊区历年发掘情况示意图[②]

[①]　中国社会科学院考古研究所二里头工作队：《河南偃师二里头遗址2012—2013年墙垣和道路发掘简报》，待刊。

[②]　图中黑色圆点为大致的发掘位置。

表1　　　　　　　　　　二里头遗址作坊区历年发掘简表

时间	区号	探方号	面积（平方米）	具体位置	资料来源
1959 秋	Ⅰ·Ⅳ	T1—T5	74	老四角楼村北	1、2
1960 春	Ⅳ	T1—T3	156	四角楼村新庄西南	2
1963 春	Ⅳ	T4—T26、T28—32	645	四角楼村新庄西	2
1963 秋	Ⅳ	T201—T207、T210—T215	259	四角楼村	2
1980 春	Ⅳ	T1—T5	不详	四角楼村新庄南	6
1981—1982 秋	Ⅳ	T1A、B	88	四角楼新庄村南	3
1982—1984	Ⅳ	T2—T52	1300	四角楼新庄村南	3、6
1986	Ⅳ	T1—T17	250	四角楼村新庄	4
1987	Ⅳ	T1—T3	85	四角楼村	5
1989	Ⅳ	T1—T2	14	四角楼村	6
1990	Ⅳ	T1—T2	26	四角楼村	6
1991	Ⅳ	T1	不详	四角楼村	6
1993	Ⅳ	不详	300	四角楼村	6
2004—2006	Ⅳ	Ⅴ T81、T83—T90、T92—T100、T120—T121	844	四角楼村北	7、8
2012—2013	Ⅳ	T1—T13	360	四角楼村之间	9
总计			约4400平方米		

1. 中国科学院考古研究所洛阳发掘队：《1959年河南二里头遗址试掘简报》，《考古》1961年第2期。

2. 中国社会科学院考古研究所：《偃师二里头——1959年~1978年考古发掘报告》，中国大百科全书出版社1999年版，第8页。

3. 郑光、杨国忠、张国柱、杜金鹏：《偃师县二里头遗址》，《中国考古学年鉴（1984）》，文物出版社1984年版；郑光：《偃师县二里头遗址》，《中国考古学年鉴（1985）》，文物出版社1985年版。

4. 郑光、杨国忠、张国柱、杜金鹏：《偃师县二里头遗址》，《中国考古学年鉴（1987）》，文物出版社1988年版。

5. 杜金鹏：《偃师县二里头遗址》，《中国考古学年鉴（1988）》，文物出版社1989年版。

6. 二里头队所存资料。

7. 中国社会科学院考古研究所二里头工作队：《河南偃师二里头遗址宫城及宫殿区外围道路的勘察与发掘》，《考古》2004年第11期。

8. 中国社会科学院考古研究所：《二里头（1999—2006）》，文物出版社2014年版。

9. 中国社会科学院考古研究所二里头工作队：《河南偃师二里头遗址2012—2013年墙垣和道路发掘简报》，待刊。

二 围垣设施及功能分区

梳理二里头遗址的发掘资料可知，该区域有围垣设施围护，其内有多个不同的功能分区。

(一) 围垣设施

目前可知，作坊区有围垣设施围护，已经探明的围垣设施包括早期的东垣北段和北垣东段（Q5）以及晚期的北垣（Q3）。作坊区西侧的围护设施虽然尚不能明确，但是夯土墙垣（Q7）和道路的发现为我们大体勾勒出了作坊区西部的范围（图2）。

1. 早期东垣及北垣（Q5）、晚期北垣（Q3）

目前发现的早期东垣为四角楼行政村新庄北部的 Q5 一段，该墙垣与已经发现的宫城东墙在同一条直线上。见于 2004ⅤT87、2005ⅤT92、T93、T97 等探访中。已探明长度 84.6 米。

早期的北垣（Q5）见于 2005ⅤT94—T96、T98，2005ⅤT100 及以西包括 2005ⅤT120、T121 内均未见到，可能被晚期遗迹破坏或在 T100 以东向南拐。北垣距宫城南墙 10.8 米—11 米，且与宫城南墙大体平行，已探明长度为 92.4 米。2004ⅤT87 及其扩方内所见为 Q5 东北角。

Q5 外侧环绕路土，内侧有灰坑和小型房址。距地表 0.70 米—0.80 米，上宽 0.50 米—1.50 米、下宽 1.50 米—1.80 米、厚 0.20 米—0.48 米，夯土层数不一，颜色为红褐或深褐。夯层厚 0.12 米—0.16 米。简单施夯，土色红褐土，质较纯净。

墙体多数地段直接建于生土上，部分地段将生土两侧挖低，在较高的部分上夯筑而成。夯土为平夯形成。

晚期北（Q3）与宫城南墙基本平行。两者之间由道路隔开，方向 88°，已发掘可确认的部分长 106.8 米、北距宫城南墙 18.6 米—19.4 米。2004ⅤT81、T83—T85 内均有发现。T81 以西段为现代建筑所压，但可确认已经超过宫城西墙的延长线[①]，T85 以东已不明确，可能为晚

[①] 中国社会科学院考古研究所二里头工作队：《河南偃师市二里头遗址宫城及宫殿区外围道路的勘察与发掘》，《考古》2004 年第 11 期。

近遗迹破坏，有迹象表明其在 T85 东部北折。

墙垣由墙体、基槽、护坡三部分组成。

墙体基本高出原来地表，其上距地表 0.48 米。墙体位于基槽偏南一侧，墙体南缘大致和基槽南侧一致。保存较好的部分上部残宽 1.43 米—1.86 米、底部残宽 1.90 米—2.18 米、残高 0.50 米—0.96 米。

夯土呈红褐色或黄褐色，夹大量酱褐生土颗粒。墙体为平夯筑成，夯层清晰，不同地段夯层数量不一。夯窝明显，为集束夯，重复施夯。夯窝每 6 个或 9 个组成一组，中间夯窝直径较大，外围夯窝直径较小。层厚 0.03 米—0.10 米、夯窝直径 0.03 米—0.05 米。

基槽距地表深 0.44 米—1.43 米。上口较宽，底部较窄，基槽两侧壁稍斜，平底。剖面为倒梯形。部分墙段槽底铺有 3 层鹅卵石以加固基础。上口残宽 2.30 米—4.2 米、底残宽 1.8 米—3.0 米、自深 0.4 米—1.2 米。基槽内夯土为黄褐色或红褐色，内夹酱褐色生土粒。平夯筑成，夯层明显，数量不一。夯土质量和墙体相当。

在夯土 Q3 北侧部分地段建有护坡，护坡深约 1.08 米，剖面为三角形，宽 1.14 米、高 0.22 米，黄褐土，略泛红，土质较松软。

2. 西部围护设施

西部的围垣设施，目前尚难以确定。

考古发现的 Q7 位于作坊区的西侧，大体为西北—东南向，方向 355°。其与已经发现的宫城西墙（QW）方向大体一致，东距宫城西墙的南延长线 17.5 米—20 米。在发掘区内的 2012ⅣT1、T2、T4—T6、2013ⅣT8 之内均有发现。

墙体保存较差，部分地段仅见少量残留。发掘区内 2012ⅣT1 以北 Q7 被现代村落四角楼村所压，2012ⅣT6 以南部分因生土层较高，墙体可能已遭破坏。在发掘区最南侧的 2013ⅣT12 内仍能见到有路土带分布，其走向与发掘区北部诸探方内所见基本一致，大体呈南北一线。该探方南侧即为低地，夯土墙基和路土全部无存。综上可见，已经探知的 Q7 墙体现存长度约 84 米左右，经钻探证实的 Q7 长度约 147 米。发掘后可复原长度当不少于 228 米。

墙体系直接建造在生土之上。其开口深度在 0.5 米—0.6 米左右。墙体剖面基本上为梯形，因保存状况不同，发掘区内所见到的宽度也不一。在保存较好的 2012ⅣT4 之内，其上部宽度最宽 1.46 米，在 2012ⅣT5 内，据汉墓剖面所见，其底部宽度1.4米、残存厚度最厚0.5米。

墙体系夯筑而成，经解剖，其堆积可分为5层。

此外在Q7的发掘过程中，我们在可能出现作坊区西垣的区域，即宫城西墙的南部延长线上也进行了发掘，但是未发现夯土墙垣存在。综合以往发掘资料分析，墙垣（Q7）存在着属于作坊区西垣或西侧另一封闭区东垣的可能性。①

3. 南部围护设施

1983年的发掘中，在铸铜作坊的南部发现有壕沟遗址一处，宽度16米以上，深度约3米左右，长度在100米以上，其时代约二期偏早。② 在2011年至2012年的勘探中，我们也发现了此条壕沟遗存，其长度、宽度和深度均要大于以往的认识，钻探中还发现此壕沟内有汉代遗物③，我们推测该壕沟可能为铸铜作坊南侧仰韶、龙山时期聚落外围壕沟，因其紧邻洛河故道，一直存续至汉代才逐渐填平。该壕沟在作坊区的南侧，可能是作坊区的最南缘。2013年的发掘中发现，墙垣Q7向南延伸即为二里头遗址南部的低洼地，已经无存，推测Q7南部可能已经被破坏。

根据以往的发掘资料可知，1959年发掘的T1—T4探方中，未见到二里头文化遗存，所见均为仰韶、龙山时期遗存④。1986年该区域南部的发掘中，1990年、1991年发掘的诸探方中，所见堆积也全部是仰韶、龙山时期堆积。1989年该区域发掘的两个探方中，南部全部为仰韶龙山堆积，北部则有二里头文化时期的堆积，包含冶炼遗物。⑤ 故而我们推测，如果围垣作坊区的南垣存在，可能位于1989年发掘的两个探方之间。

4. 年代

据发掘的情况可知，围垣设施的年代主要包括两个时期：

其一为Q5、Q7，其始建年代均不早于二里头文化二期晚段，延续使

---

① 中国社会科学院考古研究所二里头工作队：《河南偃师二里头遗址作坊区2012—2013年墙垣和道路发掘简报》，待刊。

② 郑光、杨国忠、张国柱、杜金鹏：《偃师县二里头遗址》，《中国考古学年鉴（1984年）》，文物出版社1984年版。

③ 二里头队存资料。

④ 中国社会科学院考古研究所：《偃师二里头——1959年~1978年考古发掘报告》，中国大百科全书出版社1999年版。

⑤ 二里头队存资料。

用至二里头文化四期早段①。

其二为 Q3，其始建及废弃年代均为二里头文化四期晚段。②

（二）形制及规模

作坊区所发现的三处围垣虽然均未完全发掘，但是据发掘情况可知，早期北垣的东端（Q5 北部）可抵宫城东墙南延长线，晚期北垣西端（Q3）至少至宫城西墙延长线，可能延伸至 Q7 的北部延长线处。其复原长度当不短于宫城南墙，可能在 300 米至 320 米之间。

作坊区东垣（Q5 南部）南部为现代村落所压，总体长度不详。根据遗址南部的堆积分布状况和地形地势分析，其实际长度可能与 Q7 应该大体相当，复原长度可能在 400 米左右。

Q7 的属性有两种可能：其一，为作坊区的西垣；其二为作坊区西侧另一封闭区域的东垣，这样的话，宫城西墙的南侧延伸线最有可能为作坊区西垣所处的位置。如果第一种可能性成立，围垣作坊区应为一处四面绕以围垣的设防处所，大体为南北长方形。其面积在 12 万平方米以上（图 2）。如果第二种可能性成立，则作坊区的整体规模当在 12 万平方米左右。

（三）功能分区

根据已发掘的资料可知，作坊区内存在不同的功能区，目前比较明确的为铸铜作坊和绿松石作坊。

1. 铸铜作坊

铸铜作坊位于围垣作坊区南部，历年的发掘发现了一批与冶铸有关的遗迹，包括"浇铸场"、墓葬、窑址、灰坑等，获得大量与铸铜有关的遗物，包括陶范、石范、熔炉碎片、铜渣、铜矿石、木炭、小件铜器等，据

---

① a. 赵海涛、陈国梁、许宏：《二里头遗址发现大型围垣作坊区　全面揭露一处二里头文化末期大型庭院建筑》，《中国文物报》2006 年 7 月 21 日第二版。b. 中国社会科学院考古研究所：《二里头（1999—2006）》，文物出版社 2014 年版。c. 中国社会科学院考古研究所二里头工作队：《河南偃师二里头遗址 2012—2013 年墙垣和道路发掘简报》，待刊。

② a. 中国社会科学院考古研究所二里头工作队：《河南偃师市二里头遗址宫城及宫殿区外围道路的勘察与发掘》，《考古》2004 年第 11 期。b. 中国社会科学院考古研究所二里头工作队：《河南偃师二里头遗址中心区的考古新发现》，《考古》2005 年第 7 期。c. 中国社会科学院考古研究所：《二里头（1999—2006）》，文物出版社 2014 年版。

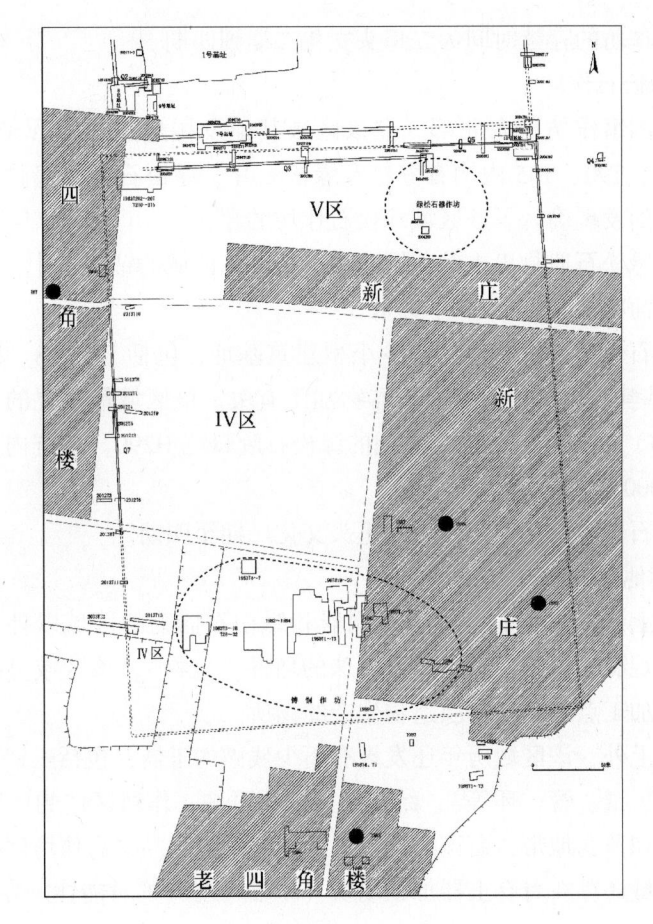

图 2　围垣作坊区平面复原图

钻探和发掘资料可知，该作坊的面积超过了 1 万平方米①，实际面积可能在 1.5 万平方米—2 万平方米左右。②

根据发掘资料看，铸铜作坊应该是冶、铸合一的加工场所，其生产的产品从早期的简单铜质工具发展到后期的铜容器，经历了冶金技术提高的过程。作坊区内发现的房址大小不一，等级有别，可能为管理人员和生产人员所居，灰坑等遗存为生活或生产遗留，而墓葬除了埋葬一般人员以外，部分还有祭祀的特征。

---

① 中国社会科学院考古研究所：《中国考古学·夏商卷》，中国社会科学出版社 2003 年版，第 111—112 页。
② 二里头队存资料。

铸铜作坊的存续时间为二里头文化二期到四期。①

2. 绿松石作坊

位于围垣作坊区东北部。在该区域其他发掘地点 2004ⅤT84、T85、T88、T89、T90、T95 内均有零星有绿松石片、绿松石料等遗物出土。绿松石废料的发现确认了该区域绿松石作坊的存在。

根据绿松石遗物出土的范围分析，结合该区域的钻探工作，推测绿松石作坊的面积不小于 1000 平方米。

绿松石作坊区内发现有不少小型建筑基址，包括 F7、F8、F9、F11、F12，这些建筑也可能与绿松石器物加工有关。该区域最重要的发现是在北垣（Q3）的探寻过程中，发现的绿松石废料坑 H290。该坑内出土绿松石遗物 3000 余件。

绿松石作坊的存续年代为二里头文化二期至四期。②

3. 其他

除以上比较明确的专门生产铜器和绿松石器物的区域以外，在发掘中，还发现有零星的骨料、陶质串珠的坯件等遗物③，该区域可能还是骨器生产的加工点和其他陶质遗物生产的场所。

除以上外，该区域历年还发现有不少残破的玉器，包括玉铲、镞、纺轮、璧戚、钺、管、环等④，结合钻探资料可知，作坊区内的中西部存在着大片堆积薄弱地带，而该时期上层所需的重要物品多有作坊区提供，推测这一区域还存在着有玉器加工场所（玉器作坊）的可能性。

三 围垣作坊区的变迁

梳理该区域的发掘资料，可知，1960—1963 年发掘的ⅣT1—32 个探方中，28 个探方清理至生土层，其中 14 个探方有二里头文化一期的文化

---

① 郑光：《二里头遗址与我国早期青铜文明》，中国社会科学院考古研究所编《中国考古学论丛——中国社会科学院考古研究所建所 40 年纪念》，科学出版社 1993 年版，第 191 页。铸铜作坊的起始和废弃年代尚有讨论空间。

② 中国社会科学院考古研究所：《二里头（1999—2006）》，文物出版社 2014 年版。

③ 中国社会科学院考古研究所二里头工作队：《河南偃师二里头遗址 2012—2013 年墙垣和道路发掘简报》，待刊。

④ 中国社会科学院考古研究所：《偃师二里头——1959 年~1979 年考古发掘报告》，中国大百科全书出版社 1999 年版，第 119、171、233、271、328—329 页。

层，一般深 2.5 米、厚 0.5 米—1.0 米。① 在 1963 年该区域北部的发掘中，ⅤT202—T207、T210—T215 这 12 个探方中，有 2 个探方有一期文化层，一般深 0.9 米、厚 0.3 米—1.0 米。经分析，以上堆积中属于一期的文化层较少米②发现的遗迹有灰坑、墓葬等，经分析，属于一期的遗迹较少。③ 1980 年至今的发掘中，也未见到能够早至二里头文化一期且与生产活动有关的堆积。但该区域在一期有先民活动应该无疑。

在二里头遗址发现的与铜器生产和绿松石器加工有关的遗物有铜刀 2 把、铜渣 1 块等④，绿松石珠 4 颗等⑤，经分析，这些遗物尚不确定能够早至一期。

综上可见，一期的时候，作坊区虽有人类活动，但是还不能确定已经开始进行铜器和绿松石器的加工。

此后，围垣作坊区的生产活动大体经历了四个时期：

---

① 中国社会科学院考古研究所：《偃师二里头——1959 年～1979 年考古发掘报告》，中国大百科全书出版社 1999 年版，第 19、23 页。

② 发掘报告中认为该区域包含一期的地层堆积的探方即 14 个，发表标本的有ⅣT3⑧、⑧A、T4⑥、T6⑦、⑨、T8⑦、T9⑦、T15⑤B、T22⑥、T24⑥A—⑥C 以及ⅤT203⑦、T204⑥等共计 10 个，以上地层中虽然不完全属于二里头文化一期，但出土遗物部分属于一期，故在二里头文化一期的时候，该区域存在着人类活动应该没有问题。详见中国社会科学院考古研究所《偃师二里头——1959 年～1979 年考古发掘报告》，中国大百科全书出版社 1999 年版。

③ 原报告中载属于一期的灰坑有ⅣH3、H21、H69、H70、H85、H86、H106 等。发掘报告认为 H3 中的部分遗物为一期，部分遗物为三期，查原纪录为三期，其年代存疑。H21 未发表任何遗物，仅从层位关系推断为一期。H69 打破生土，层位关系相对较早，但是仅发表遗物 1 件，为刻槽盆，饰方格纹，应为一期遗物，其属于一期的可能性较大，若需确定年代还应参考其他同出遗物。H70 层位关系较早，仅发表蚌镰 1 件，其年代可能为一期，尚难确定。H85、H86 从层位关系看，均较早，但是发表的可供断代的遗物较少，可能为一期，亦不能完全确定。H106 原纪录认为属于三期，发表的遗物仅 2 件，其一为罐形鼎，另一为碗，遗物的形制特征显示，其年代不可能早到一期。原报告中该区域认为属于一期的墓葬 2 座，分别为ⅣM25、M26，其中 M25 未出土遗物，M26 出土遗物经比对，应该属于二里头文化二期。详见中国社会科学院考古研究所《偃师二里头——1959 年～1979 年考古发掘报告》，中国大百科全书出版社 1999 年版。

④ 原定为一期的遗物包括铜刀（ⅣT24⑥B：9、Ⅱ·VT111⑤：12）、铜渣（VT33D⑩：7）等，其中ⅣT24⑥B 层仅发表铜刀 1 件，未见其他同出遗物发表，其年代存疑。Ⅱ·VT111⑤层的年代报告中认为属于一期，同出器物大口罐（T111⑤B：12）、矮领瓮（T111⑤B：20）、缸（T111⑤B：14）等，年代较早，原记录认为属于二期，从器形看，属于二期的可能性较高。其是否属于一期，尚存疑。铜渣（VT33D⑩：7）出自Ⅴ区，1 号基址东南，未发表同出器物，原始发掘记录及报告均认为属于一期文化层，但出土有白陶盉残片，故能否早至一期，尚存疑。见中国社会科学院考古研究所《偃师二里头——1959 年～1979 年考古发掘报告》，中国大百科全书出版社 1999 年版，第 41 页。

⑤ 绿松石珠 4 件（Ⅱ·VT111⑤B：6、ⅣT6⑦：1、ⅣM26：6、7）。据同出器物判断，这些遗物所属的遗迹年代可能不会早至二头文化一期。见中国社会科学院考古研究所《偃师二里头——1959 年～1979 年考古发掘报告》，中国大百科全书出版社 1999 年版，第 67、74 页。

(一) 初始期

二里头文化二期，宫殿区周围的"井"字形道路开始出现，大型建筑基址如3号、5号基址陆续建成，围垣作坊区的围护设施出现。围垣设施的始建年代不晚于宫殿区的围护设施宫城城墙的始建年代[1]，说明此时作坊区的重要性不亚于宫殿区。

1960—1963年的发掘中所有探方均见有二里头二期文化层。[2] 发现房址、窑址、灶、灰坑等遗迹。[3] 1983—1984年还清理二期的铸铜遗迹4处。[4] 除了与制铜和绿松石加工有关的遗迹外，二里头遗址出土的二期与铸铜有关的遗物有铜刀、铜锥、铜块、陶范、坩埚碎片、铜渣等。[5]

绿松石遗物开始出现，数量也较多，包括绿松石饰、扁珠、片等[6]，此期的墓葬还出土有铜铃、铜牌饰、绿松石龙形器、绿松石珠、绿松石饰、绿松石片等[7]，绿松石作坊区也发现了绿松石片。[8]

1981YLⅤM4发现的镶嵌绿松石龙纹铜牌饰（M4：5）[9]，以铜材质为

---

[1] 宫城城墙的始建年代不早于二期晚段，可能为二、三期之交。中国社会科学院考古研究所：《二里头（1999—2006）》，文物出版社2014年版。

[2] 中国社会科学院考古研究所：《偃师二里头——1959年~1979年考古发掘报告》，中国大百科全书出版社1999年版，第20页。

[3] 同上注，第75—78页。

[4] a. 郑光、杨国忠、张国柱、杜金鹏：《偃师县二里头遗址》，《中国考古学年鉴（1984）》，文物出版社1984年版。b. 郑光：《偃师县二里头遗址》，《中国考古学年鉴（1985）》，文物出版社1985年版。

[5] a. 中国社会科学院考古研究所：《偃师二里头——1959年~1979年考古发掘报告》，中国大百科全书出版社1999年版，第80—82页。b. 郑光、杨国忠、张国柱、杜金鹏：《偃师县二里头遗址》，《中国考古学年鉴（1984）》，文物出版社1984年版。c. 郑光：《偃师县二里头遗址》，《中国考古学年鉴（1985）》，文物出版社1985年版。d. 中国社会科学院考古研究所：《二里头（1999—2006）》，文物出版社2014年版。

[6] 中国社会科学院考古研究所：《偃师二里头——1959年~1979年考古发掘报告》，中国大百科全书出版社1999年版，第119页。

[7] a. 中国社会科学院考古研究所：《偃师二里头——1959年~1979年考古发掘报告》，中国大百科全书出版社1999年版，第137页。b. 中国社会科学院考古研究所二里头工作队：《1981年河南偃师二里头墓葬发掘简报》，《考古》1984年第1期。c. 中国社会科学院考古研究所二里头队：《1982年秋偃师二里头遗址九区发掘简报》，《考古》1985年第12期。d. 中国社会科学院考古研究所二里头工作队：《河南偃师市二里头遗址中心区的考古新发现》，《考古》2005年第7期。

[8] 中国社会科学院考古研究所：《二里头（1999—2006）》，文物出版社2014年版。

[9] 中国社会科学院考古研究所二里头工作队：《1981年河南偃师二里头墓葬发掘简报》，《考古》1984年第1期。

托，上面镶嵌绿松石，则是围垣作坊区内两个作坊之间通力合作的产物。此外，2002ⅤM3 发现的大型绿松石龙形器①，是该期绿松石加工水平的最高体现。

综上可见，二里头二期的时候，作坊区围垣设施已建成，开始投入铜器和绿松石器的生产，并有了体现高技术水平的代表作品。

（二）兴盛期

二里头文化三期、四期早段。该时期是二里头文化的发展和兴盛期，随着宫殿区的大规模建设，一系列大型建筑基址开始出现，宫城城墙已经已经拔地而起，作坊区的围垣设施则继续存在。

在铸铜作坊内发现有中小型的房址、窑址、灶、灰坑等遗迹。② 发现的遗物铜质遗物有铜刀、铜凿、铜锯、铜鱼钩等小件工具，冶炼遗物通条、铜片、陶范、坩埚、铜渣等也大量发现，尤其是在三期的时候出现了铜容器爵和铜质武器戈、戚、镞。③ 铸铜作坊内发现的陶范形体较大，四期偏早的陶范不仅数量多，还出现了单线条的花纹，直径最大可达 36 厘米。④ 这表明该期作坊区内铜器的生产已经摆脱了二期主要生产小件工具的境况，能够制造器型复杂、器体较大的器物。

绿松石作坊的生产仍以片、管、珠为主。⑤ 一些规整的绿松石片可能为较大型绿松石器上残留。绿松石作坊区还发现了绿松石片和碎料，尤其是碎料的发现，为绿松石作坊限定在该区域提供了有力的证据。

---

① 中国社会科学院考古研究所二里头工作队：《河南偃师市二里头遗址中心区的考古新发现》，《考古》2005 年第 7 期。

② a. 中国社会科学院考古研究所：《偃师二里头——1959 年～1978 年考古发掘报告》，中国大百科全书出版社 1999 年版，第 119 页。b. 郑光、杨国忠、张国柱、杜金鹏：《偃师县二里头遗址》，《中国考古学年鉴（1984）》，文物出版社 1984 年版。c. 郑光：《偃师县二里头遗址》，《中国考古学年鉴（1985）》，文物出版社 1985 年版。d. 中国社会科学院考古研究所：《二里头（1999—2006）》，文物出版社 2014 年版。e. 中国社会科学院考古研究所二里头工作队：《河南偃师二里头遗址 2012—2013 年墙垣和道路发掘简报》，待刊。

③ 中国社会科学院考古研究所：《偃师二里头——1959 年～1979 年考古发掘报告》，中国大百科全书出版社 1999 年版，第 168—171、195—196、239、240、249、268—270、299、328、332—333 页。

④ 郑光、杨国忠、张国柱、杜金鹏：《偃师县二里头遗址》，《中国考古学年鉴（1984）》，文物出版社 1984 年版。

⑤ 中国社会科学院考古研究所：《偃师二里头——1959 年～1978 年考古发掘报告》，中国大百科全书出版社 1999 年版，第 234—235、257—259、329—330 页。

1975年发掘的KM3、KM4中出土的4件铜圆形器①,上面均有绿松石附着,其中KM4:2上镶嵌两圈61片绿松石,每圈13个"十"字形,②这也是这个时期两个作坊之间合作的代表作。

综上可知,该期铸铜作坊和绿松石作坊继续生产,并制作出了具有典型二里头文化特征的遗物。

(三) 转型期

二里头文化四期晚段,该时期二里头遗址的格局上出现了较大的变化,一批大型建筑集中出现,如6号基址、10号基址,改变了宫殿区的布局。早期兴建的围垣设施被废弃,新建了北垣Q3,此后不久即遭废弃。

铸铜作坊的生产一如既往,且出现了新的变化,开始生产较大型的容器如青铜斝、鼎、盉等③,青铜爵的造型精美,达到了艺术和使用功能的完美合一。④

绿松石作坊内发现的废料坑(2004ⅤH290),出土了数千块绿松石料,相当一部分带有切割和打磨痕迹⑤,表面绿松石作坊仍在使用中。

这一时期,该区域内的生产活动仍然继续,只是没有维持多长时间。

(四) 衰落期

二里头文化四期晚段之后,二里头遗址宫殿区基本被二里岗上层文化的堆积覆盖。而作坊区在历年的发掘中,基本未见到二里岗上层文化的遗迹。⑥

---

① 中国社会科学院考古研究所:《偃师二里头——1959年~1978年考古发掘报告》,中国大百科全书出版社1999年版,第256页。

② a. 中国社会科学院考古研究所:《偃师二里头——1959年~1978年考古发掘报告》,中国大百科全书出版社1999年版,第256页。b. 中国科学院考古研究所二里头工作队:《偃师二里头遗址新发现的铜器和玉器》,《考古》1976年第4期。

③ a. 中国社会科学院考古研究所二里头工作队:《1984年秋河南偃师二里头遗址发现的几座墓葬》,《考古》1986年第4期。b. 中国社会科学院考古研究所二里头工作队:《河南偃师二里头遗址发现新的铜器》,《考古》1991年第12期。c. 中国社会科学院考古研究所:《考古精华——中国社会科学院考古研究所建所四十年纪念》,科学出版社1993年版。

④ 中国科学院考古研究所二里头工作队:《偃师二里头遗址新发现的铜器和玉器》,《考古》1976年第4期。

⑤ 中国社会科学院考古研究所二里头工作队:《河南偃师市二里头遗址中心区的考古新发现》,《考古》2005年第7期。

⑥ 中国社会科学院考古研究所:《偃师二里头——1959年~1978年考古发掘报告》,中国大百科全书出版社1999年版,第23页。

四期晚段修建的作坊区的北垣已经废弃。

遗址上发现的晚于四期的铜质遗物和绿松石遗物的种类和数量明显减少①，这种现象提示我们，该区域大规模的生产活动已经停止，围垣作坊区基本废弃。

四　结语

围垣作坊区建有围护设施，毗邻宫殿区，说明该区域有着独特的地位。依靠洛河故道，可以方便为作坊区的生产提供给排水。作坊区外围的道路和遗址上的"井"字形路网相连相通，也可以方便生产原料和制成品的运输。此种规划和布局是二里头遗址规划科学的体现。

通过对围垣作坊区的考察，我们知道，该区域的大规模的生产活动伴随着二里头遗址的兴盛开始于二里头文化二期，延续至四期晚段。该区域围垣设施的始建年代比宫城城墙的始建年代略早，凸显了在二里头文化时期的作坊区设防重要性不亚于宫殿区。二里岗上层文化时期，该遗址已经成为一般聚落，作坊区生产活动已经停止。

从考古发现来看，铸铜作坊不仅生产了一般的工具类产品，还生产有具有礼器特征的铜容器、乐器和铜质兵器。铜牌饰、龙形器等绿松石制品均发现于形制较大，规格较高的墓葬之中。这些奢侈品的分配和使用仅限于二里头文化及周边遗址的相对较小的人群。②表明作坊区的生产活动虽然独立，但是其分配行为附属于宫殿区内的社会高层，该作坊具有官营作坊的特征。相对于宫殿区的宫城，杜金鹏先生称该区域为"工城"③，是对围垣作坊区性质的最好概括。

手工业生产专业化的程度和形式被认为是衡量社会复杂化程度或文明化进程的重要指标。围垣作坊区内的铸铜作坊、绿松石作坊各自独立存在，而该遗址的制骨行业也有专门的区域，表明该时期的社会分工已经细

---

① 中国社会科学院考古研究所：《偃师二里头——1959年~1978年考古发掘报告》，中国大百科全书出版社1999年版，第349—350、365、368—369页。

② 陈国梁：《二里头文化铜器研究》，《中国早期青铜文化——二里头文化专题研究》，科学出版社2008年版。

③ 杜金鹏：《偃师二里头都邑制度研究》，《夏商周考古学研究》，科学出版社2007年版，第111页。

化，铜器、绿松石、制骨等加工生产已经超越了以家庭为基本生产单位式的生产，转变为较专业化的专业作坊式生产。

从考古发现来看，作坊区内的文化遗存多属于二里头文化，但是近年发现了不少属于海岱地区岳石文化风格的遗物。① 表面该区域从事生产活动的人群不仅仅与二里头文化的居民有关，可能与其他地区的人群也有一定联系。

二里头文化时期，二里头遗址附近没有铜矿资源。遗址生产用铜的来源可能在中条山区、长江中下游地区、豫西山地和山东半岛四个地区。② 而作坊区内绿松石加工所用的资源可能来自河南、湖北、陕西境内的富有绿松石矿藏的北矿带③，这些矿藏的分布范围已经超出了二里头文化的分布范围，而这些资源能源源不断地输送至二里头遗址，无疑是手工业生产专业化程度的一个体现。同时也表明了二里头文化的控制力或辐射力已经超越了单一地理单元，该文化已经具有广域王权国家特征。

手工业生产伴随着人类社会的发展，逐渐成为一个独立的行业。恩格斯称其为人类社会的"第二次大分工"，认为是人类由野蛮社会踏入文明社会的门槛。④ 柴尔德针对美索不达米亚地区的研究提出了"城市革命"的概念，认为附属于上层社会的专业化手工业生产是城市革命的主要特征。⑤ 塞维斯把手工业生产的专业化引入酋邦社会研究，称文化进化过程中最引人注目的事件之一就是在酋邦社会产生的关键时刻，手工业生产专业化的急遽发展。⑥

目前发现的新石器时代遗址中，虽然出土的手工业制品很多，但是还没有发现大规模的、在特定区域进行专业化生产的遗址，这一时期大体还处在家庭生产阶段，其生产规模、从业人员数量和制作技术都相对原始。

---

① 中国社会科学院考古研究所河南二里头工作队：《河南偃师二里头遗址 2012—2013 年墙垣和道路发掘简报》，待刊。

② 陈国梁：《二里头文化铜器研究》，《中国早期青铜文化——二里头文化专题研究》，科学出版社 2008 年版。

③ 叶晓红、任佳、许宏、陈国梁、赵海涛：《二里头遗址出土绿松石器物的来源初探》，《第四纪研究》2014 年第 1 期。

④ 恩格斯：《家庭、私有制和国家的起源》，《马克思恩格斯选集》，人民出版社 1972 年版，第 159 页。

⑤ Childe V. Gordon, *Man Makes Himself: the Classical Study of the Origin and Progress of Man From Earliest Recorded History to the Rise of the Modern Civilization*, Plume Press, 1983.

⑥ Elman R. Service, *Primitive Social Organization: An Evolutionary Perspective*, New York: Random House, 1962.

二里头遗址围垣作坊区除了布局科学、规划缜密的特点外，其内的手工业生产，大体呈现了以下特点：第一，种类齐全、器型繁多。铸铜作坊不仅生产小型铜质工具，后期还开始生产兵器、铜质铜器等。绿松石作坊除了生产小型的装饰品组件片、管、珠外，还生产大型的绿松石器。第二，技术先进、造型完美。铸铜技术发展到了二里头文化时期，达到了一个新的高度，尤其是铜容器的铸造，无疑是冶金技术创新的结果。二里头遗址所展示出来的高超青铜制作技术，也是同时期其他遗址所不具备的。第三，分工细密、生产有序。铜器和绿松石器的加工制作，都有一个复杂的流程。这些要依靠每个环节的谨慎操作和整个流程的科学有序。第四，集中管理、分区进行。围垣作坊区的出现，使得生产的专业化程度进一步提升。不同质地的生产活动分区进行，互不干扰。

在郑州商城，发现有作坊遗址多处，包括南关外和紫荆山铸铜作坊、[1] 西城墙北端外侧发现的制陶作坊[2]及紫荆山铸铜作坊以北的制骨作坊。[3] 其中南关外和紫荆山为两处铸铜作坊，发现有铜矿石，发现的陶范中，均有生产工具、兵器和容器范。南关铸铜作坊的南部发现有壕沟，可能有区划作用[4]。表明此时的作坊继承了二里头文化时期的作坊生产的专业性能。商代晚期的殷墟遗址发现的作坊数量很多，铸铜作坊包括苗圃北地[5]、孝民屯[6]、小屯东北地等[7]，小屯东北地属于殷墟早期的铸铜遗址，可能为中商时期所建。[8] 苗圃

---

[1] 河南省文物研究所：《郑州商代二里岗期铸铜基址》，《考古学集刊》（6），中国社会科学出版社1989年版，第100—126页。

[2] a. 河南省文物研究所：《郑州市商代制陶遗址发掘简报》，《华夏考古》1991年第4期。b. 河南省文物研究所：《郑州商城——1953—1985年发掘报告》，文物出版社2001年版。

[3] 河南省文化局文物队第一队：《郑州商代遗址的发掘》，《考古学报》1957年第1期。

[4] 河南省文物研究所：《郑州商代二里岗期铸铜基址》，《考古学集刊》（6），中国社会科学出版社1989年版，第100页。

[5] a. 周到、刘东亚：《1957年秋安阳高楼庄殷代遗址发掘》，《考古》1963年第4期。b. 中国社会科学院考古研究所安阳队：《1982—1984年安阳苗圃北地殷代遗址的发掘》，《考古学报》1991年第1期。c. 中国社会科学院考古研究所：《殷墟的发现与研究》，科学出版社1994年版。

[6] a. 中国社会科学院考古研究所：《殷墟的发现与研究》，科学出版社1994年版，第91—92页。b. 中国社会科学院考古研究所：《殷墟发掘报告》，文物出版社1987年版，第60—69页。c. 中国社会科学院考古研究所安阳工作队：《2000—2001年安阳孝民屯东南地殷代铸铜遗址发掘报告》，《考古学报》2006年第3期。d. 殷墟孝民屯考古队：《河南安阳市殷墟孝民屯商代铸铜遗址2003—2004年发掘简报》，《考古》2007年第1期。

[7] 石璋如：《小屯》第一本《遗址的发现与发掘》（乙编）《殷墟建筑遗存》，台湾"中研院"历史语言研究所，1959年。

[8] 刘煜、岳占伟：《殷墟铸铜遗址综述》，《三代考古》（二），科学出版社2006年版。

北地和孝民屯以铸造铜礼器为主，可能是属于王室控制的作坊。[①] 制玉作坊尚未发现，在小屯北地 F10 和 F11 两座房址，发现有很多长方形砺石和石锥半成品，另外还发现不少石料、玉料，可能为玉石器的加工场所。[②] 制骨作坊发现多处，包括花园庄南地[③]、薛家庄南地、北辛庄南地[④]、大司空东南地[⑤]、小屯[⑥]等。近年在铁西路也发现有大型制骨作坊，有学者认其可能与薛家庄南地为同一处[⑦]，与苗圃北地的铸铜作坊可能同为一处王室控制下的手工业作坊园区，花园庄南地的制骨作坊性质与其类似。[⑧] 大司空东南地和北辛庄南地可能以制作骨笄为主。[⑨] 近些年还在刘家庄发现了制陶作坊。[⑩] 显见这一时期手工业的专业化程度明显提高，从业人员数量较多，不同作坊生产的产品都有侧重，可能还存在专门的手工业生产园区。

纵观手工业生产作坊的发展历史，可以看出，二里头遗址围垣作坊区的出现，是该时期手工业生产专业化比较发达的一个标志，也是二里头文化进入复杂社会和青铜时代的体现，为后世"处工必就官府"[⑪] 的官营手工业作坊园区的雏形。

（作者单位：中国社会科学院考古研究所）

[①] a. 中国社会科学院考古研究所安阳队：《1982—1984 年安阳苗圃北地殷代遗址的发掘》，《考古学报》1991 年第 1 期。b. 殷墟孝民屯考古队：《河南安阳市殷墟孝民屯商代铸铜遗址 2003—2004 年发掘简报》，《考古》2007 年第 1 期。

[②] 中国科学院考古研究所安阳发掘队：《1975 年安阳殷墟的新发现》，《考古》1976 年第 4 期。

[③] 中国社会科学院考古研究所安阳工作队：《1986—1987 年安阳花园庄南地发掘报告》，《考古学报》1992 年第 1 期。

[④] 中国科学院考古研究所安阳发掘队：《1958—1959 年殷墟发掘简报》，《考古》1961 年第 2 期。

[⑤] 文物编辑委员会：《文物考古工作三十年》，文物出版社 1981 年版。

[⑥] 中国社会科学院考古研究所编：《新中国的考古发现与研究》，文物出版社 1984 年版。

[⑦] 李志鹏、江雨德、何毓灵、袁靖：《殷墟铁三路制骨作坊遗址出土制骨遗存的初步分析与认识》，《中国文物报》2010 年 9 月 17 日第 7 版。

[⑧] 孟宪武、谢世平：《殷商制骨》，《殷都学刊》2006 年第 3 期。

[⑨] a. 中国科学院考古研究所安阳发掘队：《1958—1959 年殷墟发掘简报》，《考古》1961 年第 2 期。b. 中国社会科学院考古研究所：《殷墟发掘报告（1958—1961）》，文物出版社 1987 年版，第 79、83—85 页。c. 中国社会科学院考古研究所：《殷墟的发现与研究》，科学出版社 1994 年版，第 93—96 页。

[⑩] 中国社会科学院考古研究所安阳工作队：《河南安阳市殷墟刘家庄北地制陶作坊遗址的发掘》，《考古》2012 年第 12 期。

[⑪] 《管子·匡君小匡第二十》："是故圣王之处士，必于闲燕。处农必就田野。处工必就官府。处商必就市井。"

关于二里头文化城址的几点认识

袁广阔　朱光华

1949年新中国成立以后，中国考古学进入黄金时期，不断有夏商时期的重大考古发现问世，河南偃师二里头遗址就是其中之一。新的研究成果表明，以二里头遗址为代表的二里头文化大约起始于公元前18世纪，前后延续200余年，这一时期中原地区出现了高度发达的青铜文明，社会复杂化程度也已达到国家阶段的特征。一般来说具有政治、经济、文化中心意义的"城市"的出现，普遍被认为是国家文明的象征之一，因此二里头文化城市形态的探讨无疑是中原地区文明起源问题研究的关键。目前在二里头文化范围内除作为都邑聚落的二里头遗址以外，还发现有郑州大师姑[1]、新郑望京楼[2]、平顶山蒲城店[3]等三座城址，为二里头文化城市形态的研究提供了重要的资料。本文试以考古发现为基础，结合文献记载及相关学科的研究成果，对二里头文化的城址形态与都城构筑思想略作探讨如下。

一　二里头文化城址的选址理念

二里头文化大体以郑洛地区为中心，其分布有着较为广泛的范围，从考古发现来看，典型二里头文化西至华山以东的三门峡一带，其北界、东北界约在今山西省东南部的垣曲、晋城与沁河以西一线。二里头文化的东界目前考古资料并不十分明确，大约可以推定在杞县、太康、项城以东的河南、山东、安徽三省交界地区，其南界、西南界分别可达大别山、桐柏

---

[1] 郑州市文物考古研究所：《郑州大师姑》，科学出版社2004年版。
[2] 郑州市文物考古研究院：《望京楼二里岗文化城址初步勘探和发掘简报》，《中国国家博物馆馆刊》2011年第10期。
[3] 河南省文物考古研究所：《河南平顶山蒲城店遗址发掘简报》，《文物》2008年第5期。

山与丹江流域。通过几十年来的考古发掘,考古工作者在河南偃师二里头遗址发现了大型宫殿基址,铸铜、制陶、制骨手工业作坊址,祭祀坑、贵族墓葬等一系列重要遗迹,同时发掘出土大量精美的青铜器、玉石器、陶器等遗物。① 综合文化年代、分布地域、文化内涵等方面的研究,学术界推证此类文化遗存可与文献记载的夏王朝相对应,二里头遗址则被证明为夏王朝的都邑之一。②

二里头遗址位居豫西洛阳盆地,北依邙山,南近伊阙,地介伊、洛水流域,西部为豫西丘陵地带,东部为广袤的华北平原,此地山河控戴,制约四方,东有成皋之险,西有崤函之固,不仅适宜人类生活居住,且为自古兵家必争之要地。综合分析我们认为当时选择建都于二里头概有以下三方面原因:

其一,偃师二里头遗址地处洛阳盆地,是古人观念里的"天下之中"。可以推断夏自二里头文化开始以豫西地区为中心的政治格局逐渐形成,四夷属国皆臣服于夏王朝无不视豫西地区的王权为正统,这种政治思想影响到早期的地理概念,进而出现了以该地区为"天下之中"的观念。因商灭夏后在豫西偃师附近营建陪都"西亳",周灭商后于豫西洛阳地区营建东都"洛邑",如《史记·封禅书》所言:"昔三代之居,皆在河洛之间",《吕氏春秋·慎势》所谓:"古之王者,择天下之中而立国。"在上述政治思想与地理观念影响下,至迟在西周时期"中国"的概念开始出现,周初的《何尊》铭文记成王营洛邑时说"余其宅兹中国",这是"中国"一词见于文字遗存的最早例证。由夏之立国到"天下之中"的观念的出现,再到"中国"一词的提出,凸显洛阳地区在三代政治格局中的重要地位,夏王朝为何建都于此地也就不难理解了。

其二,夏王朝定都于豫西地区从根本上来说与当时的社会政治格局及早期国家的统治形式有关。夏代虽已步入国家阶段,但从学术界研究的结论来看当时远非后世大一统的国家。半个世纪以来的考古发现表明,夏文化的分布地域仍然较为有限,仅包括今河南省的大部分地区,以及陕西省的西部,山西省的南部,湖北省的北部、山东省的东部等地。在此区域内考古学文化面貌较为统一,学者多将这种文化共同体表现出的一致性与中

---

① 中国社会科学院考古研究所:《偃师二里头》,中国大百科全书出版社1999年版。
② 邹衡:《试论夏文化》,《夏商周考古学论文集》,文物出版社1980年版。

国历史上夏王朝的疆域相联系,而夏文化分布区之外的诸考古学文化类型则多推测与同时期周边地区的诸侯方国相关。《左传·哀公七年》说"禹合诸侯于涂山,执玉帛者万国",脱胎于部落联盟制的夏王朝虽然实现了王权的世袭制与号令天下的权力,但并未从根本上改变这种小国林立的政治格局。夏王朝建立后仍有大量的诸侯方国继续存在,包括《史记·夏本纪》所载的"同姓十二氏":夏后氏、有扈氏、有男氏、斟寻氏、彤城氏、褒氏等,以及臣服于夏王朝的异姓诸国:韦、顾、昆吾、葛等。从中央王权与这些地方政权的关系来看,夏代的统治形式与今天的"联邦制"较为相似,因此有学者称之为"部落联盟共主制"。① 在上述政治形式下夏代都址的选择显然只能局限于夏民族活动的中心地区,"四夷宾服"的诸侯方国自然形成拱卫中央王朝的屏障,从而形成地理概念上的"天下之中",因此我们说夏王朝定都于豫西地区是国家统治形式与政治格局发展的必然结果。

其三,都城的选址与社会经济形态有着较为密切的联系,夏代定都于豫西地区在一定程度上反映了中原早期王朝对于洛阳盆地乃至华北平原农耕经济的依赖。二里头遗址所在的豫西洛阳盆地位于黄土高原的东南缘,北部为邙山黄土丘陵,中部为伊、洛河冲积平原,南部为低山丘陵与山前坡地,地势平坦开阔,气候温暖,适宜农业生产。古文献中多有夏后氏率领臣民从事耕作、兴修水利的记载,如《韩非子·五蠹》曰:"禹之王天下也,身执耒臿以为民先",《太平御览》卷八十二引《淮南子》曰:"禹身执畚锸以为民先",《论语·泰伯》曰:禹"卑宫室而尽力乎沟洫",可知农业生产在夏王朝社会经济中居于较为重要的地位。同时大量的考古资料也证明夏王朝的确是以农耕为主要经济形态的农业文明,迄今在二里头及同类型遗址中发现大量的石、骨、蚌质农具,如铲、镰、刀等,同时二里头遗址发现的大量酒器,包括觚、爵、盉、斝等,也反映出夏王朝较为发达的农业生产与粮食剩余。有学者推测"中国最早的城市中心在这里出现,很可能主要是因为该地区拥有肥沃的耕地"②,从而也说明夏代都城的选址在一定程度上受到当时社会经济形态的影响。

---

① 江林昌:《中国上古文明考论》,上海教育出版社2005年版。
② 刘莉:《中国新石器时代——迈向早期国家之路》,陈星灿等译,文物出版社2007年版。

二　二里头遗址所见夏代都邑宫殿建制

在社会等级化初步发展的早期国家文明时期，都邑布局及其宫殿建制往往是反映城市发展与文明进程的关键因素，因此历来为研究者所关注。目前在二里头文化诸遗址中，包括作为中央王朝都城的河南偃师二里头遗址，以及作为诸侯国都城或军事重镇的郑州大师姑城址、新郑望京楼城址都不同程度地发现有宫城或宫殿建筑残迹，这为我们研究当时的都邑布局与宫殿建制都提供了重要的资料。

二里头遗址位于今河南省偃师县城西约十公里的洛河南岸，是一座集宫殿、宗庙、居住区、祭祀区、墓葬区与手工业作坊区于一体的大型都邑聚落，遗址总面积逾 300 万平方米。遗址中部宫殿区的部分建筑始建于二里头文化二期，至二里头文化三期时宫殿区外围开始修筑宫城，该城平面呈纵长方形，总面积 10.8 万平方米。① 目前在二里头遗址宫城范围内已发掘分别始建于二里头文化二期至四期的大型建筑十八座，"已确认第三、四期的多座单体宫室建筑纵向排列，形成明确的中轴线"。② 二里头文化二期时兴建的 3 号、5 号宫殿位于宫城北部偏东的位置，两座宫殿东西并列，前者长逾 150 米，宽约 50 米，是一组大型多座院落式建筑。二里头文化三期时又分别兴建了 1 号、2 号、4 号、7 号、8 号等宫殿③，其中 1 号宫殿基址位于宫城西南部，平面略呈方形，基址中央为长方形主体殿堂，殿堂前为庭院，庭院四周有廊庑环绕，庭院南部边缘正中为正门。基址东西长 108 米，南北宽 100 米，总面积约 10000 万平方米，是迄今二里头遗址宫殿建筑中规模最大的一座。④ 2 号宫殿营建于 3 号宫殿基址之上，结构与 1 号宫殿类似但规模略小，基址平面呈长方形，基址中部偏北为殿堂，四周有围墙、廊庑，南墙偏东部为大门，大门两侧有门塾。2 号宫殿南北长 73 米，东西宽 58 米，总面积约 4200 平方米，规模宏大布局

---

① 中国社会科学院考古研究所二里头工作队：《河南偃师市二里头遗址宫城及宫殿区外围道路的勘察与发掘》，《考古》2004 年第 11 期。
② 许宏：《二里头文化聚落动态扫描》，《早期夏文化与先商文化研究论文集》，科学出版社 2012 年版。
③ 高江涛：《中原地区文明化进程的考古学研究》，社会科学文献出版社 2009 年版。
④ 中国社会科学院考古研究所：《偃师二里头》，中国大百科全书出版社 1999 年版。

严谨、沿中轴线对称布局,开创了后世宫殿建筑的先河。①

从二里头文化宫殿基址的考古发现来看,这一时期作为都邑重心的宫城内部,各类宫殿建筑已基于不同的社会功能而形成一定的区划与布局。二里头遗址宫城范围内宫殿集中分布于两个区域:

(1) 宫城西南角以始建于二里头文化三期时的1号宫殿为主,另有同时期修筑的7号、8号建筑基址。

(2) 宫城中北部有始建于二里头文化二期的3号、5号宫殿基址,以及二者废弃后二里头文化三期时在原址重新修筑的2号、4号宫殿,另外有二里头文化四期时在2号宫殿北侧修筑的6号宫殿。

从宫殿建筑的布局来看,西南区的1号与7号宫殿、中北区的2号与4号宫殿,分别依照同一条中轴线而建,显示出较为明确的中轴对称的建筑理念。关于宫殿建筑的性质与社会功能,多数学者认为1号宫殿为夏王朝处理政务的"朝堂"②,2号宫殿为夏王朝祭祀祖先的"宗庙"。③ 4号宫殿为王室举行特别典礼的"明堂"。④ 如此看来宫城西南部为夏王朝的治事、议政之所,宫城中北部为夏王朝祭祀祖先、举行典礼之地。

三 二里头文化时期都城或方国都邑的宫殿选址遵从因地制宜的原则

二里头遗址由宫城位置来看大体是在遗址的中部偏东南而非遗址的中心部位,大师姑、望京楼二城目前发现的大型宫殿建筑分别位于城内中北部与西南部。考古发现与研究表明,这一时期宫殿建筑的选址似乎更注重于地理环境等方面的因素,宫殿区一般修筑于城邑内地势较高的地方,如二里头遗址宫殿区所在的遗址东南部,二里头遗址的海拔高度周边为100米—100.5米,多数地区为102米,而宫殿区处在遗址东南部最高的部分,等高线为103米。发掘者也注意到:"二里头文化二期遗存基本上遍布已发掘区域,文化堆积丰厚。遗址总面积应已达到数百万平方米,遗址东南部

---

① 中国社会科学院考古研究所:《偃师二里头》,中国大百科全书出版社1999年版。
② 郑州市文物考古研究所:《郑州大师姑》,科学出版社2004年版。
③ 中国社会科学院考古研究所:《偃师二里头》,中国大百科全书出版社1999年版。
④ 杜金鹏:《偃师二里头遗址4号宫殿基址研究》,《文物》2005年第6期。

的微高地成为宫殿区。"① (图1)

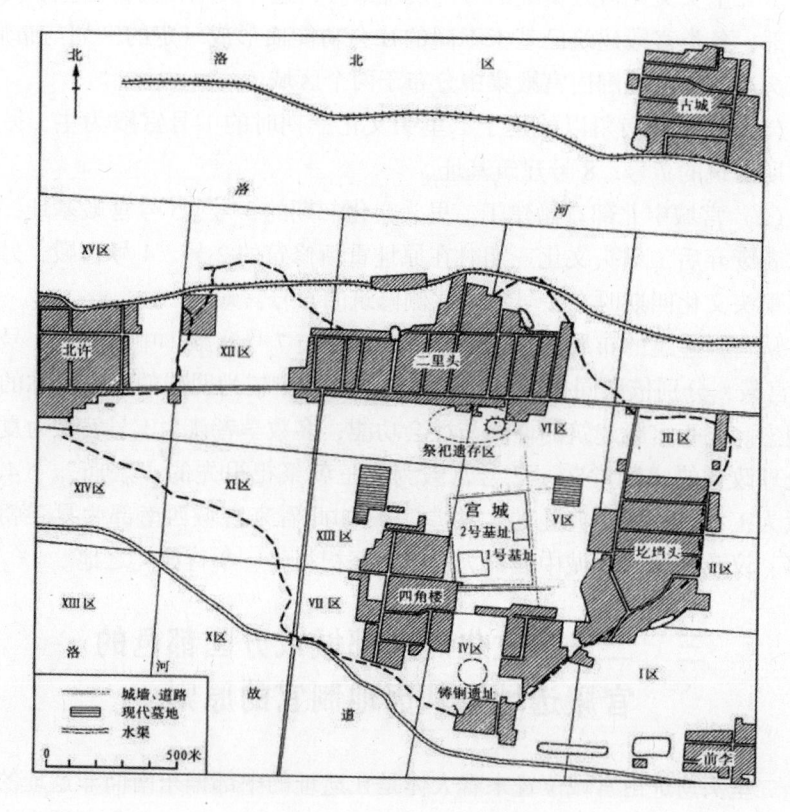

图1 二里头遗址平面布局

大师姑城址位于郑州市西北郊,荥阳市广武镇大师姑村南地,城址平面形状呈东西长、南北窄的扁长方形,城址总面积约51万平方米。外围修筑有城垣与城壕,城内发现有二里头文化时期的房基、灰坑、墓葬、壕沟等,其中包括发现于城址中北部的夯土建筑由此表明这一带是大师姑城内的宫殿建筑区,是遗址范围内地势最高的地方,平均海拔较其他区域高出约2米—4米(图2)。②

---

① 许宏:《二里头文化聚落动态扫描》,《早期夏文化与先商文化研究论文集》,科学出版社2012年版。
② 郑州市文物考古研究所:《郑州大师姑》,科学出版社2004年版。

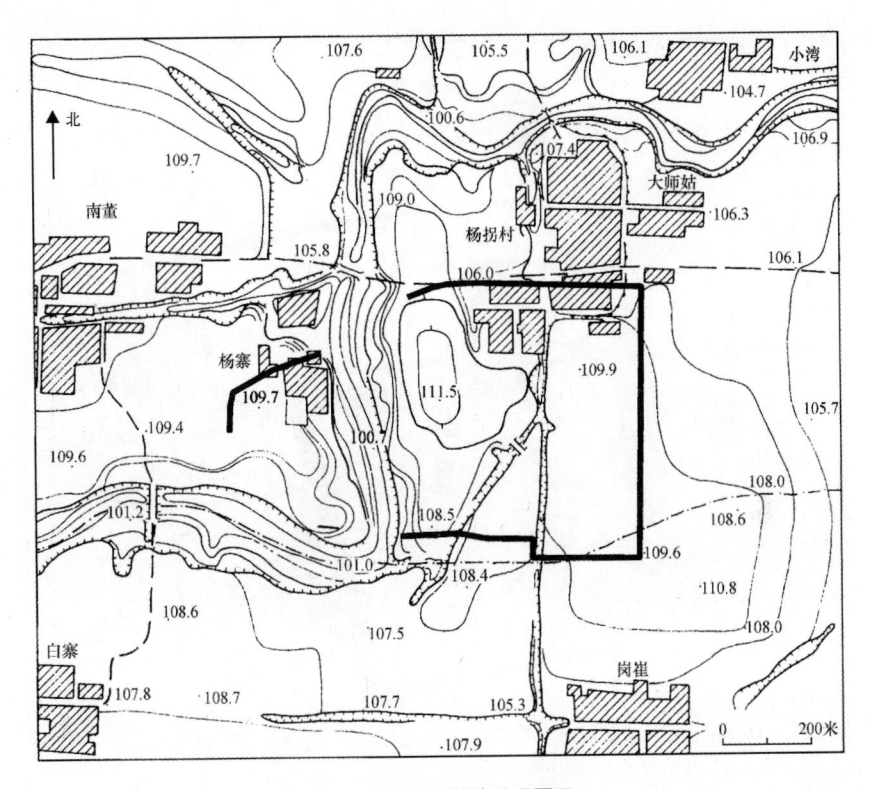

图 2 郑州大师姑遗址平面图

望京楼城址位于今新郑市新村镇，经考古发掘目前发现有夏、商时期的两重城垣及三重护城河，此外还发现城门、道路、大型夯土建筑基址、房基、墓葬、祭祀坑等重要遗迹。望京楼城址经历了二里头文化、二里岗文化两个发展阶段，二里头文化时期的城址平面近方形、有内城、外郭城两部分组成，内城面积约 30 多万平方米，并修筑有城墙、护城河，外郭城面积达 168 万平方米，目前仅发现有护城河，二里头文化时期的大型夯土建筑基址发现于内城西南部。望京楼城址总的地势是西高东低，海拔高度东部约为 101 米—99 米，西部约为 101 米—104 米，大型夯土基址发现于海拔高度 109 米的内城西南角，也是修筑在城内地势最高的地方（图 3）。[①]

[①] 郑州市文物考古研究院：《望京楼二里岗文化城址初步勘探和发掘简报》，《中国国家博物馆馆刊》2011 年第 10 期。

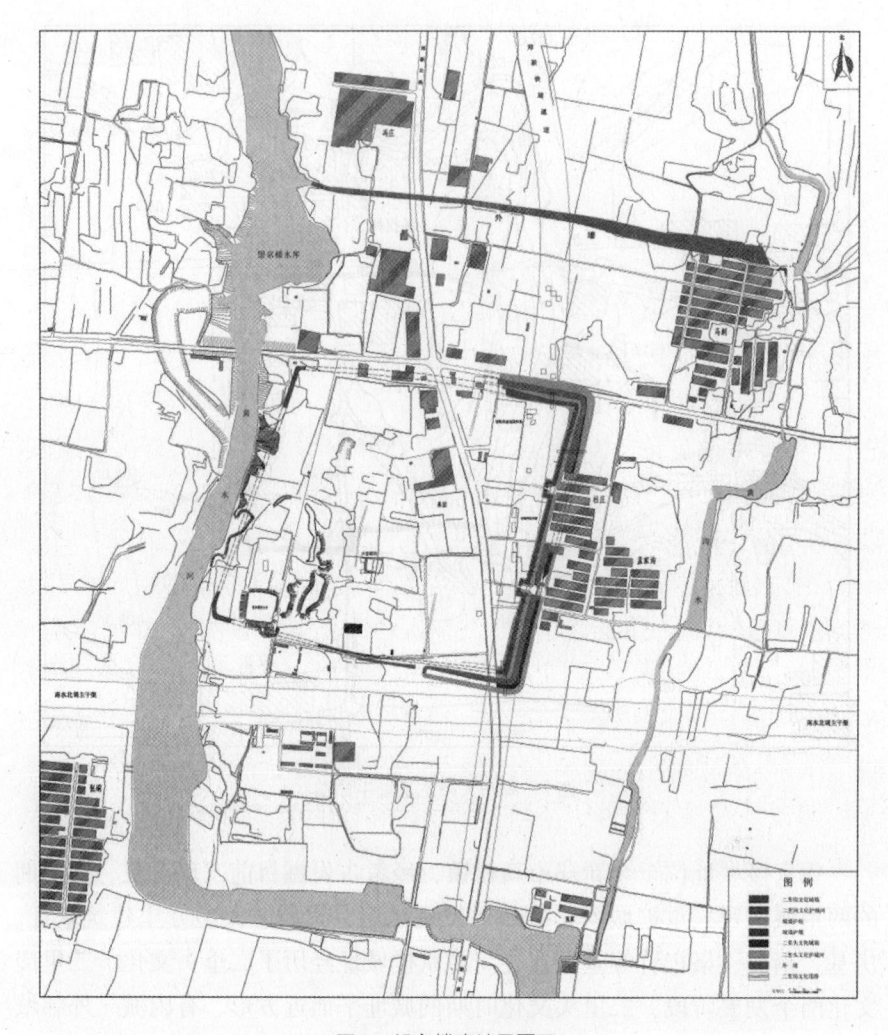

图 3　望京楼遗址平面图

战国时期成书的《吴越春秋·阖闾内传》说"夫筑城郭，立仓库，因地制宜"，《管子·乘马》说"因天材，就地利，故城郭不必中规矩，道路不必中准绳"，现在看来其中描述的城邑建筑理念，如"因地制宜"、"因天材，就地利"，与夏商时期城市考古的发现较为一致，因此推测这一说法有着较早的历史渊源，同时也说明上述城邑与宫殿的建筑理念是中国城市文明发展过程中较早的模式。因此，二里头文化时期都城或方国都邑的宫殿选址多因地制宜，整体上尚未形成后代沿城邑中轴线布局的定式。

四　二里头文化中国城郭之制的滥觞

《吴越春秋》说："鲧筑城以卫君，造郭以守民，此城郭之始也"，其所谓城郭的起源虽未必完全准确，但对比中国早期的考古发现来看，此说也有一定的合理内涵。城郭一般是指一座城邑内同时存在的多重城垣建筑，即《管子·度地》篇所谓"内为之城，城外为之郭"。城郭的出现一方面是原始社会末期酋邦或部落之间战争不断加剧的产物；另一方面也是社会集团内部社会分层与阶级分化的必然结果；同时城郭的发现也直接体现出一座城邑的布局规划与建筑理念，因此突出的军事防御目的、严格的阶层分区聚居、融合社会职能的建制规划应该是国家阶段城市文明的三个重要内涵，这也是本文谈到夏代城郭制度时所要讨论的主要问题。

偃师二里头遗址位于豫西伊、洛水之间，据考古钻探可知遗址北部为现今洛河河道，因此遗址边缘曾遭到河水的冲刷与破坏，遗址东南部是古伊河河岸，现在尚存2至3米的断崖，遗址西南部边缘是伊河近旁的低洼沼泽地带，此外近年考古工作者在二里头遗址东北部发现有一道壕沟，已知宽度10米，长度超过500米。[1] 这样综合地理环境与考古发现来看，二里头都邑的防御体系是由外围的天然河流与人工沟渠，以及城邑中心区宫城外侧的夯土城墙共同构成，可见二里头是一座利用天然屏障并加以人工改造而形成的相对封闭的城邑聚落，这道天然屏障已经具有郭城的意义。发掘者将城邑中心区宫城外侧的居民区称作"郭区"十分贴切。[2] 作为夏王朝都城的二里头城邑集政治、宗教与经济职能于一体，如前述体现政治职能与宗教职能的宫殿、宗庙位于聚落中心区域的宫城内，宫城以南分布有玉石器加工作坊、青铜冶铸作坊、制陶作坊，其中青铜冶铸作坊规模达1万平方米以上，并且发现作坊区之外修筑有围墙环绕，有学者推测这里应是二里头都邑中的"官营手工业区"。[3] 宫城以北、西北分布有祭祀活动区，

---

[1] 许宏、陈国梁、赵海涛：《二里头遗址聚落形态的初步考察》，《考古》2004年第11期。
[2] 许宏：《大都无城——论中国古代都城的早期形态》，《文物》2013年第10期。
[3] 许宏：《二里头文化聚落动态扫描》，《早期夏文化与先商文化研究论文集》，科学出版社2012年版。

"这一带集中分布着一些与宗教祭祀有关的建筑、墓葬和其他遗迹"①，宫城东北分布着贵族墓葬区。与社会职能相关的聚落规划布局此前在中原地区龙山时代的完整聚落中其实早已出现，但与之相比二里头都城聚落出现了一些新的变化：在二里头遗址由居住区表现出的聚落成员等级更为复杂、明显，城邑之内王室成员、贵族阶层与平民阶层在生活居住区、墓葬区等方面都有较为严格的界限（图1）。

值得注意的是望京楼城址的防御体系与二里头遗址较为类似，望京楼内城面积约30多万平方米，由城墙、护城壕共同构成其防御体系，外郭城面积达168万平方米，防御设施主要由郭城西、南侧的黄水河与郭城东、北侧的人工沟渠共同构成②，实际上也和二里头遗址的"郭区"一致。多年来的考古工作中偃师二里头、安阳殷墟等都邑聚落外围一直未能发现城墙，学者或以此质疑其都邑的性质，或援引古文献对此类现象加以解释：

《左传》昭公二十三年："古者天子守在四夷，天子卑守在诸侯。诸侯守在四邻，诸侯卑守在四竟。慎其四竟，结其四援，民押其野，三务成功。民无内忧而又无外惧，国焉用城？"

其实学者经常引述《左传》的这段话并非是说古代天子或诸侯之国不筑城墙，而意在说明与其修筑城墙来防御外敌，不如与四夷邻国修好而形成良好的拱卫之势。如前所述夏代尚未形成大一统的国家，四境之外诸侯方国或叛或服，作为国家政治中心的都城若无防御设施是难以想像的。从夏商时期都邑考古的情况来看，城市形态的发展过程中其防御设施未必拘泥于人工修筑的城墙，而利用天然河流、沼泽以及人工沟渠等构筑起都城的屏障应该也是防御的形式之一，它也是中国古代城市发展的一个阶段。到了商代早期真正意义上的城郭才出现，如郑州商城由外郭城、内城宫等多重城垣组成。内城近似长方形，面积约为3平方公里。外郭城围绕内城依照地势而设计，防御的性质十分明显。③

---

① 许宏：《二里头文化聚落动态扫描》，《早期夏文化与先商文化研究论文集》，科学出版社2012年版。
② 郑州市文物考古研究院：《望京楼二里岗文化城址初步勘探和发掘简报》，《中国国家博物馆馆刊》2011年第10期。
③ 河南省文物考古研究所：《郑州商城》，文物出版社2001年版。

五 结语

　　二里头文化是中国国家文明发生的重要时期，城市形态的发展又是国家文明最重要的表现之一。通过考古资料与文献记载的分析，我们认为夏王朝定都于豫西伊洛河流域与其得天独厚的地理位置有关，此后历经近数百年的统治这里逐渐演化为地域概念上的"天下之中"。从考古发现来看，二里头文化时期作为都邑重心的宫城内部，各类宫殿建筑已基于不同的社会功能而形成一定的区划与布局，单体宫殿已经显示出较为明确的中轴对称的建筑理念，但整个宫殿区选址多因地制宜，整体上尚未形成后代沿城邑中轴线布局的定式。偃师二里头遗址作为夏王朝的都邑，代表着中国早期城市形态发展的崭新阶段，多样化的社会职能、复杂的社会等级制以及城郭之制的滥觞由此开始。

（作者单位：首都师范大学历史学院）

从《偃师商城》报告再看偃师商城的始建年代

李伯谦

2013年在"夏商都邑暨偃师商城发现三十周年国际学术研讨会"上，我最高兴的一件事是和与会代表都获得了一部刚刚出版的《偃师商城》第一卷这一考古发掘报告上、下两本大书。① 这部由中国社会科学院考古研究所编著出版的巨著，资料翔实，图文并茂，虽然不包括宫城及宫殿（拟收入第二卷出版）部分，但从其披露的内容和此前有关简报及论文，已可以更深入地讨论其始建年代和与二里头文化四期及郑州商城的年代关系了。

《偃师商城》我断断续读了三遍，希望能找到新的支持发掘者原来作出的偃师商城当始建于偃师商城分期三期7段的以宫城北"大灰沟"（祭祀坑）第⑩、⑨层为代表的一期1段（相当于二里头文化四期偏晚）、偃师商城早于郑州商城的材料，为偃师商城与二里头文化四期、郑州商城三者年代关系的讨论画上一个句号。但十分遗憾，根据这部资料翔实的《偃师商城》第一卷的材料，非但不能证明偃师商城始建于一期1段，即二里头文化四期晚段和偃师商城早于郑州商城，反而更坚定了自己原来认为的偃师商城的始建晚于郑州商城的判断。

《偃师商城》第一卷第七章结语之第二节、第三节是专讲文化分期的，在这里作者将偃师商城商文化分为三期7段，认为"目前发现的偃师商城商文化第1段，约与二里头文化第四期偏晚阶段年代相当"。那么，属于1段的遗存在偃师商城内（宫城及宫殿区除外）有那些发现呢？根据《偃师商城》第一卷附表一的统计，在偃师商城共发现墓葬159座，只有1990年发掘的七区T1M2是1段的，可惜该墓只出土一件残陶鬲，

---

① 中国社会科学院考古研究所：《偃师商城》第一卷上、下册，科学出版社2013年版。

又未发表图像，能否据此将该墓的年代断得如此准确，可能还是个问题。属于 2 段的一个也没有；根据《偃师商城》第一卷附表二的统计，在偃师商城共发现灰坑 276 个，属于 1 段的一个没有，属于 2 段的也仅有 1996 年发掘的二区 T11H8、H9、1996 年发掘的四区 T51H184、H189 四个；宫城和宫殿基址的发掘报告（即《偃师商城》第二卷）尚未正式出版，但据杜金鹏《偃师商城初探》[①] 之五《偃师商城与"夏商周断代工程"》一文，已发掘的一号宫殿"开始使用的年代当不晚于商文化第 2 段"；二号宫殿早于一号宫殿，其"始建和开始使用，不晚于商文化第 2 段的时候"；"七号宫殿在商文化第 2 段时已在使用中"；"三号宫殿是在七号宫殿的基础上面扩建而成的"，其建造"不早于商文化第 2 段而应在第 3 段时"；"五号宫殿的年代应不早于第 4 段"；"六号宫殿当不早于第 3 段"；至于四号宫殿，虽然赵芝荃在《中原文物》1999 年 4 期发表的《再论偃师商城的始建年代》认为其始建于 1 段，但杜金鹏只说"早于 D6 的宫城城墙及其同时的宫殿 D4，应当早于商文化第 3 段"，并未对赵先生的说法表态。由此可见，杜先生虽也说宫城和部分宫殿的始建可能早到一期 1 段，但毕竟只是一种推测，至今还没有确切的证据。除此之外，真正属于一期 1 段的单位就只有宫城内北部的"大灰沟"即后来改称"祭祀 C 区早期沟状堆积，即 1996YSVIIT26—T29⑩、⑨层，1997YSVIIT30—T333⑨c、⑨b"层了。关于第 1 段的文化内涵和面貌，由张良仁、杜金鹏、王学荣执笔的《河南偃师商城宫城北部"大灰沟"发掘简报》[②] 认为"实为二里头文化与下七垣文化的复合体，即一方面包含有大量二里头文化因素……另一方面，又包含一组具有鲜明下七垣文化特征的器物……因此，以偃师商城商文化第 1 段为代表的早商文化，是在将二里头文化和下七垣文化有机融合的基础上，发展产生的一种新文化"。我虽然对以 1 段为代表的遗存是否可以称为早商文化有所保留，但对二里头文化四期晚段时实现了夏、商更迭，二里头文化四期晚段即偃师商城文化分期的 1 段时应已进入商纪年范畴不持异议。

不过，政治上的夏、商更迭和偃师商城的始建并不能画等号，偃师商城

---

① 杜金鹏：《偃师商城初探》，中国社会科学出版社 2003 年版。
② 中国社会科学院考古研究所河南第二工作队：《河南偃师商城宫城北部"大灰沟"发掘简报》（张良仁、杜金鹏、王学荣执笔），《考古》2000 年第 7 期。

从1983年发现以来,至今断断续续已发掘了20多年,发掘面积累计已达数万平方米,发掘了大城、小城、宫城、城门、道路、储水池、沟渠及数百座灰坑、墓葬、几十座大小建筑基址,其中除大灰沟⑩、⑨层一处文化层堆积,竟无一个可确指早到一段的遗迹单位,怎么能仅凭推测证明偃师商城的始建就一定可早到这个时候呢?如前所述,尽管属于偃师商城分期一期2段的遗迹单位不算多,但毕竟开建了宫殿、宫城和铸铜作坊等设施,将偃师商城的始建确定在一期2段,不是更顺理成章且有考古学上的证据吗?

在讨论偃师商城始建年代时,就不能不联系到郑州商城的始建年代。杜金鹏《偃师商城初探》之五《偃师商城与"夏商周断代工程"》一文与《偃师商城》报告上卷第七章结语之第二节,均列有偃师商城与郑州商文化分期对应表,这两个表完全一样,在该表中,与偃师商城2段对应的是郑州二里岗H9、① 电力学校H6。② 对郑州电力学校H6,我的看法是早于郑州二里岗H9,而应与对应表列为1段的郑州青年公寓T36⑥层③基本同时。至于二里岗H9,在编写《郑州商城》④ 发掘报告的时候,列出与其同期的有房基4座,即C11F106、F112、F113、F122;灰坑11座,即C1H10、C1H14、C7H15、C7H29、C9·1H108、C9·1H118、C11H138、C11H154、C11H171、C11H172;墓葬3座,即C11M109、C1M23、C8M28。但随着后来发掘新材料的增加和研究的深入,与二里岗H9同期即郑州商文化分期的二里岗下层一期的单位已大大增加,过去被认为属于二里岗下层二期的不少夯土建筑基址、灰坑等,通过新的研究也改订为二里岗下层一期甚至更早一些时候了,这在陈旭⑤、袁广阔⑥等先生的论文中多有论及,我在《对郑州商城的再认识》⑦ 一文中也有所补充。特别要提到的是,过去《郑州商城》报告定为二里岗下层二期始建的周长达6960米的

---

① 河南省文化局文物工作队:《郑州二里岗》,科学出版社1959年版。
② 河南省文物研究所:《郑州电力学校考古发掘报告》,《郑州商城考古新发现与研究1985—1992》,中州古籍出版社1993年版。
③ 河南省文物研究所:《郑州黄委会青年公寓考古发掘报告》,《郑州商城考古发现与研究1985—1992》,中州古籍出版社1993年版。
④ 河南省文物考古研究所:《郑州商城:1953—1985年考古发掘报告》,文物出版社2001年版。
⑤ 陈旭:《郑州商城宫殿基址的年代及其相关问题》,《中原文物》1985年第2期。
⑥ 袁广阔:《关于郑州商城夯土基址的年代问题》,《中原文物考古研究》,大象出版社2003年版。
⑦ 李伯谦:《对郑州商城的再认识》,《文明探源与三代考古论集》,文物出版社2011年版。

郑州商城内城也提早到二里岗下层一期始建甚至大部已建成使用了。这就是说，当以宫城和部分宫殿开始建造为标志的偃师商城的始建和郑州商城内城的始建是基本同时的。

至于与偃师商城第 1 段对应的郑州商城青年公寓 T36⑥层①，在郑州，与其相当的遗存并不稀见，陈旭、袁广阔在自己的论文中已提到许多，这些遗存至少有南关外下层②、化工三厂 H1③、W22 夯土墙④、C8T62③⑤、北大街 7、9、12 夯土⑥、97C8T166M6 铜器墓⑦以及洛达庙晚期其他遗存等。在《偃师商城》第一卷附表中列为与郑州二里岗 H9 同时的电力学校 H6，出土遗物面貌近似南关外下层、化工三厂 H1，所以我不认为其时代能晚至与二里岗 H9 同时。有趣的是，这些遗存虽然年代大体相当，但呈现出来的面貌却有一定差异，有的是较典型的二里头文化中晚期面貌，有的表现为二里头文化中晚期与鹿台岗商系文化的结合，也有某些岳石文化、辉卫型商系文化的因素，侯卫东博士据此将该阶段概括为从典型二里头文化向二里岗下层文化的过渡期⑧，是有一定道理的。其实，这种状况与偃师商城一期 1 段十分相像，只不过在郑州地区出现较偃师商城略早，面貌也更为复杂些罢了。这一阶段在郑州最值得重视的是 W22 夯土墙的建造，发掘者认为是郑州商城宫城的遗迹，我同意这样的观点。

如果说，以上梳理的偃师商城与郑州商城的年代关系基本符合实际情况，那么它反映了怎样的历史实际呢？二里头文化一、二、三期，或者加上四期早段，已被多数学者论定为夏代中晚期文化；郑州二里岗下层一期、二期加上上层一期、二期已被论定为商代早期文化；山东岳石文化已

---

① 河南省文物研究所：《郑州黄委会青年公寓考古发掘报告》，《郑州商城考古发现与研究 1985—1992》，中州古籍出版社 1993 年版。
② 河南省博物馆：《郑州南关外商代遗址的发掘》，《考古学报》1973 年第 1 期。
③ 河南省文物考古研究所郑州工作站：《郑州化工三厂考古发掘简报》，《中原文物》1994 年第 2 期。
④ a. 河南省文物研究所：《郑州黄委会青年公寓考古发掘报告》，《郑州商城考古发现与研究 1985—1992》，中州古籍出版社 1993 年版。b. 河南省文物考古研究所：《河南郑州商城宫殿区夯土墙 1998 年的发掘》，《考古》2000 年第 2 期。
⑤ 河南省文物考古研究所：《郑州商城：1953—1985 年考古发掘报告》上册，文物出版社 2001 年版，第 268—269 页。
⑥ 陈旭：《郑州商城宫殿基址的年代及其相关问题》，《中原文物》1985 年第 2 期。
⑦ 河南省文物考古研究所：《郑州新发现的几座商墓》，《文物》2003 年第 4 期。
⑧ 侯卫东：《郑州商代都邑地位的形成与发展》，北京大学 2014 年博士学位论文，待刊。

被论定为东方夷人文化；杞县鹿台岗遗存已被论定为下七垣先商文化向豫东发展形成的一个新的类型——鹿台岗类型；以新乡潞王坟为代表的遗存已被论定为先商文化辉卫类型。夏、商两代是欧洲史学家所划分的原史时期，当时或以后已经有了一些文字记录或追记，有关夏、商关系的材料为学者常常征引的有：

《孟子·梁惠王下》："汤一征，自葛始。"

《诗经·商颂·长发》："韦、顾既伐，昆吾、夏桀。"

《孟子·滕文公下》："汤十一征而灭夏。"

《史记·殷本纪》："汤既胜夏，欲迁其社，不可，作夏社。"

《尚书·汤诰》："王归自克夏，至于亳。"

《尚书序》："伊尹去亳适夏，既丑有夏，复归于亳，入自北门。"

《墨子·非攻下》："汤奉桀众，以克有夏，属诸侯于亳。荐章天命，通于四方，而天下诸侯莫敢不宾服，则此汤之所以诛桀也。"

《春秋繁露·三代改制质文》：汤灭夏践天子位，"作宫邑于下洛之阳"。

类似的记载还有不少。将这些零零星星、散见于古籍中的有关记述串联起来，结合上述考古发现与研究成果，不难再现当时商灭夏及灭夏后采取的诸多措施的真实情景：

使用下七垣文化的先商族，本是夏王朝时期生活在今豫北冀南地区的一个部族。夏代晚期，随着势力的增强，遂生代夏之心。商族的首领采取迂迴战略，先经夏人和东方夷人力量相对较弱的今冀、鲁毗邻地区向豫东进军，至杞县鹿台岗一带建立商、夷联盟，其使用的下七垣文化至此亦形成下七垣文化鹿台岗类型。然后挥军西向，势如破竹，但抵达今郑州地区之后，则受到夏王朝势力的强烈抵抗，西史村、大师姑、望京楼几座二里头文化古城，不是夏王朝所建造的城堡就是夏之与国的城邑，灭夏联军只好就地驻防，整顿力量，并建造了有城墙和宫室的军事政治中心——亳邑。这时的灭夏联军，不仅有从豫东过来的商人、夷人，还增加了其他的包括直接南下而来使用辉卫型先商文化的力量，实力大为增强，文化面貌亦呈现多元共存或互相融合的特色。当他们在二里头文化四期前、后段之交，连续攻下望京楼、大师姑、西史村夏人城邑，便直捣二里头文化中晚期最大的夏人中心——都城斟鄩，一举灭夏。商人本打算毁灭夏人的宗庙社稷，但为了笼络夏族，遂改变策略，不仅没有将夏人的社迁走，而且还允许夏人继续建立自己的祭祀设施,这就是二里头文化四期晚段时二里头宫城内的一些宫殿不仅没有毁掉,而且还出现了新的大型宫室建筑的原因。商人对夏遗民虽采取了怀柔政策,但也不是毫无戒心,于是在距夏人斟鄩旧址不远的尸乡沟建造了偃师商城,以备不测。

商汤灭夏后,返回自己灭夏的根据地亳邑,召集各路诸侯,宣示天命,灭夏建商,践天子之位。将原来的亳邑改为宫城,并连续建造内城、外城及宫室、铸铜、制陶手工业作坊等,开启了一个新的商王国时代。

以上归纳和分析,肯定有不完备、不周全之处,甚至不排除有与实际不完全契合的地方,但它毕竟是将考古与文献结合起来研究得出的结果,距离基本事实,应不会相差太多。

如果上述论断基本可靠,那么以《偃师商城》第一卷的出版为标志,偃师商城、二里头文化四期遗存、郑州商城三者年代关系与性质的讨论,的确是该画一个句号了。但不是像我看到《偃师商城》报告之前所想像的那样,即:偃师商城始建于二里头文化四期偏晚、偃师商城早于郑州商城。而是偃师商城始建于二里头文化之后,晚于郑州商城。它的始建并不与商灭夏的政权更迭同步。

(作者单位:北京大学考古文博学院)

也论二里头青铜器的生产技术

张昌平

二里头文化处于中国青铜时代的初始时期。由于青铜器的生产涉及从原料的获取到产品的成形等复杂的生产和组织关系，也由于青铜时代初始时期对于其后从青铜器生产到社会文化传统形成都可能形成重大的影响，因此对于二里头文化阶段青铜器的研究，学术界给予了充分的重视。学者们关于这一阶段青铜器研究的成果，也较中国青铜时代其他阶段更为突出。[①] 同样，正因为二里头文化青铜器如此的重要性，目前仍然有必要对其作进一步的讨论。本文主要是在学者们已有认识的基础上，就二里头文化青铜器生产技术、装饰与社会背景方面的关联提出一些意见。

由于二里头文化青铜器与二里岗文化早期青铜器并不能断然识别，本文尽量不涉及该文化系统中其他地点出土物。本文的二里头文化青铜器主要是指二里头遗址出土者[②]，但会参考时代特征明确的一些重要的传世品。

一

迄今发表的二里头青铜器近140件[③]，这其中，2008年陈国梁统计的总数为131件，其中容器18件，刀、凿等工具58件，戈、钺等兵器23

---

① 二里头文化青铜器研究已出版全面的专题研究。陈国梁：《二里头文化铜器研究》，中国社会科学院考古研究所编《中国早期青铜文化——二里头文化专题研究》，科学出版社2008年版，第124—274页。[日]宫本一夫、白云翔：《中国初期青铜器文化の研究》，日本九州大学出版会2009年版。

② 以下二里头遗址简称二里头。

③ 本文所谓青铜器也包括红铜甚至铅器，如此表述是考虑到二里头文化在青铜时代所处的发展阶段，这也是目前学术界一般的表述方式。

件，铃6件，牌饰3件，其他青铜器及其残片23件。① 其后的2011年，廉海萍等新发表了爵1、铃1、戈1、残片1。② 二里头遗址的发现和发掘已超过了半个世纪，140件数量级的青铜器，可以说是代表了考古发现所反映的二里头青铜器的一般情况。从陈国梁对131件可分期青铜器的统计中可见，一期至四期青铜器的数量分别为2件、9件、58件、62件，这说明至少自二里头文化三期开始，青铜器的生产已经占有相当大的比例，因此，当时已经进入一般意义上青铜时代的发展阶段，一个较明确的认识，也是目前学术界的一个基本共识。

二里头青铜器化学成分说明，当时对青铜铸件的合金配比已经具备相当的知识。目前经过成分检测的56件样品中③，除一件为铅片外，青铜器44件、红铜器11件，青铜器的数量已经占绝对多数。此外，在青铜器中，铜、锡、铅三元合金的样品也占多数，且在三期、四期的比例增加。特别是经过检测的6件容器均为青铜器，除4件三元合金外，其他两件为锡青铜。锡是去氧剂，未添加锡的青铜器铸件会产生许多缩孔。二里头青铜容器均有意识加锡，旨在避免产生缩孔的缺陷——这对于容器而言更为重要。显然，二里头人已经认识到青铜特别是三元合金的优越性，并加以利用。二里头红铜器的数量，在一期至四期的分布是1件、2件、3件、5件，虽然数量在增多，但陈国梁注意到二里头各期青铜器绝对数量在大幅增加，而红铜器比例在下降④，说明青铜器的生产，日趋成熟和重要。

当然，二里头青铜器与其所处的初始发展阶段一样，合金成分也显示较多的原始性。例如，二里头文化一期至四期均有一定数量的红铜，仍然说明了青铜时代初始期的特性。在二里头检测过属于青铜器的44件铸件的金属成分中，红铜的比例从35%波动到94%，比值远远不如青铜时代稍晚时期绝大多数在70%—80%比例之间的数据稳定。二里头青铜器中

---

① 陈国梁：《二里头文化铜器研究》，中国社会科学院考古研究所编《中国早期青铜文化——二里头文化专题研究》附表七，科学出版社2008年版。
② 廉海萍、谭德睿、郑光：《二里头遗址铸铜技术研究》，《考古学报》2011年第4期，第561—575页。
③ 主要参考曲长芝、张日清《二里头遗址出土铜器X射线荧光分析》，《偃师二里头》，中国大百科全书出版社1999年版。金正耀：《二里头青铜器的自然科学研究与夏文明探索》，《文物》2000年第1期，第56—64页。
④ 陈国梁：《二里头文化铜器研究》，中国社会科学院考古研究所编《中国早期青铜文化——二里头文化专题研究》，科学出版社2008年版，第165页。

较多超高铅青铜，除一件铅片外，还有6件青铜器铅含量超过20%，有的甚至高达60%。金正耀认为二里头青铜器流行高铅是为了铸造中的流动性。① 不过，齐思（Thomas Chase）强调说，加铅在不超过13%的情况下才会增加铜液的流动性，而加铅本身会影响青铜器的机械性能，减弱青铜器的张力和强度。② 考虑到这些超高铅青铜中，有刀、锥等工具，二里头的高铅似乎并未反映出技术进步的倾向。另一方面，二里头高铅的信息的确值得注意和进一步探究。至少，高铅以及铅锡三元青铜器数量较多，说明铅可以被大量获取和经常使用，这不仅和中国之外的西方文化青铜器中较少使用铅的情况有异，更显示中国青铜时代铜、铅、锡三元合金的传统，在二里头文化时期就已经形成。

从制作技术上来说，二里头文化时期青铜器可分这样几类：（1）器形简单、片板状的工具、兵器类，如刀、凿、锥、戈等；（2）器形简单、镶嵌绿松石等复合材料的牌饰及钺；（3）空腔的青铜容器以及接近容器的铃。上述青铜器中目前尚未发现锻制的冷处理工艺，也就是说，二里头文化青铜器都是铸造成形，这也是一个值得注意的突出特征。

青铜刀、凿、锥、戈等小件工具及兵器，较之石质或木质同类器具有更好的硬度和锋利程度。二里头131件青铜器中有工具类器物58件，不仅占据青铜器的绝大多数，也远远高于青铜时代较晚各阶段的比例。这说明在青铜器初期的生产和利用过程中，生产性器类首先被重视。与二里头文化年代接近的四坝文化，青铜器中工具也是最常见的器类。③ 铸造片板状的工具及兵器，只需采用简单的铸型技术，即对开的两块外范就可成形。不过，对于像 YL Ⅲ M2：3 刀这样设有镂空装饰的刀首而言（图1：4），镂空处内空，需要设置泥芯④。当然，这在工具及兵器中属于少见的情况。

牌饰和钺的器形也属于简单的片状，铸型技术与工具类一般是近似的。但是，牌饰和部分钺装饰有绿松石，这需要进一步的加工技术，有些

---

① 金正耀：《二里头青铜器的自然科学研究与夏文明探索》，《文物》2000年第1期，第56—64页。
② Chase, W. Thomas, *Ancient Chinese Bronze Art: Casting the Precious Sacral Vessel*, New York City: China House Gallery, China Institute in America, 1991, pp. 21-38.
③ 李水城、水涛：《四坝文化铜器研究》，《文物》2000年第3期。
④ 廉海萍、谭德睿、郑光：《二里头遗址铸铜技术研究》，《考古学报》2011年第4期，第564页。

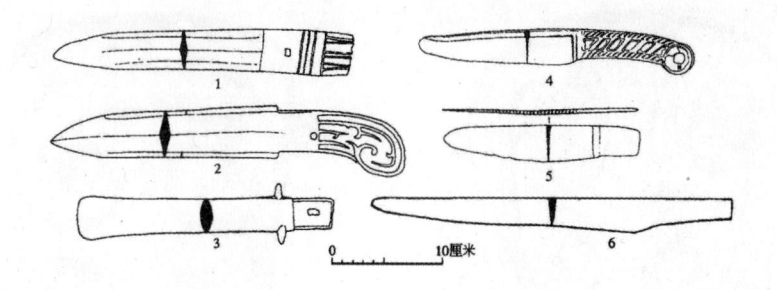

图1　二里头青铜工具和兵器

工艺则涉及到铸造技术环节。以二里头牌饰为例，目前已发现的二里头文化近20件牌饰中，均装饰绿松石镶嵌而成的兽面纹①，兽面纹构图复杂而规整，显示出二里头青铜牌饰装饰工艺已经较为发达。从技术角度而言，二里头牌饰装饰工艺大体有两类：一类青铜牌饰由绿松石组成的图案完全覆盖青铜部分，绿松石图案高出青铜牌的表面，纹饰是由绿松石组成的纹带来表达。此类牌饰的绿松石被切割成不同的形状、排列成弧曲的宽带构成兽面及兽角，如二里头1981YLⅤM4：5牌饰（全集一、20）（图2：1）。另一类是绿松石与部分青铜线格平齐，也就是青铜部分在牌饰周边及纹饰轮廓的位置凸起，绿松石填入青铜其他凹入的部分，这样，凸起的青铜部分与绿松石片平齐。在视觉上，凸起的青铜部分用来表达纹饰的主体。这类牌饰的绿松石片几乎都是长方形，规整地从上到下成行排列。如二里头1984YLVIM11：7牌饰（全集一、21）（图2：2）。上海博物馆藏二里头文化时期青铜钺，钺身及圆孔中壁均可见范线，钺是对开的铸型铸造的。② 该钺两面均镶嵌十字形绿松石，这些十字形纹饰并不是透空的，因此在制范时，两块范均设十字形凸起以形成铸件上的十字形凹纹。对于二里头1984YLVIM11：7牌饰和上海博物馆钺而言，镶嵌纹饰的设计需要在制范之前完成，这与铸后再确定绿松石构图的做法不同。

---

① 李京华认为牌饰的绿松石为铸镶。李京华：《〈偃师二里头〉有关铸铜技术的探讨》，《中原文物》2004年第3期。
② 中国青铜器全集编辑委员会：《中国青铜器全集（1）》图版170，文物出版社1996年版。本文中《中国青铜器全集》简称为《全集》，不另注。

1. 二里头 1981YLⅤM4∶5 牌饰   2. 二里头 1984YLⅥM11∶7 牌饰
图 2　二里头绿松石牌饰

　　青铜铃最初的出现也像龙山时代不少青铜器那样具有实用的价值取向。作为响器，铃在仰韶文化时期在中原地区就已经出现。青铜质地敲击出来的音响效果也无疑胜于陶质同类器，因此铜铃成为中原地区最早使用的金属器之一：陶寺遗址 M3296 出现红铜铃。① 陶寺铜铃作合瓦形，平顶，其器形与同时期陶铃相同，显然是模仿自陶质的同类器。

　　铃有半封闭的器壁和内腔，这个形状具有一般容器的基本特征。从青铜器的制范角度而言，一件最简单器形的容器需要使用两块外范和一块芯范。按照宫本一夫的研究，陶寺铜铃的基本铸型为两块外范和一块芯范，也正是一件简单容器的基本铸型。② 二里头铜铃的铸型有继承陶寺之处，但同时又有发展。廉海萍等注意到一件新见的二里头铃两侧范缝并未向顶部延伸，因此铃的顶部应该设有单独的外范，这就意味着该铃使用了

---

　　① 中国社会科学院考古研究所山西工作队、临汾地区文化局：《山西襄汾陶寺遗址首次发现铜器》，《考古》1984 年第 12 期。
　　② 宫本一夫、白云翔：《中国初期青铜器文化の研究》，日本九州大学出版会 2009 年版，第 23—26 页。

"二块外范、一块顶范和一块泥芯"。①正如许多学者都已经指出,二里头铜铃与陶寺铃之间存在明确的形制与技术上的渊源关系。铜铃自陶寺的出现,到确切出现铃的二里头文化第二期,其间经历近200年时间。从青铜容器的生产的角度而言,铜铃的铸造形成了青铜时代块范铸造技术的基础,而这一技术也正是古代中国青铜器有别于世界其他早期文明青铜器生产技术的基本点,这是铜铃出现的历史意义所在。

迄今二里头青铜容器出现在二里头文化第三期,年代稍晚于铃类器的出现时间。二里头所见容器类别中,以爵为最多,已发表14件,其他有斝2、盉1、鼎1,这些器类均为三足器。据传二里头遗址还出土有觚,如此则觚是唯一的一件圈足器。无论是三足器,还是圈足器,因其复杂的器形,都已不再是两块外范和一块芯范这些简单的铸型所能够制作完成。

爵是二里头发现最多的容器,学者们对其铸型技术讨论最多,并提出有较多不同的认识。由于爵上部为扁体,适合顺延着流和角之间两分外范;但为了处理腹部一侧的鋬,还可能以鋬为中心再左右分范,因此就爵腹部而言,存在两分外范和三分外范的不同。另一方面,爵下部为三足,可能在三足之间三分外范,这样,足部的三块外范与腹部的两块外范难以上下对齐,而需要上下水平分范;对三足的另外一个解决方案是在三足之间设底范,底范自带三足型腔。这些逻辑上的可能在学者们的分析中都有体现,因此对二里头爵的铸型,学界形成了如下的一些看法:

Ⅰ型:二分外范由口过足,鋬处设泥芯,足间设底范。爵的铸型为两块外范,腹、鋬各设芯范一,足间设底范一。

Ⅱ型:三分外范由口过足,鋬处的两块外范自带泥芯,足间设底范。爵的铸型为三块外范,腹内、足间各设一芯范、底范。

Ⅲ型:腹部二分外范,足部三分外范,足与腹之间水平分范。如此则五块外范,腹与鋬各设一芯范。

学者中苏荣誉认为二里头并存Ⅰ、Ⅱ铸型②,但不存在水平分范,宫

---

① 廉海萍、谭德睿、郑光:《二里头遗址铸铜技术研究》,《考古学报》2011年第4期,第564页。

② 苏荣誉、华觉明、李克敏、卢本珊:《中国上古金属技术》,山东科学技术出版社1995年版,第97页。

本一夫持类似看法。难波纯子最早提出爵的铸型存在水平分范即Ⅲ范型①，李京华持类似看法。② 廉海萍等对二里头的7件爵进行了观察，趋向于上述范型可能都存在。

现在看来，二里头的同类容器，的确可能采用了不同的铸型。在一个私人收藏中就有很好的二里头爵铸型标本③（图3）。玫茵堂2号爵在与鋬对应的腹壁处，可见一长方形凹带，这显然是铸鋬时所设的芯范痕迹，相应地，此爵长鋬上两个长方形镂孔，是鋬芯范自带的泥芯撑形成的。二里头文化时期不少爵鋬带有类似的镂孔，可能都有类似的功能，这样的爵应该都设有鋬芯范。这件爵的另一个重要铸造痕迹，是与鋬对应的足顶端可以清楚地观察到腹部与足之间的横线，这是水平分范的直接证据，证实了较多学者否认的水平分范，是明确存在的（图3：2）。而水平分范技术，至二里岗文化时期在爵上已经普遍运用了。爵等同一种容器采用不同的铸型技术，这一方面可能是早期铸造容器对不同技术的探索，更可能是二里头青铜容器铸型的复杂性，在二里头文化时期还经过了发展。

图3　玫茵堂收藏2号爵所见铸造工艺

---

① ［日］难波纯子：《初现期の青铜彝器》，《史林》七十二卷二号，1989年，第76—112页。

② 李京华：《〈偃师二里头〉有关铸铜技术的探讨》，《中原文物》2004年第3期。

③ Wang Tao, *Chinese Bronzes from the Meiyintang Collection*, fig 1, Paradou Writing Ltd. London, 2009.

也论二里头青铜器的生产技术 / 133

二里头青铜器铸造技术已经较高，不仅反映在一些青铜器复杂的铸型上，其合范技术也相当高超。二里头青铜容器器壁较薄，但都十分均匀，典型者如 1986YLⅡM1∶1 盉（图4∶1）。二里头这件器物出土后经过较大面积的修复，铸造痕迹无法辨认。从器形来看，盉腹部接近封闭如球体，腹下接三个四棱形袋足，一侧设鋬，相对的另一侧为管状流。即便不清楚其铸型，但将袋足、管形流、侧鋬各个部位的铸范准确定位，显然需要相当熟练的技术。合范定型也是中国青铜时代青铜器铸造的一大传统特征，同样，这个传统在二里头文化时期就已经形成。

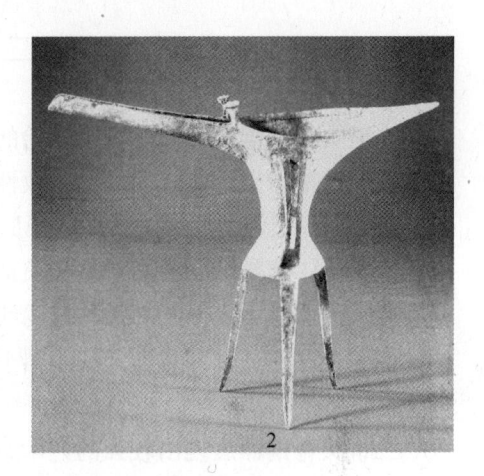

1. 二里头 1976YLⅡM1∶1 盉　2. 二里头 1975YLⅦKM7∶1 爵
图4　二里头青铜容器

最后有必要简要讨论中国青铜时代容器制作是否存在一个锻制的初始阶段。贝格立认为①，二里头爵等器物口沿有一个加厚边缘，是锻打工艺的一个孑遗。陶爵、盉鋬顶部或有两个小圆乳钉，可能是模仿青铜器上的乳钉，原来也是锻打工艺铆接器鋬的反映。这样的推想，暗示中国青铜器的发展也像西方青铜文明一样经历了一个锻制工艺阶段，因而在学术界影响很大。我们曾经讨论认为，爵的加厚边是为了加强器口强度以便立柱、耳。② 而至于器鋬的乳钉，我们首先应该认识到陶器器鋬连接时可能自身

---

① Robert W. Bagley, P'an-lung-ch'eng: A Shang City in Hupei. *Artibus Asiae* 39, 1977, pp. 165-219.

② 张昌平：《盘龙城出土商代青铜容器的初步考察》，《江汉考古》2003 年第 1 期。

就会使用乳钉,这既可能是用于加强连接,或可能用于装饰。商周时期的原始瓷起源与青铜器无关,但常常可见在錾顶加设乳钉,可以作为参照因素。实际上,二里头陶器中普遍用爵类器那样的扁耳,其中带乳钉较多的器类是盉。二里头二期出现带乳钉装饰的盉,其后所见乳钉渐多,三期、四期均常见盉顶饰乳钉,并作为兽面纹的一部分。同样,爵錾饰乳钉时,錾面也往往伴有刻画纹饰,可见其有装饰的性质。而迄今所发现的二里头甚至二里岗阶段带錾青铜器如爵、斝等,均未发现带有乳钉。因此所谓铆钉反映更早青铜器的铆接技术,并无直接的根据。

二

二里头青铜器虽然处于较为原始的发展阶段,但该遗址所见不同青铜器的造型风格,已形成较明确的一致性,同时也表现出较强的美感。这种美感可以引用贝格立教授对 1975YLⅦKM7∶1 爵的分析来描述:"一种夸张的脆弱性:腰部纤细,流与尾长长地伸出,三足修长而雅致,平稳地承托着较重的器身,其下部微微外移的线条像是垂下的裙裾。这些优雅适度的比例用在这样一件刻意设计的容器上反映出二里头青铜铸造者在形式与审美上自觉的考虑。"[①]

二里头青铜器展现出较强的艺术感染力,有其特殊的社会背景。目前二里头文化时期所见的青铜容器,除了爵之外,还有斝、盉、鼎等。较之数量较多但器形简单的工具和兵器,青铜容器更加体现当时社会价值和工艺水平。许多学者们都已经指出,二里头文化青铜容器的原型,是来自于同类的陶器。虽然爵、斝等器类在二里头文化之前的渊源尚不明确,但在二里头文化第二期,爵、斝等相应的陶器都已经出现。属于二里头文化三期、四期的青铜容器,其器形正是模仿同时期已经出现的陶器。但是在这里,陶器与铜器的不同点主要并非其质地,而是其社会价值。陶器的制作可以就地取材,工序较为简单,从备料、成形到烧制出品,劳动周期不长,整个生产流程可以由单个劳动力完成,无须复杂的社会劳动协作与组

[①] Robert W Bagley, *The Great Bronze Age of China: an Exhibition from the People's Republic of China*, p. 74, Fong Wen edited, Metropolitan Museum of Art, New York, 1980. 中文翻译引自巫鸿《中国古代艺术与建筑中的"纪念碑性"》,李清泉、郑岩等译,上海人民出版社 2009 年版,第 54 页。

织。青铜器的制作则不同，不仅需要进行铜、铅、锡等矿料的冶炼，备置陶模与泥范，完成合范与浇铸等等不同系统的多重工序，这些不同的工序又包含各自难度较高且复杂的制作过程，并各自需要在社会组织下协力完成。因此，青铜质地器皿的价值，较之陶质同类器的生产成本，可能会高出数百上千倍。在青铜时代初始阶段，一件青铜容器所占有的社会劳动价值，甚至较其后阶段的比重更大。可以理解，当奢侈、贵重的青铜模仿陶质的器形，当然是为了突出其与众不同的价值，从而在社会意义上体现器主尊贵的地位。新石器时代末期的龙山文化等，已经较多地出现陶质礼器。青铜质地的爵、斝之类作为酒器，虽然实用性较陶质的同类器并无实质性提高，甚至早期铸造的青铜容器可能还会产生浇铸不足而形成缺陷，但是，将贵重的因素注入礼器之后，其社会价值的符号性就大大地加强了。因此，早期青铜容器的出现，并非是因其实用性，而是其作为礼器具有体现身份、等级的意义。

从制作技术上来说，以青铜来模仿相同器形的陶器，难度上要高许多。爵、斝、盉等器物都是三足器，并带有鋬、耳、流等附件，附件与器壁都不是处于同一平面。这样，各件容器的器形都是由多个几何体构成，颇为复杂。这种器形的陶器，可以在制作成形的过程中利用陶土的黏性，对足、耳等附件与器体进行直接连接，而范铸青铜器复杂的器形则受制于从模上脱范、范与范以及范与芯的组装、浇铸过程中金属热处理等诸多的技术环节。由于这一时期青铜器的铸造还主要是一次成形，上述因素都在铸造过程中多有所体现。另一方面，爵、斝等铸件的足、鋬等附件愈多，就意味着充型能力相对减弱。因此，二里头文化时期开始使用爵、斝等器类，说明青铜器的早期发展阶段并不是像陶质容器发明阶段那样，以便于制作简单的器形作为起始。而之所以选择爵、斝之类复杂的器类，其作为礼器的社会背景已如前所述，相应地，因为将最尖端、最复杂的生产技术放在建设社会等级和礼制上，青铜礼器便成为了中国早期文明最为发达的物质文化成就，并由此成为有别于西方古典文明的代表。

一个有趣的现象是，作为礼器的二里头青铜容器并无后世青铜礼器那样发达的装饰。这一时期的青铜容器，器表纹饰少见。少数有装饰者形成的纹饰种类，有网格、弦纹、圆点、三角等，纹饰构图颇为简单。未来流行的兽面纹等想像动物纹样，还未见以铸造的方式表现出来。二里头青铜器纹饰都是凸出器表的阳文，这是在陶范上直接刻画出凹入的阴线纹饰，铸造出来的纹饰反映在器表上就是凸起的,因此阳纹是反映了青铜时代初始阶段较简单的纹饰制作技术。

但如上节所述,二里头青铜牌饰装饰有兽面纹,这些兽面纹的构图已经相当复杂,且不同牌饰的兽面纹总体风格类似:纹饰布局上左右对称;构图抽象但兽面的轮廓表意清晰;面部中的兽目被强调,部分牌饰甚至塑出梭形的眼睑;兽面之外还设有其他部件,特别是兽角所占幅面较大。不难注意到,这些特征大部分也是其后商时期大行其道的兽面纹的构图特征,因此可以说,二里头牌饰兽面纹是商周青铜器兽面纹的直接源头。在技术上,镶嵌绿松石装饰,是需要在铸造牌饰或钺之前,对纹饰的构图及其在青铜器上的位置进行设计。从这个角度而言,二里头青铜器装饰无论是构图的复杂性还是生产流程,都并不简单。实际上,二里头文化时期少数陶器上已经开始出现动物型纹饰①,绿松石形式构图的兽面纹等动物纹样已颇为多见,如著名的二里头宫殿区出土大型的绿松石拼塑龙,体现了很高的装饰艺术水准。② 青铜牌饰装饰兽面纹所反映的复杂性,已有一定的社会基础。装饰在牌饰、钺上与青铜容器颇为不同之处,既说明当时青铜容器缺乏装饰并非技术上的障碍,又开商周青铜兵器等与容器不同的装饰系列的先河。至于青铜容器装饰少而简单的原因,则可能是新石器时代末期以来陶礼器特别是爵、斝等器类并未形成装饰风尚。

总体看来,二里头文化时期青铜器的生产,从金属成分及其配比、铸型技术、器形以及装饰等不同方面,都体现出青铜时代初期青铜器生产较为原始的一些特征。目前出土的二里头文化时期青铜器,除了数量较多但器形简单的工具和兵器之外,体现社会价值和工艺水平的青铜器包括有爵、斝、盉、鼎等容器,以及镶嵌绿松石牌饰。相对于青铜时代其后的各个阶段,二里头文化时期的这些青铜器类别较少,数量也不多。二里头青铜器既有青铜时代早期较多利用金属特性的工具、兵器,又已初显其后中国青铜时代追求社会性的苗头。

重要的是,二里头青铜器已经开始显现出中国青铜时代青铜器的一些

---

① 在二里头和王城岗遗址的陶器上均可见龙纹或兽面纹,二里头遗址的发现尤多,其例参见中国科学院考古研究所洛阳发掘队《河南偃师二里头遗址发掘简报》,《考古》1965年第5期。

② 中国社会科学院考古研究所二里头工作队:《河南偃师二里头遗址中心区的考古新发现》,《考古》2005年第7期。

基本特点。这些特点可以总结为这几个方面：（1）青铜器器类的主流，并非是生产工具、生活器皿这些与社会基本生活密切的类别，而是体现社会身份与等级的青铜礼器。（2）青铜容器器类以爵、斝等酒器的数量占大多数，食器数量相对较少，这种器用倾向一直保持到西周早期。这说明在青铜时代前期，祭祀、丧葬等礼仪活动是以宴饮活动为形式展开，礼器与现实生活中的礼仪活动结合较为紧密。与青铜时代后期突出列鼎与编钟等礼器相比，早期礼器的展示性和象征意义还不够充分。（3）青铜器的生产以铸造的方式、以块范的合范技术成形，成为中国青铜时代青铜器与两河流域、古埃及等古典文明青铜器生产的一个突出不同。目前我们尚不清楚，青铜容器是否是作为块范法铸造这一技术选择的背景，但我们已经可以确认的是，块范法铸造这一技术系统，对于中国青铜时代青铜礼器的生产，起到了至关重要的作用。

（作者单位：武汉大学历史学院）

二里头遗址出土青铜鼎
及相关问题探讨

高江涛

陶鼎是古代社会十分常见的一种生活炊器，青铜鼎的出现改变了其社会地位，逐渐成为夏商周三代礼制生活、政治制度的重要载体。1987年春，河南偃师圪垱头村偃师橡胶厂工人建水泥池时发现3件铜器和1件残玉石器，其中就有1件铜鼎[1]，这是目前发现最早的青铜鼎，也是被普遍认为属于夏时期的二里头文化唯一出土的一件青铜鼎。该件青铜鼎虽然意义非凡，但学界研究多是零星提及，未见集中深入的论述。本文试对该青铜鼎的年代性质分析的基础上对相关的二里头文化少见青铜鼎的原因、夏商分界、二里头铸铜作坊性质等问题作一探讨。

一 出土情况及简介

3件铜器为铜鼎、铜斝与铜觚，因当时被工人发现后私藏并倒卖，仅追回铜鼎与铜斝，故并非严格意义上的发掘出土品。但根据二里头遗址的一般情况，二里头队推测此处应为一墓葬，命名为87YLVM1。地点位于二里头遗址Ⅴ区的东缘，离近年发现的宫城不远，同处二里头遗址功能分区的中心区，显然并非普通墓葬。

铜鼎（87YLVM1∶1）折沿，薄唇内附一加厚边，沿上立二环状立耳，一耳当足，腹部微外鼓，平底，空心四棱锥状足。腹饰带状网纹。器壁较薄，壁内底部有铸残后的修补痕迹。通高约20厘米、口径15.3厘米、底径9.8厘米—10厘米，壁厚0.15厘米（图1）。

与铜鼎同出铜斝敞口，唇面与铜鼎特征十分相似，均是薄唇内附一周

---

[1] 中国社会科学院考古研究所二里头工作队：《河南偃师二里头遗址发现新的铜器》，《考古》1991年第12期。

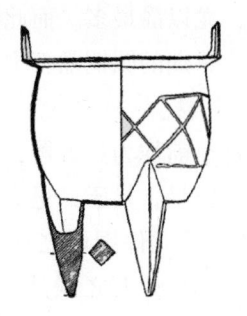

图 1　二里头 87YLVM1∶1 铜鼎

加厚边，长颈束腰，下部圆鼓，底为圆底，扁圆状锥形足。侧附一耳与一足相连，与耳相对应的一侧口沿上立二柱，微内倾。高 26.8 厘米、口径 14.5 厘米—14.8、壁厚 0.15 厘米（图 2）。

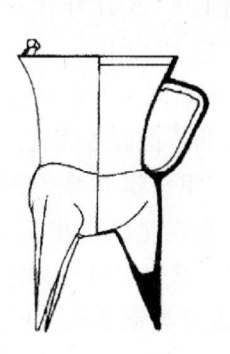

图 2　二里头 87YLVM1∶1 铜斝

铜鼎与铜斝的年代，郑光先生认为属于二里头文化四期①，此观点为大多数学者认同。

二　年代和性质

细察此件铜鼎，发现有许多不同于二里头文化常见铜器特征的异质因素。首先，在器类上二里头文化铜容器主要是爵、角、盉、斝等。而铜鼎

---

① 中国社会科学院考古研究所二里头工作队：《河南偃师二里头遗址发现新的铜器》，《考古》1991 年第 12 期。

仅此1件出土品，其他器类均不止一件，尤以爵最多。而此类圆鼎在二里岗文化中较为常见，其中属于二里岗文化早期的圆铜鼎至少有2件，如郑州C5M1∶4①与新郑望京楼铜鼎。②

其次，形制特征上二里头文化铜容器目前均为三足器，这是其最大的特征。然而，恰就足部而言，此件鼎为四棱足，异于二里头文化所有三足铜器之三足特征。年代较早的出土铜鼎除了此件铜鼎之外，应该是郑州C5M1∶4和新郑望京楼铜鼎（图3）。C5M1出土之铜鼎，拱形双立耳，平折沿圆唇，深腹圜底，腹壁外鼓，呈圆球状，纹饰朴素，施以简单的细线兽面纹。1976年望京楼出土的铜鼎，形制特征及纹饰风格与C5M1铜鼎十分接近，只是唇面为方唇。望京楼1974年也出1件微分裆的鼎，因下腹略微分裆以致被认为是铜鬲，其整体上拱形双立耳，折沿方唇，深腹圜底微分裆，腹壁外鼓，亦呈圆球状，纹饰简单朴素，为双连珠纹中间加雷纹，器物作风与1976年发掘的铜鼎相同。③ C5M1年代一般认为属于二里岗文化下层二期，望京楼铜鼎的年代亦应大体相同。

值得注意的是，与二里头87YLVM1铜鼎同出的铜斝竟也是近四棱锥足，只是略扁圆。而且斝腹部特征为圆鼓腹，圆底或圜底，不但明显异于二里头文化其余铜斝，圜底的特点更非二里头铜容器平底作风。此件斝（87YLVM1∶2）与斜直壁、平底、三棱高锥足的二里头84YLⅥM9∶1斝④差别很大，而平底瘦高的M9∶1铜斝更符合二里头文化其他典型铜器如爵的审美意趣与架构。此外，甚至连盉这类铜器在二里头遗址都是平底，如86YLⅡM11∶1。而二里头87YLVM1∶2铜斝更接近王城岗铜斝WT245M49∶1⑤，属于同一型式（图4），与王城岗铜斝同出的1件爵明显属于二里岗文化下层，该铜斝也应为二里岗下层之器。另，此斝与属于二

---

① 河南省文物考古研究所：《郑州商城新发现的几座商墓》，《文物》2003年第4期。
② 河南新郑望京楼遗址从1974年到1976年连续出土了一批商代铜器，其中铜鼎2件，1974年出土铜鼎腹部略有分裆，以至有学者把它称之为鬲。见新郑县文化馆《河南新郑县望京楼遗址出土的铜器与玉器》，《考古》1981年第6期。《河南出土商周青铜器（一）》第88器及87器，文物出版社1981年版。
③ 新郑县文化馆：《河南新郑县望京楼遗址出土的铜器与玉器》，《考古》1981年第6期。
④ 中国社会科学院考古研究所二里头工作队：《1984年秋河南偃师二里头遗址发现的几座墓葬》，《考古》1986年第4期。
⑤ 河南省文物研究所、中国历史博物馆考古部：《登封王城岗与阳城》，文物出版社1992年版，第154—155页。

里岗文化下层的望京楼1975年出土的两件铜斝①及盘龙城PWZ：040②较为相近，甚至与属于二里岗上层一期的C8M3：4③也相近。

新郑望京楼鼎（1974年）　　新郑望京楼鼎（1976年）　　郑州C5M1:4

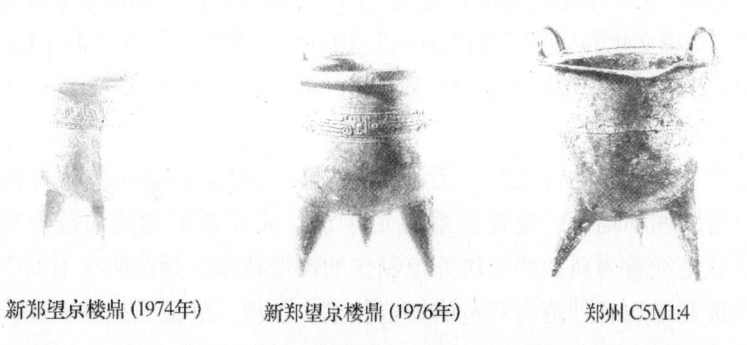

图3　新郑望京楼与郑州C5M1出土铜鼎

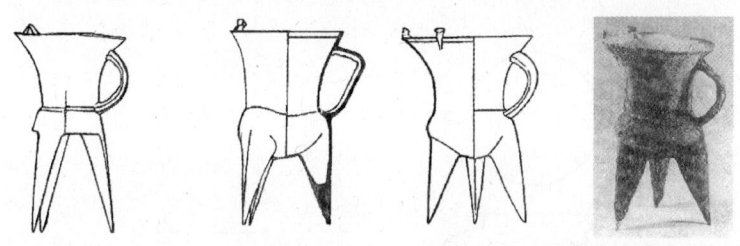

二里头84YLVIM9:1　二里头87YLVM1:2　王城岗铜斝WT245M49:1　新郑望京楼1975斝:2

图4　与二里头87YLVM1相关的铜斝

再次，从墓葬铜器组合看，二里头文化墓葬铜器组合基本为铜爵、铜盉或陶盉，有时配以圆陶片及铜铃。④尤其二里头文化四期的铜器墓中均出土有

---

① 河南出土商周青铜器编辑组：《河南出土商周青铜器（一）》第91器及92器，文物出版社1981年版。

② 湖北省文物考古研究所：《盘龙城——1963—1994年考古发掘报告》，文物出版社2001年版，第412页。与此件斝年代相当盘龙城三期的斝还有1件，即盘龙城PYWM6：4，但值得注意的是M6却同出年代明显偏晚的铜器，如PYWM6：1铜爵形制特征与纹饰明显与二里岗上层一期铜爵相近，PYWM6：1铜盉又与属于二里岗下层二期的新郑望京楼1974年出土铜盉基本相同。故PYWM6出土铜器的年代尚无法确定。

③ 河南省文物工作第一队：《郑州市白家庄商代墓葬发掘简报》，《文物参考资料》1955年第10期。

④ 陈国梁：《二里头文化铜器研究》，《中国早期青铜文化——二里头文化专题研究》，科学出版社2008年版，第153—155页。

铜爵，只有本文所论的87YLVM1不出铜爵。同一时期的87YLVM1的铜器组合竟是鼎、斝、盉，若属于二里头文化，组合上就显得十分异类。此外，不仅其鼎是唯一的，出土的铜盉也是唯一的。而铜鼎、斝及盉的组合却是常常出现于二里岗文化的早商铜器墓葬中。[①] 1974年，新郑望京楼遗址出土的属于二里岗文化下层的5件铜器为鼎、斝、鬲、盉、爵[②]，87YLVM1就有3件器类与之相同。

复次，从铜器的铸造技术看，87YLVM1铜鼎据范线可知其外范为三范，三范之间不均等，位置关系为T字形，底部及足利用内范形成。同出的斝从范线看为典型的三块外范制作的铸造技术。而这明显不同于二里头文化爵和斝均是外范为双范的铸造技术。然而，外范三范且底部内范的铸造技术出现在二里岗文化下层的爵及斝（图5）。[③] 可见，就铸造技术而言，87YLVM1出土铜器更接近二里岗文化的铜器。

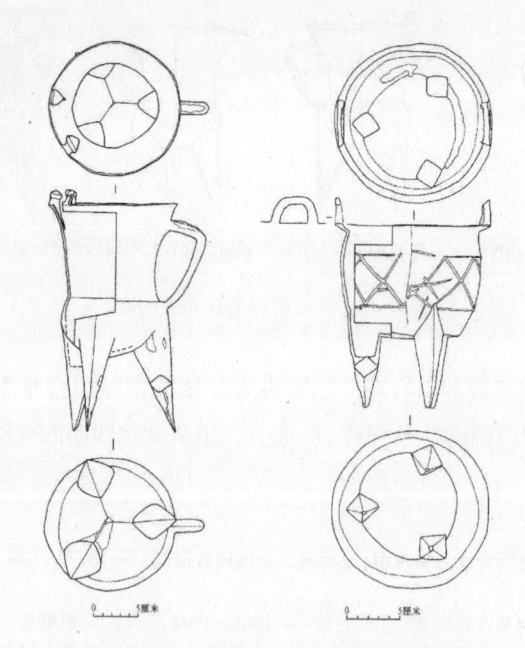

图5 二里头87YLVM1出土铜鼎与斝的范线（采自宫本一夫文）

---

① 参看朱光华《早商青铜器分期与区域类型研究》，郑州大学博士学位论文，2005年。
② 新郑县文化馆：《河南新郑县望京楼遗址出土的铜器与玉器》，《考古》1981年第6期。
③ 宫本一夫：《二里头文化青铜彝器的演变及意义》，《二里头遗址与二里头文化研究》，科学出版社2006年版，第205—221页。

最后，此铜鼎的年代一般认为属于二里头四期，如果对四期再进一步分早晚段的话，则铜鼎与斝显然归属偏晚阶段。换言之，此类铜器都是在二里头文化的最晚期才开始出现的，因而其年代已经接近二里岗文化下层。

总之，此件铜鼎及斝在二里头文化中年代上最晚，器物形制特征异于二里头文化习见特征与作风，而接近二里岗下层同类器，器物组合及铸造技术也与二里岗商文化相近。因此，87YLVM1铜鼎很可能并不属于二里头文化，而是属于二里岗期商文化系统。

三　与青铜鼎相关问题的探讨

夏、商文化分界问题一直以来都是学界争论的热点和难点。至上个世纪末，越来越多的学者认识到二里头文化四期遗存的特殊性，有学者甚至认为二里头文化四期已经进入商代早期，它的特征以继承二里头一期至三期的传统为主流，同时部分吸收并融合了商文化（以及少量岳石文化）因素，为商代初年的夏遗民遗存。或言，在二里头文化四期晚段已经完成了夏、商王朝的更替。[①] 对于二里头文化尤其晚期中出现二里岗商文化常见器物，认为是夏遗民吸收并融合商文化因素的结果是可能的。但也不排除另外一种可能性，既然二里头文化四期晚段已经完成夏、商王朝更替，在二里头遗址就不可能仅仅集中生活夏遗民，商人自然也可以或者说更应该生活在二里头，因此这里出现本就属于商人的二里岗商文化器物也是合情合理的。另一方面，近十多年来二里头遗址发掘表明二里头四期不少大型宫室类建筑仍在使用甚至还有修建，绿松石作坊、铸铜作坊也在继续使用。这些重要的建筑类设施在一个王朝结束后完全可以由另一个接替的政权继续使用甚至继续修建或维护，实在很难给其贴上夏或商的标签。而日常生活中的陶器尤其是礼器类器物更易体现一个族群的文化属性，其变化正反映了社会属性的变化，二里头四期晚段的陶礼器、铜器等普遍呈现商文化的特质，也许正暗示这个时期发生了夏商更替的重大历史事件。

二里头87YLVM1出土的铜鼎等器物恰恰从一个侧面反映了夏、商分

[①] 高炜、杨锡璋、王巍、杜金鹏：《偃师商城与夏商文化分界》，《考古》1998年第10期。

界或者夏、商王朝更替的结束。不仅如此，出土如此铜器的 M1 墓主人显然并非普通商人，应该属于有一定社会地位的贵族阶层，甚至不排除是统治"夏遗民"的管理人员之一的可能性。

与之相关的还有二里头铸铜作坊的性质问题，原发掘者郑光先生认为二里头铸铜作坊使用年代是从二里头文化二期至四期。① 近年，陈国梁先生对相关遗迹现象和出土遗物进行考察后，认为二里头铸铜遗址的使用年代当为二里头文化一期至四期，在四期晚段甚至更晚一些时候仍然在发挥着重要的作用。② 二里岗文化早期一般被分为两个时期，即二里岗下层一期与二里岗下层二期，从目前出土的属于二里岗文化早期的铜容器看，多是二里岗下层二期之物，下层一期的铜容器十分罕见。最近，对于郑州洛达庙晚期的墓葬 C8T166M6 出土的铜鬲与盉③，有日本学者就认为属于商文化的二里岗下层第一期青铜器，而非二里头文化铜器。④ 此看法值得我们注意，但无论如何，属于二里岗下层第一期出土的铜容器极少这一点是可以肯定的。考虑到当时铸铜技术垄断因素，陈国梁先生甚至推测洛达庙晚期的铜容器铸造于二里头遗址⑤。那么，二里头 87YLVM1 出土铜器更应是二里头铸铜作坊铸造，鉴于此时已进入商代，二里头铸铜作坊显然在二里头四期晚段是由商王朝控制的，自然是为商人铸造铜器，二里头 87YLVM1 出土带有二里岗下层商文化因素的铜器也在情理之中。郑州商城二里岗文化时期的铸铜作坊有南关外和紫荆山北两处⑥，其中紫荆山北铸铜作坊使用时间为二里岗上层一期。关于南关外铸铜作坊的兴建使用年代争议较大。总结起来，主要有两种不同认识，一种认为南关外铸铜

---

① 郑光：《二里头遗址与我国早期青铜文明》，《中国考古学论丛——中国社会科学院考古研究所建所 40 年纪念》，科学出版社 1993 年版，第 191 页。

② 陈国梁：《二里头文化铜器研究》，《中国早期青铜文化——二里头文化专题研究》，科学出版社 2008 年版，第 207 页。

③ 河南省文物考古研究所：《郑州商城新发现的几座商墓》，《文物》2003 年第 4 期。

④ [日] 饭岛武次：《二里头类型第四期与二里岗下层文化的青铜器》，《夏商都邑考古暨纪念偃师商城发现 30 周年国际学术研讨会论文集》，2013 年 10 月。

⑤ 陈国梁：《二里头文化铜器研究》，《中国早期青铜文化——二里头文化专题研究》，科学出版社 2008 年版，第 208 页。

⑥ 河南省文物研究所：《郑州商代二里岗期铸铜基址》，《考古学集刊》第 6 集，科学出版社 1989 年版。

作坊始建于二里岗下层一期①，另一种看法认为始建于二里岗下层二期②。由于目前属于二里岗下层一期的铜容器出土极少，我们更倾向于至迟始建于二里岗下层二期的观点。与二里岗下层一期大体同时的二里头文化四期晚段，二里头铸铜作坊继续使用并为商人铸铜，至迟在二里岗下层二期时，商王朝兴建了真正意义上的属于自己的南关外铸铜作坊，逐渐代替了二里头铸铜作坊，二里岗上层一期时铜器生产规模扩大，又新建了紫荆山北铸铜作坊。

另外，二里头遗址出土的陶鼎数量多，种类也很多，但为何铜鼎却仅此1件，如此之少呢？这很可能与铜鼎的铸造工艺相对复杂而工艺却为初创以及二里头文化时期对青铜原料、合金成分、性能掌控有限有一定关系。二里头87YLVM1铜鼎作为中国目前最早的青铜鼎，其制作粗糙，底部明显有铸残修补的痕迹，这可能正是其铸造工艺复杂且为初创的反映。二里头文化时期青铜原料为稀有资源甚至还需要远距离运输。商周时期青铜容器中鼎是体量偏大的重器，然而我们注意到87YLVM1铜鼎、新郑望京楼铜鼎、C5M1铜鼎，包括上海博物馆藏云纹铜鼎③等几件早期青铜鼎不但器壁极薄，体量也很小，高仅20厘米左右，口径不足20厘米，很可能正是当时青铜原料稀有的反映。二里头文化时期，人们对铜及合金属性有所了解，并懂得通过添加铅、锡等金属元素来改变铜制品的物理性能，但仍处于摸索的初级阶段，还没有完全掌握不同器类器形各自固定的金属成分比例。④ 因此，笔者推测由于上述种种限制，才使得二里头文化时期青铜鼎极少铸造。

（作者单位：中国社会科学院考古研究所）

---

① 陈旭：《郑州商代铸铜遗址的年代及相关问题》，《中原文物》1992年第3期；杨肇清：《略论商代二里岗期青铜铸造业及其相关问题》，《郑州商城的考古新发现与研究》，中州古籍出版社1993年版。

② a. 张文军、张玉石、方燕明：《关于郑州商城的考古学年代及其若干问题》，《郑州商城的考古新发现与研究》，中州古籍出版社1993年版。b. 杨育彬、曾晓敏：《郑州商城的考古学研究》，《河南考古探索》，中州古籍出版社2002年版。

③ 河南博物院：《鼎盛中华——中国鼎文化》，大象出版社2013年版，第22页。

④ 陈国梁：《二里头文化铜器研究》，《中国早期青铜文化——二里头文化专题研究》，科学出版社2008年版，第168—169页。

万邦玉帛

——夏王朝的文化底蕴

邓淑苹

一 前言

综合考古资料与古文献记载推算，夏王朝是约当公元前 2070 年至前 1600 年间，在黄河中游建立的中国历史上第一个王朝。目前考古学界多认同以河南郑州新密新砦为代表的新砦文化，以河南偃师二里头为代表的二里头文化，是夏王朝核心地区先后衔接的两支考古学文化。此二文化已被发现的玉器主要有：玉钺、玉戚①、玉圭②、多孔刀、玉戈、牙璋、柄形器等。

当夏族在黄河中游建立起中国历史上第一个王朝时，周围仍存在许多不同的考古学文化，所出土的玉器，在玉质、器类、形制、纹饰上都呈现相当纷杂的面貌。《左传·襄公七年》记载："禹会诸侯于涂山，执玉帛者万邦。"即是描述当时华夏大地多族群并立，各族群祭祀神祇祖先的玉礼器也是多样的。下面即表列出在北纬 43 度—32 度之间东亚大地上与夏代同时并存的大约 19 个主要的考古学文化或类型。目前除了王湾三期、朱开沟、东太堡、下七垣、岳石、盘龙城下层、斗鸡台这七个文化的遗址

---

① "钺"本是器面宽大的斧，玉钺的上下器缘若琢有扉牙，应是祭典中以乐舞招降神祖之灵时用的"戚"。《礼记·明堂位》记载："朱干玉戚，冕而舞《大武》。"

② 新石器时代晚期，用玉制作的长梯形端刃器，依装柄方向不同，可用作斧、钺、铲，多为平直刃线。但在祭典上常不装木柄，刃端向上地以手握执，作为参与祭祀者身份的表征，在礼制上称作"圭"。新石器时代至夏商，玉圭刃部主要是直刃，可称为"平首圭"。周人克商后，周人主要用玉戈为玉圭，遂发展出尖首玉圭。笔者 1977 年《圭璧考》（《故宫季刊》第 11 卷第 3 期）首先提出玉圭的两阶段差异。在此原则下，凌家滩、陶寺等遗址出土外观颇相似于汉代玉圭的玉器，是否应称作"圭"？笔者持保留态度。

中很少出土玉器外，其余的十多个文化的遗址都出土玉器，又以齐家、石峁、陶寺、山东龙山、月亮湾（三星堆二期）①、肖家屋脊（后石家河）诸文化以及孙家岗类型的玉器②，各具自身鲜明的独特风格（表1）。

表1　　　　夏代中原政权的递变及周围的考古学文化③

	公元前纪年	中原地区考古学文化	中原王朝	约北纬43度—38度（农牧交错带）	约北纬38度—33度（黄河流域）	约北纬33—32度（长江流域）
1	2100—1870	王湾三期文化		四坝、石峁、朱开沟、夏家店下层	齐家、东龙山、老牛坡、东太堡、陶寺、下七垣、山东龙山、岳石	月亮湾（三星堆二期）、肖家屋脊（后石家河）、孙家岗、盘龙城下层、斗鸡台、钱山漾、广富林
2	1870—1750	新砦文化	夏代前期			
3	1800—1550	二里头文化	夏代至商初			

　　本文拟先选出四类玉礼器：璧与琮、玉戈、牙璋、神祖面纹及扉牙，探讨它们在龙山时期至商初，也就是公元前2300年至前1550年间的发展演变；再全面检视这段时期分布在华夏大地上，几个发展了玉礼制的政治实体，或称之为"方国"，在各"国内"玉礼器的发展梗概；完成这样的分类探讨与全面检视后，再研究夏王朝在中原崛起时，从周边多个方国接纳了哪些器类的玉器参与王朝内的礼制运作？通过这样的研究，或能略窥夏王朝文化底蕴，希望能对长期争讼不决的夏族起源问题提供一个探索的方向。

二　考古新知

　　从自然地理上，东亚这一大片中国文化的核心地区上④，明显地被一条约20度的东北—西南走向的山脉链，也就是大兴安岭、太行山、巫山、雪峰山，分隔为"华东"与"华西"。这也就是地理学上所称的"第三阶

---

① 四川广汉月亮湾及仓包包遗址的年代明显早于1986年在三星堆发现的两个商代的祭祀坑，很可能创造文化的先民亦非同一族。林巳奈夫在1982年论证牙璋的论文中就将月亮湾玉器年代正确地订为"二里头并行期"。但自从大陆考古学界将月亮湾与三星堆合并统称为三星堆文化后，月亮湾、仓包包的资料经常被误以为是商晚期文物。笔者建议将之独立为月亮湾文化。
② 何驽：《试论肖家屋脊文化及其相关问题》，《三代考古》（二），科学出版社2006年版。
③ 根据张雪莲、仇士华、蔡莲珍等《新砦—二里头—二里岗文化考古年代序列的建立与完善》，《考古》2007年第8期。并请教许宏研究员，以1800BC为二里头文化起始时间。
④ 即是去除蒙古、新疆、西藏，以汉族为主要人口的中国本部，英文为China proper。

梯"与"第二阶梯"。2006年赵辉分析中国在史前时期,东部与西、北部的社会复杂化与社群分化程度不同,分别称之为"模式一"与"模式二"①。他所提出的东、西二分概念,其实就是笔者在1993年以来一直强调的"华东"与"华西"的观点。②不过笔者只立基于玉器风格分析,赵辉则从考古学各个面向综合归纳。

由于近年来考古学有了突破性的发展,当下来探索龙山时期至商初的玉器文化,已有了与二三年前很不一样的情况。主要的因素有三:

(1) 2011年11月中国社会科学院考古研究所的网站上公布了"中华文明探源工程(二)——考古学文化谱系年代研究"。这份报告公布了一些高精度的日历年代资料,许多大家都熟记在脑海中的考古学年代都向下推迟二三百年不等。综合而言,庙底沟二期文化、大汶口文化、良渚文化都以公元前2300为下限,过去认为龙山文化的年代是公元前2600—前2000年,现在已降为公元前2300—前1800年。

(2) 比起经济发达、考古工作密集的华东而言,地域广袤、干旱贫瘠的华西地区,近半个世纪所获得考古学界人力、经费等资源相对太不足。但近年来也累积一些可观的成绩。经^{14}C的测年,可确定齐家文化的年代跨度为公元前2615—前1529年,年代集中在公元前2300—前1900年。③齐家文化遗址天水师赵村④、民和喇家遗址的发掘成绩斐然。⑤喇家遗址发掘广场上的祭坛

---

① 赵辉:《中国的史前基础——再论以中原为中心的历史趋势》,《文物》2006年第8期。
② 约自1992年时,笔者从史前时代玉器风格归纳出"华东""华西"的差异,见该年出版的拙作《国立故宫博物院藏新石器时代玉器图录》,1993—1994年笔者正式撰文《也谈华西系统玉器(一)至(六)》分六期发表于《故宫文物月刊》1993年8月至1994年1月。2007年再发表《"华西系统玉器"观点形成与研究展望》,《故宫学术季刊》第25卷第2期;亦发表于《玉魂国魄(三)——中国古代玉器与传统文化学术讨论会文集》,北京燕山出版社2008年版。[按:该文本应只发表于《玉魂国魄(三)》,但因笔者所服务的台北故宫的刊物《故宫学术季刊》因面临缺稿脱期可能会被"国科会"剔除于核心刊物的名单外,故商请徐苹芳先生准予先行在台湾发表]
③ 李水城:《西北地方新石器时代考古研究》,严文明主编《中国考古学研究的世纪回顾·新石器时代考古卷》,科学出版社2008年版。
④ 中国社会科学院考古研究所:《师赵村与西山坪》,文物出版社1999年版。
⑤ a. 中国社会科学院考古研究所等:《青海民和喇家史前遗址的发掘》,《考古》2002年第7期。b. 叶茂林:《齐家文化玉器研究——以喇家遗址为例》,张忠培等主编《玉魂国魄——中国古代玉器与传统文化学术讨论会文集(三)》,北京燕山出版社2008年版,第141—148页。c. 叶茂林:《史前玉器与原始信仰——齐家文化玉器一些现象的初步观察与探讨》,黄翠梅主编《南艺学报》2010年第1期。

内埋有形制特殊的 M17，随葬 15 件玉器。① 喇家 F4 房址靠墙壁的地表有意地陈设玉璧与玉料，明显地具有深厚的礼制意义。② 这些发现让大家了解齐家文化的社会复杂化，以及在文明化进程上，应不亚于华东诸文化。

（3）自 2011 年以来，密集的考古调查与发掘证明，在龙山文化中期至夏代早期，陕北神木石峁一带文化高度发展，建筑了规模极大的石墙城址。③ 近来的考古不但发掘出一些玉器，也为 19 世纪末至 20 世纪前半，流散至欧美为数甚多的石峁风格玉质牙璋、长刀，大致勾勒出它们的时代与文化别。

总结上述三点可知，新的测年数据，让华东地区的龙山期诸文化与华西地区的齐家文化、石峁文化，在绝对年代上相若，社会复杂度相当；华西诸文化铸铜技术前卫，配合大型玉矿被发现，因而大量制作玉器。所以，过去多年来考古学界流行的华东文化发展早，诸多文化内涵都是自东向西传播的观点，应该务实地重新检视与深入探索。

三　四类玉礼器分项探讨

（一）"璧琮礼制"认知的新发展

因为长期客观环境因素，20 世纪最后二三十年考古学逐渐起飞后，黄河上中游有限的考古经费与人力主要用在陶器的研究，出土的史前玉器几乎不被报道④，考古学界又对博物馆中藏有大量的史前华西风格玉器毫无认识，多接受晚清金石学家的观点，以为光素的璧琮都是周代的玉器。所以许多学者误以为在良渚文化中作为祭祀用礼器的玉琮传播到黄河上游地区后就变得光素、简率、粗糙，原本具备的神圣的礼制意义被遗忘，玉

---

① 中国社会科学院考古研究所甘青工作队等：《青海民和喇家遗址发现齐家文化祭坛和干栏式建筑》，《考古》2004 年第 6 期。
② 中国社会科学院考古研究所甘青工作队等：《青海民和喇家遗址 2000 年发掘简报》，《考古》2002 年第 12 期。
③ a. 陕西省考古研究院：《2012 年陕西省考古研究院考古发掘新收获》，《考古与文物》2013 年第 2 期。b.《考古与文物》编辑部：《神木石峁遗址座谈会纪要》，《考古与文物》2013 年第 3 期。c. 陕西省考古研究院等：《陕西神木县石峁遗址》，《考古》2013 年第 7 期。
④ 1996 年，笔者在余杭参加纪念良渚文化发掘六十周年会议时，曾公开呼吁大陆考古学界正视黄河上中游史前玉器的公布与研究。当时与会的甘肃省考古所朗树德研究员私下表示大家忙着研究陶器，玉器压库房没人理。

琮文化逐渐衰落等。

因为长期以来考古界的主流观点就是史前时期中原及华东沿海地区文化先进，黄河上游文化落后。甘肃天水师赵村第七期齐家文化遗存的^{14}C年代早达公元前2300前后①，但在大家都认为齐家文化偏晚的既有印象下，连发掘者也不十分敢相信这个数据。② 所以中国社会科学院考古研究所在其出版的一系列《中国考古学》专书中，还将齐家文化放入该套书的《夏商卷》。③ 因此，很多学者根据偏颇不全的考古资料，坚信玉璧、玉琮的礼制萌芽自华东的良渚文化，在良渚文化衰亡后，璧、琮文化才逐渐向西北方向传播。

若要让大家认清历史真相，不要让20年前因考古信息不平衡的报道，加上错误的年代学框架所导致的缪说继续误导，那就需将最新的研究成果说清楚、讲明白。本节侧重下列二点，说明"璧琮礼制"的新认知：

第一，文化别与测年数据的订正。

第二，对东、西二地璧琮礼制操作仪轨，及玉琮创形理念的探索。

1. 文化别与测年数据的订正

最需要确认文化别与测年数据的资料有二处：第一是山西芮城清凉寺出土玉琮的墓葬。第二对可能是齐家文化前身的几个考古学文化（菜园、马家窑、客省庄等）玉器文化内涵的认知。

清凉寺遗址（又称寺里—坡头遗址）分布于山西最南的运城盆地，该地区龙山时期的文化曾被称作三里桥类型，但清凉寺墓地出土陶器少，尚未发掘到居址，目前考古学界对该墓群的文化归属暂无明确定论。④ 芮城在清凉寺正式发掘前通称"坡头"，据称长期以来出土大量玉环、璧类，多数已被文物贩子收购，还有一些上缴给山西省博物馆、芮城县博物馆、运城盐湖博物馆。⑤ 2003—2005年正式发掘了262座墓，2006年的报

---

① 中国社会科学院考古研究所编：《中国考古学中碳十四年代资料集（1965—1991）》，文物出版社1992年版，第282—283页。
② 据当年参与师赵村发掘，目前是喇家遗址发掘主持人叶茂林研究员告知，特此申谢。
③ 中国社会科学院考古研究所：《中国考古学·夏商卷》，文物出版社2003年版。
④ 笔者分别请教清凉寺遗址发掘主持人薛新明研究员以及陶寺遗址发掘主持人何驽研究员，得到的答案相同。特此申谢。
⑤ a. 陶正刚等：《山西芮城县坡头遗址出土玉器与良渚文化关系的研究》，杨伯达主编《中国玉文化·玉学论丛（三编）》，紫禁城出版社2005年版。b. 山西省考古研究所芮城县博物馆：《山西芮城清凉寺墓地玉器》，《考古与文物》2002年第5期。c. 李百勤、张惠祥编：《坡头玉器》，文物世界杂志社2003年版。

道将整个墓地都订为庙底沟二期文化（公元前2500—前2300年）。[1] M52出土的玉琮，外观颇相似于齐家文化玉琮，但四个平直边壁上各刻有两道垂直阴线（图1）；因此不少学者认为该玉琮在黄河中游的出现，证明良渚玉琮传播到此后，被解构、简化，下一步再向黄河上游传播才发展出齐家文化光素玉琮（图2）。

但是，这批资料经整理后于2011年做了更详尽的报道，出土图1玉琮的M52被归为龙山文化，年代不早于公元前2050年。[2]发掘者将整个墓群分为四期，从随葬品数量、类别及盗扰现象作了分析，并认为："第二期到第四期墓葬大量随葬玉石器，这种现象不是本地薄葬传统的自然延续，而是受到其他地区的影响所致。"[3]

笔者将芮城出土玉器资料集结检视，发现它们无论在器类上（璧、多璜联璧、琮、钺、刀等）、玉质特征、器表常有直条切痕、环璧类中孔多单面钻成，呈现甚多黄河上中游玉器风格。[4] 清凉寺遗址地处晋、陕、豫三省交会地带，向西过了黄河即是陕西的关中地区；龙山时期至夏早期，关中西部已属齐家文化川口河类型的地盘[5]，关中东部分布著带有浓厚齐家文化色彩的东龙山文化老牛坡类型。[6] 陕西延安市安塞县也出土与图1相似的，每边壁刻两道宽直线的玉琮。[7] 笔者怀疑晋南运城盆地在公元前第三千纪末突然出现的文化剧变，增加许多华西风格玉器，或有可能是西边齐家文化强力扩张的结果。

---

[1]　山西省考古研究所、运城市文物局、芮城县文物局：《山西芮城清凉寺新石器时代墓地》，《文物》2006年第3期。

[2]　山西省考古研究所等：《山西芮城清凉寺史前墓地》，《考古学报》2011年第4期，第557页。但在该文第556页又说："第三期靠西部的部分墓葬与庙底沟二期文化晚期的年代比较接近，即使已经进入龙山时期，也应该属于较早阶段。"经笔者请教报告的执笔者薛新明先生，他告知在此遗址的庙二文化年代下限即为公元前2050年。

[3]　同上注，第557页。

[4]　芮城博物馆所藏征集品的报道，玉环璧中孔多单面钻（前引陶正刚2005年论文）。《文物》2006年第3期、《考古学报》2011年第4期对发掘品的线绘图显示也有不少环璧的肉部（即璧面部分）靠中孔处较厚，靠外缘较薄。笔者观察玉器的经验，这类玉璧的孔壁多已磨光滑。晋陕地区龙山时期戴在手腕的玉璧多属后者。

[5]　张天恩等：《陕西夏商周考古发现与研究》，《考古与文物》2008年第6期。

[6]　张天恩：《论关中东部的夏代早期文化遗存》，《中国历史文物》2009年第1期。

[7]　段双印、张华：《延安出土史前玉器综合考察与研究》，杨晶、蒋卫东执行主编《玉魂国魄——中国古代玉器与传统文化学术讨论会文集（六）》，浙江古籍出版社2014年版。

152 / 夏商都邑与文化(二)

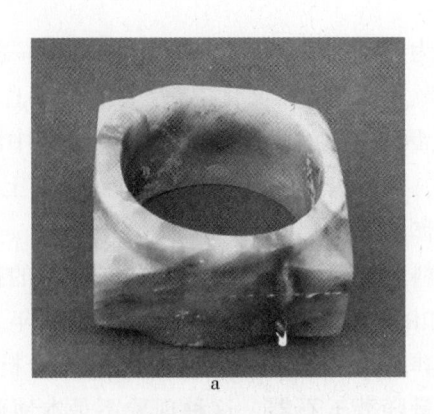

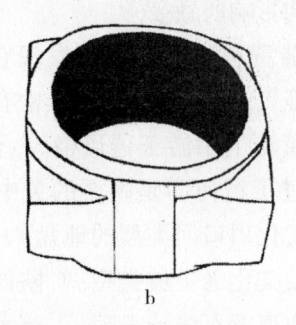

高4.2厘米,长7.3厘米—7.5厘米,孔径6.2厘米,射高1厘米,山西芮城清凉寺出土
(b引自黄翠梅2010)

图1 a、b 山西龙山文化 玉琮

高12.8厘米,宽8.3厘米 甘肃静宁出土

图2 齐家文化 玉琮

齐家文化主要分布在甘肃东半部、宁夏、陕西中西部以及青海的东北部。分布于甘肃的马家窑文化半山类型，分布于陕西的客省庄文化，以及分布在宁夏南部的菜园文化（或称为常山下层文化，约公元前2800—前2200年）都可能是齐家文化的源头。[①] 目前的考古资料显示，已正式发掘的齐家文化遗址约有八九处，出土玉器比较重要的有师赵村、喇家、皇娘娘台、宗日、页河子等。但在齐家文化密集分布区内各地方博物馆中都有不少早年征集的齐家玉器。[②] 图3至图5是甘肃天水师赵村出土的部分玉器[③]，前文已提及，当初测得师赵村齐家文化遗存的年代早达公元前2300年前后，但当时不合于主流观点的，所以没被大家重视。前文已说明近年齐家文化的测年数据累积较多，文化的跨度为公元前2615—前1529年，较多数据集中在公元前2300—前1900年。喇家遗址的数据也在公元前2300年。[④] 从图3至图6（图3—图6）师赵村、喇家出土玉器所呈现的成熟面貌，笔者怀疑在黄河上中游，璧、琮等玉器可能还有更早的萌芽阶段。

图3、图4这对质色相近、制作规整的成组璧琮（图3、图4），均以硬度6度左右的闪玉制作[⑤]，东、西并列，置于师赵村M8二次葬墓主下颌骨下方，墓中无其他随葬品。璧的直径达18.4厘米—18.6厘米，外廓已接近正圆，器表显然已作过磨光处理，仍留有两道接近平行的直条切璞痕，中孔单面钻成。玉琮外观虽不十分对称，但对钻过的中孔孔壁也经仔细抛光磨平。[⑥] 师赵村共出三组三璜联璧、二件玉环（可称为大孔璧），都出于地层或房址中，玉环的外径分别为9.7厘米、8.6厘米，孔径分别为5.5厘米与5.9厘米。已公布喇家遗址的三座墓葬（M2、M12、M17）玉璧都平放在胸腹或脸颊上[⑦]；M17出

[①] a. 谢端琚：《甘青地区史前考古》，文物出版社2002年版。b. 李水城：《西北地方新石器时代考古研究》，严文明主编《中国考古学研究的世纪回顾·新石器时代考古卷》，科学出版社2008年版。

[②] 王玉妹、李天铭：《关于齐家文化玉器的调研报告》，《博物馆研究》2011年第4期。

[③] 中国社会科学院考古研究所：《师赵村与西山坪》，中国大百科全书出版社1999年版，第173—175页。

[④] 喇家遗址的测年数据见《考古》2003年第7期与《考古》2005年第7期。

[⑤] "闪玉"即是矿物学名词nephrite最合适的中文译名。钙和镁的硅酸盐，属角闪石家族。曾被翻译为"软玉"，后又有学者采用"透闪石软玉"一名。目前也有人用"和阗玉"一词。摩氏硬度约6度，比重约2.9—3.1。有关图3、图4的资料见《师赵村与西山坪》，第173—175页，书中称为"透闪岩"。

[⑥] 笔者曾在中国社会科学院考古研究所库房或陈列室多次检视此批玉器。

[⑦] a. 叶茂林：《齐家文化玉器研究——以喇家遗址为例》，《玉魂国魄——中国古代玉器与传统文化学术讨论会文集（三）》，北京燕山出版社2008年版。b. 中国社会科学院考古研究所甘青工作队等：《青海民和喇家遗址发现齐家文化祭坛和干栏式建筑》，《考古》2004年第6期。

土的两组三璜联璧，分别出在墓口与套口处，其中一组竖插于土中（图5）。[①]有学者将之与东龙山、新华遗址中将片状玉器竖插现象综合考虑，推测可能是"墓祭"遗迹。[②]

大致而言，只要孔径在5.5厘米以上，就可以套在成年人的手腕，但截至目前，尚未在甘青地区齐家文化的墓葬中见到将环璧类及多璜联璧套在人手腕部的现象，这与陕北、晋南的现象很不一样。据笔者的观察，齐家系玉璧比例上较为器厚孔小，中孔多单面管钻而成，因管钻工具磨损变薄而导致孔径逐渐变小，孔壁斜且留有旋痕，最后用振截法取出钻芯时，在孔径小的一面，孔周缘多留有断碴。因为甘青宁的齐家文化先民不把环璧类戴在手腕，所以也不修磨孔壁。大约在齐家文化晚期时，璧的"正面"（孔径大的一面）切璞痕多磨平，"反面"（孔径小的一面）切璞痕常不磨，或为了让璧面尽量大，反面器缘还常保留原矿外表的凹疤。[③]

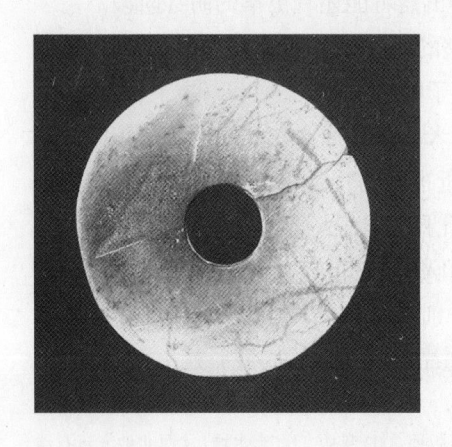

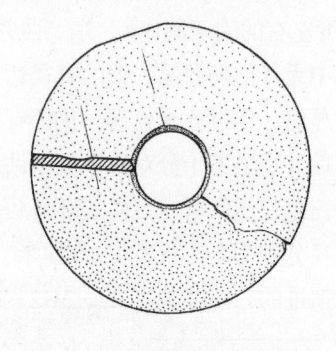

a　　　　　　　　　　　　b

径18.4厘米—18.6厘米，孔径4.8厘米—5.1厘米，厚0.4厘米—0.5厘米　师赵村M8出土

a 照片　b 线图

图3　齐家文化早期　玉璧

[①] M17结构复杂，墓口呈"回"字形双重开口，即在长方形土坑墓口上还套有一个接近方形的更大的浅口。报告中分别称为"墓口"和"套口"。

[②] 阎亚林：《西北地区史前玉器研究》，北京大学博士论文，2010年。

[③] 此为笔者观察大量传世齐家玉璧的心得，尚待考古资料证实。据牟永抗研究员的观察，良渚文化玉璧也有正反面之分，正面多仔细磨光，"鸟立祭坛"等符号多刻于正面。见其著《关于璧琮功能的考古学观察》，《东方博物》第四辑，杭州大学出版社1999年版，第36页。事实上，雕有符号的也都是良渚文化晚期玉璧。

高3.4厘米—3.9厘米，边长5.2厘米—5.5厘米，孔径4.2厘米—4.5厘米，射高0.4厘米—0.8厘米　师赵村M8出土

图4　齐家文化早期　玉琮

三璜联璧　喇家M17出土
图5　齐家文化早期

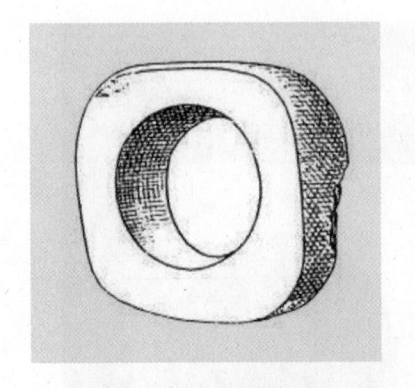

大孔玉方筒　瓦罐嘴出土
图 6　马家窑文化半山类型

高 3.7 厘米，长 3.9 厘米，宽 3.7 厘米　齐家坪出土
图 7　齐家文化　大孔玉方筒

　　值得探索的问题是：在黄河上游玉璧、玉琮的制作始于何时？何处？经过多久的发展才在公元前 2300 年形成成组礼器随葬于师赵村 M8。事实上，黄河上中游，在龙山—齐家时期，玉璧、玉琮成组出土于墓葬或祭祀坑的例子就不少：陕西长安上泉村、① 陕西宝鸡市贾村陵厚村东北土梁上、② 陕西宝鸡市扶风县城关镇案板坪村③，宁夏中卫市海原县海城镇山门村、宁夏固原市隆德县沙塘乡和平村都有一璧一琮相伴出土的报道。④（详后文"齐家方国部分"）宁夏南部属齐家文化页河子类型⑤，关中西部属齐家文化川口河类型。⑥ 甘肃静宁还发现"四件玉璧与四件玉琮"共

---

　　① 戴应新：《神木石峁龙山玉器探索》，《故宫文物月刊》第 11 卷第 5 期，总号 125，1993 年。据报道与玉琮同出一件大如草帽的玉璧，已被古董商购买。
　　② 这一璧、一琮第一次由王桂枝发表于《文博》1987 年第 6 期，但当时记录是：除了这两件，还有一件玉璋，三件同出。但到了 1995 年由高次若撰文《宝鸡市博物馆藏玉器选介》，《考古与文物》1995 年第 1 期清楚澄清该玉璋出土于另一地点，宝鸡贾村陵厚村东北土梁上只出土这一件玉璧、一件玉琮。
　　③ 发表于刘云辉《周原玉器》，中华文物学会 1996 年版。此处曾被视为西周遗址，但从出土物观察，可能为客省庄二期文化或齐家文化遗存。
　　④ 在罗丰 2001 年论文《黄河中游新石器时代的玉器》（《故宫学术季刊》第 19 卷第 2 期）中发表，笔者最近才核对清楚。详本章图 58、图 59。
　　⑤ 谢端琚：《宁夏史前考古概论》，《二十一世纪的中国考古学——庆祝佟柱臣先生八十五华诞学术文集》，文物出版社 2006 年版。
　　⑥ 张天恩等：《陕西夏商周考古发现与研究》，《考古与文物》2008 年第 6 期。

埋同一个祭祀坑的重要遗迹。① 这些璧琮出土时，似乎并无其他显目的器物伴随出现。这样的例子可能很多，只是过去未引起大家的注意。

谢端琚研究员认为早年瑞典科学家安特生发掘过的甘肃宁定（今日改称"广河"）半山瓦罐嘴是一个单纯的马家窑文化半山类型遗址，若然，该遗址出土五件玉璧（径10.7厘米—14.9厘米）、一组三璜联璧（径12.8厘米）一件柄端无孔的玉斧铲（长9.9厘米），以及一件所谓"原始玉琮"的大孔玉方筒（图6），都可列为马家窑文化半山类型玉器（公元前2600—前2300）。② 从传世器与流散品可知，类似图6、图7（图6、图7）那样上下两端尚未冒出射口的大孔玉方筒为数不少。③ 它们多歪斜不正、做工粗糙，图7征集自甘肃广河县齐家坪，还是比较端正的一件。目前这类暂被归为齐家文化，但笔者怀疑可能早于齐家文化，有待以后的发掘与研究。④

甘肃以北，位于宁夏南部的海原、固原、隆德等地出土许多玉质斧、锛、凿、璧、琮、镯、笄、围圈片等，谢端琚根据陶器资料将这些遗址归为"齐家文化页河子类型"⑤。图8石璧、图9石琮（图8、图9）均非闪玉质，分别出土于宁夏的海原与隆德沙塘页河子。左边石璧轮廓可能采截方取圆法，右边石璧"肉"的断面呈柳叶形，均甚为古拙。二者在展出时分别被标示为菜园文化。目前菜园文化的绝对年代约公元前2800—前2200年。⑥这些都是探索华西璧琮礼制萌芽的重要资料。

---

① 杨伯达于《甘肃齐家玉文化初探》（《陇右文博》1997年第1期）一文报道甘肃静宁治平乡后柳河村一个大石板所压着的祭祀坑的4件玉琮、3件玉璧。但笔者2009年前往静宁博物馆，才查明当初出土时是四件璧、四件琮，被乡民瓜分，乡政府得知后设法追缴并拨交给静宁县博物馆，但只追回7件完整者，另一件玉璧因已破损成多块，无法完整复原，因而没有上缴。

② 谢端琚：《黄河上游史前文化玉器研究》，《故宫学术季刊》第19卷第2期，2001年。瓦罐嘴资料发表于：J. G. Andersson, Researchs into the Prehistory of the Chinese. *Bulletin of the Museum of Far Eastern Antiquities*, No. 15, Stockholm, 1943.

③ 清宫旧藏中有数件。台湾某私人藏家于20世纪80年代起，经常在甘肃民间收购齐家系玉器，大约有二三十件这类大孔玉方筒，已捐赠给台北故宫。

④ 曾有人质疑这些是否是文化衰退时的作品。据笔者长期观察史前玉器的经验可知，工艺技术有一定的演变过程。当技术已进步后，制作者即或怠惰不严谨，也还是会使用效能高的新式工具操作，以节省精力。譬如龙山时期玉器上钻孔的旋痕就比仰韶时期的旋痕来得细密，孔壁的倾斜度也较小。此即因为龙山时期可能发明某种稳定旋转轴心的工具，转速快，磨砂颗粒小之故。

⑤ 谢端琚于2001年时根据内部资料，将之暂归为菜园文化；2006年才提出齐家文化页河子类型观点。谢端琚：《宁夏史前考古概论》，《二十一世纪的中国考古学——庆祝佟柱臣先生八十五华诞学术文集》，文物出版社2006年版。

⑥ 固原博物馆将图2石琮订为公元前3000年。此数据为常山下层文化起始年代。是否合宜？有待日后考古发掘资料来核实。

目测径约6厘米—7厘米　宁夏海原收购，展出于宁夏博物馆
图8　a、b　菜园文化　玉石璧

高3.8厘米，宽4.5厘米　宁夏沙塘页河子征集，展出于固原博物馆
图9　a、b　菜园文化　石琮

2. 对东、西两地璧琮礼制操作仪轨，及玉琮创形理念的探索

观察分析良渚文化玉器可知，良渚早期某些重要遗址如瑶山等，并未出土玉璧。良渚早期的玉琮是从筒形镯发展而来，为了强化神徽式的"小眼—大眼面纹"的重要性，越来越凸出面纹中线的鼻梁部位，因而玉琮的外观看似逐渐越变越方。但平行的分节凹槽在四个转角部位特别深切，若一件高长玉琮被切成二件，宁愿破坏器表纹饰，也必须将切割处修整出圆形射口，牟永抗研究员根据这些现象认为"琮体外部的原貌为筒形体态"[①]。事实上构成

[①] 牟永抗：《关于璧琮功能的考古学观察》，《东方博物》第四辑，杭州大学出版社1999年版，第30—33页。牟先生还提出"高长柱体玉琮的下射口保持圆柱形"；笔者认为此点不能包括全部，还是不少高琮的下射口已经呈方圆形。

视觉上玉琮呈方形的原因，是有四个作为神祖纹饰载体的"角"①。普安桥、新地里等良渚早期、中期墓葬中，明确地在手腕上套戴矮方形玉琮。② 良渚晚期虽流行多节的高长形厚重直壁玉琮，但并未停止制作短矮、器壁呈弧形的玉琮。寺墩三号墓墓主身体绕置一圈长柱形高琮，但头端还放置几乎可称为琮式镯的玉器，可知良渚先民从未遗忘玉琮本即为手镯。

在良渚早、中期遗址中完全看不出璧与琮有任何组配关系，所以1990年前后，发掘良渚文化的考古学家们多坚持在良渚文化中璧与琮没有组配关系。③ 但因笔者自1992年起，多篇论文论证良渚晚期玉器上所刻"鸟立高柱"、"鸟立祭坛"、"飞鸟"、"游鱼?"、"交互双L形"等符号是祭祀时沟通人神的"密码"，当时这些密码只以璧、琮为载体。④ 牟永抗研究员在检视过多件早年流散美国的刻符良渚玉器后改变观点，认为在良渚文化晚期时，璧与琮是既有分别、又有内在联系的两种玉器。⑤

检视黄河上中游的史前遗址征集的大孔玉方筒（图6、图7）与玉琮（图2、图4、图9），可确知该区的玉琮有其独立的、完全是与手镯无关的创形理念；它们自萌芽至成熟，无论高大矮小，无一不是器壁平直方折，即或少数将四个转角处略加磨圆，但器壁仍是保持平直。师赵村及其他遗址的例证说明在公元前2300年时齐家文化先民已确认圆璧、方琮就是成对礼器，齐家先民直接将同样数量的璧、琮随葬或祭埋时，几乎都不加配其他器物。虽然在喇家、皇娘娘台两处遗址显示在齐家文化在这二区或有

---

① 方向明研究员对笔者的提示，特此申谢。
② a. 北京大学考古学系等：《浙江桐乡普安桥遗址发掘简报》，《文物》1998年第4期。该遗址M11墓主右手腕戴琮。b. 浙江省文物考古研究所：《新地里》，文物出版社2006年版。该遗址M137墓主右手腕戴琮。
③ a. 牟永抗：《前言》，浙江省文物考古研究所等《良渚文化玉器》，文物出版社1989年版。b. 王明达：《良渚文化若干玉器的研究——从反山20号墓谈良渚玉器的功能》，浙江省博物馆编《东方博物》创刊号，1996年。
④ 拙作：《良渚玉器上的神秘符号》，《故宫文物月刊》第10卷第9期，总号117，1992年。《中国新石器时代玉器上的神秘符号》，《故宫学术季刊》第10卷第3期，1993年。《刻有天象符号的良渚玉器研究》，宋文薰、许倬云、李亦园、张光直主编《石璋如院士百岁祝寿论文集——考古历史·文化》，南天书局2002年版。《反山十二号墓"权杖"玉镦、玉瑁的启示》，浙江省文物考古研究所编《浙江省文物考古研究所学刊·第八辑·纪念良渚遗址发现七十周年学术研讨会文集》，科学出版社2006年版。
⑤ 牟永抗：《关于璧琮功能的考古学观察》，《东方博物》第四辑，杭州大学出版社1999年版，第36页。

"重璧轻琮"的现象①；但在陕西境内、甘肃东部、宁夏南部仍出土不少玉琮。目前我们虽不知道在黄河上游这一礼俗萌芽于何时？但无可讳言的，存世光素的齐家式玉琮，其数量是良渚玉琮的五六倍；存世光素的齐家式玉璧，其数量更是良渚玉璧的十几倍。这几乎是所有熟悉传世玉器的博物馆员的共识。② 且这一大批素璧、素琮多呈现相当一致的风格，应出自有强大创作能力的族群，且经历数百近千年以上的长久岁月，始克累积如此庞大的数量。

陕北延安庐山峁出土磨蚀断接的良渚文化玉琮，陕北神木石峁也出土用良渚文化分节高琮切片钻孔改制的玉铲。③ 相信当初被带上黄土高原的良渚玉琮绝非只有这两件。如果华西先民真的是从观察远方传来的良渚玉琮，才学着自己制作玉琮，应该也接收其创形理念与操作仪轨；何以只模仿承载图像的方筒，而不模仿真正具通神法力的图像呢？

璧、琮都是毫无生活实用功能，却需耗费大量人力、时间去制作的玉器。目前考古资料证明，在新石器时代华东、华西二区先民对这两种玉器，在数百年甚至近千年内不断大量制作，并有制度地用作世俗之人沟通神祇、祖先的媒介；但很清楚看出在华东、华西玉琮的创形理念完全不同，用璧琮当作灵媒的仪轨也不一样。璧、琮在华西的始作年代尚需探索，但绝对早于公元前2300年良渚文化衰亡之时，华西璧、琮文化的高峰时期晚于华东，可能导因于较迟发现玉矿之故。但"天圆地方"的宇宙观，及"礼神者必象其类"的感应哲理，可能广存于华夏大地的原始文明底层；④ 由于晚近考古学年代的大幅度修正，笔者甚至怀疑"璧琮组配"的礼制先萌芽于黄河上中游，经过"上层交流网"传播至太湖流域，才刺激良渚晚期的居民将玉琮越做越高、越方，并用之与玉璧共同作为通神秘码的载体。⑤ 是否如此？还有待以后更多考

---

① 叶茂林：《史前玉器与原始信仰——齐家文化玉器一些现象的初步观察与探讨》，黄翠梅主编《南艺学报》2010年第1期。
② 笔者自1974年起服务于台北故宫，自1979年起常旅行查访早年流散欧美的中国古玉，1990年起经常参访中国内地博物馆。所以对此 现象相当明白。
③ 中国玉文化中心：《玉魂国魄——玉器玉文化夏代中国文明展》，浙江古籍出版社2013年版，第106、193页。
④ "天圆地方"是中国最古老的宇宙观，记载于公元前第一世纪成书的《周髀算经》中。"礼神者必象其类"语出汉代经学家郑玄对《周礼·春官·大宗伯》的注。"原始文明底层"的观点是张光直教授提出。见其著《中国古代文明的环太平洋的底层》，《辽海文物学刊》1989年第2期。
⑤ 拙作：《璧的故事（上）》，《大观》2014年第7期。

古资料来求证了。

　　看清楚在公元前第三千纪时，华东、华西先民各自制作了数量庞大、但风格明显不同的两大批璧与琮，再检视夹在其间的中介地带，如：山东五莲、山西芮城清凉寺、山西陶寺、湖北荆州枣林岗、湖南安乡度家岗、四川广汉月亮湾等地①，零星出现各种完整或残缺的中介型玉琮：有的取了边壁上的中央直槽，有的取了平行分节，有的取了一双圆眼。花样不少，但每种都件数不多。数量少、不成系统的情形，只能释为东、西两系玉琮在文化交流时偶然产生的"混血儿"②。目前，这些少量的"混血儿玉琮"在其文化中所扮演的角色也是模糊不清的。可确知出土现象的只有晋南的陶寺与清凉寺，在此二地玉琮可用作手镯。虽然有学者认为可能在特殊场合就可将璧、琮戴在手腕；也有学者认为只有下葬时才在手腕戴上璧、琮。③ 但整体而言，晋南龙山时期玉礼制以各种带刃器为主，璧与琮已不占礼制的核心地位（详见后文）。

（二）玉戈

　　夏王朝时，青铜制作的戈形器锋利好用，是当时最重要的兵器之一。玉戈可能不具有真正的杀伤力，但很可能具有象征身份的功能。二里头遗址出土三件分属二里头文化三期、四期的玉戈，都已是端庄精美的成熟作品了。

　　综观中国玉礼器的发展史可知，约当公元前1046周人克商以后，周族原有的"植璧秉圭"的祭祷仪式④，才令"圭璧制度"逐渐成为日后3000多年施行的玉礼制。孙庆伟教授统计周代墓葬资料后得出结论：当时只有周文化墓葬中才见用玉圭象征墓主身份的礼俗，楚文化墓葬中不见"命圭制度"⑤。周代时"周文化"与"楚文化"的对峙，基本上就是延续史前"华西文化"

---

① 此处所列各出土中介型玉琮的地点，后文多有述及。只缺度家岗，该资料见何介钧《湖南史前玉器》，邓聪主编《东亚玉器》，香港中文大学，1998年。
② 笔者在2010年拙作中提出"中介型玉琮"不是从东向西传播过程中的过渡性作品，而是华东、华西两系玉琮的"混血儿"。见拙作《史前至夏时期璧、琮时空分布的检视与再思》，杨晶、蒋卫东执行主编《玉魂国魄——中国古代玉器与传统文化学术讨论会文集（四）》，中华玉文化特刊，浙江古籍出版社2010年版。
③ a. 宋建忠：《山西临汾下靳墓地玉石器分析》，《古代文明》第2卷，文物出版社2003年版。b. 何驽：《山西襄汾陶寺遗址近年来出土玉石器》，《古代文明研究通讯》总38期，2008年，该文中认为璧、琮在陶寺文化中应仍有特殊宗教意义。
④ 《尚书·金縢》记载周公为武王病重而祭祀祖先时的通灵方法。
⑤ 孙庆伟：《周代用玉制度研究》，上海古籍出版社2008年版。

与"华东文化"的对峙，只是因为东北地区气候干旱而游牧化，周公东征分封宗室姻亲后，海岱地区被华西的周族直接控制也就纳入周文化范围，只有长江中下游楚越地区承袭古老的华东文化。

换言之，从周代时只有周文化墓葬中才见"命圭制度"的现象可推测，作为尖首圭前身的玉戈[1]，应该源起自华西。笔者认为齐家文化里很可能已萌生日后"圭璧制度"的契机。喇家 M12 在墓主胸前放置一件玉璧与一件戈形玉片（图10）。披露了黄河上游在公元前 2300—前 2000 年前后可能逐渐朝向圭璧组配的礼制发展。[2] 周族在先周时期长期迁徙于黄河上中游，齐家文化向东发展，形成关中东部的川口河类型[3]，势力向东北扩及至河套地区[4]，因此先周时期周人接受齐家文化影响是很有可能的。

喇家 M12 出土（承蒙发掘人叶茂林研究员提供，特此申谢）

图10　齐家文化　玉璧与戈形玉片

---

[1] 将上古时的玉圭分为平首圭与尖首圭。见拙作《圭璧考》，《故宫学术季刊》第 11 卷第 3 期，1977 年。

[2] 叶茂林：《齐家文化玉器研究——以喇家遗址为例》，张忠培等主编《玉魂国魄——中国古代玉器与传统文化学术讨论会文集》，北京燕山出版社 2008 年版。

[3] 张天恩等：《陕西夏商周考古发现与研究》，《考古与文物》2008 年第 6 期。

[4] 马明志：《河套地区齐家文化遗存的界定及其意义——兼论西部文化东进与北方边地文化的聚合历程》，《文博》2009 年第 5 期。

值得重视的是征集自神木石峁的二件玉戈①，一件已发展完成，有"援""内"之分，但还没有出现中脊（图11a、b之下器物），另一件则相当原始朴拙，是不分"援""内"的窄长带边刃的三角形玉片，中轴线上钻一小孔（图11a、b之上器物）。根据发掘单位的资料，神木石峁是龙山中期至夏代早期的超大政治中心，这里征集的玉戈其深灰黑的玉料与石峁出土的牙璋、长刀很相似，应该是同一个文化的产物。虽然在后文笔者根据牙璋形制认为石峁遗址的使用下限可能晚到公元前15世纪晚期，但考量发掘单位的资料信息，不排除在夏代早期以后石峁文化已走下坡。图11a、b不同角度图中之两件玉戈都经笔者仔细观察分析，其古拙朴实的风格应早于二里头三期、四期质美工精的玉戈。

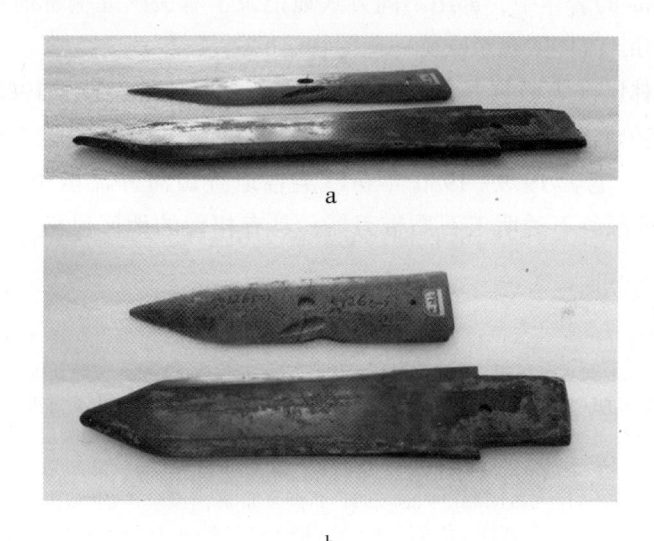

a

b

上：长21厘米，宽5.5厘米，厚0.2厘米
下：长29.4厘米，宽6厘米，厚0.6厘米　a、b为不同角度　石峁征集

图11　石峁文化　玉戈二件

（三）牙璋

牙璋，是古代玉器中很难解决的课题，包括器名该不该称为"牙璋"都难以回答。本文不作器名考证，仅就考古出土、征集实物，以及19世

---

① 按照戴应新的征集与报道，当初征集了三件玉戈，笔者于2011年4月在陕西省博物馆库房检视二件，经申请蒙准发表自摄图片，特此申谢。

纪末至20世纪前半叶流散,但已归入中外各重要公立博物馆藏品作综合考量,提出几点浅见如下:

(1) 牙璋出现的空间与时间范围都颇大,但在龙山文化至夏时期(公元前2300—前1550)主要集中在两个区块,其一在陕北神木石峁,其二在四川广汉月亮湾。前者自清末民初时就陆续有陕北榆林府神木石峁出土的牙璋、大刀流散欧美,光绪年间曾担任陕甘学政的吴大澂就收集了不少陕甘地区出土的玉璧、玉琮、牙璋、长刀等,身后他的收藏部分散卖海外①,其余被子孙捐赠给上海博物馆。② 有关早年石峁玉器流散情形,张长寿作了较完整的记述。③ 他记录了1925年伯希和(P. Pelliot)、1931年与1963年萨尔蒙尼(Alfred Salmony)、1936年乐提(S. C. Nott)、1951年S. Jenyns的著作中,都用不同方式地记录了有关陕北榆林府神木出土牙璋、长刀,流传贩卖至欧美一些博物馆的纪录。④

(2) 林巳奈夫教授是较早关注此类玉器的学者,他于1982年发表《中国古代の石庖丁形玉器と骨铲形玉器》一文,1991年将该文改写并收入专书中。⑤ 笔者1979—1980年在欧美各地查访海外流散中国古玉时,就发现这类深色不透明玉石质带刃器,具有相似的地区风格。适逢"文

---

① 卢芹斋(C. T. Loo)*An Exhibition of Chinese Archaic Jades*, arranged for Norton Gallery of Art, 1950 中记载:吴大澂所藏"大型黑色长片状器 large and black tablets 卖给法国吉斯拉市(G. Gieseler)和美国的匹兹堡市(A. F. Pillsbury),此二收藏后捐赠给巴黎吉美博物馆、美国明尼阿波里斯美术馆。哈佛大学温索普收藏中也有一件牙璋,据记录购自吴大澂收藏。见: Max Loehr, *Ancient Chinese Jades, from the Grenville L. Winthrop Collection in the Fogg Art Museum*, Fogg Art Museum, Harvard University, Cambridge, Mass. 1975. Fogg Museum 所藏东方文物后拨交该校的 Sackler Museum 典藏。笔者1980年探访加拿大的皇家安大略博物馆 Royal Ontario Museum 时,发现该馆所藏一件吴大澂收藏的牙璋,应是19世纪的赝品。见拙作《也谈华西系统的玉器(二)——牙璋》,《故宫文物月刊》第11卷第6期,总号126,1993年。

② 大部分发表于张尉《上海博物馆藏品研究大系·中国古代玉器》,上海人民出版社2009年版。

③ 张长寿:《论神木出土的刀形端刃器》,邓聪主编《南中国及其邻近地区古文化研究》,香港中文大学,1994年。

④ P. Pelluot, *Jade Archaiques de Chine Appartenant a C. T. Loo*, Paris: G. Van Oest, 1925. Alfred Salmony, *Die Stellung des Jade in der Chinesischen Kunst*, Chinesisch-DEutscher Almanach, China Institut, Frankfort, 1931. Nott, S. C. *Chinese Jade Throughout the Age*, London: Batsford, LTD., 1936. Jenyns, R. Soame, *Chinese Archaic Jades in the British Museum*, London, The Trustee of the British Museum, 1951. Alfred Salmony, *Chinese Jade Through the Wei Dynasty*, New York, Ronald Press, 1963.

⑤ 林巳奈夫1982年的论文发表于《东方学报》第五十四册。1991年专书为《中国古玉の研究》,日本吉川弘文馆。

化大革命"后戴应新研究员前往神木石峁及附近的新华征集了百余件玉器，入藏陕西省历史博物馆。1977年、1988年撰文报道①，引起笔者的注意。1990年笔者前往西安请教戴应新研究员，了解"文化大革命"期间神木地区出土大量玉器都被征收上缴当作玉料加工成小件玉饰外销创汇。② 而他征集到的多是太薄或伤残的剩货，笔者乃建议他将相关资料尽量撰写清楚，连同彩图、线绘图寄给笔者，已连续六期以多彩图发表于1993年至1994年《故宫文物月刊》上，其中第二篇报道牙璋28件。③ 笔者另撰六篇《也谈华西系玉器（一）至（六）》，配合刊出。

（3）以石峁征集的28件牙璋为基础资料，检视流散至欧美及大陆内部各博物馆的牙璋，可确知神木地区出土牙璋在玉料、制作工艺上呈现相当的一致性，推测当时石峁附近一定蕴藏相关的玉矿。石峁文化发展的时间应相当长，所以牙璋的造型从简单到复杂，简单的就是柄部两侧各凸出一个单牙（图12、图14）；复杂的两侧带有"对称多尖式扉牙"（或称"齿棱"）（图13），综览各种资料可推测石峁牙璋柄部扉牙主要就是"单牙"或"对称多尖式扉牙"二种。似乎还没见到"张嘴兽头形饰"的扉牙。但无论柄部是简是繁，器身多为两侧高度不一样，若刃部尚完整，则正视时可看出多作或深或浅的圆弧凹刃。刃部或由单面向另一面磨，形成偏锋刃；也可能两面对磨，形成中锋刃。刃上常见使用崩伤的破碴。可知在当时牙璋是实用的，所以也有不少牙璋因过于用力杀伐，以致刃端严重残断。有的刃部还被重新削切改制成直刃，也有的器身被平剖成更薄的片状，但这些使用与改制很可能就是在石峁文化时做的。有的器表留有既直又窄的片切割痕（图14b），很像是金属工具的痕迹。值得注意的是：当我们将这两种牙璋刃向左横置时，柄部的圆穿约在两牙连接线的右侧，因此它们可以像图15那般绑缚木柄，圆穿可供穿绳固定（图15）。

在戴应新研究员征集的这批石峁牙璋中，只有图16这件刃部作"V"

---

① 戴应新：《陕西神木石峁龙山文化遗址调查》，《考古》1977年第3期；《神木石峁龙山文化玉器》，《考古与文物》1988年第5—6期。
② 戴应新：《我与石峁龙山文化玉器》，杨伯达主编《中国玉文化玉学论丛》，紫禁城出版社2004年版。
③ 戴应新：《神木石峁龙山文化玉器探索（一至六）》，《故宫文物月刊》总号125—130，1993年第8期至1994年第1期。原本记录是127件，其中一件出自贺家川，故予以剔除。在台公布的资料中，有3件是半坡博物馆在石峁征集，有2件玉环是戴应新在石峁附近新华遗址征集的，连同数件未发表的残件，一共126件。

形凹入，笔者于2006年夏在陕西省历史博物馆检视它，确知此器刃部完全无使用痕，柄部也制作成"对称多尖式扉牙"，器身接近扉牙的器表，有一面上留有数组模糊的平行阴刻线（图16d）①，值得注意的是它的圆穿正好钻在两组扉牙之间的器表；目前，在石峁牙璋中这还是一个孤例，因为"V形刃线"及"圆穿在两组扉牙之间的器表"这两个特征出现颇晚，流行于1986年在四川广汉三星堆发掘的商代中晚期的两个祭祀坑中。既然在石峁征集到图15这件牙璋，石峁文化的年代下限或已到公元前15世纪晚期的商中期。但陕西省考古学者目前认为石峁遗址年代下限为夏代早期②，笔者怀疑是否在夏早期以后石峁文化已没落，但并未真正衰亡。

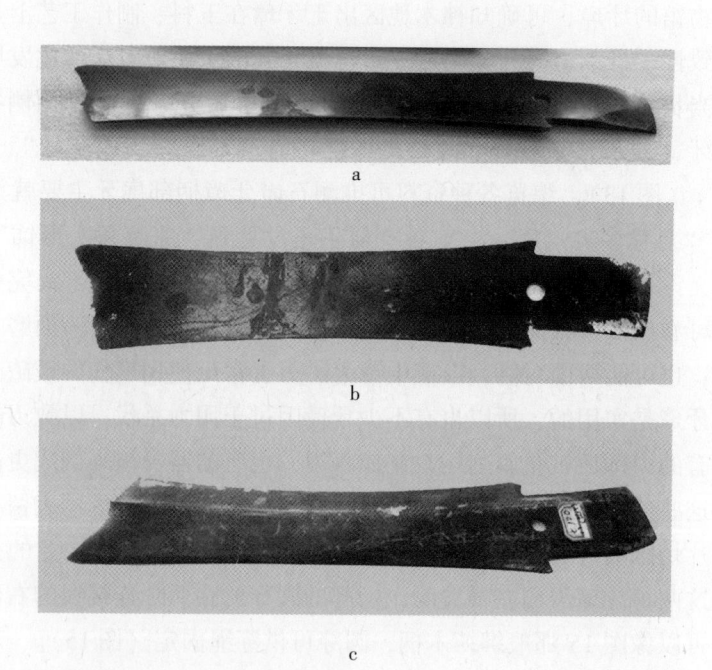

长36厘米，宽5厘米，厚0.25厘米［戴应新1993—1994（二）第十八号璋］a、b、c为不同的面或角度　石峁征集

图12　石峁文化　牙璋

---

① 图14、图16b；c、d为2006年7月、图12为2011年4月在陕西省历史博物馆库房拍摄，经申请准予发表，特此申谢。

② a. 陕西省考古研究院：《2012年陕西省考古研究院考古发掘新收获》，《考古与文物》2013年第2期。b.《考古与文物》编辑部：《神木石峁遗址座谈会纪要》，《考古与文物》2013年第3期。c. 陕西省考古研究院等：《陕西神木县石峁遗址》，《考古》2013年第7期。

万邦玉帛 / 167

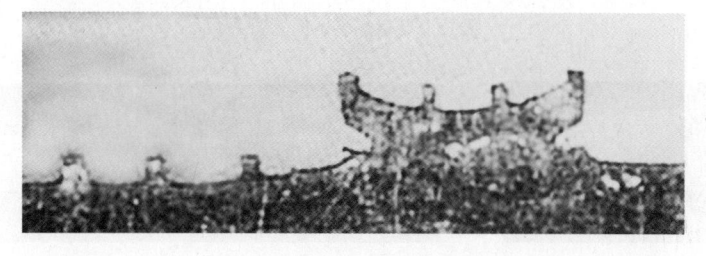

长 30.6 厘米，宽 9.3 厘米，厚 0.4 厘米 ［戴应新 1993—1994（二）第二十五号璋］a、b 为全器及一侧的对称四尖扉牙　石峁征集
图13　石峁文化　牙璋

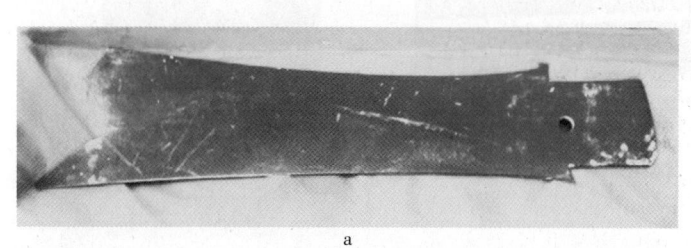

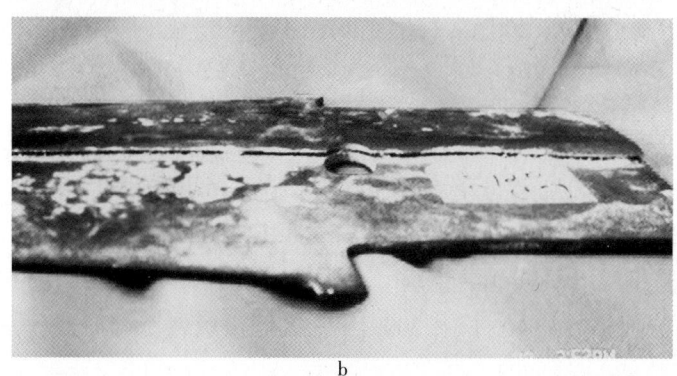

长 32 厘米，宽 7.5 厘米，厚 0.3 厘米 ［戴应新1993—1994（二）第一号璋］　石峁征集
图14　石峁文化　牙璋

168 / 夏商都邑与文化(二)

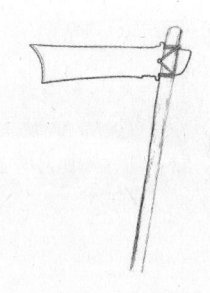

图 15　牙璋加装木柄复原图

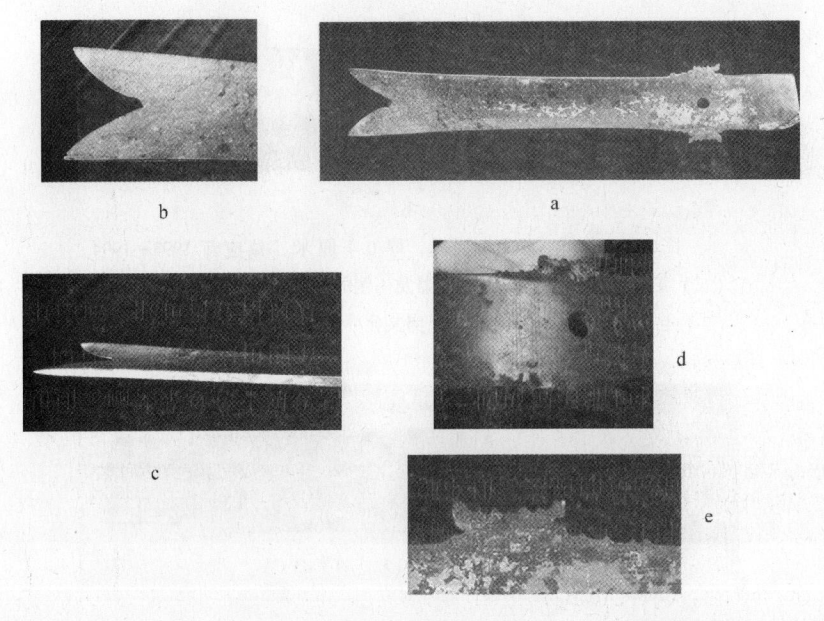

长 49 厘米，宽 7.8 厘米，厚 1 厘米［戴应新 1993—1994（二）第二十六号璋］a、b、c、d、e 为全器、刃部、刃端及侧边、反面及一侧的对称七尖扉牙部分（转向）石峁征集

图 16　石峁文化晚期（夏末商初）牙璋

（4）笔者将早期在欧美查访古玉的记录，与林巳奈夫 1982—1991 的论文综合整理，于 1994 年发表《"牙璋"研究》一文。文中统计流散日本、美国、加拿大、英国、德国、南非 22 个公私收藏，54 件牙璋中，能确定属石峁风格的约 40 件。[①] 2009 年古方等出版《玉器时代》一书，增

---

① 拙作：《"牙璋"研究》，邓聪主编《南中国及其邻近地区古文化研究》，香港中文大学，1994 年。

加了五所美国的博物馆所收藏的7件牙璋,其中6件应为石峁风格。① 大陆多间博物馆都藏有石峁风格牙璋,据笔者查阅各馆出版品并尽量探访检视实物,统计属石峁风格者约20件:中国国家博物馆1件、故宫博物院5件、上海博物馆8件、广东博物馆1件、旅顺博物馆5件。② 台湾的资料不全,目前已知公私收藏有四件石峁风格牙璋。③ 所以戴应新所征集28件,加上流散欧美日本等地,加上已收入中国内地、中国台湾公私博物馆的石峁风格牙璋,共98件。但笔者认为山东的海阳司马台、五莲上万家沟所出土的牙璋根本就是石峁牙璋,在龙山至夏时期被带到海岱地区(详后)。若然,目前存世石峁系牙璋应至少有百件。

(5) 石峁牙璋与多孔长刀多用灰褐泛绿,或深至近乎黑色的闪玉(nephrite)制作。④ 少数色泽比较浅,但仍是以灰褐泛绿为基调,细腻不透明。闻广教授曾对美国弗利尔美术馆(Freer Gallery)这类古玉做过取样分析,认为它具有变质作用之前母岩的沉积岩纹理,如不规则团块或波浪条斑。确知都是由很小的雏晶紧密堆积而成,因而解释了何以可以剖制成大而薄的片状带刃玉器却不会崩碎。⑤ 闻广教授也多次口头告诉笔者,

---

① 江伊莉、古方:《玉器时代——美国博物馆藏中国早期玉器》,科学出版社2009年版。

② a. 中国国家博物馆:《中国古代玉器艺术》,中国社会科学出版社2011年版。b. 故宫博物院:《故宫博物院藏玉大系》,2011年。c. 张尉:《上海博物馆藏品研究大系中国古代玉器》,上海人民出版社2009年版。d. 广东省博物馆编:《广东省博物馆藏品选》,文物出版社1999年版。e. 孙传波:《旅顺博物馆藏刀形端刃器及分期研究》,《中原文物》2008年第1期。此外,北京故宫、南阳博物馆、三星堆博物馆、金沙博物馆还藏有属于月亮湾风格的牙璋。

③ 台北故宫藏2件,尚未发表。震旦博物馆藏2件(其中一件造形特殊)。见拙作《群玉别藏续集》,1999年。

④ 陈光祖、闻广、陈东和三人曾对齐家—石峁风格的华西系玉器作过质地鉴定。陈光祖研究员于1988—1989年间受笔者委托,将台北故宫购藏玉器中选择3件作过取样X光绕射分析,确定为闪玉。资料发表于拙作《故宫博物院藏新石器时代玉器研究之三——工具、武器及相关的礼器》,《故宫学术季刊》第8卷第1期,1990年。闻广教授将弗立尔美术馆藏品作切片分析及扫描电镜显微结构研究,正式报告尚待出版,主要结论发表于《中国大陆史前古玉若干特征》,邓聪主编《东亚玉器》,香港中文大学出版社1998年版。陈东和研究员利用拉曼光谱及加速器PIXE(粒子诱道激发X光萤光光谱)分析技术,研究巴黎的吉美博物馆所藏早年流散的石峁玉器。发表于其法国凡尔赛大学博士论文中,CHEN, Tung-Ho, Etudes physico-chimiques des jades chinois, Centre de Recherche et de Restauration des Musées de France, 2005. 陈东和研究员分析巴黎的吉美博物馆藏早年流散欧洲的中国古玉,发现颜色越深的玉含铁量越高。一般黄绿色玉所含铁离子约在1 wt%上下;较深色的良渚文化玉器,铁离子约3—4 wt%。石峁牙璋等铁离子含量为5 wt%至12 wt%左右。还有陈东和关于石峁玉器颜色深沉的分析研究。

⑤ 闻广:《中国大陆史前古玉若干特征》,邓聪主编《东亚玉器》,香港中文大学出版社1998年版。该文页221中仔细地描述了电子显微镜下看到的雏晶群,并对变质作用的二阶段作了合理的推测。

他曾将 Freer Gallery 所藏多件这类玉质的古玉从浅色排到深色，在浅至米白或深近黑色时，前述的团块或条斑纹理就不易看出。但是当我们将那些黑黑的牙璋、长刀用强光透视，除了看出它们多隐然呈现绿或褐色外，还可看出内部的沉积岩纹理。

（6）山东有四个地点，共出土 7 件牙璋。但笔者认为只有沂南罗圈峪出土三件石质①、临沂大范庄出土两件石质②，应是海岱地区先民用石料制作的。笔者检视这些实物，确认沂南、临沂出土者质地均非闪玉，它们基本上都是两面对磨的中锋刃（有的稍不对称），沂南的两件（图17a下面两件）已经在单面器表微微磨出浅浅的凹陷。若从制作的古拙现象观察，沂南及临沂的牙璋或可能处于萌芽期。③虽同样出土于山东境内，但海阳市行村镇杜格庄村（又称"司马台"遗址）、五莲上万家沟出土的玉质牙璋④，应非海岱先民的作品，而来自神木石峁。⑤ 前者玉质是细腻的墨绿色闪玉、长条片切割痕、左右不对称、圆孔钻于两个单牙连线的一侧，"フ"字形单牙种种特征证明它是一件典型石峁牙璋。（图18）⑥ 后者或因埋藏而器表泛灰黄，但笔者目验其玉质应是满布不规则团块的青灰色闪玉，器身扁薄，偏锋弧刃，"フ"字形单牙，也是石峁牙璋的典型风格，刃部满布因使用造成的破碴及磨蚀沟。⑦

龙山末期至夏时期，因战争、贸易之故而迁徙频繁。经常出现具有地区特色的玉器被带至遥远的他乡，据王永波教授的查访报道，图18牙璋

---

① 于秋伟：《山东沂南县发现一组玉石器》，《考古》1998 年第 3 期。报告中提到第四件，但仅剩一小块。

② 冯沂：《山东临沂市大范庄遗址调查》，《华夏考古》2004 年第 1 期。王永波：《关于刀形端刃器的几个问题》，《故宫文物月刊》1994 年第 6 期，总号 135。

③ 2008 年夏，承蒙山东大学栾丰实教授协助，及沂南文管所高本同所长与临沂博物馆王宝安馆长的同意，得以检视实物，特此申谢。又承蒙沂南文管所准予发表图片，特此申谢。

④ a. 王洪明：《山东省海阳县史前遗址调查》，《考古》1985 年第 12 期。b. 王永波：《关于刀形端刃器的几个问题》，《故宫文物月刊》1994 年第 6 期，总号 135。

⑤ 笔者于1999年在拙文《由院藏三星堆文化牙璋谈起》中即提出从形制、制作遗痕等可推估司马台、五莲上万家沟出土牙璋应直接来自华西（该文发表于《故宫文物月刊》第 17 卷第 2 期，总号 194）。2008 年亲自检视实物后，更肯定此一看法。

⑥ 2008 年夏，蒙栾丰实教授协助，海阳博物馆张真馆长同意，见到司马台出土牙璋实物。2014 年 8 月又在山东博物馆"玉润东方"展览见到实物。在数个出版品中，以《烟台考古》的图版最接近自然光下的色泽。见烟台市博物馆编《烟台考古》，齐鲁书社 2006 年版，第 82—83 页。

⑦ 笔者 2014 年在"玉润东方"展仔细观察了实物。

与图19成组套叠玉器，伴随一件龙山时期陶罐，于1979年12月同时出土于司马台遗址，不排除可能出自一座龙山文化墓葬。① 笔者从玉质、形制及近日考古新资料综合分析，推测该墓主可能是石峁方国的武士，带着牙璋与有领璧远征到东方海滨，最终埋葬于此。② 本文图80a、b是2008年夏，笔者在海阳博物馆所拍摄图19这件有领璧的不同角度（图19）。

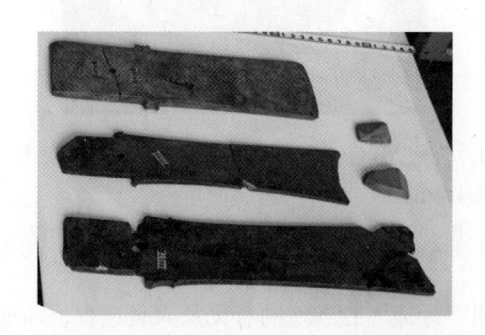

长24.8厘米，25.8厘米，30.8厘米　山东沂南出土
图17a　山东龙山文化　牙璋三件

图17b　沂南出土牙璋（半侧面）

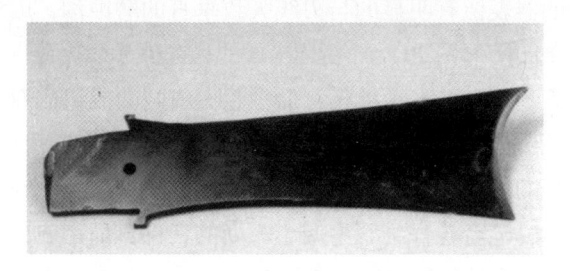

长27.5厘米，最宽7.2厘米，最厚0.5厘米　司马台出土
图18　石峁文化　牙璋

---

① 王永波：《关于刀形端刃器的几个问题》，《故宫文物月刊》1994年第6期，总号135。据报道该处原为一大规模的大汶口、龙山、岳石三期文化遗址，长期被乡民取土而严重破坏。

② 拙作：《杨家埠、晋侯墓、庐山峁出土四件玉琮的再思》，山东博物馆编著《玉润东方——大汶口·龙山·良渚玉器文化展》，文物出版社2014年版。

有领璧：径11.7厘米，孔径6.6厘米，领高2.1厘米，牙璧宽14.4厘米，最厚1.05厘米　司马台出土

图19　石峁文化有领璧与山东龙山文化牙璧套迭

龙山至夏时期"牙璋"在各地的有无及兴衰过程，印证了"地区性玉料特征"决定"地区性玉器文化特质"的铁律。海岱地区甚早即出现石质牙璋，但因该地区先民能掌握的玉料或为莹秀温润的淡黄、黄绿至草绿色①，或为深浅交杂不透明的褐色闪玉。② 两种玉料都非锥晶构成，不适合制作需讲求薄锐坚韧的兵器牙璋，这是牙璋无法在海岱地区蓬勃发展的主因。

（7）中原地区曾在河南巩义市花地嘴新砦文化遗址出土二件约夏代早期的牙璋。其一尚完整，色黑，但非闪玉，器身较厚且较左右对称，中锋浅凹弧刃，刃线旁的器表留有明显的与刃线大致垂直的磨蚀沟，扉牙切割成约五等分，夹出四条凹槽（图20）。③ 新砦出土的另一件牙璋为残件，扉牙切割比较细密，形成不甚规整的七道凹槽，似乎想做成两两成组的双并齿，但技术还相当稚嫩（图21）。④ 此二件的扉牙应都是用以固定所绑缚的绳索。中原地区晚于新砦文化的就是大约夏代晚期至商初的二里头文化。在其三期、四期共出土4件牙璋。笔者曾仔细观察属于三期的三件，都是中锋浅凹弧刃，刃上都有使用痕；其中编号为"1980YLVM3：4"的扉牙在"对称四尖扉牙"的

---

① 王时麒、赵朝洪认为海岱地区史前玉器中这类黄绿系玉料很可能来自订宁岫岩岩。见其《中国岫岩玉》，科学出版社2007年版。
② 五莲丹土的玉戚、玉刀即用此种玉料。
③ 郑州市文物考古研究所等：《河南巩义市花地嘴遗址新砦期遗存》，《考古》2005年第6期。中国玉文化中心：《玉魂国魄——玉器玉文化夏代中国文明展》，浙江古籍出版社2013年版，第100—101页。
④ 未出版，但展出于《玉魂国魄——玉器玉文化夏代中国文明展》。

侧边增加一个开口，形成所谓"张嘴兽头形"（图22）。此一词汇是二里头遗址发掘者郑光研究员的说法，但邓聪教授认为应该将"兽头"解读为"龙头"，而称带这类扉牙的牙璋为"龙牙璋"[①]。"张嘴兽（龙?）头形扉牙"在二里头文化三期时可能还属初创，到四期时已发展十分复杂缛丽，但也雕出"张嘴兽（龙?）头形扉牙"，详本文第五节。在四川广汉月亮湾时期，"兽（龙?）头"变大又抬高，很有气势（图23）。从风格分析可知，河南郑州杨庄、新郑望京楼等地征集的牙璋，应属于夏时期而非商代遗物。

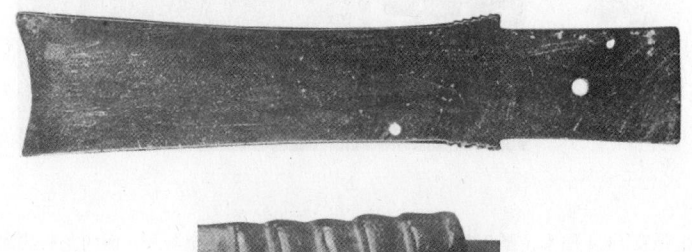

高30厘米，厚1.01厘米　a 全器　b 扉牙　河南巩义花地嘴出土
图20　新砦文化　牙璋

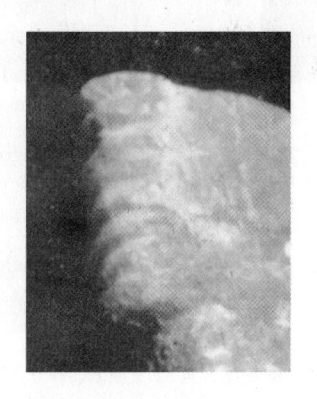

a　　　　　　　　　　　　　　　　b
残片　a 残片 b 扉牙　河南巩义花地嘴出土（黄翠梅拍摄）
图21　新砦文化　牙璋

---

① 邓聪主编：《华夏第一龙展览图录》，香港中文大学，2012年，第18页。

174 / 夏商都邑与文化(二)

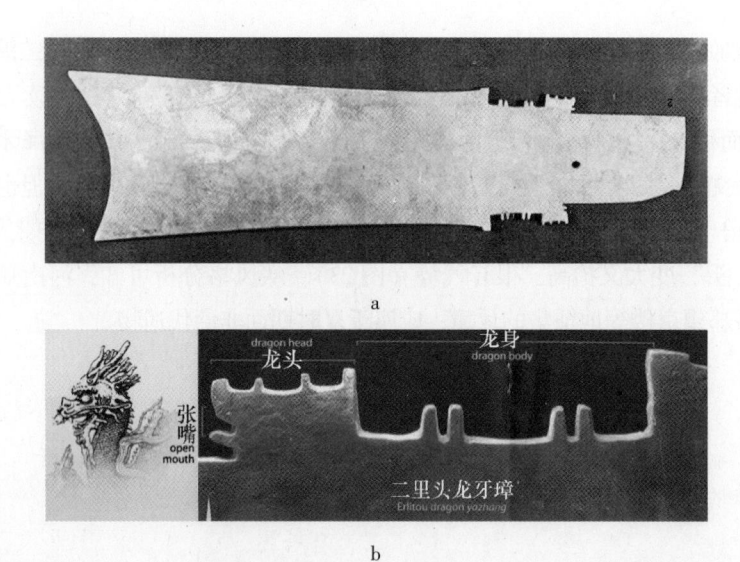

长54厘米，最宽14.4厘米，厚0.8厘米　二里头出土　a、b 为全器及一侧的龙头式扉牙（转载自邓聪2012年，故附有邓聪的解读）

图22　夏代晚期　牙璋

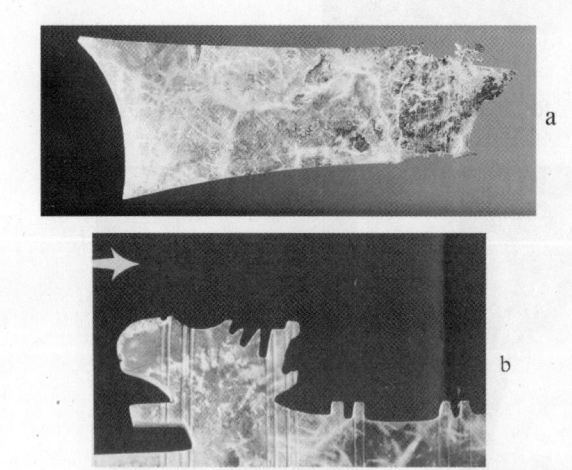

残长36厘米，宽12.9厘米，厚0.5厘米　月亮湾出土
a、b 为全器及一侧的龙头式扉牙

图23　月亮湾文化（三星堆文化二期）牙璋

长33.6厘米　三星堆一号坑出土

图24　商中期　牙璋

（8）四川广汉月亮湾曾在1927年由居民燕道诚发现一坑玉器。后来部分散卖海内外，所余分批进入四川大学博物馆（原"华西协大博物馆"）及

四川博物馆，二馆分别各有二件与三件牙璋。① 这批牙璋的柄部两侧都雕琢成张嘴兽（龙？）头扉牙（图23），比起二里头遗址的同类扉牙，月亮湾牙璋的"兽（龙？）头"抬得较高。河南新郑望京楼出土的牙璋扉牙上的兽（龙？）头也抬得较高。学界多认同该器应属二里头文化。林巳奈夫于1991年改写他1982年论文并收入专书时，即根据风格分析将月亮湾出土牙璋订为"二里头并行期"，也就是与公元前17世纪至前16世纪前半期。② 除了四川境内二间博物馆外，目前已知月亮湾风格牙璋还出土于金沙遗址一件，藏于北京故宫二件，藏于台北故宫一件。分散在美国各博物馆尚有数件。③

（9）商族起源于华东，王室重视的玉礼器除了玉璧以及源自神祖面像的柄形器外，主要是可镶嵌于长杆顶端招降神祖之灵的玉雕神灵动物。④ 所以牙璋等受到华西氏族重视的通神礼器便从中原地区消失。⑤ 但距离月亮湾不远的三星堆，可能还聚居着与神木石峁、二里头、月亮湾各文化先民有深厚关系的族群，他们创造的三星堆文化最具代表性的遗物大量集中于1986年发掘的两个祭祀坑。坑中除了玉石器外，还有青铜器、金器、象牙等。年代相当于中原的商中期晚段至商晚期。所出牙璋刃部多作"V"形凹入，整体观之，器身比较左右对称，圆穿就落在两组扉牙之间的器表（图24）。配合祭祀坑出土手捧牙璋的跪坐铜人像可知，但此时牙璋已不再实用，不需绑木柄，而是用手捧执的礼器了。所以此时的牙璋刃部正视时是"V"形凹入，侧视之，多为两面对磨的中锋刃，上面很少出现使用伤缺痕。

---

① 高大伦、邢进原：《四川两处博物馆藏三星堆玉石器的新认识》，邓聪主编《东亚玉器》，香港中文大学，1998年。许杰考证当初事情发生应在1927年，而非1929年或1931年，且研究比对后指出，四川省博物馆藏品中有二件为赝品。见其著《四川广汉月亮湾出土玉石器探析》，《四川文物》2006年第5期。

② 林巳奈夫1982年的论文发表于《东方学报》第54册。1991年专书为《中国古玉の研究》，日本吉川弘文馆。

③ 北京故宫藏品见《故宫藏玉大系》2011年，第2本，图1—8。台北故宫藏品，见拙作《由院藏三星堆文化牙璋谈起》，《故宫文物月刊》第17卷第2期，1999年，总号194。美国洛顿博物馆、印地安纳波里斯艺术博物馆、明尼安波里斯艺术研究院，见古方等《玉器时代》2009年，图11—01, 02, 03, 08。

④ 拙作：《从"天地之灵"玉器展谈公元前第二千纪的华夏大地》，孙庆伟主编《玉器考古通讯》2013年第1期。

⑤ 很可能源起于华西地区的镶嵌绿松石铜牌也从中原地区消失。见陈小三《试论镶嵌绿松石牌饰的起源》，《考古与文物》2013年第5期。

(四) 神祖面纹与扉牙

中国新石器时代到夏时期的悠久岁月中，各地区的远古先民用他们的古朴思维建构出神祇祖先的形貌应是多元多样的；但检视许多资料后发现多元多样的思维，大约发生于公元前四五千年不同的地方，但在公元前3000余年，融合、形塑出特殊的"戴冠神祖"后[1]，不但持续发展出具象、半抽象的多种神祖面貌，更解析出图案式的装饰元素，继续延续神秘的宗教信念至公元前700年前后，也就是春秋早期，才在新兴的人文主义氛围中逐渐淡化消失。夏族逐鹿中原、建立起夏王朝（公元前2070—前1600年）时，此一前后历经4000余年（公元前5000—前700年）的神秘传统，正是在"戴冠神祖"形貌仍存，而从其"介字形冠"发展的扉牙已开始普及的时段。[2]

位于沅水中上游的高庙文化（公元前5800—前4800年）陶器上戳有"咧嘴獠牙"与成对"鸟翼"纹。分布在宁绍平原的河姆渡文化第三层（公元前4500—前4000年），陶器上也刻画了"介字形冠"与一双圆眼。这样的元素，经过凌家滩文化（公元前3600—前3200年）、良渚文化（公元前3300—前2300年）的传承，在良渚文化早期或略晚时期发展出"良渚神徽"，描绘神祖戴着具通天神力的"介"字形大羽冠，骑在有大眼睑的神灵动物上（图25）。[3]

到了龙山文化至夏时期（公元前2300—前1550年），古老的神秘元素再结合来自辽西地区红山文化带齿动物面纹玉饰的大旋涡眼，发展出典型的东夷系戴冠神祖面纹。[4] 更在海岱地区发展出阳阴二性的成组神祖：戴"介字形冠"的神祖可能是男性祖先，戴船形帽披长发的可能是女性

---

[1] "神祖"一词为笔者所创。因为从古代文献及考古实物可知，在先民宗教信仰中氏族祖先生命源自自然神祇的赐予，在生命力引渡过程，神灵动物常为媒介。因此，神祇、祖先、神灵动物实为"三位一体"。

[2] "介字形冠"一词是笔者于1986年《古代玉器上奇异纹饰的研究》一文（第24、25页）提出（《故宫学术季刊》第4卷第1期），指称古玉上某些面纹所戴之冠，其冠顶中央向上尖凸，两侧冠沿向斜下方延伸（有时尾端上卷），冠沿下有二道短直线，整体造型颇相似于汉字的"介"字。

[3] 图20良渚神徽在《文物》1988年第1期第一次公布时，纹饰下半截被释读为神人的下肢。笔者即刻撰文指出纹饰下半截应是神祖所骑乘的神灵动物的前肢。见1988年发表的拙作《由"绝地天通"到"沟通天地"》第20页（《故宫文物月刊》第6卷第7期，总号67）以及《考古出土新石器时代玉石琮研究》第7页（《故宫学术季刊》第6卷第1期）。

[4] 讨论史前华东沿海红山、良渚、山东龙山诸文化玉器上雕琢面纹的相似性，见二篇拙作：《古代玉器上奇异纹饰的研究》，《故宫学术季刊》第4卷第1期，1986年，第9页；《考古出土新石器时代玉石琮研究》，《故宫学术季刊》第6卷第1期，1988年，第8—9页。

祖先（详后文），当时或还存在第三种造形，其意义有待研究。或因各地区玉料特征差异导致各地区玉器类别不同，在北纬35度—38度之间，也就是黄河流域较北的区域，神祖像以体积较大的刀、戚、钺、圭等带刃玉器为载体（图26、图48至图50）[①]。但是在北纬30度—32度，东经110度—115度之间，也就是长江中游，相似的神祖造形却雕琢成体积较小的嵌饰器或佩饰器，用作通神的礼器。[②] 图27、图28都是用整块玉制作的戴有"介字形冠"的神祖嵌饰器，图29当初可能是用两块玉分别制作上截的"介字形冠"，以及下截的神祖脸庞、耳、颈，以及两侧向外伸展的似为"鸟翼"部分，原本上、下两截分别以凸榫及凹槽相接，但目前上截已失（也可能上截用有机质制作，已腐朽不存）。"戴冠神祖"有时也雕琢得较为抽象，如图30这件本身即是完整的"戴有介字形冠的神祖"嵌饰器。它可单独使用（如后文图45西朱封出土的玉冠饰），也可再与类似图29的神祖脸庞相连接，组成类似图28的高冠神祖。

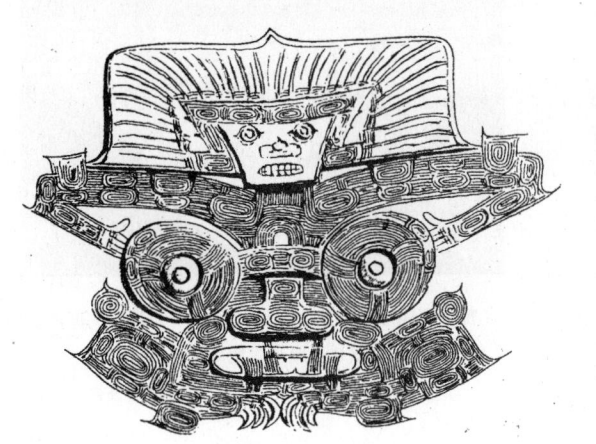

刻在反山M12出土玉琮四个直槽上
图25 良渚文化早期晚段

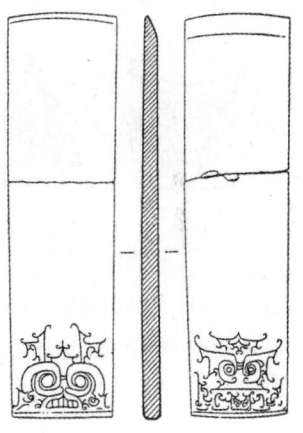

高18厘米，宽4.9厘米，最厚0.85厘米 两城镇出土
图26 山东龙山文化中期神祖面纹玉圭

[①] 拙作：《论雕有东夷系纹饰的有刃玉器（上、下）》，《故宫学术季刊》第16卷第3、4期，1999年。

[②] 拙作：《新石器时代神祖面纹研究》，杨晶、蒋卫东执行主编《玉魂国魄——中国古代玉器与传统文化学术讨论会文集（五）》，中华玉文化特刊，浙江古籍出版社2012年版。

高3.8厘米，宽4.8厘米，厚1.6厘米　旧金山亚洲美术馆藏

图27　肖家屋脊文化　玉神祖面嵌饰器

尺寸不详　山西曲沃羊舌出土

图28　肖家屋脊文化　玉神祖面嵌饰器

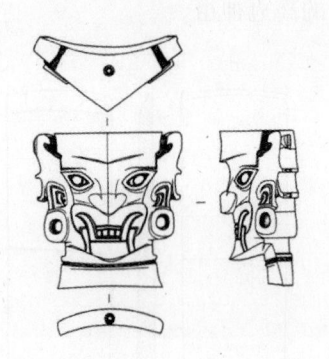

高3.7厘米，宽3.6厘米，厚1.4厘米　肖家屋脊出土

图29　肖家屋脊文化　玉神祖面嵌饰器

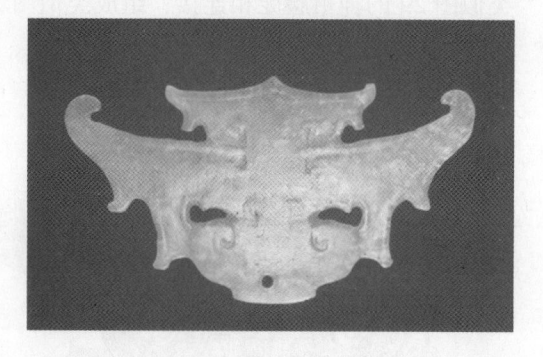

（曾被剖成二片，此为其正面的一半）高3.4厘米，宽6.4厘米，厚0.2厘米　陶寺出土

图30　肖家屋脊文化　玉神祖面嵌饰器

值得注意的是，肖家屋脊文化中的神祖面纹嵌饰器，在该文化的晚末期逐渐变成窄长，纹饰简化（图31），终于发展出光素的象征神祖的柄形器（图32）。①商晚期玉柄形器依旧盛行，安阳殷墟后冈 M3 出土 6 件朱书祖先名号的柄形器②，更证明了柄形器就是玉质的祖先牌，祭祀时可能

---

① ［日］林巳奈夫：《圭について（上）》，《泉屋博古馆纪要》第十二卷，1996 年。此为林巳奈夫的重要考证，可惜发表在流通不广的期刊上。

② 中国社会科学院考古研究所安阳队：《1991 年安阳后冈殷墓的发掘》，《考古》1993 年第 10 期。

插在有机质的基座上，作为依附神祖之灵的实体（图33）。西周早中期是柄形器的高度发展期，除了如图32、图33这样轮廓上不附加扉牙的A式柄形器外，还出现柄形器的轮廓上雕琢凹凸扉牙，器表雕琢侧面鸟纹的B式柄形器；后者是融入了史前"鸟立高柱"的"玄鸟"主题的产物。笔者曾有专文论述过。[①]

高8.73厘米　芝加哥艺术研究院藏
图31　肖家屋脊文化晚期　玉雕神祖纹嵌饰器

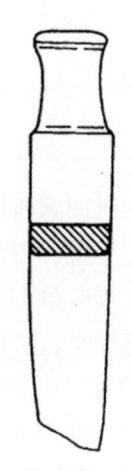

长9.8厘米　二里头出土（M8∶8）
图32　夏晚期　玉柄形器

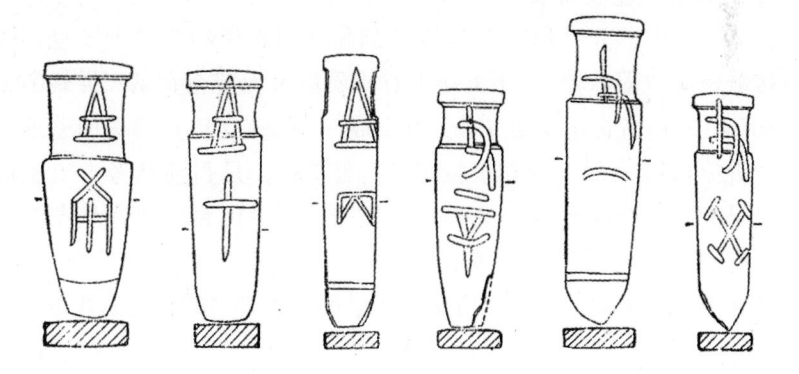

器表朱书祖先名号：（左起）祖庚、祖甲、祖丙、父辛、父□、父癸，高6.6厘米—8.4厘米　安阳后冈M3出土
图33　商晚期　玉柄形器（六件）

---

① 拙作：《从"天地之灵"玉器展谈公元前第二千纪的华夏大地》，孙庆伟主编《玉器考古通讯》2013年第1期。

高2.15厘米，上宽5.8厘米，下宽5.2厘米，厚0.35厘米　新地里出土
图34　良渚文化　玉冠状器

从龙山时期到西周晚期（约公元前2300—前771年）的千余年，流行在玉环、牙璧、刀、戚钺类、柄形器等玉器的轮廓上雕琢各式凹凸有致的扉牙，东周时虽有余续，但已不盛。林巳奈夫、张明华、顾问等学者先后都曾发表专文，考证加刻扉牙的意义。或说是可为这些用作依附神灵的玉器增加"气"①。或说是为了"喻鸟示天"，"奢望能倚天而为，为所欲为"②。或认为扉牙代表与"北斗"或"极星"有关的（半）天盖、（半）介字形冠。③ 说法虽不一，但都认为加雕了扉牙的玉器主要当作祭祀用的礼器。笔者认为扉牙的款式变化虽多，仔细分析，多从史前"戴冠神祖"的"介字形冠"发展而来。

良渚文化中"介字形冠"可以被刻画在神祖像的头顶上，也可以用玉直接雕琢成"冠状器"，下方接以有机质梳齿固定在女巫、男觋的头顶上（图34）。良渚文化晚期（公元前2600—前2300年）姚家山遗址出土刻有"介字形冠"的玉镰和玉耘田器（图35），是目前从考古出土器中所见最早的以"介字形冠"装饰的玉质带刃器，但台北故宫从流散品中购藏带有"介字形冠"的玉耘田器，从刃部线条到如瓷般的白沁可知，可能是瑶山一带玉器，若然，应属良渚早期晚段或中期早段的礼器。④

---

① 林巳奈夫称"扉牙"为"鉏牙"，见其著《中国古玉の鉏牙》，《中国古玉の研究》，吉川弘文馆，1991年。
② 张明华：《扉棱、鉏牙的关联、起源与意义》，《上海博物馆集刊》第九辑，2002年。
③ 顾问、张松林：《二里头遗址所出玉器"扉牙"内涵研究——并新论圭、璋之别问题》，《殷都学刊》2003年第3期。
④ 王宁远等：《良渚文化两件特殊的"耘田器"》，《故宫文物月刊》2006年第8期，总号281。同一墓群还有带"介字形冠"的玉镰。台北故宫藏品，见拙作《远古的通神秘码——"介"字形冠》，《故宫文物月刊》总第286期，2007年。

万邦玉帛　/　181

　　良渚文化晚期在带刃玉礼器上装饰"介字形"饰的习俗向北传播到海岱地区，得到良好的发展。图36是一件大汶口文化晚期至山东龙山文化早期的玉戚①，在其上、下器缘对称地雕琢中央一组"介字形"饰，左右各有两个小尖凸，形成凹凸有致的扉牙；不过下缘的右侧尖凸因为柄部侧边整个残缺而消失，目前白色部分是现代修补。② 在海岱地区"介字形"饰也出现在玉环、牙璧的器缘上（图37、图38）。

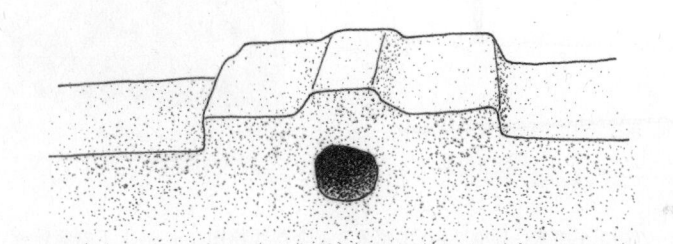

b

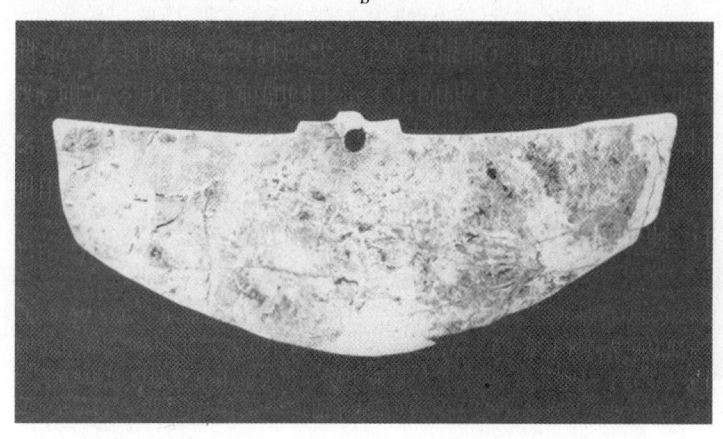

a

宽11.4厘米　a 全器　b 笔者根据实物线绘中央上方"介字形冠"
图35　良渚文化晚期　玉耘田器

---

① 依据燕生东等《丹土与两城镇玉器研究——兼论山东地区史前玉器的几个问题》，山东大学东方考古研究中心《东方考古》第3集，科学出版社2006年版。
② 杨波：《山东五莲县丹土遗址出土玉器》，《故宫文物月刊》第14卷第2期，1996年，总号158。

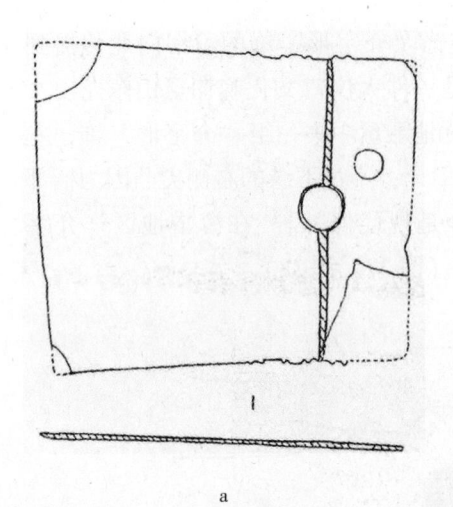

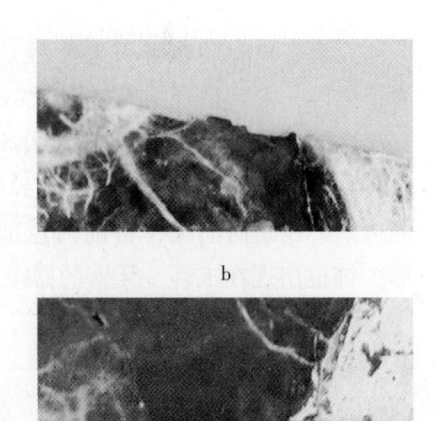

长16.7厘米，宽13.5厘米，厚0.2—0.3厘米　a 全器线绘图　b、c 上下器缘雕琢"介字形"扉牙　丹土采集　山东省博物馆藏

图36　大汶口文化晚期至山东龙山文化早期　玉戚

丹土采集　径8厘米，孔径5.2厘米　中国国家博物馆藏

图37　山东龙山文化早期　"介字形"饰玉环

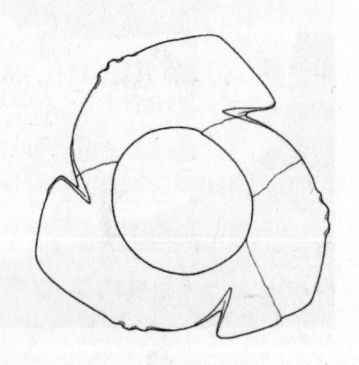

深浅交杂的褐色　外径12厘米，内径6厘米　西朱封采集　临朐博物馆藏

图38　山东龙山文化早期　玉牙璧

"介字形"饰从太湖流域北传至海岱地区后，不但装饰于有刃玉器及玉环、牙璧类，更快速西传，太行山西麓黎城出土玉戚，上、下缘都雕有"介字形"饰，但上缘则在左右两侧对称地加雕一个内低外翘的小牙（图39）。

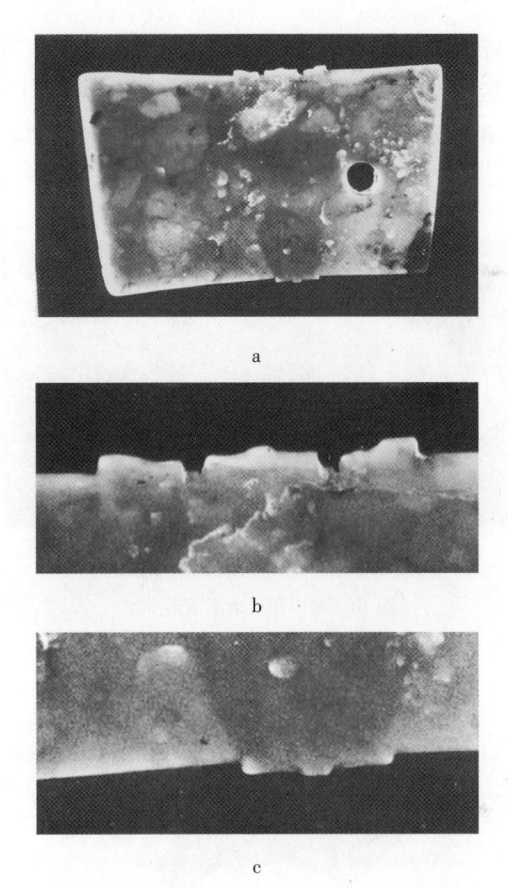

长17.2厘米，背宽9.7厘米，刃宽10.5厘米，厚0.3厘米
a 全器　b、c 上下器缘雕琢"介字形"扉牙　山西黎城出土
图39　山西地区龙山文化　玉戚

山东龙山文化初期在玉器器缘雕琢"介字形"饰时，多为浅浅的扉牙；这种保留正中央小尖凸的扉牙，在商代时还出现于有动物母题的璜形玉饰的器缘（图40、图41）。但在戚、牙璋这些有刃器上出现的扉牙还保留中央小尖凸的就不多见。① 前文图15陕北石峁牙璋柄部的"对称七尖扉牙"属之。

---

① 四川广汉高骈公社及金沙分别出土"对称五尖扉牙"、"对称七尖扉牙"的玉戚。前者见敖天照等《四川广汉出土商代玉器》，《文物》1980年第9期。后者见古方主编《中国出土玉器全集·四川》，科学出版社2005年版。陕西东龙山夏代墓葬出土一件五扉牙玉戚，见刘云辉《陕西出土的古代玉器——夏商周篇》，《四川文物》2008年第5期。但此扉牙相当笨拙，笔者怀疑此扉牙与海岱式扉牙无关。

西周以降，许多玉饰的器缘常雕琢成三角小尖凸与"鱼尾形"交替重复出现的扉牙。这种小尖凸仍属"介字形冠"的遗留，但似乎只出现在有"神祖"或"神灵动物"形象时，且多安排在这些"神性生物"的头顶部位（图42）。

长 11 厘米　郑州铭功路西侧 M2 出土
图 40　商中期　鱼尾璜形玉饰

长 9.5 厘米　郑州白家庄 M2 出土
图 41　商中期　璜形龙首玉饰（拓片）

长 6.7 厘米，宽 2.9 厘米，厚 0.2 厘米　张家坡 M157 出土
图 42　西周晚期　双龙玉饰

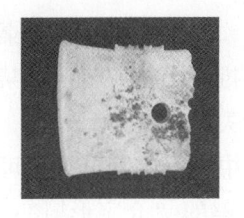

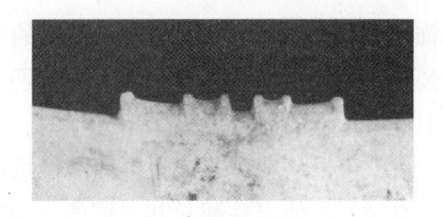

长 7.6 厘米，刃端宽 7.7 厘米，厚 0.58 厘米　二里头出土　a 全器　b 对称六尖扉牙
图 43　二里头文化第二期　玉戚

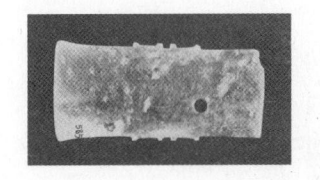

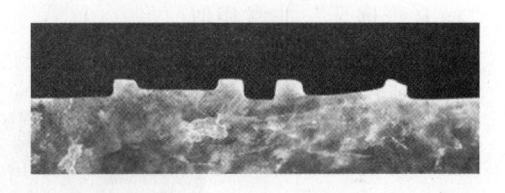

长 11.2 厘米，最宽 5.2 厘米，厚 0.3 厘米　殷墟妇好墓出土
a 全器　b 对称四尖扉牙
图 44　商晚期　玉戚

属夏晚期的二里头遗址以及商、西周遗址中，出土长刀、戚等带刃玉礼器的器缘多雕作"对称四尖扉牙"或"对称六尖扉牙"（图 43、图 44）。尖端多为偶数，且明显地分为左右两组，中央都有一个较宽的凹槽相隔。也有的小型刀的刀背，或玉龙等佩饰器，器缘常雕成重复出现多个"横 R"形扉牙（图 45）。

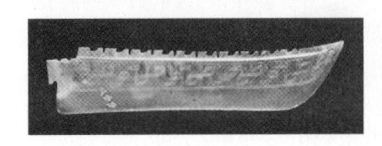

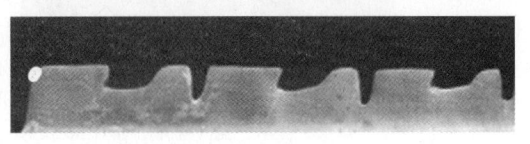

长 12.7 厘米　殷墟妇好墓出土
a 全器　b 横 R 形扉牙（三个）
图 45　商晚期　玉刀

经过检视比对，笔者认为约自二里头文化第二期（约公元前 17 世纪）以后广为流行的"对称四尖扉牙"或"对称六尖扉牙"，以及商晚期（公元前 1300 年）以后才普及的"横 R 形扉牙"，可能都是从"介字形冠"发展的。

图 46 是山东龙山文化中期后段（约公元前 21—前 20 世纪）的玉

冠饰。① 是戴有"介字形冠"神祖面的半抽象造形。但从图46b平置桌面这张图像可看出，在其正中央上方有明显的凹下，推测当初应曾插嵌某种向上呈三角形的冠尖，只是不知何时，冠尖部分遗失了。

大家可以从图46a这张正面图像想像若恢复正中央冠尖部分，则可以与下方向左右伸出并翘起共二层的"冠沿"形成完整的"介字形冠"；大眼的左右还有向外伸展的似为"鸟翼"部分。图46c、d、e，三个局部的结构，与前述图43b"对称四尖扉牙"、图44b"对称六尖扉牙"、图45b"横R形扉牙"非常相似。

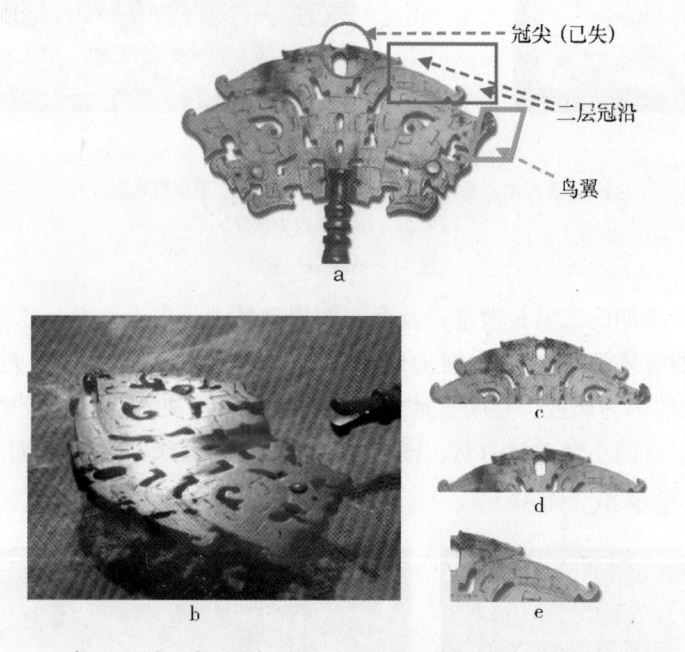

高4.9厘米，宽9厘米，厚0.36厘米　山东临朐西朱封出土
a 正面　b 平放（黄翠梅拍摄）　c、d 分别撷取局部　e 为半个双层冠沿
图46　山东龙山文化中期后段　玉冠饰

顾问研究员形容这种尖端多为偶数，明显地分为左右两组，中央有一个较宽的凹槽相隔的扉牙为"（半）介字形冠"或"（半）天盖"是相当

---

① 山东龙山文化遗址的分期，根据燕生东等：《丹土与两城镇玉器研究——兼论山东地区史前玉器的几个问题》，山东大学东方考古研究中心《东方考古》第3集，科学出版社2006年版。

契合其创形概念。① 但为何这种没有"冠尖"的扉牙在夏晚期、商、西周近千年内大行其道，且制作都很精美？是否夏、商、西周时，王朝核心地区的先民认为只有"神祖"或"神灵动物"才能拥有具通天功能的"冠尖"，如玉戚、玉刀等在祭典中使用的玉兵器、工具是不够资格雕上法力高强的冠尖。是不是如笔者这样的猜测呢？还有待更多的发掘与研究了。

前文已提及，到了龙山时代，除了承袭远古而来的戴"介字冠顶"的神祖外，还增加了戴船形帽、披长发的神祖，可能分别代表男、女两性。朱封第202号墓，不但棺椁具备，还有极精美的玉钺、玉刀，推估墓主人为高级男性贵族。② 在他的头顶插饰两只玉笄，一件的上端插嵌雕有"戴冠神祖"的玉冠饰（图46）、另一件则雕琢三个"戴帽神祖"（图47），可能分别代表氏族的父系与母系祖先。

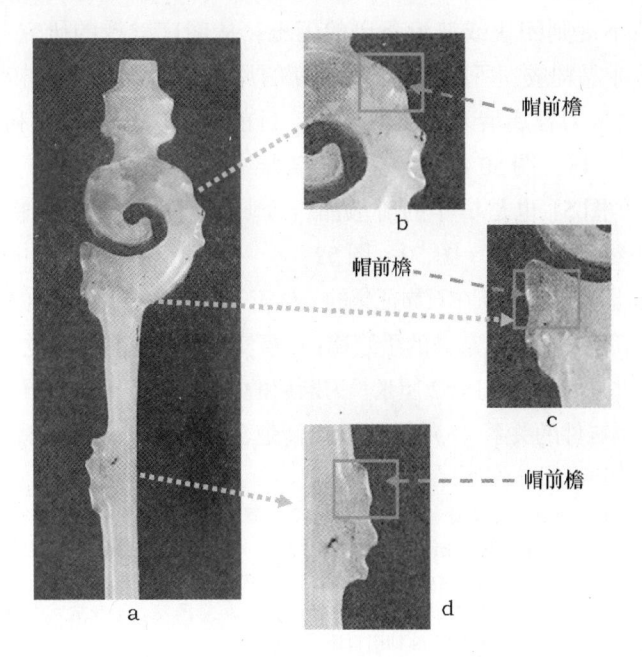

长10.3厘米，宽0.56厘米，厚0.35厘米　朱封出土
图47　山东龙山文化　玉笄（局部）

---

① 顾问、张松林：《二里头遗址所出玉器"扉牙"内涵研究——并新论圭、璋之别问题》，《殷都学刊》2003年第3期。

② 中国社会科学院考古研究所山东工作队：《山东临朐朱封龙山文化墓葬》，《考古》1990年第7期。

多年前笔者已检视过图47这件玉笄，直到近日才破解上面所雕三个小小人头的内涵。如图47b、c、d所示，第一、二个头向正，（b、c）第三个头原为下巴朝上，经转正为图47c。这三个人头轮廓秀丽，透露着女性气质，仔细观察在额头上方都雕有一截帽檐。

图46与图47两件同出自西朱封202号大墓墓主的头上，前者雕为"戴冠神祖"，后者则雕琢三个"戴帽神祖"，二者很可能分别代表氏族的父系与母系祖先。戴帽披发的神祖常雕作侧面像，还常被安排在带刃器的器缘，因此神祖的帽、额、鼻、嘴、颏就形成凹凹凸凸的扉牙。如图48出土于山西黎城的玉戚，以及图49出土于陕西延安庐山峁的七孔大玉刀（图48、图49）。① 据报道，图49的大玉刀当初与另外三把大刀叠压出土，被乡民瓜分后，仅这一件上缴。② 黎城玉戚与庐山峁玉刀的玉料，都是前文曾论及的外观明显保留不规则团块或波浪条斑的闪玉；从闻广教授的研究分析可知，这种闪玉由雏晶构成，所以可剖制大而薄的片状带刃器却不会崩碎。③

图50大玉刀曾属清人吴大澂收藏，目前属美国华盛顿弗利尔博物馆藏。玉质与图48、图50相同④，在窄端器缘也雕有戴船形帽、披长发侧面神祖像。⑤ 图51也是早年的流散品，今归华盛顿沙克勒博物馆藏，所雕琢的神祖纹已抽象化（图50—图52）。

图52 a是当年戴应新在石峁征集的一件玉刀的断片，明显地在其一端有浅浅的扉牙。五二d为林巳奈夫的手绘稿；⑥ 事实上，戴应新未察觉在征集品中这件与另一件是同一把长达52厘米长刀断后的两部分；⑦ 陕西省历史博物馆工作人员拼查出二件的关系（c），从断面上清楚看出内外一致的深灰黑色（b）。

---

① 笔者于1997年10月赴太原检视黎城玉戚，并将器表纹饰绘图。再于1998年4月前往西安检视庐山峁大玉刀，发现窄端器缘是侧面人像剪影。乃撰《晋、陕所见东夷系玉器的启示》一文，发表于1999年第5期《考古与文物》。笔者敦请山西省博物馆书记馆长刘永生先生与保管部李勇主任（目前任职该馆副馆长）撰文《山西黎城神面纹玉戚》，将彩图发表于《故宫文物月刊》第17第12期，2000年，总号204。本文图48即引自该文。

② 姬乃军：《延安庐山峁出土玉器有关问题探讨》，《考古与文物》1995年第1期。

③ 闻广：《中国大陆史前古玉若干特征》，邓聪主编《东亚玉器》，香港中文大学出版社1998年版。

④ 此件可能在明晚期至清代被古董商加染褐色，以迎合当时的收藏时尚。

⑤ 林巳奈夫：《中国古玉の鉏牙》，《中国古玉の研究》，吉川弘文馆，1991年。

⑥ ［日］林巳奈夫，《中国古玉器总说》，吉川弘文馆，1999年。

⑦ 较短一件被称为"第3件切刀"，发表于戴应新1993—1994（六））图111。较长者被称为"第15号刀"，发表于戴应新1993—1994（三）图72。详见戴应新《神木石峁龙山文化玉器探索（一至六）》，《故宫文物月刊》总号125—130，1993年第8期至1994年第1期。

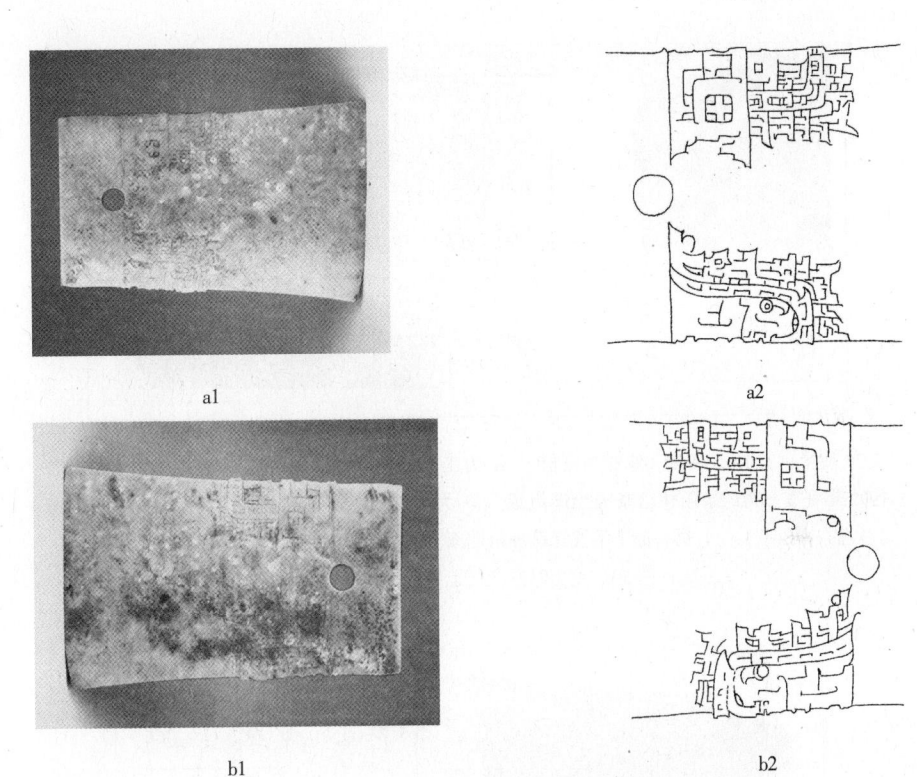

长20.6厘米，背宽11厘米，刃宽13.1厘米，厚0.4厘米　山西黎城出土　a、b两面照片及局部线图

图48　山西龙山文化　神祖纹玉戚

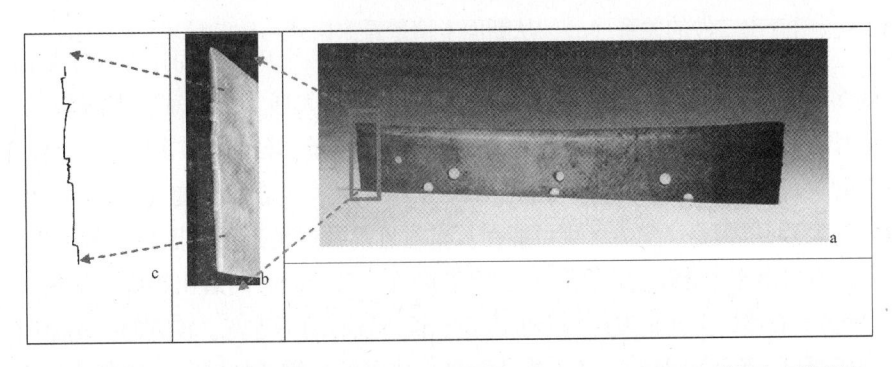

长54.5厘米，宽10厘米，厚0.4厘米　陕西延安芦山峁出土　a 全器　b 利用窄边雕琢神祖侧面剪影（2013年黄翠梅拍摄）c 神祖侧面剪影线绘图（1998年邓淑苹根据实物绘制）

图49　石峁文化或齐家文化　神祖纹大玉刀

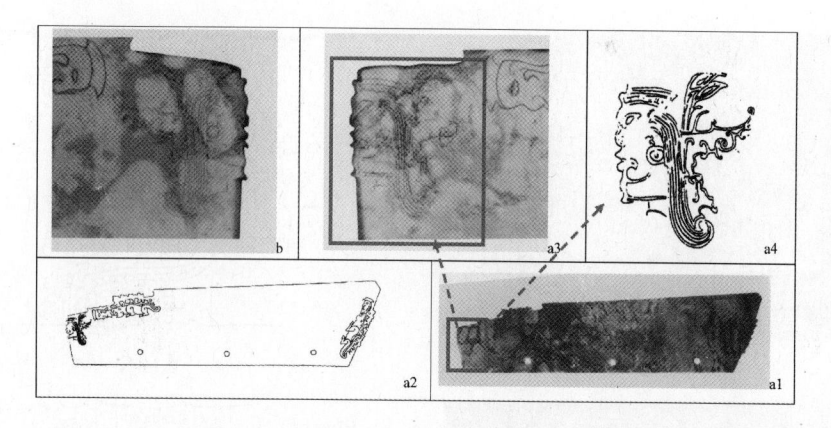

长 72 厘米,宽 18.3 厘米,厚 0.7 厘米　a1 为玉刀一面照片　a2 线图为笔者根据 1980 年、1992 年观察实物记录用林巳奈夫绘图组成　a3 为窄端浅浮雕神祖侧面　a4 为 a3 的线绘图(林巳奈夫绘制)　b 另一面窄端浅浮雕神祖侧面

图 50　龙山时期黄河上中游　神祖面玉刀

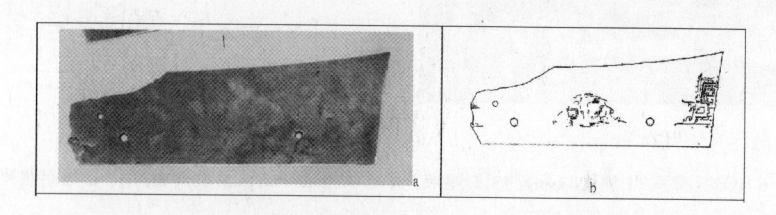

残长 47.8 厘米,宽 17 厘米,厚 0.9 厘米　沙克勒博物馆藏

图 51　龙山时期黄河上中游　神祖面纹玉刀

事实上这种沉积岩纹理的灰调闪玉可能不止一个矿点,用这种玉料制作的多孔长刀,在黄河上中游广为分布,西从青海大通上孙家寨、青海宗日、经甘肃庄浪、陕西关中西部陇县、陕北延安、石峁都见踪影。其中尺寸最壮观的陕西关中西部的陇县王马嘴出土长达 77.2 厘米、宽 32.5 厘米、最厚 1 厘米的大刀。[①] 但是,笔者怀疑可能在石峁附近蕴藏这种近乎"黑色"的闪玉,所以石峁出土的牙璋与多孔长刀多近乎黑色(磨薄处有时看出墨绿、深褐等底色)。石峁的多孔长刀比例上也比较窄长,且两端不等宽,较宽的一端有时磨成薄刃,除了沿着刀背钻一排背孔外,较窄的一端还加钻一个比背孔稍小

---

① 彩图发表于王长启主编《中华国宝・陕西珍贵文物集成・玉器卷》,陕西人民教育出版社 1999 年版。

的柄孔，这样具有双刃的玉刀，兼用作玉铲，笔者称之为"玉刀铲"①。

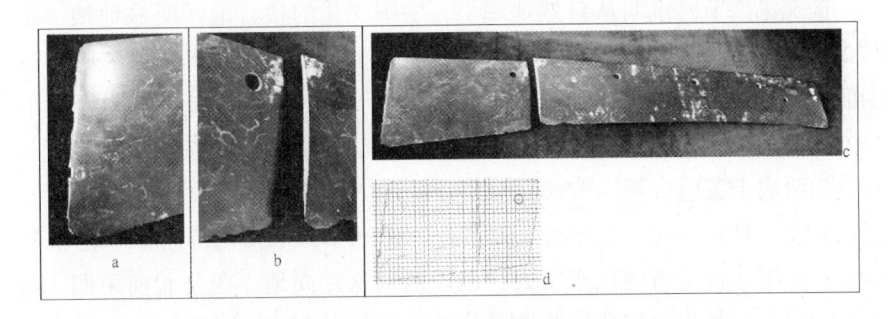

断为二　短者：长11.6厘米，宽11.2厘米，厚0.3厘米

长者：长40.4厘米，宽7.2厘米，厚0.2厘米

石峁征集　a、b、c为笔者于2006年在陕西省历史博物馆库房拍摄，
经申请获准发表，特此申谢　d为林巳奈夫所绘线图

图52　石峁文化　玉刀

四　分区检视

前文从璧与琮、玉戈、牙璋、神祖面纹及扉牙，探讨它们在龙山时期至夏时期的发展演变；第一节表1中列举了围绕在中原夏王朝核心地区周围的19个比较重要的考古学文化或考古学类型。其中以齐家、石峁、月亮湾、陶寺、山东龙山、肖家屋脊诸文化，及孙家岗类型遗存的玉器，较有自身鲜明的独特风格。但其中孙家岗类型出土玉器不多，且情况复杂，暂时不予讨论。②只讨论其余六个"方国"的玉礼器内涵。辽西的夏家店下层文化大甸子遗址出土装饰性玉器不少，但多为前代或境外传入；斧钺类均非闪玉质。③太湖以北的广富林文化出土数件石质琮，亦无真正的礼

---

① 拙作：《"华西系统玉器"观点形成与研究展望》，《玉魂国魄（三）——中国古代玉器与传统文化学术讨论会文集》，北京燕山出版社2008年版。

② 湖南澧县孙家岗于1991年发掘32座墓葬，出土20多件玉器，考古报告均等根据同出陶器订为石家河文化中期偏早。若然，可能早于本文设定讨论的时间上限（公元前2300年）。但笔者怀疑此一断代是否有误？因为孙家岗出土了典型肖家屋脊文化的鹰纹笄。此外，类似孙家岗出土镂空玉龙、玉凤风格的玉器，早年流散欧美甚多，且极为精美，考古学界应对孙家岗地区进行认真的发掘。

③ 郭大顺：《从大甸子玉器谈起》、黄翠梅《红霞翠影·瑶华缤纷：大甸子墓地的珠管串饰及玉石佩饰》二文对该遗址出土玉器及玉石斧钺做了详尽分析。见杨晶、蒋卫东执行主编《玉魂国魄——中国古代玉器与传统文化学术讨论会文集（六）》，浙江古籍出版社2014年版。

制意义。① 故也不纳入本文讨论范畴中。

前文第二节已说明从自然地理上，中国文化的核心地区明显地被一条约20度的东北—西南走向的山脉链分隔为"第二阶梯"与"第三阶梯"；因而令中国史前文化明显的有西、东之别。此处的地图取用中国台湾的"中研院"GIS小组提供的自然地景图为底图，读者可看出按照海拔高度大致分为西边土黄色（第二阶梯）、东边浅绿色（第三阶梯）的相对位置。石峁、齐家、月亮湾这三个方国大致沿着"边地半月形文化传播带"分布②，陶寺方国则分布于黄河以东、太行山以西的这片高地。在公元前第四、前第三千纪，玉器艺术曾在辽西地区的红山文化、太湖地区的良渚文化高度发展，但或因生态改变，前述二文化先后衰亡。在公元前2300年以后，华东只有海岱的龙山方国、江汉的肖家屋脊方国的玉作工艺兴盛。

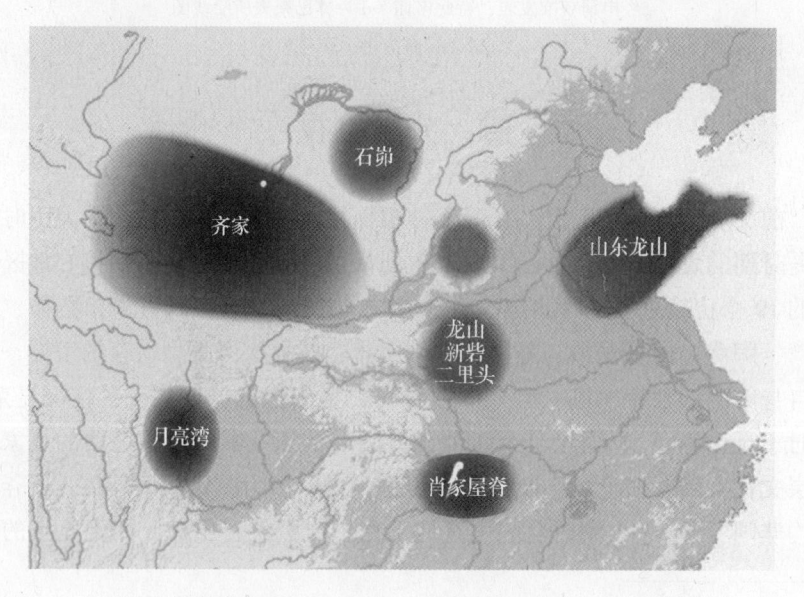

地图1　公元前2300—前1600年玉文化高度发展的六个方国位置图

---

① 黄翔：《广富林遗址出土玉石琮》、宋建：《中国东部地区距今约4000年玉琮的功能》二文对广富林文化出土琮及相关问题作了分析。见杨晶、蒋卫东执行主编《玉魂国魄——中国古代玉器与传统文化学术讨论会文集（六）》，浙江古籍出版社2014年版。

② 童恩正于1986年发表《试论我国从东北至西南的边地半月形文化传播带》（《文物考古论集》，1986年），认为在这个半月形地带上，地貌、降雨量、日照等因素的相似，导致新石器时代后期至青铜时代时，文化面貌有很多相似处。本文讨论的牙璋也印证了童恩正的理论。

在这些方国中,虽然有些被考古报告定为"玉器"的古物,其质地其实是大理石、蛇纹石等美石,但在重要的高规格墓葬中的玉器,主要是用闪玉制作;广大华西地区史前先民所选用的闪玉,从外观上可找出四种最常用玉料[①]:

第一种以青白色为主,清亮莹润,类似大家习称的"和阗玉",但这种闪玉常夹有大片深褐色的所谓"糖玉",其实是在原生矿脉中就被三氧化二铁沁染所致,深褐色像红糖,故称为糖玉(图53、图55)。有时内部还散布似虫蚁般的包裹物,目前还不知道那是什么杂质?(图54、图73)华西先民用这种玉料制作各种玉器:璧、琮、多璜联璧以及各种带刃器,诸如:端刃的斧钺类、边刃的长刀,或同时具有端刃、边刃的"刀铲"。这种闪玉应非来自和阗地区,是否来自临洮马衔山?或青海格尔木?需要地质学界设法检测。[②]

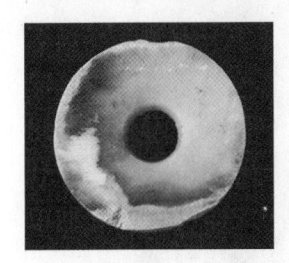

径8.5厘米　甘肃武威
皇娘娘台出土
图53　齐家文化　玉璧

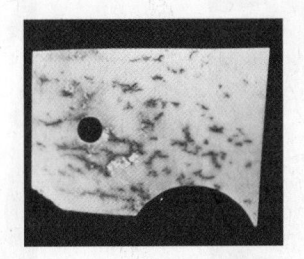

长7厘米　新华遗址出土
图54　石峁文化
玉钺(切片)

高4厘米,径6.7厘米,厚0.7厘米
陶寺出土
图55　陶寺文化
玉箍形器

第二种闪玉是细腻不透明的暗草绿色至蓝绿色,常被灰白色的宽带包围。也常用以制作璧、琮、多璜联璧(图56、图57)。较少见到用这种闪玉制作带刃器。前文图3师赵村出土玉璧即是这种闪玉。收藏在芮城博

---

① 2008年拙作《"华西系统玉器"观点形成与研究展望》(《玉魂国魄(三)——中国古代玉器与传统文化学术讨论会文集》,北京燕山出版社)中提出华西玉器中的闪玉主要有三种。近年来已有较多关于石峁文化中常用的黑色闪玉的分析资料。撰写本文时,笔者领悟到这类黑色闪玉可能是石峁文化先民垄断的玉料,故将华西史前玉料改为四种。

② 和阗青白玉所夹糖斑多为面积不大的浅褐色。有关齐家文化玉料来源及目前仿造赝品的玉料来源,坊间讹传甚多,需地质学者从微量元素分析,或以氩氩法确定各地区玉矿生成年代等科学检测法来解决。

物馆得到清凉寺遗址征集的璧、琮，也颇多这类玉料。后文陶寺文化多璜联璧的其中一片（图76），可能也是这种玉料。

宽25.1厘米　隆德沙塘出土
图56　齐家文化　玉围圈片

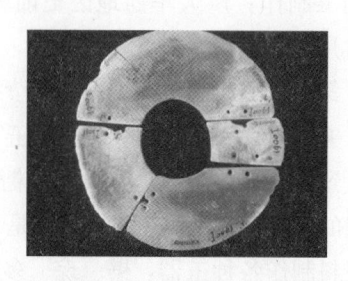

外径22厘米，厚0.7厘米　隆德沙塘出土
图57　齐家文化　多璜联璧

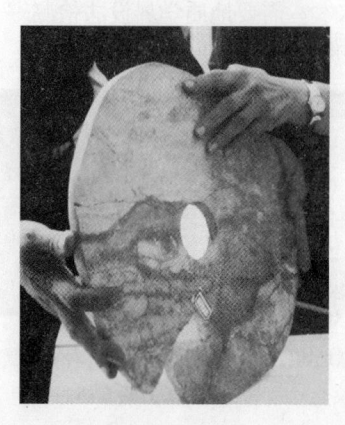

径36厘米　沙塘乡和平村出土　承蒙隆德县文管所同意出版，特此申谢
图58　齐家文化　玉璧

高19.5厘米，宽8.1厘米　沙塘乡和平村出土　承蒙固原博物馆同意出版，特此申谢
图59　齐家文化　玉琮

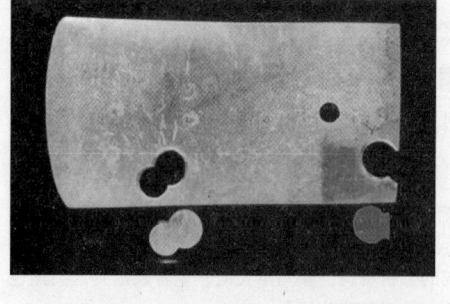

长17.8厘米，最宽9厘米，厚0.34厘米　陶寺出土
图60　陶寺文化　玉钺

（一白璧、一苍璧及二件玉料陈设于F4房址墙边地上）
图61　齐家文化　一组祭祀用玉器

第三种就是前文已多次提及有明显沉积岩纹理，包括不规则团块或波浪条斑的玉料。无透明感，从浅的牙白、牙黄到灰褐、灰蓝都有。色深者多制作带刃器，如前文图47至图51；色浅者可制作璧、琮等，如沙塘乡和平村同时出土的大璧、高琮（图58、图59），第四种就是墨褐、墨绿近乎黑的闪玉，最常见的就是石峁风格牙璋与长刀；如前文图12至图14、图18、图52。

值得注意的是，这四种闪玉都不曾出现在太行山以东的华东文化区。图55、图60是山西境内陶寺遗址出土的箍形器和玉钺，分别属第一、三种闪玉（图60）。前文第六节所述及太行山东麓黎城出土的两件玉戚（图39、图48）是目前所知第三种闪玉出现最东的地点。图18牙璋、图19有领璧，从风格特征可确定是陕北石峁文化遗物，被先民带到海滨。

（一）华西地区的四个方国

1. 齐家方国

从出土玉器的数量、尺寸及玉料特征，笔者怀疑前三种闪玉的矿脉主要分布在今日陕西、甘肃、宁夏交界一带，第四种则蕴藏于陕北石峁附近。[①] 也就是陕、甘、宁交界一带蕴藏丰富的玉料，所以这一带出土甚多大璧、大玉围圈、大琮、大刀、大圭（长梯形端刃器）。因为用河床上的籽料制作的玉器，长度鲜有超过30厘米的。[②] 40厘米—50厘米以上的玉器，应取自山流水或山料。[③] 在玉矿附近的作坊较易取得大型玉料，制作大尺寸玉器。但也不排除是因为陕甘宁交界地区曾存在势力强大的政体，就是齐家方国的最高中心址，该处的统治者可不计成本地自远处运来大料。

图58大璧（径36厘米）与图59高琮（高19.5厘米）分别典藏于

[①] 有学者认为黄土高原上玉矿都被黄土覆盖，故黄河上中游史前先民难获得充足的玉料。笔者请教王时麒教授，他认为黄土覆盖的多为较低平的地区，凡是以砾石堆积的山脉，仍可能找到玉矿。并认为当时应仍是就近取材。

[②] 目前可推测是籽料制作的史前玉器，最大的可能是红山文化带齿动物面纹玉饰，长达28.6厘米。发表于《牛河梁—红山文化遗址发掘报告》，文物出版社2012年版，下册图一〇三。台北故宫藏红山大勾云形佩，长达19.1厘米，周围还保留一圈河床中生成的褐色玉皮。

[③] 所谓"山料"即指闪玉的原生矿脉。原生矿外面包裹的围岩风化后，导致大块玉料松脱被冲刷滚落至半山坡，俗称"山流水"。若所夹杂的石性部分继续被风化，导致整块大料再分崩成数块小块体，顺着融雪流到平地，一路水荡沙磨，最后沉积于河床时即所谓"籽料"。

隆德县文管所及固原博物馆。2009年7月19日、20日，笔者与学术界同行一起检视它们①，大家都对前后分两天观察的这两件印象深刻，因为二者色泽纹理如同取自同一块大玉料，厚重粗犷的风格也很相似。5年后的现在，笔者核对各出版品，才从罗丰2001年论文确定二件在1986年同出于宁夏南端固原市隆德县沙塘乡和平村。②台北故宫典藏清宫旧物中，有三件径达37厘米—39厘米的大璧，玉质与制作风格与图58大璧非常相似。③目前资料显示，这种玉料制作最高的玉琮（53.36厘米）与最大的玉璧（45.8厘米）均藏于美国。④它们可能都来自宁夏、甘肃、陕西交界的六盘山地区。

考古学界多认为陕甘宁交界一带可能是齐家文化最早的发源地。从目前已知的齐家文化资料可知，该文化向西延伸至甘肃中部武威皇娘娘台、向南包到青海宗日，向东应抵达长安附近。⑤占据着黄河上中游相当广袤的范围。齐家文化分为五个类型：川口河类型、页河子类型、师赵村类型、秦魏家类型、皇娘娘台类型⑥，分别为关中西部、宁夏南部、甘肃东部至中部。所以，齐家文化也呈现各区域性的差异。阎亚林认为齐家文化"不存在一个强有力的政权对于各个分中心进行控制"，所以没有一个主中心，掌控玉料的开采、运输、制作、分配，因此呈现出多元性和分散的

---

① 该次从青海经甘肃到宁夏的学术之旅，承蒙中国社会科学院考古研究所甘青队队长叶茂林研究员给予全程学术指导。又承蒙宁夏考古所罗丰所长亲自从银川南下固原协助我们在固原博物馆的研究。隆德县文管所刘世友所长、固原博物馆程云霞副馆长等，也都放弃周末休息，通力配合我们完成研究资料的收集工作，特此申谢。

② 二件玉器均已发表：《宁夏历史文物》，宁夏人民出版社2006年版。罗丰：《黄河中游新石器时代的玉器》，《故宫学术季刊》第19卷第2期。该文第43、45页也报道宁夏海原县文管所藏有海城镇山门村于1984年同时出土的一璧（径25.5厘米）一琮（高12厘米）。

③ 见拙作《国立故宫博物院藏新石器时代玉器》，1992年。图101—图103其中图103已被切割成半。

④ 江伊莉、古方：《玉器时代——美国博物馆藏中国早期玉器》，科学出版社2009年版。图5—28、图4—18。分别藏于迈阿密大学洛尔博物馆与华盛顿弗利尔美术馆。

⑤ 1981年戴应新在陕西长安上泉村征集到一件髙20.7厘米的玉琮，得知玉琮与一大如阜帽的玉璧同出，1978年已卖掉。该琮现藏陕西省博物院，彩图发表于戴应新《神木石峁龙山文化玉器探索（一至六）》，《故宫文物月刊》总号125—130，1993年第8期至1994年第1期。

⑥ 川口河类型、页河子类型，分别见：张天恩等：《陕西夏商周考古发现与研究》，《考古与文物》2008年第6期；谢端琚：《宁夏史前考古概论》（《二十一世纪的中国考古学——庆祝佟柱臣先生八十五华诞学术文集》，文物出版社2006年版。后三个类型，见谢端琚《甘青地区史前考古》，文物出版社2002年版。

局面。① 但又有些考古资料显示，齐家文化的势力强大，向东北达于河套地带②，不但在关中东部老牛坡类型里呈现浓厚的齐家因素，且将其特有的束颈圆腹罐（包括花边罐）及前卫的铸铜技术向东传播，对二里头文化的形成初期产生一定程度的影响。③

前文第三节已说明，或因喇家、皇娘娘台等遗址似乎不出玉琮，所以叶茂林研究员提出齐家文化"重璧轻琮"的看法。④ 但是在陕西、宁夏、甘肃东部还是出土很多玉琮，至晚在公元前2300年"璧琮组配"的礼制已在齐家文化中发展成熟。虽然还无人认真研究齐家玉器流传到商晚期、西周时，有多少被当作玉料改刀，又有多少在商周汉或明清时期被直接加雕当代流行的新纹饰。但历经3000多年的劫难，目前传世器中齐家系玉器的数量庞大，则是不争的事实。

有学者研究齐家玉璧具有可敲击的音乐性，且齐家玉石璧常在器面有一片明显的倾斜面，可能是为了调音高低而刻意磨薄。⑤ 笔者认为喇家遗址F4号房址内，地面靠墙壁处陈设了一白璧、一苍璧，左右又各放置一块打击成半月形的玉料⑥；发掘者形容为"如同贡品"，怀疑陈设在玉璧左右的玉料可能取代了玉琮的地位（图61）。⑦ 这种仪式还可能下传至商代。⑧

齐家文化中还有一种不被注意的小玉器，但可能很有意义。喇家遗址出土长约5厘米，做成一端小一端大长喇叭形的玉管（图62）学者认为

---

① 阎亚林：《西北地区史前玉器研究》，北京大学博士论文，2010年，第139—140页。
② 马明志：《河套地区齐家文化遗存的界定及其意义——兼论西部文化东进与北方边地文化的聚合历程》，《文博》2009年第5期。
③ 韩建业：《论二里头青铜文明的兴起》，《中国历史文物》2009年第1期。
④ 叶茂林：《史前玉器与原始信仰——齐家文化玉器一些现象的初步观察与探讨》，黄翠梅主编《南艺学报》2010年第1期。
⑤ 辛晓峰、叶茂林等：《青海喇家遗址出土玉石器的音乐声学测量及初步探讨》，《考古》2009年第3期。过去有人推测齐家玉璧有局部倾斜磨薄现象，妄言是下葬前切一刀所留的"墓葬疤记"。但目前已累积不少齐家文化墓葬出土玉璧的资料，证明璧上有无局部磨薄与是否随葬无关。
⑥ 中国社会科学院考古研究所、青海省文物考古研究所：《青海民和喇家史前遗址的发掘》，《考古》2002年第7期。
⑦ 叶茂林：《史前玉器与原始信仰——齐家文化玉器一些现象的初步观察与探讨》，黄翠梅主编《南艺学报》第一期，2010年12月。今日台湾许多传统家庭还在客厅墙上布置神龛。
⑧ 河南安阳商晚期遗址小屯丙组基址下也埋有一白璧、一苍璧。石璋如：《殷代坛祀遗迹》，"中研院"《历史语言研究所集刊》第51本第3分，1980年。

孔的大小可吹出不同的音高。①。值得注意的是它的尺寸形制与二里头文化中用作铜铃的玉铃舌非常相似（图63）。在二里头文化中，铜铃常与镶嵌绿松石铜牌、镶嵌绿松石龙形器同出，可能是宗教人物使用的法器。齐家文化的铜铃、铜牌是否是二里头文化这类文物的源头，尚待日后深入探索。②

长5.14厘米　喇家M12出土

图62　齐家文化　玉管

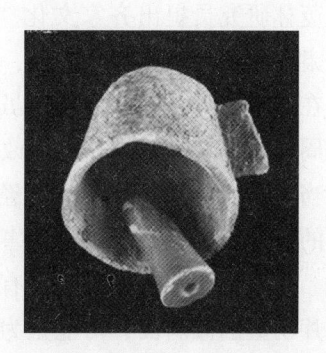

玉铃舌长5.3厘米

图63　二里头文化　铜铃与玉铃舌

2. 石峁方国及陕北地区

前文已说明陕北神木石峁早自百余年前就以出土深色牙璋、长刀闻名，分散典藏于欧、美、日本的博物馆中。"文化大革命"时期，许多石峁玉器被当玉料改刀。"文化大革命"后戴应新前往征集了120多件（包括他征集两件新华遗址出土的玉环），连同半坡博物馆在石峁征集的二件镞、一件棒，共126件；除了几件残器外，其余都在1993年8月至1994年1月发表于台北的《故宫文物月刊》。③ 其中98件为带刃器，计有：28件牙璋、2件牙璋改制的长柄铲、15件多孔长刀、12件斧钺类（包括手斧、钺形器）、11件梯形边刃器（切刀3件、镰刀5件、刀形玉片3件）、26件梯形端刃器（9件板铲、10件圭、锄1件、锄形器5件、梭形器1件）、2件镞、3件戈。名目虽多，其实

---

① 辛晓峰、叶茂林等：《青海喇家遗址出土玉石器的音乐声学测量及初步探讨》，《考古》2009年第3期。

② 陈小三：《试论镶嵌绿松石牌饰的起源》，《考古与文物》2013年第5期。他只讨论铜牌的源起应是新疆一带，经齐家文化传播至中原。齐家文化铜铃资料见刘宝山《青海"史前"的铜铃》，《文物世界》1995年第2期。

③ 戴应新：《神木石峁龙山文化玉器探索（一至六）》，《故宫文物月刊》总号125—130，1993年第8期至1994年第1期。

只有四种：牙璋、长形多孔刀或刀铲①、梯形端刃器（斧、钺、铲）、戈。②但这些带刃器常在伤残后又被切割改制继续使用。如本文图 51 的左边一片其实是一件侧边有扉牙的多孔长刀的断片，但戴应新就称之为"切刀"③。

1996—1999 年在陕北神木新华遗址的发掘与研究，证明大约公元前 2300 年在老虎山文化结束后，河套地区原本文化面貌颇为统一的局面越来越多样化。④ 近来石峁遗址发掘证明在当时石峁应是北方一个极重要的政治中心，可称为石峁方国。

甘青宁一带齐家文化密集区中璧琮甚多，但几乎不出现牙璋，目前已正式发表一件甘肃省清水县金集镇连珠村出土的牙璋，笔者认为那应是残断的石峁牙璋的下半截⑤，它与本文图 13 石峁牙璋非常相似。甘肃临夏积石山新庄坪出土的一件，似经过改制⑥；关中东部的东龙山出土一件黑玉制作的牙璋，可能是石峁牙璋直接被带至该地。⑦ 所以，深色闪玉制作的玉戈（图 11）、牙璋（图 12 至图 14、图 16、图 18）以及比较窄长且两端宽度不一的多孔刀（图 52、图 64），才是石峁方国特有的玉兵器。笔者怀疑当时黑色闪玉的玉矿被石峁方国统治者所垄断。也因此成就了石峁强大的军事力量。近年石峁遗址的考古发掘令大家震惊：石峁居民不但建

---

① "多孔刀"只具一长刃，"多孔刀铲"除一长刃外，还有一短刃。
② "钺"本是器面宽大的斧，玉钺的上下器缘琢有扉牙，应是祭典中以乐舞招降神祖之灵时用的"戚"。《礼记·明堂位》记载："朱干玉戚，冕而舞《大武》。"新石器时代晚末期，用玉制作的长梯形端刃器，依装柄方向不同，可用作斧、钺、铲，多为平直刃线。但在祭典上常不装木柄，刃端向上地以手握执，作为参与祭祀者身份的表征，在礼制上称作"圭"。新石器时代至夏商，玉圭刃部主要是直刃，可称为"平首圭。周人克商后，周人主要用玉戈为玉圭，遂发展出尖首玉圭。笔者 1977 年《圭璧考》（《故宫季刊》第 11 卷第 3 期）首先提出玉圭的两阶段差异。在此原则下，凌家滩、陶寺等遗址出土外观颇相似于汉代玉圭的玉器，是否应称作"圭"？笔者持保留态度。
③ 戴应新：《神木石峁龙山文化玉器探索——完结篇》，《故宫文物月刊》1994 年第 1 期，总号 130，图一一一。
④ 孙周勇：《新华文化述论》，《考古与文物》2005 年第 3 期。
⑤ 甘肃省文物局编：《甘肃文物菁华》，文物出版社 2006 年版，第 60 页。此牙璋展出于甘肃省博物馆中。
⑥ 阎亚林：《西北地区史前玉器研究》，北京大学博士论文，2010 年，图 2—9—2。
⑦ 东龙山遗址出土者，见刘云辉《陕西出土的古代玉器·夏商周篇》，《四川文物》2008 年第 5 期。陕西省文物考古研究院等《商洛东龙山》，科学出版社 2011 年版。刘云辉在报道中形容它："其材质与神木石峁发现的有些玉器十分相似。"笔者曾分别请教陕西省文物局刘云辉副局长、陕西省文物考古研究院孙周勇副院长，二位熟悉石峁玉器的学者都认为东龙山牙璋很可能是石峁文化遗物。

筑了规模浩大的石城，还有计划地在建筑石城时成批杀殉生人①，成坑掩埋玉器，在墙体石块内等距离夹埋玉器②，玉钺的刃端向着墙外（图65）③，笔者认为在筑墙过程中等距离夹玉器时，很可能同时举行某种巫术性祭仪，祈盼石墙与玉兵发挥御敌的最大功效。

据笔者观察出土（包括征集）的、流散欧美或典藏在大陆各博物馆的石峁风格牙璋及多孔长刀的刃部，常留有小破碴、磨蚀沟等使用痕。当时虽已有青铜工具，但尚未正式制作大量青铜兵器，推估玉质牙璋、长刀、斧钺，以及萌芽期的玉戈等，可能就是石峁先民的主要兵器。

虽然我们无法得知石峁先民征战的过程，但在这儿可以看到多件来自海岱地区山东龙山文化的牙璧（有些散片曾被称为"璜"）（图66、图67），④ 来自太湖地区的良渚文化高节玉琮（被剖下一片），来自江汉地区肖家屋脊文化的一件玉虎头、二件玉鸟纹笄（其一被剖半）⑤，这么多来自东南方及南方的战利品，应该不是南方各地的武士带着自己的玉器北伐石峁而留在此地，较可能是石峁远征军向各地出征劫掠而来。

图68玉人头像也征集自石峁，1999年笔者即论证这件玉人头应是长江中游的作品，现在从2005年公布的两面图片更可看清正反两面的微细差异。⑥ 朱乃诚注意到它与肖家屋脊文化遗址罗家柏岭出土的侧面人头像在细部特征相似，是非常重要的论证（图68）。⑦

---

① 陕西省考古研究院：《陕西神木县石峁遗址》，《考古》2013年第7期。

② 2013年12月24日陕西省文物考古研究院孙周勇副院长在"良渚论坛·中华玉文化中心第四届年会"中报告：外瓮墙出土埋有20多件玉器的祭祀坑，墙体内夹玉器约一米一件。

③ 陕西省考古研究院发布资料中，称之为"玉铲"，"铲"是撬土耕作用的生产工具；笔者认为在石墙内的带刃器应属兵器性质的"玉钺"。

④ 图67牙璧是中国社会科学院考古研究所的张长寿征集，发表于张长寿《论神木出土的刀形端刃器》，邓聪主编《南中国及其邻近地区古文化研究》，香港中文大学，1994年。

⑤ 近期发表较佳彩图，见中华玉文化中心《玉魂国魄——玉器·玉文化·夏代中国文明展》，浙江古籍出版社2013年版，第193、220、221页。

⑥ 笔者认为该件玉质较白透，用圆柔弧面表现轮廓的手法（浮雕鼻翼、唇边及头顶、脑后浑边凸饰）相似于江汉地区的玉雕风格。见拙作《晋、陕所见东夷系玉器的启示》，《考古与文物》1999年第5期。2005年出版的《中国出土玉器全集》公布两面图片，可看出正面（左）浮雕明显，反面比较平。这也是龙山时期江汉地区玉雕的作风。

⑦ 朱乃诚：《时代巅峰，冰山一角——夏时期玉器一瞥》，中华玉文化中心《玉魂国魄——玉器·玉文化·夏代中国文明展》，浙江古籍出版社2013年版。

万邦玉帛 / 201

长54.6厘米，最宽9厘米，厚0.4厘米　石峁出土　戴应新1993—94（三）第10号刀
图64　石峁文化　玉刀

长16.7厘米，宽7厘米，厚0.3厘米
筑石城时有规划地将玉钺夹入墙体，刃部向外
图65　石峁文化　玉钺

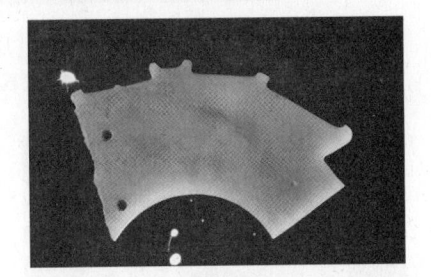

长11.2厘米，宽5.7厘米，厚0.4厘米　石峁征集
图66　山东龙山文化牙璧残件

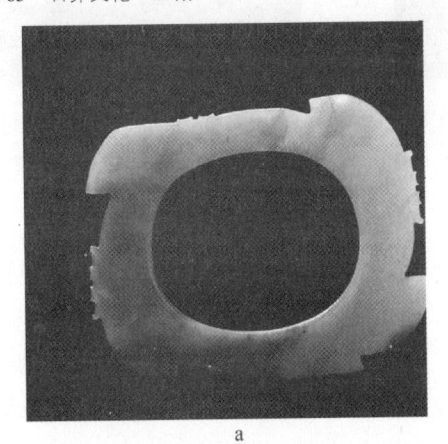

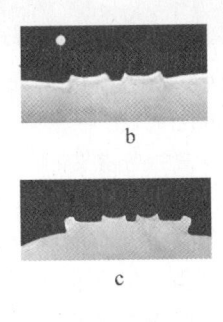

长11厘米，宽8.5厘米，孔径6.5厘米—5.6厘米　石峁征集
图67　山东龙山文化　牙璧

202 / 夏商都邑与文化(二)

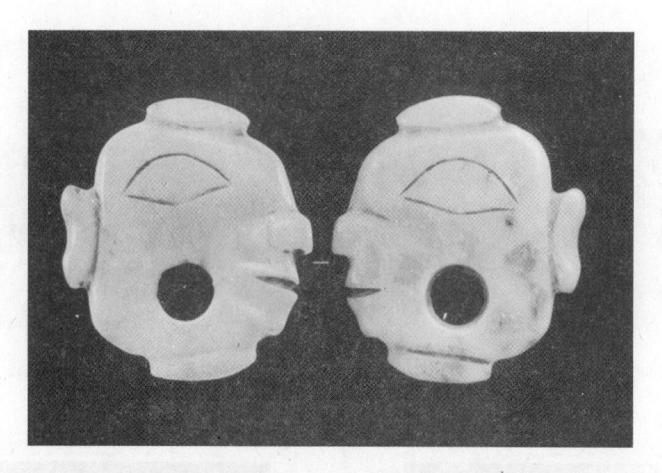

高 4.5 厘米，宽 4.1 厘米，厚 0.4 厘米　石峁征集
图 68　新石器时代末期　玉人头像

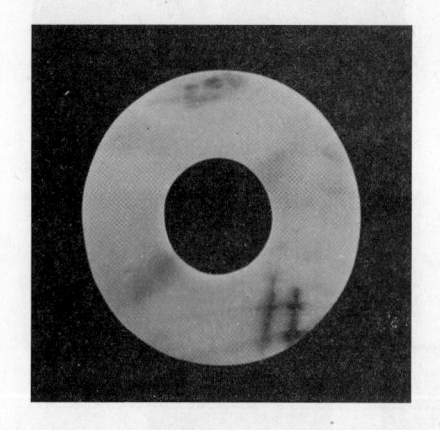

径 16.7 厘米，孔径 6.7 厘米，厚 0.45
厘米　庐山峁出土
图 69　客省庄—齐家文化　玉璧

案板坪村出土　璧径 12.3 厘米
图 70　齐家文化　成组璧与琮

虽然考古证明石峁文化存在发达的制作玉器的工艺，牙璋、长刀、玉戈或为其创新；但在神木县以南的延安市，辖内有庐山峁、安塞、甘泉、黄龙等地，所出土的璧、琮、多璜联璧、斧钺等玉器就呈现复杂的面貌。既有典型甘青宁系齐家玉器[1]，也有一些无法立刻归入典型齐家玉器中。如

---

[1]　段双印、张华：《延安出土史前玉器综合考察与研究》，杨晶、蒋卫东执行主编《玉魂国魄——中国古代玉器与传统文化学术讨论会文集（六）》，浙江古籍出版社 2014 年版，图 26、图 20、图 21、图 22、图 27、图 28。

以图68这件美丽玉璧为代表的一些素璧,仔细检测可知,它们的外轮廓与孔周多非正圆,但器面、孔缘都经仔细抛磨而无切割痕与旋钻痕,玉料也尽量不取大片深色糖斑。类似的玉璧也出于齐家文化川口河类型分布的宝鸡市扶风县城关镇案板坪村,后者与一质色相近的玉琮同出(图69)①;如图69、图70这类端庄秀丽的龙山时期玉璧,在陕西、山西境内多见,陕西出土者厚度适中,多在0.45厘米—0.6厘米,璧面亦无内厚外薄的现象(图70)。山西陶寺等地则常见薄仅0.3厘米,璧面常内厚外薄(图71)。故暂将前者定为"客省庄—齐家文化",将后者定为陶寺文化。

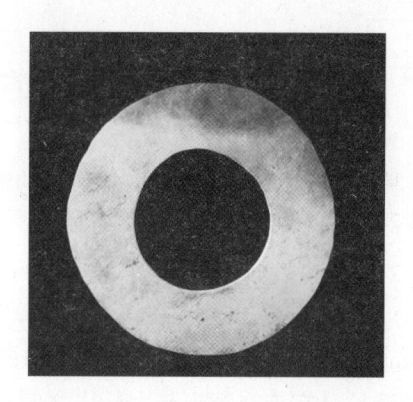

径12.9厘米,孔径6.6厘米,厚0.3厘米　陶寺出土
图71　陶寺文化　玉璧

有学者认为齐家文化的势力向东北侵入并占据河套地区,迫使大口文化南移。② 也有学者认为在龙山晚期至夏时期,原住的大口文化与外来的齐家文化并存于河套东南部。③ 最近石峁的考古工作更在石墙的马面一带出土齐家风格的双耳陶罐及玉器④,可推测齐家先民移居石峁方国者甚众。或即是这些因素,造成陕北玉器的多元现象。延安,既是泾渭流域的齐家文化向北扩张至神木的中途站;也是石峁方国征战南方、东方的前哨站。所以也有遥远的异

---

① 刘云辉:《周原玉器》,(台北)中华文物学会,1996年,图264、265。
② 马明志:《河套地区齐家文化遗存的界定及其意义——兼论西部文化东进与北方边地文化的聚合历程》,《文博》2009年第5期。
③ 阎宏东:《神木石峁遗址陶器分析》,《文博》2010年第6期。
④ 2013年12月24日陕西省文物考古研究院孙周勇副院长在"良渚论坛·中华玉文化中心第四届年会"中的报告。

乡游子从太湖地区带来良渚文化玉琮，经长期佩戴盘摩以至纹饰模糊，甚至断做四块再钻孔缀连①；另一件则不易判读其文化属性：四面器表各以凸弦纹勾勒上下堆叠的两个神祖面纹，相邻面纹又轮替反转（图72）。近日笔者再度撰文考证，初步认为可能属山东龙山文化先民的创作。②

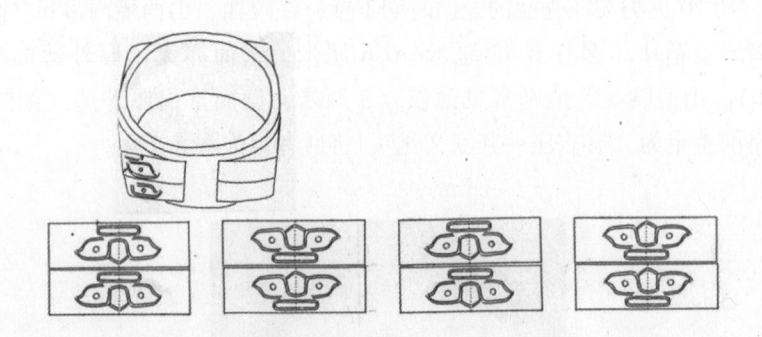

高4.1厘米，外径7.1厘米，内径6.4厘米　庐山峁出土
图72　山东龙山文化　玉琮（纹饰展开示意图）

3. 陶寺方国

陶寺文化（公元前2300—前1900年）分布于山西的临汾盆地，有陶寺、下靳两个主要的遗址。它夹在黄河与太行山之间，位于华西文化圈的最东，距离海岱、江淮、江汉地区都很近便，自然会吸收华东文化的精髓。综合各遗址、各阶段的发掘报告与研究论文③，大约可归纳出大致的轮廓：陶寺遗址在陶寺文化中期时（公元前2100—前2000年），已发展

---

① 姬乃军：《延安市发现的古代玉器》，《文物》1984年第2期，图2。笔者1998年春，在陕西省文物局刘云辉副局长的协助下见到实物，确定为良渚文化遗物。撰文发表于拙作1999年。此件玉琮在古方主编《考古出土玉器全集》（科学出版社2005年版）中，对于断片与全器的对应关系弄反了。较正确又清晰的图片见中国玉文化中心编《玉魂国魄——玉器·玉文化·夏代中国文明展》，浙江古籍出版社2013年版，第106—107页。

② 拙作：《杨家埠、晋侯墓、庐山峁出土四件玉琮的再思》，《玉润东方——大汶口·龙山·良渚文化玉器文明展》，山东省博物馆，2014年。

③ a. 邓聪：《陶寺文化玉器及其相关问题》，邓聪主编《东亚玉器》，香港中文大学，1998年。b. 高炜：《龙山时代中原玉器上看到的二种文化现象》，费孝通主编《玉魂国魄——中国古代玉器与传统文化学术讨论会文集》，北京燕山出版社2002年版。c. 何驽：《陶寺文化谱系研究综论》，《古代文明》第3卷，文物出版社2004年版。d. 何驽：《山西襄汾陶寺遗址近年来出土玉石器》，《古代文明研究通讯》总38期，2008年。e. 何驽：《陶寺文化原始宗教信仰蠡测及其特点试析——陶寺出土的艺术品与原始宗教》，中国社会科学院考古研究所编《殷墟与商文化——殷墟科学发掘80周年纪念文集》，科学出版社2011年版。f. 宋建忠：《山西临汾下靳墓地玉石器分析》，《古代文明》第2卷，文物出版社2003年版。

成为相当重要的方国，但中晚期之交，遭到外来的惨烈攻击。许多中期大墓都被捣毁①，陶寺晚期年代为公元前2000—前1900年。②

陶寺中期最重要的玉器是玉钺（图60、图73），玉钺多出于男性墓，基本素面，但在最高规格、被认为是王者之墓的IIM22，墓中六把玉石钺"均带有粉红底白彩绘漆木短柄。柄背带扉棱，似龙或似凤"③。除了端刃的玉钺外，双孔的玉刀数量虽较少，但都出于规格较高的墓葬中（图74）。④

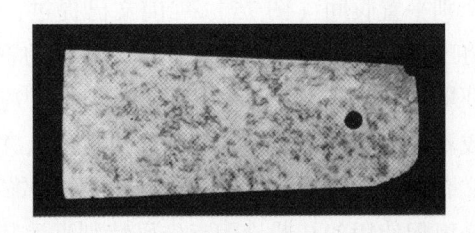

陶寺中期 M22 出土
图73　陶寺文化　玉钺

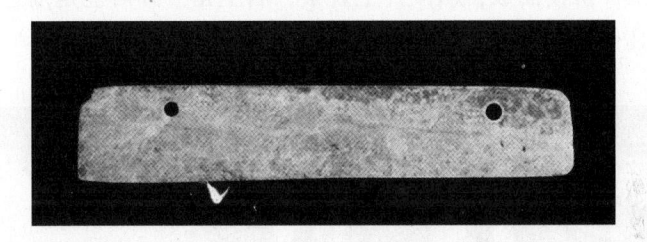

长20.1厘米，宽4.9厘米，厚0.49厘米　陶寺出土
图74　陶寺文化　玉刀

陶寺文化也是有璧有琮的文化。此文化的璧中孔较大（图71），常制作得很薄，或璧面内厚外薄。⑤根据描述，陶寺文化的璧的功能至少有三种：

---

① 韩建业曾释陶寺文化中晚期之间外来的侵略者是北方老虎山文化，见其著《老虎山文化的扩张与对外影响》，《中原文物》2007年第1期。根据^{14}C测年，陶寺中晚期之交应是公元前2000年左右，而非韩建业所推估老虎山文化南侵的时间是公元前2200年。故笔者怀疑是石峁方国的南进。
② 陶寺文化分期及年代依据何驽《陶寺文化谱系研究综论》，《古代文明》第3卷，文物出版社2004年版。
③ 何驽：《山西襄汾陶寺遗址近年来出土玉石器》，《古代文明研究通讯》总38期，2008年。
④ 宋建忠：《山西临汾下靳墓地玉石器分析》，《古代文明》第2卷，文物出版社2003年版。
⑤ 高炜：《陶寺文化玉器及其相关问题》，邓聪主编《东亚玉器》，香港中文大学，1998年。

第一种功能是在宫殿主体殿堂建筑基础奠基时,将大理石璧当作瑞玉瘗埋。① 第二种功能是可平置于高级墓葬中随葬的彩陶罐的罐口,发掘者强调这肯定具有特殊的宗教意义。② 第三种功能就是随葬于墓中。如:平放在男性墓墓主的胸部或手臂上,可能原用作佩饰;也常见玉璧套在墓主右手臂,多半一墓一件,也有一墓出二件或三件玉璧的例子。

陶寺遗址出了十几件玉琮,主要也出于男性墓,多出自墓主的臂部,少数套在右臂,个别平置腹间(图75)。③ 前文已提过,对于陶寺文化先民是否在生前就将玉璧戴在手腕上?学者们曾有不同的看法。笔者观察陶寺等地出土的玉环璧类,颇多都将孔壁磨平直或微凸,应是为了避免粗糙面刺激皮肤,造成不适。因此,至少不会只给过世的人才套戴吧!

虽然在陶寺文化中有璧也有琮,二者都常用作腕饰,但在陶寺文化中,看不出璧琮是组配使用的礼器。陶寺先民特别喜爱装饰手臂,用来套饰的玉器还有多璜联璧(图76),但似乎是用多个色泽不同、大小长短不齐的璜形玉片拼凑而成;从图片上观察,右上角一片可能是前述华西第二种闪玉,其他数片可能是华西第三种闪玉。

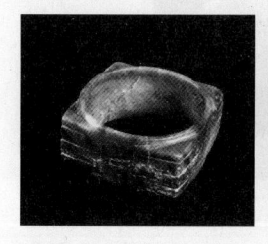

高3.2厘米,长7.1厘米,孔径6.3厘米　陶寺出土

图75　陶寺文化　玉琮

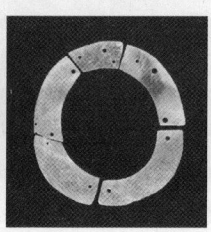

径10.4厘米　陶寺出土

图76　陶寺文化　五璜联璧

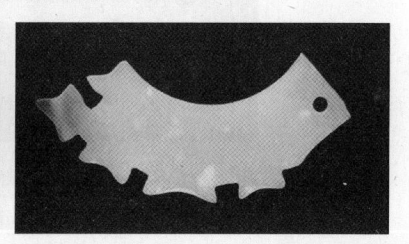

长8.9厘米,宽2.7厘米,厚0.26厘米　陶寺出土

图77　陶寺文化带扉牙的玉璜

---

① 何驽:《山西襄汾陶寺遗址近年来出土玉石器》,《古代文明研究通讯》总38期,2008年第9期。

② 何驽:《陶寺文化原始宗教信仰蠡测及其特点试析——陶寺出土的艺术品与原始宗教》,中国社会科学院考古研究所编《殷墟与商文化——殷墟科学发掘80周年纪念文集》,科学出版社2011年版。笔者怀疑是象征将陶罐中的食物或美酒通过玉璧中孔奉献给升天的墓主。因为在史前玉璧被视为天体的象征,璧的中孔中心点被视为宇宙中永恒不移的定点,穿过璧孔有如通过入天界的门。

③ 高炜:《陶寺文化玉器及其相关问题》,邓聪主编《东亚玉器》,香港中文大学,1998年。

陶寺 M1700 出土一件长 17.2 厘米、宽 4.9 厘米—3.7 厘米、厚 1 厘米的长形、一端作三角形的玉器，在墓中顺向放置于墓主胸腹间，尖端向墓主足端。颇多人释为后世尖首圭的萌芽；事实上后世礼制上的尖首圭是在东周时逐渐从玉戈演变而成。M1700 属晚期第三类墓，墓主只是中等贵族或武士，出土这件虽功能不详，但绝非礼制中的尖首圭。[1] 陶寺中期大墓 IIM22 可能是"王者之墓"，在壁龛的一个漆盒中放置可能是成组的服饰用玉。其中有四片带扉牙的玉璜（图77）。[2] 这组玉璜的扉牙虽然不类前文所讨论的海岱式扉牙，如图43至图45，图66、图67等，但也值得注意。

在陶寺文化晚期一座小墓 M11 中，墓主手腕戴了一件玉璧与一件铜齿轮形器套叠在一起（图78）。[3] 近来有考古学者发现石峁盗掘流散品中有两组腕饰，其一为玉牙璧与铜齿轮形器套叠，另一为两件玉璧中间套叠五个铜齿轮形器、一个铜箍（图79）。[4] 前文图19是山东海阳司马台墓葬中出土的一组套叠一起的有领璧与牙璧。[5] 笔者根据玉质特征及其他有领璧资料，推测该有领璧可能是石峁文化玉器，被远征的武士带至海阳。图80是该件有领璧不同角度的图片（图80），可以清晰地看出它上下射口的口沿都有一点外撇，上下短射的器表各有一圈弦纹；此一现象也见于四川广汉月亮湾出土有领璧上（图89、图91）。

有领璧的起源与发展是古玉研究中难解的谜题。现在石峁发现图79这样的腕饰，似乎有助于解开此一谜题。笔者怀疑有领璧可能是石峁先民的创作，图79还是在未定制时期的戴法，由之发展出图80这样的有领璧。有领璧与牙璋可能有特殊的内在联系，沿着边地半月形传播带流传至川西平原的月亮湾方国。

---

[1] 高炜：《陶寺文化玉器及其相关问题》，邓聪主编《东亚玉器》，香港中文大学，1998年。报道陶寺有二件尖首圭，另一件 M3032∶2 出于陶寺早期二类墓，已鉴定为"阳起石软玉"，意指含铁成分高、颜色深的闪玉，2013年12月展出于"玉魂国魄——玉器·玉文化·夏代中国文明展"。依笔者观察实物，认为是深色近于黑的闪玉制作的带刃器，经使用一端残断再稍修整的物件而已。图片发表于该特展图录，第84页。

[2] 王晓毅：《古城宫殿大墓观象台——唐尧帝都考古新进展》，《文物世界》2004年第3期，第45页。

[3] 梁星彭、严志斌：《山西襄汾陶寺文化城址》，《2001年中国重要考古发现》，文物出版社2002年版。

[4] 2013年12月24日陕西省文物考古研究院孙周勇副院长在"良渚论坛·中华玉文化中心第四届年会"中作如上报告。

[5] 栾丰实教授最先注意到司马台、陶寺以及近日在石峁出现数件有中孔的玉、铜器套叠与腕饰的现象可能有关。见其著《龙山、石峁和二里头——以玉璋和牙璧为例》，杨晶、蒋卫东执行主编《玉魂国魄——中国古代玉器与传统文化学术讨论会文集（六）》，浙江古籍出版社2014年版。

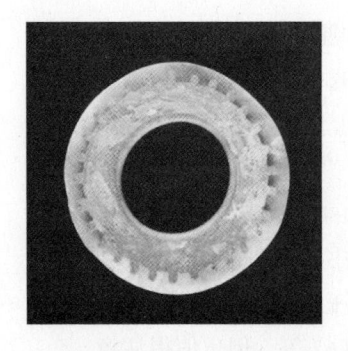

一件玉璧（径12.4厘米）与
一件铜齿轮形器套叠做腕饰

图78　石峁文化

用两个玉璧中间套迭多个铜齿轮形器、
一个铜箍作为墓主腕饰

图79　石峁文化

径11.7厘米，孔径6.6厘米，领高2.1厘米　司马台出土（与图18为同一件）笔者摄于海阳博物馆

图80　石峁文化　有领璧

4. 月亮湾方国

目前有关此一方国的早期资料可能尚未被发现，已经被发现的应该只是该方国晚期的玉器。前文已说明1927年四川成都广汉月亮湾居民燕道诚在自家院子发现的窖藏玉器；据传最初有三四百件，最特殊的就是从大到小依次排列的石璧。被燕家散卖或分赠友人，甚至引起仿冒赝品的制作。[①]

1931年，传教士董宜笃（V. H. Donnithorne）从燕道诚处购得八件转赠华西协大博物馆，由戴谦和教授（D. S. Dye）撰文记述，该文所发表的图片中有五件玉器的合照（图81）。[②] 中央一件有领璧，左右各一件

[①] 冯汉骥、童恩正：《记广汉出土的玉石器》，《文物》1979年第2期。

[②] D. S. Dye: "Some Ancient Circles, Squares, Angles and Curves in Earth and in Stone in Szechwan, China", *Journal of the West China Border Research Society*, Vol. 4, 1930—1931, pp. 97—105.

牙璋、一件玉石斧。① 后来四川省博物馆的王家祐副馆长，设法说服燕道诚的儿子燕青保，于 1956 年将所谓的"最后一批埋在土中的玉器"挖出捐赠给四川省博物馆。② 除此之外，月亮湾也经过数次的调查与发掘。

林巳奈夫于 1991 年专书中将月亮湾出土牙璋订为"二里头并行期"，也就是公元前 17 世纪至前 16 世纪前半期。③ 许杰仔细核对中英文资料，检视目前分藏于二博物馆中的月亮湾出土玉器后，正确地指出月亮湾牙璋"射本部的装饰处理高度一致，与 1986 年三星堆两个祭祀坑出土的牙璋区别很大。这一方面说明月亮湾和三星堆出土玉石器的时代可能并不相同"④。经考证后可知，最后留在四川两间博物馆的月亮湾出土玉器中有五件牙璋（图 23、图 82 至图 85）、可能有六件有领璧（图 86 至图 91）。⑤

图 81　1931 年戴教授发表的五件月亮湾出土玉器

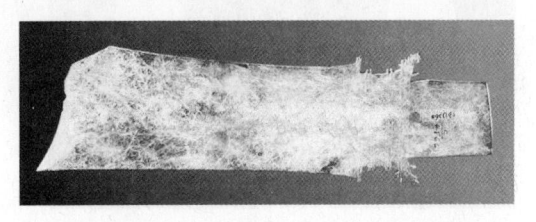

长 39.3 厘米，宽 10.4 厘米　四川大学博物馆藏
图 82　月亮湾文化　牙璋

长 40.5 厘米，宽 10.5 厘米，厚 0.5 厘米　四川省博物馆藏
图 83　月亮湾文化　牙璋

残长 39 厘米，宽 10.3 厘米，厚 0.4 厘米　四川省博物馆藏
图 84　月亮湾文化　牙璋

---

① 许杰详查各种资料，考证当初发现窖藏的时间是 1927 年。见其著《四川广汉月亮湾出土玉石器探析》，《四川文物》2006 年第 5 期。

② 屈小强等：《三星堆文化》，四川人民出版社 1993 年版，第 40 页。但这批是否真的是最后一批？尚待追查。

③ 林巳奈夫 1982 年的论文发表于《东方学报》第五十四册。1991 年专书为《中国古玉の研究》，日本吉川弘文馆。

④ 许杰：《四川广汉月亮湾出土玉石器探析》，《四川文物》2006 年第 5 期，第 55 页。

⑤ 图 89 转载自《中国美术全集·玉器》，文物出版社 1986 年版。图 91 转载自《东亚玉器》，香港中文大学，1998 年。二者公布尺寸不同，是否属同一件？待查。

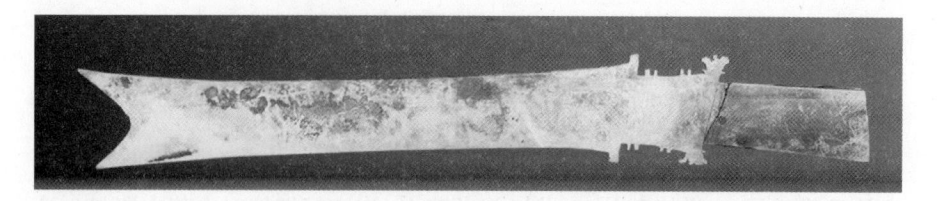

长 61 厘米，宽 8.1 厘米，厚 0.6 厘米　四川省博物馆藏
图 85　月亮湾文化　牙璋

（为图 80 中央一件）
图 86　月亮湾文化　有领璧

笔者 2006 年摄于四川大学博物馆
图 87　月亮湾文化　有领璧

笔者 2006 年摄于四川大学博物馆
图 88　月亮湾文化　有领璧

外径 10.4 厘米，孔径 7.2 厘米　月亮湾出土
四川省博物馆藏
图 89　月亮湾文化　有领璧

径 11 厘米，高 1.4 厘米　四川省博物馆藏
图 90　月亮湾文化　有领璧

径 11 厘米，高 3.8 厘米，厚 0.15 厘米　四川省博物馆藏（藏品号：110483）
图 91　月亮湾文化　有领璧

1987 年工人在距离燕家院子仅 300—400 米的仓包包取土时，发现铜牌饰、玉石器等。石璧也是大小有序地叠置坑中。经追缴、整理发表。其中所出的玉箍形器外壁上下各琢宽、窄凹弦纹一圈（图 92），与月亮湾有领璧上的弦纹颇相似，同出也有多件玉璧与大孔玉璧（图 93）。[1]

仓包包遗物的年代与月亮湾燕家院子出土文物的年代相当，都比 1986 年发现的两个大祭祀坑早。前文已分析月亮湾牙璋与三星堆牙璋风格有很大的差异，前者左右不对称，刃端作内凹圆弧线，柄端雕纹复杂生动，有向两侧伸出的"张嘴兽（龙?）头形扉牙"（图 23）；但是大约与中原商中期、商晚期时代一致的三星堆文化牙璋，造形明显比较呆滞，扉牙也多简单且制式化（图 24）。而且三星堆文化时，不但继续用玉石制作有领璧，也用青铜铸造，数量甚多；但此时的玉质有领璧只有少数还将上

---

[1]　四川省文物考古研究所等：《三星堆遗址真武仓包包祭祀坑调查简报》，四川省文物考古研究所《四川考古报告集》，文物出版社 1998 年版。报告中称这种大孔璧为"玉瑗"。

下射的口沿琢磨得稍向外撇，大部分射口都是单纯的短直筒（图94），至于铜有领璧的射部还铸造成向内缩的模样（图95）。[1] 有学者注意三星堆有领璧的外径大小可能不一致，但中孔尺寸多相若，更注意它们常与玉质兵器相邻，怀疑二者间是否存在特定的组配关系。[2]

a

径5.6厘米，高2.2厘米，厚0.3厘米　仓包包出土

图92　月亮湾文化　玉箍形器

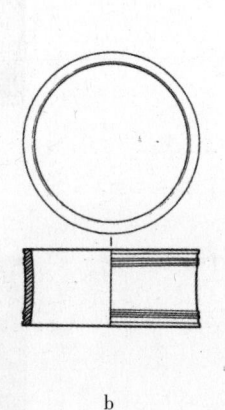

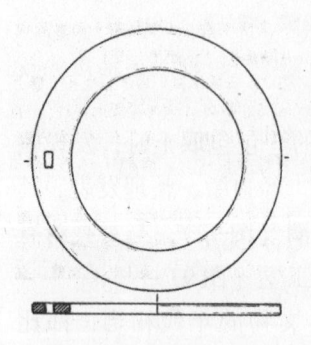

b

径8.8厘米，孔径6.2厘米，厚0.4厘米　仓包包出土

图93　月亮湾文化
大孔玉璧

（K1－284）径7.9厘米，孔径5.4厘米，领高1厘米　三星堆一号坑出土

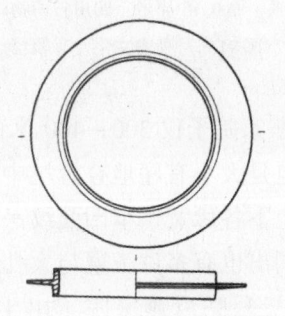

图94　三星堆文化
玉有领璧

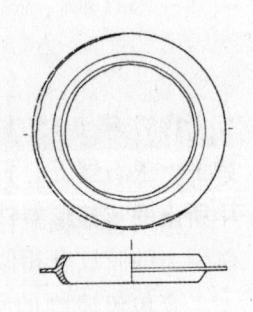

（K1－115）径7.4厘米，孔径4.9厘米，领高1.1厘米　三星堆一号坑出土

图95　三星堆文化
铜有领璧

---

[1] 四川省文物考古研究所：《三星堆祭祀坑》，文物出版社1999年版。
[2] 黄翠梅：《殷墟出土的有领玉环及其相关问题》，《纪念殷墟发掘八十周年学术研讨会论文集》，台湾"中研院"历史语言研究所，待刊。

从三星堆祭祀坑出土玉器质地的特征可知，前述第三种典型华西玉料在蜀地广被采用。图96玉戈、图97有领璧都具有明显的不规则团块（图96、图97），图98玉管玉质坚实细腻，与常见华西玉器的玉质相同。图99是笔者2006年在四川大学博物馆陈列室拍摄两件月亮湾文化牙璋，此二件也是本文图82、图23，明显可知月亮湾牙璋原本玉料的颜色也是深褐近乎灰黑，因埋藏环境而在器表出现蛛网般的白色沁斑。

图100牙璋是笔者服务的台北的故宫博物院藏品。20世纪最后十年大陆文物流散高潮时，台北故宫基于避免重要古物如20世纪前半那样再度大量流失到欧美的考量下，会在能力范围内将重要文物购入。这件牙璋在1994年被送到台北故宫时还散发颇重的土腥味。后来，四川大学林向教授来台参访时也对该牙璋仔细观察鉴定，他怀疑还是当初被燕家重新埋回土内，1956年燕青保将玉器挖出来捐赠归公时，还保留有没被挖出的存货之一（图100）。[1]

图101是笔者在陕西省历史博物馆库房检视戴应新从石峁征集的那批牙璋中的两件，是戴应新1993年发表时的第七号、第十三号璋（右、左），分别长26厘米、29.3厘米，而前者又发表于2013年展览图录中第204页。[2]也是深灰黑色玉料带蛛网般的白沁斑。前文注88已说明石峁系深色玉器已分批被陈光祖、闻广、陈东和检测，确定是闪玉，图51b又可看清石峁玉料内部与表面一致。陕北较干寒，玉质仅微沁或不沁；蜀地湿热，所埋玉器沁色较重。从外观检视，石峁牙璋与月亮湾牙璋在玉质、沁色上十分相似，但是否确实质地相同？甚至是否采用同一个玉矿？则有待地质学者检测分析（图101）。

虽然目前尚未见到有对月亮湾出土玉器做质地鉴定的报告。但观察实物可知，当初被埋藏前并未被涂抹颜料[3]，埋入后也未经火烧，目前月亮湾出土的玉器表面出现的沁斑，单纯是因为埋藏的土质潮湿（或碱性较强？）所产生的自然现象。据闻广教授对古玉白沁的解释是玉质密度降

---

[1] 有关林向教授鉴定一事，笔者发表于拙作1999年。

[2] a. 戴应新：《神木石峁龙山文化玉器探索（一至六）》，《故宫文物月刊》总号125—130，1993年第8期至1994年第1期。b. 中华玉文化中心：《玉魂国魄——玉器·玉文化·夏代中国文明展》，浙江古籍出版社2013年版。

[3] 四川大学博物馆藏二件购入的牙璋，据报道上面有涂朱色颜料。许杰在其2006年论文中论证那两件是当初从市面购入的赝品。见其著《四川广汉月亮湾出土玉石器探析》，《四川文物》2006年第5期。

低，结构变松，造成光线在玉料中产生散射所致。①

但是三星堆的两个祭祀坑出土玉器情况就很复杂。苏永江曾对该批玉器作过科学检测，多件都被订为闪玉。②目前从表面色泽看，除了图96至图98这类"非牙璋类"未产生次生变化，还保持原有色泽纹理的外，但另有很多已产生次生变化的玉器，据苏永江的观察，那些产生严重次生变化的玉器，内部原来都是白色，但表面加涂由蓝、灰等多种颜料配成的一种黑里透红的颜色。③笔者核对资料发现，涂黑色颜料者多为牙璋以及尖端被切出"V"形凹槽的玉戈，可能三星堆先民认为它们等同于牙璋。如果戈尖如图96不切槽者，多保持原色而不加涂黑颜料。

长26.7厘米　三星堆2号坑出土
图96　三星堆文化　玉戈

径17.8厘米　三星堆2号坑出土
图97　三星堆文化　玉有领璧

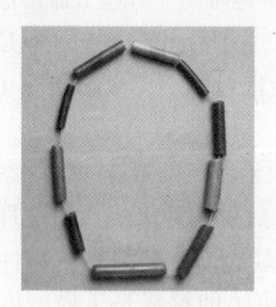

三星堆2号坑出土
图98　三星堆文化　玉管

笔者2006年在四川大学博物馆拍摄
图99　月亮湾文化　牙璋二件

---

①　闻广：《占玉的受沁——古玉丛谈之六》，《故宫文物月刊》1994年第3期，总号132。闻广将古玉白化现象比喻为：冰都是透明的，雪是白而不透明，因为雪比冰的组织松。

②　a. 苏永江：《广汉三星堆出土玉器考古地质学研究》，《四川考古论文集》，文物出版社1996年版。b. 苏永江：《三星堆一号祭祀坑出土玉器残片鉴定报告》，《三星堆祭祀坑》，文物出版社1999年版。

③　苏永江：《广汉三星堆出土玉器考古地质学研究》，《四川考古论文集》，文物出版社1996年版，第85页。

万邦玉帛 / 215

长336.5厘米，宽8厘米，厚0.4厘米　台北故宫博物院藏　引自拙著《古玉新诠》
图100　月亮湾文化　牙璋

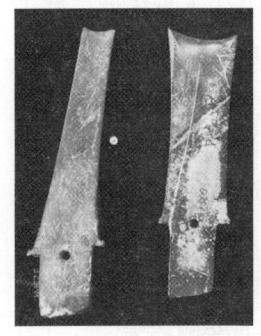

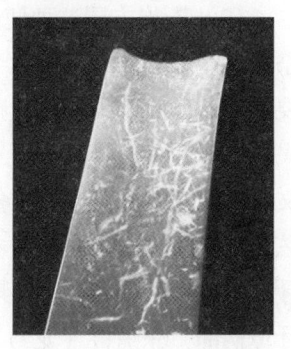

a
b　笔者摄于陕西省博物院库房
图101　石峁文化　牙璋　石峁征集

图102

图103

图104

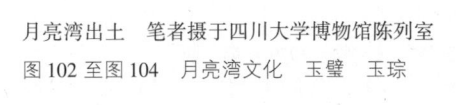

月亮湾出土　笔者摄于四川大学博物馆陈列室
图102至图104　月亮湾文化　玉璧　玉琮

综合玉质特征、器类、形制纹饰的风格，可大致推论以下五点：

（1）陕北石峁方国先民可能从套叠式腕饰发展出有领璧。有领璧与牙璋都常选用深褐、墨绿近乎深灰黑的闪玉制作，这可能是所谓"玄色"。这两种玉器似乎具有某种神秘的内在联系？可能共同作为方国里贵族们社会身份的象征。

（2）石峁方国这种使用牙璋、有领璧的文化，以及常大批掩埋玉器于祭祀坑的习俗，沿着边地半月形传播带传播至蜀地，成为月亮湾文化中重要成分。目前能看到出自燕家院子的可能是其晚期遗存。月亮湾方国的先民仍选择深色玉料制作牙璋与有领璧。有领璧的射部渐高，但仍保留石峁文化时射部口沿微撇，外壁琢弦纹的设计；在此地逐渐发展出璧面琢同心弦纹的新款式，如图87。如果日后发现月亮湾文化早期牙璋时，其柄部扉牙可能是较简单的、萌芽期的"张嘴兽（龙？）头扉牙"，不像文化晚期时牙璋柄部"张嘴兽（龙？）头扉牙"的外张力很强，呈现华丽之美。

（3）牙璋、有领璧组配的特殊文化再沿着边地半月形传播带来云贵高原的滇国，后续再传到了越南、马来半岛。

（4）蜀地在月亮湾文化期仍选择深色近乎黑的闪玉制作牙璋与有领璧。到了三星堆文化时，虽可取得浅色系的第三种典型华西玉料制作有领璧、戈，但无法获得近乎黑色的闪玉制作牙璋，只好就近取材选择如龙溪等地组织较松的白色玉料制作牙璋，完工后再加涂黑色颜料。

（5）月亮湾文化曾出土很多玉石璧，据说从小到大堆叠存放于坑中，最大者可达70厘米。[①] 惜逸散不全。但与之年代相当的仓包包出土的11个尺寸递减的A型璧，经测试确知具有可敲击奏乐的功能。[②] 月亮湾出土石璧直径最大者玉璧则多一二十厘米。四川大学博物馆展出青灰绿色闪玉制作的璧，中孔单面钻凿，外轮廓还留有截方取圆的现象（图102）；黄褐色闪玉制作的琮，四壁平直光素（图103）；这样的璧与琮可能直接来自齐家文化。但也出现刻阴线纹与管钻眼纹，模仿良渚玉琮的作品（图104）。后者相似于山东五莲丹土眼纹玉琮（图106）。

月亮湾文化与三星堆文化之间既有年代的断层，制作玉器在选料上、

[①] 冯汉骥、童恩正：《记广汉出土的玉石器》，《文物》1979年第2期。
[②] 辛晓峰等：《三星堆·金沙·盐亭遗址出土玉石璧音乐声学性能的初步研究》，《音乐探索》2006年第2期。

形制纹饰所呈现的风格，以及埋藏时的习惯等都有明显的差异。二处的文化主人即或有血缘关联，应该也非一脉相承。过去学界将广汉一带各期考古学文化统称作三星堆文化，又分四期，涵跨千余年；导致不熟悉资料者每每误指月亮湾出土玉器为商晚期。笔者建议应清楚分为：宝墩、月亮湾、三星堆、十二桥四个文化期。

（二）华东玉器文化着重"神祖"内涵

新石器时代时，华东的巢湖地区、太湖地区、辽西地区都曾高度发展玉器文化。到了公元前2300年以后，因自然生态的变化，前述地区玉器文化都已没落。只有海岱地区、江汉地区的玉作工艺兴盛，且以玉器为载体，将远古的"神祖"信仰进一步具象化与多样化。

1. 龙山方国

十分特殊的现象是，在太行山以西广被采用的四种玉料，完全不被太行山以东的先民所选用。目前在海岱地区大汶口文化至山东龙山文化时，所用的玉料从外表色泽观察有三种。前二种使用较广：

第一种是斑杂结构明显，无透明感的黄褐色闪玉。五莲丹土征集的一批玉器多为此类，如前文图36玉戚，以及图105玉刀（图105）、图106玉琮（图106）。这也是太湖流域良渚文化的常见玉料，曾经科学分析，确知为闪玉。[①] 苏北的花厅遗址也见使用这种闪玉。[②] 推估玉矿应蕴藏在距离太湖流域及海岱地区不远处。

第二种则是以莹润、微带半透明黄绿色为多（图107、图108以及前文图66、图67），有时也有较深的绿色，甚至夹深绿斑（图109）。王时麒等地质学家目验山东大汶口、陵阳河、大朱村、野店等大汶口文化遗址出土相似色泽玉器，对比岫岩闪玉标本，认为玉料来自辽宁岫岩。[③] 不过最近内蒙古东部赤峰敖汉旗一带也调查出外观与岫岩玉相似的闪玉，不排除也是可以供应玉料的地点之一。

[①] 郑健、闻广曾就张陵山东山、草鞋山出土玉器做过分析，但发表报告时没有将玉器图片随报告公布。干福熹等：《浙江余杭良渚遗址群出土玉器的无损分析研究》，《中国科学：技术科学》第41卷第1期，2011年。此文刊出受检测的古玉彩图。

[②] 南京博物院：《花厅——新石器时代墓地发掘报告》，文物出版社2003年版。彩版一二一-1、一五—2等。

[③] 王时麒、赵朝洪等：《中国岫岩玉》，科学出版社2007年版，第151—153页。

第三类比较特别，目前笔者只在山东昌乐袁家村出土玉器中看到一件玉钺（图110）与一件小而厚的小璧[1]，它们如牛奶般白而纯，细腻有磁光。多年来笔者四处检视出土史前玉器时，很注意查访这种玉料。因为两岸故宫清宫旧藏的多件玉圭就呈现这种色泽质感（图111、图112）。[2]前者是台北故宫一件名品，曾经拉曼光谱检测，确定为闪玉，检测报告已发表。[3]

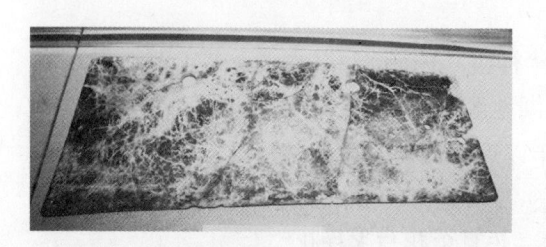

长51厘米，宽22厘米　丹土出土　笔者2008年摄于山东省博物馆展厅中

图105　山东龙山文化早期　玉刀

高3.5厘米，直径7.3厘米，孔径6.6厘米　丹土出土

图106　山东龙山文化早期　玉琮

径9厘米，厚0.53厘米　西朱封出土

图107　山东龙山文化中期　玉环

长10.41厘米，宽7.46—8.09厘米，厚0.71厘米　西朱封出土

图108　山东龙山文化中期　玉钺

---

[1] 2008年7月，承蒙栾丰实教授协助，在山东省文物考古研究所佟伟华先生同意下，得以观摩实物。特此申谢。

[2] 两岸故宫藏品多件，图111藏于台北故宫，发表于拙作《故宫博物院藏新石器时代玉器研究之三——工具、武器及相关的礼器》，《故宫学术季刊》第8卷第1期，1990年。拙作《国立故宫博物院藏新石器时代玉器图录》，1992年，1993—1994年笔者正式撰文《也谈华西系统玉器（一）至（六）》分六期发表于《故宫文物月刊》1993年8月至1994年1月。但在18世纪时，乾隆皇帝命玉工在器表加刻御制诗与玺文，目前绘线图省去御诗与玺文，只表现龙山时期的纹饰。图112在北京故宫典藏号为"故83919"发表于《故宫博物院藏品大系》新石器时代1、图193。器表的红色可能是明清时染色。

[3] 拙作：《故宫八件旧藏玉圭的再思》，《故宫学术季刊》第19卷第2期，2001年，第131页。

万邦玉帛 / 219

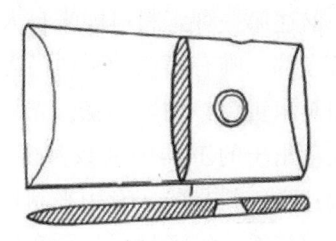

a
b

长17.2厘米，刃宽9.7厘米，厚1.1—1.2厘米　两城镇出土

图109　山东龙山文化中期　玉钺

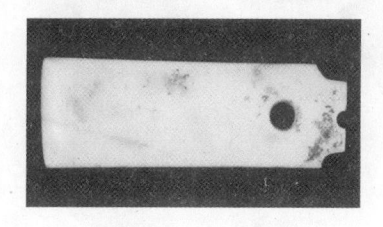

长19.7厘米，宽7厘米，厚1.1厘米　袁家出土

图110　山东龙山文化早期　玉钺

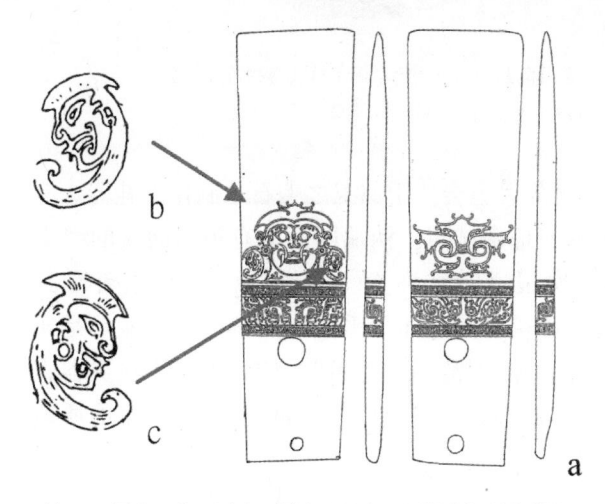

长24.6厘米，宽7厘米，厚1.2厘米（原器表加刻乾隆御制诗及玺文）　b、c分别为中央戴"介字形冠"神祖面纹耳旁的"戴帽披发"神祖

图111　山东龙山文化晚期　神祖面纹玉圭

长13.9厘米，宽4.1厘米，厚1.1厘米，加刻乾隆御制诗

图112　山东龙山文化　玉圭

前述第一种玉料可能来自太湖流域，第二种玉料可能来自辽宁岫岩或内蒙东部。唯有第三种玉料尚需地质学家予以关注及调查研究。因为这种乳白至米黄色，均匀细腻，光泽或似丝绢，或似瓷器的闪玉，在商代中晚期大墓出土的玉器中为数甚多。荆志淳检测安阳花园庄 M54 出土玉器，认为这类玉料是殷人专用来制作与祭祀、礼仪、葬礼有关的玉器。① 商族属东夷族系，笔者怀疑是否在商族得天下后，还可继续从他们的老家山东昌乐袁家附近去获取玉料；是否如此呢？有待日后深入研究。

目验外径约 16 厘米　莒县陵阳河出土　笔者摄于莒县博物馆陈列室
图113　大汶口文化晚期　玉璧

此外，此一时段海岱地区先民也会使用似玉之美石来制作玉礼器。前文图26 出土于龙山文化中期遗址两城镇，柄端两面刻有神祖面纹的"玉圭"，因是偏锋刃，故第一次报道时被称为"石锛"②。虽报道者称其"已脱离实用的范畴"，但笔者观察其刃部几乎全布满小破碴，显然是实用的工具；柄端所刻面纹的阴线周围甚多"毛道"，应是雕者手执尖器直接刻画花纹，因常滑刀才留下的痕迹；从这些现象推测图26 玉圭的质地应非闪玉。还有待科学检测。③

---

① 荆志淳：《M54 出土玉器的地质考古学研究》，中国社会科学院考古研究所编著《安阳殷墟花园庄东地商代墓葬》，科学出版社 2002 年版，第 380 页。
② 刘敦愿：《记两城镇遗址发现的两件石器》，《考古》1972 年第 4 期。
③ 朱乃诚注意此器柄端雕纹后又被切割，其面纹的最下方被削去一小截。见其著《关于夏时期玉圭的若干问题》，杨晶执行主编《玉魂国魄——中国古代玉器与传统文化学术讨论会文集（六）》，浙江古籍出版社 2014 年版。

海岱地区先民选用的三种闪玉所制作的玉兵均不够薄锐坚韧，在征战时杀伤力不足。这是为何无法大量制作以征伐为目的的牙璋之故。如图105长达51厘米的大玉刀，就不宜做得太窄，才有足够的力度执行"切割"的任务，虽可能只是在祭典中"切割"祭品分赏族人。①

燕生东教授将山东境内史前玉器资料作了翔实的整理，他认为在大汶口文化晚期后段（公元前2600—前2300）之前，海岱地区的玉作受到周边文化，如：薛家岗、良渚、红山等文化的影响，到了大汶口文化晚期后段，海岱地区开始发展自己的玉作。② 其中以靠南方的丹土—两城镇，泰沂山地以北的袁家—西朱封是最蓬勃的两个玉作中心。③ 丹土是一个跨大汶口文化晚期至龙山文化早期大规模的遗址，早年被破坏，部分玉器归入山东省博物馆。④ 其他存于五莲博物馆。据不完全统计，丹土墓葬共出土30余件玉器，属龙山文化早期的约10件，器类有：钺、刀、牙璧、环（图37）、条形鸟首形饰。据称鸟首形饰与直径达22.5厘米的牙璧同出⑤（图114、图115）。

两城镇是一个龙山中期的大遗址，发掘工作开始得早，近日又恢复⑥，前后共出土玉器近20件，有钺（图109）、雕神祖面纹玉圭（图26）、刀、刻刀（治玉工具）、牙璧等。山东中部的昌乐袁家是龙山早期墓地，在发掘前已遭严重盗掘，共发掘三座墓，加之被破坏的墓葬有10座左右，发掘和收集的玉器有钺3件（图110）、瑗2件、方形饰4件。⑦ 距离袁家仅20公里的临朐西

---

① 图105大玉刀刃部确实不少使用造成的破碴，有些出版品上登录图105大刀的厚度0.1厘米—0.3厘米，笔者怀疑未量到器身较厚之处。

② 依据燕生东等：《丹土与两城镇玉器研究——兼论山东地区史前玉器的几个问题》，山东大学东方考古研究中心《东方考古》第3集，科学出版社2006年版。

③ 同上注。燕生东教授认为山东境内龙山时期的玉作中心可能有三处，第三处是沂南罗圈峪和临沂大范庄。但笔者曾前往临沂博物馆和沂南文管会仔细检视出土牙璋及其他玉石器，认为所用玉料应非闪玉。

④ 杨波：《山东五莲县丹土遗址出土玉器》，《故宫文物月刊》第14卷第2期，总号158，1996年。

⑤ 此牙璧所报道的尺寸，除了外径22.5厘米外，"孔径17.2，厚0.5厘米"均需核实。从已公布的正面图版可计算其孔径约7.2厘米。0.3厘米可能也非此件最厚实之处的厚度。

⑥ a. 刘敦愿：《记两城镇遗址发现的两件石器》，《考古》1972年第4期；《有关日照两城镇玉坑玉器的资料》，《考古》1988年第2期。b. 日照市图书馆、临沂地区文管会：《山东日照龙山文化遗址调查》，《考古》1986年第4期。

⑦ a. 魏成敏：《昌乐县袁家龙山文化墓地》，《中国考古学年鉴1999》，文物出版社2001年版。b. 李学训、郑秀云：《昌乐县袁家庄龙山文化玉器墓》，潍坊市文博学会编《文博研究》第一辑，潍坊新闻出版局2000年版。

朱封发掘了三座龙山中期晚段的大墓①，出土与征集的玉器有：钺、刀、矛、大孔璧、环、牙璧（图38）、管、笄（图47）、冠状饰（图46）等约18件。②一部分彩图发表于1998年的《东亚玉器》及2013年的《玉魂国魄——玉器·玉文化·夏代中国文明展》。③

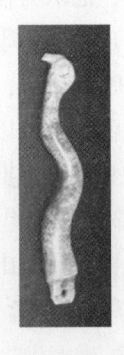

图114　鸟首形饰　丹土出土

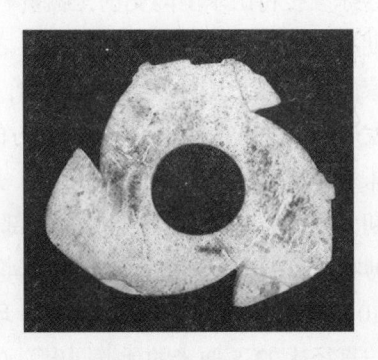

图115　大牙璧　外径22.5厘米　丹土出土

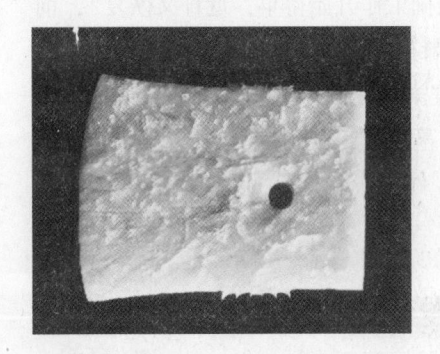

长10.5厘米，宽7.9厘米，厚0.4厘米　哈佛大学　温索普收藏
图116　山东龙山文化　玉戚

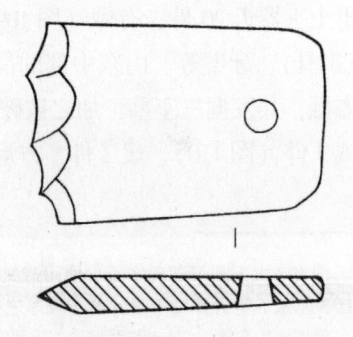

图117　山东龙山文化　齿状弧刃玉钺　西朱封出土

---

① a.《临朐县西朱封龙山文化重椁墓的清理》，《海岱考古》第一辑，山东大学出版社1989年版。b. 中国社会科学院考古研究所山东工作队：《山东临朐朱封龙山文化墓葬》，《考古》1990年第7期。c. 韩榕：《临朐朱封龙山文化墓葬出土玉器及相关问题》，邓聪主编《东亚玉器》，中国考古学艺术研究中心1998年版。

② 燕生东教授在论文中称大孔璧、牙璧、笄为"瑗""璇玑""簪"。

③ a. 韩榕：《临朐朱封龙山文化墓葬出土玉器及相关问题》，邓聪主编《东亚玉器》，中国考古学艺术研究中心1998年版。b. 中华玉文化中心：《玉魂国魄——玉器·玉文化·夏代中国文明展》，浙江古籍出版社2013年版，第193、220、221页。

经检视海岱地区出土史前玉器，以及其他地区出土的典型史前海岱风格玉器（如石峁出土，图66、图67），以及传世器、可靠的流散品，可从五点归纳海岱地区史前玉器的大致面貌：

（1）从玉质、形制、工艺特征可知，出土于邹城野店等大汶口文化中晚期遗址中的小件玉饰，如：小璧、连璧、牙璧等，的确有相当比例可能直接来自东北。① 但笔者需提醒的是，牙璧可能来自辽东半岛小珠山文化，但小璧、连璧可能都是松黑地区的史前玉器，通过贸易等因素传播至辽西、辽东、海岱地区。② 到龙山时期，海岱地区才发展出具本土风格的牙璧，器面宽大并加饰扉牙（图38、图115）。

（2）大汶口文化中晚期（前3200—前2300）墓葬中，常见将孔缘较厚、周边较薄的大孔玉璧戴于手腕（图113）。是否与辽西的小河沿文化（前3000—前2500）有关？尚待研究。图106应是海岱先民对良渚玉琮的仿制，功能不详。总之，大汶口文化时的璧与琮并无组配现象，龙山中晚期遗址中未见有璧与琮。

（3）海岱地区龙山时期完成中国上古时期阳阴二元神祖形象。前文已介绍过的戴"介字形冠"的正面神祖（图26、图46），以及戴帽的侧面神祖（图47）。台北故宫藏一件丹土风格大玉戚，色泽质感相似于图105的大玉刀③，当刃端向上时，左右两侧边各用阴线刻绘一件侧面带有身躯的神祖像，帽檐、额、鼻、嘴、颏的起伏就构成器边的扉牙。发表于笔者1998年两篇论文中。④ 该玉戚入藏后，笔者前往太原检视黎城出土

---

① 燕生东教授也如此认为，依据燕生东等《丹土与两城镇玉器研究——兼论山东地区史前玉器的几个问题》，山东大学东方考古研究中心《东方考古》第3集，科学出版社2006年版。但他没有将来自东北地区的各类小玉饰再区分其原做地。

② 笔者从玉雕工艺的发展角度将史前东北地区的玉雕分为二阶段：公元前6000—公元前4000年以及公元前4000—公元前2500年。前一阶段的钻孔技术之一为"盘形孔钻法"，制作的圆孔周围有相当宽的斜面。红山文化晚期在牛河梁地区玉雕工艺水准提升很高，但牛河梁及附近的胡头沟等红山文化遗址出土的小璧、连璧等，仍呈现古拙技法，很可能这类玉饰直接来自松黑地区。拙作：《故宫最古老的玉器群》，《故宫文物月刊》第23卷第5期，总号269，2005年。拙作：《红山古玉的工艺之美》，《故宫文物月刊》第23卷第6期，总号270，2005年。

③ 1996年春我曾就这件尚未入藏的断接玉戚请教严文明教授，他立刻判断与五莲丹土有关，并认为应是很高级的大墓才可能有这种级别的大玉戚。图36玉戚、图105玉刀、图106玉琮、图115牙璧这四件的玉料也相似，只是表面多沁白。

④ 拙作：《雕有神祖面纹与相关纹饰的有刃玉器》，山东大学考古学系编《刘敦愿先生纪念文集》，山东大学出版社1998年版。黑白图片发表于1998年11月出版的《东亚玉器》第Ⅰ本，第54页。

玉戚并手绘图像时，才发现在这种戴帽披发神祖脸颊上都刻有一道"S"线纹。①

（4）前文已说明海岱先民先将"介字形冠"加到端刃玉兵、玉环及牙璧上（图36至图38）。再进一步从冠沿、鸟翼等发展出"对称四尖扉牙"、"对称六尖扉牙"等。雕有这种扉牙的牙璧虽然还没在山东境内出土，但在其他龙山至夏时期遗址中出土甚多，由于海岱地区玉器常用特别莹秀温润的黄绿色闪玉，所以如图66、图67等牙璧虽征集自陕北神木石峁，但都被公认来自海岱地区。② 因为西朱封已是龙山中期后段遗址，从扉牙的发生、发展顺序分析，图66、图67以及类似的牙璧，应是山东龙山文化晚期的作品。哈佛大学温索普收藏图116玉戚，其尺寸、玉质、扉牙等特征等都符合于典型山东龙山文化风格，刃线微弧造成上下二角微张的特征，大汶口文化时期的玉石钺也已见端倪。③ 此件虽系20世纪前半期的流散品，但很可能是山东龙山文化晚期的遗物。

学者们多认为二里头文化玉器上的"扉牙"及"齿状弧刃"两个特征应是来自海岱地区。④ 图117即是采集自西朱封的"齿状弧刃玉钺"，匀净温润的青绿泛黄闪玉，器身厚实、齿刃上仍见小伤缺，惜未发表彩图。⑤ 二里头文化以降，以中原为核心的夏、商、周三代王朝，海岱式扉牙流行在各类玉器上。

（5）玉钺、玉戚、玉圭、牙璧是山东龙山文化主要的玉礼器。比例窄长、刃线平直的梯形端刃器，既可加装木柄用作兵器，亦可不装木柄用手

---

① 承蒙山西省考古所陶正刚所长及山西省博物馆保管部李勇主任（现任副院长）协助安排，笔者1997年10月在"晋陕豫三省玉器联展"最后一天前往参观，次日展品拆下后能仔细检视黎城玉戚的两面并手绘图像。特此申谢。

② 并非所有牙璧都是山东龙山文化遗物。笔者发现石峁或其他华西地区的龙山至夏时期遗存中，还有不少用华西玉璧改制的牙璧，有的也加饰扉牙；稍晚甚至用有领璧改制牙璧。但从玉质、器形纹饰细部都可分辨。

③ 依据燕生东等：《丹土与两城镇玉器研究——兼论山东地区史前玉器的几个问题》，山东大学东方考古研究中心《东方考古》第3集，科学出版社2006年版，图2。

④ a. 邵望平、高广仁：《从海岱系玉礼器的特征看三代礼制的多源一统性》，浙江省文物考古研究所编《浙江省文物考古研究所学刊·第六辑》，九州出版社2004年版。b. 栾丰实：《二里头遗址出土玉礼器中的东方因素》，《中原地区文明化进程学术研讨会文集》，科学出版社2006年版。

⑤ 山东省文物考古研究所等：《山东临朐县史前遗址普查简报》，《海岱考古》（第一辑），山东大学出版社1989年版，第205页。

捧持，作为象征身份的礼瑞器。用作礼器时应称之为"圭"①。加雕神祖面纹者品级最高。图26 两城镇玉圭属龙山中期，图111、图118 清宫旧藏者质地为坚韧的闪玉（图118），却用高难度的阳纹技法，将"戴冠神祖"正面像雕在器表主要部位，将"戴帽神祖"侧面像琢于较次要的部位。按照纹饰发展规律，图111、图118 两件传世玉圭很可能是龙山晚期的作品。②综合前述有成熟扉牙的牙璧（图66、图67）与玉戚（图116），考古学家们应努力寻找山东龙山文化晚期的高规格遗址以证实笔者的推测。

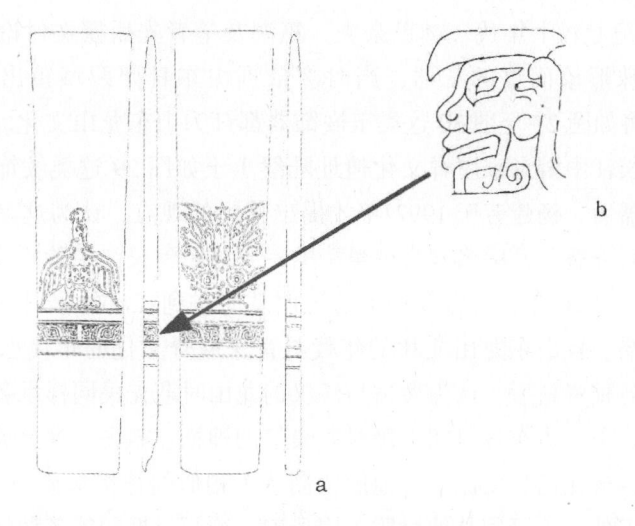

长30.7厘米，宽7.2厘米，厚1.05厘米　台北故宫博物院藏　b 为玉圭窄边浮雕"戴帽披发"神祖

图118　山东龙山文化晚期　鹰纹玉圭

---

① 新石器时代晚末期，用玉制作的长梯形端刃器，依装柄方向不同，可用作斧、钺、铲，多为平直刃线。但在祭典上常不装木柄，刃端向上地以手握执，作为参与祭祀者身份的表征，在礼制上称作"圭"。新石器时代至夏商，玉圭刃部主要是直刃，可称为"平首圭"。周人克商后，周人主要用玉戈为玉圭，遂发展出尖首玉圭。笔者1977年《圭璧考》（《故宫季刊》第11卷第3期）首先提出玉圭的两阶段差异。在此原则下，凌家滩、陶寺等遗址出土外观颇相似于汉代玉圭的玉器，是否应称作"圭"？笔者持保留态度。

② 图111、图118 均藏于台北故宫，发表于拙作《故宫博物院藏新石器时代玉器研究之三——工具、武器及相关的礼器》，《故宫学术季刊》第8卷第1期，1990年。1992年出版的拙作《国立故宫博物院藏新石器时代玉器图录》，1993—1994年笔者正式撰文《也谈华西系统玉器（一）至（六）》分六期发表于《故宫文物月刊》1993年8月至1994年1月。但在18世纪时，乾隆皇帝命玉工在器表加刻御制诗与玺文，目前线绘图省去诗与玺文，只表现龙山时期的纹饰。

2. 江汉地区的肖家屋脊方国

长江中游石家河文化原承袭本地的屈家岭文化发展而成，到了所谓石家河文化晚期，文化面貌发生很大的变化，在陶器及墓葬形态、生活居址等显现受到来自黄河中游王湾三期文化影响至巨，所以有学者主张将石家河文化晚期改称为"后石家河文化"，也有学者主张称作"肖家屋脊文化"①。此处所谓文化面貌的巨变之一，就是肖家屋脊文化时出现很多风格一致的玉雕。但是这些玉雕目前在黄河中游的王湾三期文化中还找不到任何本土萌芽的迹象。

20世纪七八十年代，林巳奈夫、巫鸿及笔者先后撰文讨论海外流散的雕有特殊形象面纹的玉器，当时多依据山东日照两城镇出土的玉圭（图26）将如图27至图30这类玉嵌饰器都订为山东龙山文化。② 直到80年代末，长江中游肖家屋脊文化遗址陆续出土如图29这类纹饰的玉嵌饰器、佩饰器后，杨建芳于1992年才提出移民的观点，认为这是东夷族被蚩尤战败后分裂，其中名号为少昊挚的一支移民到长江中游的结果。③

但是经过20年，考古发掘无法证明从海岱到江汉的移民与其间玉雕文化的传播。且山东龙山文化的年代与肖家屋脊文化的年代也差不多。④笔者检视各种资料后，认为海岱与江汉的龙山时期先民同样承袭从新石器时代中期以来，华东各时期先民对所崇信的神祇、祖先、神灵动物形象的描述元素，或在信息交流下，他们也创造了相似的神祖形象。⑤ 当时可能除了用美玉外，也可用其他材质，用雕刻、绘画、捏塑等各种技术去表现神祖形象，但贵重稀有且不朽的美玉总为高级贵族所垄断，且能不朽地保留到后世。

---

① 孟华平主张称为后石家河文化，何驽主张称为肖家屋脊文化。参见何驽《试论肖家屋脊文化及其相关问题》，《三代考古》（二），2006年。

② a. [日] 林巳奈夫：《先殷式の玉器文化》，《东京国立博物馆美术志》第334号，1979年。b. 巫鸿：《一组早期的玉石雕刻》，《美术研究》1979年第1期。c. 巫鸿，Bird Motif in Eastern Yi Art, *Orientations*, October, 1985. d. 拙作：《古代玉器上奇异纹饰的研究》，《故宫学术季刊》第4卷第1期，1986年。

③ 杨建芳：《石家河文化玉器及其相关问题》，《中华民国建国八十周年学术会议论文集》，台北故宫博物院，1992年。

④ 按照最新标准，二考古学文化的年代都是：约公元前2300—前1800年。下限还可能再延后。

⑤ 拙作：《新石器时代神祖面纹研究》，杨晶、蒋卫东执行主编《玉魂国魄——中国古代玉器与传统文化学术讨论会文集（五）》，中华玉文化特刊，浙江古籍出版社2012年版。

张绪球整理两湖地区出土肖家屋脊文化玉器，资料周详，论证严谨。在他收集的406件玉器中，他自己就说明部分并非这类文化的遗物，如汪家场出土的牙璋二件。① 而笔者也同意何驽的观点，应该将湖南澧县孙家岗分离出去。② 排除孙家岗后，在湖北境内四批墓葬出土玉器中，有六件璧（罗家柏岭5件、枣林岗1件）、二件残琮（均出自枣林岗）③，均出自瓮棺。事实上枣林岗出土的所谓"璧"、"琮"，均残存小片或小角。④ 罗家柏岭出土五件璧也多残破，已公布并展出于湖北省博物馆的是其中最大的一件，径达21厘米⑤，（图119）笔者仔细观察实物，确知其质地并非闪玉。综上所论，笔者认为肖家屋脊文化里可能并无真正的璧琮玉礼制。

肖家屋脊文化中玉礼制的核心内涵应是"戴冠神祖"与"戴帽神祖"嵌饰器与佩饰器。"介字形冠"以及左右平伸出的"鸟翼"是"戴冠神祖"神祖的必要元素，它们也常戴珥、咧嘴吐獠牙，如前文图27至图31。⑥ 图120出土于六合遗址，五官部分已简化，但具有神性的"介字形冠"与平展鸟翼仍雕琢得相当端正（图120）。

图121这件嵌饰器与前文所介绍的图30嵌饰器同出于陶寺中期大墓IIM22壁龛的漆箱中，二者玉质、尺寸、形制完全相同，经研究确知这两片本是由一件平剖为二，在未剖切前，正反两面分别用阳纹、阴纹雕琢结构相似的纹饰，所以剖切后的二器，各有一面保留原本纹饰与光泽，剖切面的抛光则稍逊。从玉质、形制与纹饰分析，它本是肖家屋脊文化的玉神祖纹嵌饰器，或因战争等因素被带到黄河中游的陶寺方国，陶寺的贵族就

---

① 张绪球：《石家河文化玉器的发现和研究概述》，《石家河文化玉器》，文物出版社2008年版。
② 何驽：《试论肖家屋脊文化及其相关问题》，《三代考古》（二），2006年。
③ 湖南安乡度家岗玉琮被何介均归入石家河文化，见何介钧《湖南史前玉器》，邓聪主编《东亚玉器》，香港中文大学，1998年。其实该遗址并无其他典型肖家屋脊文化玉器出现，笔者认为应暂时将度家岗玉琮搁置不论。
④ 湖北省荆州博物馆编：《枣林岗与堆金台》，科学出版社1999年版。
⑤ a. 石龙过江水库指挥部文物工作队：《湖北京山、天门考古发掘简报》，《考古通讯》1956年第3期。b. 湖北省文物考古研究所等：《湖北石家河罗家柏岭新石器时代遗址》，《考古学报》1994年第2期。
⑥ 前文已解释，原本戴于图29神祖头顶的"介字形冠"，是用插榫插入图29头顶凹槽，惜已遗失。

将之平剖为二，当作一般的饰品了（图121）。①

除了神祖面纹玉雕像外，肖家屋脊文化中流行虎、蝉、鹰、凤等动物主题玉雕，但都被赋予特殊的神性，所以虎、蝉也戴着"介字形冠"，（图122、图123）立雕的展翼鹰鸟，整体就构成了"介字形"（图124）。即或双翼叠合于背的鹰纹笄，鸟背上还常用阳纹勾勒抽象的戴着"介字形冠"的神祖。就好像鹰鸟背负着神祖一般（图125）。图126、图127则是凤鸟造形的玉饰。根据此，河南安阳妇好墓出土的玉凤从风格上被认为是肖家屋脊文化玉雕，留传后世成了妇好将军的收藏。②

迄今江汉地区并未发现玉矿，而肖家屋脊文化的神祖面纹嵌饰器、佩饰器多用莹秀温润的黄绿色闪玉制作，玉料色泽外观与辽宁岫岩闪玉相似。迄今无法确知其玉料来源？或因为美丽莹秀的闪玉都要从遥远的岫岩运送到江汉地区，所以这里真正用闪玉制作的玉器，体积都很小。除了极少的例外，神祖面纹嵌饰器或佩饰器的尺寸多小于10厘米。③细长形的鹰纹笄也多在10厘米之内，少数可长达15厘米。

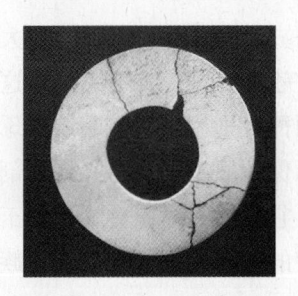

径14.5厘米，孔径6.3厘米，厚0.2—0.7厘米　罗家柏岭出土

图119　肖家屋脊文化　玉璧

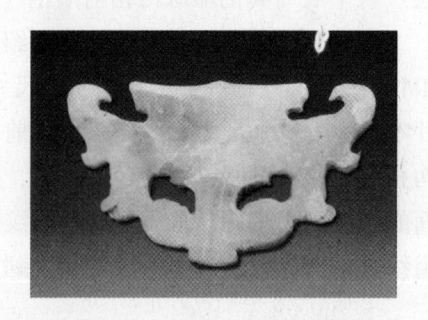

长2.5厘米，宽4.1厘米，厚0.5厘米　六合出土

图120　肖家屋脊文化　玉神祖面嵌饰器

---

① 二片中琢阳纹者（本文图30）存于中国社会科学院考古研究所，琢阴纹者（本文图121）存于山西省考古研究院。笔者曾申请看琢阳纹者，确知其背面是抛光较差的剖切平面。有关细节部分，承蒙何驽研究员告知，特此申谢。

② 中国社会科学院考古研究所：《殷墟妇好墓》，文物出版社1980年版。彩版三二—3。

③ 拙作：《新石器时代神祖面纹研究》，杨晶、蒋卫东执行主编《玉魂国魄——中国古代玉器与传统文化学术讨论会文集（五）》，中华玉文化特刊，浙江古籍出版社2012年版，统计目前已知肖家屋脊文化玉神祖像50多件，超过10厘米的有：上海博物馆玉神祖立像、巴黎西努齐博物馆侧身玉神祖、华盛顿赛克勒博物馆藏抽象玉神祖。

万邦玉帛 / 229

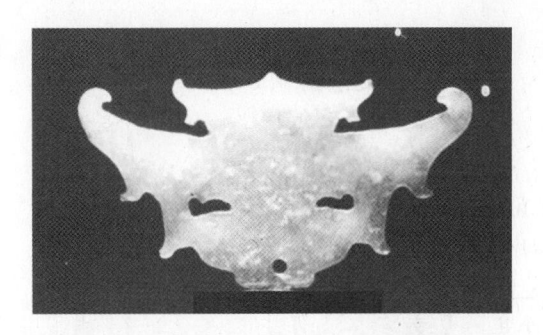

高3.4厘米，宽6.4厘米，厚0.2厘米　陶寺出土（曾被剖成二片，此为刻阴纹的背面）
　　图121　肖家屋脊文化　玉神祖面嵌饰器

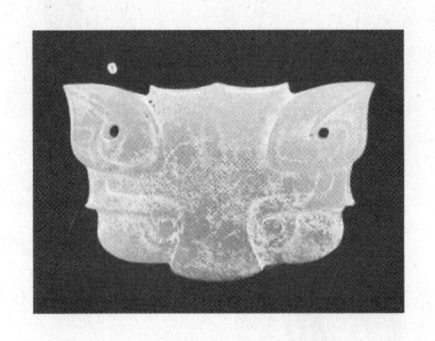

高2.2厘米，宽3.5厘米，厚0.4厘米　肖家屋脊出土

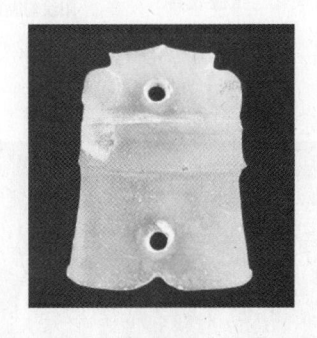

图122　肖家屋脊文化　玉虎头

高2.5厘米，宽2厘米，厚0.25厘米　肖家屋脊出土

图123　肖家屋脊文化　蝉形玉饰

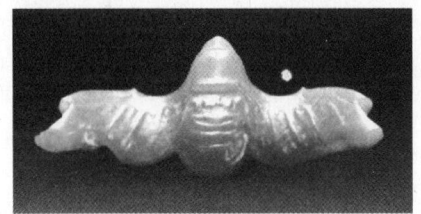

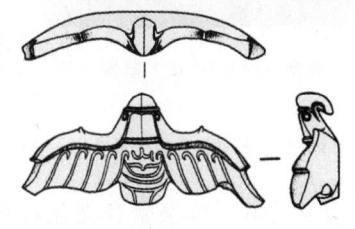

高1.9厘米，宽4.2厘米，厚0.5厘米　肖家屋脊出土
　　图124　肖家屋脊文化　玉鹰

230 / 夏商都邑与文化(二)

高 2.2 厘米，宽 3.5 厘米，厚 0.4 厘米 a 侧面照片 b 背面线图 c 背面线图局部 小屯 M331 出土
图 125 肖家屋脊文化 玉鹰纹笄

反转观之，鸟背用阳纹勾勒戴冠神祖

径 4.7 厘米，厚 0.6—0.7 厘米 罗家柏岭出土
图 126 肖家屋脊文化 玉凤

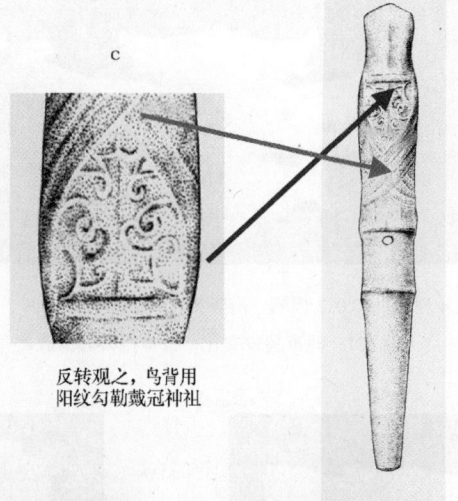

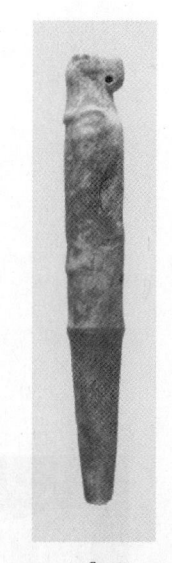

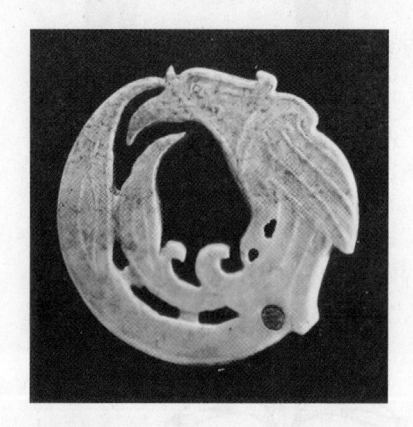

a 照片 b 线图（林巳奈夫绘）残长 7 厘米，宽 2.2 厘米，厚 0.7 厘米 罗家柏岭出土
图 127 肖家屋脊文化 凤鸟玉饰

前文已解释肖家屋脊文化神祖面纹嵌饰器是夏商周三代柄形器的祖型。（图 31 至图 33）肖家屋脊文化的鹰纹笄（图 125）造型似"鸟立高柱"，源于远古华东地区的"玄鸟信仰"。当鹰纹笄直插于宗教人物头顶冠帽或发髻内，再以细杆穿过鹰纹笄中段的小圆穿以固定于冠帽或发髻上，就像"玄鸟"站在宗教人物头顶，加持巫觋通神的法力。"玄鸟"母题在西周时与柄形器再度结合，甚至轮廓上装饰海岱式扉牙，用作西周重要的玉礼器（图 126、图 127）。

五　玉礼器所见的中原与周边方国

检视过六个方国的用玉梗概，暂可勾勒出"公元前2300—前1600年六个方国的代表性玉礼器"（地图2）：

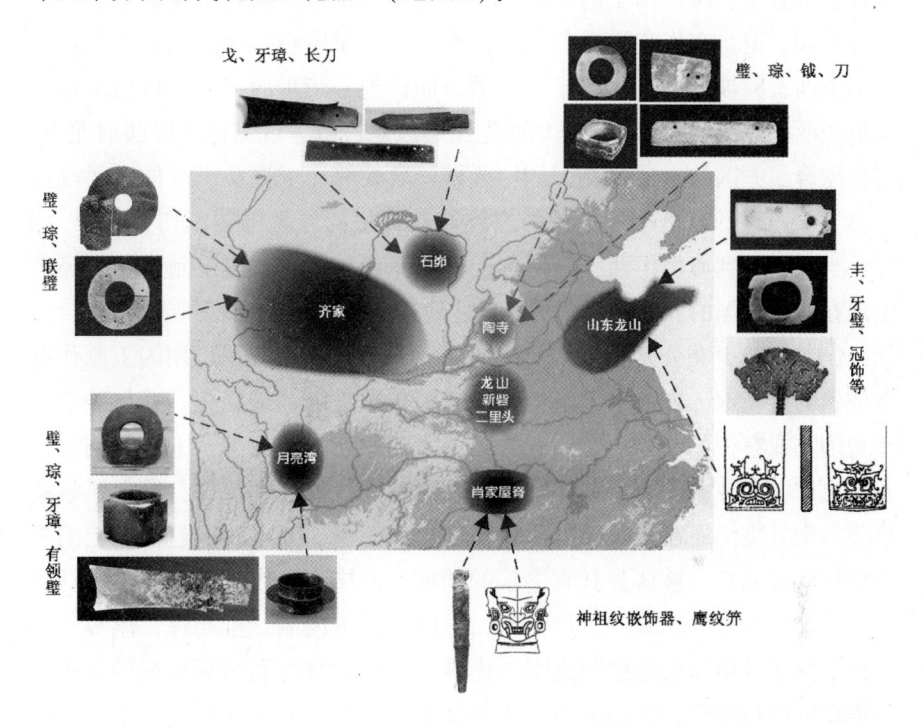

地图2　公元前2300—前1600年六个方国的代表性玉礼器

了解了周边各方国的代表性玉礼器，再检视中原夏王朝的玉礼器，才能掌握住夏族的文化底蕴。本节从玉料、器类的组合关系与使用方式、纹饰特征等，分项深入探索：

第一，从玉料看，华西、华东明显对峙。虽然每个地区都有用大理石、蛇纹石等美石制作所谓"玉器"的现象①，但还是有很多使用坚韧的"闪玉"制作的玉器，越是高规格的墓葬，随葬玉器的质地越多真正的优质闪玉。华西有四种闪玉，华东有三种闪玉，这七种闪玉从外观上就可清楚分

---

① 璧、琮、连璧、牙璧、多璜联璧、柄形器等，在器类上就专属玉礼器或玉饰，即或用似玉之美石或一般石料制作，还应被视为"玉器"。

辨；在当时闪玉显然是重要的稀有资源，是被统治者垄断的。华西地区虽然面积广，但除了第四种墨玉可能被石峁方国垄断外，其他三种玉料似为四个方国（石峁、齐家、陶寺、月亮湾）可共享的玉料；不过越靠近陕甘宁交界的六盘山地区，越多大体积的闪玉作品。距离该处较远的陶寺方国玉料获得较难，所以出土的多璜联璧常是杂凑而成，每片玉璜的玉料、尺寸多不同。但是在华东的两个方国（龙山、肖家屋脊）中，完全不见任何一种华西玉料被用来制作本土的玉器。同样地，华东的三种玉料似乎也从未被华西先民获取采用。但是华西先民可以通过战争或其他手段获取龙山、肖家屋脊二方国的玉器成品，如：牙璧、鹰纹笄、玉虎头、玉神祖面纹嵌饰器等，还毫不吝惜地将完美的鹰纹笄与神祖面纹嵌饰器剖切处理。① 因此，当我们看到典型华西玉料制作的典型华西玉器，如黑玉制作的牙璋等出现在龙山方国的司马台时，也应理性地知道它们来自遥远的异乡。

第二，至少在公元前2300年时，华西齐家方国的先民已用闪玉制作造形成熟的璧与琮，在墓葬或祭祀坑中以同等数量随葬或祭祀。璧与琮组配作为随葬或祭祀的礼器，在齐家方国盛世时很常见。此外，玉璧的用途比玉琮更广，在齐家房址、陶寺宫殿遗址中都陈设或瘗埋玉璧，肯定属祭祷行为。陶寺先民还在特殊的彩陶罐口部放置玉璧。喇家和仓包包出土的玉石璧都已经测音，被认为具有奏乐的功能，不排除用作特殊祭典上的礼乐器。从出土资料看，陶寺、月亮湾二方国都还继续制作璧与琮，但看不出在此二国中，璧与琮是组配使用的礼器。从喇家M17墓口栽立造形端正的三璜联璧的现象看，在齐家方国中多璜联璧显然具有神圣的礼器地位。宁夏至陕北的多璜联璧虽不一定制作规整，但常体大厚重，显然也不可能当作人体饰品，所以，黄河上中游的玉礼器中应有多璜联璧。

第三，事实上，夹在华东良渚系、华西齐家系这两大支"璧—琮"组配礼制特别兴盛的方国之间的各地区，约自公元前第四、第三千纪之交，许多地方都出现用"肉"甚宽的大孔璧当手镯戴的现象。② 如：辽西的小河沿文化③、

---

① 肖家屋脊文化玉雕神祖面纹嵌饰器被陶寺先民剖切，见本文图30、图121。石峁征集品中有一件被剖切，只剩半个肖家屋脊鹰纹笄。见中华玉文化中心《玉魂国魄——玉器·玉文化·夏代中国文明展》，浙江古籍出版社2013年版，第221页。

② 崧泽文化及良渚文化中期以前，常见墓主手腕戴的玉镯就像大孔璧，但"肉"多窄。

③ 辽宁省文物考古研究所等编著：《大南沟——后红山文化墓地发掘报告》，科学出版社1998年版。

海岱的大汶口文化①、江汉的屈家岭文化等地②，许多考古报告称这种大孔璧为"瑗"。据笔者走访各博物馆、考古所观察实物可知，这些大孔璧的质地只有极少数是闪玉，多半都是大理岩、蛇纹岩等美石。随着社会阶层化，大孔璧的"肉"部逐渐加宽，闪玉的比例也提升。如前文图113、图107等。且将玉璧、牙璧、有领璧、铜齿轮形器、铜箍形器等，随意组合套叠地戴在手腕上（图19、图78、图79、图128）。另一个变化就是大孔璧的肉部剖面逐渐变成内厚外薄状，孔壁磨光，好让戴者感到平滑舒适。有学者指出这种需求或是有领璧出现的因素之一③，最初有领璧的领不高，但领的外壁多加阴刻弦纹一周，如司马台出土那件黑玉制作的有领璧（图19、图80a，b）这或可增加摩擦力，让套戴在其上下方的石、蚌、骨、铜等质地的手环比较固定④，随着社会越来越阶层化，为显示自身的地位与财富，有领璧的领越做越高，肉的面积越做越宽。图129、图130分别是大英博物馆与台北故宫藏品，前者领很高、后者"肉"很宽，但还以二三道较凸的弦纹将高领器表分成三四个宽带，又将最靠近璧面的宽带器表浅浮雕密密的弦纹，其目的或许为了止滑，好让套叠在有领璧上、下的它类手镯能固定于该宽带内。笔者曾将图130有领璧试套在自己的手腕，确实可以顺利套上脱下（图129、图130）。

山西芮城清凉寺出土
图128　山西龙山文化
多个玉石璧套叠做腕饰

高11.5厘米　大英博物馆藏　a 全器　b 局部
图129　龙山末期至夏时期　有领璧

---

① 山东省文物管理处等编：《大汶口——新石器时代墓葬发掘报告》，文物出版社1974年版。山东省考古所等：《山东莒县陵阳河大汶口文化墓葬发掘简报》，《文物》2000年第12期。

② 湖北黄冈螺师山屈家岭文化墓葬，此份资料似乎不见出版，但实物展出于湖北省博物馆。

③ 朱乃诚：《时代巅峰，冰山一角——夏时期玉器一瞥》，中华玉文化中心《玉魂国魄——玉器·玉文化·夏代中国文明展》，浙江古籍出版社2013年版。

④ 是否会用某种黏着剂？有待研究。

高9.8厘米，径22厘米　台北故宫博物院藏　a 全器　b 局部
图130　龙山末期至夏时期　有领璧
（图引自拙著《古玉新论》）

第四，但是前述四种玉器：璧、琮、多璜联璧、有领璧虽然广存于与夏王朝并行的其他方国中，称霸中原的夏族对之兴趣缺乏。我们见到以新砦、二里头为代表的夏族文化遗存中，作为高级贵族礼仪用玉器，除了柄形器之外，都是带刃兵器。郝炎峰将二里头文化遗址出土玉器做了详尽的收集整理，并制作了一个一目了然的长表。[①] 虽然出土的部分玉器未能尽列入长表中，但仍可看出带刃玉兵是此时主要器类，表中有30件兵器，包括：器身较宽短，不带扉牙的玉钺三个（郝表11、表12、表41、表45），带扉牙的玉戚六个（郝表1—3、表13—15）。器身窄长，可安柄使用，也可不安柄执拿的玉圭三个（郝表4—6），牙璋四个（郝表7—10），玉戈四个（郝表16—19），玉刀五个（郝表20—24），其中三件带扉牙。玉镞四个（郝表46—49）。[②] 除了带刃器之外还有12件柄形器，四件玉铃舌，三件玉铲。[③] 很可惜的是，这批重要的出土玉器似乎只有很少数几件经过科学检测质地。[④] 而大多数器表有白化、涂朱、附铜锈、泥土等现象，妨碍目验的准确度。图131看来颇像用前述第二种典型华西玉料制作的齐家文化玉璧改制，中孔单面钻成，虽改雕成四段式中锋刃，但刃部的厚度与柄部的厚度

[①] 郝炎峰：《二里头文化玉器的考古学研究》，中国社会科学院考古研究所编《中国早期青铜文化——二里头文化专题研究》，科学出版社2008年版。

[②] 笔者认为郝炎峰表中45号应属玉钺。又将加了扉牙的玉钺改列为戚，与郝炎峰表中原来的戚合并。

[③] 玉铲属于耕种用农具类，木柄与器面同向。

[④] 董俊卿、干福熹等：《河南境内出土早期玉器初步研究》，《华夏考古》2011年第3期。

几乎一致（图131）。① 图132是一件相当厚实的大玉戚，中孔由两面对钻，背面器表有用木柄夹住柄端，再用绳索穿过中孔绑紧木柄，长期摩擦所留下的痕迹。笔者仔细检视此器，发现它虽黏附泥土，且表面多干裂，但其质地细腻乳白有磁光，相似于图110袁家玉钺，属于第三种典型华东闪玉（图132）。图133玉戈，是二里头出土三件玉戈之一，也是这种玉料，只是比较偏米黄色。前文已说明此种玉料在殷墟中的重要性（图133）。

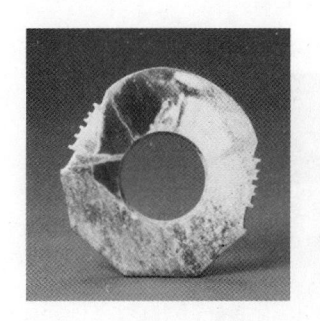

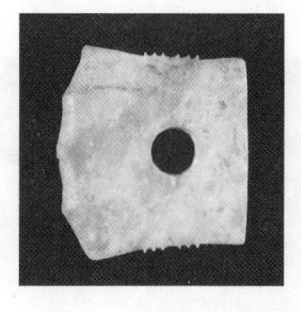

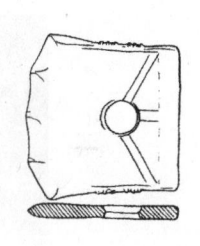

径8厘米—9.1厘米，孔径3.6厘米—3.9厘米，厚0.5厘米　二里头出土
图131　二里头文化第四期
玉戚（1984YLⅥM11∶5）

a 照片　b 线图（柄部有绑痕）长21厘米，刃宽23厘米，厚1.9厘米，孔径4.6厘米　二里头出土
图132　二里头文化第四期
玉戚（1981YLM6∶1）

二里头文化第二期（约公元前十六七世纪）就出现加雕了"对称六尖扉牙"的玉戚（图43），从宏观角度思考，笔者很怀疑图43玉戚直接来自海岱地区。但对二里头文化三、四期玉器上的扉牙制作，起到"范本"的作用。在二里头文化遗址中，有扉牙的玉戚数量超过无扉牙的玉钺，证明海岱龙山方国的宗教礼仪性文化对中原夏王朝影响甚大。

第五，1997年10月承蒙发掘者的协助，笔者和张丽端研究员得有机会检视图134、图135这两件二里头文化第三期的雕纹玉圭，并绘制线图，记录重点。② 它们均为窄长梯形，平直中锋正刃，横剖面都非真正的扁长方形而是长椭圆形（图135b）。这两件玉圭的器表各浅浮雕围绕器身一圈的宽装饰带。前者（图134）的装饰带较靠近器身中段，由两组各两

---

① 展出于2013年12月的"玉魂国魄——玉器·玉文化·夏代中国文明展"中。该展展品中两件新砦文化的玉钺也是用玉璧改制。见拙著《璧的故事（中）》，《大观》总59期，2014年。
② 郑光研究员专程从偃师将两件玉圭带回北京，供笔者及同事张丽端研究员检视并做纪录，特此申谢。

条平行的宽阳纹组成，但靠柄端的宽阳纹的边缘被第二个圆孔破坏一点，可知工序应该是先雕完宽阳纹再钻孔；但此件背面凸弦纹已被磨蚀，只留下每组两条平行宽凸弦纹所夹着的细凹槽，所以线绘图两面纹饰不一样。① 后者（图135）的宽装饰带在二圆穿之间的器表，装饰带的两边各雕三道平行细阳纹，中央则雕连续菱格回纹一排，或因雕艺还不熟稔，回纹的线条时断时续。弦纹与菱格回纹也雕于左右两个窄边器表，图135e上用虚线长方框框住的纹饰就雕琢玉圭的窄边上。

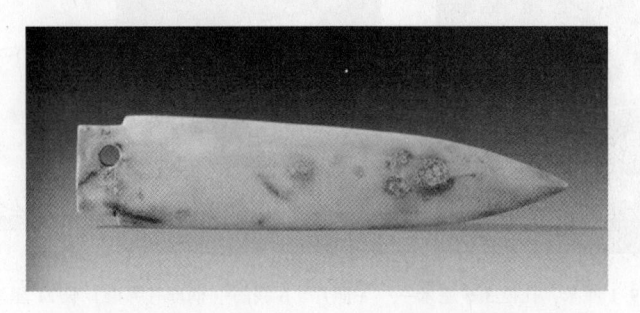

长21.9厘米，援长20厘米，宽4.7厘米　二里头出土

图133　二里头文化第三期　玉戈

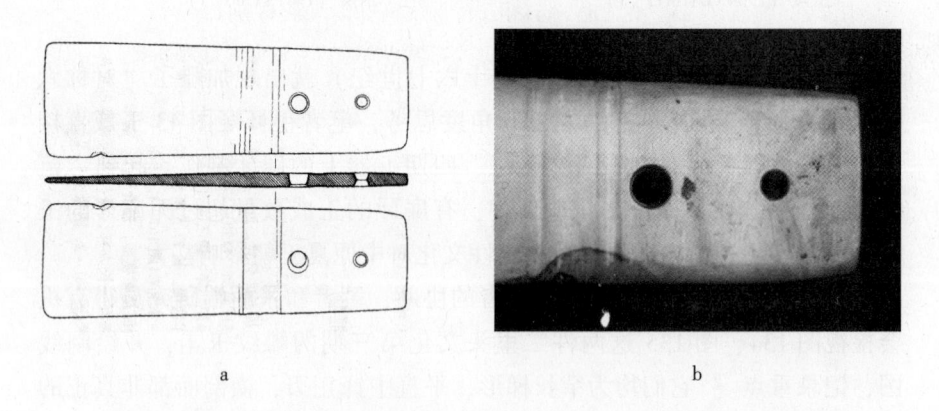

　　　　　a　　　　　　　　　　　　b

长21.1厘米，宽6.4厘米，厚0.85厘米　二里头出土　a 二面线图　b 照片局部

图134　二里头文化第三期　弦纹玉圭（1972YLⅢKM1—3）

---

① 近日烦请中国社会科学院考古研究所资料室主任朱乃诚研究员对笔者的叙述就实物再度核实，特此申谢。

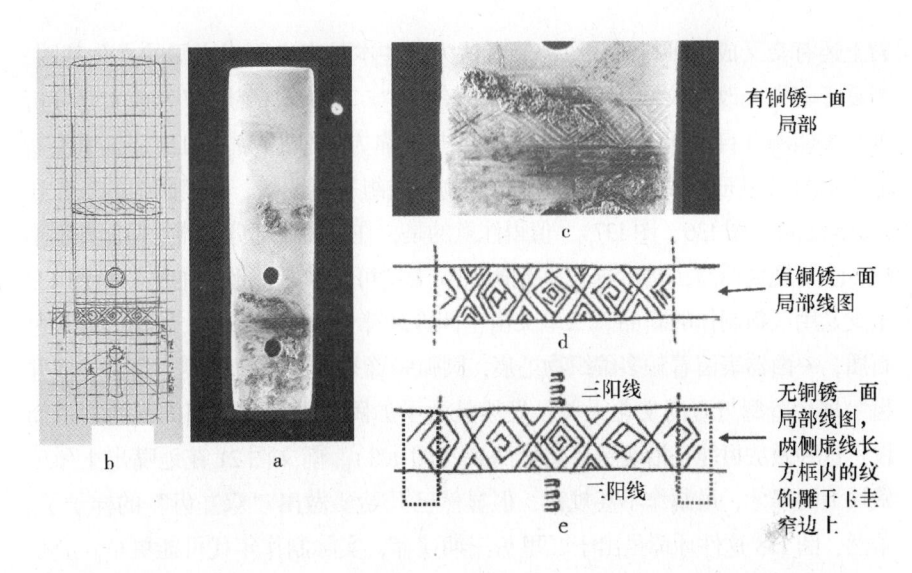

长17.4厘米，宽4.4厘米，厚0.8厘米　二里头出土　a 全器　b 林巳奈夫绘图　c 局部　d 张丽端绘图

图 135　二里头文化第三期　雕纹玉圭（80YLⅢM2∶5）

虽然这两件玉圭的柄端都清楚地留有加装木柄、绑缚绳索的痕迹[①]，但多认为这只是具礼仪性质，并非实际用来砍伐。[②] 目前已知出土器及传世器一共有十多件窄长梯形雕纹玉圭[③]，年代最早的应是前文多次述及的属龙山中期的两城镇玉圭（图26），接续应是龙山晚期的二件（图111、图118）；山东龙山文化中期至晚期的绝对年代暂定为公元前2150—前1800年。经过各种由繁至简的演变，到了二里头文化三期（暂订为公元前1680—前1600年）简化出图134、图135，只有几何纹的玉圭。图135玉圭上的连续菱格回纹可能是受到长江中游肖家屋脊文化的影响，前文图126罗家柏岭出土凤鸟玉饰的连续菱格回纹就是明证（图135）。

第六，二里头文化的玉刀、玉戈、牙璋上面都出现成组平行阴线纹，玉

[①] a. 郑光：《二里头斧类玉礼器的安柄及相关问题》，杨伯达主编《出土玉器鉴定与研究》，紫禁城出版社2001年版。b. 朱乃诚：《关于夏时期玉圭的若干问题》，杨晶执行主编《玉魂国魄——中国古代玉器与传统文化学术讨论会文集（六）》，浙江古籍出版社2014年版。

[②] 郑光2001年。朱乃诚虽从安装木柄的观点，主张称图134、图135两件玉圭为玉钺，但也认为不是实用器，称之为"仪仗钺"。

[③] 拙作：《论雕有东夷系纹饰的有刃玉器（上、下）》，《故宫学术季刊》第16卷第3、4期，1999年。

刀上还有交叉成组平行阴线纹。笔者认为这些本是来自石峁方国的文化基因，但夏王朝先民改变纹饰结构，发展出特有的"二里头式格线纹"。前文已分析玉戈可能萌芽自黄河上中游的齐家方国与石峁方国（图10、图11）。二里头遗址出土的三件玉戈都无中脊，其中二件刻有成组平行阴线，每组阴线的条数在3至5之间（图136、图137），值得注意的是，在刻阴线部分的器身两侧并不平顺，多不规则凹凸，暗示这二件刻阴线纹玉戈可能从牙璋改制的？只有图133玉戈是用玉料制作的新品。二里头出土四件牙璋中，图138尺寸最小，青灰色石质，一面器表留着颇多编织物沁痕，圆弧中锋刃上颇多使用痕，两组"双并齿"扉牙造型与海岱文化无关，显然是为了加固木柄与牙璋间的绑缚力道而设；这种做法可能是沿袭新砦文化而来（图138）。前文图21花地嘴出土牙璋残块上的扉牙，虽制作不甚规范，但显然已开始要做出"双并齿"的样子了。若然，图138这件牙璋虽出于二里头三期遗存，实际制作年代可能更早；应是中原地区新砦文化传统下的本土牙璋。二里头文化三期时，外来文化元素纷沓而至，前文图22那样的大型牙璋的柄部，本土双并齿扉牙变小，在其后方增加海岱式"对称四尖扉牙"，还在侧端切个开口，形成所谓"张嘴兽（龙？）头形"。到了二里头文化四期，真正起到绑缚木柄的双并齿本土扉牙增为三组，但器表增加更多的成组平行阴线，扉牙变得夸张又华丽，更见"张嘴兽（龙？）头形"扉牙。如此盛装的玉兵，可能只能当作祭典中的仪仗了（图139）。

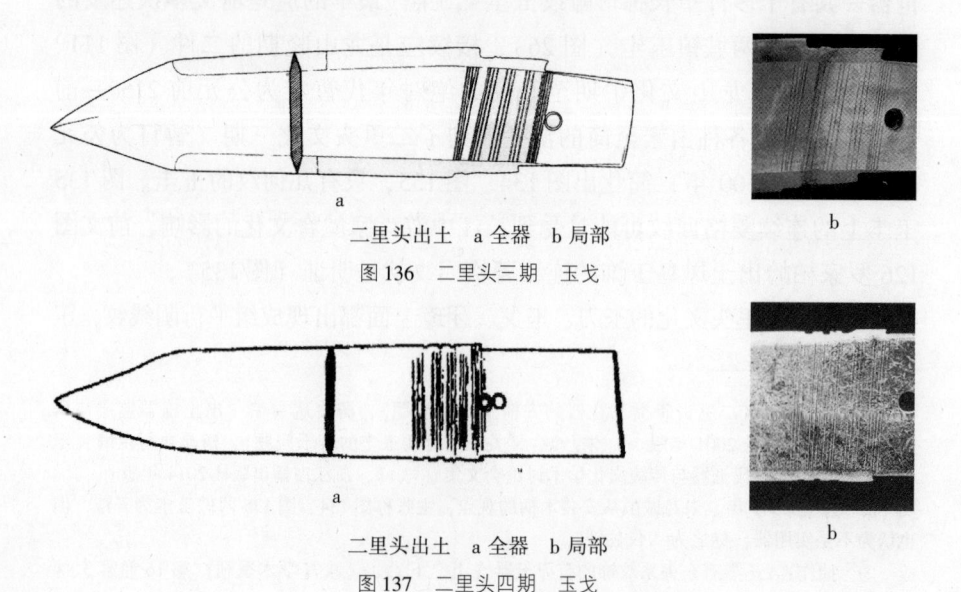

二里头出土　a 全器　b 局部
图136　二里头三期　玉戈

二里头出土　a 全器　b 局部
图137　二里头四期　玉戈

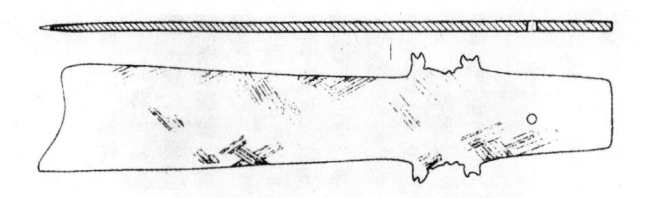

长 49.5 厘米, 宽 6.8 厘米—8.7 厘米, 阑宽 9.7 厘米—10.8 厘米, 内长 11 厘米　二里头出土

图 138　二里头文化三期　牙璋

长 46 厘米—48 厘米　柄长 6 厘米, 宽 4 厘米, 厚 0.4 厘米—0.5 厘米　　二里头出土

图 139　二里头文化四期　牙璋

二里头出土的玉刀中,并未出现窄长、两边不等宽的石峁式玉刀。而多为横长梯形、左右对称的海岱式。[①] 其中二件两侧只雕供实际绑缚木柄的双并齿扉牙,另二件在器表加雕有别于"石峁式格线纹"的"二里头式格线纹"。目前考古资料中,只有石峁文化牙璋在器身下部接近双栏处的器表,刻画两组交叉平行双阴线,图 140、图 141 二件是戴应新在石峁征集品以及上海博物馆藏品,此外在旅顺博物馆及北京故宫也各藏一件,玉质相同,纹饰结构也几乎一样,可称为"石峁式格线纹"[②](图 140、图 141)。

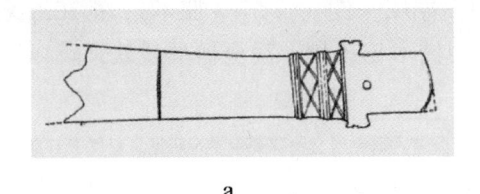

a

b

残长 34.5 厘米, 宽 7.8 厘米, 厚 0.3 厘米　石峁征集　a 线图　b 局部照片

图 140　石峁文化　牙璋

[①] 海岱地区史前文化中也有一端宽、一端窄的长玉刀,但后来发展出左右对称梯形玉刀。
[②] 图 140 发表于戴应新 1993 年。图 141 发表于张尉《上海博物馆藏品研究大系中国古代玉器》,上海人民出版社 2009 年版,图 31。另二件均刊于《中国传世玉器全集》,科学出版社 2010 年版。在中国香港、越南出土的牙璋局部也看到交叉格线纹,但结构略有不同,绝对年代较晚。

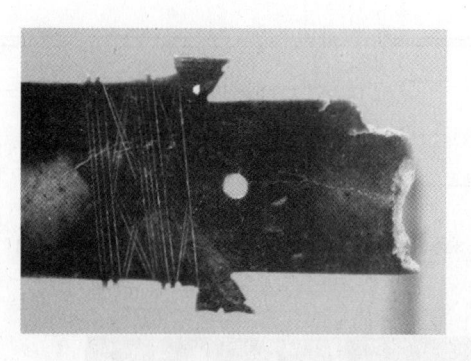

长 30 厘米，宽 7.4 厘米，厚 0.2 厘米　上海博物馆藏
图 141　石峁文化　牙璋（局部）

但是二里头遗址出土二件刻有交叉格线纹的玉石长刀，图 142 是早已公布的名品，此外还有未公布的三孔石刀，编号为"Ⅳ朱 3∶21"，刻纹十分轻浅（图 142）。① 这二件玉石刀上的交叉格线结构相似，但精粗不同，都是先将"拟装饰器面"的两边用一或二组平行线框住，再在其间器面铺满较密集的交叉格线，"Ⅳ朱 3∶21"石刀的格线是单阴线，但图 140 玉刀的格线均以三条平行线构成。这种格线纹似乎只出现于夏时期的大刀与可能属夏时期的长版上，前者除二里头遗址出土的二件外，早年流散欧美还有三件。② 后者有二，其一征集自于河南石门宝塔、另一出自四川广汉三星堆一号坑，功能不详。③ 值得注意的现象是，在商早、中期遗址中，曾出土几把用刻有"二里头式格线纹"的长刀（或长版）改制的玉戈，如河南许昌大路陈村二件（图143：1、2，长 31 厘米、43 厘米）、湖北黄陂盘龙城一件（长 45.6 厘米）、河南郑州白家庄一件（长 57.2 厘米），都在玉戈的柄部留着格线④，但格线纹部分会被木柲压到，甚至柄端残缺，破坏了格线

---

①　2009 年 7 月笔者在中国社会科学院考古研究所文物陈列室参观所见。但仅于刀身一端刻单阴线纹，交叉网甚密。

②　分别藏于大英博物馆、芝加哥艺术博物馆、华盛顿沙克勒博物馆。参见拙文《也谈华西系统的玉器（五）——饰有线纹的玉器》,《故宫文物月刊》第 11 卷第 9 期，总号 129，1993 年。

③　石门者见王文建、龙西斌《石门县商时期遗存调查》,《湖南考古集刊》1987 年第 4 期。广汉者出于三星堆一号坑，线绘图见四川省文物考古研究所《三星堆祭祀坑》，文物出版社 1999 年版，图 35。

④　a. 河南省文物研究所：《许昌县大路陈村发现商代墓》,《华夏考古》1988 年第 1 期。b. 湖北省文物考古研究所：《盘龙城》，文物出版社 2001 年版，图 119—3。c.《中国玉器全集·商·西周》，河北美术出版社 1993 年版，图 18。其中较长的玉戈展出于河南省博物院，也发表于《中国考古出土玉器全集》，2009 年版。

纹。甚至有名的，长达67.4厘米的"太保戈"，虽然加刻了西周初年的铭文，但铭文后端残留的格线纹仍是二里头式。① 很可能是商代早中期将夏代刻格线纹玉刀改制成的长戈，流传到西周才被周召公加刻铭文。②

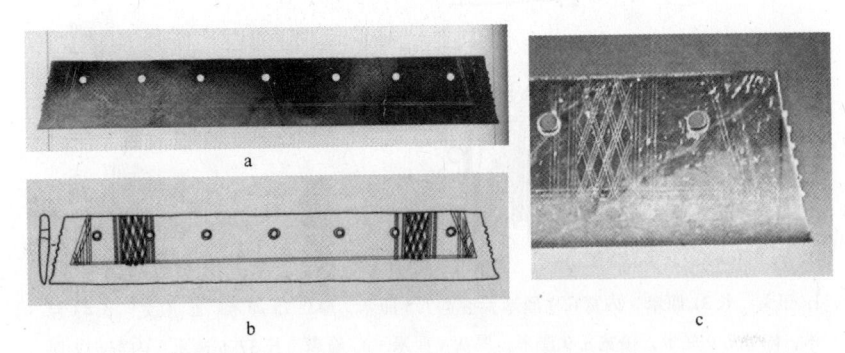

长60.4厘米—65厘米，宽9.5厘米，厚0.1厘米—0.4厘米 二里头出土 a 纹饰较少的一面 b 纹饰较多的一面线绘图 c 纹饰较多一面局部

图142 二里头文化四期 七孔大玉刀

图143将大路陈村出土二件玉戈、一件石牙璋，与石峁牙璋（图141c）对比，读者就能明了石峁式与二里头式交叉格线纹结构的差异；从图143：1b、2b就明了玉戈柄端格线并非为玉戈设计的花纹了。图143：3是出于大路陈村商早期墓葬中雕琢了二里头式格线纹的石牙璋；因为商族与夏族分别源起于华东与华西，玉礼器的内涵差异甚大。③ 牙璋是夏族的礼器，商族不使用牙璋，出土于商早期墓葬中的牙璋其实多为夏代遗物。所以大路陈村这件石牙璋也可能是二里头文化中用美石制作的"玉礼器"。

第七，前文已借图31、图32证明从肖家屋脊文化神祖面纹嵌饰器，演变出夏商周三代非常重要的玉礼器——柄形器。方向明研究员近来对图145这件二里头出土的柄形器做了纹饰解析，更证明当年林巳奈夫的推论非常正确。图145柄形器出于二里头三期墓葬中，玉质洁白莹润，以五道

---

① 太保戈于光绪年间出土于陕西宝鸡，经流传转手，目前典藏于美国华盛顿的弗立尔博物馆。报道最详尽的为闻广《记召公太保二玉戈》，《故宫文物月刊》2000年第7期，总号208。

② 因为可改制的古物有限，但流风所及，商代中、晚期新制作的玉戈上也有加刻平行或交叉成组阴线纹，多刻于戈身后端，穿孔前端了，纹饰也有完整的设计感。

③ 有关商族的玉礼制真面貌仍在探索中，请参考拙文二篇：《璧的故事（中）》，《大观》总第59期，2014年；《从"天地之灵"玉器展谈公元前第二千纪的华夏大地》，孙庆伟主编《玉器考古通讯》2013年第1期。

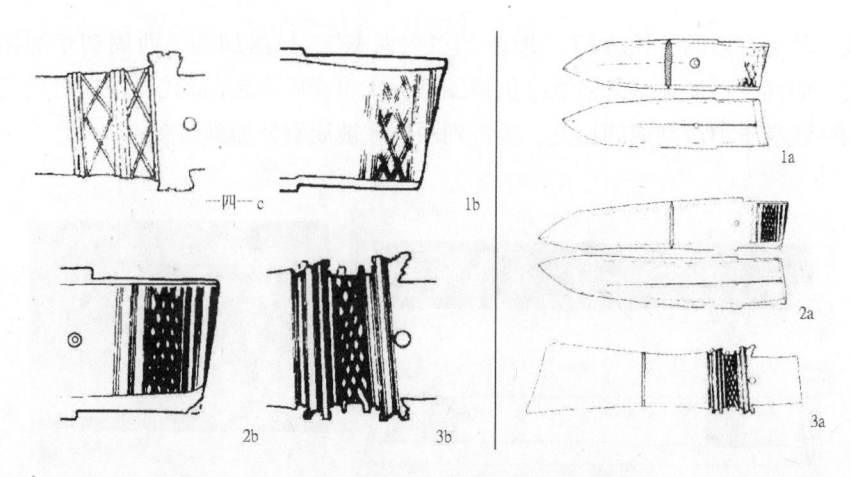

1. 玉戈　长31厘米，内宽6.9厘米，援宽7.5厘米，厚0.75厘米　2. 玉戈　长43厘米，内宽7.9厘米，援宽8.9厘米，厚0.4厘米　3. 石璋　长37.5厘米，内宽6.2厘米，援宽9.7厘米，厚0.45厘米　以上 a 为全器线绘图　b 为局部线绘图

图143　二里头文化四期　大路陈村出土

宽凹槽隔出六节纹饰。第一、三、五节是几何化花瓣纹，第二、四节以90度方折转角铺陈神祖面纹，上、下节的神祖面向不同，或表示"观照四方"；第六节也就是最下端，浅浮雕微向下方低首的虎头。方向明研究员注意它的纹饰结构相似于一件藏于美国的肖家屋脊文化玉雕（图144），二者都是上面雕琢神祖面，下面雕琢兽头，认为图144纹样是图145玉柄形器的前身（图145）。[①] 笔者仔细检视湖北天门肖家屋脊遗址出土的玉柄形器，发现"浅浮雕花瓣纹"及"垂直分多节"的装饰元素都已出现，而图145柄形器上雕琢的咧嘴面纹也见于肖家屋脊文化的神祖面纹中，雕琢凸弦纹是比较费工的技术，用圆柔的凸弦纹雕琢带神秘性的象生母题，更是该文化最重要的艺术成就，与二里头文化玉雕喜用锐直阴线营造刚劲的艺术风格不类；所以，笔者甚至怀疑图145白玉柄形器直接来自长江中游肖家屋脊方国。事实上，二里头遗址出土近30件被称为"柄形器"，部分被学者归为 C、D 型的[②]，包括 M3 出土的鹰纹笄（02ⅤM3：13），

---

① 方向明：《龙山时代至夏时期的玉文化——传承、融会和发展》，杨晶执行主编《玉魂国魄——中国古代玉器与传统文化学术讨论会文集（六）》，浙江古籍出版社2014年版。
② 郝炎峰：《二里头文化玉器的考古学研究》，中国社会科学院考古研究所编《中国早期青铜文化——二里头文化专题研究》，科学出版社2008年版。

M1 出土简化的鹰纹笄（01ⅤM1：3），甚至 M1 出土浮雕眼纹的弦纹柄形器（02ⅤM1：3）[①] 很可能都直接来自肖家屋脊方国。

张光直教授曾深入探索远古宗教内涵，认为后来道教教义中的各种神跻，即源自远古宗教中。在古人信仰中，各种神灵动物可背负着巫师上天下地，自由穿梭在宇宙的各层之间。[②] 事实上图 144、图 145 都是"神祖驾驭虎跻"的形象。前文图 25 良渚文化神徽所表现的也是相同的观念。笔者怀疑当牙璋逐渐发展成不加木柄用手握执时，下方就被雕琢出张嘴的兽头，这是否也在表现"有神性的虎跻"呢？值得研究。这些现象更证明当时文化交流十分热络。

高 7.9 厘米，宽 4.5 厘米，厚 0.7 厘米　史密森美国艺术博物馆长期借展予赛克勒博物馆

图 144　肖家屋脊文化　双面神祖御虎轿玉雕像

长 17.1 厘米，宽 1.8 厘米，厚 1.5 厘米—1.8 厘米　二里头出土　a 照片　b 线图

图 145　二里头文化三期　玉柄形器

六　小结

了解这数百年各政治实体内玉礼器的方方面面，就能看出中原第一个王朝夏族，在得到天下共主地位之后，擅长吸收各方国玉礼制的精华，纳入王朝的体制中。

---

① 许宏等：《二里头遗址聚落形态的初步考察》，《考古》2004 年第 11 期，图版八—3 左。
② 张光直：《仰韶文化的巫觋资料》，"中研院"《历史语言研究所集刊》第 64 本，1994 年。收入其著《中国考古学论文集》，联经出版事业公司 1995 年版。

从二里头文化二期就出现直接来自长江中游肖家屋脊方国的鹰纹笄、柄形器等；由肖家屋脊文化神祖面纹嵌饰器发展的玉柄形器在二里头遗址存量颇丰，显然属于夏王朝玉礼器的品类之一。二里头文化二期遗存出土的有扉牙玉戚也很可能是海岱地区龙山方国的玉器。到了二里头文化三期时，文化迅速提升，海岱系玉圭成为重要的礼器，上面的菱格回纹应属肖家屋脊方国北传的艺术元素。

但是，从玉礼器的主要器类可看出夏族的文化底蕴与陕北、六盘山地区、蜀地这一条"边地半月形地带"有着深厚的关系。玉戈、牙璋、长刀，是夏王朝玉礼器的核心，上面装饰的成组平行、交叉阴线纹，是华西族系最重要的纹饰。

齐家方国与石峁方国有著强烈的文化重叠性，前文已说明，近日考古发掘在石峁石墙的马面范围内出土齐家风格的双耳陶罐和玉器。事实上，去掉以黑色系闪玉制作的牙璋、多孔长刀后，大部分在石峁方国发现的玉钺、玉铲、玉刀与齐家方国内的这类玉兵完全一样。看来齐家方国（公元前2300—前1700年）似乎是一个重视敬天法祖的族群联合体，虽然也制作大量的玉质带刃器，但璧、琮、多璜联璧是礼制的核心；与之关系深厚的石峁方国（公元前2200—前1600年）似乎以征战天下为目标，擅长制作具杀伤力的牙璋、长刀。

牙璋曾是真正实用的兵器，除了陕北外，海岱地区、中原地区可能都制作并使用，但是，只有用锥晶结构的闪玉制作的牙璋才能薄锐锋利，用其他闪玉甚至石料制作牙璋，器身必须有相当的厚度，否则易断，这是何以山东沂南罗圈峪石牙璋残断甚，而花地嘴黑石牙璋器身甚厚之故。

矿物的颜色取决于所含金属离子的种类、价态与含量，据陈东和研究员的检测，石峁的深色牙璋铁离子含量高达 5 wt% 至 12 wt% 左右；锰与镍的含量也比较高[①]；与一般青白色闪玉因含石墨所造成的墨黑不同。[②]笔者怀疑是否含较多的铁离子可增强玉兵的杀伐力与不易折断的坚韧

---

　　① 陈东和研究员分析巴黎的吉美博物馆藏早年流散欧洲的中国古玉，发现颜色越深的玉含铁量越高。一般黄绿色玉所含铁离子约在 1 wt% 上下；较深色的良渚文化玉器，铁离子约 3 wt%—4 wt%。石峁牙璋等铁离子含量为 5 wt% 至 12 wt% 左右。

　　② 新疆昆仑山蕴藏的白玉、青白玉（通称和阗玉）常与墨玉共生，地质学界认为这种墨玉的致色原因是因含有大量石墨。据笔者以及闻广教授等学者的观察，均认为昆仑山镁质大理岩变质而成的墨黑色闪玉，磨薄后观察仍是黑色。石峁深色玉器磨薄后观察则呈现绿色或褐色。

度?① 否则为何石峁先民特别钟爱黑色玉料制作牙璋、长刀？而与石峁关系密切的月亮湾方国的先民，也恪守此一原则，选择近乎黑色闪玉制作牙璋，以及与之可能有神秘内在联系的有领璧。到了三星堆方国时，无法取得黑色系闪玉时②，就用浅色闪玉制作了牙璋（包括戈形却在尖端切开一个V形口），还必须加以染黑。

黑色就是古文献中的"玄色"，黑色长条形玉礼器很可能就是文献中的"玄圭"。闻广教授生前常亲手写下他对古玉的研究心得，做成电子档寄给我。数年前他以"黑玉—玄圭—大禹—尚黑"为标题，从《尚书·禹贡》、《史记·秦本纪》、《礼记·檀弓上》、《水经注·洮水》、《博物要览》、《北堂书钞》等抄写十多条文献给我，如："禹锡玄圭，告厥成功。""禹平水土已成，禹锡玄圭。""夏后氏尚黑"、"禹治洪水西至洮水之上，受黑玉，书于斯水上"。"西蜀出黑玉。""禹治水毕，天赐玄圭。"③ 闻教授从地质学的分析确认石峁文化所用墨玉的特殊结构与物理性质，更为此申请美国史密森研究基金赴甘肃临洮查访玉矿，但所得闪玉样本并非他找寻的"有沉积岩文理的墨玉"④。

笔者怀疑墨玉的矿脉不在甘肃东部洮河流域而在陕北，是石峁统治者垄断的玉矿。⑤ 如果古文献中的"玄圭"真的就是"墨玉牙璋"，在石峁发现多件从江汉地区劫掠而来的鹰纹笄、玉虎头等，很可能就是"禹征有苗"的战利品。⑥《史记·六国年表》"禹兴于西羌"，"西羌"泛指古代西部的民族，从河套地区、六盘山区，到川西一带，沿"半月形文化传播带"的古代居民都可能。而我们也的确发现石峁方国、月亮湾方国的先民特别重视墨玉牙璋。学界里也不少学者认为夏禹的发迹处是陕北或

---

① 笔者请教陈东和研究员，他认为可以用实验的方法测试。

② 商中期时，石峁方国或已衰亡，应无法垄断某个玉矿。但笔者的认知是，一个玉矿数十年不开采，可能后代会找不到。例如18世纪晚期昆仑山的碧玉矿开采供清廷制作编磬及玉册，19世纪因嘉庆、道光二朝命和阗玉减贡与停贡，以致20世纪时已无人能找到昆仑山碧玉的原生矿。

③ 文献内容的顺序与书名顺序相同。

④ 2000年11月在北京大学文博学院主办的"古玉研习班"中报告他在美国分析牙璋、大刀等玉质，又赴临洮探访的经过与结果。在此之后数年，"临洮玉料"成为当前有心人士探访的方向，以及市面赝品齐家玉的"托名"。

⑤ 前引王时麒教授的意见已说明，黄土太厚固然妨碍矿脉的找寻，但凡是有砾石的山脉都还可以找矿、采矿。

⑥ 见《墨子·非攻下》。类似记载不少，如《竹书纪年》等。

四川。①

已有多位学者曾论证公元前2000年前后发生明显的气候变化与大范围的文化兴衰变动②，有学者对于陶寺文化中晚期之间发生类似战争般的剧变，认为是北方河套地区老虎山文化在公元前2200年前后南侵陶寺文化。③但经过新的测年可知，陶寺文化中、晚期之交约在公元前2000年。此时河套地区石峁方国才是最大的政治中心。④笔者怀疑可能是石峁方国的武士南下侵略了陶寺、清凉寺，再攻进伊洛河冲积平原，击溃其他逐鹿中原的氏族，与当地原住民融合建立了夏王朝。

目前从新砦、二里头遗址发掘出土的玉器质地相当杂。直接用齐家系玉璧改制的璧式钺（图131），直接来自肖家屋脊方国的柄形器等多属优质闪玉；然而长大带刃的几件刀、牙璋多非闪玉制作。但是，若了解了"二里头式格线纹"属于公元前17、前16世纪夏王朝带刃玉礼器上特有的纹饰，是夏族的创作，再看过流散欧美的二里头式玉刀，发现大路陈村、白家庄、盘龙城商早期遗址出土改制后仍残留"二里头式格线纹"的长大玉戈，其玉质都是本文所称第三种华西玉料，有明显的不规则团块的灰蓝、灰绿闪玉，笔者相信还曾有比二里头更高规格的夏王朝政治中心；夏王朝统治者虽然未获得石峁一带的黑色闪玉，但完全可以获得大体积的第三种华西玉料制作刻有"二里头式格线纹"的大刀或长版。但该中心在何处？何时被破坏？就是难解的谜题了。

华西方国垄断了珍贵的华西玉料，太行山以东几乎没有华西玉料的踪迹。但却不阻止海岱地区的神祖像及由之发展的各式扉牙，越过太行山侵入自己的地盘。黎城出土的玉戚、庐山峁出土的玉刀，以及图50、图51那些用典型华西玉料制作的玉兵上雕琢典型东夷神祖面纹，件件外观壮

---

① a. 姬乃军：《关于夏文化发祥地的思考》，《考古与文物》1999年第1期；《关于夏文化发祥地的再思考》，《考古与文物》2004年第3期。b. 林向：《"禹兴于西羌"补证——从考古新发现看夏蜀关系》，《阿坝师范高等专科学校学报》2004年第3期。

② a. 工巍：《公元前2000年前后我国大范围义化变化原因探讨》，《考古》2004年第1期。b. 吴文祥、刘东生：《公元前4000年前后东亚季风变迁与中原周围地区新石器文化的衰落》，《第四纪研究》第24卷第3期，2004年。

③ 韩建业曾释陶寺文化中晚期之间外来的侵略者是北方老虎山文化，见其《老虎山文化的扩张与对外影响》，《中原文物》2007年第1期。

④ 孙周勇：《神木新华遗址出土玉器的几个问题》，《中原文物》2002年第5期。王炜林、孙周勇：《石峁玉器的年代及相关问题》，《考古与文物》2011年第4期。

硕，而纹饰却精致典雅，历经三四千年，依旧散发着沉静幽远的光泽。这些玉兵究竟是什么人的创作呢？笔者曾认为是黎族、嬴秦、少昊挚等东夷族系的移民，在向西、向西南迁移过程中，在不同的时间与空间过程里制作的玉礼器。① 但有无其他可能性呢？那就是另一个既吊诡又有趣的谜题了。

从"介字形冠"发展的海岱式扉牙，发挥更强的文化传播效力。有学者称之为"由东向西传播的主要使者"②，它不但向西、向西南席卷了广袤的华夏大地。③ 从二里头文化二期开始，夏王朝的重要玉礼器上都装饰着海岱式扉牙。继夏王朝之后，商至西周，海岱式扉牙继续流行，成为玉石质宗教美术品不可或缺的必要元素。

夏族造就中国历史上第一个王朝，有着非常多的成就。④ 但对于夏族源起于何方？却争讼不休，难有定论。从作为首要通神媒介的玉礼器分析：牙璋、长刀、长圭、玉戈是夏王朝最多、最典型的玉器，尤其是牙璋、多孔长刀及交叉成组平行阴线纹，当夏王朝结束后，就与也可能源起于华西的嵌绿松石铜牌一样，完全退出历史的舞台。⑤

我们全面检视分析了龙山至夏时期各方国及中原夏王朝玉礼器的内涵，再了解最新的考古发掘，种种现象导引着我们深思，"夏禹"是否就是石峁方国统治核心的名号？他们既拥有"玄圭"，又擅征伐。"征有苗"、"伐陶寺"都是"夏禹"干的事；来自石峁石城的武装部队逐鹿中原得胜后，在王湾三期文化的既有文化基业上，建立了中国历史上第一个王朝——夏。

---

① 拙作：《论雕有东夷系纹饰的有刃玉器（上、下）》，《故宫学术季刊》第 16 卷第 3、4 期，1999 年。《晋、陕所见东夷系玉器的启示》，《考古与文物》1999 年第 5 期。

② 郭大顺：《从大甸子玉器谈起》，杨晶执行主编《玉魂国魄——中国古代玉器与传统文化学术讨论会文集（六）》，浙江古籍出版社 2014 年版。

③ 笔者要强调的是，有些扉牙不是"海岱式"，如前文注提及的东龙山遗址出土一件黑色玉戚的扉牙就很不像。四川广汉高骈公社及金沙分别出土"对称五尖扉牙"、"对称七尖扉牙"的玉戚。前者见敖天照等《四川广汉出土商代玉器》，《文物》1980 年第 9 期；后者见古方主编《中国出土玉器全集·四川》，科学出版社 2005 年版。陕西东龙山夏代墓葬出土一件五扉牙玉戚，见刘云辉《陕西出土的古代玉器——夏商周篇》，《四川文物》2008 年第 5 期。但此扉牙相当笨拙，笔者怀疑此扉牙与海岱式扉牙无关。

④ 许宏：《二里头的"中国之最"》，《中国文化遗产》2009 年第 1 期；《二里头：华夏王朝文明的开端》，《寻根》2010 年第 3 期。

⑤ 陈小三：《试论镶嵌绿松石牌饰的起源》，《考古与文物》2013 年第 5 期。

图片资料来源：（线绘图、拓片出自各考古报告者，以及已注明于图下者，不列于下）

图1：《2004年中国重要考古发现》。图2、3、4、7、13、16、39、53、60、68、110、122、123：《中国出土玉器全集》2005。图5：《中国史前玉器的考古学探索》。图6：BMFEA, no. 15, 1943。图18：《烟台考古》2006。图19：王永波1994。图20、21、43、55、63、65、66、67、69、74、75、76、77、78、107、108、132：《玉魂国魄——玉器·玉文化·夏代中国文明展》2013。图22、23：香港中文大学《华夏第一龙展览图录》2012。图24、96、98：《三星堆》朝日新闻社1998。图46：《文明的足迹——中国社会科学院考古研究所优秀成果集萃》2012。图31：多瑞文1975。图34：《新地里》2006。图35：王宁远2006。图36：杨波1996。图37、126、127：《中国国家博物馆藏中国古代玉器艺术》2011。图42、44、45：《天地之灵——中国社会科学院考古研究所发掘出土商与西周玉器精品展》2013。图47、82至85、90、91、135、136、137：《东亚玉器》1998。图48：刘永生等2000。图49：《中华国宝——陕西珍贵文物集成·玉器卷》1999。图50、51、116：《玉器时代》2009。图54：《神木新华》2005。图56：《固原历史文物》2004。图61：《考古》2002，12。图62：《玉魂国魄（三）》2008。图64：戴应新1993—1994（三）。图70：《周原玉器》1996。图73：《考古》2003，9。图89：《中国美术全集·工艺美术篇·玉器》1986。图81、86：许杰2006。图97：《三星堆》台北故宫博物院1999。图106《山东文物精品大展》2007。图109、115：《山东大学文物精品选》2002。图112：《故宫博物院藏品大系·玉器篇》2011。图114：《中国岫岩玉》2007。图119、120、124：《石家河文化玉器》2008。图121：《文物世界》2007，5。图125a：《殷墟出土器物选粹》2009。图128：《考古学报》2011，4。图129：Jessica Rawson, 1995. 图131、134《早期中国——中华文明起源》2009。图133、139：《偃师文物精粹》2007。图140a，b：《诞生！中国文明》东京国立博物馆2010。图140c：The Great Bronze Age, 1980. 图141：戴应新1993—1994（二）。图142：《上海博物馆藏品研究大系·中国古代玉器》2009。图145a：《古玉博览》（台北）艺术图书公司1994。

（作者单位：台北故宫博物院）

二里头遗址出土镶嵌绿松石牌饰的初步研究

王 青

镶嵌绿松石铜牌饰是夏代前后的珍贵遗宝，早在20世纪50年代以前就有出土，惜已流失海外，详细的出土信息已荡然无存，直到1981年，中国社会科学院考古所二里头队在偃师二里头遗址的一座墓中发现了1件铜牌饰，随后几年又陆续出土和发表了2件铜牌饰。在目前已知收藏于国内外相关机构的16件这种铜牌饰中，二里头遗址经考古发掘的3件均出自墓葬，较为完整的墓葬资料及出土场景，为分析这种牌饰蕴藏的历史信息，进而考察该遗址在"早期中国"发展进程中的实际地位，都提供了非常重要的第一手资料。以此为基础，李学勤、李德方、杜金鹏、朱乃诚、杨美莉等先生和笔者都曾做过专门研究[①]，但相关问题仍有不少，而且笔者近年在梳理资料过程中发现[②]，该遗址已出土的铜牌饰应不止3件，已发表的铜牌饰线图有的还不太准确，而没有铜质依托的镶嵌绿松石牌饰也已经出过不少，这些过去都不为人注意，致使研究受到很大制约。有鉴于此，本文拟在仔细梳理该遗址出土资料的基础上，就各种镶嵌牌饰的相关问题展开有针对性的讨论，谬误之处还请方家批评指正。

---

① a. 李学勤：《论二里头文化的饕餮纹铜饰》，《中国文物报》1991年10月20日，收入其著《走进疑古时代》（修订本），辽宁大学出版社1997年版。b. 叶万松、李德方：《偃师二里头遗址兽纹铜牌考识》，《考古与文物》2001年第5期。c. 杜金鹏：《中国龙，华夏魂——试论偃师二里头遗址"龙文物"》，《二里头遗址与二里头文化研究——中国·二里头遗址与二里头文化国际学术研讨会论文集》，科学出版社2006年版。d. 朱乃诚：《二里头文化"龙"遗存研究》，《中原文物》2006年第4期，收入其著《中华龙：起源和形成》，生活·读书·新知三联书店2009年版。e. 杨美莉：《中国二里头文化的嵌绿松石铜牌》，[日]《Miho Museum研究纪要》第3号，2002年。以下凡引诸文不再注出。拙文：《镶嵌铜牌的初步研究》，《文物》2004年第5期。

② 拙文：《镶嵌铜牌饰的初步研究》，《文物》2004年第5期。

一 镶嵌铜牌饰的资料梳理

依据笔者所见资料，二里头遗址迄今为止已出土和发表的镶嵌绿松石铜牌饰共计3件，已出土但尚未发表的铜牌饰有2件，还有5件左右流失海外的铜牌饰原本应出自该遗址，该遗址还出土了四五件可能是没有铜质依托的镶嵌绿松石牌饰，以及1件可能是仿制铜牌饰的陶制品。这里根据发表或报道资料一并进行介绍和梳理。

81ⅤM4[①]，1981年秋清理，位于圪垱头村西北、遗址宫城外东北的墓葬集中区。此墓为南北向，长2.5米、宽1.16米，墓底距地表2.1米，底铺一层朱砂，厚达8厘米。未发现人骨，可能有朱漆葬具。填土为花夯土，夯打坚硬。随葬品较为丰富，计有铜牌饰1件、铜铃1件、玉铃舌1件、玉柄形器1件、绿松石管2件、漆器5件（钵2件、鼓1件等）、陶盉1件、圆陶片2件。简报只发表了部分器物。其中玉铃舌简报称为"玉管状物"，出土位置紧靠铜铃下方，有论者已指出为玉铃舌。[②] 铜牌饰则在铜铃的左侧，位处整个墓室的中部偏北，发掘者从整体情况综合判断，它应放在墓主的胸部略偏左。此墓年代简报断在二里头文化二期偏晚（图1）。

此件铜牌饰（81ⅤM4:5）长14.2厘米、宽9.8厘米（按应为上方两钮间宽度），先用青铜铸出束腰圆角长方体作牌饰的基座（外缘带两对环钮），再在基座上镶嵌300多片细小的绿松石片，镶的过程中对主纹饰所在纹路特意让出较大的缝隙，就是说其稀疏弯转的主纹饰是"衬"出而非铸出来的，所以镶嵌的绿松石小片与主纹饰基本是平行的，由于是平行镶嵌，绿松石小片需要事先切割成不同形状，这在已发表的3件铜牌饰中镶嵌环节是最复杂的。其主纹饰可分为上下两部分，下部是以圆形眼为中心的"兽面"（实则为鸟面），上带一对粗壮的弯月眉，下为一对向上弯曲的獠牙；上部为高羽冠，由一对相向的"〗〖"形组成，上端还有一对很醒目的半月形大绿松石片，应代表孔雀之类神鸟特有的长尾羽上的眼状斑。因此，这件铜牌饰表现的应是一只头戴高羽冠的神鸟，绿松石平行镶出的辅助纹饰表现的则是羽毛（图2）。

[①] 中国社会科学院考古所二里头工作队：《1981年河南偃师二里头墓葬发掘简报》，《考古》1984年第1期。

[②] 陈国梁：《二里头文化铜器研究》，《中国早期青铜文化——二里头文化专题研究》，科学出版社2008年版。

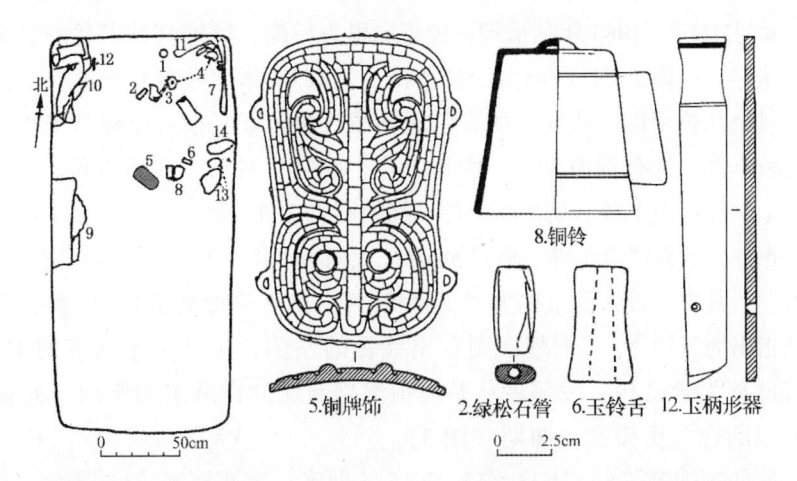

二里头遗址出土镶嵌绿松石牌饰的初步研究 / 251

器物前缀的数字为器物编号；平面图中其他随葬器物有：1、7. 圆陶片 3. 绿松石管 4. 陶盉 9—11、13、14. 漆器

图1 二里头遗址 81ⅤM4 平面图及部分随葬器物图

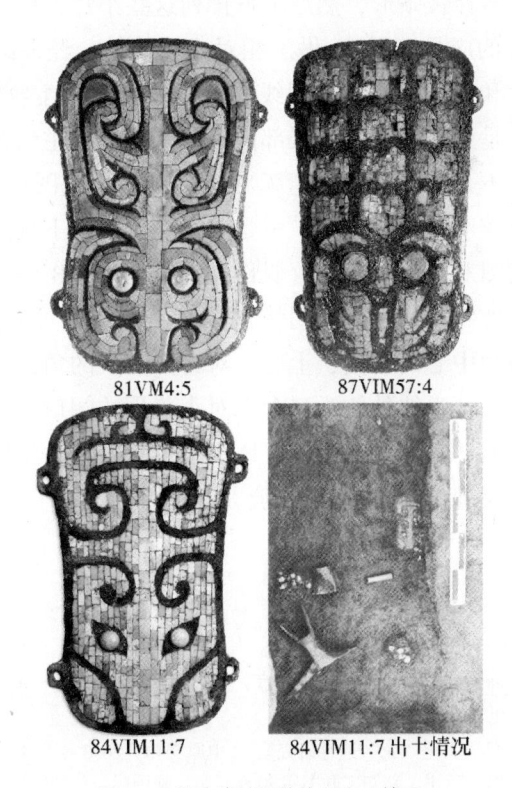

图2 二里头遗址铜牌饰及出土情况

84 VI M11①，1984年秋清理，位于二里头村南、遗址宫城以北的墓葬及祭祀遗存区。南北向（345°），长2米、宽0.95米、残深0.6米。人骨已朽，只余几枚牙齿。从发表的彩色现场照片看，墓底很可能铺有朱砂。随葬品较丰富，计有铜爵1件、牌饰1件、铜铃1件、玉铃舌1件、戚璧1件、圭1件、刀1件、柄形器1件、绿松石管2件、陶盉1件、爵1件、圆陶片6件，另有漆盒1件、海贝58件、大扇贝1件（枚）。简报只发表了部分器物。其中玉铃舌简报称为"玉管状器"，出土位置毗邻铜铃左侧，有论者已指出为玉铃舌。② 铜牌饰则在玉铃舌的左侧，位处整个墓室的中部，尽管此墓人骨已朽，发掘者从整体情况判断应放在墓主的胸前。此墓年代简报断在二里头文化四期（图3）。

此件铜牌饰（84 VI M11：7）长16.5厘米、宽8厘米—11厘米，青铜铸造方式是基座与主纹饰同时铸出，与上述 V M4：5 牌饰有很大不同，绿松石镶嵌的方式也差异较大，不是平行镶嵌，而是上下镶嵌，即只是把绿松石片切成200多片长条形，然后上下排列这些小片，填充在主纹饰间的空白地上（表现的应是鳞甲），做工相对比较简单。经仔细比较简报发表的这件牌饰照片和线图，笔者发现线图对青铜铸出的主纹饰描绘有偏差，主要有三处：一是照片显示牌饰腰部向内伸入的两条主纹饰与牌饰外缘的交汇比较直接，不是线图描绘的弯弧状缓接；二是线图把双眼绘成梭形，而照片显示为比较明显的臣字眼；三是照片显示牌饰下部边缘有一对内切的短小獠牙，线图对此没有绘出（见图4左图之A、B、C）。经过相应校正和修改后，此件牌饰的主纹饰可如此描述：主纹饰可分为上下两部分，下部是以臣字眼为中心的兽面，上有一对弯曲很大的角，下为一对表示吻部轮廓的弯弧线，弯弧线外侧为口含一对小獠牙的阔口；上部为表现歧尾下垂的大T形（代表两条龙身），其上另有一个可能是表现獠牙的长弯弧线。由此，这件铜牌饰整体表现的应是身披鳞甲的一首双体龙（图2、图4）。

---

① 中国社会科学院考古研究所二里头工作队：《1984年秋河南偃师二里头遗址发现的几座墓葬》，《考古》1986年第4期。
② 朱乃诚：《二里头文化"龙"遗存研究》，《中原文物》2006年第4期，收入其著《中华龙：起源和形成》，生活·读书·新知三联书店2009年版；陈国梁：《二里头文化铜器研究》，《中国早期青铜文化——二里头文化专题研究》，科学出版社2008年版。

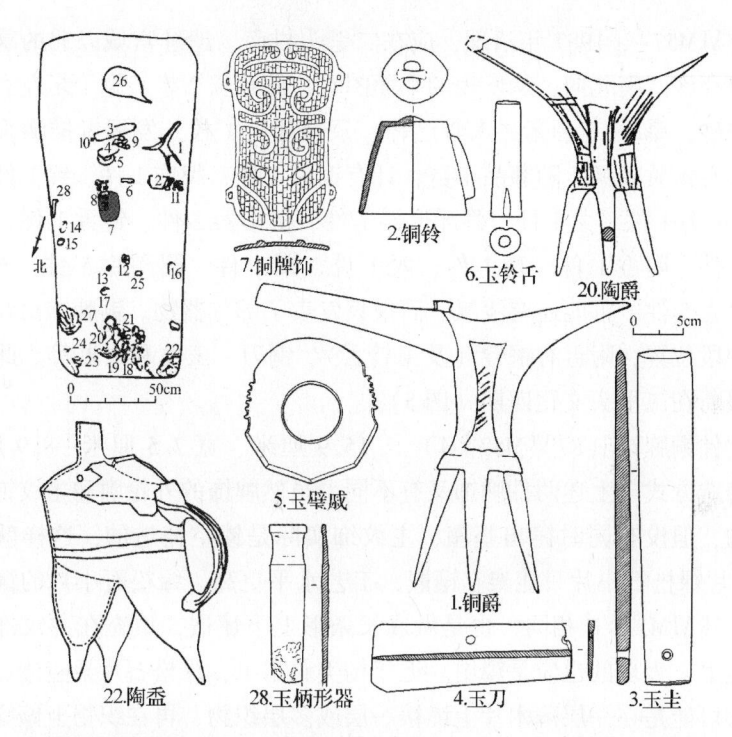

二里头遗址出土镶嵌绿松石牌饰的初步研究 / 253

平面图中其他随葬器物有：8、9. 海贝　10—13. 贝　14—18、23. 圆陶片　19、24. 玉柄形器　21. 陶盉　25. 绿松石珠　26. 漆盒　27. 大扇贝

图3　二里头遗址 84ⅥM11 平面图及部分随葬器物图

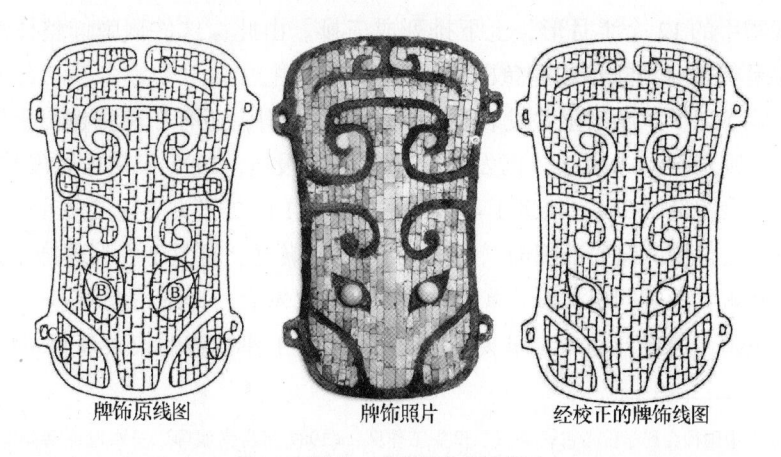

图4　84ⅥM11：7 铜牌饰线图校正

87ⅥM57①，1987年清理，应在二里头村南、遗址宫城以北的墓葬及祭祀遗存区。南北向，从发表的平面图看，此墓长2米、宽1米左右。墓底铺朱砂，厚2—3厘米。人骨已朽，只余牙齿1枚，发掘者推测墓主头向北。有木质葬具。随葬品丰富，计有铜爵1件、牌饰1件、铃1件、刀1件、玉刀1件、戈1件、月牙形器1件、柄形器2件、铃舌1件、绿松石珠2件、陶盉1件、簋1件、盆1件、罐1件、圆陶片5件、石铲1件、贝壳5件，可能还有漆觚。简报只发表了部分器物。铜牌饰出在靠近东壁中段位置，附近有铜铃（及玉铃舌）、铜刀、玉戈和漆器等。此墓年代简报断在二里头文化四期（图5）。

此件铜牌饰（87ⅥM57：4）长15.9厘米、宽7.5厘米—8.9厘米，青铜铸造方式与上述两件牌饰又有不同，虽然牌饰的外轮廓和主纹饰是铸出来的，但没有同时铸出基座，主纹饰实际是镂空铸造的，这样就使得400余片绿松石小片只能架空镶嵌，工艺水平更高。绿松石小片的镶嵌方式与上述ⅥM11：7相同，也是做成长条形上下镶嵌，填充在主纹饰间的空白地上，表现的也应是鳞甲。近年杨美莉指出，绿松石片架空镶嵌不太合理，可能是在一层薄木片上铺裱一层或多层织物，再在织物上镶绿松石片。这一见解有一定道理，详情待考。此件牌饰的主纹饰可做如下描述：主纹饰可分为上下两部分，下部是以圆形眼为中心的兽面，上有一对粗壮的弯月眉（与81ⅤM4：5相似），下为口含长獠牙或龙须的阔口；上部为表现鳞甲的12个半月形，上下排列成三排。由此，这件铜牌饰整体表现的应是一条身披鳞甲的鳄鱼即鼍龙（图2）。②

除了以上3座出土并发表铜牌饰的墓葬资料，还有2座墓也出土了铜牌饰，唯资料尚未发表。据发掘者郑光先生报道，1995年在Ⅸ区发掘时，于一片祭祀区（C14）清理了4座墓葬，其中1座二里头文化二期晚段墓中出土了1件镶嵌绿松石牌饰。③据杨美莉后来转述，这是1件铜牌饰，并与铜铃和玉铃舌等同出。但此墓资料迄今未正式发表，详细情况尚不得而知。另据报道，1980年秋在二里头遗址Ⅲ区清理了1座被盗的较大墓葬M4，南

---

① 中国社会科学院考古研究所二里头工作队：《1987年河南偃师二里头遗址墓葬发掘简报》，《考古》1992年第4期。

② 本文对上述3件铜牌饰寓意的解释，详见拙文《镶嵌铜牌饰的寓意诸问题再研究》，《东方考古》第9集，科学出版社2012年版。

③ 郑光：《偃师二里头遗址》，《中国考古学年鉴（1996）》，文物出版社1998年版。

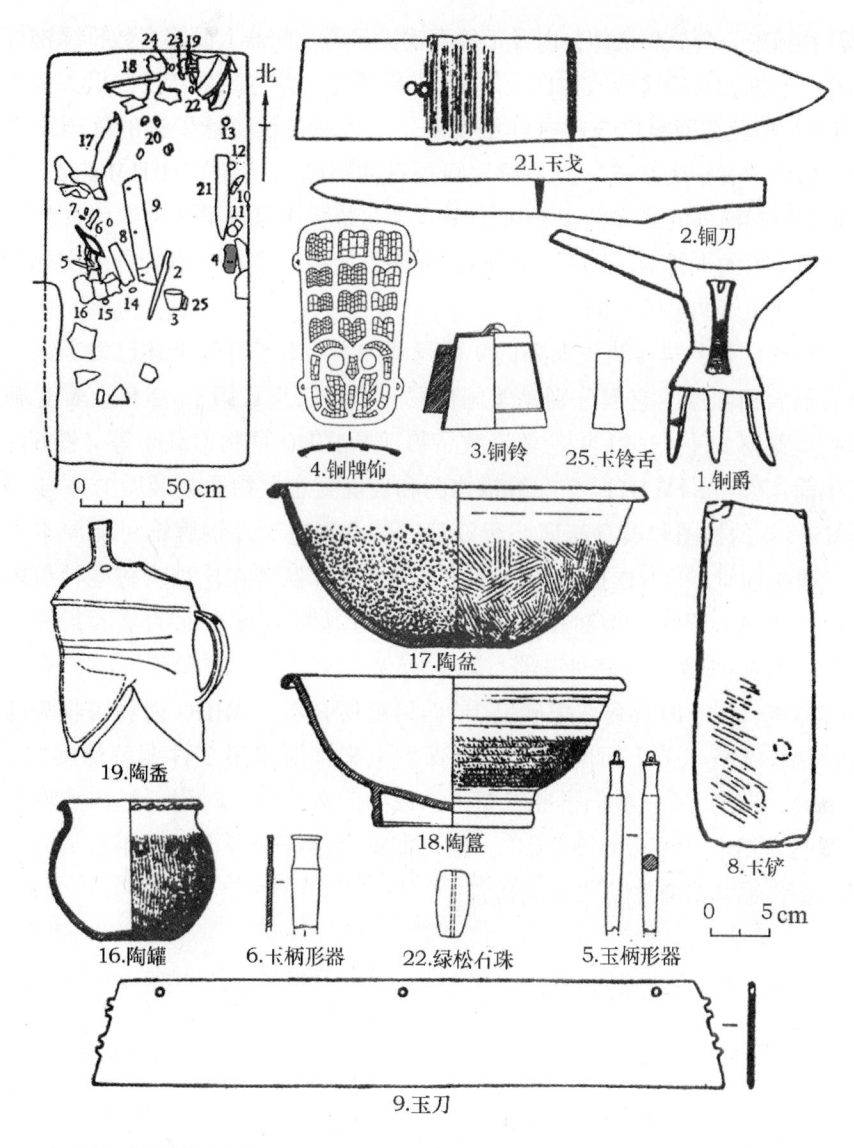

二里头遗址出土镶嵌绿松石牌饰的初步研究 / 255

21.玉戈　2.铜刀　4.铜牌饰　3.铜铃　25.卡铃舌　1.铜爵　19.陶盉　17.陶盆　18.陶簋　8.卡铲　16.陶罐　6.卡柄形器　22.绿松石珠　5.玉柄形器　9.玉刀

平面图中其他随葬器物有：7.小玉器　10.月牙形玉器　11—15.圆陶片　20、24.贝壳　23.绿松石珠

图5　二里头遗址87ⅥM57平面图及部分随葬器物图

北向（358°），长2.15米、宽1.3米、残深0.64米。墓底铺朱砂厚1厘米—2厘米，可能有漆棺。墓室已被严重破坏，西北有一长方形盗坑，偏北上部被一晚期灰坑打破。在盗坑和晚期坑中发现有陶盉、陶爵残片，绿松

石片和绿松石管 200 余件，以及 1 件青铜尖状器，此器上面镶有数排绿松石小片。发掘者判断这些遗物也应是 M4 的随葬品，并将此墓断在二里头文化三期①，但此墓资料迄今没有详细发表。据后来在该遗址发掘的陈国梁推测，这件"青铜尖状器"应是镶嵌绿松石的铜牌饰（编号 80ⅢM4：2）。②我们看现存海外的诸多此类铜牌饰中，赛克勒博物馆藏第 3 件铜牌饰就有一个很突出的圭首形（图9，下详），证明了这种"尖状"铜牌饰的实际存在，因此笔者同意陈氏的意见。

除此之外，早年流失海外的 9 件铜牌饰中约有 5 件与上述已发表铜牌饰有很大相似性，它们分别是美国保罗·辛格医生藏第 1、2 件、赛克勒博物馆藏第 1 件、1991 年伦敦流散品和日本 MIHO 博物馆藏品等（图6），其中前 4 件与 84ⅥM11：7 在纹饰构图和表现寓意上相通，最后 1 件与 87ⅥM57：4 的构图和寓意相通，所以笔者曾推测这 5 件铜牌饰可能原本出自二里头遗址。③ 另据报道，1972 年二里头工作队曾在圪垱头村老社员中做过一次深入调查，得知在该村北及西北（按即宫城东北的墓葬集中区一带）解放前曾多次发现玉器，其中有刀、戈、圭、琮和镶嵌绿松石的铜容器等，出土时都裹在朱砂里。④ 而目前所知至少 MIHO 博物馆收藏的那件铜牌饰是"传为河南所出"⑤，保罗·辛格所藏第 2 件铜牌饰则与 1 件铜铃共出。⑥ 所以我们推断，新中国成立前在圪垱头村附近挖出或盗掘的所谓"镶嵌绿松石的铜容器"，很可能就是镶嵌铜牌饰，早年流失海外的这 5 件铜牌饰有些应出在这里。

---

① 中国社会科学院考古研究所二里头工作队：《1980 年秋河南偃师二里头遗址发掘简报》，《考古》1984 年第 1 期。

② 陈国梁：《二里头文化铜器研究》，《中国早期青铜文化——二里头文化专题研究》，科学出版社 2008 年版。

③ 拙文：《镶嵌铜牌饰的寓意诸问题再研究》，《东方考古》第 9 集，科学出版社 2012 年版。这 5 件牌饰的基本情况参见拙文《国外所藏五件镶嵌铜牌饰的初步认识》，《华夏考古》2007 年第 1 期；《镶嵌铜牌饰的初步研究》，《文物》2004 年第 5 期。

④ 中国社会科学院考古研究所二里头工作队：《河南偃师二里头遗址三、八区发掘简报》，《考古》1975 年第 5 期。

⑤ 杨美莉：《中国二里头文化的嵌绿松石铜牌》，[日]《Miho Museum 研究纪要》第 3 号，2002 年。

⑥ 此信息承蒙林沄先生告知，在此表示感谢。林先生 1986 年到美国开会时曾在辛格家中亲见此件牌饰和铜铃。

二里头遗址出土镶嵌绿松石牌饰的初步研究 / 257

保罗·辛格第2件　赛克勒第1件　保罗·辛格第1件

1991年伦敦流散品　日本MIHO藏品

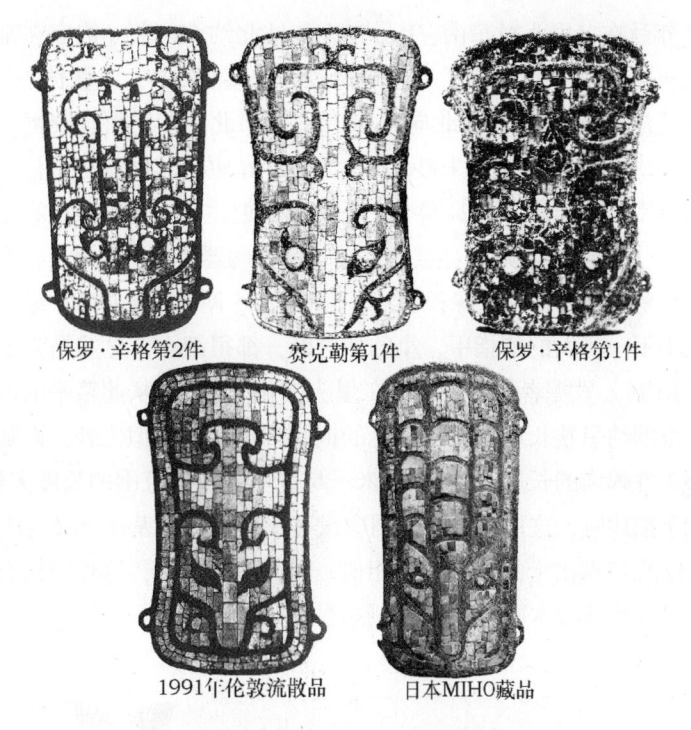

图 6　可能出自二里头遗址的 5 件铜牌饰流散品

二　其他材质镶嵌牌饰的资料梳理

　　根据相关资料的梳理，二里头遗址还出土了四五件可能是没有铜质依托的镶嵌绿松石牌饰。据郑光先生报道，1995 年 IX 区的发掘在另一片祭祀区（C12）还发现了另外一座随葬牌饰墓（并说明墓主为小孩），属二里头文化四期。[①] 2000 年夏，杨美莉得郑氏帮助，在二里头工作站见到此件牌饰，据云这是没有青铜作依托的牌饰，绿松石小片应镶在皮革或木质的有机物基底上；小片中还有一对褐黄色的臣字眼（杨氏称为"杏仁眼"）玉片，镶出的纹饰可能与上述 84VIM11：7 接近；另外，此墓没有铜铃伴出。这些都是非常重要的信息，但遗憾的是，这座墓的资料同样至今也未发表，详情不得而知。尽管如此，此墓透露的信息启发我们，该遗址还存在另一类镶嵌牌饰。经过对已发表资料的仔细甄别，笔者又发现了几座可能随葬无铜托镶嵌牌饰的墓葬。

[①]　郑光：《偃师二里头遗址》，《中国考古学年鉴（1996）》，文物出版社 1998 年版。

1975年秋在二里头村东南、1号夯土基址北约550米（按应在宫城以北的墓葬及祭祀遗存区）发掘了一座规模较大的墓ⅥKM3，此墓长2.3米、宽1.26米、残深约0.36米，南北向（357°）。西、北、东三面有较宽大的二层台，高10余厘米，墓底铺满朱砂，厚5厘米—6厘米。推测有木棺，但未见人骨。随葬品非常丰富，共24件分上下两层摆放，其中上层摆放高度大致与二层台相平（按或即棺顶），主要有铜器4件、陶器2件、石磬1件等，另在西北有一片范围整齐排列着绿松石片，面积有25厘米×6厘米。绿松石片的形状、大小不一，大的如指甲，小的如芝麻，都很细小，显然是为了组成某种图案（图7）。发掘者将此墓断在二里头文化三期。[①] 从此墓平面图看，这片绿松石范围约呈狭长梯形，与常见的铜牌饰形状有相似之处，而赛克勒博物馆藏第3件牌饰的长度为26余厘米，与这片绿松石范围的长度大致相同。从报告文字描述看，这片绿松石范围应没有铜质框架或基座，又与上述1995年Ⅸ区C12那座墓出土的镶嵌牌饰相似。因此笔者推测，这片绿松石范围很可能也是镶在皮质或木质基底上的非铜托镶嵌牌饰。

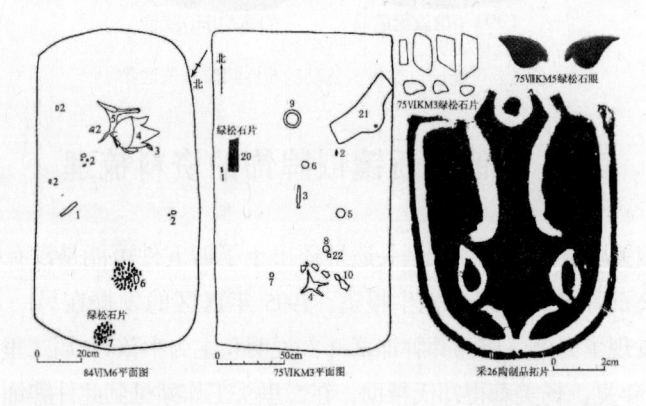

84ⅥM6随葬品：1. 玉柄形器 2. 绿松石块 3. 圆陶片 4. 陶盉 5. 铜爵 6. 绿松石串珠 7. 绿松石片

75ⅥKM3（上层）随葬品：1. 战斧（原称铜钺） 2. 铜戈 3. 玉柄形器 4. 铜爵 5—8、22. 圆陶片 9. 铜圆泡形器 10. 陶盉 20. 绿松石片 21. 石磬

图7 二里头遗址出土可能与镶嵌牌饰有关的遗存

[①] 中国社会科学院考古研究所：《偃师二里头：1959年~1978年考古发掘报告》，中国大百科全书出版社1999年版。小绿松石片线图见中国社会科学院考古研究所二里头工作队：《河南偃师二里头遗址新发现的铜器和玉器》，《考古》1976年第4期。

1984年秋，与上述ⅥM11同时发掘的还有M6，此墓长1.5米、宽0.8米—0.9米、残深约0.6米，南北向（347°）。底铺朱砂，未见人骨。随葬有铜爵1件、玉柄形器1件、陶盉1件、圆陶片1件、绿松石串饰1（150枚）件。发掘者将此墓断在二里头文化四期。从发表的墓葬平面图看，此墓靠近北壁还有一小片由绿松石片组成的范围，大约有10余平方厘米见方（又见图7）。尽管报道极为简略，考虑到此墓没有随葬可以镶这些绿松石片的其他器物，参考上述两例情况，我们推测这也可能是无铜托的镶嵌绿松石牌饰。上述1987年在Ⅵ区清理的ⅥM57，还同时出土了几件精巧小玉饰和大量绿松石小片，发掘者推测，它们原来应镶或黏在有机物上组成某种图案，后因有机物朽坏而散乱。故也可能是无铜托的镶嵌绿松石牌饰。上述1975年与ⅥKM3同时清理的还有ⅧKM5，因已被盗，只残留1件玉璧戚（早先的简报称为玉钺）和一对绿松石臣字眼薄片（还见图7）。发掘者将此墓断在二里头文化三期。这对臣字眼薄片与上述95Ⅸ区C12那座墓中的臣字眼玉片应属同类，而目前所见10件有臣字眼的铜牌饰，其臣字眼都是铸出来的，只是用圆形绿松石珠镶出眼珠。这种工艺上的差别也表明，单独存在的绿松石或玉质臣字眼应该是无铜托的兽面牌饰上的镶片。

1975年前后清理的还有几座二里头文化三期墓出土了若干小绿松石片，如ⅢKM1出土"若干"片、ⅢKM2出土26件、ⅤKM11出土172件。[①] 这3座都是规模较大的墓，但大都早年被盗掘或受乡民取土破坏，原报告对这些绿松石片报道很简略，也没有发表墓葬平面图，无法做出准确判断，不过从种种迹象推测，其中有的可能是无铜托的镶嵌牌饰，甚至属于镶嵌铜牌饰的可能性也不能排除（如ⅤKM11就同时残留"铜块"2件）。本文对此暂不统计在内。另外，1975年夏在四角楼村南发现了几件出自墓葬的铜器和玉器，主要包括铜爵1件、玉钺1件、玉刀1件、牙璋1件、玉柄形器1件、圆陶片1件，还采集到几十个小绿松石片，石片有的雕成"小动物"形[②]，现在看来这种形状像是臣字眼，可能与镶嵌有

[①] 中国社会科学院考古研究所：《偃师二里头：1959年~1978年考古发掘报告》，中国大百科全书出版社1999年版。

[②] 偃师县文化馆：《二里头遗址出土的铜器和玉器》，《考古》1978年第4期。

关。后来的发掘报告将它们定为一墓所出，编为 75ⅦM7。① 1980 年秋在Ⅲ区还清理了 1 座较大的墓葬 M2，从平面图看在靠近墓室东壁处有一小片绿松石范围，很像是镶嵌所为，但简报对此无文字介绍。② 这两座墓的详情不明，本文也暂不作统计。

除此之外，二里头遗址还出土了可能是仿制铜牌饰的陶制品。1978年以前曾在该遗址采集过 1 件陶制品（采 26），1999 年发表了此物拓片，并断在二里头文化四期（再见图 7）。③ 近年笔者曾在二里头工作队驻地见到这件标本，其个体较大较厚重，残高超过 10 厘米、宽近 10 厘米、厚约 2 厘米，周边可见明显的切割和塑形痕迹，中部上下贯穿一个大圆孔，显然是一件有意为之的作品，惜顶端凸出的部分已残失。平面上用稀疏粗壮的线条雕出一个兽面形象，以一对臣字眼为中心，之下是一对相背弯曲的獠牙，之上是一对长钩状线条（可能表示弯角），这种构图与上述铜牌饰的主纹饰比较近似，其顶端凸出的部分则与赛克勒第 3 件铜牌饰上端圭首形有相通之处。再加上尺寸大小也相仿，握在手中或佩挂起来都比较合适，所以推断它可能是一件铜牌饰实物的仿制品（并且可能是 1 件二里头早期的仿制品）。其实二里头遗址已出过少量仿铜陶器，如陶四足方鼎及四足小方杯等，可知当时确有仿制贵重铜礼器（或互相仿制）之风。

三　构图方向和佩戴方式问题

由上文梳理可知，二里头遗址出土的各种镶嵌绿松石牌饰远不止已发表的 3 件铜牌饰，总数应在 10—15 件以上，资料的增加使深入研究具备了更加坚实的基础。以下将以这批资料及 2002 年出土的镶嵌绿松石龙形器为基础，并参考其他墓葬资料和铜牌饰流散品等，对相关问题展开讨论。铜牌饰主纹饰的构图方向问题，涉及如何解释此类牌饰的寓意，尽管多数研究者对此并无多大分歧，但仍有少数人将牌饰倒置过来解读，造成了一些

---

① 中国社会科学院考古研究所：《偃师二里头：1959 年～1978 年考古发掘报告》，中国大百科全书出版社 1999 年版。

② 中国社会科学院考古研究所二里头工作队：《1980 年秋河南偃师二里头遗址发掘简报》，《考古》1984 年第 1 期。上述诸墓出土的镶嵌用小绿松石片，笔者近年曾在社科院考古所洛阳工作站初步调研过，其中多数都做成长方形，有些还可见圆形或臣字眼石片。

③ 中国社会科学院考古研究所：《偃师二里头：1959 年～1978 年考古发掘报告》，中国大百科全书出版社 1999 年版。

不确切的说法。所以有必要做一申论。起初发表这3件铜牌饰的发掘简报，都将牌饰的兽面或鸟面置于下方，身躯或羽冠在上方。最早对这种牌饰进行解读的李学勤先生也是如此看法，他把兽面或鸟面视为"饕餮面"，并认为饕餮顶上的纹饰是冠部。① 显然，这是以商周青铜器上饕餮纹的构图方向来解读的，事实上这也是多数人看待铜牌饰的共同认识，因为商周饕餮纹都是兽面在下、羽冠和角在上，就目前资料很少有例外的。另外，这3座墓的平面图也能透露出这一信息。87ⅥM57∶4这件牌饰虽然已滑落到墓壁一侧，还仍保留着兽面朝下的样子；81ⅤM4∶5铜牌饰虽然略有倾斜，也能看出鸟面在下方；84ⅥM11∶7尽管平面图画得比较简略，但显然基本没有移位，大致也应是兽面朝下的（图1、图3、图5）。

2002年春，二里头遗址ⅤM3随葬的大型镶嵌绿松石龙形器面世，为了解铜牌饰的构图方向提供了更直接的证据。② 这件龙形器出土时局部（尤其面部）有些散乱，不过经李存信和笔者的复原，已经基本可见其原貌了，这是一条长达60多厘米、有着梯形兽面和扭动身躯的神龙，其用工之巨、制作之精、体量之大、形象之生动，都是该遗址迄今出土的所有绿松石镶嵌作品所仅见的（图8）。③ 经比较，与这条神龙最相像的铜牌饰，是美国收藏家保罗·辛格医生收藏的第2件牌饰，只不过前者是一首单体龙，后者为一首双体龙④，但都是兽面在下、身躯在上的构图方向。以此，与辛格这件牌饰主纹饰最相近的赛克勒博物馆第1件牌饰、尤其上述二里头84ⅥM11∶7牌饰等，也都可如是观。赛克勒博物馆第3件铜牌饰尽管上面多出了一个圭首形，但牌饰主体部分的构图仍是兽面在下、身躯在上。至于二里头81ⅤM4∶5这件铜牌饰虽然是鸟面而非兽面，但其与台北故宫收藏的一件玉圭上雕刻的头戴高羽冠神像非常相像，这个高羽冠神像诸家都认为是表达神鸟崇拜的产物⑤，即应是鸟面在下、高羽冠在

---

① 李学勤：《论二里头文化的饕餮纹铜饰》，《中国文物报》1991年10月20日，收入其著《走进疑古时代》（修订本），辽宁大学出版社1997年版。

② 中国社会科学院考古研究所二里头工作队：《河南偃师市二里头遗址中心区的考古新发现》，《考古》2005年第7期。

③ 李存信：《二里头龙形器的清理与仿制复原》，《中原文物》2006年第4期。

④ 拙文：《记保罗·辛格医生所藏第二件镶嵌铜牌饰》，《中国文物报》2010年9月17日7版。

⑤ 邓淑苹：《雕有神祖面纹与相关纹饰的有刃玉器》，《刘敦愿先生纪念文集》，山东大学出版社1998年版。

上，81ⅤM4∶5 牌饰无疑也应如此（图9），87ⅥM57∶4 铜牌饰的构图方向则应与 81ⅤM4∶5 相同。上述那些无铜托镶嵌牌饰可能有一部分的纹饰构图与铜牌饰类似，但因为资料未发表，对其细节尚不宜遽断。①

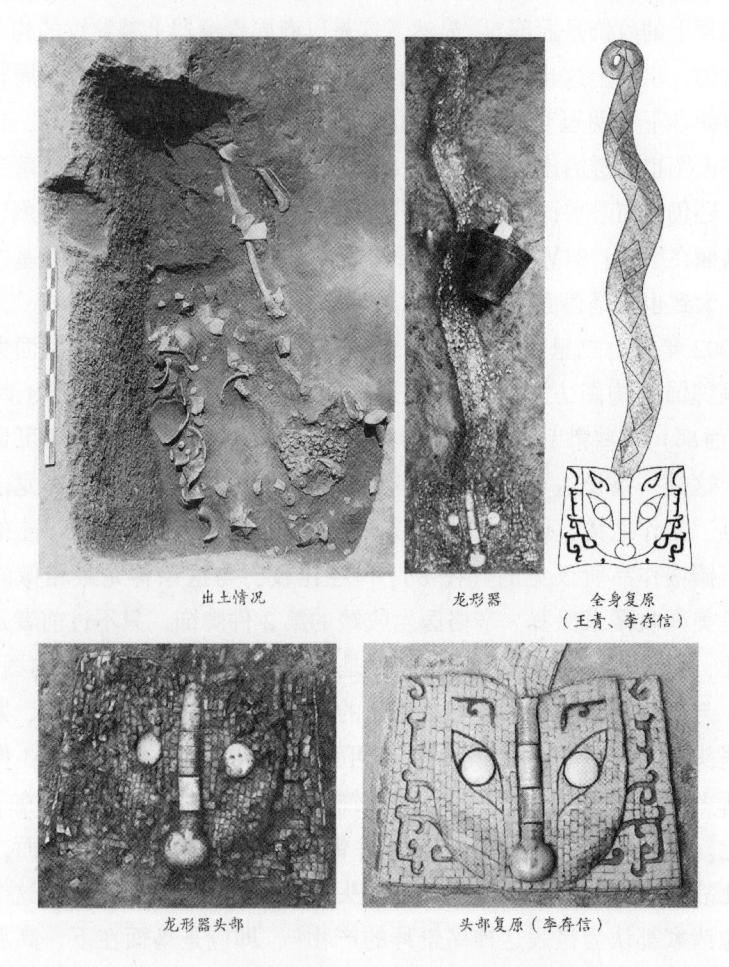

出土情况　　　　龙形器　　全身复原（王青、李存信）

龙形器头部　　　头部复原（李存信）

图8　02ⅤM3 绿松石龙形器的出土情况及复原

---

① 承蒙栾丰实先生告知，山东日照两城镇遗址在 2000 年发掘的 1 座龙山文化中期墓葬，干手腕部位有一片小绿松石片范围，后取回清理。据笔者所见约有 30 厘米长，绿松石小片多有散乱，局部排列较为整齐，应镶在已朽有机物基底上，整体似一条扭动的龙，与二里头 02ⅤM3 镶嵌龙形器有相似之处。旁边还有一堆小石子，大约是装在袋子里做成"响器"用的。另外，1998 年在山西临汾下靳发掘了陶寺文化墓地，其中有的墓在人骨腕部戴有绿松石镶嵌牌饰，但镶得比较杂乱，看不出纹饰规律。见下靳考古队《山西临汾下靳墓地发掘简报》，《文物》1998 年第 12 期。这些发现提示我们，二里头遗址出土的无铜托牌饰镶出的纹饰可能不一定都和铜牌饰一样。

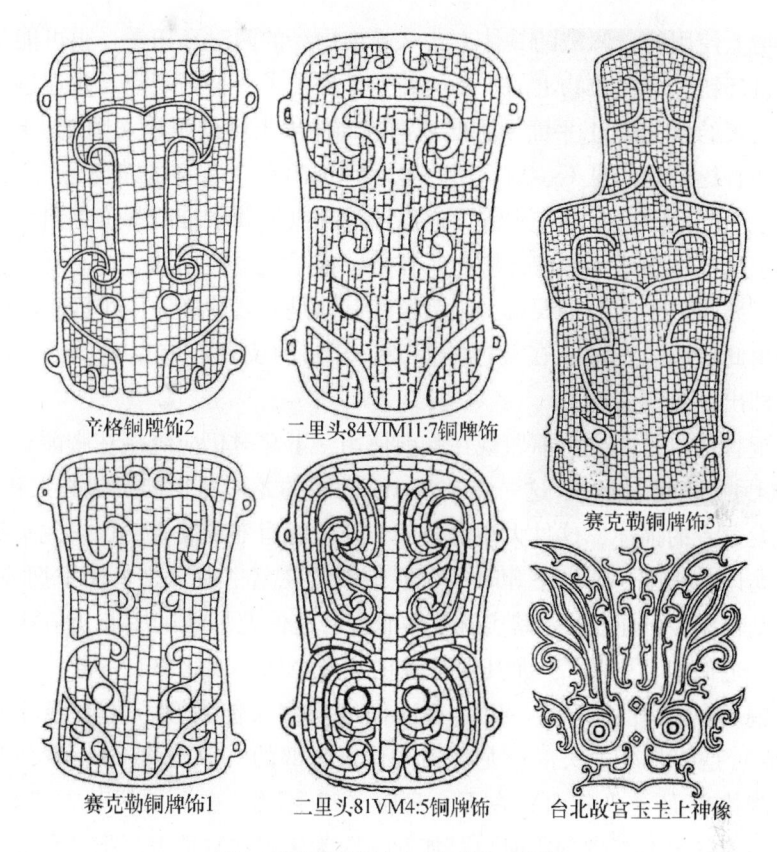

二里头遗址出土镶嵌绿松石牌饰的初步研究 / 263

辛格铜牌饰2　　二里头84VIM11:7铜牌饰

赛克勒铜牌饰1　　二里头81VM4:5铜牌饰　　赛克勒铜牌饰3

台北故宫玉圭上神像

图9　铜牌饰构图方向及佩戴方式举例

关于铜牌饰的佩戴方式问题，也可以通过墓葬出土场景来分析。这3座墓尽管人骨无存，但都出土了绿松石管或海贝串成的项饰，可以借此大致推测头向位置。从墓葬平面图看，81ⅤM4随葬的2件绿松石管在墓室北部，墓主应头向北，其牌饰尽管有所倾斜，但基本在墓室中部一带，也就是墓主胸前位置，与铜铃（及铃舌）靠得很近。84ⅥM11在墓室南部玉圭、玉刀附近出有一些海贝，墓主应头向南，其牌饰也在墓室中部，并且上面压了一串海贝项饰，可以确定基本没有移位即在墓主胸前（铜铃则滑落到西侧）。87ⅥM57在墓室北部出有一些贝壳和绿松石管，墓主应头向北，但其牌饰出在靠近墓壁位置，所以有人认为铜牌饰应是挂在腰间使用的，而此墓平面图显示铜铃仍在墓室中部，可知铜牌饰现在的位置应是埋藏过程中移位所致，其原位仍应在墓主胸前。以上这些发掘者在简报中已有所说明。根据这些证据，一般都认为铜牌饰应是墓主生前佩戴在胸前衣物上使用的,佩戴的具体方式从牌饰周缘的两对环钮看,很可能是绕线穿过环钮缝缀在衣物上的。杨美莉近年提出了一种新观点,她通过比对简报发表的 84ⅥM11 平面图和此墓铜牌饰的出土场景照片（图2、图3）,发现两者提供的信息不一致,照片显示牌饰出在"墓室的东侧边上",而墓葬平面图显示出在墓室中部,遂以照片提供的线索推测牌饰是出在墓主腕部位置,进而认为铜牌饰应是系在手臂或手腕上使用的。这一观点实际上是对照片产生的一种误解,因为照片其实是此墓清理完一半面积时拍摄的,由此造成了牌饰靠在墓边的假象,真实的位置还应以墓葬平面图为准,即出在墓室中部。

铜牌饰应是墓主生前佩戴在胸前使用、下葬时仍应缝缀在胸前衣物上（可能另有织物包裹）,这一点 02ⅤM3 随葬的龙形器也能提供相关证据。按照发掘者的描述,这件大型器被放在墓主的肩部到髋骨部位,龙头朝西北,龙尾向东南,所以下葬时很可能是斜放在墓主右臂之上而呈拥揽状,铜铃则位于手的附近。[①] 其实就整体而言,这件龙形器的中心仍应在墓主胸前,近似于"怀抱",尤其铜铃就在龙身中部,彼此靠在一起,与铜牌饰和铜铃的位置关系相一致。不过仔细观察又能发现,龙形器的龙头（兽面）是朝向墓主头部、龙身朝向墓主脚部的（又见图8）,看似与上述铜牌饰兽面（或鸟面）在下、身躯（或羽冠）在上的佩戴方式相反。但这不意味着龙形器使用时也是如此,因为笔者在复原龙形器的兽面纹饰时发现,兽面底部的三排小绿松石片是横向错缝镶嵌的,这与其他多数部位的纵向顺缝镶嵌很不一样,有些石片的一侧还开有半圆形缺口,这些镶嵌方式应是为了承托整个面部的石片重量对底缘造成的压力,开缺口的石片则可以插销某种圆形小物,以进一步固定住底部石片防止松动。李存信先前已对此做了比较准确的复原（再见图8）。[②] 这说明龙形器应是龙头朝下竖立起来使用的,如果是平置（或其他方式）使用,恐怕不会如此费尽心思。[③] 可见这件龙形器还是头朝下竖置使用比较合理,只不过在下葬时被摆成头朝上与墓主头向一致,冯时先生认为这种安排应是助死者灵

[①] 中国社会科学院考古研究所二里头工作队:《河南偃师市二里头遗址中心区的考古新发现》,《考古》2005 年第 7 期。

[②] 李存信:《二里头龙形器的清理与仿制复原》,《中原文物》2006 年第 4 期。

[③] 拙文:《浅议二里头镶嵌龙形器的面部纹饰复原》,《早期夏文化与先商文化研究论文集》,科学出版社 2012 年版。

魂升天的意念使然①，笔者认为是很有道理的。

由此可以附带讨论一下铜牌饰下葬时的佩戴方向问题，这个问题与铜牌饰应有的佩戴方式有点差异。从上述分析中不难看出，铜牌饰在下葬时有两种佩戴方向：一是如81ⅤM4和87ⅥM57所见，为鸟面或兽面朝下，与墓主的头向相反，即铜牌饰是以观者的"正方向"下葬的，与铜牌饰应有的佩戴方式一致；二是如84ⅥM11所见，为兽面朝上，与墓主的头向一致，即铜牌饰是以观者的"反方向"下葬的，与铜牌饰应有的佩戴方式不一样。第一种情况与构图方向相一致，反映的应是铜牌饰使用时的正常状态，比较好理解；第二种情况则与铜牌饰的使用状态相反，看似不太好理解，但这种情况却与02ⅤM3那件龙形器下葬时的状态一致，所以还应该像冯时解释的那样，是助死者灵魂升天的意念使然。

四　定名和功用问题

近年，冯时曾撰长文详细讨论了02ⅤM3随葬龙形器的定名、功用和墓主身份问题，认为此器是先秦文献所载的"大常之旃"，即三代早期天子之木质旌旗"大常"上的徽识（章）"旃"。② 这一考证对我们颇具启发意义。但正如上文所言，这件龙形器应是龙头朝下竖立起来使用比较合理，而如果像冯文所引诸多金文资料显示的，先秦旌旗应是横置使用的，其上的徽识则是头朝上竖立的（图10右），那么理应龙形器兽面的顶部应横镶绿松石片，并在相应部位做出销孔以便进一步固定石片（龙尾也应如此），但实际情况并非如此。这说明，这件龙形器很可能并非先秦的"大常之旃"。其实，早年安阳殷墟的发掘曾在西北冈M1001商王陵中清理出1件木雕交龙，长1.36米余，两条剪刀状相交的龙身略微凸起，并雕以菱形纹和三角纹，再涂上朱红彩绘，制作非常精细生动（图10左）。它错刻龙纹、设色彩绘，可能更接近于先秦木质旌旗上的徽识（画章），发掘者已推测为仪仗性用具（或乐器）。③ 龙形器与之相比既近似又有很

---

① 冯时：《二里头文化"常旃"及相关诸问题》，《考古学集刊》第17集，科学出版社2010年版。
② 同上。
③ 梁思永、高去寻：《侯家庄第二本·1001号大墓》，"中研院"历史语言研究所1962年出版。

大不同，尤其浑身镶满绿松石片比较厚重，还要头朝上使用，都不太合乎情理，于周制的旌旗也不太相合。据有关资料报道，北美洲西北部的印第安人中曾流行一种高达 1 米的铜牌，上面刻满持有者家族的图腾动物（如水獭）形象（图 11），并在类似"夸富宴"场合摆出来炫耀，作为自己拥有财富和身份地位的象征。[①] 虽然二里头遗址还没有发现过类似的铜制品，但是印第安人的铜牌启发我们，像龙形器这样的大型器物用作旌旗以外的其他仪仗性用具还是很有可能的。

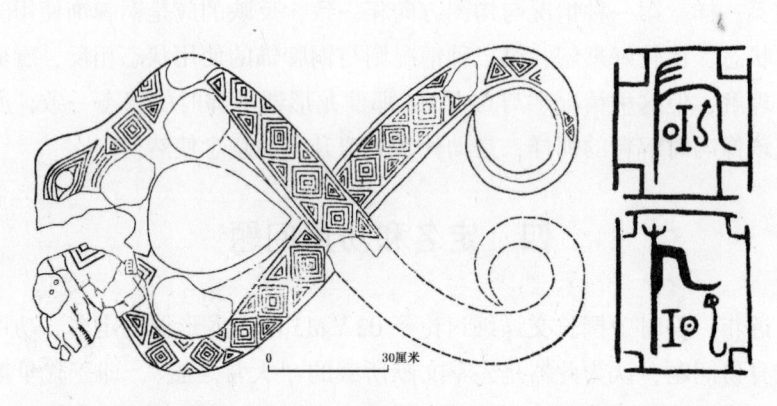

图 10　殷墟 M1001 商王陵出土的木雕交龙彩绘（左）及商代金文资料（右）

冯氏以其对龙形器的考证为基础进一步提出，现今二里头遗址已发表的 3 件铜牌饰可能也是旗幢上的画章（徽识），即 81ⅤM4∶5 为龙章、84ⅥM11∶7 为熊章、87ⅥM57∶4 为鸟章。其具体理由除了《诗经·周颂·载见》"龙旂阳阳，和铃央央"、《尔雅·释天》"有铃曰旂"等文献记载的旗铃往往配伍使用外，来自考古实物的理由主要有铜牌饰的四钮应是出于在旗幢上固定画章的需要，若佩戴于胸前则只需一两个钮即可，四钮颇显多余；铜牌饰及其同出的铜铃往往表面遗有织物朽痕或残片，表明旗幢似已以织品为之，但此时的织锦工艺还无力织出纹饰复杂的画章，遂以绿松石镶嵌的铜牌饰（及龙形器）作为旗帜上的徽识。这里需要说明的是，诸多文献记载及金义显示的旗铃配伍应多为西周以降的制度，能否推到夏商则在两可之间，譬如殷墟现已发现的 350 多件铜铃就多数系于狗颈上，少数也

[①] 高小刚：《图腾柱下——北美印第安文化漫记》，生活·读书·新知三联书店 1997 年版。

图11　北美洲西北印第安人（海达部落）的铜牌

是系在马项或象项之下①，与夏、周均不相同，可见制度变化之大。至于考古实物方面，设想相对比较沉重的铜牌饰佩戴于胸前需要四钮才能固定在衣物上似也合乎情理，四钮不见得就是多余，而以现在的考古发现说夏时的纺织工艺织不出纹饰复杂的织品固然未尝不可，但像上述殷墟商王陵随葬的木雕交龙那样，通过雕刻和彩绘来做出纹饰复杂的旌旗和画章倒是有可能的，例如二里头遗址就已发现了几十件漆木器②，其中有些从墓葬平面图看残存的面积较大，形状似长条形，只不过因发掘技术有限未能辨识为何物（参见图1）。

《左传·宣公三年》记载："昔夏之方有德也，远方图物，贡金九牧，铸鼎像物，百物而为之备，使民知神奸。故民入川泽山林，不逢不若，螭魅罔两，莫能逢之。用能协于上下，以承天休。"杜预注"远方图物"为"图画山川奇异之物而献之"，注"百物而为之备，使民知神奸"为"图鬼神百物之形，使民逆备之"，可见杜氏概以"山川鬼神"释"物"。《周礼·春官·司常》曰："掌九旗之物名，各有属，以待国事。"郑玄注："物名者，所画异物则异名也。属，谓徽识也。"受这些启发，林巳

① 中国社会科学院考古研究所：《殷墟的发现与研究》，科学出版社2001年版。
② 中国社会科学院考古研究所：《中国考古学·夏商卷》，中国社会科学出版社2003年版。

奈夫先生认为甲骨金文中的图像文字应是族徽，亦即先秦典籍记载的"物"或神灵。① 后来张光直先生又提出《宣公三年》的"物"应是"牺牲之物"，亦即"助巫觋通天地之动物"，并由此引申认为，商周青铜器上的动物纹样应是助理巫觋沟通天地的各种动物反映在青铜器上的形象。② 笔者以为，这些都是目前解读商周青铜器（当然包括夏代青铜器）装饰纹样的一个重要基础，但以此来推断二里头铜牌饰（及龙形器和其他无铜托牌饰）的原本定名，在目前资料下还是比较困难的，所以暂可把它们所装饰的纹饰笼统视为先秦相关文献所言的"物"的一种，反映的是神祖或"鬼神"形象，都是当时为祭祀神祖、沟通人神服务的用具。这可能是比较稳妥的做法。

冯时根据02ⅤM3墓主颈上戴海贝串饰的现象，并联系诸多殷商金文资料，提出墓主应为主河宗或河神祭祀的佣氏族长（河巫）。此说可能与不出龙形器或镶嵌牌饰的墓有时也有海贝串饰随葬不太相符（如84ⅥM9，参见附表1），但是冯氏引"龙为水物"为证甚有道理，祭祀河神也确是古来盛行的做法。笔者以前曾在李德方等人的基础上提出，铜牌饰应是当时祭司们在祭祀神祖时沟通人神的道具，在其他场合则是权力和身份的象征，总体来说就是社会显贵们维系传统和获取权力维护统治的一种重要礼器，其功用和同出的铜、玉礼器是相通的。③ 现在看来这一提法未免过于笼统和粗陋，最近笔者在复原二里头遗址出土残陶片上的神灵形象时发现，当时刻饰在陶器（主要有透底器、大口尊、盆等）上的神灵远比铜牌饰丰富，主要包括龙和鼋、龟（鳖）、鱼等，都是身披鳞甲的"鳞虫"类神灵（图12），再加上87ⅥM57：4铜牌饰上同样身披鳞甲的鳄鱼（鼍），与《国语·晋语》记载的"鼋鼍鱼鳖，莫不能化，唯人不能"颇有些相合，也就是说，夏人可能正是因为在实际生活中不断接触这些自然界中带鳞甲的动物，认识到它们都能在水中生存这一"唯人不能"之特性，才将它们当作神灵加以顶礼膜拜——夏人想像的神界应主要是水中诸神的世界，而龙作为"鳞虫之长"在诸神中应居于崇高地位，表现的应

---

① ［日］林巳奈夫：《殷周时代の图像记号》，《东方学报》第39册，1968年。
② 张光直：《商周青铜器上的动物纹样》，《中国青铜时代》，生活·读书·新知三联书店1982年版。
③ 拙文《镶嵌铜牌饰所见中国早期文明化进程问题》，《东方考古》第3集，科学出版社2004年版。

是以夏人的始祖神和祖先神（简称神祖）为中心的神界系统。① 此前诸家已引诸多文献史料证明，夏人是以龙为崇拜神或图腾神②，笔者的复原与之相合。这样看来，夏人的祭祀对象很可能就是以龙为中心的水中诸神。因此我们首先可以推断，各种镶嵌牌饰和龙形器以及其他装饰"鳞虫"的陶器如透底器、大口尊、盆等，应主要是用在隆重祭祀这些水中诸神的仪式上的器物，这些器物也正是通过自身装饰的神秘的神祖形象，而成为祭祀神祖仪式上沟通人神、祈福人间的法器。

图12　二里头遗址出土陶器上的神灵形象复原举例

---

① 拙稿：《二里头遗址出土雕刻类神灵形象的复原研究》，待刊。
② 朱乃诚：《二里头文化"龙"遗存研究》，李德方：《二里头遗址的龙纹与龙文化》，蔡运章：《绿松石龙图案与夏部族的图腾崇拜》，均收入《二里头遗址与二里头文化研究——中国·二里头遗址与二里头文化国际学术研讨会论文集》，科学出版社2006年版。

五　墓主身份问题

　　笔者此前提出当时存在祭司集团依据的主要是 3 座已发表的随葬铜牌饰墓，现在通过上文的梳理已经知道，二里头遗址实际已有不下 10 座墓出土了各种镶嵌牌饰，其中 80 年代以前发现的有七八座，占当时已发现的 18 座中型墓的将近一半（附表 1），[1] 再加上 1995 IX 区发现的 2 座墓、2002 年发现的 V M3 随葬龙形器墓，以及早年流失海外的 5 件铜牌饰（可能一墓一件），数量已相当可观，而且随着以后的发掘还会增加。这些墓葬的面积一般都在 2 平方米以上，墓底多铺朱砂，多有葬具，随葬铜器、玉器、漆器和陶器较丰富，与其他三四百座墓室狭小、随葬品很少的小型墓形成鲜明对照，所以我们可以确定，这些随葬各种镶嵌牌饰（及龙形器）的墓主，以及不随葬镶嵌牌饰的其他中型墓墓主，已能构成一个特殊的阶层——高级贵族阶层。从已发表的中型墓信息和该遗址重要遗存分布图看（附表 1、图 13），[2] 随葬或不随葬镶嵌牌饰的中型墓在分布格局上没有明显差别，它们都在宫城外东北及北面的墓葬和祭祀遗存区等地混杂分布（有论者认为这是以家族为单位居住和埋葬造成的[3]，看似差别不大，但问题并不止于此。

　　仔细分析这些中型墓我们发现，除了是否随葬镶嵌牌饰是明显的区别，其他随葬品的种类也存在一些差别，一是随葬镶嵌牌饰的墓不出玉牙璋，不随葬镶嵌牌饰的墓则出玉牙璋，后者如保存较好的 80 V M3[4]，已被盗扰的 75 VII KM7 和 76 III KM6 也是如此；[5] 二是随葬镶嵌牌饰的墓出玉璧戚而不出玉钺，不随葬镶嵌牌饰的墓则出玉钺不出玉璧戚，后者如保存较好的 80

---

[1]　中国社会科学院考古研究所：《中国考古学·夏商卷》，中国社会科学出版社 2003 年版，第 99—101 页表 2—1。

[2]　本文图 11 以许宏《二里头遗址及其区边地域的聚落考古学研究》图三为基础制成，《中国考古学与瑞典考古学——第一届中瑞考古学论坛文集》，科学出版社 2006 年版。此图公布的"贵族墓"有 30 余座，其中部分墓葬尚未发表。

[3]　李志鹏：《二里头文化墓葬研究》，《中国早期青铜文化——二里头文化专题研究》，科学出版社 2008 年版。

[4]　中国社会科学院考古研究所二里头工作队：《1980 年秋河南偃师二里头遗址发掘简报》，《考古》1984 年第 1 期。

[5]　中国社会科学院考古研究所：《偃师二里头：1959 年～1978 年考古发掘报告》，中国大百科全书出版社 1999 年版。

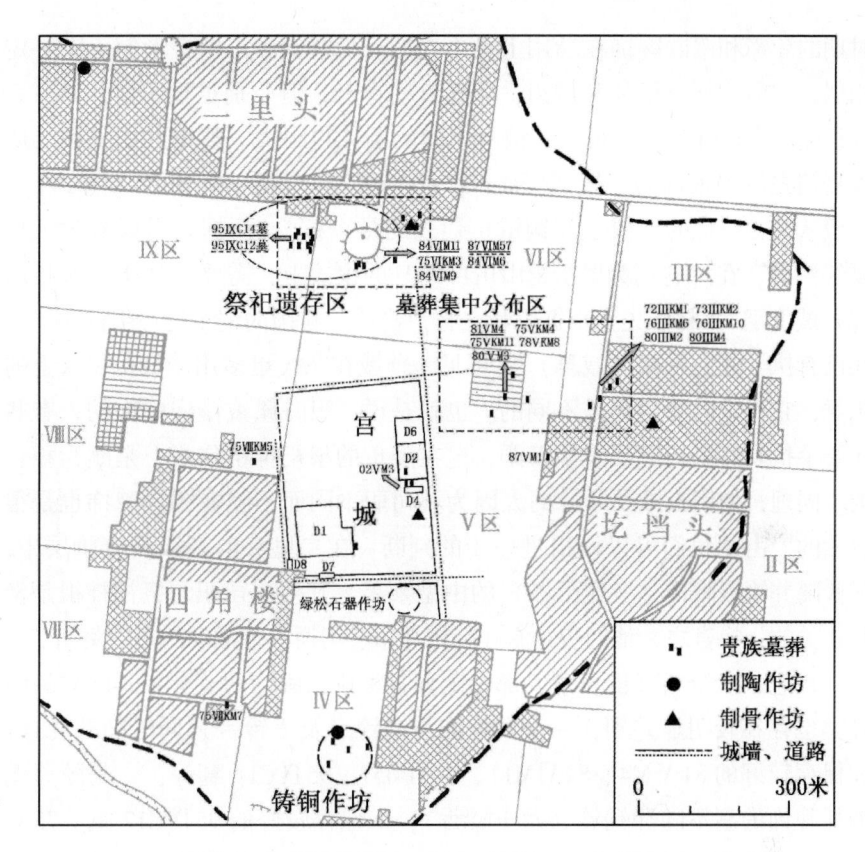

二里头遗址出土镶嵌绿松石牌饰的初步研究 / 271

墓号下带横实线者为随葬铜牌饰墓，墓号下带横虚线者为随葬非铜质牌饰墓，墓号下无标识者应为不随葬镶嵌牌饰墓

图 13　二里头遗址重要遗存分布图

ⅢM2①和 80ⅤM3，已被盗扰的 75ⅦKM7 也是如此（附表 1）。② 按照《周礼·典端》的记载，"牙璋以起军旅，以治兵守"。尽管这是后起的说法不一定正确，但与明确属于祭祀用器的镶嵌牌饰不出一墓，应意味着二里头

---

① 中国社会科学院考古研究所二里头工作队：《1980年秋河南偃师二里头遗址发掘简报》，《考古》1984年第1期。

② 1982年秋在二里头遗址Ⅸ区清理的1座二里头二期墓 M4，随葬有铜铃和玉铃舌各1件，同时还有玉钺1件（图见本文图11），这与本文的有关论断好像有些矛盾，但简报已说明此墓（及M5）已被乡民取土扰乱。特此说明。见中国社会科学院考古研究所二里头工作队《1982年秋偃师二里头遗址九区发掘简报》，《考古》1985年第12期。还要说明的是，二里头随葬各种镶嵌牌饰的墓有些还随葬了铜"战斧"和铜戈、玉戈等（如75ⅥKM3、87ⅥM57等，详见附表1），这些器物与玉钺、牙璋的功用有何异同，还需要进一步研究。

时期的牙璋和镶嵌牌饰在功用上是不同的。玉璧戚和玉钺在形制上有一定相似，如前者都有扉牙和齿刃，后者有些也有；但差别也很明显，如前者的顶端和刃部外弧程度很大，钺身中间的圆孔也很大，整体形如玉璧（所以夏鼐先生主张称为"璧戚"①），后者在这几点上都不如前者（图14）。② 一般认为，三代的玉钺（及铜钺）代表的是军权③，而据《吕氏春秋·仲夏纪》载，在"有司为民祈祀山川百原"的仪式上，需要"执干（按指盾牌）戚戈羽"，林沄先生根据甲骨文有"奏戚"祈雨的记录进一步推测，商代已有执干戚的乐舞（戚舞）。④ 可见，璧戚在三代更多用于祭祀仪式上的乐舞，它与钺的功用应是不同的。也就是说，当时佩戴镶嵌牌饰的人有些还要手执装好柲的璧戚表演舞蹈，这在隆重的祭祀神祖仪式上是颇为相合的。同理，使用玉钺及牙璋的人因为其司职不同而不随葬镶嵌牌饰也是很自然的。由此我们可以做出进一步的判断：在二里头的高级贵族阶层中，那些随葬镶嵌牌饰（及龙形器）的中型墓墓主其生前司职与祭祀神祖是密切相关的，换言之，他们应是专守祭祀神祖、沟通人神活动的祭司集团。

再进一步分析又能发现，那些随葬各种镶嵌牌饰的墓葬，其随葬品的种类也存在较明显差别，一是铜牌饰与铜铃（及玉铃舌）同时随葬的墓，如保存较好的 81ⅤM4、84ⅥM11、87ⅥM57、95ⅨC14 墓等；二是随葬无铜托牌饰的墓不随葬铜铃（及玉铃舌），如保存较好的 95ⅨC12 墓、75ⅥKM3、84ⅥM6 等（附表1）；三是无铜托牌饰的出土位置往往不在墓主胸前。只有 87ⅥM57 除外，此墓的铜牌饰、铜铃可能与无铜托牌饰同出，对这个例外笔者尚无法做出合理解释，只能暂时搁置。⑤ 很多学者都已注意到铜牌饰与铜铃伴出的现象，02ⅤM3 的镶嵌龙形器与铜铃紧靠在一起出土更加验证了这一点，而随葬无铜托牌饰的墓不随葬铜铃又从另外的角度加深了这一点。近年朱乃诚曾以此为前提，并联系《左传·昭公二十

---

① 夏鼐：《商代玉器的分类、定名与用途》，《考古》1983年第5期。
② 本文图14采自郝炎峰《二里头文化玉器研究》第277页图一、280页图三、283页图五，《中国早期青铜文化——二里头文化专题研究》，科学出版社2008年版。
③ 林沄：《说王》，《考古》1965年第6期。
④ 林沄：《说戚、我》，《古文字研究》第17辑，中华书局1989年版。本文引用的玉璧戚与林先生对玉"戚"的界定有差异，特此说明。
⑤ 如果用"助葬"行为来解释，则可能是与87ⅥM57墓主生前关系密切的人把自己的无铜托牌饰献给死者做了陪葬品。但目前二里头出土的无铜托牌饰都未详细发表，无法做进一步分析，只能暂时搁置不议。

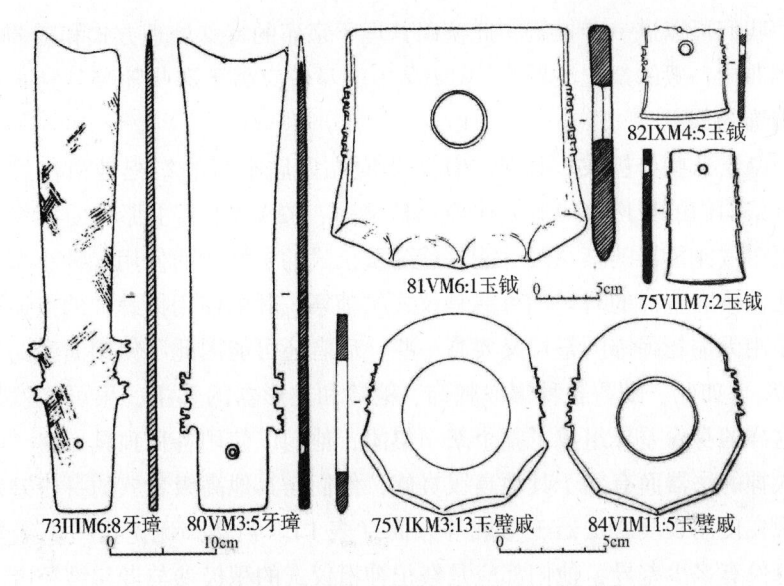

图14 二里头遗址墓葬出土的玉钺、璧戚、牙璋举例

九年》那段有关虞夏时期豢龙氏和御龙氏会驯养龙的记载，认为当时似有驯养龙的专门人才，铜铃的功用之一就可能与驯养龙的工具有关。此论可备一说，不过从本文的分析出发，既然龙形器和镶嵌牌饰都是祭祀神祖仪式上的法器，铜铃不如视为这隆重仪式上使用的演奏乐器亦即法器更加稳妥，它与璧戚（还应有漆鼓、石磬等）配合所呈现的乐舞正能渲染仪式的神秘气氛，也与我国古代素有"乐以娱神"的说法相合。也就是说，是否拥有铜铃这种法器很可能是祭司之间身份差别的表现之一，使用铜铃的祭司可能身份更高一些。

进一步设想，那些有铜质依托的牌饰可能会因为工艺较复杂而成为更贵重的法器之一，那些无铜托的牌饰则因为工艺略显简单而可能属于低一等级的法器，进言之，各种镶嵌牌饰有无铜质依托也应是祭司们显示身份差别的另一个表现。而这一差别又是与有无铜铃的差别相对应的，恐怕不会事出偶然。当然，在这些祭祀法器中，那件镶嵌绿松石的大型龙形器无疑是最令人瞩目的法器之一，其工艺和体量上的优势已无须多言，随葬此器的02ⅤM3埋在宫城内3号基址的庭院中也格外特殊，与那些埋在城外的中型墓明显不同（图11）。根据近年的考古发掘已知3号夯土基址很可能与其上叠压的2号基址一样，也属于宗庙一类建筑，杜金鹏曾据此推测，02ⅤM3墓主的生前职司应是宗庙的日常管理者和祭祖活动的参与者。我们可以进一步推测,此墓以其埋于宗庙的特殊处理方式和随葬龙形器等非同一般的祭祀法器①,表明墓主的身份应高于那些随葬各种小型镶嵌牌饰的墓主。②

基于这些分析我们认为,作为当时在宗庙举行的祭祀神祖仪式的主角,祭司们的身份也应有主次或高低之分,02ⅤM3墓主那位使用仪仗性法器镶嵌龙形器的祭司很可能是这隆重仪式的主祭,而使用各种小型佩挂式法器镶嵌牌饰的祭司很可能是仪式的辅祭,其中使用铜牌饰的祭司身份比使用无铜托牌饰的祭司又要高一些,后者还可能因此不使用演奏式法器铜铃。③ 如此,随葬各种镶嵌牌饰、铜铃和龙形器的墓主,很可能就是通过这样的身份差异组成了整个祭司集团,他们以使用各种独具一格、能沟通人神的法器而有别于其他高级贵族,他们与其他高级贵族的身份差别还表现在使用表演式法器玉璧戚等方面(表1)。当然,无论这些高级贵族的身份有多少差异,他们都应是祭祀神祖仪式的积极参与者和维护者,以达到维系传统、加强统治的根本目的,而作为国君的"夏后"应是祭祀神祖仪式的最高主持者和最大受益者,这几乎是可以肯定的了。

表1　　　　　　　　二里头遗址高级贵族身份差异概览表

身份			随葬品	埋葬位置	典型墓例
祭司集团	主祭	祭祖法器	镶嵌龙形器、铜铃等	宫城内宗庙中	02ⅤM3
	辅祭一		镶嵌铜牌饰、铜铃、玉璧戚等	宫城外东北和北面的墓葬及祭祀遗存区等地	81ⅤM4、84ⅥM11、87ⅥM57、95ⅨC14墓
	辅祭二		无铜托镶嵌牌饰、玉璧戚等		95ⅨC12墓、75ⅥKM3
其他高级贵族		非祭祖法器	玉钺、玉牙璋等		76ⅢKM10、80ⅤM3、80ⅢM2、84ⅥM9

注:1. 本表以二里头遗址已发表的保存较好中型墓资料为基础;2. 本表仅从是否随葬本文所论祭祀用法器角度划分;3. 典型墓例中并非每墓都随葬了标识各自身份的全部器物。

---

① 此墓还随葬有鸟首玉饰1件,一组3件的斗笠状小白陶器等。其中后者位于墓主头骨上方,可能是头饰或冠饰组件。这些都是罕见的发现,当与墓主的祭司身份有关。详见中国社会科学院考古研究所二里头工作队《河南偃师市二里头遗址中心区的考古新发现》,《考古》2005年第7期。

② 许宏先生也有类似看法。见其著《最早的中国》,科学出版社2009年版,第154页。

③ 本文在这里将各种身份的祭司描述为"同时共存"的人物,但现有中型墓资料表明,他们实际上分属于二里头文化二期至四期的不同时段。看来还有待更多发现来充实这一"共存"的场景。

综上所述，二里头遗址目前能确定出土的各种镶嵌绿松石牌饰已有 10 件左右，其中铜牌饰和无铜托牌饰大约各占一半。而早年流失海外的镶嵌绿松石铜牌饰中有 5 件左右原本也应出自二里头遗址，另有几座墓因情况不明，本文暂未统计在内。但遗憾的是，该遗址迄今正式发表的只有 3 件铜牌饰，其余因未正式发表或报道资料不全，无法做出更详细的梳理和分析。尽管如此，现在已看得很清楚，二里头遗址是"早期中国"阶段生产和使用各种绿松石制品最多的两个都邑遗址之一（另一个是殷墟），这些绿松石制品也正是反映和表达"早期中国"文化传统的重要载体之一，其无可替代的研究价值不言而喻，因此希望更多资料能尽快发表。

附表 1　　　　　　　　　　二里头遗址中型墓统计表

墓葬	分期	面积及方向	位置	镶嵌龙形器、牌饰、铜铃及玉铃舌（件）	其他随葬品（件）	备注
02ⅤM3	二期	2.24 米 ×1.1 米，356°	宫城东部 3 号夯土基址内	龙形器、铜铃 1、玉铃舌 1	玉器、绿松石珠、白陶器、漆器、陶器和海贝等上百件（枚）	局部被打破
81ⅤM4	二期偏晚	2.5 米 ×1.16 米，南北向	宫城东北的墓葬集中区	铜牌饰 1、铜铃 1、玉铃舌 1	玉柄形器、绿松石管 1、陶盉 1、圆陶片 2、漆器（钵、鼓等）5	保存较好
95ⅨC14 墓	二期偏晚	未知	宫城以北的祭祀遗存区	铜牌饰 1、铜铃 1、玉铃舌 1	未知	此墓未发表
80ⅢM4	三期	2.15 米 ×1.3 米，358°	宫城东北的墓葬集中区	铜牌饰（铜尖状器）1，其他不明	陶盉及陶爵残片，绿松石片及绿松石管 200 余，其他不明	早年被盗
84ⅥM11	四期	2 米 × 0.95 米，345°	宫城以北的墓葬及祭祀遗存区	铜牌饰 1、铜铃 1、玉铃舌 1	铜爵 1、玉圭 1、刀 1、璧戚 1、柄形器 1、绿松石管 2、陶盉 1、爵 1、圆陶片 6、漆盒 1、海贝 58、大扇贝 1	保存较好
87ⅥM57	四期	约 2 米 ×1 米，南北向	宫城以北的墓葬及祭祀遗存区	铜牌饰 1、铜铃 1、玉铃舌 1，无铜托牌饰 1（绿松石片）	铜爵 1、刀 1、玉刀 1、戈 1、月牙形器 1、柄形器 2、绿松石珠 2、陶盉 1、簋 1、盆 1、罐 1、圆陶片 5、石铲 1、贝壳 5、漆器（觚?）	保存较好

续表

墓葬	分期	面积及方向	位置	镶嵌龙形器、牌饰、铜铃及玉铃舌（件）	其他随葬品（件）	备注
75ⅥKM3	三期	2.3米×1.26米，357°	宫城以北的墓葬及祭祀遗存区	无铜托牌饰1（绿松石片范围）	上层：铜爵1、战斧1、戈1、圆泡形器1、玉柄形器1、陶盉1、圆陶片5、石磬1；下层：铜圆形器2、玉圭1、戈1、璧戚1、绿松石三角形器2、骨串饰1、海贝若干	保存较好
75ⅧKM5	三期	不明	宫城以西数十米	无铜托牌饰1（绿松石眼1对）	玉璧戚1，余不明	乡民取土破坏
95ⅨC12墓	四期	未知	宫城以北的祭祀遗存区	无铜托牌饰1，无铜铃（及铃舌）	未知	此墓未发表
84ⅥM6	四期	1.5米×0.8—0.85米，340°	宫城以北的墓葬及祭祀遗存区	无铜托牌饰1（绿松石片范围）	铜爵1、玉柄形器1、绿松石串饰1、陶盉1、圆陶片1	保存较好
72ⅢKM1	三期	不明	宫城东北的墓葬集中区	"绿松石若干"暂不计	玉圭1、刀1、戈1、镯1、板1、残器3、圆陶片5、绿松石片、蚌珠若干，其他不明	乡民建窑破坏
73ⅢKM2	三期	2.9米×2.07米，南北向	宫城东北的墓葬集中区	"绿松石片26件"暂不计	玉柄形器1、陶盉1、圆陶片5、蚌镞1、绿松石片26，其他不明	已被盗扰
75ⅤKM11	三期	1.9米×0.94米	宫城东北的墓葬集中区	"绿松石片172件"暂不计	残铜块2、绿松石珠484、绿松石片172，其他不明	已被盗扰
80ⅢM2	三期	2.55米×1.2米，357°	宫城东北的墓葬集中区	"绿松石片"暂不计	铜爵2、刀1、玉圭1、玉钺1、陶爵1、盉1、盆1、圆陶片4、漆器、绿松石片	保存较好
75ⅦKM7	四期	不明	宫城外西南近300米	"绿松石片数十件"暂不计	铜爵1、玉刀1、牙璋1、钺1、柄形器1、圆陶片1、绿松石片数十件	已被扰乱
75ⅤKM4	三期	不明	宫城东北的墓葬集中区		镶嵌绿松石圆形铜器1、玉柄形器1，其他不明	乡民取土破坏
76ⅢKM6	三期	2.3米×1.38米，南北向	宫城东北的墓葬集中区		铜爵1、玉牙璋1、陶盉1、圆陶片6、漆器，其他不明	已被盗扰

续表

墓葬	分期	面积及方向	位置	镶嵌龙形器、牌饰、铜铃及玉铃舌（件）	其他随葬品（件）	备注
76ⅢKM10	三期	2.26 米 × 1.46 米，南北向	宫城东北的墓葬集中区		圆陶片3、漆器、绿松石珠2、绿松石管2	保存较好
80ⅤM3	三期	2.15 × 1.2 米，358°	宫城东北的墓葬集中区		玉钺1、牙璋2、坠饰1、陶爵1、盉1、罐1、瓮1、盆1、圆陶片1、绿松石珠2	保存较好
78ⅤKM8	三期	不明	宫城东北的墓葬集中区		铜爵1、圆陶片1，其他不明	平整土地破坏
84ⅥM9	四期	2.4 米 × 0.8 米—0.9 米，347°	宫城以北的墓葬及祭祀遗存区		铜爵1、斝1、玉柄形器1、陶盉1、篡1、大口尊1、罐1、器盖1、圆陶片3、漆觚1、海贝70、鹿角1	保存较好

注：1. 此表以《中国考古学·夏商卷》第99—101页之表2—1为基础制作；2. 此表的墓葬位置多数可见于图13。

本文为教育部"新世纪优秀人才支撑计划"、"111引智基地"和山东大学"泰山学者"科研专项经费资助完成。

（作者单位：山东大学文化遗产研究院）

牙璋研究与夏史史迹探索

朱乃诚

夏文化与夏史的考古学探索，自1959年开展豫西调查以来，已有55年了，并且主要是围绕二里头遗址的发掘与研究展开。在探索夏文化的面貌与界定方面，主要是从陶器入手，分析二里头文化陶器的基本特征、文化面貌及其在演变发展过程中各种文化因素的增减状况。而对于玉器，一直未被重视过。在夏文化与夏史探索过程中，玉器长期处于边缘化的研究状态。

然而，玉器，尤其是那些造型别致，制作精工、使用方式特殊，含义丰富，形制与文化内涵厚重的玉器，是当时社会上层贵族使用的一种特殊的用品，是探索夏文化与夏史的重要的实物资料。牙璋就是其中的一种重要的器类。

对牙璋的研究，清末吴大澂在《古玉图考》中就开始进行考证。20世纪初至30年代，一大批牙璋等玉器流出海外。20世纪后半叶，在北起长城、南至越南北部、西抵岷山脚下、东达于黄海岸边的这广袤的区域内，先后发现了百余件牙璋，吸引了许多研究者的探索，1994年更是组织专题学术讨论会进行研究，形成了一大批很有意义得研究成果。[①] 2004年以来又在河南巩义花地嘴[②]、陕西商洛东龙山等遗址发现牙璋[③]，有明确的考古层位和共存物，并且形制较为原始，为牙璋的研究注入了新的资料。这些研究基础的形

[①] 主要见：a. 夏鼐：《商代玉器的分类、定名和用途》，《考古》1983年第5期。b. 香港中文大学中国考古艺术研究中心：《南中国及邻近地区古文化研究》，香港中文大学出版社1994年版。c. 王永波，《耜形端刃器的分类与分期》，《考古学报》1996年第1期。

[②] 郑州市文物考古研究所、北京大学考古文博学院：《河南巩义市花地嘴遗址"新砦期"遗存》，《考古》2005年第6期，第4页，图二。

[③] a. 刘云辉：《陕西出土的古代玉器·夏商周篇》，《四川文物》2008年第5期。b. 陕西省考古研究院、商洛市博物馆：《陕西商洛市东龙山遗址仰韶与龙山时代遗存发掘简报》，《考古》2009年第12期。c. 陕西省考古研究院、商洛市博物馆：《商洛东龙山遗址I区发掘简报》，《考古与文物》2010年第4期。

成，使我们有条件对牙璋的形制演变及其有关问题展开新的探索。

本文主要是研究牙璋的形制特征、分布状况、年代与演变特点，探索夏史史迹。

一 牙璋的形制特征与分布情况

牙璋的基本形制是扁平长条形，上端通常宽于下端，上端磨出凹弧形（月牙形）刃部，下端为柄部，即"内"，插入或绑缚在木柄上，内上穿一孔以便于绑缚。其使用方式，依据河南偃师二里头遗址 80YLⅤM3 墓葬中两把牙璋的出土形式（图 1）①，以及四川广汉三星堆遗址二号祭祀坑出土的执璋铜人（图 2）②，可知牙璋的木柄，是与牙璋呈纵向安装的，并且比较短，使用者双手平执牙璋的柄，端刃朝上。这种使用方式的作用，牙璋通常是作为仪仗使用的。也许还有另外一种使用方式，即端刃向上，将柄部朝下插在某种依托物上，作为祭器使用。

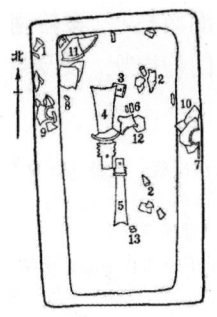

图 1　二里头 80YLⅤM3 平面图（4、5 为牙璋）　　图 2　三星堆 K2③: 325 铜持璋小人像

目前发现的玉石牙璋有近百件（不包括早年流传海外的牙璋）。主要分布在中原地区、陕北与陕南地区、山东东部地区、川西成都平原地区，湖北、湖南以及福建与广东沿海、香港也有零星的发现，在越南北部也发

---

① 中国社会科学院考古研究所二里头队：《1980 年秋河南偃师二里头遗址发掘简报》图七，《考古》1983 年第 3 期，第 202 页。

② 四川省文物考古研究所编：《三星堆祭祀坑》，文物出版社 1999 年版，第 235 页，图一三三。

现四件。依据这些牙璋的端刃形状、阑部以及阑部两侧扉牙的形态特征，将它们分为以下九型。

Ⅰ型，为"简单型"，即牙璋的阑与扉牙尚未发展成熟。以河南巩义花地嘴遗址 T17H40：1 牙璋为代表（图3）[①]，呈黑色，形制为长条形的长方形内，内正中穿一孔，为单面穿，正面孔径 1.11 厘米，另一面孔径 0.7 厘米。浅凹形端刃，刃部为全器的最宽、最薄处。两侧边从刃角斜弧形往下，并在下部形成由上而下逐步斜凸的阑角。阑角上刻五道凹槽，形成 5 个凸棱状的牙。全器长 30 厘米，厚 1.01 厘米。

这件牙璋出现阑角，使得内部分明。在阑角上刻五道浅凹槽是阑部两侧出扉牙的先兆。

Ⅱ型，为"一牙型"。以陕西神木石峁遗址 SSY：7 牙璋为代表（图4）[②]，在牙璋的阑部两侧边分别出一短小扉牙。全器长 26 厘米，刃宽 7 厘米，柄端厚 0.6 厘米。该型牙璋数量较多，有的体宽短，有的体窄长，但基本特征相同，都是在阑部两侧边分别出一短小扉牙。

这类牙璋分布很广，在陕北神木石峁[③]、山东东部的临沂大范庄[④]、海阳司马台[⑤]、五莲上万家沟北岭[⑥]、沂南罗圈峪村[⑦]、秦岭南侧丹江上游的商洛东龙山[⑧]、河南淅川下王岗[⑨]、湖南石门桅岗[⑩]，以及越南北部的永

[①] 中华玉文化中心、中华玉文化工作委员会编：《玉魂国魄：玉器·玉文化·夏代中国文明》，浙江古籍出版社 2013 年版，第 101 页。

[②] a. 戴应新：《石峁牙璋及其改作——石峁龙山文化玉器研究札记》，《南中国及邻近地区古文化研究》彩版 8.6，香港中文大学出版社 1994 年版。b. 中华玉文化中心、中华玉文化工作委员会编：《玉魂国魄：玉器·玉文化·夏代中国文明》，浙江古籍出版社 2013 年版，第 205 页。

[③] 戴应新：《陕西神木县石峁龙山文化遗址调查》，《考古》1977 年第 3 期。

[④] 冯沂：《山东临沂市大范庄调查》，《华夏考古》2004 年第 1 期。

[⑤] 王洪明：《山东省海阳县史前遗址调查》，《考古》1985 年第 12 期。

[⑥] 王永波：《关于刀形端刃器的几个问题》，《故宫文物月刊》第 135 期，1994 年。

[⑦] 山东省博物馆于秋伟、赵文俊：《山东沂南县发现一组玉、石器》，《考古》1998 年第 3 期。

[⑧] a. 陕西省考古研究院、商洛市博物馆：《陕西商洛市东龙山遗址仰韶与龙山时代遗存发掘简报》，《考古》2009 年第 12 期。b. 陕西省考古研究院、商洛市博物馆：《商洛东龙山遗址Ⅰ区发掘简报》，《考古与文物》2010 年第 4 期。c. 陕西省考古研究院、商洛市博物馆：《商洛东龙山》，科学出版社 2011 年版。

[⑨] 河南省文物研究所、长江流域规划办公室考古队河南分队：《淅川下王岗》，文物出版社 1989 年版，第 285 页。

[⑩] 王文建、龙西斌：《石门商时期遗存》，《湖南考古辑刊》第 4 辑，岳麓书社 1987 年版，第 17 页，图八.2。

富省佳唐村雄仁（Xom Ren）等地①，都有分布。在香港烂头岛东湾发现的一件牙璋与Ⅱ型牙璋接近。② 其中以石峁遗址发现得最多，约有20件，其次是山东东部，有4件。

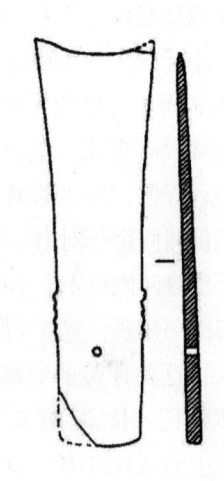

图3　花地嘴T17H40：1牙璋　　图4　石峁SSY7号牙璋　　图5　大范庄LD：211牙璋

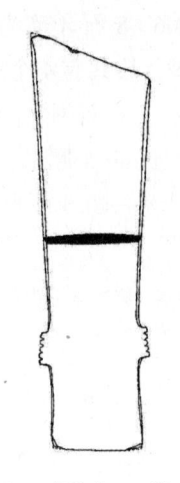

图6　虎林山M19②：4　　　图7　石峁SSY15号牙璋　　图8　石峁SSY17号
　　　石牙璋　　　　　　　　　　　　　　　　　　　　　　　牙璋

---

① a. Ha Van Tan, Yazhang in Viet Nan,《南中国及邻近地区古文化研究》彩版5.3，香港中文大学出版社1994年版。b. 王永波：《耜形端刃器的分类与分期》，《考古学报》1996年第1期，第37页，图二一.11。
② 陈公哲：《香港考古发掘》，《考古学报》1957年第4期，图版陆.8。

Ⅲ型，为"无阑有扉牙型"。以山东临沂大范庄遗址采集的 LD：211 牙璋为代表（图5）①，在柄部以上的两侧边出现由 4 个小牙组成的扉棱，牙极为短小。全器长 27.3 厘米，刃宽 8.1 厘米，厚 0.4 厘米—1.1 厘米。这件牙璋呈灰白色玉石，表面无光泽，比重较轻。沂南罗圈峪村发现的两件二个小牙的牙璋也属此型，只是二个小牙较为凸出而明显。② 福建漳州虎林山 M19②：4 石牙璋为五扉牙（图6）③，但左右两组五个扉牙之间的器表以及柄部没有穿孔。全器长 25.4 厘米，宽 4.8 厘米—6.4 厘米，厚 0.6 厘米。

Ⅳ型，为"单阑多扉牙型"。以石峁 SSY：15 号牙璋为代表（图7）④，在阑部两侧边分别出一组较复杂的扉棱，每组扉棱上有四个小扉牙，在阑部以上器身两侧出 3 个小扉牙，其中一侧残缺 1 小牙。全器长 30.6 厘米，上端的刃部一角残，宽 9.3 厘米，厚 0.4 厘米。石峁遗址发现的这类牙璋有 3 件。

这类牙璋的刃部，有的呈"Y"形。如石峁 SSY17 号牙璋（图8）⑤，体窄长，长 49 厘米，首部刃宽 7.8 厘米。阑部两侧边分别出一扉棱，扉棱上有 4 个小牙，在 4 个小牙之间还有 3 个更小一点的牙。在阑部以上器身两侧边另有 4 个小牙。端刃呈"Y"字形，刃角锐尖。

Ⅴ型，为"双阑简单扉牙型"。以二里头 73YLⅢKM6：8 石牙璋为代表（图9）⑥，形制为双阑、每阑都雕成一组带二扉牙的扉棱，故共有 4 个扉牙，器身两侧边斜直，宽凹弧形刃。在柄部的中部有一小穿孔，在双阑之间的边棱上亦呈锯齿形。出土时一面有朱砂痕，印有席纹。全器长 49.5 厘米，刃宽 8.7 厘米，内端宽 6.8 厘米，阑宽（包括扉棱齿牙）9.7 厘米—10.8 厘米。

---

① a. 冯沂：《山东临沂市大范庄调查》，《华夏考古》2004 年第 1 期，第 7 页，图四.3。b. 栾丰实：《海岱地区史前祭祀遗存二题》，《浙江省文物考古研究所学刊》第八辑（《纪念良渚遗址发现七十周年学术研讨会文集》），科学出版社 2006 年版，第 89 页，图三.2。

② 山东省博物馆于秋伟、赵文俊：《山东沂南县发现一组玉、石器》，《考古》1998 年第 3 期，第 90 页，图一.2、3。

③ 福建博物院、漳州市文管办、漳州市博物馆：《虎林山遗址》，海潮摄影艺术出版社 2003 年版，第 84 页，图七七.5，图版一四。

④ a. 戴应新：《石峁牙璋及其改作——石峁龙山文化玉器研究札记》，《南中国及邻近地区古文化研究》，香港中文大学出版社 1994 年版，彩版 8.4。b. 中华玉文化中心、中华玉文化工作委员会编：《玉魂国魄：玉器·玉文化·夏代中国文明》，浙江古籍出版社 2013 年版，第 264 页。

⑤ 戴应新：《石峁牙璋及其改作——石峁龙山文化玉器研究札记》，《南中国及邻近地区古文化研究》，香港中文大学出版社 1994 年版，彩版 8.6。

⑥ a. 中国社会科学院考古研究所：《偃师二里头》，中国大百科全书出版社 1999 年版，第 250 页，图 162.3。b. 香港中文大学中国考古艺术研究中心：《南中国及邻近地区古文化研究》，香港中文大学出版社 1994 年版，彩版 9.6。

这类牙璋除二里头遗址外，还见于四川三星堆遗址、福建与广东沿海等地。三星堆的这类牙璋，有端刃呈"Y"字形的。① 福建漳浦眉力出土的一件牙璋②、漳州虎林山 M13∶1 石牙璋（图10）③、广东东莞村头出土的一件牙璋④，似与此型牙璋接近。

Ⅵ型，为"双阑复杂扉牙型"，阑部扉牙形式多变。以二里头 80YLⅤM3∶4、5 两件牙璋为代表。

二里头 80YLⅤM3∶4 牙璋（图11）⑤，形体较为宽大，青灰色，器表两面都涂有一层朱红色颜料。形制为直边的长方形柄部，双阑，器身两侧边略内弧，宽弧形刃，刃部的宽度为整器的最宽处，在柄部接近阑处穿一孔。在下阑两侧分别形成由 4 个齿牙组成的扉棱，扉棱下部朝下出一齿牙。扉棱上的牙，细而尖，显示其制作较为精工。双阑之间的柄的两侧分别有两组扉棱 4 个齿牙。在上阑两侧略微凸出形成一扉牙。全器长 54 厘米。在器身上部的一侧边上有一小孔，镶嵌一圆绿松石片。这是目前发现的二里头文化牙璋中体量最大的一件。

二里头 80YLⅤM3∶5 牙璋（图12）⑥ 比前一件牙璋略小一点，亦为青灰色，只有一面器表涂朱红色颜料。其双阑与柄部的扉牙也与前一件相似但略有区别。在牙璋下阑的两侧边分别为由两组小扉棱组成的一个大扉棱。两组小扉棱中，下部小扉棱有 3 个扉牙，并且向下凸出，凸出面上有两个短牙；上部小扉棱有 2 个扉牙。在柄两侧边分别有一组扉棱 2 个扉牙。在上阑两侧边分别有一组扉棱 2 个扉牙，上部的扉牙还向上凸出。全器长 48.1 厘米。

---

① 古方主编：《中国出土玉器全集·四川重庆》，科学出版社 2005 年版，第 29 页。
② 曾凡：《关于福建和香港所出牙璋的探讨》，《南中国及邻近地区古文化研究》，香港中文大学出版社 1994 年版，彩版 10.4。
③ 福建博物院、漳州市文管办、漳州市博物馆：《虎林山遗址》，海潮摄影艺术出版社 2003 年版，第 51 页，图四八.1，图版一三。
④ 朱非素：《珠江三角洲贝丘、沙丘遗址和聚落形态》，《南中国及邻近地区古文化研究》，香港中文大学出版社 1994 年版，图 29.4。
⑤ a. 中国社会科学院考古研究所二里头队：《1980 年秋河南偃师二里头遗址发掘简报》图一〇.6，《考古》1983 年第 3 期，第 204 页。b. 中华玉文化中心、中华玉文化工作委员会编：《玉魂国魄：玉器·玉文化·夏代中国文明》，浙江古籍出版社 2013 年版，第 236、237 页。
⑥ a. 中国社会科学院考古研究所二里头队：《1980 年秋河南偃师二里头遗址发掘简报》图一〇.5，《考古》1983 年第 3 期，第 204 页。b. 中华玉文化中心、中华玉文化工作委员会编：《玉魂国魄：玉器·玉文化·夏代中国文明》，浙江古籍出版社 2013 年版，第 238、239 页。

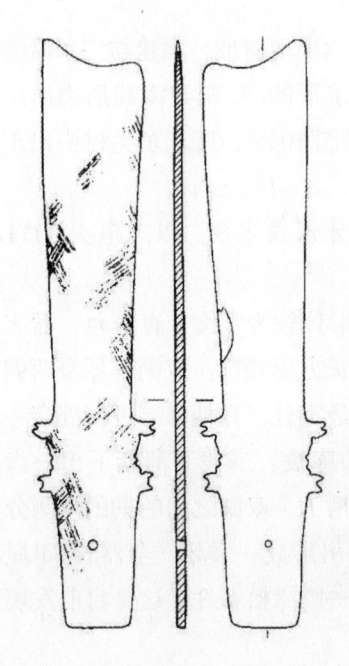

284 / 夏商都邑与文化(二)

图9 二里头73YLⅢKM6：8 牙璋 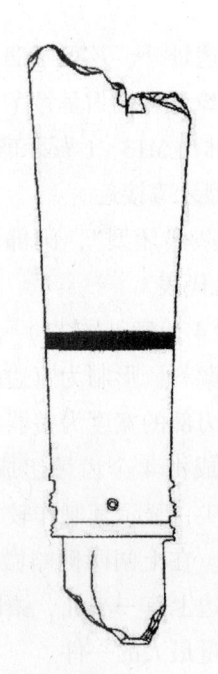　　图10 虎林山 M13：1 石牙璋 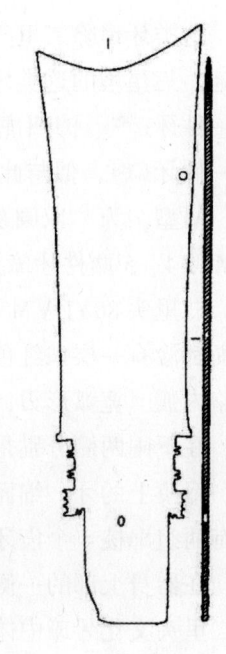　　图11 二里头80YLⅤM3：4 牙璋

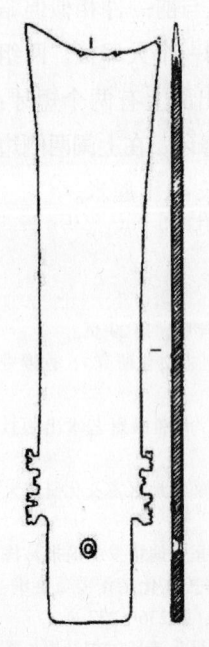

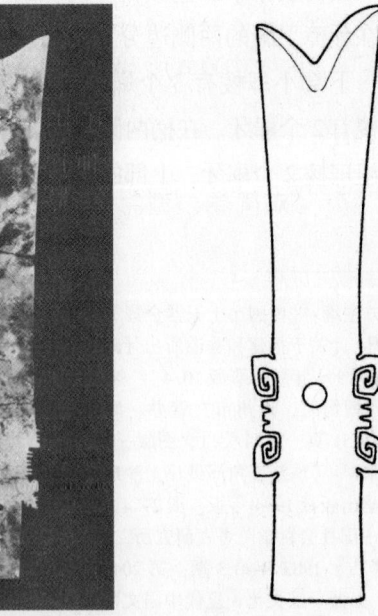

图12 二里头80YLⅤM3：5 牙璋 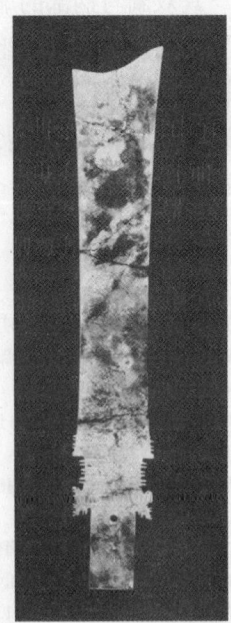　　图13 二里头75YLⅦKM7：5 牙璋　　图14 三星堆K2③：202—2 牙璋

二里头 80YLⅤM3：4、5 两件牙璋同出一墓，形制基本相同，都属二里头文化三期。而二里头 80YLⅤM3：5 牙璋的双阑及柄部的扉牙装饰比二里头 80YLⅤM3：4 牙璋略微复杂些，推测二里头 80YLⅤM3：5 牙璋的制作年代，可能比二里头 80YLⅤM3：4 牙璋的略微晚一点。

在河南新郑望京楼遗址发现的牙璋也属此型。[①]

Ⅶ型，为"双阑密集扉牙型"，以二里头 75YLⅦKM7：5 牙璋为代表（图 13）[②]，形体窄长，直边的长方形柄部，双阑都形成了复杂的扉棱，在阑部及双阑之间施刻密集的平行凹凸纹。器身两侧边略内弧，宽弧形刃，刃部的宽度为整器的最宽处。内部接近阑处穿一孔。在双阑上（包括扉棱）以及双阑之间的柄上，接近下阑部的内上，施刻密集的凹凸弦纹。在上阑两侧各有三组扉棱，其中下部扉棱不分齿牙，上部两个扉棱 4 个齿牙。在双阑之间的柄部两侧形成各有 3 组扉棱 6 个齿牙。在下阑两侧分别形成由两个小扉棱、每个小扉棱 4 个齿牙组成的一个多齿牙的大扉棱，还在大扉棱的下部朝下出 2 个齿牙。这些扉棱与齿牙，左右两两相对，排列密集而工整，显示了很高的工艺技术。全器长 48 厘米。属二里头文化四期。

这类牙璋的分布较广，除二里头遗址及其附近的中原地区如郑州二里岗杨庄[③]、许昌大路陈村外[④]，还见于四川广汉中兴乡月亮湾[⑤]、三星堆祭祀坑[⑥]、成都金沙[⑦]、越南北部的永富省冯原、雄仁（Xom Ren）等地。[⑧]

Ⅷ型，为"双阑卷云型"。以三星堆遗址二号祭祀坑 K2③202—2

[①] a. 赵炳焕、白秉乾：《河南省新郑县新发现的商代铜器和玉器》，《中原文物》1992 年第 1 期。b. 古方主编：《中国出土玉器全集·河南》，科学出版社 2005 年版，第 19 页。

[②] 古方主编：《中国出土玉器全集·河南》，科学出版社 2005 年版，第 12 页。

[③] a. 赵新来：《郑州二里岗发现的商代玉璋》，《文物》1966 年第 1 期。b. 香港中文大学中国考古艺术研究中心：《南中国及邻近地区古文化研究》，香港中文大学出版社 1994 年版，彩版 9.7。

[④] 叶万松：《从香港出土的牙璋谈中原古文化对岭南的传播和影响》，《南中国及邻近地区古文化研究》，香港中文大学出版社 1994 年版，彩版 9.5。

[⑤] a. 冯汉骥、童恩正：《记广汉出土的玉石器》，《文物》1979 年第 2 期。b. 邓淑苹：《"牙璋"研究》，《南中国及邻近地区古文化研究》，香港中文大学出版社 1994 年版。

[⑥] 四川省文物考古研究所编：《三星堆祭祀坑》，文物出版社 1999 年版。

[⑦] 古方主编：《中国出土玉器全集·四川重庆》，科学出版社 2005 年版，第 69 页。

[⑧] Ha Van Tan, Yazhang in Viet Nan,《南中国及邻近地区古文化研究》，香港中文大学出版社 1994 年版，彩版 5.1、4。

牙璋为代表（图14）①，双阑之间的阑部近方形，双阑四角呈卷云状，端刃呈"Y"字形。全器长28.2厘米。这类牙璋目前仅见于成都平原。

Ⅸ型，为"戈身双阑型"。以三星堆遗址一号祭祀坑K1∶151牙璋（图15）②与K1∶235—5牙璋（图16）③为代表，器身作戈型，刃为尖锋，或尖锋开叉，或开叉锋内有鸟禽、走兽类装饰④，阑部器表大都有平行的凹凸纹等装饰。这类牙璋目前仅见于成都平原。

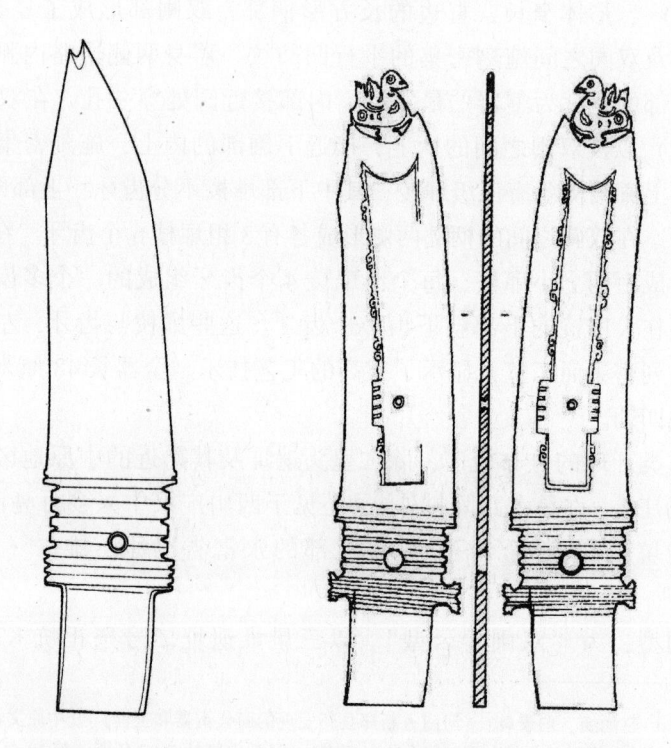

图15　三星堆K1∶151 戈形牙璋　　图16　三星堆K1∶235—5 戈形牙璋

以上九型牙璋的分布状况，见牙璋分布示意图（图17）。

---

① 四川省文物考古研究所编：《三星堆祭祀坑》，文物出版社1999年版，第363页，图二〇〇.2。
② 同上书，第68页，图三七.1。
③ 同上书，第81页，图四一.1。
④ 古方主编：《中国出土玉器全集·四川重庆》，科学出版社2005年版，第77页。

牙璋研究与夏史史迹探索 / 287

牙璋分布示意图

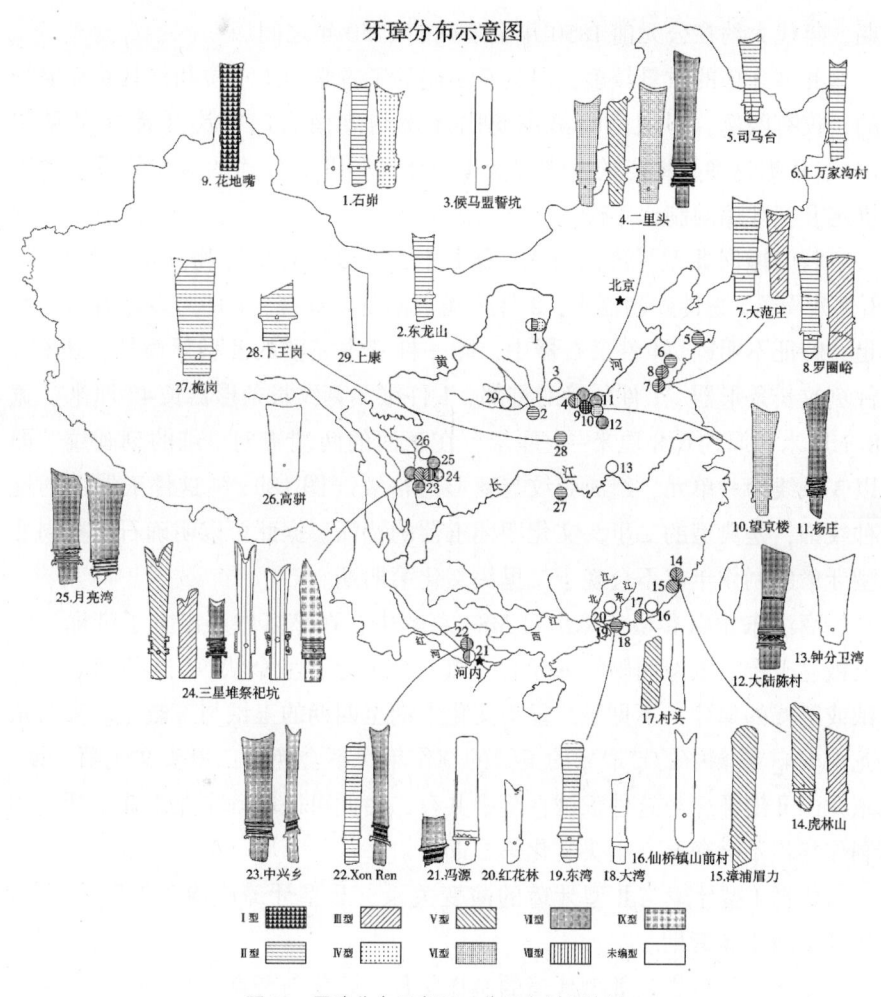

图17　牙璋分布示意图（此图由刘方绘制）

二　牙璋的年代与形制演变

以上分析的九型牙璋的形制演变，大致是从第Ⅰ型至第Ⅸ型的顺序排列，第Ⅰ型最早，第Ⅸ型最晚，其中不排除个别的两型之间有并行的年代与演变关系。

下面依据这些牙璋的出土情况，以及第Ⅰ型至第Ⅸ型牙璋的形制演变关系，简要分析推定这九型牙璋的制作年代。

Ⅰ型牙璋出自巩义花地嘴遗址新砦期祭祀坑内，考古学文化属新砦期，年代大约在公元前1850年至公元前1750年之间。①

Ⅱ型牙璋的数量较多，但具有明确的考古学出土单位和与其共存遗物的，仅有两例，即陕南商洛东龙山牙璋与湖南石门桅岗牙璋（又见图17）。依据这两处地点的发现以及Ⅰ型牙璋与Ⅱ型牙璋的演变关系，可以推定Ⅱ型牙璋的制作年代。

石门桅岗Ⅱ型牙璋出自M1墓葬中，该墓残存的遗物有4件玉石器、3件残陶器。3件残陶器中，2件为陶豆圈足的局部，1件为袋足器的一残足，特征不明确。4件玉石器中，除一件基本完整的Ⅱ型牙璋外，还有1件刻纹长条形器、1件牙璋的首部、1件钺。刻纹长条形器长48厘米，宽8.1厘米，厚约0.8厘米—1厘米，在正面的两端施刻很细的刻画纹，即以3条线为一单元，组成弦纹与菱形网格纹（图18）。② 这件玉器上的这种纹饰，是典型的二里头文化四期玉器的特征。据此可以明确石门桅岗Ⅱ型牙璋的制作年代不会晚于二里头文化第四期。

商洛东龙山Ⅱ型牙璋出自M83墓葬中，在该墓中还出土了带扉牙的玉钺、玉铲。玉钺两侧的扉牙为一组六个齿牙，呈伞状。③ 这种形态的玉钺或玉戚的扉牙，不见于二里头文化二期至四期的玉钺与玉戚上。表明东龙山M83墓葬中的带扉牙的玉钺的制作年代不会晚至二里头文化第二期。东龙山Ⅱ型牙璋与这件玉钺在墓中共存，由此可以明确东龙山Ⅱ型牙璋的制作年代不会晚至二里头文化第二期。

依据Ⅰ型牙璋与Ⅱ型牙璋的演变关系，Ⅱ型牙璋应晚于Ⅰ型牙璋。Ⅰ型牙璋属于新砦期。

至此，可以推定Ⅱ型牙璋的制作年代，晚于新砦期，早于二里头文化二期，大概在二里头文化一期，年代大约在公元前1750年至公元前1680年之间。

---

① 本文标注的新砦期的年代以及二里头文化一——四期的年代，依据以下两文公布的研究成果：1. 仇士华、蔡莲珍、张雪莲：《关于二里头文化的年代问题》，《二里头遗址与二里头文化研究》，科学出版社2006年版。2. 张雪莲、仇士华、蔡莲珍等：《新砦—二里头—二里岗文化考古年代序列的建立与完善》，《考古》2007年第8期。

② 王文建、龙西斌：《石门商时期遗存》，《湖南考古辑刊》第4辑，岳麓书社1987年版，第17页，图八.1。

③ a. 刘云辉：《陕西出土的古代玉器·夏商周篇》，《四川文物》2008年第5期，第54页，图2。b. 陕西省考古研究院、商洛市博物馆：《商洛东龙山》，科学出版社2011年版，图版七六.2。

Ⅲ型牙璋与Ⅳ型牙璋都没有明确的考古学出土单位和与其共存遗物。其中Ⅲ型牙璋的形制较为简略，因为没有明显的阑，容易将他们作为较为原始的形态。但大范庄Ⅲ型牙璋由4个小扉牙组成的扉棱形式，其两侧的牙凸形式不一致，显示其制作较为粗劣状况，与Ⅰ型牙璋（又见图3）的阑角侧边上刻五道浅凹槽形成的较为精工的凸棱状的扉牙，有明显的区别。大范庄Ⅲ型牙璋与四川成都金沙遗址出土的微型三扉牙牙璋的形式（图19）①，似有关系。推测大范庄4扉牙牙璋可能是一种多扉牙牙璋的简化形式，年代可能与Ⅳ型牙璋接近。

Ⅳ型牙璋晚于Ⅱ型牙璋，即可能晚于二里头文化一期；Ⅳ型牙璋又早于Ⅴ与Ⅵ型牙璋，Ⅴ与Ⅵ型牙璋属二里头文化三期，即Ⅳ型牙璋可能早于二里头文化三期。由此推测Ⅳ型牙璋的制作年代在二里头文化二期，大约在公元前1680年至公元前1610年之间。

Ⅴ型与Ⅵ型牙璋具有明确的考古学出土单位以及与之共存的其他出土物，已明确属二里头文化三期，他们的制作年代大约在公元前1610年至公元前1560年之间。其中Ⅴ型牙璋略早于Ⅵ型牙璋。

Ⅶ型牙璋在二里头遗址上已明确属二里头文化四期，其制作年代大约在公元前1560年至公元前1530年之间。

Ⅷ型牙璋仅见于三星堆遗址，其晚于Ⅶ型牙璋，其制作年代应在二里头文化四期之后，即公元前1530年之后。如果Ⅷ型牙璋最早见于成都平原地区，而在中原地区商代文化遗存中又不见，那么，Ⅷ型牙璋应是在三星堆文化时期在成都平原地区制作的，其制作年代可能在商代晚期或商代晚期之后。

Ⅸ型牙璋目前仅见于三星堆遗址一号祭祀坑与金沙遗址，也不见于中原地区商代遗存中，显然是在成都平原地区制作的。其制作年代似在商代晚期之后。需要注意的是，三星堆遗址二号祭祀坑中不见Ⅸ型牙璋，似表明三星堆遗址一号与二号两座祭祀坑的形成可能存在着年代上的先后区别。依据戈形璋的特征，推测Ⅸ型牙璋的制作年代应在商代晚期之后。

Ⅸ型牙璋的出现，标志着那种上端宽于下端、端刃、阑部富于装饰的扁平长条形牙璋发展历程的终结。牙璋的形制演变开始了戈形璋的新时代，戈形璋由此盛行。

---

① 古方主编：《中国出土玉器全集·四川重庆》，科学出版社2005年版，第73页。

从Ⅰ型牙璋至Ⅸ型牙璋的形制特征及其年代关系，可以看出牙璋的形制演变有如下的一些特点（图20）。

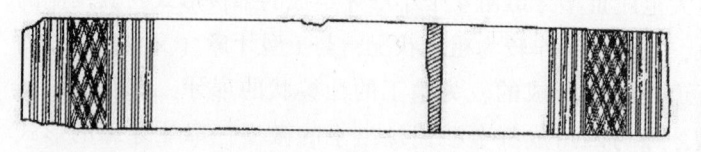

图18 椾岗 M1∶07 玉刻纹长条形器

图19 金沙微型三牙牙璋

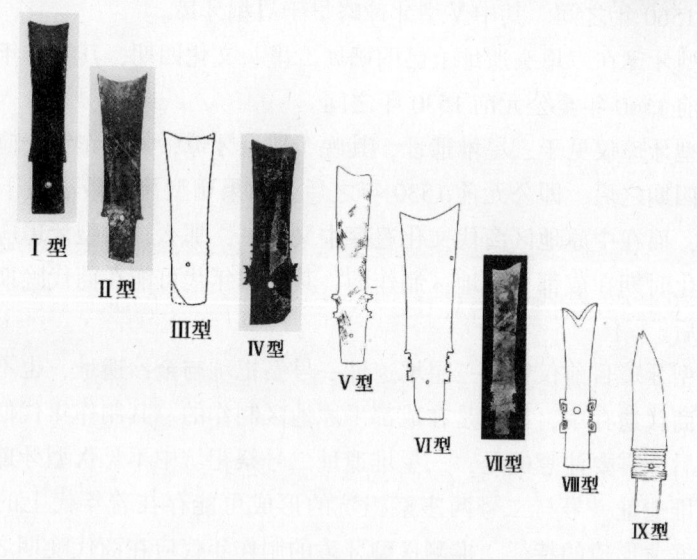

图20 牙璋形制演变示意图

（1）牙璋器形由小而大。如花地嘴新砦期Ⅰ型牙璋长仅30厘米，二里头文化三期、四期的Ⅴ型、Ⅵ型、Ⅶ型牙璋的长度在48厘米—54厘米。牙璋发展到后期，即金沙遗址时期，出现微型牙璋。这种微型牙璋是为明器，是牙璋发展至衰亡阶段出现的现象。

（2）牙璋的刃部由平凹至浅凹或深凹，从Ⅳ型牙璋开始出现"Y"形。

（3）牙璋的阑部由不突出而逐渐鲜明，由阑角而双阑，并在阑部饰凹凸弦纹或菱形网格纹。

（4）牙璋的扉牙由不明显、弱小而发达，由单一而繁杂。

牙璋形制演变的这些特点，最主要的是表现在牙璋的阑部与扉牙的形式方面。这种局部形制的变化应是与使用方式及装饰意图有关。

其中Ⅰ型牙璋的阑角上刻五道凹槽而形成的5个凸棱状的牙与Ⅱ型牙璋出现一牙的现象，可能是为了绑缚木质牙璋柄的需要而专门设计制作的。

Ⅰ型牙璋还没有扉牙，只是在阑角侧边上刻五道浅凹槽。施刻这五道浅凹槽的目的是什么？应是与绑缚牙璋的木柄有关。即将牙璋的内插入木柄中或贴附在木柄上，通过内上的穿孔（或许包括木柄上与此相同部位的穿孔），用绳索利用阑角使牙璋与木柄绑缚固定，阑角上施刻浅凹槽，有利于绳索的绑缚。这种在牙璋阑角上施刻浅凹槽的方式，必定是在牙璋安装木柄使用过程中发明的。

而Ⅱ型牙璋的单阑上单牙的出现，是为了更便于绳索绑缚木柄而发明的。由于牙璋阑上的单牙是为了绑缚木柄的，在实际的绑缚使用过程，因牙细小，很容易使其折断，所以在已发现的Ⅱ型牙璋中，许多牙璋阑上的单牙已残缺。

至于Ⅳ型及其之后各型牙璋，阑部及扉牙变化大并且逐步复杂，这是装饰意图及其发展的结果。从Ⅵ型牙璋开始，牙璋的扉牙进一步繁杂化。以至于在Ⅶ型牙璋时期，扉牙的形态犹似抽象的兽首形式。而Ⅷ型牙璋的扉牙，则进入了异化发展的阶段。

三　牙璋的流传与分布所反映的夏史史迹

玉牙璋可能是在新砦期之前兴起的，但主要流行于新砦期与二里头文化时期，即大约流行于公元前1850年至公元前1530年之间。

牙璋主要流行的年代与地域表明，牙璋是夏时期兴起、流传的器物，可能是夏部族活动使用的一种特殊的用具。

牙璋使用的功能，依据巩义花地嘴遗址2件玉牙璋出自祭祀坑内的现象分析，其主要是作为祭祀活动的祭器使用的。而二里头文化三期、四期

4件牙璋都是墓葬的随葬品，在墓中与牙璋一起随葬的还有玉钺、玉刀等，可知其是作为仪仗用具使用的。

牙璋的这两种出土现象表明，玉牙璋的使用功能，开始是作为一种祭器，是在祭祀活动仪式中使用的。其使用方式的发展，增加了使用功能，在后来又作为仪仗用具在各种仪式活动中使用。

由此可以明确，玉牙璋是夏部族发明的在祭祀活动与其他仪式活动中使用的祭器与仪仗用具。

如果遵从"神不歆非类，民不祀非族"（《左传·僖公》）的原则，那么不同形式的牙璋的分布情况，可能反映了夏史的某些史迹。其中以下三个方面的现象特别重要。

第一，陕北神木石峁遗址发现的牙璋，数量很多，已发现有30件。但没有V型及其以后的牙璋。只有I型、II型、IV型牙璋。

这I型、II型、IV型牙璋的制作年代是有区别的。这些牙璋是在石峁一带当地制作的，还是由其他地区传入的，目前不清楚。但是，如果这三种形式的牙璋在石峁遗址上的某种考古学单位中共存，并且有较多的共存现象，那么其很可能是由其他地区传入的。即在IV型牙璋流行时期传入的，才有较多的可能使I型、II型、IV型牙璋在石峁遗址内共存。石峁遗址牙璋的埋藏年代也应在IV型牙璋的流行时期。

石峁遗址不见V型及其以后的牙璋，说明石峁一带没有制作牙璋的传统。也佐证了I型、II型、IV型牙璋可能是由其他地区传入的。

第二，山东东部地区发现的8件牙璋，为II型与III型牙璋，分别发现于4处地点。也不见V型及其以后的牙璋。

山东东部4个地点8件牙璋的埋藏年代，其中两处地点可以明确年代较晚，即海阳司马台、沂南罗圈峪村，可能在商代晚期及其之后。如海阳司马台遗址发现的1件牙璋，同出的有一件牙璧、1件凸缘璧[1]，在凸缘璧的凸缘外表施有平行弦纹，其特征与殷墟妇好墓出土的凸缘璧接近，据此可推测牙璋的埋藏年代在龙山文化之后。沂南罗圈峪村4件牙璋发现于山坡裂隙中，同时发现的10多件玉石器中有石矛[2]，表明其埋藏年代

---

[1] 王洪明：《山东省海阳县史前遗址调查》，《考古》1985年第12期。
[2] 山东省博物馆 于秋伟、赵文俊：《山东沂南县发现一组玉、石器》，《考古》1998年第3期。

较晚。

山东地区缺乏制作牙璋的文化传统，如在临朐西朱封3座大墓及泗水尹家城大墓中都不见早期形式牙璋或牙璋原形的踪影。山东东部地区发现的牙璋应是由其他地区传入的。传入的年代应在西朱封大墓之后，即龙山文化晚期之后，大约在公元前1800年之后。

陕北石峁与山东东部发现的牙璋，都不见二里头文化三期的Ⅴ型与Ⅵ型牙璋。这似乎表明，这两个地区的牙璋，都缺乏连续发展的文化传统，可能都是由其他地区传入的。传入年代都不可能在Ⅴ型与Ⅵ型牙璋流行的年代，即不会在二里头文化三期。

第三，二里头文化三期的开始年代大体为公元前1610年，即公元前1600年前后，这个年代大致是夏商分界的年代。

然而，在二里头文化二期与三期之间，文化面貌却表现出一贯连续的发展、持续繁荣的景象，如陶器、铜器、玉器、绿松石制品，乃至宫殿、宫城、手工业作坊等，丝毫看不出夏商两个王朝更替的兴废现象。[①] 其中二里头文化三、四期发现的Ⅴ型、Ⅵ型、Ⅶ型牙璋，赫亮地展示了牙璋继续盛兴发展所表明的二里头遗址作为夏都继续存在并发展的景观。

以上三方面的现象，可能共同反映了一个夏史史实问题，即"汤作夏社"。

汤作夏社，史有明确记载。如《史记·殷本纪》："汤既胜夏，欲迁其社，不可，作夏社。"

夏社问题，以往曾作过简略的探索[②]，现在我们从考古学角度对牙璋的研究又看到了一点线索。

对"夏社"的理解，可能不应仅仅是作为一处社稷建筑来看待，更不能作为一篇《夏社》来简单理解，而可能是保留了包括夏社在内的原来的夏都。是商王汤所施略的对战败的夏人采取的一种宽大怀柔的政策。

所以，《吕氏春秋·慎大览·慎大》记载："汤立为天子，夏民大说，

---

① a. 许宏等：《二里头遗址聚落形态的初步考察》，《考古》2004年第11期。b. 许宏：《二里头1号宫殿基址使用年代刍议》，《二里头遗址与二里头文化研究》，科学出版社2006年版。

② a. 赵芝荃：《论二里头遗址为夏代晚期都邑》，《华夏考古》1987年第2期。b. 赵芝荃：《探索夏文化三十年》，《中国考古学论丛》，科学出版社1993年版。c. 罗琨：《二里头考古新发现与汤"欲迁夏社"的思考》，《二里头遗址与二里头文化研究》，科学出版社2006年版。

如得慈亲，朝不易位，农不去畴，商不变肆，亲郼如夏。"周承殷制，后来武王伐纣灭商后，对战败的商人也采取了宽大怀柔的政策，但方式有所改变。只是后来发生了"粆平三监叛乱"，使得以后的王朝更替，吸取经验教训，不再采用这种对前朝宽大怀柔的政策。

二里头遗址三期、四期牙璋的继续发展与流行，宫城、宫殿等大型建筑的增建等反映的二里头文化在三期、四期的繁荣景象，以及其所处的年代，表明二里头遗址三期、四期可能是作为夏都的延续，可能是为夏社，是汤作夏社使然。

二里头遗址三期、四期牙璋的质地与形制特征，以及Ⅰ型至Ⅸ型牙璋在中原以外地区的分布情况，应是表现了汤作夏社前后牙璋的发展以及流传所反映的夏史的某些史迹。

如二里头遗址三期、四期的牙璋，在形制方面有了进一步的发展，但质地较差，大都是石牙璋。这种以石代玉现象实际上是夏社的耻辱。二里头遗址三期、四期牙璋的形制发展了，但质地很差，表现的应是夏都之后作为夏社的一种虚假繁荣景象。

又如石峁一带的Ⅰ型、Ⅱ型、Ⅳ型牙璋，大概是汤作夏社之前，伴随着夏部族的败师逃窜西北而传播到那里的；山东东部牙璋的出现可能是夏王朝之后部分夏人东迁的结果。所以在这两个地区出现的牙璋大都属于二里头文化三期之前的形式。这些牙璋在这两个地区的出现，还表明这两个区域在夏王朝时期可能与夏部族有着密切的关系。

而成都平原的月亮湾、三星堆以及金沙大批形制新颖的牙璋的出现，可能是夏社被废黜之后，夏部族的一支辗转西迁的结果，所以在成都平原出现的牙璋大都属于后期的形式。这大概是传统史学中"禹出西羌"传说的史实背景。

至于其他地区发现的各种型式的玉石牙璋，也都可能与夏部族在夏王朝之后或夏社被废黜之后四处流窜的史迹有关。

如湖南石门桅岗 M1 出土了Ⅱ型牙璋（又见图17）[①]，其制作年代较早，但与其共存的有制作于二里头文化四期的施刻菱形网格纹的长条形器（又见图18）。这两件玉器制作于两个时期，却在长江以南的湖南石门共

---

① 湖南石门桅岗 M1 出土的牙璋，图片见香港中文大学中国考古艺术研究中心《南中国及邻近地区古文化研究》，香港中文大学出版社1994年版，彩版10.3。

牙璋研究与夏史史迹探索 / 295

存，表明他们是在二里头文化四期之后，即夏社被废黜之后一起由中原地区传出去的。

又如福建漳州虎林山 M19 墓葬出土的石牙璋（又见图6），一同随葬的还有铜铃，铜铃的形制与二里头遗址四期铜铃相同，只是铜铃的器壁较薄，铃舌为木质（图21）[1]，可能是二里头文化四期铜铃中较晚的形制以及后配的木质铃舌。表明福建沿海一带的牙璋是在二里头文化四期之后，即在夏社被废黜之后由中原地区传出去的。在漳州虎林山遗址还出土了一批形制较为原始的铜戈、玉石戈，与牙璋、铜铃一起，反映了夏遗民的文化特征。

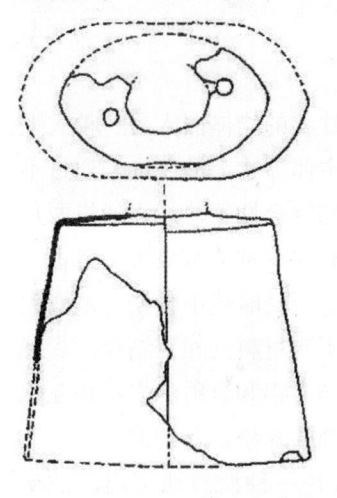

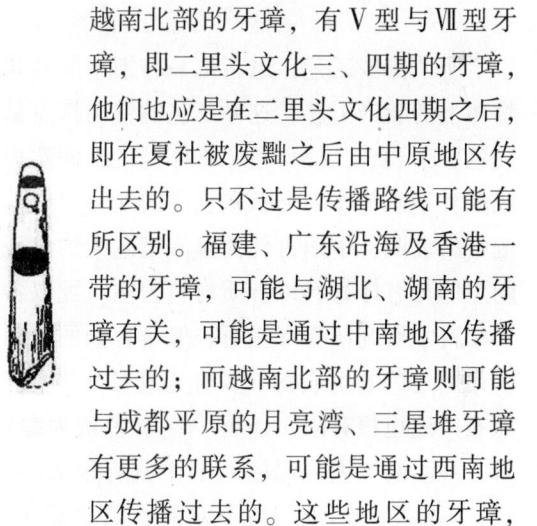

图21　虎林山 M19②：19
铜铃与木铃舌

至于广东沿海与香港一带以及越南北部的牙璋，有 V 型与Ⅶ型牙璋，即二里头文化三、四期的牙璋，他们也应是在二里头文化四期之后，即在夏社被废黜之后由中原地区传出去的。只不过是传播路线可能有所区别。福建、广东沿海及香港一带的牙璋，可能与湖北、湖南的牙璋有关，可能是通过中南地区传播过去的；而越南北部的牙璋则可能与成都平原的月亮湾、三星堆牙璋有更多的联系，可能是通过西南地区传播过去的。这些地区的牙璋，有的形制有所异化，可能是在当地仿制或改制的。

考古发现所揭示的牙璋的分布状况（又见图17），可以说是夏部族活动以及夏遗民流闯四方而留下的重要证据，是夏人遗痕。

（作者单位：中国社会科学院考古研究所）

---

[1]　福建博物院、漳州市文管办、漳州市博物馆：《虎林山遗址》，海潮摄影艺术出版社 2003 年版，第83页，图七六.2，图版一二。

中国古代镶嵌工艺与绿松石装饰品

秦小丽

序言

所谓镶嵌工艺，系指把一种细小的粒状或片状的物体嵌入另一种大型物体上的装饰工艺，这种工艺的突出特点是使主体器物上的纹饰，通过不同色彩来表现，使得整个物体呈现出浑然一体的复合性工艺。它通过两种或多种不同物体的形状和色泽的配合而取得特有的视觉艺术效果。考古发掘资料表明，中国古代的镶嵌工艺大约出现于新石器时代中晚期。镶嵌用的主体与客体材料以骨质材料为主，配以各种不同材料的相互结合。

科学研究认为绿松石一般是含铜的地表水与含铝和含磷的岩石相互化合作用之后的生成物，多与其他岩石共生，单纯的绿松石含纯矿极少，其原石产地也很有限。还有一些学者认为绿松石是一种沙漠地带出产的矿石，沙漠的气候与绿松石的生成有很大的关系。因为沙漠的雨水蒸发很快，不易形成河流与地下水脉，雨水易于浓缩到沙漠之下，铝（Aluminum）含量丰富的长石、磷灰石矿床、动物骨等可以从铜矿床吸收到丰富的营养。这些条件具备的地方多有绿松石的发现。因而绿松石多是一些生长在沙石固化的石缝之间的薄而细小的原石块，很少有大型厚重的绿松石。这就使得绿松石无法用像软玉等玉石制品那样的工艺来制作，其作品在早期也多是一些简单的小挂饰，之后发现的带有绿松石的装饰品也多以小而薄的石片与其他材料镶嵌而合成。绿松石的这种自然特性决定了它在工艺制作上与镶嵌工艺的密切关系。这种利用还可能与绿松石色泽鲜艳、易于引人注目的特点有关。因为大多数镶嵌装饰品都注重绿松石与其他材料的色彩对比。据研究绿松石的色源主要取决于铜与铁的含量，铜多则色偏蓝，铁多则色偏绿，绿松石这种鲜艳的颜色特性与镶嵌工艺对色彩对比的要求相合可能也是原因之一。

不仅在中国，在世界史上绿松石的使用和镶嵌工艺的出现也很早，延续时间也很长，世界范围内绿松石的产地包括古波斯（伊朗）、美国、苏联、埃及、南美等地，在国内的湖北西北部、陕西等地也有相当的蕴藏量。但是由于绿松石与其他石料共生，提纯量低，往往10吨的矿石只可得到1公斤左右的绿松石原石，因而它又是一种很珍贵的自然玉石，无论是在古代中国还是世界史上，绿松石或者绿松石镶嵌均被一些有权者阶层所控制，成为一种财富与权力的象征。

基于以上绿松石的自然属性与制作工艺的特殊性，绿松石装饰品的研究不仅仅限于其装饰品的文化与社会意义，还将与原石产地、制作地和消费地以及特殊的制作工艺等相关的地域间文化交流有着密切的关系。本文将重点讨论古代中国的镶嵌工艺与绿松石装饰品，进而阐明这些绿松石装饰品的使用以及镶嵌工艺的出现背景，以及相关原材料产地与产品消费地的关系。

一　研究状况

镶嵌工艺与绿松石制作的研究不仅限于古代中国，也是一个具有世界性的研究课题。中亚、北美和中南美也是古代绿松石产地和盛行使用地，学者对这里的古代绿松石交易以及贸易路径有很多成熟的研究，这些研究成果可以为古代中国的绿松石研究提供一些有益的经验。

从北美西南部到南美的太平洋海岸是一系列由花岗斑岩、石英斑岩和石英绿闪岩等半深成岩岩体中形成的斑岩铜矿床，这种成因与伊朗高原相同。根据考古学家的研究，中南美各地的古代文明之所以可以在这些自然条件很严酷的环境中生存并繁荣，都可能与以绿松石流通而形成的长达数千里的信息网以及通商网的发达有密切的关系。美洲的原住民，中南美的古代文明都崇拜太阳神，他们把象征白昼青空颜色的绿松石用于神殿，以此期待绿松石的神力能驱除恶魔，取得成功。根据考古发掘资料，美洲西南部各地采掘的绿松石优先集聚在新墨西哥州和切克溪谷，并在9世纪之际形成研磨加工据点，再由此地分别流通到中美和南美各地，因为在这个集聚地发现了大量用于制作绿松石的粗糙工具。还有一些迹象表明，他们不仅是以敲碎母岩取得绿松石，还以火烧母岩加热，然后加水碎岩的方法来取得绿松石。在这个绿松石加工地共发现了约10万吨的残石以及相关物品，可以想象当时所消耗的巨大的劳动力（图1）。①

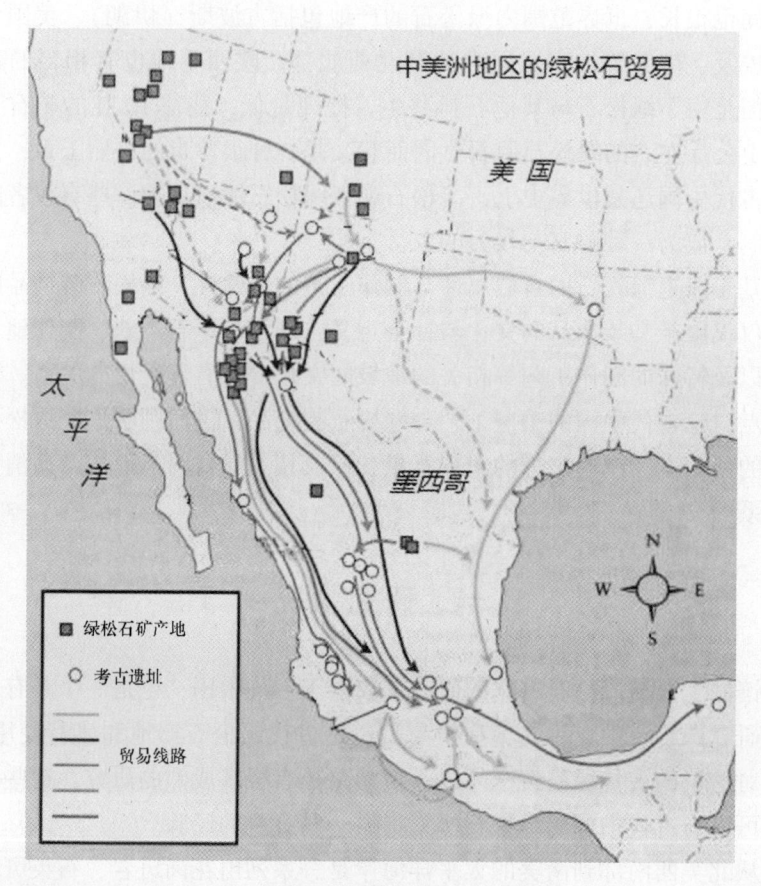

图1　中美洲地区的绿松石贸易示意图②

12世纪生活在墨西哥中部高原的阿兹特克（The Aztecs）族人多在假面具、刀的柄部镶嵌绿松石，其目的是用以刺激人的视觉。同时这些绿松石也用于马赛克装饰，并且与金、水晶、孔雀石、黑玉、珊瑚以及贝壳一起镶嵌。而用于绿松石镶嵌的接合材料有天然树脂、天然沥青等种类。主体材料则有木

---

① Thomas Stollner, Markus Reindel, Guntram Gassman, Benedikt Grafingholt and johny Isla Guadrado: Pre-Columbian Raw-material exploitation in southern peru-Structures and perspectives, Volumen 45, N1, 2013 Paginas105-129 Chungara, *Revista de Antroplogia Chilena*.

② Website：The turquoise trade between Mesoamerica and Southwestern.

质、骨质和贝壳质等。与阿兹特克人一样，当地的其他一些民族也都把绿松石作为护符而重用，在这些民族之间也多在雕刻品上，将绿松石以马赛克形式用于镶嵌。此外这些民族之间也流行制作扁圆形珠子和自由形的挂坠。

在波斯（Persia），绿松石作为事实上的国家宝石曾经流行了1000多年。不仅是装饰品，也用于马具、马赛克装饰，还在一些重要建筑上装饰绿松石，应用范围相当广泛。在波斯，绿松石多用于以阿拉伯文字雕刻的祈祷文，其后则镶嵌在金制品上。

古代埃及在很早以前就开始使用绿松石，其时代大致可以追索到公元前4世纪的第一王朝时期。他们习惯将绿松石用于金质指环、胸饰和项链中，其做法是首先将绿松石加工成珠子等形式，然后镶嵌于装饰品上，有时还会与玛瑙等宝石结合，后期则有与玻璃器镶嵌的例子。古埃及所使用的绿松石大多出产于西奈半岛（The Sinai Peninsula）西海岸的6座矿山，根据考古发掘证明这些矿山大致在5000年前就得到开采。此外还在矿山附近的女神神殿的柱子上发现了文字，根据文字的内容，古埃及人将这里的矿山所在地称作"绿色矿产大地"。根据文献记载，从公元前3200年的初期王朝时代到公元前15世纪中期的图特摩斯（Thutmose）朝代的历代王朝都在这些矿山有开采活动，此后放弃。直到19世纪这些矿山遗址被再次发现。考古者学家在挖掘埃及古墓时发现，埃及国王早在公元前5500年就已佩戴绿松石珠粒。最珍贵的绿松石饰品是在5000多年前埃及皇后（Zer皇后）的木乃伊手臂上戴有四只用绿松石镶嵌成的金手镯。在古埃及著名的图坦卡门王黄金面具上，也使用了大量的绿松石镶嵌。[1]

二　古代中国出土的绿松石装饰品与镶嵌工艺

（一）新石器时代早中期的绿松石装饰品和晚期镶嵌工艺的出现

绿松石装饰品在中国的出现大概始于公元前7000年的新石器时代早期。考古发掘资料显示迄今发现最早的绿松石装饰品是裴李岗文化的出土物。根据陈星灿的研究，分布于河南中部地区的裴李岗文化5个遗址中均发现了带孔的、呈不同形状的绿松石坠饰，这些坠饰大多出土于墓葬，一些有明确出

---

[1] 《イアン.ジョーとボール.ニュルソン》，内田杉彦訳《大英博物館古代エジプト百科辞典》，原书房，1995年。

土位置的坠饰，多在墓主人的颈肩部、头部、耳部、腹部以及牙齿部。这五个遗址共出土了约 68 件，其中 74.07% 出土于墓葬，灰坑与地层出土物各占 12.96%，暗示着绿松石作为装饰品或习俗的功能性更强一些。[①] 这种仅以简单的挂坠为特征的绿松石装饰品一直持续到仰韶文化中期，但是考古资料显示在中原地区仰韶文化遗址中出土的绿松石装饰品数量很不平衡。一些遗址集中出土较多，比如河南省南部的下王岗遗址，陕西省南部的龙岗寺遗址，且大多数仅为一些简单的挂饰。而另一些遗址则仅发现 1—2 件，比如河北易县的北福地遗址。[②] 大多遗址则完全没有发现。图 2 表示了从新石器时代到早期青铜时代发掘出土有 10 件以上绿松石装饰品的遗址，而那些仅有 1—2 件出土品的大约有 100 余处遗址并没有收入此图（图 2）。

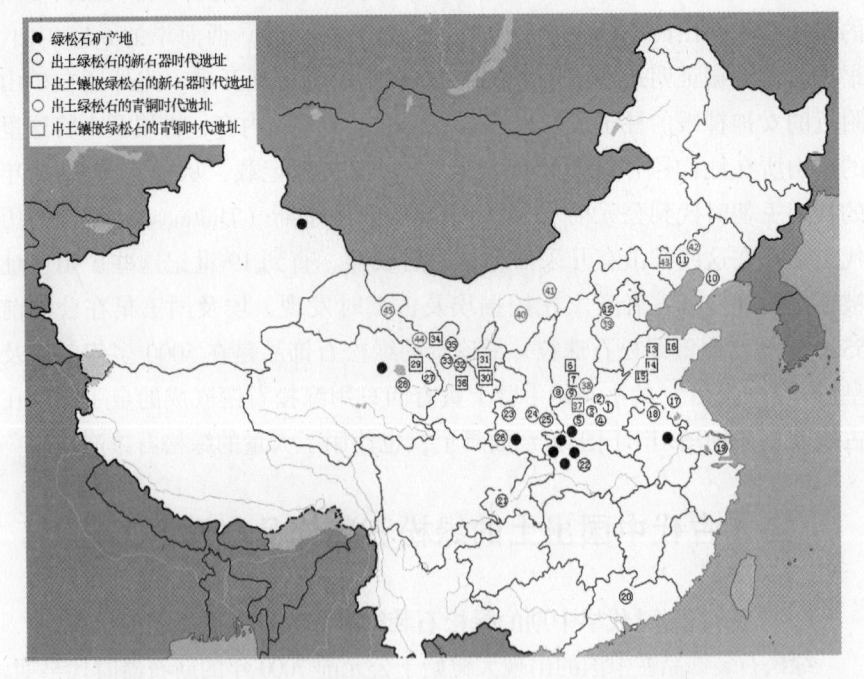

图 2　新石器时代——早期青铜时代的绿松石装饰品与镶嵌装饰品分布

---

① a. 陈星灿：《裴李岗文化绿松石初探——以贾湖为中心》，中国社会科学院考古研究所编著《新世纪的中国考古学——王仲殊先生八十华诞纪念论文集》，科学出版社 2009 年版。b. 孔德安：《浅谈我国新石器时代绿松石及制作工艺》，《考古》2002 年第 5 期。

② 河北省文物考古研究所：《北福地——易水流域史前遗址》，科学出版社 2010 年版。

陕西省南郑县龙岗寺遗址是一处距今7000年的新石器时代早期到距今6000年的仰韶文化半坡类型、庙底沟类型的墓地。77件绿松石装饰品除了3件出土于新石器时代早期外，其余的均出土于仰韶文化时期的30座墓葬中。经鉴定这些随葬绿松石的墓葬中有19座为女性，8座为男性，3座为儿童，2座性别不明。根据统计这些绿松石饰可以分为7种形式，分别是铲形、梯形、长方形、多边形、圆形、枣核形和三菱形。其中铲形和圆形分别为27件和28件占到总数量的80%以上。从其出土位置所反映的功能来看，主要为耳饰和颈部装饰的挂坠或者是串饰。无论是形状还是功能以及制作均与新石器时代早期的裴李岗文化没有大的区别（图3）。[①]

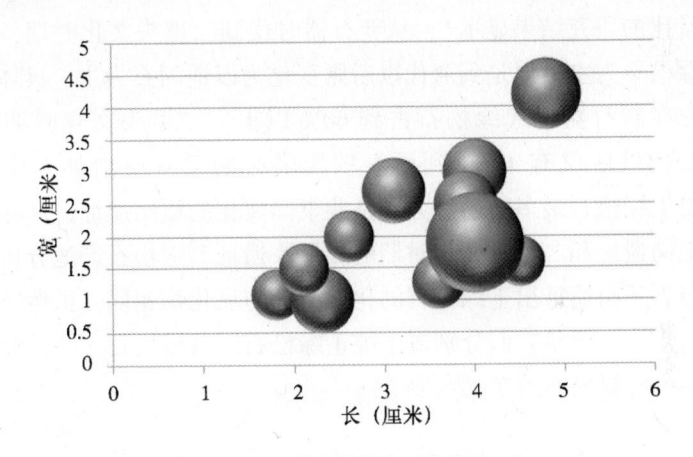

图3　南郑龙岗寺遗址出土绿松石大小

下王岗遗址位于河南省南部汉水支流丹江流域，也是一处较大的仰韶文化时期墓地。在仰韶文化第1期仅发现2件绿松石耳饰，第2期最多有23件，第3期又减少为5件，龙山文化时期仅有3件，且均为耳饰。中原地区仰韶文化时期集中出土绿松石的这两处遗址均位于长江支流的汉水流域（图4）。[②]

[①] 陕西省考古研究所：《龙岗寺——新石器时代墓地发掘报告》，文物出版社1995年版。
[②] 河南省文物研究所、长江流域规划办公室考古队河南分队：《淅川下王岗》，文物出版社1989年版。

302 / 夏商都邑与文化(二)

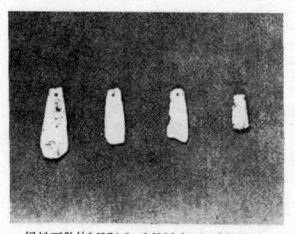

绿松石坠饰M276:9、M385:3、4、M134:6

图4　下王岗遗址出土绿松石和北福地遗址出土的绿松石坠

发掘资料显示绿松石主要分布在黄河流域、辽河流域以及长江支流的汉水流域。其分布状况、装饰品形态以及制作技术也随着时代的变迁发生变化。

根据董俊卿等人对河南境内从新石器时代到早期青铜时代出土玉器种类的数量比的研究结果显示[①]，从新石器时代到二里头文化时期，玉类装饰品以绿松石为主，但是到商代以后则变化为以透闪石为主。具体的分布比例是：在新石器时代绿松石占到60%以上，二里头文化时期减少到30%，商代以后仅有4%，到了春秋战国时期又有所增加，其比例为25%。出土绿松石最多的遗址分别是裴李岗文化的贾湖遗址、仰韶文化时期的下王岗遗址和二里头文化时期的二里头遗址。绿松石产地分析结果显示贾湖与下王岗遗址出土绿松石的化学成分与氧化物相同，虽然还不能确定它们的产地。但是它们分别属于纯正绿松石以及绿松石——铁绿松石和绿松石——锌绿松石类矿类（图5）。

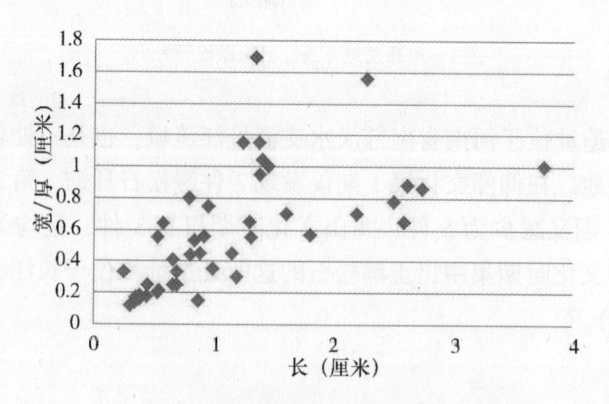

图5　河南贾湖裴李岗文化出土绿松石大小

---

① 董俊卿等：《河南境内出土早期玉器初步研究》，《华夏考古》2011年第3期。

另外一个出土绿松石较多的地区是黄河上游的甘青宁地区。特别是在马家窑文化遗址中多出土有绿松石装饰品，这里以青海柳湾墓地为例进行分析。这是一处由马家窑文化半山类型、马厂类型、齐家文化和辛店文化构成的墓地。① 公元前2505年的半山类型和公元前2415—前2041年的马厂类型属于新石器时代中期，共发现了半山时期257座，马厂时期872座墓葬。在随葬的装饰品中，半山共有26座墓葬出土绿松石饰，合计出土了40件，均为颈部和胸部装饰品。而马厂时期又可细分为早中晚三期，仅在16座墓葬中发现了绿松石饰，12座为女性，合计出土绿松石204件，出土位置大多数位于头部、颈部和胸部，无一例外。此外首次在马厂类型墓葬中发现了绿松石与海贝一起的串饰（M615、M916）和在扁平型绿松石饰上镶嵌骨珠（M1086）以及119件无穿孔的绿松石扁片（M1406），均为方形与梯形，而且长、宽均为1厘米×0.4—0.5厘米。虽然报告没有更详细的说明，但是可以推测这是一件镶嵌用的绿松石片，镶嵌用的主体材料可能因为腐朽而无法看到。也许这是在甘青地区首次发现的绿松石镶嵌例子。因此就目前的考古资料而言，至少可以说中国古代的镶嵌工艺发生于新石器时代中后期。还是柳湾墓地，在发现的343座齐家文化时期的墓葬中，共有26座墓葬发现34件绿松石装饰品，其中11座为女性，8座墓葬绿松石与串饰一起为颈部装饰。M1061为男女合葬，绿松石含在口中。除了有海贝外，还首次发现玛瑙珠。齐家文化共发现装饰品141件，除了绿松石外，大多为白色的大理石串珠，由此可以想像由绿松石、白色大理石、白色海贝、红色玛瑙构成的串饰是非常重视和强调色彩搭配的（图6）。

除了绿松石镶嵌外，在齐家文化期还发现骨片黏着的镶嵌工艺，在M6发现锯齿形骨片用褐色黏着物黏结在一起，黏着面粗糙，另一面光滑。在M33发现了一组骨片群，报告称上面涂有"阿拉伯"树胶类黏着物，骨片有可能原本是黏着在一起的。

在宁夏菜园切刀把马家窑文化墓地QM52也发现了在圆饼形黑色胶状物上镶嵌8块绿松石的装饰品。绿松石片为多边形，石片大小不一，表面磨光，厚度在0.1厘米—0.15厘米之间，还有一件绿松石坠同时

---

① 青海省文物考古研究所：《青海柳湾——马家窑文化墓地》，文物出版社1984年版。

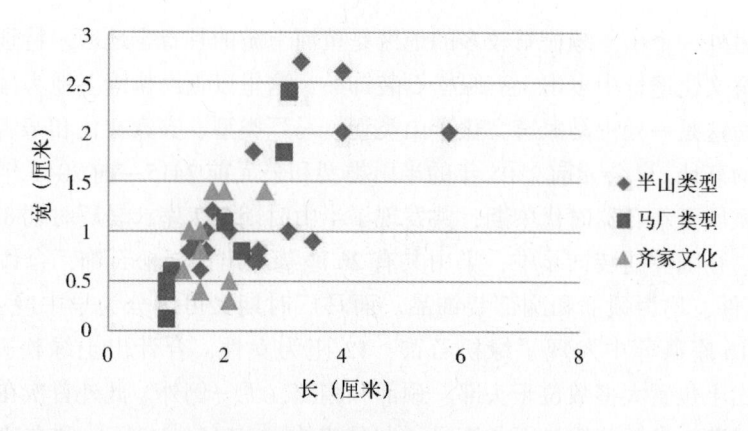

图 6　青海省柳湾墓地出土绿松石大小

发现。①

在广河地巴坪半山类型墓地共发掘了 66 座墓葬，其装饰品大多为骨珠和骨腕饰，342 枚骨珠分别出土于 7 座墓葬人骨的颈部与手腕部，而 12 件骨腕饰分别出土于 5 座墓葬。这里没有绿松石装饰品出土，但是 12 件骨腕饰比较特殊值得关注。这些别致的骨腕饰不是我们常见的骨环，而是由许多细长骨片黏着在一种黑色胶状物上做成的。出土时均位于手腕部，左右各一只。大多数因为保存状况不好，使得黑色胶状物已经失去形状难以判断。这些保存较好的骨片均长 2 厘米，宽 1.4 厘米，为大小相等、厚薄均匀的长条形小骨片，骨片正面切割打磨光滑，接合面粗糙且在出土时有黑色黏着物。② 鸳鸯池马厂类型遗址在 M51 中出土了一件石雕人头像，置于人骨左上臂。石质为白云石、片状、椭圆形脸，额头有一穿孔，五官与人无异。眼口呈圆形，两鼻孔，内均用不明黑色胶黏物镶饰骨珠。面长 3.8 厘米、宽 2.5 厘米。同样在鸳鸯池墓地的 M58 也出土了一件骨制臂饰，与前述的广河地巴坪半山墓地一样，也是用许多切割磨光的长条形骨片黏贴在一种黑色胶质状圆筒形上而成的，并佩戴在人骨的左手腕部。③ 而在同墓地的 M32 则发现了二件制作精美的骨笄，一件在圆棒状骨笄的

---

① 宁夏文物考古研究所、中国历史博物馆考古部：《宁夏菜园新石器时代遗址、墓葬发掘报告》，科学出版社 2003 年版。
② 甘肃省文物考古研究所：《广河地巴坪半山类型墓地》，《考古学报》1978 年第 2 期。
③ 甘肃省博物馆文物工作队、武威地区文物普查队：《永昌鸳鸯池新石器时代墓地的发掘》，《考古学报》1974 年第 5 期。

尾部用黑色胶质装物做成圆锥形，而另一件则在黑色胶质物上还黏贴了36枚白色小骨珠，在尾部顶端还镶嵌一枚椭圆形骨片，骨片上刻有5个同心圆纹饰（图7）。

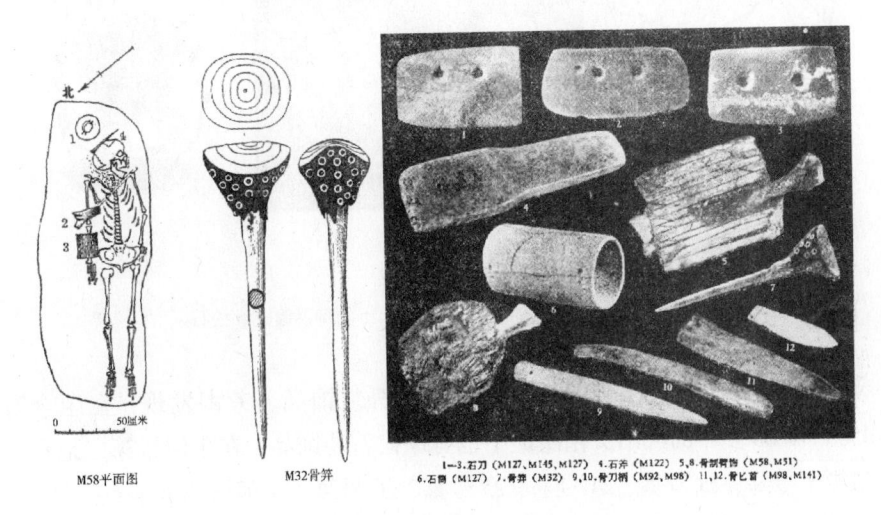

图7　甘肃鸳鸯池墓地出土骨器镶嵌装饰品

在西宁朱家寨墓地也出土了绿松石装饰品。25座墓葬中出土了11件绿松石，另外还出土了2件骨片镶嵌装饰。绿松石饰主要是坠饰、珠和薄片。M41的薄片是嵌在一个黑色脉石托上的。而M6的锯齿状骨片则一面光滑，一面粗糙，在粗糙面上有黑色胶状物。[①]

此后的齐家文化时期更出现了将绿松石镶嵌在陶器上的例子。在宁夏固原店河遗址齐家文化墓地发现了2件陶器上镶嵌绿松石装饰，M1:10是一件束腰形陶器，出土时绿松石与陶器分离，但是另一件M2:7则保存完整，在束腰形陶器上黏贴有17枚绿松石薄片，绿松石长2.8厘米，宽1.3厘米（图8）。[②]

在更晚的四坝文化遗址中也出土了一件橙黄陶器肩部镶嵌绿松石的装饰陶器，橙黄色与绿松色的配合使得装饰效果很鲜艳。[③]

---

① ［瑞典］安特生:《西宁朱家寨》，刘光文译，青海人民出版社1991年版。
② 宁夏文物考古研究所:《宁夏固原店河齐家文化墓葬清理简报》，《考古》1987年第8期。
③ 《甘肃日报》2013年7月23日。

306 / 夏商都邑与文化(二)

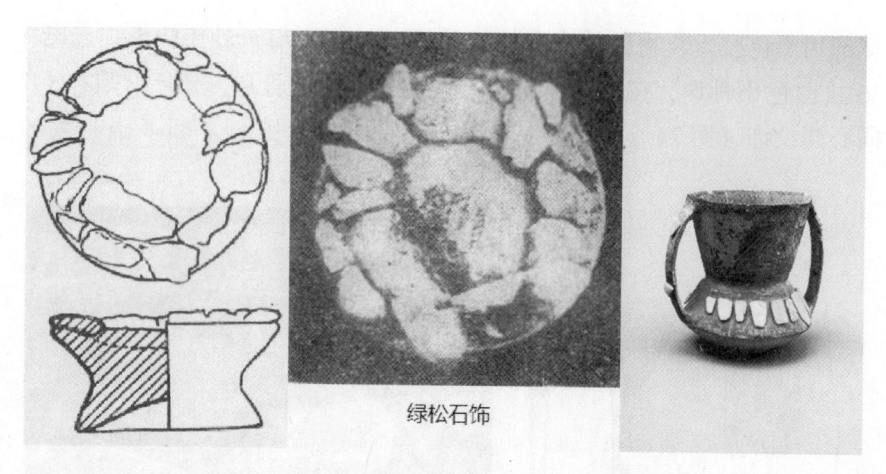

绿松石饰

图8 宁夏店河遗址与四坝遗址出土的陶器镶嵌绿松石

内蒙古以及东北一带多有发现绿松石装饰品。考古发现，在距今有6500—5000多年的红山文化遗址中也有绿松石装饰品。在牛河梁第二地点一号冢7号墓、23号墓、24号墓、25号墓、26号墓，牛河梁第五地点一号冢1号墓，牛河梁第十六地点4号墓中都出现了绿松石。在牛河梁第十六地点4号墓出土的绿松石坠，造型特征突出，雕琢工艺精良，代表了红山文化玉雕业的高水平。红山文化遗址内蒙古通辽地区发现的绿松石茧蛹，在阜新胡头沟出土的绿松石鱼等也是很有特色的绿松石动物形装饰品（图9）。①

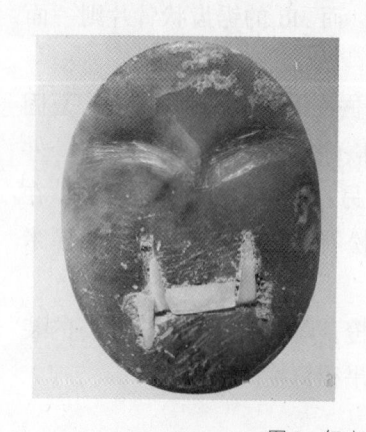

图9 红山文化蚌壳镶嵌和蚕形绿松石坠

---

① a. 郭大顺：《从红山文化绿松石饰件想到的》，华夏收藏网2010年10月19日。b. 方辉：《东北地区出土绿松石器研究》，《考古与文物》2007年第1期。

中国古代镶嵌工艺与绿松石装饰品 / 307

山东地区在新石器时代也是既出土绿松石又有镶嵌工艺的地区之一（图10）。王因墓地属于大汶口文化的墓葬，共出土了18件绿松石坠和2件由骨片制成的骨镯，但是这些骨片并没有像黄河上游地区那样是黏结在一种黑色胶状物上，而是分别以三件或二件为单位，并在上下两端有钻孔，估计是以绳子类的东西链接做成骨镯来使用的，显示了地域间在工艺上的不同。① 大汶口墓地分别属于大汶口文化早中晚三期。在早期的中型墓葬仅出土1件绿松石坠，而中期的中型墓葬M22出土的三件镶嵌绿松石的指环则非常精美。晚期大型墓葬M10除了出土镶嵌绿松石的骨筒外，还发现了一串由19片绿松石组成的项链。镶嵌绿松石骨筒也在中型墓葬M4发现了一件，骨雕筒高7.7厘米，表面抛磨光滑，共嵌绿松石圆片5枚。小型墓葬M5出土了一只绿松石耳饰。② 在邹县野店大汶口文化晚期墓地，发现绿松石坠饰4件，骨与象牙雕筒4件，其中M62与M61各出出土的雕筒上，在分为上下两端的纹饰之间分别镶嵌有4颗绿松石。③ 此外在朱封龙山文化大墓中还出土了一件透雕玉冠上镶嵌绿松石的例子。④

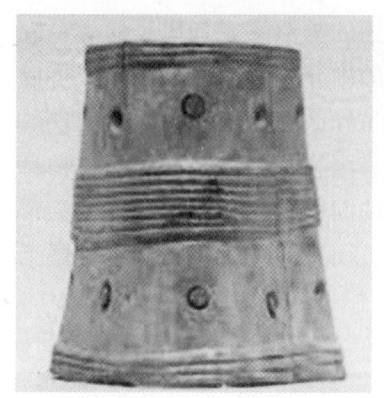

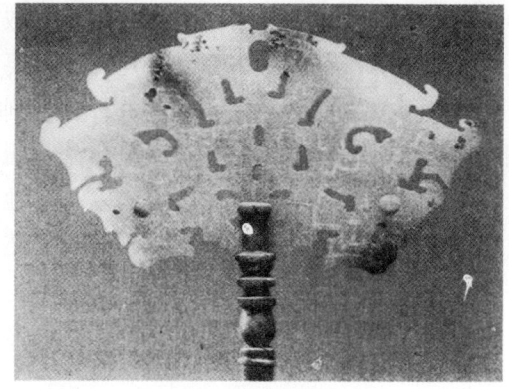

图10　山东大汶口文化与龙山文化出土的绿松石镶嵌

---

① 山东省文物考古研究所：《山东王因——新石器时代墓地》，文物出版社2001年版。
② 山东省文物考古研究所：《大汶口——新石器时代墓地》，文物出版社1974年版。
③ 山东省文物考古研究所《邹县野店——新石器时代文化墓地》，文物出版社1980年版。
④ a. 中国社科院考古研究所山东队：《山东临朐朱封龙山文化墓葬》，《考古》1990年第7期。b. 杜金鹏：《论临朐朱封龙山文化玉冠饰及相关问题》，《考古》1994年第1期。

位于黄河中游的山西省陶寺文化下靳墓地发现了3件镶嵌绿松石的手镯套在人骨的手腕处,这些绿松石镶嵌在一种黑色胶质状物质上,由于腐坏无法判断它是什么物质,但是其形状是手镯则是无疑的。[①] 这样的手镯在著名的陶寺墓地也有发现,但是因为没有看到发表的资料,不清楚细节。不过根据陶寺墓地发掘者高炜先生发表的24组镶嵌玉石装饰与骨笄组成的头部装饰以及散落的绿松石片900余枚的资料,可以知道陶寺文化遗址绿松石镶嵌装饰品是目前所知除了二里头遗址之外出土数量最多的遗址。24组组合头部装饰品分别出土于24座墓葬,一墓一组。其中10组使用绿松石镶嵌,每枚镶嵌的绿松石从数十片到60片不等。高炜先生将其区分为三型。Ⅰ型中有M2010,包括玉饰3件,骨笄1件。骨笄上镶嵌有绿松石27枚,在绿松石底部有黑色胶状物,在笄与环交接处也是用漆或者树胶类固定(发现有黑色炭化物)。M2001由玉饰2件骨笄1件组成,骨笄上镶嵌绿松石26枚。M2028由玉饰3件,骨笄1件组成,骨笄镶嵌有绿松石10枚。M3018由玉饰3件,骨笄1件组成,骨笄镶嵌绿松石26枚。Ⅱ型比Ⅰ型多了1件L型的玉饰用来固定黑色胶状物与镶嵌绿松石。M2023的骨笄上镶嵌有60枚绿松石。[②] Ⅲ型则没有发现绿松石镶嵌。高炜先生叙述的类似漆或者树胶的黑色胶状物,是绿松石片镶嵌在骨笄尾部很重要的中介材料,也是绿松石得以镶嵌不可或缺的必需品,那么这种黏着剂是什么呢?与齐家文化发现的同类黏着剂一样,则需要科学分析来解明。因为这种黏着剂作为一种自然生成物,与绿松石一样,也有一个产地的问题,它的分析结果将会帮助我们了解为什么一些地区出现镶嵌工艺,而另一些地区则没有镶嵌工艺(图11)。

[①] a. 山西省临汾行署文化局、中国社会科学院考古研究所山西工作队:《山西临汾下靳村陶寺文化墓地发掘报告》,《考古学报》1999年第4期。b. 山西省考古研究所:《山西临汾下靳陶寺文化墓地发掘》,《考古学报》2005年第3期。

[②] 高炜:《龙山时代玉骨组合头饰的复原研究》,《海峡两岸古玉学会议论文专辑》Ⅰ,"国立"台湾大学理学院地质科学系,2001年,第321—328页。

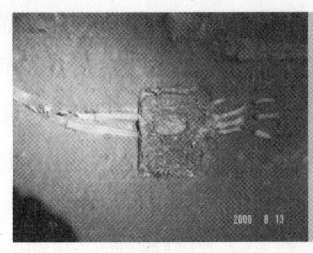

图 11　陶寺文化出土的绿松石镶嵌装饰品

(二) 早期青铜时代的绿松石装饰品与绿松石镶嵌

二里头文化是中国早期青铜时代的代表，而二里头遗址不仅代表中国第一个王朝国家的产生，还是第一个王朝国家的中心所在地。根据学者的研究二里头文化装饰品中，绿松石装饰品是唯一贯穿整个二里头文化的玉器种类，有坠饰、串珠等，但是大部分还是镶嵌品。而二里头三期共发现了980件绿松石饰，另外还在 VIKM3 中发现了一片排列整齐的绿松石片，范围长达25厘米，东西宽6厘米。除了发现的三件镶嵌绿松石的铜牌饰外，二里头三期还发现了5件镶嵌绿松石的圆形铜器，用途不明。VKM4：2 在圆形器的周边镶嵌61块绿松石片，排列均匀，似钟表刻度，中间镶嵌两圈十字形绿松石片，每周13个，正面填有6层粗细不同的纺织品，直径17厘米。VIKM3：16 四周镶嵌绿松石片，厚约0.1厘米，直径11.6厘米。VIKM3：17较小，由两铜片黏合而成，中间夹有绿松石片，直径10.3厘米，厚0.2厘米—0.3厘米。80YLⅢM4 还出土了一件镶嵌绿松石的尖状器。四期在84YLⅣM6 共出土了150枚绿松石片原来应该是附着在有机物上的镶嵌片。因此就二里头遗址来看，除了常见的绿松石装饰品外，特别引人注目的就是绿松石镶嵌，其数量之多也是值得关注。整个二里头文化一——四期共发现了10余件绿松石镶嵌。还有许多绿松石嵌片没有计算在内。[①] 而在2006年发现了绿松石龙形镶嵌画之后，还发现了大约1000多平方米有大量绿松石废料的绿松石制作作坊。[②] 这些考古资料使得学者开始关注绿松石，以及它的独特镶嵌工艺。除了二里头遗址之外，还在甘肃天水分别发现了

[①] a. 陈雪香：《二里头遗址墓葬出土玉器探析》，《中原文物》2003年第3期。b. 郝炎峰：《二里头文化玉器的考古学研究》，《中国早期青铜文化——二里头文化专题研究》，科学出版社2008年版。

[②] 李存信：《二里头遗址绿松石龙形器的清理与仿制复原》，《中原文物》2006年第4期。

一件镶嵌有绿松石的铜牌饰，现藏甘肃天水博物馆的藏品，长 15 厘米，宽 10 厘米，眼上为羊首纹。[①] 而四川广汉三星堆高骈出土的铜牌，长 12.3 厘米，宽 5 厘米，表面布满几何形纹饰。四川广汉三星堆真武出土的铜镶绿松石牌饰，长 13.8 厘米，宽 5.2 厘米。这两件形状与风格与二里头遗址出土的同类器非常形似。[②]

在一些国外博物馆藏品中也发现有几件镶嵌绿松石的铜牌饰，分别介绍如下。

(1) 美国赛克勒博物馆共有三件。

藏品 1：长 17.2 厘米，宽 11.3 厘米。

藏品 2：长 15.9 厘米，宽 9.8 厘米。

藏品 3：长 26.6 厘米，宽 12.2 厘米，顶上增添圭首。

(2) 保罗·辛格藏品。长 14 厘米。

(3) 日本 MIHO 博物馆藏品，长 15 厘米，宽 8.5 厘米。

(4) 美国檀香山艺术学院藏品，长 16.5 厘米，宽 8.6 厘米，眼上为高耸的多羽纹。[③]

这些国外博物馆藏品的出土地虽然不能确定，但是从其制作工艺和艺术方格以及兽面纹的意境表达来看，一些学者认为它们应该是二里头文化时期的作品，因此可以说绿松石镶嵌工艺是二里头文化时期的一个显著特点。

根据对出土遗物的研究，二里头遗址发现的绿松石镶嵌工艺大致有以下三种情况（图12）：镶嵌于铜质器物或者牌饰上；镶嵌于其他有机质器物上；镶嵌于玉器上。第一种情况发现有圆牌状铜器和铜牌饰，尤其是 1987 年二里头遗址Ⅵ区 M57 中的一件铜牌饰出土时仅有一个铜铸的兽牌形框架，而其上面碎小的绿松石仍原样未动的悬空排列在其上。

---

① a. 张天恩：《天水出土的兽面铜牌饰及有关问题》，《中原文物》2002 年第 1 期。b. 陆思贤：《二里头遗址出土饰牌纹饰解读》，《中原文物》2003 年第 3 期。

② 杜金鹏：《广汉三星堆商代铜牌饰浅说》，《中国文物报》1995 年 4 月 9 日。

③ a. 邓聪、许宏、杜金鹏：《二里头文化玉工艺相关问题试释》，《科技考古》第二辑，科学出版社 2007 年版。b. 王青：《镶嵌铜牌饰的初步研究》，《文物》2004 年第 5 期。c. 王青：《镶嵌铜牌饰所见中国早期文明进程问题》，《东方考古》第 1 集，科学出版社 2004 年版。d. [日] 量博满：《浅谈二里头文化的铜牌饰》，杜金鹏、许宏主编《二里头遗址与二里头文化研究》，科学出版社 2006 年版。e. 王金秋：《二里头遗址出土的铜牌饰》，《中原文物》2001 年第 3 期。

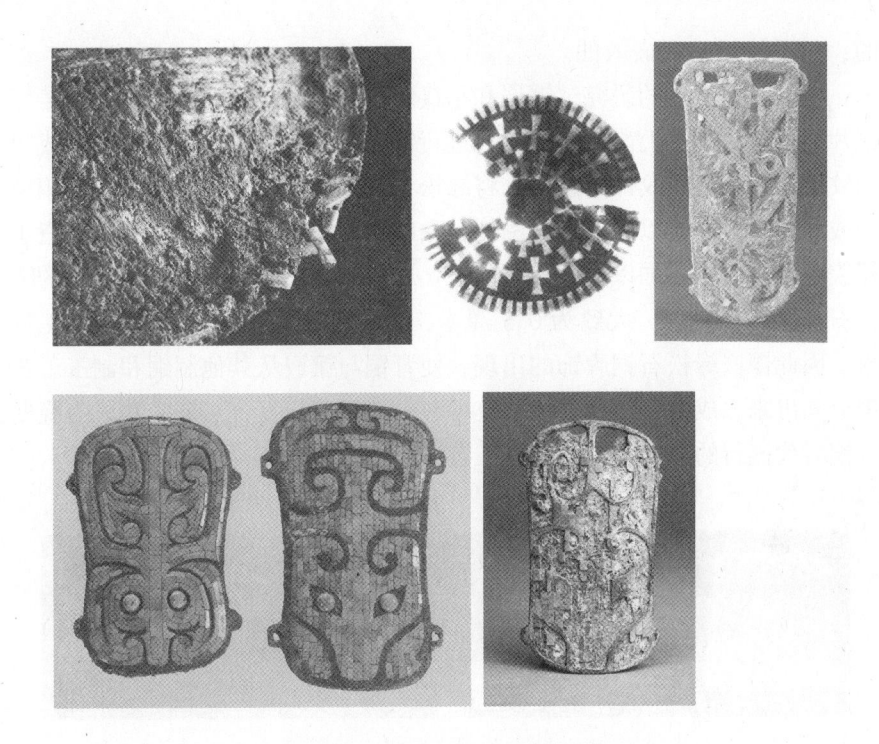

中国古代镶嵌工艺与绿松石装饰品 / 311

图12 二里头文化时期的绿松石镶嵌

此件牌饰长15.9厘米，宽7.5厘米—8.9厘米，而在其上镶嵌的绿松石则有400余片，排列致密有序，镶嵌牢固。另一件是ⅤM4出土的绿松石镶嵌铜牌饰，一共由320余片绿松石组成，绿松片的形状有长方形、梯形和圆锥形。第二种情况发现的有龙形器。这件发现于2002年的"龙形器"总长达70.2厘米，全身用2000余片各种形状的绿松石片组合而成，绿松石片的大小约长0.5厘米，宽0.4厘米，厚0.1厘米，正面研磨光滑，背面有切割及打击的痕迹，并且黏着有黑色物质。[①] 根据发掘者叙述，这些绿松石片应该镶嵌在漆器或者木质上，并铺垫有一层似乎是编织物的东西，由于破损严重需要科学鉴定方可确定。龙形头部用绿松石拼合出有层次的图案，器体用绿松石组成菱形纹样，曲伏有致，尾尖内卷。第三种情况是在玉器上镶嵌绿松石，主要是在一些诸如牙璋、玉钺、月牙形器等礼器上，这些器物上的镶嵌孔应该是特意穿

[①] 邓聪主编：《华夏第一龙展览图录》，香港中文大学，2012年。

的，然后将绿松石嵌入的。

根据一些学者的研究，镶嵌和黏接青铜器的制作方法，应该是先铸好铜片，而后在铜片上凿出凹槽，再进行镶嵌。即首先在青铜器上先铸成阴刻纹饰，然后依照纹饰的规格，将绿松石裁割成各种合适的形状，再用树胶或漆或以桐油或以沥青当作黏剂，黏在器表的阴刻纹饰上。绿松石嵌于器表后，再以错石加以打磨使之平滑。二里头文化时期，被用来镶嵌的绿松石都磨得小而薄，大致为0.5厘米，这种加工需要较高的玉石加工技术。因此镶嵌绿松石铜牌饰的出现，使青铜与镶嵌从其他制铜和制玉工艺中分离出来，成为一门独立工艺技术——青铜镶嵌复合工艺，并成为晚期青铜时代流行的复合错金银镶嵌工艺之先河（图13）。[①]

图13 二里头遗址出土的绿松石镶嵌（引自邓聪编辑图录）

再看看绿松石片是如何镶嵌到长方形圆角的铜牌饰上面的。铜镶嵌绿松石牌饰和以往出现的牌饰有着共同的特点：形制大体呈圆角长方形，上缘略宽于下缘，在左右各有两个系纽，有纹饰的一面凸，满嵌绿松石，构成一具神秘的兽面。其背面有麻布痕迹，有学者认为可能是服装上使用的，也有人认为可能是以丝绸包裹着的，但是有机会观察铜牌饰的学者认为绿松石牌饰，大多均发现了同样的麻布或者是丝织物的痕迹，而且从脱落的一小片松石下面，也隐约看到了丝织物痕迹，因此认为应该是古人在事先铸好的铜牌上面垫一层麻布或者丝织物，然后再将小松石片逐一嵌粘到上面的。而牌饰上面的兽面纹饰也应该是事先设计好，再用松石片排列嵌粘成特定的图案。从已经出土和国外收藏的铜镶嵌绿松石牌饰看，有的是两眼圆睁，有的两眼成梭形，还有的是两目圆形，环有重圈，中嵌凸

[①]《古玉居说玉：夏商时期的玉石制作技术》，载 www.jades.cn 中华玉网，2011年11月。

珠，冠部也是不尽相同。①

除了二里头遗址出土了这种镶绿松石装饰品外，还有一处与二里头文化大致同时代的墓地遗址虽然没有出土镶嵌绿松石的牌饰，但是却出土了许多镶嵌绿松石的漆器、陶器和绿松石装饰品，这就是位于内蒙古地区的大甸子遗址。② 大甸子遗址是一处属于夏家店下层文化的墓地，墓地共发现大型墓葬143座，中型墓434座，小型墓葬52座。其中出土绿松石总数332枚，分属于85座墓葬中。这些绿松石可以分为两种形式。一种为扁体四边形，共211枚，孔在长边。另一种为管状，共121枚，为圆柱形珠子。随葬绿松石的墓葬中，一半为男性，1/4为女性，1/4为儿童。与绿松石出土的同时还有213枚玛瑙珠出土于17座墓葬。据报告作者研究，佩戴绿松石耳坠的男性远多于女性，而女性与儿童多佩挂玛瑙珠。装饰品以大理石、绿松石、红玛瑙以及海贝为主，显示着白、绿、红为装饰品的主调，也表明大甸子墓地装饰品对色彩搭配的重视。

此外，大甸子墓地还在38座墓葬中发现在陶器、漆器、编织品、或者是棺上镶嵌蚌贝、螺壳或者是绿松石的镶嵌器类。其中在M885、M905和M818发现在陶鬲口沿上挖槽，槽内镶嵌圆形贝片，并有黏着剂固定。而38座墓葬中发现的漆木、编织、涂料以及镶嵌物的墓葬中有13座墓发现了绿松石，其中M726在鬶和爵上用漆膜黏着绿松石片，而M905、M931则是在漆质觚上黏着绿松石片。还有一些则在漆膜上先垫有编织品，然后再贴绿松石片。在M726的人骨头侧发现了25枚绿松石，可能是耳饰和颈部装饰。M627除了发现绿松珠1个外还发现了513片四边方形绿松石嵌片，一面光滑，另一面粗糙，报告者认为可能是一件镶嵌手镯。M677则在头部发现22枚绿松石。M905在前额发现2枚绿松石珠。M6122的绿松珠在耳边，应该是耳饰，而在随葬的陶器内发现了绿松片5枚和海贝5枚。大甸子墓地发现的爵、鬶和觚等陶器，都是二里头文化具有特点的器类，而流行镶嵌装饰的特点又增加了这两个文化之间的相同点，相距较远的两个遗址之间这种共同性的背景值得引起我们的重视（图14）。

---

① 邓聪、许宏、杜金鹏：《二里头文化玉工艺相关问题试释》，《科技考古》第二辑，科学出版社2007年版。

② 中国社会科学院考古研究所：《大甸子——夏家店下层文化遗址与墓地发掘报告》，科学出版社1996年版。

衣衿底边缀贝 （M672:18）

图14 大甸子墓地出土的玛瑙项链与海贝（引自《大甸子》报告）

三 绿松石装饰品种类和绿松石镶嵌种类

（一）绿松石装饰品的种类

考古发掘资料显示，用于装饰品的绿松石种类多以小型器为主，新石器时代以耳饰和坠饰为主，据统计大约占到绿松石总装饰品的80%。特别是早期的裴李岗文化时期，几乎95%以上为耳饰和坠饰。到了新石器时代中期，中原地区的下王岗遗址、汉水流域的龙岗寺遗址、西北地区的马家窑文化和齐家文化中均发现了珠类和管状类绿松石装饰品。显示了绿松石除了耳饰和坠饰外，开始作为串珠佩戴在颈部，而且珠管类的制作技术也比前期复杂，特别是形状和钻孔技术要求较高，因而显示了绿松石制作技术的进步。到了新石器时代晚期，从黄河上游的马家窑文化和齐家文化，到中游的陶寺文化，下游的大汶口文化均发现了绿松石镶嵌。这是一个很大的变化。不仅在技术上首次开始了马赛克式的装饰形式，更重要的是显示了将绿松石与不同材质的结合，并应用了黏着剂，这是一个非常重要的变革。也是绿松石除普遍作为坠饰之外，最常见的使用场合就是作为嵌饰片。中国新石器时代晚期的绿松石镶嵌片，根据各地区考古学文化的不同，其嵌片与镶嵌的方式也不尽相同。可以简单区分为以下几种：单片镶嵌；多量不定形嵌片镶嵌；切边整齐的嵌片镶嵌。镶嵌使用的主体质材，常见的有骨片、骨珠、陶器、玉石器、漆木器和青铜等，相应的周边辅助材料则有黏着剂、纺织物、编织物或者动物皮质物。而需要辅助的周边技术，依时代、文化、各种嵌饰方式之需要而有所不同。比如用于嵌片的玉石钻孔、阴刻、镶嵌骨片的等长切割与黏贴面的打磨、青铜器镶嵌用的底盘或者框架的特殊铸造等。这些技术均可以在考古发现的绿松石嵌饰遗物，比如青铜质、骨质、玉石质残留部分观察得到。漆木质则由于易于腐朽而大多不见原器，但还是可以看到一些痕迹的。

下面具体分析一下这几种常见的几种绿松石嵌片的镶嵌方式。

（1）单片的镶嵌方式：这种镶嵌不一定使用黏着剂，而是将绿松片切割成相应大小的形状嵌入器体。这种镶嵌方式在黄河下游的新石器时代晚期比较普遍，有名的例子如：山东大汶口文化遗址出土的嵌绿松石圆片的骨筒形器、山东临朐朱封龙山文化遗址出土的嵌绿松石图片的镂空玉饰、二里头文化遗址出土的玉刀、玉璋和半月形器上的绿松石嵌片。具体做法应该是先将绿松石材料裁成需要的形状，然后将松石片嵌入于原来已经做好的位置，圆孔或者圆窝中，大汶口文化骨筒和象牙筒上多有4—5孔，而玉器上则由两个左右对称的绿松石圆嵌片来装饰，似乎象征着传神的双眼。

（2）不定形嵌片的镶嵌：这种嵌饰的方式不仅见于齐家文化陶器上的镶嵌，比如宁夏固原店河遗址出土的陶器上的绿松石镶嵌。还见于黄河中游的陶寺文化遗址所出的骨笄镶嵌和手镯的绿松石镶嵌。陶寺遗址墓地出土有900余片绿松片，大多作为骨质发簪尾部或腕部手镯的镶嵌片，还有一些因为腐朽而不得而知其镶嵌主体，仅留下一些散落的无孔镶嵌片，这些镶嵌片的形状均呈不规则。在同样属于陶寺文化的下靳墓地也出土多件镶嵌手镯，其镶嵌方法与陶寺遗址相同，也是用不定形的镶嵌片黏着在一种黑色胶质物上制作而成的，这种黑色胶状物是这种镶嵌方式的关键材料。

（3）切边整齐的嵌片式镶嵌：这种镶嵌以二里头遗址出土的镶嵌铜牌和龙形器的为代表，边缘裁切整齐，每一片大小相等，为0.5厘米左右，每一片之间作拼图式的密合嵌黏，排列整齐，成一定的规律。还有二里头第三期出土的5件圆形铜牌上的绿松石均按照逆方向均匀排列。此外还有一件出于青海同德宗日遗址马家窑文化的石棺墓中的贴绿松石骨臂饰，以骨材制作出筒形臂饰，再于其外表面贴饰绿松石片，嵌片均切割整齐。同出于宗日遗址的墓葬内，在一板岩上嵌饰绿松石片，嵌片边缘裁切整齐。此外，马家窑文化特有的切边整齐的骨片镶嵌也属于这一类型。

(二) 镶嵌工艺分析

二里头文化的绿松石镶嵌工艺可谓精美绝伦。绿松石装饰品也是在二里头文化中发现数量最多的材质之一。虽然绿松石镶嵌工艺并不是从二里头文化开始的，谈到镶嵌工艺，似乎一定与绿松石相关，正如前边已经叙述过那样其实在发现绿松石镶嵌的同时，还发现了一些其他材料的镶嵌，比如在甘肃永昌鸳鸯池墓地就发现在骨笄的尾部粘在黑色物质上的白色骨或是石子，使得骨笄尾部黑与白组成的图案非常漂亮而亮眼夺目，宁夏固原店河遗址和四坝文化遗址发现了在陶器上镶嵌绿松石的例子，这些镶嵌都需要黏合剂作为镶嵌的必要条件，因此我们不仅要分析绿松石装饰品，还需要讨论它的镶嵌技术，用于镶嵌的复合材料以及黏着剂等。考古资料显示，镶嵌工艺从新石器时代中晚期出现，发展到二里头文化时期，经历了一个从简单到复杂的工艺进化过程。镶嵌主体与客体的材料与镶嵌方法也多有变化，总的来说，镶嵌工艺大致可分为以下几种：

第一种，在骨器上黏着黑色胶状物，然后再在胶状物上镶嵌骨环、骨片、贝壳或者绿松石，使得黑色胶状物既是黏着剂也是镶嵌主体。这种镶嵌主要发现于黄河上游地区的马家窑文化与齐家文化以及中游的陶寺文化分布地区。在鸳鸯池墓地发现了多件用骨片镶嵌在黑色黏着物上的骨镯佩戴在人骨的手腕处，还有在骨笄尾部用黑色胶状物质做成锥体，然后在锥体上镶嵌白色小型骨环来装饰。在广河地巴坪遗址半山类型墓地发现了12件骨腕饰也都属于这种类型，同时在柳湾墓地也多有骨片镶嵌腕饰的发现。在陶寺文化的陶寺遗址发现10组在骨笄尾部的黑色胶状物上镶嵌绿松石，并用黑色胶状物将骨笄与组合的玉环黏结在一起。

第二种，在黑色胶状物上直接镶嵌绿松石片。这种做法也多见于齐家文化与陶寺文化。在宁夏菜园切刀巴遗址发现在圆饼形黑色胶状物上镶嵌8块绿松石片。而在陶寺遗址也发现了在黑色胶状环饰上镶嵌绿松石与蚌片，做成绿白相配的手镯。同属于陶寺文化的下靳墓地也发现了相同镶嵌方式的手镯三件。有人认为这种黑色胶状物有可能是动物皮质，也有人认为是一种天然化合物，究竟是什么还需要科学的分析来解明。在这一类型里这种黑色胶状物就是镶嵌的主体。

第三种，在陶器上直接黏着镶嵌绿松石，或者在陶器上刻槽，将绿松石、蚌片嵌入刻槽内。在齐家文化店河遗址发现的绿松石镶嵌在陶器上的例子应该是最早的陶器镶嵌，后来在四坝文化遗址也发现了陶器镶嵌，大甸子墓地更发现了在陶器口沿刻槽嵌入蚌片的做法，还发现了在鬶、爵和斝上用漆膜镶嵌绿松石或螺壳的做法。

第四种，在骨器和象牙器上镶嵌绿松石，但是不用黏着剂，而是以钻孔的方式直接嵌入。主要发现在山东的大汶口文化分布区。比如象牙筒和骨筒上的绿松石镶嵌。此外还有以钻孔与绳子将骨片连接在一起的骨片镶嵌做法，在王因墓地发现三件骨镯，每件骨镯均由数件骨片缀合而成，比如M168：7出土的骨镯由三块等长的骨片组成，每个骨片上分别有两个孔，可能用绳子缀合而成。而不像黄河上游是用黏着剂接合。

第五种，在玉石器上镶嵌绿松石。中国传统的玉石制作工艺以及玉石制作的基本程序是切割、打磨、钻孔、雕刻，具体每个程序环节又有其特有的工艺技术，这里与镶嵌有关联的应该是最后阶段的雕刻。雕刻有阳线雕刻与阴线雕刻两种，在主体材料上镶嵌异物的应该是有刻槽的阴线雕刻。阴线雕刻重视线型差异而形成的层次感与动感，在技术上应该正是镶嵌工艺所追求的效果，可视为绿松石镶嵌产生的基础之一。在山东龙山文化发现了在玉石透雕的玉冠上镶嵌两颗绿松石。二里头遗址则发现数件钺和玉璋上镶嵌绿松石。晚期青铜时代则多出现玉石兵器和铜兵器运用镶嵌技术的做法，镶嵌绿松石铜戈比较典型。这些兵器均显示出商代继夏代之后对于镶嵌技术的传承和革新。

第六种，在漆器或木器上镶嵌绿松石和螺壳、蚌片等。大甸子墓地发现多件，但是因为均多腐坏，无法了解更详细的信息。

第七种，在铜器上镶嵌绿松石与蚌片等。从二里头文化阶段不仅有玉石镶嵌还开始出现了在青铜牌饰上镶嵌绿松石的工艺技术，这是一个技术上的飞跃，因为在需要冶炼成型的青铜器上镶嵌绿松石，需要将两个完全不同技术相结合。这一时期镶嵌技术达到了高峰，并一直盛行到晚期青铜时代。

以上分析显示，在新石器时代早中期绿松石出土较多的遗址主要集中在黄河上游和汉水流域。比如在黄河上游一带，有马家窑文化诸遗址的柳湾、林家、广河地巴坪等遗址。而在中原以及长江支流的汉水流域则有贾湖遗址、下王岗遗址和龙岗寺遗址。东北地区则有红山文化遗址发现4例。黄河下游的山东大汶口文化在王因、野店墓地、大汶口等墓地均有发现。发现地区还比较广泛，但是并不像其他玉器那样普遍。这种分布形式即使到了新石器时代后期直到二里头文化时期并没有大的改变，虽然在制作技术上有较大的变化。这种状况可能与绿松石的产地或者原材料入手源头有关。因为绿松石矿源不像其他玉器那样丰富，成矿多是一些副产品的小型石块，易于被随手遗弃而随着河水而漂流到较远的地方，若沿河流域有矿山的话，则在沿河下游有条件采集到少量的绿松石原材料而不需要特别的运输。在日本新潟县一带有较大的翡翠原石产地，沿河流域都可以发现散落的翡翠原石，这个例子可以给我们一些启示。贾湖遗址出土的绿松石经过科学鉴定其原石产地，结果显示它们既不是距离较近的湖北郧县一带绿松石产地也不能确定是不是本地的原石，它们的原石有可能来自多个矿源。新石器时代晚期随着镶嵌技术的出现，绿松石的需求量增加，需要专门的制作作坊，也体现着绿松石装饰品的制作与使用开始置入统治者的视野，并成为这些权贵人物的身份象征。绿松石也开始不仅作为一种装饰品，而成为早期王朝国家众多礼仪中的一种。绿松石的这种社会角色的转变，不仅因为绿松石自身的价值，主要取决于镶嵌技术为其增加的魅力，因此探讨镶嵌技术出现的意义对于了解早期王朝国家的成立与所经历的历程具有深远的意义。

四　绿松石与镶嵌用黏着接合剂产地分析与地域间交流

（一）绿松石产地与黏着剂

目前，已知中国绿松石矿山有鄂西北地区、陕西（临近鄂西北）白河县月儿潭矿山、河南淅川县、安徽马鞍山、云南昆明安宁、青海、新疆哈密戈壁滩黑山岭等地。

湖北省西北部的绿松石矿山包括郧县、郧西及竹山三县，共计有40多处，分为北部、中部和南部三大矿带。绿松石呈绿色、蔚蓝色，以透镜状、脉状充填在距今5亿年前早寒武世碳质、硅质岩石裂隙中。是中国最重要也是最大的绿松石古矿山。

陕西白河县月儿潭的绿松石，产出状况与鄂西北基本相似，本属同一矿带，但含矿岩层时代为距今4亿年前的志留纪含碳质石英绢云母片岩及绢云母石英片岩。该区有岩洞子、白龙洞、穆桂寨三个主要矿山共20多个矿点。由于开采年代已久，产量很少。

河南淅川及安徽马鞍山绿松石矿山规模小，开采年代不详。新疆哈密戈壁滩黑山岭绿松石，是在20世纪70—80年代才被发现。矿化带东西分布长达2.5公里，宽5米—40米。在整个矿化带上古采坑有10多处。其中有一采坑深达10米左右。山岗上发现古代开采绿松石的圆顶小屋。并在山南坡发现古代采矿人居住的遗址以及灰色陶片及打击石器等，有学者认为最早采矿当在新石器时代。该矿区临近甘肃，地属河西或河西走廊。云南昆明市以西安宁县境，蔚蓝色的绿松石产于赤铁矿裂隙中，虽然色浓正，但块度很小，产量也很少，最早何时开采不详。另外在四川和西藏也发现有绿松石矿藏。①

当然我们不能简单地认为出土的绿松石装饰品就与附近的产地有关系，还必须进行产地同定的科学分析。目前已经有几处遗址比如贾湖和王城岗遗址做过产地分析。根据中国科学技术大学冯敏等人采用显微镜，X—射线衍射和X射线荧光光谱等测试手段对贾湖遗址出土绿松石以及陕西省安康、湖北郧县和安徽马鞍山所产现代绿松石进行的岩性、物性和微量成分的分析，认为贾湖绿松石并不是来源于以上绿松石产地的。② 同时也对王城岗遗址和偃师二里头遗址出土的绿松石进行分析，其结果是这些绿松石分别来自不同的地质环境，在不同时期和不同地点亦有交叉，具体的产地信息需要进一步研究。③ 虽然这些遗址的附近就有绿松石矿，但是考古出土的绿松石装饰品并不是采自那里，那么如何来解释这些绿松石的产地呢？新石器时代出土的绿松石饰品大多是一些小型圆角的圆形、梯形、方形和长方形的坠饰与耳饰。根据横田祯昭的看法，这些绿松石可能是从外露母岩脱落的原石块，顺着河流与砾石一起被采集、加工、研磨而成的装饰品。因此它们很难确定矿源，可能是从复数的矿源而来的，都是

---

① 栾秉璈编著：《中国宝石和玉石》，新疆人民出版社1989年版。
② a. 冯敏、毛振伟、潘伟斌、张仕定：《贾湖遗址绿松石产地初探》，《文物保护与考古科学》第15卷第3期，2003年。b. 毛振伟、冯敏、张仕定、张居中、王昌燧：《贾湖遗址出土绿松石的无损检测及矿物来源初探》，《华夏考古》2005年第1期。
③ 董俊卿等：《河南境内出土早期玉器初步研究》，《华夏考古》2011年第3期。

二次矿源的采集物。考虑到这些矿源与出土绿松石遗址的距离大都在200公里左右，这种状态下，绿松石的原石采集、制作以及消费可能属于不同的集团，它们之间应该存在着交易关系（图15）。[①]

图15 绿松石矿石标本（来自网络）

从新石器时代晚期，到二里头文化时期，绿松石除了坠饰与耳饰等装饰品外大多以镶嵌的形式出现，在西北地区多与玛瑙珠、海贝等一起出土，特别是海贝在马家窑文化马厂类型的柳湾墓地就有发现。在山东地区则在更早的大汶口文化时期就多有象牙制品等共存物出土。绿松石装饰品不仅在制作技术上发生较大的变化，也在装饰形制和共存遗物上发生了变化。其代表性的制作技术就是镶嵌的流行。目前所知，镶嵌最早出现于马家窑文化半山类型的镶嵌骨镯，用等长的骨片镶嵌在黑色胶状物上，此后这种黑色胶状物在齐家文化的骨笄、陶寺文化的绿松石镶嵌手镯和骨笄尾部绿松石镶嵌都有发现，但是这种表面看似相同的黑色胶状物不一定都是同一种物质，需要进行科学的成分分析才能知道，但是至少可以说新石器时代晚期流行使用这种黑色胶状物进行绿松石镶嵌，从其使用范围来看，大致在沿着黄河上游到中游两岸。山东的绿松石镶嵌物至今没有关于这种黑色胶状物的报道，而是在骨片上钻孔，用绳子类缀合成骨镯，其共存遗物也与西北地区不同，从大汶口文化开始多有象牙类出土，这种象牙还没有在黄河上中游地区的齐家文化和陶寺文化中出现过。

二里头文化时期，绿松石镶嵌进入一个流行的高峰期，其制作技术也

[①] ［日］横田祯昭：《中国古代的东西文化交流》，雄山阁，1984年。

较前期有更大的进步。镶嵌的主体以青铜器和漆木器为主，绿松石装饰品数量也较前期增加很多。镶嵌技术上在将绿松石嵌入时是不是使用黏着剂，还是直接将绿松石嵌入正好大小的青铜器？或许是两种方法都有。根据报告我们知道二里头遗址的铜器镶嵌物上发现了纺织物痕迹，因此镶嵌时不仅用黏接剂，还有附加物，这些具体情形都需要对出土遗物进行观察后得出答案，并做科学的分析。在大甸子墓地出土的镶嵌物，在陶器上用漆膜再镶嵌绿松石，这种漆膜也可能就是一种黏着剂。这里也发现了类似纺织或编织物的痕迹。因此在我们瞩目绿松石产地分析的同时，还需要关注镶嵌用黏着剂以及相关物品的分析与产地的确认。

　　古代天然沥青是随着旧石器复合工具的出现而被使用的。一般的复合工具多用镶嵌或捆绑的方式，但是法国考古学家在叙利亚发现了一些表面附着黑色物质的石制品，这样的石制品在多个遗址发现，引起学者的注意，并对其成分进行了气象色谱质谱分析，确定了这种黑色物质为高度风化的沥青。乌姆、埃尔·泰利尔（Umm el Tlel）遗址是一个包含不同时期，从旧石器时代到罗马时代的遗址。而旧石器时代的文化层可以分为 87 个不同层位，在 53 层属于旧石器时代中期的层位发现了带沥青的石器。但是经研究这个遗址的周围方圆 40 平方公里均没有发现天然沥青的产地，由此认为这些沥青有可能是搬运而来的。到了公元前 600 年左右的新巴比伦王国时期，两河流域都用天然沥青做防水材料、颜料、黏着物等。也有将沥青用于作画，即在沥青上用贝壳镶嵌人和动物图案，比如，苏美尔人的牛头竖琴上就有沥青的使用。[1] 从这些古代使用沥青的例子，可以为我们对绿松石镶嵌中所使用的黑色胶状物的分析起到一种借鉴。树脂也是古代经常用于黏着的种类之一，而漆脂液可以用于黏着，究竟绿松石镶嵌所使用黑色物质是什么必须经过科学分析才能些结论。镶嵌工艺在欧洲的新石器时代遗址也有发现，至少在法国公元前 3000 年的遗址发现了将珊瑚等镶嵌在容器上的例子[2]，而在埃及公元前 4000—公元前 3500 年的涅加达（Naqada）文化发现了在骨质人像的眼部用镶嵌玉石或者贝质类来表现的工艺方法（图 16）。[3]

---

[1]　周振宇：《古代天然沥青的使用》，《化石》2008 年第 3 期。

[2]　Lioyd and Jennifer Laing, *Art of Celts* (*World of Art Series*), Published by arrangement with Thames and Hudson Ltd, 2008

[3]　ヤマミール. マレク著，近藤二郎訳：《世界の美術・エジプト美術》，岩波書店，2004 年。

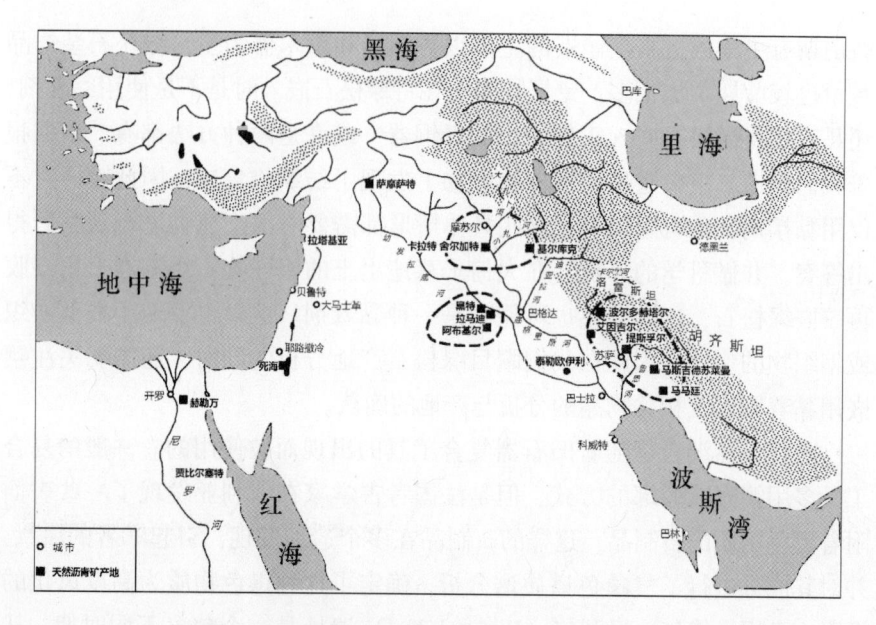

图16　中东地区天然沥青分布图（引自周振宇论文）

（二）绿松石制作作坊

近年来，在二里头遗址宫殿区以南的官营作坊区内发现了一处属于二里头文化晚期的绿松石制作作坊，作坊内有一处绿松石废料坑。料坑内出土绿松石块粒达数千枚，相当一部分带有切割琢磨的痕迹，这些废料包括绿松石原料、毛坯、破损品和废弃料。这批材料，提供了绿松石器工艺分析的绝好标本。根据研究这些标本，大致可以明确原石开采后从打击劈裂、切割、研磨到穿孔、抛光、镶嵌和拼合等一系列的技术细节和工艺流程。根据考古钻探得知，料坑附近及以南不小于1000平方米范围内集中发现绿松石料。由此推测，这一规模应是一处绿松石器制造作坊。从出土遗物观察，该作坊的主要产品是绿松石管、珠及嵌片之类装饰品。值得注意的是，这处绿松石器作坊紧邻宫殿区，在其南的铸铜作坊一带以及宫城内的某些区域也发现有小件绿松石成品、半成品、石料和废料等，预示着有可能还存在其他的绿松石作坊。而绿松石作坊的位置表明当时的绿松石器生产可能是在王室的直接控制下进行的（图17）。

中国古代镶嵌工艺与绿松石装饰品 / 323

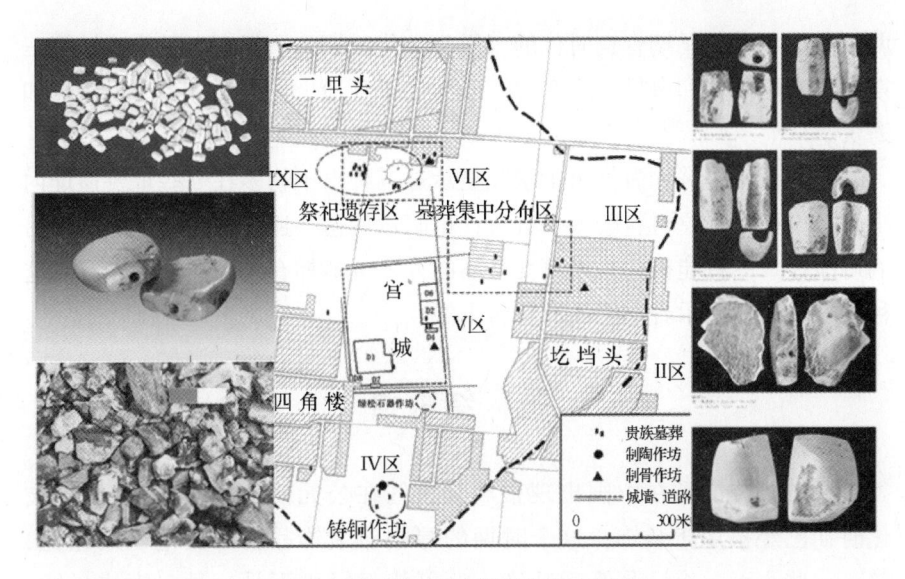

图17 二里头遗址的绿松石作坊及出土品

(三) 与绿松石镶嵌共存遗物的分析

离海洋很远的西北地区在柳湾马家窑文化马厂类型发现15枚海贝，同时还有6枚仿制石贝随葬在墓葬内。同遗址的齐家文化期发现海贝36枚，其中34枚出土于M992，M979和M1042各一枚。而在安特生发掘的朱家寨遗址则发现了玛瑙珠多枚，这些玛瑙珠与绿松石、白色大理石珠组成绿红白三色配合的装饰品很有特色。这种海贝、玛瑙珠与绿松石镶嵌的组成从马家窑文化到齐家文化时期，再到早期青铜时代，大何庄遗址在发现绿松石同时也发现了2枚玛瑙珠。[1] 青海宗日遗址[2]、民和和桃庄[3]、甘肃省互助中寨、早期青铜时代的徐家碾墓地[4]和朱家寨遗址[5]，都发现了玛瑙珠和海贝。

在陶寺文化遗址绿松石镶嵌手镯上也发现有贝的装饰，此外还发现了

---

[1] 甘肃省文物考古研究所：《武威大何庄遗址发掘简报》，《考古学报》1975年第2期。
[2] 陈洪海等编著：《宗日遗址文物精品与论述选集》，四川科技出版社1999年版。
[3] 青海省文物考古研究所、西北大学文博学院：《民和核桃庄遗址》，科学出版社2004年版。
[4] 中国社会科学院考古研究所：《徐家碾寺洼文化墓地——1980年甘肃庄浪徐家碾考古发掘报告》，科学出版社2006年版。
[5] [瑞典] 安特生：《西宁朱家寨》，刘光文译，青海人民出版社1991年版。

两枚海贝。进入早期青铜时代的二里头文化时期，不仅在二里头遗址第三期发现了玛瑙珠和海贝，远在北方的大甸子墓地也发现了213枚玛瑙珠和海贝。

绿松石、玛瑙和海贝出土状况显示这三种出土物多在一些重要遗址内出土，应该与其原材料的入手有关，也暗示着这些遗址存在着远距离交易的可能性。只有能得到远距离交易品的人才可能拥有。镶嵌用绿松石的这种共存关系也预示着它们的原材料来源。

五　结束语

绿松石装饰品在中国出现很早，大约在公元前7000年的裴李岗文化时期已经被用于装饰，这个时期的绿松石装饰品，与其他玉器相比，仅是一些小型单个的耳饰和坠饰。这可能与绿松石是一种二次成矿物，很少有大型厚重的绿松石有关。但是这种原石适合地域间远距离搬运，而不必局限于原石产地，因此出土绿松石装饰品的遗址数量很多，目前达到100余处，但是大多遗址仅有1—2件，而仅仅在一些特别遗址内出土数量较多，呈现出集中使用多量绿松石的遗址和仅有数件绿松石的遗址。显示了超越地域的需求与供应的直接关系。但是绿松石没有像软玉那样成为精英阶层必须拥有的财富或权利的象征。当然，如果绿松石装饰品仅仅以这样的形式继续下去，也就没有那么引人注目了。然而事情却在新石器时代晚期发生变化，使得绿松石装饰品与其他传统玉器相比显得不同寻常。

这个变化是绿松石工艺技术的革新性变化，也是审美意识的非传统性表现——那就是镶嵌工艺。究竟是什么原因使得新石器时代晚期的人们决定采用这种全新的镶嵌技术来表现他们对美的感受，还不是完全清楚，但是考古资料向我们展示了在绿松石镶嵌流行之前人们为镶嵌技术出现所做的努力。这些努力既有技术上的尝试，也有各种不同复合材料的探索。目前所知西北地区的马家窑文化是在中国发现镶嵌技术最早的遗址，只是那时候的镶嵌以骨质装饰品的镶嵌为主，用等长的骨板镶嵌在一种黑色胶状物上，现在的问题是我们需要知道这种黑色胶状物是什么。这种物质是催生镶嵌出现的关键性材料，因为在此后的绿松石镶嵌中也发现了同样的黑色胶状物黏着剂。

同时期出现在黄河中游陶寺文化遗址中的骨笄镶嵌绿松石在技术上与黄河上游地区没有大的区别。但是山东地区是个例外，那里虽然也有镶嵌技术应用于装饰品，却没有发现这种流行于黄河上游与中游地区的黑色胶状物。它们的镶嵌不是黏着，而是嵌入，即将绿松石嵌入骨器或者玉器上，即使骨片连成的手镯也是以孔连缀起来的，显示了镶嵌技术在地域间的差异。

在新石器时代后期这样一个流行绿松石镶嵌技术之后，早期青铜时代继续致力于这种技术的革新与多种应用就不觉得惊讶。被认为是中国第一个王朝国家的首都——二里头遗址是绿松石镶嵌品集大成者，也首次发现了将绿松石镶嵌在铜器牌饰上———一种礼仪用品，再接着发现了绿松石镶嵌龙形器，将绿松石镶嵌推向高峰。镶嵌技术既有铜牌那样的嵌入，也有龙形器那样的黏着，而在同遗址宫殿附近发现的绿松石制作作坊则是目前所知中国发现的唯一处绿松石制作作坊。绿松石和镶嵌技术究竟在这个第一王朝国家的形成过程中有多重要值得我们深思。而另一个需要关注的是位于北方地区的公元前2000年的大甸子墓地——它与二里头遗址在同一时间段存在，在大量贵族墓葬内发现了绿松石镶嵌在漆器、木器、陶器等不同遗物上，由于保存状况不佳，无法断定全部的镶嵌技术状况，但是有一点可以确认的是这里的镶嵌曾经使用黏着剂。报告书描述镶嵌用绿松石片皆一面光滑，一面粗糙并有黑色胶状物，红色涂料或者漆膜的发现，这些信息均值得研究，因为它们很可能就是被使用的黏着剂的一种类型。

由骨器镶嵌、陶器镶嵌、玉石器镶嵌再到后来的铜器绿松石镶嵌并广泛流行的事实，可能还与绿松石的自然特性以及别致的颜色有密切的关系。我们关注到与绿松石镶嵌装饰品的共伴遗物也比较特殊，它们常见的搭配是红玛瑙珠和白色海贝，特别是早期青铜时代，几乎成为一种很有规律的共伴关系。选择绿、红、白三色，还有黑色胶状物的色彩搭配可能是这一时期人们的流行审美观，但是更重要的可能还是要考虑到它们的原料产地与消费地的相互关系，因为这三种原材料都不是随手可得的一般资源，而是生产在一定的特定区域的。目前所知最早的玛瑙珠出现在西北地区的马家窑文化半山类型的宗日遗址，这里发现了47枚红玛瑙珠。而海贝最早的则是马厂类型兰州红古下海石M3出土的海贝与绿松石项链。下靳墓地也出土2枚海贝。其次则是在齐家文化遗址有发现。在大甸子墓地则在17座墓葬中发现了213枚玛瑙珠。穿孔贝695枚,而在13座墓葬发现了14件漆器上镶嵌绿松石。① 以上这一考古现象显示,镶嵌绿松石、玛瑙珠、海贝的出土地域也颇为一致,流行时期也很默契,这应该不是偶合,而是有缘由的。

(作者单位:日本金泽大学国际文化资源学研究中心)

---

① Jessica Rawson, Carnelian Beads, Animal Figures and Exotic Vessels: Traces of Contact between the Chinese States and Inner Asia, c. 1000 – 650BC, *Archaeology in China*, vol. 1. Bridging Eurasia, 2010, pp. 1 – 42.

中原地区的古代居民

王明辉

本文使用的"中原地区"概念,仅限于现在的河南省大部及其周边的晋南和陕西东部地区等,在地理上属于黄河中下游地区,部分地区属于长江和淮河支流的上游地区。中原地区一直是我国多民族统一国家的核心地区,地处中国阶梯地形的第二和第三级阶地,地势西高东低,地形多样,河流纵横,气候宜人,良好的自然环境为中原地区古代居民的生存和繁衍提供了良好的基础。从旧石器时代一直到现代,辛勤的中原地区居民创造了一个又一个的灿烂文明,不断谱写中华文明的新篇章,为中华文化的发展和进步做出了突出的贡献。

一 石器时代的中原居民

从旧石器时代早期开始,中原地区就有人类活动的遗迹,截至目前,仅河南省已经确定的旧石器时代地点就有100余处,几乎涵盖了河南省的大部分地区。同时,在河南淅川、南召和卢氏等地发现了旧石器时代不同阶段的人牙化石和枕骨残片等,把中原地区的文明推进到几十万年前。近年来的重大发现是2007年在河南许昌灵井旧石器时代遗址中发现了一个较完整的人类头骨化石,包括顶骨、枕骨、眉骨等,是河南省境内第一个古人类头骨化石,光释光测年初步结果为距今8万年至10万年,为研究现代人类起源提供了珍贵的资料。[①] 同时在中原地区的周边也发现了属于旧石器时代的远古人类遗迹,例如陕西的蓝田猿人、大荔人、黄龙人和山西襄汾的丁村人等,年代从距今上百万年到十几万年不等。尤其是大荔

---

① 李占扬:《河南许昌灵井旧石器遗址出土人类头盖骨化石》,《中国文物报》2008年1月25日第1版。

人、黄龙人和丁村人的化石标本上还体现出与现代蒙古人种比较接近的体质特征[①]，可能暗示了他们与现代蒙古人种之间存在较为密切的关系。

中原地区新石器时代人类学材料和研究都比较丰富和充分，在20世纪20年代中期，加拿大学者步达生（D. Black）教授就对瑞典学者安特生多数采集自河南等地的一些史前居民的人骨进行了研究，他认为这些骨骼上都表现出明显的"东方人种"的性状，因此他将这些人骨称为"原中国人（Pro-Chinese）"[②]。

新中国成立后，伴随着考古学的发展，尤其是最近"断代工程"和"中华文明探源工程"以及配合基础建设的田野考古的发展，越来越多的人骨材料的出土和研究，为我们研究中原地区史前居民的迁徙与演化提供了良好的基础。

目前为止，中原地区时代最早的居民属于在河南舞阳贾湖遗址发现的贾湖人，距今约9000年。贾湖人的体质特征明显属于亚洲北部的蒙古人种类型特征，主要表现在具有较宽的颅宽、较宽的面宽、较高的面高、较高的鼻高和较窄的鼻宽以及垂直且扁平的面部等，与中原地区的古代居民最为接近，同时与黄河下游地区的古代居民也有密切的关系，表明新石器时代早期的贾湖居民与黄河中下游地区的其他古代居民之间存在密切的血缘关系。[③]

河南长葛石固遗址出土了一批前仰韶文化和仰韶文化人骨，他们的体质特征表现为颅高较大、面宽和面高中等、阔鼻中眶以及上面部扁平等特征等，与陕西的宝鸡组和半坡组比较接近，种族类型上属于蒙古人种，有些特征与南亚类型比较接近。[④]

位于丹江上游的淅川下王岗遗址仰韶文化居民与黄河中下游新石器时代居民的体质特征相似，其体质特征属于蒙古人种，且与南亚类型比较相

---

① a. 吴新智、尤玉柱：《大荔人及其文化》，《考古与文物》1980年第1期。b. 裴文中：《山西襄汾县丁村旧石器时代遗址发掘报告》，科学出版社1958年版。c. 王令红、李毅：《陕西黄龙出土的人类头盖骨化石》，《人类学学报》1983年第4期。

② Black, D. *The Neolithic Yang Shao people of north China. A brief resume of the works done and in progress on the physical characters if this ancient people*: Transactions of the 6th Congress of the Far Eastern Association of Tropical Medicine. Tokyo, Japan. 1925, Vo. l 1.

③ 张振标等：《人类学研究》，《舞阳贾湖（下卷）·第二章》，科学出版社1999年版。

④ 陈德珍、吴新智：《河南长葛石固早期新石器时代人骨的研究》，《人类学学报》第4卷第3、4期，1985年。

似，普遍具有较高的颅高和相对较狭的颅宽、中上面型、低眶阔鼻等特征，他们属于古老种族类型——古代华北人。同时，下王岗人与近代华中居民体征比较相似，表明近代华中地区居民与新石器时代汉江流域的居民有密切的血统关系，这种关系应该受到来自华北地区古代居民向南迁徙的直接影响，并且延伸至南亚地区，向西影响至关中地区。[1]

郑州西山仰韶文化遗址出土的人骨受到变形颅的影响，颅部特征不明显，主要表现为中颅、高颅结合狭颅型，中上面型，阔鼻低眶等特征，属于蒙古人种，与现代东亚类型和南亚类型都比较接近，与山东大汶口文化的西夏侯组最为接近[2]，表明黄河中下游地区古代居民之间存在较为明显的血缘联系。

近年来，灵宝西坡墓地出土了一批仰韶文化人骨材料，笔者进行了相关研究。认为西坡墓地出土的头骨依据体质形态的不同可以分为两种不同的类型，一种是卵圆形颅，颅长宽指数属于中颅型或圆颅型、颅高较高、颅宽中等偏阔，面高中等，面宽属于中阔面，鼻型中等偏阔，中等眶型，面部扁平度大等，西坡古代居民中多数个体属于这种类型；另一种类型的体质特征主要表现为头骨相对比较硕大，各项绝对测量值较大，颅骨呈楔形或卵圆形，颅长宽指数属于圆颅型、颅宽中等较阔、最大宽位于颅骨后端顶结节附近，颅高中等，面宽中等，面高中等偏低，中眶偏低、中鼻偏阔等；不排除当时在西坡遗址上确实存在不同体质类型的人群的可能。体质形态学研究表明，西坡古代居民与晋南、陕西东部以及河南西部的仰韶文化和龙山文化居民之间存在着密切的关系，他们之间在体质特征或遗传上可能具有承继关系；他们同时与黄河中下游地区其他新石器时代居民之间在体质特征上也有较为密切的联系；他们与我国北方地区和南方地区的古代居民之间存在较大的差距。[3]

郑州荥阳青台遗址出土仰韶文化中晚期墓葬，人骨上表现出明显的病理现象，主要包括：（1）增生性脊柱炎，发病率较高，40%左右；（2）50%左右的龋齿发生率；（3）少量的骨肿瘤、慢性脊髓炎以及小骨盆变异和骶髂融合等病理现象。一方面反映了当时生活条件的恶劣，另一方面

---

[1] 张振标、陈德珍：《下王岗新石器时代居民的种族类型》，《淅川下王岗》附录一，文物出版社1989年版。

[2] 魏东：《郑州西山遗址新石器时代人骨研究》，吉林大学硕士学位论文，2001年。

[3] 王明辉：《人骨综合研究》，《灵宝西坡墓地》，文物出版社2010年版。

反映了当时人们的体力劳动的繁重和医疗条件的低下。[1]

汝州洪山庙仰韶文化墓葬出土了大量的瓮棺葬，出土的颅骨基本特征属于蒙古人种，主要表现为卵圆形颅、颅长较短、颅宽大、颧骨凸出、上面部扁平、鼻根低矮、低眶狭鼻等，以黄河中下游地区古代居民的体征为主，但也体现不少关中地区仰韶文化居民的体征，即杂有关中仰韶文化居民成分，而与华南地区古代居民比较疏远；在近代组中与近代华北组最为相似。同时，洪山庙古代居民的口腔卫生较差，有较高的龋齿、齿槽脓肿、牙周病和釉质发育不良等发病率，同时伴随有关节炎和骨折等病理和创伤现象[2]。

另外，在豫东北地区也出土了一批仰韶文化时期的墓葬，濮阳西水坡新石器时代居民的体质特征主要表现为卵圆形颅，中颅型、高颅型结合中颅型的颅骨形态，狭面、阔鼻、中等偏大的面部扁平度等，与东亚蒙古人种非常接近，但低面阔鼻倾向具有南亚蒙古人种特征。与现代华北组和华南组以及古代的陕西仰韶文化各组的体式特征最为接近。[3]

陕县庙底沟遗址发现庙底沟二期文化墓葬100多座，人骨保存较好，主要的体质特征为圆颅型、高颅型结合狭颅型、中上面型、中眶中鼻、面部扁平度大等；经过研究比较，庙底沟组与现代亚洲蒙古人种中的远东人种存在较多接近关系，与陕西的华县组、半坡组和宝鸡组等之间比较接近，同时与近代华南组也有密切联系，而与山东的西夏侯和大汶口组比较疏远，显示庙底沟组与仰韶文化各组存在较为密切的关系。[4]

禹州瓦店龙山文化居民的颅长和颅宽值较大，但颅指数属于中颅型、上面高较大、中鼻中眶、面部扁平度大等，与现代东亚蒙古人种之间存在更多的相似性，与陕县庙底沟二期文化居民最为接近，同时与殷墟中小墓Ⅰ组和陕西铜川瓦窑沟先周时期居民也有密切的联系。[5]

豫北地区辉县孟庄遗址出土了一批龙山文化为主的墓葬，他们的颅面

---

[1] 杜百廉、张松林等：《河南青台原始社会遗址人骨的研究》，《郑州文物考古与研究》（一），科学出版社2003年版。

[2] 张振标、袁广阔：《洪山庙M1人骨研究》，《汝州洪山庙》附录一，中州古籍出版社1995年版。

[3] 张敬雷：《西水坡遗址人骨的人类学研究》，《濮阳西水坡》，中州古籍出版社2012年版。

[4] 韩康信、潘其风：《陕县庙底沟二期文化墓葬人骨的研究》，《考古学报》1979年第2期。

[5] 朱泓、王明辉、方启：《河南禹州瓦店新石器时代人骨研究》，《考古》2006年第4期。

部特征与陕西仰韶文化居民和黄河下游的大汶口等文化居民最相似，他们可能是黄河流域古老的居民。①

晋南襄汾陶寺龙山文化晚期已经进入夏纪元，对遗址出土人骨的初步研究认为陶寺人的人种类型并不单纯，但大部分颅骨的形态特征具有偏长的中颅型结合较高的颅高、中等面高、较大的面宽和中鼻中眶等特征，与现代东亚蒙古人种接近的成分居多，与庙底沟二期文化居民表接近，显示新石器时代的晋南与豫西地区之间密切的关系。②

陕西东部临潼姜寨遗址出土了两批人骨，其中姜寨一期属于仰韶文化半坡类型，二期为仰韶文化史家类型。一期居民的体质形态具有中颅型、高颅型和中颅型，较宽的面宽、较大的上面部扁平度、中眶阔鼻的特征，与亚洲蒙古人种中远东蒙古人种较为接近，并与仰韶文化各组尤其是与半坡组和宝鸡组比较接近。③ 二期居民的体质特征是中颅型、高颅型和狭颅型，中上面型、面部扁平度大、颧形浅而宽、低眶阔鼻等，与蒙古人种的东亚类型比较接近，并与庙底沟二期文化居民以及陕西仰韶文化各组尤其与华县组和宝鸡组最为接近，而与山东新石器时代各组比较疏远。④ 显示豫西与陕西东部的远古文化和人群之间存在较为密切的联系。

另外，中原地区新石器时代居民的人类学材料还有很多，例如登封王城岗龙山文化人骨、新密新砦龙山文化人骨等，但由于种种原因，这些人骨材料要么保存较差难以进行进一步研究，要么尚未进行系统的人类学研究，使我们无法对这些地区古代居民的体质特征进行深入讨论。虽然这样，就现有材料而言，我们仍然可以获得一些规律性的认识。

其一，中原地区新石器时代居民的体质特征相对较为一致，他们的主要体质特征表现为：偏长的中颅型以及高而偏狭的颅型，中等的面宽和中等的上面部扁平度，较低的眶型和明显的低面阔鼻的倾向。从大人种上属于亚洲蒙古人种，与各区域类型比较，他们介于东亚类型和南亚类型之间的位置上，并且在若干体质特征上与现代华南地区的居民颇为近似。朱泓

---

① 张振标：《辉县孟庄遗址人骨的人类学研究》，《辉县孟庄》，中州古籍出版社2003年版。
② 潘其风：《我国青铜时代居民人种类型的分布和演变趋势——兼论夏商周三族的起源》，《庆祝苏秉琦考古五十五年论文集》，文物出版社1989年版。
③ 夏元敏、巩启明等：《临潼姜寨一期文化墓葬人骨研究》，《史前研究》1983年第2期。
④ 巩启明等：《临潼姜寨第二期墓葬人骨研究》，《中国考古学研究论集——纪念夏鼐先生考古五十年》，三秦出版社1987年版。

先生将这种类型命名为"古中原类型"①。这种类型的居民曾经广泛分布在新石器时代的黄河中下游地区，包括仰韶文化、大汶口文化、庙底沟二期文化、山东龙山文化、河南龙山文化、陶寺文化等居民的体质特征都属于该类型，另外，在长江下游的江苏常州圩墩遗址、内蒙古乌兰察布盟察右前旗的庙子沟新石器时代遗址也有该类型居民的分布。显示"古中原类型"人群活动范围较广，迁徙和文化交流频繁且影响深远。

其二，就现有材料而言，目前尚未发现其他大人种的混杂和侵入。经过几十年的考古发现和研究，在文化研究上我们已经完全抛弃了中华文明"西来说"的谬论，在人类学研究上也没有任何证据显示其他大人种成分在新石器时代对中原地区居民形成任何影响，自始至终，中原地区的人群都是亚洲蒙古人种范畴，各人群之间体质形态的差异仅限于蒙古人种之内亚类型的差异。新石器时代的中原地区在人种学上始终是"一元"的。

其三，虽然中原地区新石器时代人群的体质形态有较强的一致性，但各人群间也存在着一些差异。这些差异有些是地域性的，如同样作为仰韶文化的汝州洪山庙居民和长葛石固居民虽然在多数测量值和指数角度等项目上有很强的相似性，但在颅长等测量绝对值上却有明显的差异。有些差异则属于时间性的，例如仰韶文化的长葛石固组与河南龙山文化的禹州瓦店组居民之间就存在着差异。甚至在同一个遗址中也存在不同体质特征的人群，如西坡墓地居民中包含两种体质类型。这些差异除了显示时间意义外，可能还具有文化变迁和人群迁徙的意义。在新石器时代早中期，由于生产力水平的低下和人群活动范围的狭窄等，人群的迁徙和相互间的影响较小，混血和基因混杂的频率和深度都较低，各人群保持了祖先遗传的体质特征。但随着社会的进步和生产力的发展，人群的迁徙和文化间的交流有了长足的发展，基因混杂的概率提高了，各人群的体质特征逐渐发生了一些变化，虽然这些变化还很细微，但预示着人群间的血缘关系较之以前发生了变化，人群间的地缘关系逐渐增强，社会呈现复杂化，为进入文明社会奠定了人类学基础。

其四，新石器时代的中原地区人群由于受到各种不利因素的影响，他

---

① 朱泓：《中原地区的古代种族》，《庆祝张忠培先生七十华诞学术文集》，科学出版社2004年版。

们的健康状况较差。各遗址发现有多种程度不同的疾病现象，同时普遍寿命较低，平均只有 30 岁左右；身高也普遍较现代人低，一般男性身高为 165 厘米左右，只有贾湖遗址居民的身高较高，男性平均超过 170 厘米。同时，在一些遗骸上发现有不同程度的创伤现象，而且相当一部分创伤属于战争创伤，显示新石器时代各人群之间的社会关系也不平静，竞争的残酷始终存在。

二　青铜时代及以后的中原居民

中原地区是华夏文明的摇篮，华夏族的主要来源——夏人、商人和周人及其祖先都曾经生活在这片土地上，但中原地区青铜时代的人类学资料并不丰富。总的来讲，新石器时代某一地区人群在的体质特征上相对较为单纯，到了青铜时代，人种混杂的现象变得十分普遍。不仅表现在同一个体上可以反映有不同种族类型的体质因素，而且表现在同一群体中有可能存在两种差异显著的属于不同种族类型的个体。这是进入青铜时代后，不同地区人群间频繁迁徙和相互交融的反映。

关于夏人的体质特征问题，目前还缺少充分的人类学资料，尚未见到有关二里头文化或早期夏人的人类学研究成果。在中原地区的周边，有些人类学材料如山西忻州游邀和内蒙古赤峰大甸子夏家店下层文化遗址出土人骨的年代已经进入夏纪元，他们的体质特征可代表夏纪元中原地区周边居民的种族类型。另外，晋南陶寺墓地的晚期已经夏纪元，居民的体质特征上文已有叙述。此外在中原地区的腹地——禹州瓦店龙山文化晚期的遗址也已经进入夏纪元，他的体质形态可能能够代表早期夏人的体质特征，具体在上文已有叙述，总之，他们的主要体质形态属于"古中原类型"，与庙底沟二期文化居民和殷墟中小墓中的自由民以及陕西铜川瓦窑沟先周时期居民关系最为密切。晋南地区是传说中的"夏墟"，这种结果显示夏人的体质特征在很大程度上承袭了中原地区新石器时代居民的基因成分，并为后世人群的种族类型奠定了基础。

中原地区商人的人类学材料较为丰富，主要集中在安阳殷墟地区。商代早期的人类学材料也有一些。例如在偃师商城、郑州商城和小双桥遗址等也有一些人骨出土，但由于保存较差等原因，多数无法进行人骨的综合研究，如偃师商城和郑州小双桥遗址虽然出土了一定数量的人骨材料，但多骨质保存较差，只能进行简单的鉴定和形态学描述。①

殷墟的古人类学材料主要来自两类墓葬，一类来自西北岗商王陵区的祭祀坑，另一类来自离王陵区较远的"族墓地"中的中小型墓葬，这两类属于不同性质的古人类学资料。祭祀坑中死者的身份属于商王祭祀祖先时的牺牲，他们中的多数应该属于商王征伐时虏获的战俘，也有少数可能属于沦为奴隶的商人。其来源的复杂性与祭祀坑人头骨上显示种系特征的多元性相吻合。目前学术界关于祭祀坑中出土殷商人头骨的种族类型主要有两种意见：异种系说②和同种系说。③ 异种系说认为这些头骨虽然在种系成分上以蒙古人种为主，但也包括某些欧罗巴人种和赤道人种的成分，显示当时已经存在现今世界三大人种的混合；同种系说认为这些头骨在种族类型上都属于蒙古人种，不存在其他大人种成分的混入，这些头骨上的差异主要是由于他们分别属于蒙古人种中的不同类型导致。联系到中原地区及其周边新石器时代和早期青铜时代人群的体质特征及其变化规律，同种系说似乎具有更多的合理性。

殷墟中小墓是王陵区以外的氏族墓地，他们的身份是商人中的平民阶层。同时，在这些墓葬中有一些具有一定规模的中型墓葬，他们一般随葬有成组的礼器，甚至殉人，他们的身份应该不同于一般平民，有可能是贵族，与王族关系密切，甚至本身就是王族成员。这些人骨的发现为探讨商人本身的体质特征提供了重要资料。从种族成分上分析，殷墟中小墓人骨在形态上可分为两种不同体质类型：绝大多数人骨所反映的殷商民族普通民众的体质特征与中原地区新石器时代居民一致，也应属于"古中原类型"；另有等级较高的中型墓出土人骨的体质特征具有面部高、宽、扁平、颧骨大而突出、鼻根较高、垂直颅面指数大等特征，与分布于我国东北地区和华北北部先秦时期居民的"古东北类型"很相似。④

综合分析祭祀坑和中小墓两类墓葬出土人骨的形态特征，殷商时期中

---

① 王明辉：《偃师商城出土人骨的初步鉴定》，《偃师商城》第一卷下册，科学出版社2013年版。

② 杨希枚：《卅十年来关于殷墟头骨及殷代民族种系的研究》，《安阳殷墟头骨研究》，文物出版社1985年版。

③ 韩康信、潘其风：《殷墟祭祀坑人头骨的种系》，《安阳殷墟头骨研究》，文物出版社1985年版。

④ 韩康信、潘其风：《安阳殷墟中小墓人骨的研究》，《安阳殷墟头骨研究》，文物出版社1985年版。

原地区人群的体质特征至少可分为四种类型：古中原类型、古华北类型、古东北类型和古华南类型，其中以接近现代东亚蒙古人种的古中原类型居民占绝对优势。这反映出在殷商后期安阳作为政治中心，来自四面八方的人群共同生活在这里。值得注意的是那些体质特征与"古东北类型"接近的极有可能反映商民族本身体质特征的居民，这种体质特征在新石器时代的中原地区从未发现，而且这种体质特征人群在先秦时期的中心分布区在我国长城以北的东北和华北北部地区，这种相对在高等级墓葬出现的体质特征一方面反映了当时人群迁徙和交流的广泛性，另一方面可能从一个侧面显示了商王族本身的种族类型。如果这种推测不误，那么商族的祖先很有可能与我国北方地区的某些古代人群有更为直接的种系渊源关系，结合文献资料和考古学文化研究，商人的祖先来源于北方也有一定的可能性，这从人类学角度提供了探讨先商文化的重要线索。

中原地区关于周人的人类学材料较少，目前只有在晋南侯马的天马—曲村西周墓葬资料，反映的体质特征与中原地区早期人群的体质特征基本相似，普遍具有中颅、高颅和狭颅相结合的颅型，中等偏低的面型、中阔鼻型、偏低的眶型和明显的齿槽突颌等"古中原类型"的体质特征，反映了中原地区居民在体质形态上的连续性。值得注意的是，该人群的体质特征与陕西长武碾子坡先周和西周墓地的人骨资料具有很强的相似性，他们之间的接近程度超过他们与相邻地区其他居民的关系，这反映了两者之间可能存在较密切的基因联系，这或许为探讨周人和周文化的渊源提供了重要的线索。[①]

中原地区东周及以后的墓葬和人骨材料也不少，但相应的人类学研究报告却很罕见。这其中可能有两个原因：其一，墓葬中人骨材料保存较差，不具有进一步研究的价值，这种情况只能对既有人骨进行简单的性别年龄鉴定；其二，可能是由于认识的偏差，考古学家和普通民众只关注早期的人骨资料和研究，对晚段的人骨仅做简单鉴定，较少收集和进一步研究；而且第二种可能性最大。在这里还是要呼吁加强对晚段人骨资料的收集和整理研究工作，因为越晚段的人骨与现当代的居民关系越密切，与现代人类学研究之间越具有参考性，对研究当今人群的迁徙变化越有价值。

---

① 王明辉：《周人体质特征分析》，《二十一世纪的中国考古学——庆祝佟柱臣先生八十五华诞学术文集》，科学出版社2006年版。

该时期中原地区目前仅见到有几份研究报告。其一是出土于商丘潘庙遗址属于春秋战国时期的人骨，经研究，其体质特征主要表现为中长颅型结合高颅型和狭颅型，面部较狭，面部扁平度大，中鼻型和中眶型等，与安阳地区殷墟平民和现代东亚蒙古人种具有较强的一致性，说明中原地区古代居民在体质形态上的连续性较强。① 其二是新郑西亚斯东周墓地人骨鉴定报告，但作者仅对骨骼的性别男年龄、身高和疾病特征进行了统计分析，没有做体质特征的研究。② 其三是濮阳西水坡东周墓葬和排葬坑出土的人骨资料，但骨骼保存较差，颅面部特征数据较少，无法做进一步比较分析。③ 其四是对洛阳东汉刑徒墓地出土人骨的研究，由于骨骼材料保存较差以及这些人骨的特殊属性（刑徒）等原因，研究报告仅对性别年龄和病理创伤等做了研究。在 397 例可判断性别年龄的个体中，男性有 390 例，占 98.2%，说明这些刑徒的性别以男性为绝大多数；同时肢骨粗壮，显示这些刑徒生前曾从事强大的体力劳动或武功锻炼；他们的年龄有 98.8% 为成年人，其中以壮年和青年阶段最多，平均死亡年龄为 30.18 岁；此外，在这些骨骼上还发现了一些病理和创伤现象，病理现象主要包括口腔疾病、类风湿性关节炎和骨性关节炎等，创伤现象有长骨骨折、锐器损伤和钝器损伤等。由于这批人骨资料的特殊性，他们的性别年龄和病理创伤现象可能不能完全体现东汉洛阳居民的实际情况。④

汉代以后中原地区的古人类学材料相对较少，虽然田野考古工作很多，也出土不少人骨资料，但经过全面研究的少之又少，其原因仍与人们的认识程度有关。伴随着中原地区基建工作的开展，近年来汉代以后的考古工作也得到了长足的发展，孙蕾收集了郑州地区汉、唐、宋代多处遗址出土的人骨资料，并进行了综合研究，她认为郑州地区汉、唐、宋代颅骨在形态观察和测量特征上均无太大的差异；与先秦和汉代及其以后各古代颅骨组进行比较，郑州汉、唐组均与先秦时期的古中原类型居民存在很大的相似性，郑州宋代组则显示出了更多偏离古中原类型的体质特征；郑州

---

① 张君：《河南商丘潘庙古代人骨种系研究》，《考古求知集》，中国社会科学出版社 1997 年版。
② ［美］叶—卡特琳娜：《新郑西亚斯东周墓地人骨鉴定报告》，孙蕾译，《新郑西亚斯东周墓地》，大象出版社 2012 年版。
③ 张敬雷：《西水坡遗址人骨的人类学研究》，《濮阳西水坡》，中州古籍出版社 2012 年版。
④ 潘其风、韩康信：《洛阳东汉刑徒墓人骨鉴定》，《考古》1988 年第 3 期。

汉、唐组均与中原和北方汉民族的体质特征有更为接近的形态学距离，而郑州宋代组相对于郑州汉、唐组显示出更为混合的体质性状。她分析认为，郑州汉代组居民的体质特征仍然延续了先秦时期黄河中下游地区以古中原类型居民为主的华夏族传统；唐代组居民似乎以古中原类型为主体，并某种程度上表现出北亚类型和东北亚类型的特征，受到了除汉民族以外更多异族的影响；郑州宋代组相对于汉代组和唐代组，其人群中的古中原类型的体质特征明显减少，表现出更加混合的体质性状；这些变化与不同历史阶段的人群大迁徙有关。①

三　结语

目前已经发表的中原地区的人类学研究资料还相对较少，而且这些资料在时空分布上也不均衡，很多地区或时期还存在一些研究空白，对全面认识中原地区古代居民的体质特征造成了很大的困难，但通过前面的叙述，我们仍然可以对中原地区古代居民的体质类型，尤其是先秦时期居民的体质形态做一个简单的总结。

（1）至少从旧石器时代中晚期开始，中原地区就有人类活动的迹象，有的人类化石上已经呈现原始蒙古人种的体质特征。某些化石材料可能对探讨中国现代人的起源具有重要的价值。

（2）新石器时代中原地区居民的体质特征具有较强的一致性，他们普遍具有中颅型结合高颅型和狭颅型，中等面宽，面部扁平度大，眶型较低和鼻型较阔等特点，他们与现代东亚蒙古人种和南亚蒙古人种之间具有一定的形似性，可统一称为"古中原类型"。在新石器时代绝大多数时间中，中原地区人群一直以这种体质形态为主，未见其他体质形态特征的渗入。这种类型的体质特征在中原地区具有较强的连续性，在殷墟中小墓和商丘东周墓中都占绝大多数，反映了中原地区居民体质特征和文化上的连贯性。

（3）到新石器时代末期或青铜时代早期，中原地区打破了以古中原类型体质形态"一统天下"的居民，其他体质类型开始在中原地区出现。这种现象到了殷商晚期更为明显，甚至出现了几种体质类型的人群在安阳

---

① 孙蕾：《郑州汉唐宋墓葬出土人骨研究》，吉林大学博士学位论文，2013年。

殷墟共处的局面。这可能与中原地区进入文明阶段、建立国家以及同时期周边地区文明衰落等有关。体质类型从单一性向多样性的发展过程反映出人群之间的关系从新石器时代以血缘关系为主的纽带逐渐松弛，地缘关系逐渐成为人群间主要的社会关系，形成地缘和血缘关系并行的社会关系，这可能暗示了社会历史从新石器时代以血缘关系为基础的酋邦或部落发展成为以地缘关系为主的早期国家，这与中原地区文明的进步和国家的建立具有相关性。

（4）中原地区强大的史前文化对周边地区造成了很大的影响，"古中原类型"居民的迁徙对周边居民的体质特征带来了强大的冲击，例如在内蒙古中南部地区的新石器时代的最早居民是"古华北类型"，后来随着中原地区仰韶文化的繁荣发达，"古中原类型"的古代居民开始出现在内蒙古中南部地区并与当地的土著居民"古华北类型"混杂在一起。从新石器时代到早期青铜时代直至春秋中期以前，"古华北类型"和"古中原类型"两类居民相互融合的人种构成模式依然延续。赵武灵王"胡服骑射"以后，实施了移民戍边的军事变革，大批"古中原类型"居民出现在该地区。[1]

（5）至少到商代以前，中原地区未见其他大人种类型的混杂现象，即没有人骨材料表明在殷商以前，欧罗巴人种和尼格罗人种已经进入中原，或与中原地区土著居民混血，中华文明的独立起源理论在人类学上也能得到证实。

（6）中原地区是中华文明的最重要的发祥地，夏商周人的体质特征奠定了今天汉族和部分少数民族的基因基础，他们的形态特征是人类学研究的焦点之一，他们的文化渊源和人群起源也是考古学和历史学研究的重点之一。中原地区出土的有关夏商周人的人骨资料对研究和探讨夏商周人的起源和文化渊源提供了人种学线索。安阳殷墟墓葬出土人骨体质类型的多样性反映了殷商时期中原地区人群来源的多样性，其中地位较高的有可能接近王族或本身就是王族成员的墓葬人骨所体现的高颅阔面的古东北类型的体质特征，可能暗示了商王族本身与我国北方地区某古代人群有关。晋南周人体质特征与陇东和陕北地区的周人存在较强的一致性显示了周文化的渊源和周人的祖先与晋南某古代人群有密切的基因承袭关系。

---

[1] 常娥：《内蒙古长城地带先秦时期人类遗骸的 DNA 研究》，吉林大学博士学位论文，2008年。

(7) 随着历史的发展，中原地区人群从新石器时代的单一体质类型逐渐发展到青铜时代的多种体质类型并存，而且这种从体质类型的单一性向多元性发展的过程与中原地区文明化进程具有较强的相关性。中原地区文明化进程中人群体质类型的多元性从一个侧面反映了中原文明对周边地区的吸引力，从而形成多种体质类型人群从周边向中原辐集的局面。也许正是由于这种辐集，中原地区吸收了周边文化和人群的先进因素和基因成分，使得中原地区的史前文明得到质的提高，中原地区人群也由于吸收了更多边远地区居民的基因，使得他们在体质上也得到了提高，在与其他人群竞争中更容易取得优势，从而在文化上率先跨入文明的门槛，在身体素质上也占据优势。因此中原地区才能在满天星斗的史前文明到青铜时代"一枝独秀"。反观其他周边地区也曾经有过发达的史前文化，但他们在历史的发展过程中人类体质特征变化不大，反映各文化人群间的迁徙和交流较少，在文化上容易故步自封，在体质上容易导致退化，造成他们在文化和体质上的优势被消耗或断裂，从而在与中原地区的竞争中败下阵来，并被中原地区的先进文化和人群吸收和融合，融入大的和全新的文明化进程中。这种现象在中国古代并不是单一的，辽西地区从史前到青铜时代的发展进程就与中原地区具有很强的相似性。[1]

(8) 随着汉代以后，经济的发展、军事的冲突等，人类迁徙的能力和范围逐渐扩大，人群间的混合和基因交流不可避免，人们的体质特征也在逐渐发生着变化。现有材料显示，最晚到唐宋以后，中原地区古代居民的体质特征就发生了较大的变化，与先秦时期的居民有了较大差异，显示了更多的混合特征。这些与东汉末年至唐宋时期，在长城以内及黄河流域的广大中原地区，出现的多次北方各族人民大混杂的局面是分不开的。

本课题的研究得到国家科技部科技支撑计划"中华文明探源及其相关文物保护技术（2013—2015）——中华文明起源过程中区域聚落与居民研究"的资助。

（作者单位：中国社会科学院考古研究所）

---

[1] 王明辉：《辽西地区古代居民的体质特征及相关问题》，《科技考古》第一辑，中国社会科学出版社 2005 年版。

禹州瓦店遗址多学科研究的新进展

方燕明

瓦店遗址位于河南省禹州市火龙乡瓦店村东南部和西北部的台地上，东经113°24′17.8″，北纬34°11′14.8″。这里为淮河流域颍河右岸的二级台地，发源于嵩山东南麓的颍河由遗址的西北折向东南方向流去。该遗址为全国重点文物保护单位。

瓦店遗址是河南省文物考古研究所在1979年进行的颍河两岸考古调查时发现的。20世纪80年代初，河南省文物考古研究所与郑州大学对该遗址进行了三次考古发掘，发掘面积约700平方米。1997年，河南省文物考古研究所承担的夏商周断代工程——夏代年代学研究"早期夏文化研究"专题组根据课题研究需要，对瓦店遗址进行了又一轮考古工作，发掘面积180平方米，该遗址出土有王湾三期文化晚期的遗迹、遗物等丰富资料，遗迹中发现有房基、灰沟、灰坑、奠基坑、窖穴、墓葬等，遗物中以陶酒器、玉器和大卜骨为代表，获得了重要收获。2007—2008年，由北京大学与河南省文物考古研究所承担的"中华文明探源工程（二）——颍河中上游流域聚落群综合研究"课题组对瓦店遗址进行了测量、考古调查、钻探、发掘与多学科研究工作，发掘面积460平方米。2009—2010年，河南省文物考古研究所和北京大学承担由国家文物局批准"禹州瓦店遗址群考古工作计划"和国家科技部"十一五"科技支撑计划项目《中华文明探源工程及其相关文物保护研究》（2010BAK67B00）之《公元前3500年至前1500年黄河、长江及西辽河流域聚落与居民研究》（2010BAK67B05）课题的子课题——"禹州瓦店遗址聚落形态研究"开始实施，对遗址进行新的测量、钻探和发掘工作，并开展资源调查和多学科研究，发掘面积953平方米。上述两次发掘面积总计1413平方米，主要遗迹有建筑基址5座、壕沟5条、路2条、柱坑4个、灰坑166个、灰沟28条、墓葬37座、瓮棺葬1个、灶5个、窑2座、井2眼。出土丰富的陶、石、玉、骨、蚌、角、牙质等遗物数千件。通过几年的考古工作，已取得阶段性科研成果。

禹州瓦店遗址为王湾三期文化晚期大型聚落的确定、大型环壕和祭祀遗迹群的发现，玉石器作坊的存在，具有礼器特征的鬶、盉、斝、斝等遗物的出土，特殊用途陶器列觚的使用等，表明瓦店在龙山时期是十分重要的（政治、经济）中心聚落，同时在颍河流域的聚落群中占有重要的经济技术地位。有关禹州与文献中的夏、禹、启的记载表明，夏人在河南禹州地区活动甚多，而且这个地区在古代多被称为夏地。瓦店遗址龙山晚期遗存的重要发现，联系到文献记载的夏之阳翟、启与钧台均在禹州，其可能与夏禹、启的阳翟城或钧台之享有关。

瓦店项目以考古学文化研究为基础，开展多学科参与的综合性研究，考古学研究领域大为拓展，深化了对瓦店遗址以及周围地区文明化进程的认识，探索揭示公元前2000年前后瓦店遗址的经济技术、社会精神文化发展水平，探讨颍河中上游地区铜石并用时代社会复杂化和文明起源、形成过程中社会发展与人口/资源/环境的密切关系，为中原地区中华文明探源研究提供了丰富的资料。也为考古学文化谱系、年代研究，提供系列测年标本。

一 针对人地关系的环境考古研究

开展孢粉、植物硅酸体、木炭碎块、土壤微结构分析等，进行景观/GIS考古、地貌与第四纪调查等。其中已取得成果的木炭分析——瓦店龙山时期植被、古气候及植物利用：瓦店遗址周围分布着栎落叶阔叶林、常绿落叶阔叶混交林、竹林、少量的侧柏、白蜡属、盐肤木属及其他树种和果树；瓦店龙山时期气候温暖湿润，遗址处于亚热带与暖温带生态过渡地带；栎属在瓦店先民生活中具有非常重要的作用，可做燃柴、房屋建筑以及木桩等；瓦店先民采集橡实和酸枣作为食物的一部分来源。瓦店遗址龙山时期温暖湿润的气候和处于暖温带和亚热带生态过渡带，不仅为不同生态类型的植物定居提供了条件，而且为人类开发和选择更广泛的食物资源种类提供了条件。土壤微结构分析等研究正在进行中。

二 针对资源生计的动物和植物考古研究,体质人类学研究,同位素分析(食物结构和食物链)

动物考古已取得成果显示：瓦店遗址龙山时期家畜有猪、黄牛、绵羊、狗等，居民获取肉食以猪为主，牛骨是当时制作骨器的主要原料。猪、牛、羊在当时的祭祀活动发挥重要作用。通过对瓦店遗址动物遗存的分析，表明龙山时期野生动物比例呈逐步下降趋势，家畜成为先民获得肉食资源的主要方式。

从瓦店遗址出土部分动物的锶同位素比值的测定结果，我们可以得到以下几点认识。(1) 通过测定瓦店遗址龙山文化晚期出土的鼠骨及猪、黄牛、绵羊牙釉质的锶同位素比值，经过计算得出鼠的锶同位素比值的标准偏差远远小于猪，可以推断鼠由当地出产的可能性最大。锶同位素比值分析结果与动物考古学研究结果及稳定碳同位素分析结果是一致的。三方面的独立研究结果构成一条证据链，可以反映动物的生存状况。(2) 根据瓦店遗址出土鼠骨的锶同位素比值测定结果，经过计算得到4件鼠骨的锶同位素比值的平均值为0.712737，将该平均值加或减2倍标准偏差得到瓦店遗址当地的锶同位素比值范围在0.712679—0.712795之间。(3) 将遗址出土的猪、绵羊和黄牛的锶同位素比值与遗址当地的锶同位素比值进行比较的结果表明，遗址出土的2头猪、1只绵羊和1头黄牛的锶同位素比值在遗址当地的锶同位素比值范围以外，表明这些动物可能都不是在当地出生的；其他3头猪的牙釉质样品的锶同位素比值则位于遗址当地的锶同位素比值范围内，表明这3头猪可能是在当地出生。(4) 本次研究所获得的重要结果是初步确定了瓦店遗址当地的锶同位素比值范围，从而为将来研究瓦店遗址古代人口迁移及动物驯养方式等问题打下良好的基础。

选取河南禹州瓦店遗址先民和动物骨骼，结合现有材料，以河南龙山文化居民和家畜饲养策略为切入点，具体探讨郑洛地区龙山文化的生业特点以及家畜的饲养策略。龙山文化时期伊洛郑州地区农业经济发生重大转变：在作物种植制度上形成了以粟为主，水稻、黍、麦和豆五谷并存的局面；家畜饲养方面，外来家畜黄牛和绵羊与本地传统家畜家猪和狗一同被先民饲养。为深入认识该时期郑洛地区先民生业模式的转变及其由此引发的家畜饲养策略的改变，对禹州瓦店遗址出土先民、猪、狗、黄牛、绵羊和鹿，共63例骨骼样品进行了的C、N稳定同位素分析。结果表明：（1）由于样品保存情况不甚理想，骨骼胶原蛋白分解严重以至于22例样品未提取出有效的骨胶原。（2）先民$\delta^{13}C$均值为$-11.0\pm1.9‰$，表明瓦店人同时食用粟类食物和稻类食物（包括谷物和以农作物为食的动物）。其中，前者是瓦店先民食物结构中的主体。$\delta^{15}N$均值为$7.9\pm1.1‰$，暗示先民食谱中肉食含量相对较低。同时，鉴于瓦店先民$\delta^{13}C$、$\delta^{15}N$值分布范围较大，我们推测个体间生存策略不尽相同。（3）家猪较高的$\delta^{13}C$（$-11.7\pm2.4‰$）和较低的$\delta^{15}N$（$6.9\pm1.0‰$）值表明，先民主要用粟作农业产品等植物类食物饲养家猪，比如谷糠、碎米和剩余谷物。狗的情况与家猪类似，以C_4植物类食物为主食，动物蛋白消费程度较低。（4）与鹿不同，瓦店黄牛的$\delta^{13}C$值偏正（$-11.5\pm2.2‰$），暗示黄牛则食用了大量的粟类产品。同样的情形也出现于古城寨、山台寺龙山文化，这说明河南龙山文化先民主要用粟类产品喂养黄牛。王城岗和古城寨两例较晚的黄牛骨骼样品与之类似，暗示这种饲养策略可能至少持续至殷墟时期。（5）与黄牛相比，绵羊的$\delta^{13}C$值分布范围更大（$-21.6‰— -8.5‰$），表明绵羊饲养策略更具多样性。根据对具体数据的考察，我们认为一部分绵羊基本以采食C_3植物为生，代表了放养的饲养模式；一部分个体兼食C_3植物和C_4植物，其中C_3植物为主，代表了放养为主，喂养为辅的饲养模式；还有一部分个体主要以C_4植物为食，代表了以喂养为主的饲养模式。（6）结合先民和家畜的食物结构，我们认为瓦店先民饲养黄牛和绵羊的动因之一是获取肉食资源，以缓解一味发展家猪饲养给谷物生产带来的压力。

植物考古方面：在瓦店遗址开展了系统的浮选工作，获得了丰富的炭化植物遗存，瓦店浮选出土的植物遗存主要包括炭化木屑和植物种子两大类，植物种子包括粟、黍、稻、小麦和大豆五种农作物和黍亚科、豆科、藜科、莎草科、大戟科、葫芦科、蓼科、苋科等常见的杂草，以及野大豆、紫苏、葡萄、水棘针、酸枣、野山楂、桃等。瓦店浮选结果中共发现了龙山时期五种不同农作物，即粟、黍、小麦、大豆和稻谷，这与史料所记载的"五谷"之数恰好一致。通过对瓦店出土的杂草的分析，可以看出杂草中以黍亚科数量最多，其中又以狗尾草属的数量为最，且黍亚科与粟黍的出土数量呈现出正相关性，黍亚科的种子很可能是旱地杂草。瓦店又出土了一定数量的喜湿的杂草,如莎草科、紫苏等,还有出土一定数量的水稻小穗轴,这些植物遗存的出土很可能与稻作农业的生产加工相关。

体质人类学研究结果:瓦店龙山居民在若干项主要颅面部测量性状上最相近似的古代对比组是瓦窑沟先周时期居民,其次为西吴寺龙山文化居民和中小墓Ⅰ组所代表的商代自由民,而与藁城台西商代居民关系最为疏远。

三 针对生产技术的手工业考古研究

以石器使用痕迹显微观察和分析、石质工具的制作和使用等实验考古、制陶工艺技术等,在同时进行之中,有些研究已取得重要进展。石器制作使用和原料产地分析:对瓦店遗址出土的龙山时期约600余件铲类石制品的制作技术进行了初步研究,采取磨制石器的技术类型学作为研究方法,运用动态类型学的研究思路,从技术入手,通过对标本的观察,明确不同的技术使用所遗留的痕迹,推测其使用方式,并且以技术划分型式,横向打通单位,以技术体系作为石铲分类的标准。进而将不同的技术体系归入单位,研究不同的技术体系是否在不同的单位中存在集中分布。在此基础上对瓦店铲类石制品的加工流程划分加工步骤,明确每一加工步骤的不同内容。并且辅以模拟实验与定量统计等研究手段,明确了瓦店铲类石制品的不同的加工方式与技术体系,并且对其生产过程中体现出的诸多特点进行分析,为进一步研究其生产关系、技术早晚差异、技术传播等问题打下基础。实验考古:石制品的制作加工过程可以细分为原料选取、切割材料、打制成型、琢磨加工、钻孔工艺等多个方面。从瓦店遗址出土龙山文化晚期石制品的成品、废料入手,结合调查材料,运用实验考古学和定量统计学方法,探讨石制品的制作流程、使用方式和专业化生产的程度等问题。从石料的开采,到不同加工阶段的加工,至使用方式,到再利用或最终废弃,最终对瓦店龙山文化晚期石器的制作与使用流程有了明确的认识。

有关禹州与文献中的夏、禹、启的记载,夏人在今河南禹州地区活动甚多,而且这个地区在古代多被称为夏地。《史记·货殖列传》:"颍川、南阳,夏人之居也。"集解引徐广曰:"禹居阳翟。"《史记·周本纪》集解引徐广曰:"夏居河南,初在阳城,后在阳翟。"《帝王世纪》:"禹受封为夏伯，在《禹贡》豫州外方之南……今河南阳翟是也。"《水经·颍水注》："颍水自褐东径阳翟县故城北，夏禹始封于此，为夏国。"《左传·昭公四年》云："夏启有钧台之享。"杜预注："启，禹子也。河南阳翟县南有钧台陂，盖启享诸侯于此。"《后汉书·郡国志·颍川郡》阳翟县下刘昭注补："有钧台陂，《帝王世纪》曰：在县西。"由此可见自禹、启以来，河南禹州即成为夏人的主要活动地区之一。

  禹州瓦店遗址为王湾三期文化晚期中心聚落的确定和大型环壕和祭祀遗迹群的发现以及高档遗物的出土，联系到文献记载的夏之阳翟、钧台均在禹州，表明其很可能与禹、启的阳翟城或钧台之享有关。瓦店遗址丰硕的考古成果，已成为中华文明探源研究中的重要收获之一。

2013 年 10 月 8 日初稿
2014 年 1 月 10 日定稿

（作者单位：河南省文物考古研究院）

伊洛河水系变迁和二里头都邑的出现

夏正楷　张俊娜　张小虎

二里头遗址坐落在洛阳盆地东端伊河与洛河交汇处两河合围的三角地带，是夏朝早期的大型都邑遗址。

一　山川形势

二里头遗址所在的洛阳盆地属于豫西地区的一个山间盆地，该盆地与以孟津为顶端的古黄河洪积扇平原之间，仅隔以狭窄低缓的邙山黄土丘陵。

洛阳盆地周围为基岩山地和黄土台塬，其中盆地北侧为连绵起伏的邙山，邙山由黄土台塬和黄土覆盖的低山丘陵组成，地势低缓，构成黄河与伊洛河之间的分水岭。盆地南侧为万安山，系嵩山余脉，山势陡峭，海拔在 1400 米以上，山地北麓也广泛分布有黄土台塬，海拔在 300 米左右。盆地底部为伊洛河冲积平原，由河流阶地和河漫滩组成，东西长约 40 公里，南北最宽处约 15 公里，呈枣核形，海拔在 110 米左右，地势平坦开阔，洛河和伊河分别从西向东和由西南向东北方向从盆地底部流过，并于二里头村以东汇合，汇流后称伊洛河，并在盆地最东端的巩县附近注入黄河。二里头遗址就位于伊河和洛河两河相夹的河间地东端（图 1）。

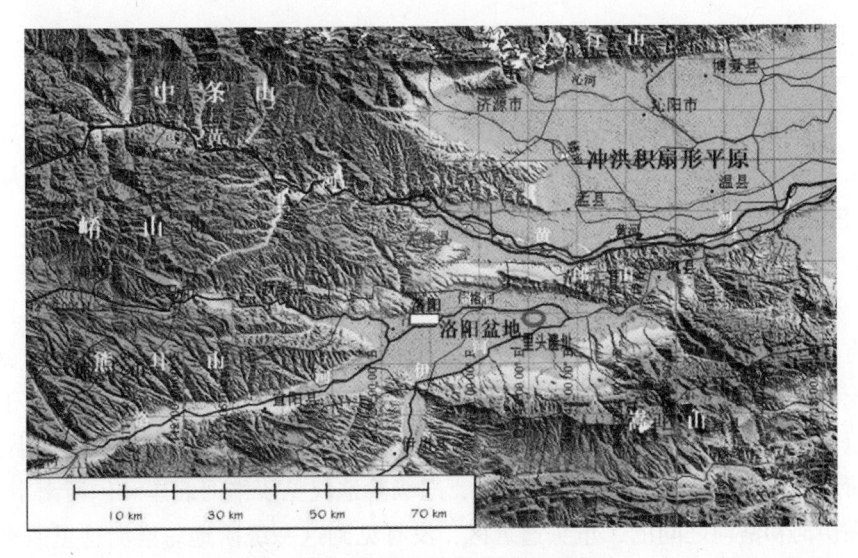

图1 洛阳盆地和二里头遗址的地理位置

二 区域地貌分析

如上所述，本区地貌类型比较简单，主要有基岩山地、黄土覆盖的低山丘陵、黄土台塬和河流阶地等，它们由高到低依次分布，具有明显的成层性。通过区域地貌，尤其是河谷地貌结构的分析，可以了解本区地貌和水系的演变过程。

（一）黄土台塬

黄土台塬是由黄土组成的台地，它们广泛分布在洛阳盆地南北两侧，是区内仅低于基岩山地的最高一级地貌单元。区域地质调查表明，这些黄土属于中—更新世的风成黄土，它们充填在山间盆地之中，形成山间黄土堆积平原，早期的古伊洛河蜿蜒于广阔平坦的黄土堆积平原上，虽然早期的古伊洛河的面貌我们还不甚清楚，但根据黄土剖面中所夹的河流砂砾石层可以见到它的踪迹。

在晚更新世之末至全新世之初，随着全球气候逐渐转暖，古伊洛河开始从黄土堆积平原上下切，形成新的伊洛河河谷，河谷中河漫滩广泛发育，而黄土堆积平原则因河流的下切转变为河谷两侧地势较高的黄土台塬。

(二) 河流阶地

在黄土台塬前缘的谷坡上，全新世期间由于伊洛河的间歇性下切形成了三级河流阶地，根据阶地的分布可以了解全新世期间水系的基本格局（图2、图3）。

1. 三级阶地（T3）

三级阶地沿伊河和洛河有广泛的分布，在洛阳盆地，三级阶地沉积具有典型的河流二元结构，其下部为河床相的砂砾石层，上部为漫滩相的黄土状堆积。这一级阶地主要坐落在盆地两侧黄土台塬的前缘陡坎上，属于以黄土为基座的基座阶地。阶地面高于河面约20米左右，宽度比较狭小，阶地前缘陡坎清楚。在二里头地区，三级阶地仅见于洛河北岸和伊河南岸，在伊河和洛河之间的二里头遗址区，没有见到这一级阶地。推测这里原来也可能发育有三级阶地，受后期河流下切和侧方移动的影响，阶地堆积已经被侵蚀破坏殆尽。目前T3阶地还缺少测年数据，根据它下切于黄土台塬之中，且黄土台塬顶部保留有S_0古土壤层，估计这级阶地的形成年代应在马兰黄土堆积期之后，属于晚更新世末期——全新世初期的阶地。

2. 二级阶地（T2）

在洛阳盆地，二级阶地沿伊河两岸和洛河两岸都有分布，高于河面10米左右，阶地堆积物由下部的河床相砾石层和上部的漫滩相黄土状堆积组成，属堆积阶地。在二里头遗址所在地，二级阶地由洛河和伊河共同形成，并成为这一地段两河之间的分水岭。遗址北侧二级阶地北缘陡坎清楚，洛河的河漫滩可以直达阶地陡坎底部，遗址南侧二级阶地前缘陡坎不清楚，二级阶地面与伊河的一级阶地面连成一片，在地貌上难以区分。根据这里伊河和洛河之间的分水岭是由二级阶地组成的，说明在二级阶地发育时期，洛河和伊河的汇合点可能在二里头的上游，二里头遗址所在地当时为洛河和伊河合流之后的古伊洛河河道，河道中存有大量的河流沉积物。随着洛河和伊河的汇合点下移，两河分流并下切，在二里头遗址所在地形成现在的T2阶地，以阶地为分水岭，原有的古伊洛河被分割为南北两支，北支称洛河，南支称伊河，南北两支在二里头遗址以东汇合。根据T2阶地堆积物上部的测年数据在1万年左右，推断阶地形成的年代大致在全新世初期。

3. 一级阶地（T1）

在流经洛阳盆地的伊河和洛河两岸，在二级阶地之下，广泛分布有一级阶地，一般高于河面3米—5米，属堆积阶地。该阶地之上往往覆盖有不同历史时期的特大洪水泛滥堆积。在二里头地区，除分布在二级阶地前缘的一级阶地之外，在二级阶地上也发现有多处这一时期的埋藏古河道，表明在一级阶地发育时期，河道并不稳定，时有改道和迁徙现象发生，新生的河道有时会从二级阶地中穿过，形成今天的埋藏古河道。根据阶地堆积物底部的测年数据在距今9000年左右，顶部堆积物的年龄在距今7000年左右，推断一级阶地开始堆积的年代为距今9000年，阶地形成于距今7000年前后，属于全新世早—中期阶地。这一级阶地之上还覆盖有后期的河湖相堆积，构成复合阶地。

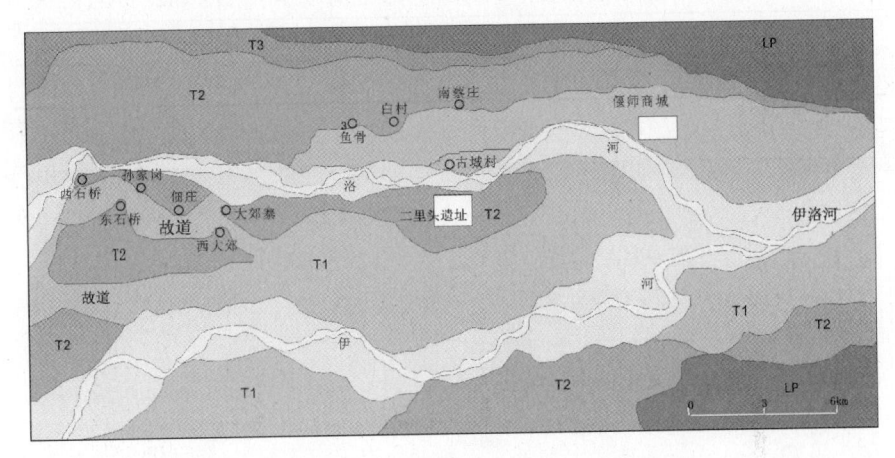

图中LP代表黄土台塬，T3河流三级阶地，T2河流二级阶地，T1一级阶地
图2　二里头遗址所在区域地貌

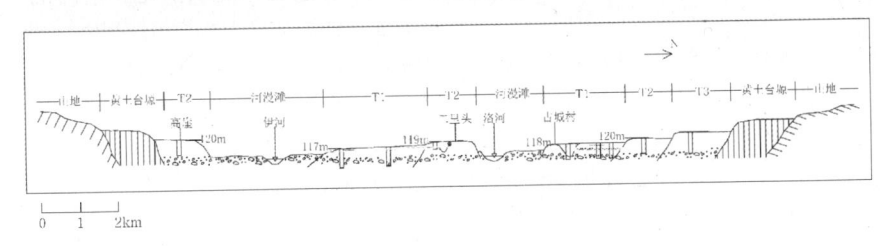

图3　洛阳盆地南北地貌第四纪地质综合剖面图

三　全新世阶地的沉积结构分析

以上区域地貌分析为我们提供了二里头地区地貌和水系演化的大概轮廓。为进一步研究二里头都邑遗址的周边环境及其演变历史，我们在二里

头遗址以南的伊河北岸、遗址以北的洛河北岸和遗址以西的两河分水岭等三个地区，进行了深部钻探，共施钻45个，通过这些钻孔的分析和对比，初步揭示了本区全新世阶地的沉积结构，并以此为根据，探讨了遗址周边地区全新世时期的河流演变历史（表1、图4）。

表1　　　　　　　　二里头遗址附近钻孔数量统计

地区	二里头南伊河北岸		二里头北洛河北岸		二里头西古河道	
地貌部位	T1	T2	T1	T2	T1	T2
钻孔数量	21	1	5	4	12	2
合计 各区钻孔数	22		9		14	
合计 全区钻孔数	45						

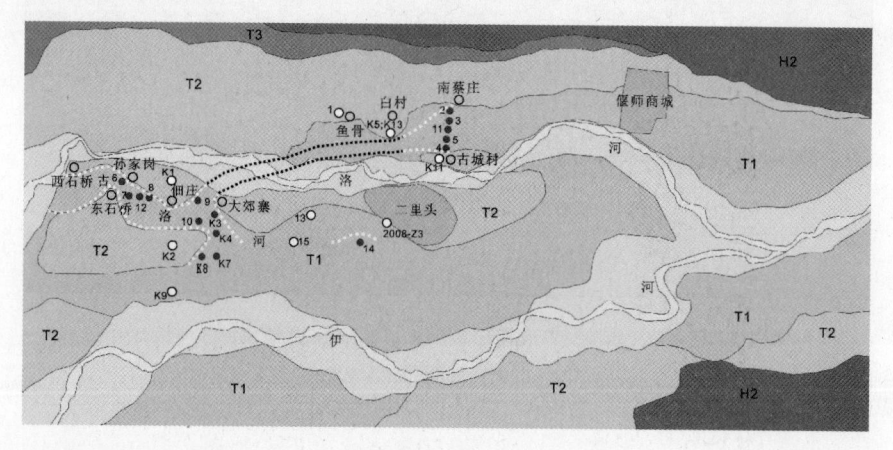

图上未充填颜色的圆圈代表村庄，充填颜色的圆圈代表钻孔位置，其中红色圆圈代表岩芯以粗粒堆积为主的钻孔，白色圆圈代表岩芯以细粒堆积为主的；圆圈旁边的数字注记代表钻孔编号

图4　二里头地区主要钻孔分布图（比例尺同图1）

（一）伊河北岸的阶地结构

在二里头遗址以南的伊河北岸，T1阶地广泛分布，阶地面平坦，最大宽度可达3公里—4公里。T2阶地主要构成伊河洛河之间的分水岭，分布面积有限，在地貌上T2与T1阶地连成一片，两者之间没有明显的地形陡坎。二里头遗址就位于二级阶地上。

我们在伊河北岸，采用汽车钻打了22孔钻，除一口钻孔（2007—

Z1）在 T2 阶地之外，其他都位于 T1 阶地上，深度在 10 米左右（图 5）。T1 阶地上的各孔岩芯基本类似，其中阶地堆积层除底部为砂砾石层之外，其他均为细粒的黏土质粉砂和粉砂质黏土（图 6）。

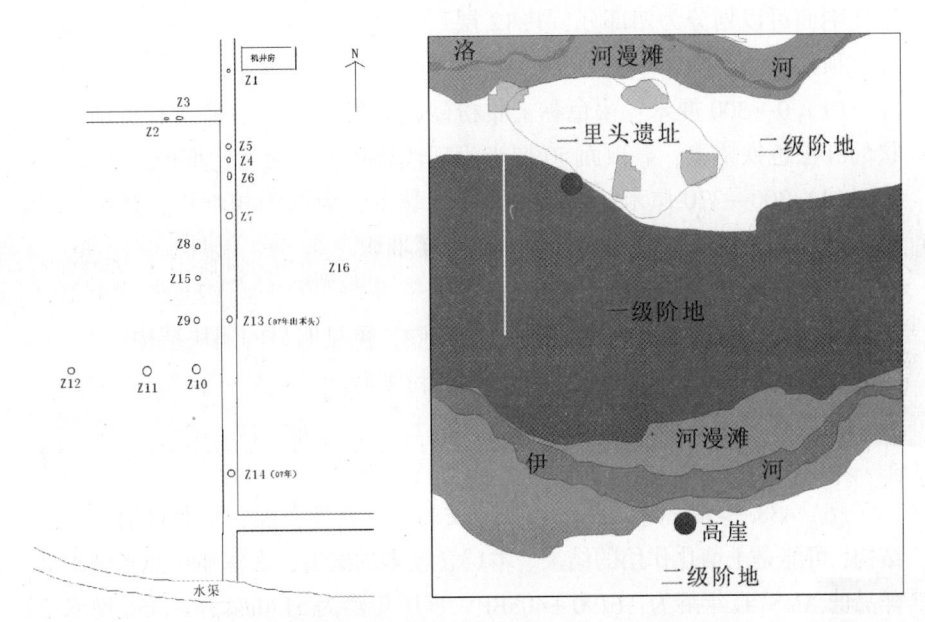

右图为钻孔分布详图，右图勘探线的大致位置

图 5　二里头遗址南伊河北岸部分钻孔分布和地貌图

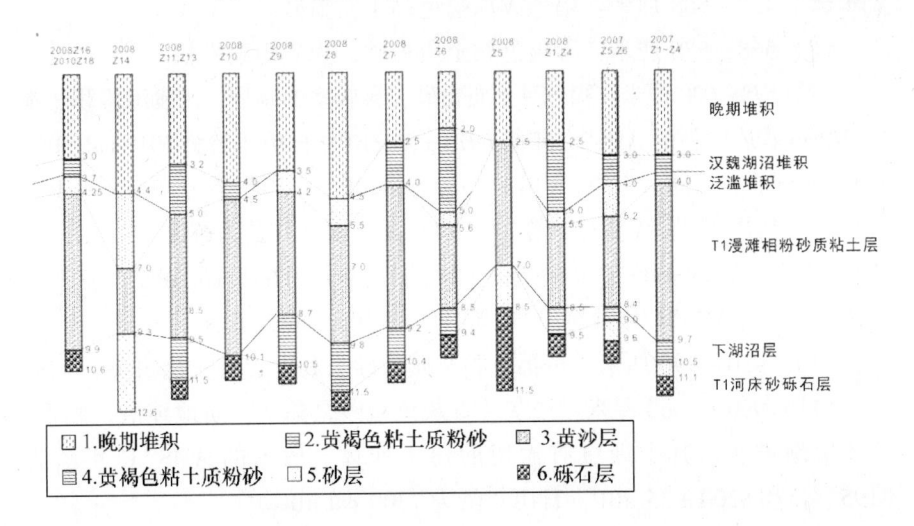

图 6　二里头遗址南伊河 T1 阶地钻孔对比图

我们选择 T16 钻孔作为本区代表性的沉积剖面（表2、图7）。该钻孔位于遗址西南约 1000 米的伊河一级阶地上。该钻孔井口海拔：116 米，地理坐标：34°41′33.5″N，112°41′08.3″S，孔深 11 米。根据岩芯描述，钻孔剖面可以划分为四部分，共 12 层。

顶部：

（1）0—300 厘米：褐色黏土质粉砂，略发黄，其中夹杂有类菌丝体状的红褐色铁锈斑，靠顶面 50 厘米为现代耕作土。为近代堆积。

（2）300—370 厘米：青灰色粉砂质黏土，为湖泊相堆积，其中夹杂有少量汉魏时期的青砖残块，为汉魏时期堆积。

上部：

（3）370—420 厘米：褐色黏土质粉砂，可见明显的团块结构。

（4）420—425 厘米：青灰色黏土质粉细砂。

（5）425—438 厘米：褐色粉砂质黏土。

下部：

（6）438—458 厘米：深褐色粉砂质黏土，略发灰黑，具明显的棱块状结构，可能是土壤化作用的结果。本层含较多的碳屑，在深 440 厘米处碳屑样品的 AMS^{14}C 年龄为：6190±40aBP，日历年龄为 5180cal BC；456 厘米处碳屑样品的 AMS^{14}C 年龄为 6100±45 aBP，日历年龄为 5070cal aBC。

（7）458—568 厘米：褐色或棕褐色黏土质粉砂。

（8）568—578 厘米：青灰色黏土质粉砂，为牛轭湖堆积。

（9）578—920 厘米：褐色黏土质粉砂，含较多的碳屑，为漫滩堆积。本层 740cm 碳屑样品的 AMS^{14}C 年龄 6970±55 aBP，日历年龄为 5910 cal aBC；750 厘米碳屑样品的 AMS^{14}C 年龄为 6780±50aBP，日历年龄为 5715 cal aBC；778 厘米碳屑样品的 AMS^{14}C 年龄 7895±40 aBP，日历年龄为 6800 cal aBC，799 厘米处碳屑样品的 AMS^{14}C 年龄 7895 aBP，日历年龄为 6820 cal aBC；808 厘米处碳屑样品的 AMS^{14}C 年龄为 7705±40 日历年龄为 6590 cal aBC。

（10）920—990 厘米：黄褐色黏土质粉砂，其中含有灰色团块。

（11）990—1060 厘米：浅灰—青灰色粉砂之黏土，质地纯洁，黏重，为牛轭湖堆积。其中埋藏有榆树的树干残体。树木的 AMS^{14}C 年龄为 8195±45 和 8200±35 aBP，日历年龄为 7300 cal aBC。

（12）1060 厘米以下：中粗砂层，夹杂有磨圆较好的砾石，为河床相堆积。未见底。

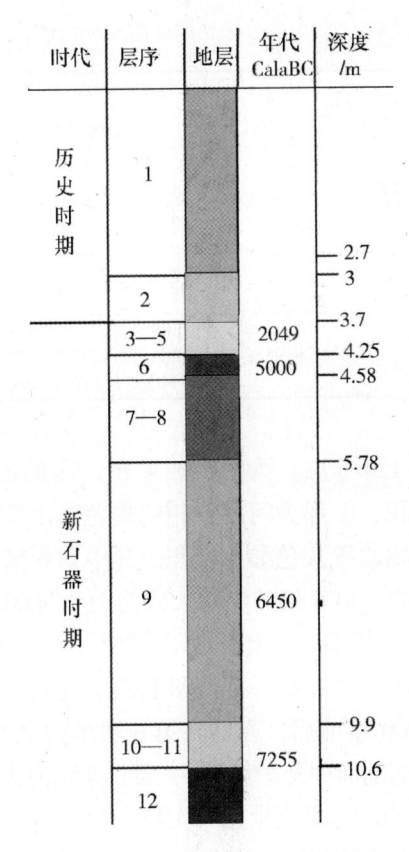

伊洛河水系变迁和二里头都邑的出现 / 353

图 7 T16 钻孔剖面的地层划分与时代

表 2　　　　　　　　　　钻孔测年数据

实验编号	样品性质	深度（厘米）	原始样号	层位	AMS^{14}C（aBP）	树轮校正后年代（cal aBC） 1σ（68.2%）	树轮校正后年代（cal aBC） 2σ（95.4%）
BA 091327	灰色黏土	444	Elt（3）-76	6	6190±40	5220（6.9%）5200 5180（61.3%）5060	5300（5.3%）5240 5230（90.1%）5020
BA 091328	灰色黏土	456	Elt（3）-82	6	6100±45	5200（7.9%）5170 5070（60.3%）4940	5210（95.4%）4900
BA 081142	木炭	740	Elt（2）-175	8	6970±55	5970（5.3%）5950 5910（62.9%）5770	5990（12.9%）5940 5930（82.5%）5730
BA 081143	木炭	750	Elt（2）-180	8	6780±50	5715（68.2%）5640	5750（95.4%）5610
BA 081144	木炭	778	Elt（2）-190	8	7895±40	6820（68.2%）6650	7030（8.6%）6960 6950（2.0%）6930 6920（6.7%）6870 6850（78.2%）6640

续表

实验编号	样品性质	深度（厘米）	原始样号	层位	AMS^{14}C（aBP）	树轮校正后年代（cal aBC） 1σ (68.2%)	树轮校正后年代（cal aBC） 2σ (95.4%)
BA 081145	木炭	799	EIt (2) -197	8	7895 ± 40	6820 (68.2%) 6650	7030 (8.6%) 6960 6950 (2.0%) 6930 6920 (6.7%) 6870 6850 (78.2%) 6640
BA 081146	木炭	808	EIt (2) -201	8	7705 ± 40	6590 (68.2%) 6490	6630 (95.4%) 6460
BA 071756	木头	1050	EIt 2007-1	9	8195 ± 45	7300 (32.1%) 7210 7200 (28.1%) 7130 7110 (8.0%) 7080	7340 (95.4%) 7070

该剖面下部（第12—6层）为河流相堆积，具明显的二元结构，下部为河床相的砂砾石堆积，上部为河漫滩相的褐色黏土质粉砂和粉砂质黏土堆积，夹有多层湖沼相的青灰色黏土堆积。其中第6层还具有明显的土壤化现象，测年数据表明，第6层的年龄大致为距今7000年，其上覆第5层的年龄大致在距今4000年前后，上下地层之间相差近3000年，说明在距今7000—4000年期间，本区存在有一个沉积间断，沉积间断和土壤化现象的存在，说明在距今7000年前后，亦即在第6层堆积之后，河流一度下切，形成一级河流阶地。而剖面中部的第5—3层，亦属河流相堆积，它叠压在T1阶地面之上，表明当时这里发生过一次特大的异常洪水事件，T1阶地被河流洪水淹没。事件发生的年代在距今4000年前后。

剖面上部的第2层为灰绿色粉砂质黏土，其中包含有汉魏时期的砖瓦碎块，表明第2层属于汉魏时期的湖沼堆积，湖沼堆积的出现说明这里汉魏时期这里地势低洼，曾再次被洪水淹没，泛滥平原上残留有洪水后退之后遗留下来的积水洼地。直到今天，伊河泛滥时，洪水有时还会漫上T1阶地，最远可以淹到二里头遗址所在的T2阶地前缘。

钻孔剖面对比显示，各孔的沉积结构大致相同，具有可比性：该剖面下部为具有二元结构的河流堆积，夹有湖沼相堆积；剖面中部为泛滥堆积；剖面上部为汉魏时期的河湖相堆积。其中下部为一级阶地堆积，中部为漫上阶地的异常洪水堆积，上部为历史时期堆积，它们共同构成一个多元的复合阶地。

（二）二里头北洛河北岸T1阶地

在二里头遗址以北的洛河北岸T1阶地上，我们施钻5孔，此外在T2

阶地上打了4孔，共计9孔（图4）。据T1阶地上的5个钻孔揭示，洛河T1阶地的岩性除底部为砂砾石之外，上部主要为黄砂层与黄褐色黏土质粉砂，相比于二里头南的伊河T1阶地，其物质成分明显要粗一些（图8）。

11孔岩芯被视为这一地区的代表性剖面。该钻孔位于南菜庄—古城中间的一级阶地上，钻深大于12.6米，剖面由上而下描述如下：

顶部：晚期堆积。

第1层：黄褐色/红褐色黏土质粉砂，含虫孔和水锈，夹有杂碎砖块。深0—4米。

上部：阶地上覆的河流堆积。

第2层：黄褐色黏土质粉砂。含有直径1厘米左右的钙结核。深4米—5.2米。

第3层：黄色砂层。黄色细砂——中粗砂层，纯净。深5.2米—7.0米。

下部：阶地上部的河漫滩和湖沼堆积。

第4层：黄褐色黏土质粉砂，具灰色团块，夹杂有酱褐色水锈斑，含直径2厘米的钙结核，靠近底部为青灰色粉砂质黏土，含螺壳碎片。深7.0米—11.1米。

底部：阶地底部的河床相堆积。

第5层：黄色中细砂或中粗砂。深11.1米—12.6米。

第6层：砂砾石层。深12.6米以下。

本钻孔岩芯没有进行测年，根据埋藏深度及区域对比，初步判断位于地表以下7米—12.6米的第4—6层属于洛河T1阶地的堆积，可以与伊河的T1阶地沉积物相对应。地面以下4米—7米的黄砂层，有可能相当于伊河T1阶地见到的4000年洪水堆积。

值得注意的是在靠近T1阶地南端的4孔，该孔7米以下的地层属于T1阶地的堆积。而5米—7米的岩性与其他钻孔上部的洪水堆积存在有明显不同，其中在5米和7米深处还分别发现有汉代的陶片和青砖，推断该钻孔5米—7米处的地层可能是下切于洪水层之中的汉魏时期洛河故道堆积，故道的位置大致在5孔和古城村北的K11孔之间（图8）。

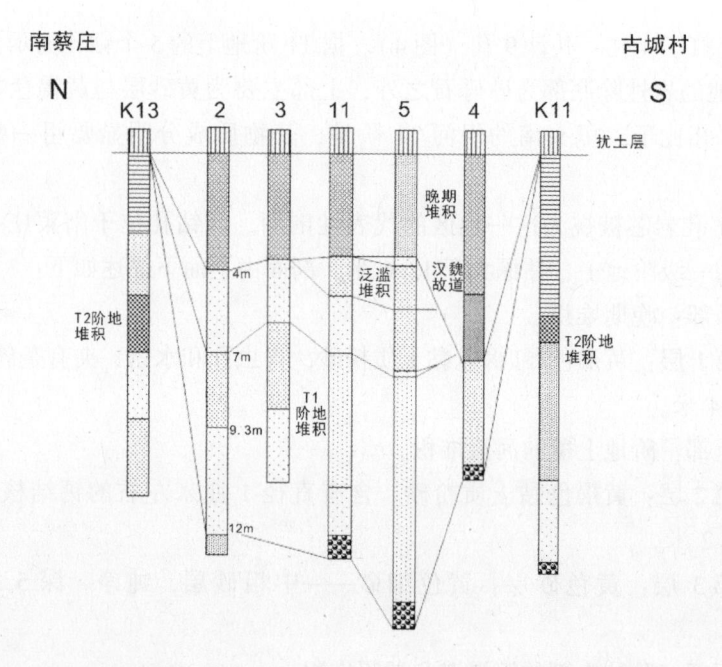

注：显示 T1 阶地堆积切割充填在 T2 阶地之中，其顶部为异常洪水堆积。值得注意的是，钻孔 4 揭示在剖面南端，在靠近古城村北埋藏有汉魏时期的洛河故道。

图 8　二里头遗址北洛河北岸阶地钻孔南北对比

（三）二里头遗址以西伊洛分水岭地区

二里头遗址以西的西石桥—大郊寨一带，在由 T2 阶地构成的伊河和洛河分水岭上，自北向南，分布有若干条近东西向的长条状洼地，我们选取其中最北边的西石桥—大郊寨洼地进行了解剖。

西石桥—大郊寨洼地在地貌上属于 T2 阶地之间的东西向长条状低地，其西端与洛河 T1 阶地相通，东端有两个出口，分别与洛河和伊河的 T1 阶地相通。我们沿此洼地施钻 12 孔，在两侧的分水岭上施钻 2 孔，孔深基本都在 10 米左右（图 9）。

我们选取位于佃庄附近的 12 孔作为古河道堆积的代表。该孔主要由三部分组成：

上部：晚期堆积。

黄褐色黏质粉砂，人工扰动比较严重，含瓷片等近现代堆积物。厚 2 米。

中部：古河道的上部堆积。

淡黄色细—中粗砂，偶夹黄褐色黏土质粉砂，属河漫滩相堆积。厚 7 米。

伊洛河水系变迁和二里头都邑的出现 / 357

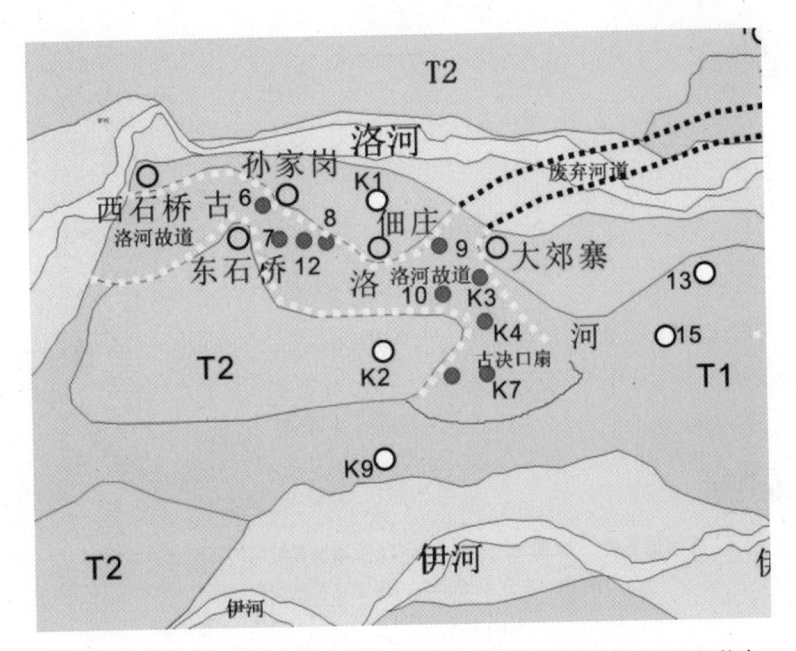

图中红色圆圈代表钻孔岩芯以粗粒为主，白点圆圈代表钻孔岩芯主要以细粒为主，黄色点线代表洛河埋藏古河道，黑色点线代表洛河废弃故道

图9 二里头西分水岭地区地貌与主要钻孔分布图

下部：古河道的下部堆积。

砂砾石层，由粗砂砾石组成，砾石最大直径可达10厘米×7厘米，属河床相堆积。厚2米。

钻孔岩芯特征表明，二级阶地之间长条洼地中的堆积物与两侧二级阶地的堆积物截然不同，主要为厚层砂质堆积，属于河流下切形成的切割充填堆积，其时代应相当于T1阶地。由于古河道堆积的物质组分明显粗于伊河的T1阶地堆积，而与洛河北的T1阶地堆积相近，据此，我们认为它应该是洛河的故道，指示在洛河T1阶地发育时期，洛河主要流经大石桥到大郊寨，现在分水岭上见到的低洼地，是当时洛河留下的古河道（图10）。

在该洼地东南端的大郊寨与西大郊村之间，我们在二级阶地组成的高地上发现一明显的垭口地形。垭口处的堆积物据钻孔揭示（图9、图11），主要为厚层砂层，它向西与古河道的砂层相连，向东南（从K3孔开始）方向，物质变粗，出现较多的砂砾石夹层或透镜体，形成切割充填在伊河T1阶地之中的扇形堆积体，再向东与伊河T1阶地之上的洪水泛滥堆积逐渐过渡。据此推测该扇形体属于古洛河的决口扇堆积，决口的年代可能与距今4000年前后的

358 / 夏商都邑与文化(二)

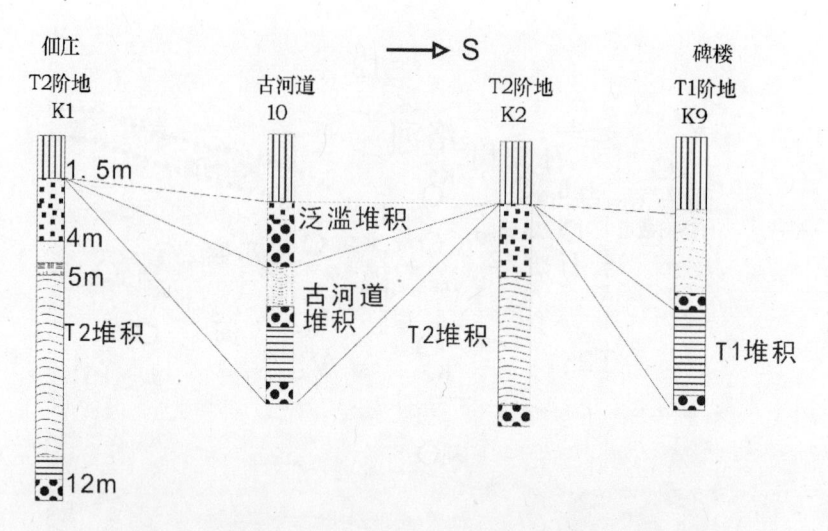

古河道下切于T2阶地之中，属于T1阶地发育时期的切割充填堆积
图10 佃庄—碑楼东古河道钻孔剖面对比图

洪水事件相当。受异常洪水的影响，当时流经大石桥到大郊寨段的古洛河，在大郊寨与西大郊村之间决口，洪水由决口处进入伊河，并形成决口扇。洛河在二里头上游改道入伊河，并造成流经二里头北侧的原洛河河道被废弃。

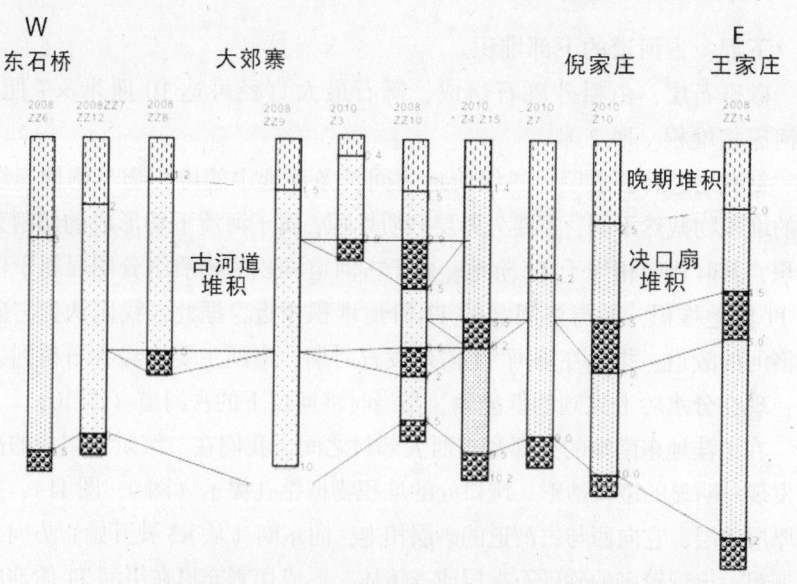

注：图中西段为古河道堆积，东段为决口扇堆积，相比之下，决口扇堆积中砂砾石夹层明显增多
图11 古河道东西向（东石桥—大郊寨—王家庄）钻孔剖面对比图

四 距今 10000 年以来伊洛河的发育历史

根据以上有关二里头地区的地貌分析和钻孔资料，我们可以把该地区伊洛河的演变历史大致划分为如下几个阶段（表3、图12、图13）：

第 I 阶段：距今 10000 年之前。

在 10000 年前的晚更新世，受末次冰期干冷气候环境的影响，本区与我国北方大部分地区一样，是马兰黄土大规模堆积的时期，铺天盖地的黄土粉尘，降落在不同的原始地貌上，在伊洛河流域形成大面积波状起伏的山间黄土平原。在黄土平原上也有水系发育，其分布格局可能不同于今天的伊洛河水系，这有待进一步的工作。

第 II 阶段：距今 10000 年前后。

在 10000 年前后，随着冰期的结束和气候的转暖，原来蜿蜒于山间黄土平原之上的河流开始间歇性下切，形成伊洛河河谷和河谷两岸的黄土台塬、三级阶地和二级阶地，根据 T1 阶地底砾层之上埋藏古树的 AMS^{14}C 年龄为距今 9300 年，推测河流下切的时间，要早于距今 9300 年，大致在距今 10000 年前后。

目前这些阶地沿伊河和洛河河谷有广泛的分布，说明这一时期这两条河流基本上同时出现。在两河所夹的二里头遗址所在地区，仅分布有二级阶地，且构成两河之间的分水岭，说明在二级阶地发育时期，伊河和洛河的汇合口在二里头上游，二里头地区当时是两河汇合之后形成的古伊洛河河谷。虽然目前二里头地区目前没有三级阶地发育，但这并不意味着在三级阶地发育时期，这里没有河流分布，有可能当时的河流堆积已经被后期的河流侵蚀贻尽。所以在三级阶地发育时期，伊河和洛河的汇聚情况还不清楚。

第 III 阶段：距今 10000—7000 年。

钻孔资料和测年数据表明，一级阶地的堆积始于一万年前后，结束于距今 7000 年，大约延续了 3000 年，这一时期伊洛河河谷中河漫滩十分发育，并伴有湖沼的出现。根据二里头地区 T1 阶地的分布格局，可以推断在距今 10000—距今 7000 年期间，二里头地区以 T2 阶地为分水岭，伊河和洛河分别从二里头遗址所在地的南北两侧流过的格局已经形成。

目前在伊洛两河的分水岭西段，在西大桥—大郊寨一带，保留有明显的古河道，从地貌上观察，这一古河道的西端和东北端分别与洛河 T1 阶地相通，沉积物特征与洛河 T1 阶地相近，与伊河 T1 阶地差异明显，推测在洛河 T1 阶地形成之前，这里是洛河的主河道，目前位于古河道北侧的洛河现代河道，当时可能还没有出现。

第Ⅳ阶段：距今 7000—4000 年。

到距今 7000 年前后，河流在此发生下切，伊洛河流域的 T1 阶地形成，前述西大桥—大郊寨一带的洛河故道，随河流的下切转变为分水岭上的低洼地（当时洛河是否仍从低洼地中流过，还有待进一步的工作）。在随后的 7000—4000 年间，水系处于相对比较稳定的时期。伊河和洛河分别从二里头遗址所在地南北两侧流过，广泛分布在河流两岸的 T1 和 T2 阶地，地势开阔，地面平坦，土质肥沃，是仰韶—龙山时期人类的主要活动场所。目前在二里头地区，这一时期的遗址主要分布在 T2 阶地之上，在 T1 阶地很少发现，这可能与这一地区的 T1 阶地大都被后期的沉积物所掩埋有关，在阶地埋深较大的情况下，遗址不易被发现。

第Ⅴ阶段：距今 4000 年之后（新石器文化期末期—历史时期）。

在这一时期，伊洛河流域多次发生洪水事件，其中以距今 4000 年前后的洪水事件和汉唐时期洪水事件最为重要。

距今 4000 年前后的异常洪水事件，不仅淹没了 T1 阶地，而且也淹没了部分 T2 阶地，在阶地上堆积了河流的漫洪沉积。西石桥—大郊寨间的洛河古河道，此时也被洪水淹没。在古河道的东南，在由二级阶地构成的狭窄分水岭上有一缺口，古河道从中通过并呈向东南展开，形成决口扇堆积体，决口扇向东下切充填在二里头西南侧的伊河 T1 阶地之中，说明洛河当时曾经在此决口，并形成进入伊河的决口扇。这次决口造成洛河改道南流注入伊河，原洛河河道成为废弃河道。

汉魏时期的异常洪水没有到达较高的 T2 阶地，仅淹没本区的 T1 阶地。发生在汉魏时期的这次洪水事件，不仅造成二里头遗址南侧伊河 T1 阶地被含有汉魏陶片的河湖相堆积所覆盖，而且造成二里头遗址北侧洛河废弃河道中洛河河道的再现，当时洛河河道下切深度达 7 米，其中也含有汉魏时期的陶片。

五 4000 aBP 异常洪水事件
与二里头都邑的出现

以上分析表明，二里头地区的古代人类活动与伊洛河的发育有密切的关系，根据阶地沉积物的分析、测年及地层对比，我们得到这样一个初步的结论：二里头遗址在距今 7000 年—距今 4000 年之间是适宜于人类从事农耕的时期，广泛发育的 T1 阶地和 T2 阶地为仰韶—龙山时期的先民提供了丰富的水土资源，而距今 4050 年—距今 3800 年前后发生的洪水事件，是一次大规模的异常洪水事件。受这场异常洪水的影响，二里头地区的生态环境发生了一系列重要的变化，这些变化表现在地貌、水文和土壤等诸方面为夏代先民在此定都提供了良好的区位优势和自然环境。

首先，距今 4000 年的异常洪水属于特大洪水，它不仅淹没了一级阶地，而且淹没了部分二级阶地，当时二里头地区是一片"汪洋大海"，只有部分二级阶地呈零星的岛屿突兀于洪水面之上。大范围的洪水泛滥给生活在这两级阶地上的龙山晚期居民带来严重的灾难。

洪水过后，这里出现了广阔平坦的泛滥平原，平原上由洪水形成的冲积土，土质肥沃，水分条件好，有利于农业的发展，二里头的先民开始在此耕作，种子浮选结果表明，二里头时期这里除大量种植蜀黍之外，还种植豆、稻、麦等，形成以粟为主，五谷齐全的农业经济。泛滥平原上残存的众多积水洼地，可能是造成二里头时期稻作规模比龙山时期有明显扩大的重要原因。

其次，洪水的重要环境效应是古洛河的决口和改道，古洛河的决口和改道导致洛河在二里头以西注入伊河，并造成二里头北侧的洛河断流，成为废弃河道，从而在二里头以北形成一个统一的冲积平原。二里头地区一改先前两河相夹，地域狭小的半封闭状态，成为位于伊洛河北岸广阔冲积平原南端的一个高地，踞高地之顶，环顾四周为地势平坦、土地肥沃的泛滥平原，这里沃野千里，阡陌纵横，大小聚落点缀其间，滔滔伊洛河从高地南侧流过，南望嵩山巍然屹立，气势磅礴，北望邙山绵延起伏，大有王都之气，是夏王朝建都的首选之地。

362 / 夏商都邑与文化(二)

距今10000—7000年间

距今7000—4000年间

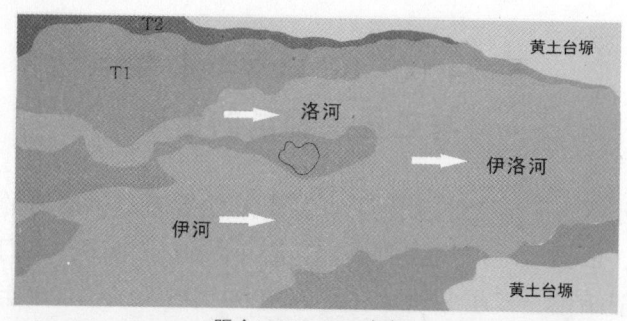

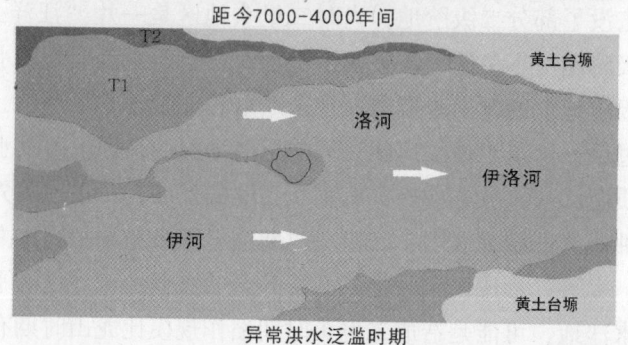

异常洪水泛滥时期

图12 二里头地区全新世伊洛河演变示意（一）

表3 全新世伊洛河演化历史

阶段	文化时期	年代/aBP	河流演变阶段的特征	对应的文化时期	人类活动场所
V	汉魏时期	2000—	异常洪水事件，T1被淹，水退之后，泛滥平原上有湖沼发育	汉魏时期	T1阶地及以上地貌面
	二里头时期	4000—2000	泛滥平原广泛发育	二里头时期	T1阶地及以上地貌面—
IV	新石器文化末期	≈4000	异常洪水事件，T1（包括部分）T2阶地被淹，洛河决口改道入伊河，洛河故道废弃		

续表

阶段	文化时期	年代/aBP	河流演变阶段的特征	对应的文化时期	人类活动场所
Ⅲ	新石器文化中—晚期	7000—4000	河流停止下切，T1阶地面经历土壤化	仰韶—龙山时期	T1阶地及以上地貌面
		≈7000	河流下切，形成T1阶地		
Ⅱ	新石器文化早期	9300—7000	河流侧方移动和加积，河谷展宽，河谷中漫滩发育，并有湖泊出现	裴李岗时期	T2阶地及以上地貌面
	新石器文化初期	≈10000	河流强烈下切，形成伊洛河河谷和黄土台塬，下切中有两次停顿，形成T3和T2阶地	李家沟时期	漫滩、阶地和黄土台塬面
Ⅰ	旧石器晚期	>10000	马兰黄土堆积时期，形成山间堆积平原	旧石器晚期（北窑人）	黄土堆积面

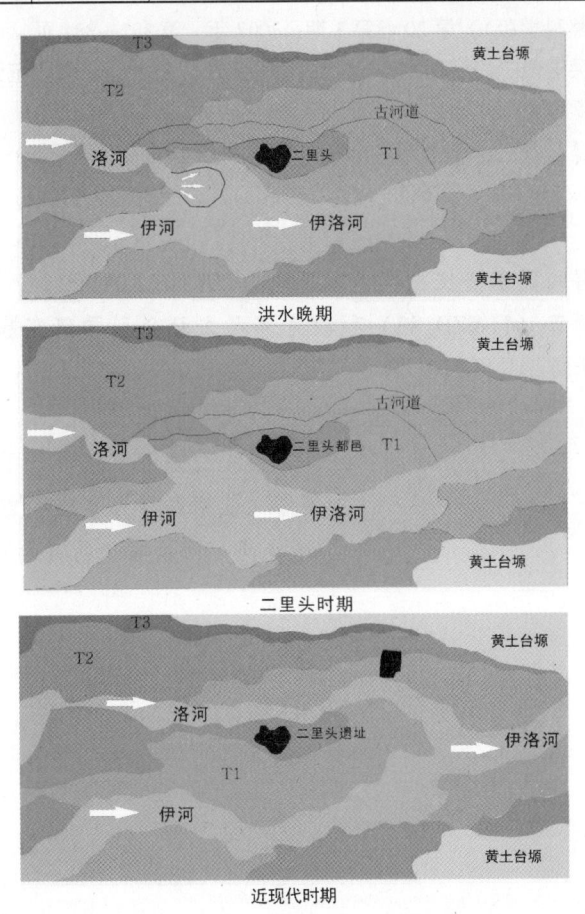

图13 二里头地区全新世伊洛河演变示意（二）

参考文献：

陈星灿、刘莉、李润权等：《中国文明腹地的社会复杂化进程——伊洛河地区的聚落形态研究》，《考古学报》2003年第2期，第161—217页。

吴忱：《华北地貌环境及其形成演化》，科学出版社2008年版，第422—463页。

夏正楷、杨晓燕：《我国北方4kaB.P.前后异常洪水事件的初步研究》，《第四纪研究》第23卷第6期，2003年，第667—674页。

许宏、陈国梁、赵海涛：《二里头遗址聚落形态的初步考察》，《考古》2004年第11期，第23—31页。

许宏：《最早的中国》，科学出版社2009年版。

殷玮璋：《二里头文化探讨》，《考古》1978年第1期。

张本昀、陈常优、王家耀：《洛阳盆地平原区全新世地貌环境演变》，《信阳师范学院学报（自然科学版）》第20卷第3期，2007年，第381—384页。

张本昀、吴国玺：《全新世洛阳盆地的水系变迁研究》，《信阳师范学院学报（自然科学版）》第19卷第4期，2006年，第490—493页。

张俊娜、夏正楷：《中原地区4000 aBP异常洪水事件的沉积证据》，《地理学报》第66卷第5期，2011年，第685—697页。

本项目得到国家科技支撑计划项目（2013BAK08B02）、国家社会科学基金重大项目（11&ZD183）和教育部人文社会科学研究基金（14YJCZH207）的资助。

（作者单位：夏正楷　北京大学城市与环境学院
　　　　　　张俊娜　北京联合大学应用文理学院
　　　　　　张小虎　河南省文物考古研究院）

二里头遗址土壤中微量元素
与人体健康的初步研究

赵春燕 赵海涛 陈国梁 许 宏

一 前言

人体组织中元素含量研究表明，除生物物质主要元素碳、氢、氮、氧和地壳主要组分硅与铝外，人体血液所含60多种元素的丰度曲线与地壳元素的丰度曲线有着惊人的相似性。许多医学专家、学者认为，当今人类疾病90%以上与微量元素有关，许多疑难杂症和大面积的地方病都与人体微量元素失衡相关。[①] 人体主要是由骨胳、肌肉、脏器、皮肤及毛发组成。各种元素在人体中的分布是不均匀的。钙（Ca）、磷（P）、硫（S）、硅（Si）、镁（Mg）、氟（F）、锰（Mn）等元素主要分布在骨胳中。摄入人体中的各种微量元素，有些属于人体必需的，即没有它，人就无法生存，如氟（F）、锌（Zn）、钴（Co）、溴（Br）、铜（Cu）、钒（V）、钼（Mo）、镍（Ni）、镁（Mg）铬（Cr）等；有些则对人体有毒害作用，如As（砷）、Cd（镉）、Hg（汞）、Pb（铅）、Sb（锑）、Tl（铊）及稀土元素等。微量元素在人体中的含量虽少，但对人体的生物化学过程却起着关键作用，它们为酶、激素、维生素、核酸的成分，维持生命的代谢过程。[②] 影响微量元素摄入平衡的地球化学环境因素可以分为自然和人为两个方面。自然环境因素主要包括岩石、土壤、水、气候、地貌等。岩石是主要成土母质，不同时代、不同成因岩石其元素组成特别是

[①] a. 李淑芹、翟俊民：《微量元素与人体健康的关系》，《中国地方病防治杂志》第23卷第6期，2008年，第433—434页。b. 王明远、章申：《生物地球化学区和地方病的探讨》，《中国科学（B辑）》1985年第10期，第932—936页。

[②] 吴烈善：《地球化学环境与人类健康》，《矿产与地质》2001年第2期，第133—136页。

微量元素的种类和含量不同，由此形成的土壤、水等环境介质中营养与有害物质也不同，而土壤决定了农作物的生长及其品质。微量元素组成特征便可经过食物、水等食物链传递而作用于人体，从而影响人体健康。

人为环境因素即指人为的改造和破坏形成的污染性地球化学环境，主要包括废水、废气、废渣以及烟尘往往含有许多有机和无机污染物。[1] 这些污染改变了环境中包括微量元素在内的地球化学背景，引起环境介质的地球化学异常，其中的异常元素和化学物质以大气、水、土壤、食物等为媒介进入人体，加大了人体受害的风险。[2]

土壤中各种微量元素对人体的影响虽然已逐渐为人们所认识，但研究尚处于初始阶段，与古代人文、地理、环境相结合而开展的研究工作做得更少。而且土壤中微量元素的种类众多，选择何种元素作为研究对象也是首先要考虑的问题。首先，要选择对人体健康产生影响的元素；其次，出土人类骨骼长期埋藏在土壤中，其中的微量元素含量有可能影响到人骨内的微量元素含量，有鉴于此，在对出土人类遗骸进行微量元素检测的同时，对同一遗址的土壤中的元素含量进行检测，就显得十分必要。相对而言，古代人类生存环境与当代相比要单纯得多，环境因素对人体的影响因素也较少，土壤中微量元素对人体的影响具有重要的学术价值。

本论文以河南省偃师市二里头遗址作为切入点。二里头遗址是二里头文化时期的一处超大型聚落遗址[3]，二里头遗址的主体文化是二里头文化，共分为四期，此外，还存在二里岗下层文化和二里岗上层文化时期的遗存。[4] 二里头遗址在中国文明与早期国家形成期研究中的重要学术地位得到了国内外学术界的公认。作为创造了"二里头文化"的二里头遗址的古代人类，其生产和生存方式是怎样的，不能不引起我们的兴趣和重

---

[1] 何燕、周国华、王学求：《从微量元素与人体健康关系得到的启示》，《物探与化探》第32卷第1期，2008年，第70—73页。

[2] 曲蛟、从俏、蔡艳荣等：《地球化学环境与地方病》，《锦州医学院学报（社会科学版）》第2卷第2期，2004年，第29页。

[3] 中国社会科学院考古研究所二里头工作队：《河南洛阳盆地2001—2003年考古调查简报》，《考古》2005年第5期，第18—37页。

[4] 许宏：《二里头遗址发掘和研究的回顾与思考》，《考古》2004年第11期，第32—38页。

视。由此，我们利用电感耦合等离子体质谱分析技术，对二里头遗址出土的人骨和土壤中的锌和铅等微量元素进行了检测，在此基础上，探索土壤中微量元素与人体健康的有机联系等问题。

二 材料与方法

(一) 样品的采集

本次研究根据田野发掘出土的人类遗骸数量及样品保存状况，选择了二里头遗址出土的 23 份人类遗骸样品作为研究对象，这些样品分别来自二里头文化二期、二里头文化三期、二里头文化四期、二里岗上层文化遗存，其考古分期、出土单位编号及取样部位等均列于表 1 中。

土壤样品采集于二里头遗址，为生土样品。

(二) 样品的前处理与检测

人骨样品的前处理是在洁净实验室内进行的。首先用工具打磨每一个样品表面，除去任何可见的污垢或杂色物质，经去离子水浸泡后在超声波水浴中反复清洗至清洗液无色为止。之后用纯净水超声清洗三次，每次 20 分钟；再加入 Milli Q 超纯水，超声清洗三次，每次 20 分钟。清洗后的样品加入 5% 稀醋酸（优级纯），超声清洗 30 分钟，浸泡 7 小时，将稀醋酸倒掉，再加入 Milli Q 超纯水，超声清洗三次，每次 20 分钟。然后样品放入恒温干燥箱干燥后，于 825°C 下灼烧 8 小时。[①] 灰化后的样品经研磨、过筛、溶解等过程，上机检测。

土壤样品在实验室经过风干、磨细、过筛、混合、分装、溶解等前处理程序后，与人骨样品一样，利用电感耦合等离子体质谱技术对它们的组成进行了分析，所用仪器为 ELAN DRC – II 型电感耦合等离子体质谱仪，所得结果如下表（表1）。

[①] a. 曲蛟、从俏、蔡艳荣等：《地球化学环境与地方病》，《锦州医学院学报（社会科学版）》第 2 卷第 2 期，2004 年，第 29 页。b. 中国社会科学院考古研究所二里头工作队：《河南洛阳盆地 2001—2003 年考古调查简报》，《考古》2005 年第 5 期，第 18—37 页。c. 许宏：《二里头遗址发掘和研究的回顾与思考》，《考古》2004 年第 11 期，第 32—38 页。d. 钟秀倩、钟俊辉：《微量元素与人体健康》，《现代预防医学》第 34 卷第 1 期，2007 年，第 61—63 页。

表1　　二里头遗址出土人骨与土壤中锌和铅的含量（μg/g）

序号	出土单位	分期	性别	年龄	采样部位	Zn	Pb
1	2002YLⅤM3	二期	男	30—35	肢骨	277	1.00
2	2004YLⅤM19-2	二期	男	40—45	肢骨	176	1.00
3	1972ⅤM52	三期	女	成年	肢骨	108	2.34
4	1972YⅤM55	三期	男	青壮年	上肢骨	150	5.32
5	2003YLⅤM8	四期	女？	中年	上肢骨	116	2.44
6	2003YLⅤM8	四期	女？	中年	下肢骨	232	2.09
7	2003YLⅤM12	四期	女	26—28	下肢骨	140	0.69
8	2003YLⅤM13	四期	女	成年	肢骨	140	1.13
9	2004YLⅤM16	四期	？	7—8	上肢骨	153	4.08
10	2004YLⅤM17	四期	男？	40—45	下肢骨	134	2.36
11	2004YLⅤM18	四期	？	6±	上肢骨	146	1.22
12	2004YLⅤH305-1	四期	女	25—30	肢骨	175	8.28
13	2004 YLⅤH267	四期	女	35—40	头骨	128	2.24
14	2004YLⅤH262-2	四期	？	2—4	颌骨	125	4.81
15	2003YLⅤT35④A	四晚	女？	成年	下肢骨	153	1.36
16	2002YLⅤM6	四晚—岗晚	？	1.5—2	头骨	427	274
17	2004YLⅤH305-2	岗早	女？	20—25	肢骨	162	10.4
18	2004YLⅤH305-3	岗早	女	25—30	头骨	161	4.08
19	2001YLⅤH17	岗晚	女	30±	肢骨	112	0.82
20	2005 YLⅤG23-1	岗晚	女？	10—12	肢骨	264	2.13
21	2005 YLⅤG23-2	岗晚	女	25—30	头骨	204	1.17
22	2002YLⅤH160	岗晚	女	成年	肢骨	197	1.60
23	二里头遗址				生土	84.6	27.3

三　结果与讨论

（一）二里头遗址出土人骨与土壤中锌元素含量

　　锌是人体必需的微量元素之一。为人体中构成多种蛋白质所必需。正常成年人体内含锌约2.5克，骨骼中占28.5%。人体缺锌的典型病状是皮肤受损及骨骼变异。如果缺锌，会引起食欲减退，吸收障碍、皮肤粗糙以至角质化皮炎，甚至还会引起少儿发育不良和生殖系统失调，这些失调还会波及下一代,影响核酸的合成,使下一代存在先天不足的缺陷。有一种侏儒病,就是先天缺锌的结果。锌还有一种奇特的功能,就是加速伤口的愈合。锌主要在小肠吸收,锌存在于各类食物中,只要不偏食,人们日常饮食中的锌供应量就足够了。[①] 为了更好地说明二里头遗址出土人骨中锌元素含量与土壤的关系,将人骨和土壤中锌元素的检测数据标示在柱状图中(图1)。图中横坐标表示不同期别中不同个体;纵坐标表示锌元素含量。标本23是二里头遗址当地土壤背景值。

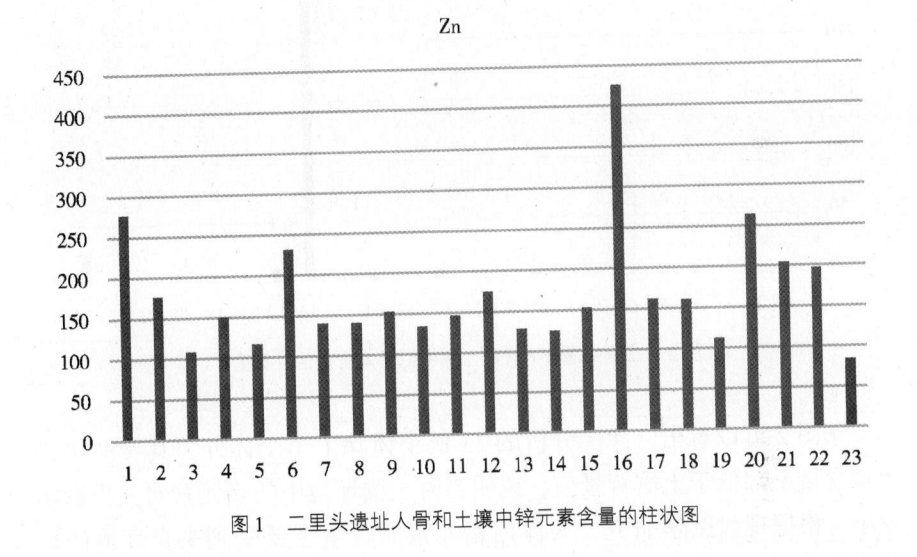

图1 二里头遗址人骨和土壤中锌元素含量的柱状图

从图1可以看出,此次分析的23例个体骨骼中锌元素含量全部高于土壤背景值,这说明了可能当时的人类从饮食中吸收了人体所需要的锌,并未显示锌缺乏。

(二)二里头遗址出土人骨与土壤中铅元素含量

铅是一种对人体有害的微量元素。在人体中,所有的组织和脏器中均可能有铅的存在。骨骼中含铅量约为人体总铅量的90%以上(儿童仅占64%);铅可以影响人的机体的许多功能,但主要损害人体的造血系统,

---

① 钟秀倩、钟俊辉:《微量元素与人体健康》,《现代预防医学》第34卷第1期,2007年,第61—63页。

肾脏和神经系统。①

二里头遗址出土人骨和土壤中铅元素的检测数据表示在柱状图中（图2）。图中横坐标表示不同期别中不同个体；纵坐标表示铅元素含量。标本23是二里头遗址当地土壤背景值。

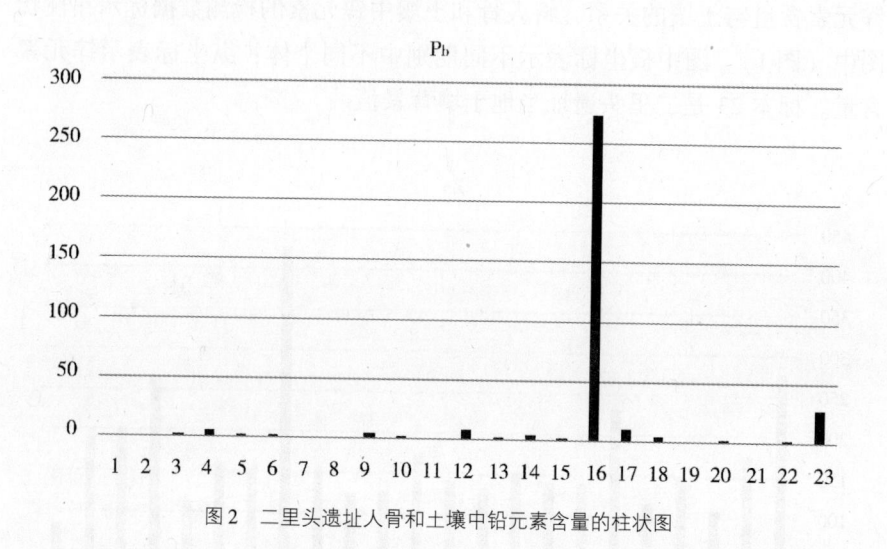

图2 二里头遗址人骨和土壤中铅元素含量的柱状图

从图2可以看出，此次分析的23例个体除1个个体外，其骨骼中铅元素含量全部低于土壤背景值，说明当时土壤环境中的铅元素对人类影响很小。根据现代医学研究，人体内铅元素的含量主要受到来自环境的影响，既然土壤环境中的铅元素对二里头遗址人类影响很小，那么，其中1例骨骼中铅元素含量远远高于土壤背景值的个体就值得特别予以关注。由表1可知，此个体为二里岗时期的一名婴幼儿，骨铅含量为274微克/克，可以判断其生前体内铅含量达428微克/克，远远高于现代医学铅中毒的标准。据此可以推测该婴幼儿死于体内铅中毒。

四 结论

根据二里头遗址出土人骨和土壤中的锌和铅等微量元素的检测结果，

---

① Tamiji Nakashima, Koji Matsuno, Masami Matsushita, *Severe lead contamination among children of samurai families in Edo period Japan*, 2011, 38, pp. 23–28.

可以得到如下认识：

（1）此次所分析的23例个体骨骼中锌元素含量全部高于土壤背景值，可能当时的人类从饮食中吸收了人体所需要的锌，并未显示锌缺乏。

（2）此次分析的23例个体除1个个体外，其骨骼中铅元素含量全部低于土壤背景值，说明当时土壤环境中的铅元素对人类影响很小。其中1例骨骼中铅元素含量远远高于土壤背景值的个体就值得特别予以关注。

土壤及人骨样品采集工作由二里头工作队协助完成，人骨性别和年龄鉴定结果由张君和王明辉提供，在此一并表示感谢。

本文由国家自然科学基金项目（批准号：21271186）、国家社会科学基金项目（批准号：12BKG019）和中国社会科学院哲学社会科学创新工程（批准号：11120131001040）共同资助。

（作者单位：中国社会科学院考古研究所）

二里头遗址 V 区出土木炭的分析与研究

王树芝　赵海涛　陈国梁
许　宏　赵志军　齐乌云

  二里头遗址是著名的青铜时代都城遗址，遗址的主要文化遗存属二里头文化，时代约距今3800—3500年。二里头遗址于20世纪50年代发现并开始发掘以来，陆续进行过60余次的发掘工作。二里头遗址的考古发掘和研究结果表明，二里头遗址为一处都邑遗址，遗迹有始建于二里头文化第三期的1号、2号宫殿基址[①]、二里头文化第二期的3号建筑基址，始建于二里头文化第三期4号、7号、8号夯土基址，始建于二里头文化第四期6号夯土基址[②]、始建于二里头文化早期的5号夯土基址[③]，从第二期一直沿用到第四期的铸铜作坊，还有房基、灰坑、墓葬等遗迹，遗物有陶器、铜器、青铜礼器、玉器、漆器、绿松石器以及海贝等。[④]

  2010年春季到2011年春季，中国社会科学院考古研究所二里头工作队对二里头遗址宫殿区进行了勘探和发掘。发掘地点位于宫殿区东中部的5号基址及其北部，宫殿区东北部巨型坑的东、西端。与3号基址一样，5号基址的北院和中院的院内分别发现有二里头文化第二期的墓葬。墓葬

[①]　中国社会科学院考古研究所二里头工作队：《河南偃师二里头二号宫殿遗址》，《考古》1983年第3期，第206—216页。

[②]　a. 中国社会科学院考古研究所二里头工作队：《河南偃师市二里头遗址宫城及宫殿区外围道路的勘察与发掘》，《考古》2004年第11期，第3—13页。b. 中国社会科学院考古研究所二里头工作队：《河南偃师市二里头遗址4号夯土基址发掘简报》，《考古》2004年第11期，第14—22页。

[③]　中国社会科学院考古研究所二里头工作队：《二里头遗址宫殿区2010—2011年度勘探与发掘新收获》，《中国社会科学院古代文明研究中心通讯》第22期，2012年，第61—66页。

[④]　a. 许宏：《二里头遗址发掘和研究的回顾与思考》，《考古》2004年第11期，第32—38页。b. 中国社会科学院考古研究所二里头工作队：《二里头遗址宫殿区考古取得重要成果》，《中国社会科学院古代文明研究中心通讯》第5期，2003年，第50—53页。

规模较大，出土有绿松石器、漆器、白陶器等较高规格的器物，以及较多陶器。这些墓葬均开口于汉代层下，打破5号基址的夯土和路土，为认识二里头文化时期的墓葬制度、研究5号基址的时代和性质等问题提供了重要资料。巨型坑内发现了二里头文化一——四期连续堆积，其中丰富的陶器、木炭和动物骨骼等。

在发掘过程中，利用随发现随采集的采样方法采集了木炭样品，目的是通过木炭分析，复原遗址周围的古植被；利用植物组成和生态习性重建古环境；推测古代人类利用树木的行为方式。

一 研究区的自然地理概况

二里头遗址位于洛阳平原东部，西距汉魏洛阳故城遗址约5000米，距隋唐洛阳城约17公里，其东北6公里处是偃师商城。北依邙山，南望中岳，东有成皋轘辕之险，西有降谷崤函之固，前临伊洛，后据黄河，依山傍水，水足土厚，具有理想的建都环境。二里头遗址的中心在偃师市翟镇二里头村村南。二里头遗址的钻探与勘察结果表明，现存遗址范围北至洛河滩北纬34°42′23″，东缘大致在圪垱头村东一线东经112°41′55″，南到四角楼村南北纬34°41′10″，西抵北许村东经112°40′16″，遗址略呈西北—东南向，东西最长约2400米，南北最宽约1900米，现存面积约300万平方米。二里头的地势，其东南和南面有断崖，崖下即是洛河故道，东、北两面呈缓坡状，高度逐渐减小，西边连接高地。遗址的海拔高度一般为119米—121米。[①]

二里头遗址属于伊洛河流域，伊洛河流域地处我国南北地理分界线的北侧，属于暖温带向北亚热带过渡地带，具有气候过渡带的特征，属于暖温带大陆性季风气候，年平均气温12℃—14.7℃，气温年较差和日较差均较大。一月平均气温为0.4℃，7月平均气温约24℃—25℃。气候四季分明：春季干旱，夏热多雨，秋季温和，冬季寒冷。多年平均降雨量500毫米—650毫米，降水的年际和季节变化较大。降水量主要集中在4—10月，其中7—9月的降水量占全年降水量的50%—55%。受地形和海拔的

---

① 许宏、陈国梁、赵海涛：《二里头遗址聚落形态的初步考察》，《考古》2004年第11期，第23—31页。

影响，降水的分布呈现出自南向北逐渐递减的趋势。全年无霜期约220天，作物生长期200—220天，≥10℃以上年积温4200℃—4600℃，年日照时数约2222小时，十分有利于农业生产。其中，伊、洛河河谷地带由于海拔高度较低以及邻近山地的屏障作用，是本区最温暖的地方，冬、夏季温度均高于本区其他地方；同时由于处在背风地带，海拔高度低，伊、洛河河谷地带也是本区降水量较少的地方。

遗址所在地区属于暖温带落叶阔叶林地带的暖温带南部落叶栎林亚地带。气候具有暖温带的特点，本区域内的地带性土壤是褐色土和棕色森林土，组成本区域植被的建群种颇为丰富，森林植被的建群种以松科的松属和壳斗科的栎属的种类为主。组成针叶林的另一树种为侧柏属的侧柏，在某些情况下可以成为建群种，并广泛地分布于各处。[①]

二 研究方法

（一）采样

2010年春季到2011年春季，我们在Ⅴ区发掘中，采用随发现随采集的方法在灰坑、房址、壕沟、路土和地层中共采集了108份木炭样品，其中灰坑中有88份、房址中有4份、沟中有11份、地层中有4份、路土中有1份。

（二）鉴定

将采集的木炭样本按出土单位分类、登记，然后做横向、径向和弦向三个面。采用木炭块数进行统计。先在具有反射光源、明暗场、物镜放大倍数为5倍、10倍、20倍、50倍的Nikon LV150体式显微镜下观察、记载木材特征，根据《中国木材志》[②]、《中国主要木材构造》[③]等主要书籍对树种木材特征的描述和现代炭化木材的构造特征进行木炭树种的鉴定。然后将木炭样本黏在铝质样品台上，样品表面镀金，在quanta 650扫描电子显微镜下进行拍照。

---

① 中国植被编辑委员会：《中国植被》，科学出版社1995年版，第809—810页。
② 成俊卿、杨家驹、刘鹏：《中国木材志》，中国林业出版社1992年版，第1—820页。
③ 腰希申：《中国主要木材构造》，中国林业出版社1988年版，第1—258页。

三 鉴定结果

采集的 108 份木炭样品中，有 359 块木炭和 40 块炭化果壳。经鉴定，359 块木炭分别属于 21 种木本植物，有侧柏属、松属、云杉属、麻栎、栎属（3 个种）、杏亚属、桃亚属、枣属、榉属、朴属、构树属、柳属、香椿属、栾树属、槐属、楝属、竹亚科（竹）和 2 种未鉴定的阔叶树；炭化果壳分别属于酸枣壳和毛桃壳（表 1）。不同树种出现的总次数为 120 次，栎属占绝对优势，百分比为 61.7%；第二位是榉属，为 7.5%；第三位是杏亚属，为 6.7%；第四位是侧柏属，为 5.8%；第五位是桃亚属和朴属，分别为 3.3%；第六位是枣属、松属，分别为 1.7%；第七位是云杉属、构属、柳属、香椿属、栾树属、槐属、竹和 2 种未鉴定的阔叶树种，分别为 0.8%。此外，毛桃核出现 8 次，39 块，酸枣核出现 1 次，1 块。根据表 1，做出不同文化时期不同树种百分比图（图 1）。

表 1　木炭种属在不同文化时期出现次数统计表

树种	灰坑 一期	灰坑 二期	灰坑 三期	灰坑 四期	灰坑 岗晚	房址 二期	地层 二期	地层 四期	地层 岗晚	地层 东汉	沟 二期	沟 岗晚	路 四期
侧柏属（Platycladus）				1	5				1				
松属（Pinus）					1				1				
云杉属（Picea）					1								
杏亚属（Armeniaca）		4		1	3								
桃亚属（Amygdalus）				1	3								
栎属（Quercus）	3	35	4	1	15	3	1	2	1		7		1
朴属（Celtis）		1			3								
榉属（Zelkova）		4	1		2						2		
构属（Broussonetia）					1								
枣属（Ziziphus）				1	1								
柳属（Salix）			1										
香椿属（Toona）		1											
栾树属（Koelreuteria）						1							

续表

树种	灰坑 一期	灰坑 二期	灰坑 三期	灰坑 四期	灰坑 岗晚	房址 二期	地层 二期	地层 四期	地层 岗晚	地层 东汉	沟 二期	沟 岗晚	路 四期
槐属（Sophora）												1	
楝属（Melia）											1		
竹亚科（Bambusoideae）					1								
阔叶树种1（未鉴定）										1			
阔叶树种2（未鉴定）		1											
毛桃核（wild peach pit）	1			2	4			1					
酸枣核（skull of spine date）					1								

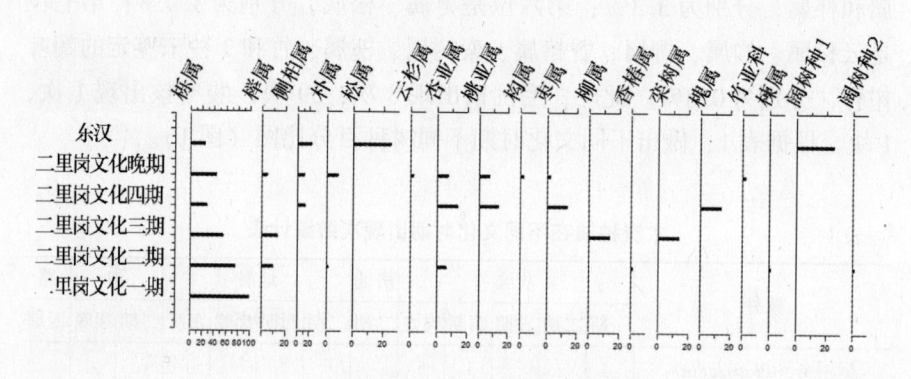

图1 不同文化时期不同树种百分比图

四 讨论

（一）二里头文化时期二里头遗址周围木本植物组成

从表1得知，二里头文化时期，在不同树种的出现的总次数中，栎属占绝对优势，说明二里头遗址附近分布有以栎为优势种的落叶阔叶林。遗址周围有较多的榉树，少量的柳属、香椿属等稀疏地分散在遗址周围，有杏树、桃树和枣树果树，还有少量的针叶树侧柏。

（二）不同文化时期的气候

1. 二里头文化时期的气候

从图1看出，栎属从二里头文化一期到四期逐渐减少，四期最少，同时四期出现了耐干的针叶树种柏树,二期树种种类最多,第三期柳属存在。综合分析,二里头文化二期气候较好,其次是三期,最次是四期。木炭鉴定结果与以前二里头遗址出土木炭的研究结果基本相同。[1]

麻栎是喜光树种,在湿润、肥沃、深厚、排水良好的中性至微酸性沙壤土上生长迅速。麻栎在年平均气温 10℃—16℃,年降水量 500 毫米—1500 毫米的气候条件下都能生长。[2] 麻栎林和栓皮栎林都是中国暖温带和亚热带地区有代表性的落叶阔叶林类型之一,栎属的存在,表明当时气候温暖湿润。[3] 柳属多分布在河流两岸的滩地、低湿地。[4] 侧柏林属温性针叶林,也是暖温带典型森林类型,侧柏是一种适应性极强的阳性树种,具有强度耐旱、耐贫瘠的特点,在其他植物生长困难的立地条件下,侧柏仍能坚强地生活下来。[5] 而且,侧柏在水热条件相对较好的地段,无法竞争过其他优势树种。天然侧柏林除在极端恶劣的生境条件如岩石裸露的丘脊梁顶、土壤贫瘠的石质坡面及黄土立崖陡坡等上能形成较为稳定的群落。所以,二里头文化时期,二期和三期较温暖湿润。我们对王城岗遗址不同文化时期的木炭分析表明,龙山文化时期的气候要好于二里头文化时期。[6]

2. 二里岗晚期的气候

虽然栎属从二里头文化一期到四期逐渐减少,但到了二里岗晚期,栎属又开始增加,树种种类比二里头二期还多,而且,出现了喜温暖湿润的竹,因此,二里岗晚期的气候比二里头文化时期温暖湿润。对二里岗晚期出土的竹进行了 ^{14}C 年代质谱测定,其 ^{14}C 年代为距今 3140 年,树轮校正年代为公元前 1450 年。

竹林所在地的气候温暖而湿润,年平均气温为 14℃—26℃,最冷月

---

[1] 王树芝、王增林、许宏:《二里头遗址出土木炭碎块的研究》,《中原文物》2007 年第 3 期,第 93—99 页。

[2] 中国树木志编委会主编:《中国主要树种造林技术》(上册),农业出版社 1978 年版,第 420 页。

[3] 宋长青、孙湘君:《中国第四纪孢粉学研究进展》,《地球科学进展》1999 年第 4 期,第 401—406 页。

[4] 中国树木志编委会:《中国主要树种造林技术》(上册),农业出版社 1978 年版,第 420 页。

[5] 《山西森林》编辑委员会:《山西森林》,中国林业出版社 1992 年版,第 149—151 页。

[6] 北京大学考古文博学院、河南省文物考古研究所:《登封王城岗考古发现与研究(2002—2005)》,大象出版社 2007 年版,第 555—567 页。

温度为3℃—23℃，年降水量一般为1000毫米—2000毫米。① 竹类在出笋、拔节、脱壳和长枝阶段不能缺水，要求较高的空气湿度和土壤水分。所谓"雨后春笋"就是竹林得到充足的水分后，竹笋纷纷破土而出，旺盛生长的情况。如果发笋长竹期干旱无雨，或缺少灌溉，竹子就会因干旱而死亡。② 另外，竹的部分秆基及其芽眼经常露出地面，经不起冷冻和干燥。③ 因此，竹类多具喜暖、喜湿的生态学特性。现代河南竹林为"灌溉竹林"，多分布在有灌溉水源的地方。④ 说明二里岗晚期气候温暖湿润，好于二里头文化时期。

值得注意的是，二里岗晚期中的文化层中有与竹同样百分比的云杉。云杉属的大部分种的分布区气候以温凉湿润为基本特征。和落叶松属、冷杉属组成的森林，是寒温带的地带性森林，同时也作为其他地带的垂直带而分布于那些具有寒温带气候特点的高海拔地区。⑤ 据河南植物志，云杉属在河南只有垂枝云杉，是麦吊云杉的一个变种或变型，只在坡度平缓、土层深厚处可形成优势。⑥ 考虑到云杉有较长的寿命，说明二里岗晚期之前可能有过温凉的时期。这种现象与偃师商城的木炭分析相同，在偃师商城二期3段的灰坑和沟里都有云杉存在，同样推测，在偃师商城二期3段之前可能有过温凉的时期。然而，由于二里头地理环境优越，不受单一气候因子影响，而且，古代先民对不良环境具有一定的适应能力，因此，温凉的气候并没有影响二里头文化的发展。

3. 东汉时期的气候

东汉时期栎属最少，可能是人为因素和自然因素共同导致，有待今后进一步研究。

（三）古代居民对树木的利用

无论在灰坑中，还是在房址和地层中，栎属的百分比最高，因此，栎属在古代人类生活中占有重要作用。麻栎和栎属具有很高的燃烧热值，如

---

① 中国植被编辑委员会：《中国植被》，科学出版社1995年版，第413—414页。
② 山东森林编辑委员会：《山东森林》，中国林业出版社1986年版，第175页。
③ 福建森林编辑委员会：《福建森林》，中国林业出版社1984年版，第219页。
④ 河南森林编辑委员会：《河南森林》，中国林业出版社1999年版，第318页。
⑤ 中国森林编辑委员会：《中国森林》第2卷，中国林业出版社1999年版，第586—587页。
⑥ 丁宝章、王遂义：《河南植物志》第1册，河南人民出版社1978年版，第127—128页。

麻栎燃烧热值为4750千卡/公斤，较其他树种的燃烧热值高①，并且火力强大，燃烧持久，是重要的薪柴。木材强度大，耐冲击，有弹性，颇耐腐，适于用作枕木、坑木、篱柱、木桶；木材硬，用作农具柄、门框，因此，遗址出土的栎属木炭很可能是做农具柄和薪柴等。

栎属为壳斗科，其橡实主要由胚、种皮和果皮三部分组成，外面被覆着由花序总苞发育而形成的坚硬的壳斗（也叫橡碗）。种皮里面为种胚，细胞里充满了大小不等的淀粉粒，是食用的主要部分。由于栎橡实种仁营养丰富，自古以来就作为食用，素有"铁杆庄稼"、"木本粮食"的美称。例如，近些年来，在各地广泛开展的植物考古研究中，常有橡实遗存的发现②，其中最著名的是浙江余姚田螺山遗址出土的距今7000年前后的栎果遗存，约94%的样品中出土橡子壳等残片，橡子是田螺山遗址的主食资源之一。在河南瓦店遗址，出土了大量的壳斗。③ 而且，历史时期也有记载，如《山海经》曰"栎，楮子可食"。后魏《齐民要术》里也称："橡子，俭岁可食，以为饭；丰年放猪食之，可以致肥也。"④ 二里头遗址各个文化时期都出土了栎属的木炭，说明二里头居民有可能采集栎属的橡实食用。

第二位是榉属，为7.5%。榉属木材坚韧耐腐，是贵重的用材树种。纹理细腻，适用做家具、器具，茎皮富含纤维，为绳索原料。木炭出自灰坑，说明有可能做燃柴和器具等，至于沟里的榉属木炭的用途，有待今后做进一步研究。

第三位是杏亚属，为6.7%。杏亚属为蔷薇科，杏果实多汁，味美，营养丰富，杏仁是重要的药材。杏是我国原产，栽培历史悠久。关于中国古代杏的人工栽培，依据《夏小正》的记载，出现专业性的果园栽培，至今已有4000多年了。《管子》中记载："五沃之土，其土宜杏。"《山海经》记载："灵山之下，其木多杏。"《齐民要术》记载："文杏实大而

---

① 周泽生、董鸿运、李立：《黄土高原常见树草种热值、生物量与薪炭林的关系》，《陕西林业科技》1985年第4期，第11—14页。

② a. 浙江省文物考古研究所、萧山博物馆：《跨湖桥》，文物出版社2004年版，第270—272页。b. 浙江省文物考古研究所：《河姆渡——新石器时代遗址发掘报告》，文物出版社2003年版，第216—217页。c. 北京大学考古文博学院、浙江省文物考古研究所：《田螺山遗址自然遗存综合研究》，文物出版社2011年版，第47—72页。

③ 王树芝、方燕明、赵志军：《龙山时代的植被、古气候及植物利用——以河南瓦店遗址的木炭分析为例》，《第四纪研究》第32卷第2期，2012年，第226—235页。

④ 罗伟祥、张文辉、黄一钊：《中国栓皮栎》，中国林业出版社2009年版，第1—17页。

甜，核无文彩。"此外《广志》、《西京杂记》、《王祯农书》《本草纲目》《群芳谱》等均有关于杏树栽培及其品种的记载。① 我们在张掖黑水国西城驿遗址四坝文化二期也发现了1枚杏核。② 杏亚属木炭的发现，从一个侧面证明了古代人类可能采集杏果食用。

第四位是侧柏属，为5.8%。侧柏木材淡褐色，富树脂，有香气，材质细致，耐腐、耐湿，易加工，顺纹抗压极限强度（370公斤/厘米³）和静曲极限强度（882公斤/厘米³）大于圆柏，小于柏木，硬度大于圆柏，与柏木近似。③ 侧柏来自二里头四期、二里岗及汉墓，其用途不详。

第五位是桃亚属和朴属，为3.3%。桃亚属为蔷薇科，原产我国。木材木质细腻，木体清香，可供工艺用材。桃亚属木材来自灰坑，可能是来自木器火烧后的遗存。桃果外观艳丽，肉质细腻，营养丰富，是我国人民普遍喜欢的鲜果。根、叶、花、仁可以入药，具有止咳、活血、通便、杀虫之效。甜仁可食用，核壳可作活性炭。④《大戴礼记·夏小正》："（一月）梅、杏、柂桃则华。""柂桃，山桃也。"《诗经·魏风·园有桃》中有记载："园有桃，其实之肴。心之忧矣，我歌且谣。"⑤ 在中国新石器考古遗址中，桃的果核发现甚多。如湖南澧县八十垱、浙江余姚河姆渡、萧山跨湖桥、余杭茅山、上海青浦崧泽和吴兴钱山漾。殷商时期河北藁城台西村商代遗址中曾出土栽培桃的桃核。由此说明，桃在古代人类生活中占有重要地位。二里头文化二期、四期、二里岗晚期都出现了大量的桃核，二里头文化四期、二里岗晚期出现了桃树木炭，从另一个侧面证明了古代人类有可能采集桃果实食用。

朴树木材淡褐色，纹理直；供家具及薪炭材等用。木炭来自灰坑，可能是燃柴。另外，朴树果实在古代遗址中经常发现。如房山区斋堂镇东胡林村东胡林人遗址出土了黑弹树果核化石和大叶朴相似种果核化石；陕西西安半坡村遗址、渑池县班村遗址有朴属果实存在；赤峰市兴隆洼遗址和

---

① 河北农业大学：《果树栽培学各论》，农业出版社1980年版，第153页。
② 王树芝、李虎、张良仁、陈国科、土鹏、赵志军等：《甘肃张掖黑水国西城驿遗址出土木炭指示的树木利用和古环境》，《第四纪研究》第34卷第1期，2014年，第43—50页。
③ 《中国森林》编辑委员会：《中国森林》第2卷，中国林业出版社1998年版，第1071页。
④ 河北农业大学：《果树栽培学各论》，农业出版社1980年版，第153页。
⑤ 冯广平、包琰、赵建成、赵志军等：《北京皇家园林·树木文化图考》，科学出版社2012年版，第243页。

河北满城汉刘胜墓的车马坑中有小叶朴的果实，甚至在周口店北京人遗址灰坑中也出土了大量被定名为巴氏朴（C. barbouri）的果核，其中至少一部分小粒的似是小叶朴。朴属木炭的发现，从另一个侧面证明了古代人类有可能采集朴属果实食用或当作饲料。

第六位是枣属，为1.7%。枣树木材坚重，纹理细致，耐腐，抗白蚁；可供农具、车辆、家具、木梳、雕刻、细木工等用。枣树花芳香，花期长，为北方初夏优质蜜源树。枣木炭出自灰坑，与可能做燃柴或农具等的木材燃烧所致。枣属为鼠李科，枣的果实由果皮、果肉、坚硬具蜡质的种皮和种子四部分组成，枣的种子包括胚芽、子叶和胚乳，胚乳发达。其中果肉是主要的食用部分。枣果含有丰富的营养物质，是上等的滋补食品。《神农本草》和《本草纲目》对其医疗价值均有记载，认为枣有健脾养胃，益血壮神之功效。现代医学表明，红枣对气血不足、贫血、肺虚咳嗽、神经衰弱、失眠、高血压、败血病和过敏性紫癜等均有疗效。[1] 而且，在黄河中下游多处新石器时代的遗址出土了枣属植物遗存。例如，黄河中下游的山东滕州市庄里西[2]、河南密县莪沟北岗[3]、河南灵宝西坡[4]、河南登封王城岗[5]、河南瓦店[6]、山西襄汾陶寺[7]以及山东聊城教场铺遗址多处新石器时代的遗址出土了枣属植物遗存。[8] 历史时期也有记载。如《诗经·豳风》中就有"八月剥枣，十月获稻"的诗句。《史记》中有"是岁大荒，百姓皆食枣菜"。《战国策》中有"枣栗之实，足食于民"。杜甫的诗"庭前八月梨枣熟，一日上树能千回"也生动地描绘了上树摘

---

[1] 曲泽洲、王永惠：《中国果树志（枣卷）》，中国林业出版社1993年版，第1页。

[2] 孔昭宸、刘长江、何德亮：《山东滕州市庄里西遗址植物遗存及其在环境考古学上的意义》，《考古》1999年第7期，第59—62页。

[3] 河南省博物馆、密县文化馆：《河南密县莪沟北岗新石器时代遗址》，《考古学集刊》第1集，中国社会科学出版社1981年版，第1—26页。

[4] 中国社会科学院考古研究所、河南省文物考古研究所：《灵宝西坡墓地》，文物出版社2010年版，第239—260页。

[5] 北京大学考古文博学院、河南省文物考古研究所：《登封王城岗考古发现与研究（2002—2005）》，大象出版社2007年版，第516—567页。

[6] 王树芝、方燕明、赵志军：《龙山时代的植被、古气候及植物利用——以河南瓦店遗址的木炭分析为例》，《第四纪研究》第32卷第2期，2012年，第226—235页。

[7] 王树芝、王增林、何驽：《陶寺遗址出土木炭研究》，《考古》2011年第3期，第91—96页。

[8] 中国社会科学院考古研究所：《新世纪的中国考古学——王仲殊先生八十华诞纪念论文集》，科学出版社2005年版，第984—1003页。

枣吃的情形。二里头文化四期出现了枣核和枣属的木炭。因此，二里头遗址的居民有可能采集枣果食用。

五 结语

通过对二里头遗址 V 区出土的 108 份木炭样品的分析，得出如下结论：

（1）有359块木炭和40块炭化果壳。经鉴定，359块木炭分别属于21种木本植物，有侧柏属、圆柏属、松属、云杉属、麻栎、栎属（3个种）、杏亚属、桃亚属、枣属、榉属、朴属、构树属、柳属、香椿属、栾树、槐树、楝属、竹亚科（竹）和2种未鉴定的阔叶树；炭化果壳分别属于酸枣壳和毛桃壳。

（2）二里头遗址附近分布有以栎为优势种的落叶阔叶林。遗址周围有较多的榉树，少量的柳树、香椿树等稀疏地分散在遗址周围，有杏树、桃树和枣树果树，还有少量的针叶树侧柏。

（3）二里头文化时期，二期和三期较温暖湿润。在二里岗晚期之前可能有过温凉的时期。温凉的气候并没有影响考古学文化的发展。二里岗晚期气候温暖湿润，好于二里头文化时期。东汉时期栎属最少，可能是人为因素和自然因素共同导致。

（4）栎属在古代人类生活中占有重要作用，可能做农具柄、门框和薪柴，而且居民有可能采集栎属的橡实食用。杏亚属木炭、大量的毛桃核、桃亚属木炭、酸枣核、枣木炭的出现，从侧面证明了古代人类有可能采集这些果树的果实食用。朴属木炭的出现，也从侧面证明了古代人类有可能采集朴树的果实食用或当作饲料。

本研究得到了国家文物局全国文物保护科学和技术研究项目（批准号20110107）、科技部国家科技支撑计划项目（批准号2013BAK08B02）和中国社会科学院创新工程共同资助。

（作者单位：中国社会科学院考古研究所）

从二里头遗址出土动物遗存看二里头文化的畜牧业经济

李志鹏 司 艺 杨 杰

二里头遗址位于河南洛阳偃师市二里头村，遗址现存面积约300万平方米。遗址主体文化为二里头文化，可分为四期，^{14}C 测年为公元前1750—前1550年。该遗址发现了大面积的夯土建筑基址群和宫城城垣以及纵横交错的道路遗迹；发掘了大型宫殿建筑基址数座、大型青铜冶铸作坊遗址1处，与制陶、制骨和制绿松石器有关的遗迹若干处，与祭祀有关的建筑遗迹若干处，以及中小型墓葬400余座，包括出土成组青铜礼器和玉器的墓葬。此外，还发现并发掘了大量中小型房址、窖穴、水井和灰坑等遗迹，出土了大量陶、石、骨、蚌、铜、玉、漆器和铸铜陶范等。[1] 这些方面都显示了二里头遗址不同于一般聚落的都邑文化的重要内涵。

二里头遗址出土了丰富的动物骨骼资料，猪、黄牛、羊（绵羊与山羊，以绵羊为绝大多数）和狗等都属于家养动物，其他都是野生动物。这些丰富的动物遗存资料为我们探讨二里头文化的畜牧业经济提供了重要的材料。

畜牧业是广义农业的一部分，是人类社会发展到一定阶段的产物。畜牧业是以人类对野生动物进行驯化后蓄养动物以提供肉类等动物资源的重要生业方式。家养动物的出现从根本上改变了人类与动物的相互关系。家养动物保证了人类可以有计划地、稳定地获取肉食，可以更加容易地获取动物的奶、皮、毛、蛋等副产品，可以把家养动物作为犁地、驮运、骑乘、驾车等工具。[2]

---

[1] 许宏：《二里头遗址发掘和研究的回顾与思考》，《考古》2004年第11期，第32—38页。

[2] 袁靖：《中国古代家养动物的动物考古学研究》，《第四纪研究》(quaternary sciences) 第30卷第2期，2010年，第298页。

在中国新石器时代末期（树轮校正，公元前2500—前1900）开始以前，猪、狗是主要的家畜，在公元前3600—前3000年则在甘肃和青海地区开始发现家养的绵羊，但公元前3600—前3000年在黄河中游地区开始发现家养的黄牛。到公元前1700年前后，中原地区开始发现确切的山羊证据。到距今约3300年的晚商早期阶段，开始发现确切的家马证据。从新石器时代末期开始，绵羊、黄牛在中国北方的多数地区有发现，并且数量开始增加，这种趋势一直延续到青铜时代早期的二里头文化。牛、羊均为食草动物，并且能为人类提供多种畜产品。牛、羊等食草动物开始被古代中国人蓄养，并开发利用这些动物不同的畜产品，是古代中国畜牧业经济发展的重要阶段。二里头文化显然已经迈入这一阶段。下面我们具体探讨二里头文化的畜牧业经济的一些特点。

一 二里头文化畜牧业中的畜产构成与家畜饲养策略

一个社会的畜牧业经济状况的重要指标是畜牧业的畜产构成，即该社会人群蓄养的家养动物种类。特定人群与社会驯养哪些家养动物，对该人群和社会的发展往往影响极大。这是因为不同的家养动物的饲料来源不同，因此与人类的关系也有所不同，可提供的畜产品也自有特色。

猪、狗的饲料来源与牛羊不同。猪是杂食动物，在放养的情况下野外搜寻到的食物除了少数植物的草叶外，主要是植物的块根、种子、菇菌、野果、蜗牛等，但有时候也会抓食爬行动物和小动物，但猪主要的食物是农作物的副产品，包括人类粮食的皮、壳以及人类食物的残余，另外猪有时候也吃人类的粪便。因为猪对食物的品质要求不高，人类可以调整不同的方式满足猪的食物需求，因此人类可以给猪喂食一些一时吃不了的食物，或者不愿意吃的粗糙食物甚至废弃食物，使这些食物转化成肉食品在猪的活体中储存，以便日后需要的时候再宰杀食用。但猪在一定程度上也是人类食物的消耗者，在食物资源匮乏的情况下更是人类食物的竞争者，因此养猪业的发达还是在农业较为发达人类剩余食物较多的情况下才可能发生。狗也是肉食或杂食动物，但其食谱没有猪的范围广，因此较之猪更容易成为人类食物的竞争者，但因为其可以协助人类看家护院、协助狩猎与放牧，因此成为古代人类最早驯化的动物。

牛羊为草食性动物，所消耗的饲料以野草为主，谷物的秸秆为辅，其食物来源的特点导致牛羊不会与猪、狗等传统家畜争夺食物。因此，牛羊的出现，代表人类开始以草食性动物来开发新的生计资源（草本植物），表明畜牧业发展到一个新的阶段。[①] 在古代社会尚存在大量的野地未被人类利用时，放养牛羊的畜牧业发展空间较大。

我们再来看二里头遗址开发利用的动物资源情况，以了解二里头先民的畜牧业经济的畜产构成。

二里头遗址出土的动物以哺乳动物为主。从可鉴定标本数来看，二里头文化一期遗存出土的哺乳动物标本为108例，占一期遗存出土全部动物标本总数92.31%；二里头文化二期遗存出土的哺乳动物标本为6596例，占二期遗存出土全部动物标本总数的56.04%；二里头文化三期遗存出土的哺乳动物标本为4129例，占三期遗存出土全部动物标本总数的69.97%；二里头文化四期遗存出土的哺乳动物为11381例，占四期遗存出土全部动物总数的74.81%。

家养动物在二里头遗址出土的哺乳动物中始终占多数，其中以家猪为主，羊和黄牛从早期到晚期都有一个大致增多的过程，狗的数量则较为固定，但所占数量比例始终小于4%。

从可鉴定标本数来看，二里头一期有猪15例，占一期出土可鉴定哺乳动物总数的45.45%，绵羊14例，占42.42%，黄牛为1例，各占3.03%；二里头二期有猪1428例，占二期出土可鉴定哺乳动物总数的52.27%，绵羊460例，占16.84%，黄牛244例，占8.93%，狗78例，占2.86%；二里头三期有猪681例，占三期出土可鉴定哺乳动物总数的43.91%，绵羊312例，占20.12%，黄牛165例，占10.64%，狗30例，占1.93%；二里头四期有猪1828例，占四期出土可鉴定哺乳动物总数的40%，黄牛1162例，占25.43%，绵羊777例，占17%，狗129例，占2.82%。从最小个体数来看，二里头一期有猪2例，占一期哺乳动物最小个体数总数的33.33%，绵羊、黄牛均为1例，各占16.67%；二里头二期有猪74例，占二期哺乳动物最小个体数总数的53.24%，绵羊21例，

---

① 王明珂：《辽西地区专业化游牧业的起源——兼论华夏边缘的形成》，"中研院"《历史语言研究所集刊》第67本第1分册，1986年。

占 15.11%，黄牛为 5 例，各占 3.6%，狗 4 例，占 2.88%；二里头三期有猪 34 例，占三期哺乳动物最小个体数总数的 38.64%，绵羊 17 例，占 19.32%，黄牛 5 例，占 5.68%，兔 4 例，占 4.55%，狗 3 例，占 3.41%；二里头四期有猪 209 例，占四期哺乳动物最小个体数总数的 62.95%，绵羊 49 例，占 14.76%，黄牛 22 例，占 6.63%，狗 9 例，占 2.7%。

可以看出，二里头遗址先民蓄养的动物，猪仍然占大宗，这说明二里头文化的种植农业较为发达，可以提供大量的食物来饲养猪。但黄牛、羊等草食性牲畜的数量在家畜中所占比例也逐步增加，而且合起来始终占有较大的比例，说明当时畜牧业经济发展到一个新的阶段，即越来越多地开发利用新的生态资源草本植物，以更大规模地蓄养牛羊这样的食草动物。说明二里头文化先民越来越重视牧业，发展兼营牧业的农业经济。

我们还可以从同位素分析的研究成果来了解二里头先民蓄养动物的饲养策略。

我们曾选取二里头遗址二里头文化二期至二里岗文化时期的动物骨骼样品 107 例进行碳、氮同位素分析。其中，黄牛 16 例，绵羊 31 例，猪 33 例，狗 6 例，鹿 21 例。为保证样品的唯一性，对同一出土单位同种属动物选取同一部位、同一侧的骨骼制样。动物种属、文化分期及取样部位，如下表所示（表 1）。

表 1　二里头遗址动物骨骼的文化分期、种属、取样部位及各项测试数据

实验编号	Period	物种	部位	产率(%)	$\delta^{13}C$(‰)	$\delta^{15}N$(‰)	C%	N%	C/N
a—3	?	黄牛	下颌（左）	4.9	-7.9	8.9	38.2	14.2	3.1
b—11	II	黄牛	桡骨（左）	3.7	-10.4	5.6	43.2	15.6	3.2
b—47	II	黄牛	下颌（右）	3.8	-9.1	5.7	45.4	16.2	3.3
b—41	II	黄牛	桡骨（左）	2.1	-7.8	4.9	45.4	16	3.3
a—5	II	黄牛	下颌（左）	7.4	-12.2	7.9	40.6	14.6	3.2
a—4	II	黄牛	下颌（左）	9.7	-9.3	7.3	41.3	15	3.2
b—22	III	黄牛	桡骨（左）	1.5	-9.7	7.4	27.2	9.5	3.3
a—7	III	黄牛	下颌（左）	3.6	-9.0	6.4	41.1	14.7	3.3

续表

实验编号	Period	物种	部位	产率(%)	$\delta^{13}C$(‰)	$\delta^{15}N$(‰)	C%	N%	C/N
b—8	Ⅲ	黄牛	桡骨（左）	4.2	-11.1	7.0	37.9	13.3	3.3
a—2	Ⅳ	黄牛	下颌（左）						
b—9	Ⅳ	黄牛	桡骨（左）	2.5	-10.7	6.9	28.7	10.3	3.2
a—6	Ⅳ	黄牛	下颌（左）	3.0	-9.3	6.1	41.5	15.1	3.2
b—49	Ⅳ	黄牛	下颌（左）	3.7	-7.7	7.0	46.8	16.9	3.2
b—4	Ⅳ	黄牛	跖骨（左）	5.7	-8.4	6.7	47.7	16.7	3.3
b—17	Ⅳ	黄牛	下颌（右）	6.4	-7.4	5.6	45.6	15.9	3.4
b—19	Ⅳ	黄牛	桡骨（左）	7.5	-8.2	7.1	48.8	17.3	3.3
b—54	Ⅱ	狗	下颌（左）	10.3	-11.5	7.7	46.7	16.8	3.3
b—56	Ⅲ	狗	下颌（左）	8.2	-12	5.3	46.9	16.9	3.3
b—58	Ⅳ	狗	下颌（左）	3.2	-8.8	7.9	46.7	17	3.2
b—57	Ⅳ	狗	下颌（左）	3.9	-9.4	8.3	45.9	16.4	3.3
b—59	Ⅳ	狗	下颌（左）	6.4	-7.3	7.4	47.2	17	3.2
b—55	ELG（U）	狗	下颌（左）	1.9	-9.1	10.5	44.3	15.6	3.3
a—36	Ⅱ	猪	下颌（左）	2.0	-9.9	6.9	36.8	13.8	3.2
a—37	Ⅱ	猪	下颌（左）	2.5	-19.2	9.0	40.5	14.7	3.1
b—23	Ⅱ	猪	桡骨（左）	7.8	-8.2	7.3	41.1	14.9	3.2
b—24	Ⅱ	猪	桡骨（左）	1.2	-8.1	8.3	36.2	12.7	3.3
b—15	Ⅱ	猪	桡骨（左）	1.4	-12.1	8.5	46.9	16.5	3.3
b—27	Ⅱ	猪	桡骨（左）	2.3	-11.4	9.3	47.5	16.8	3.3
a—38	Ⅱ	猪	下颌（左）	3.1	-10.1	6.6	41.3	14.9	3.2
b—25	Ⅱ	猪	桡骨（左）	5.0	-14.9	4.7	47.1	16.6	3.3
a—39	Ⅱ	猪	下颌（左）	6.7	-10.5	8.3	41.6	15.1	3.2
a—35	Ⅲ	猪	下颌（左）	3.3	-14.8	7.5	40.8	14.7	3.2
b—3	Ⅲ	猪	桡骨（左）	6.1	-7.8	6.9	45.2	15.6	3.4
b—21	Ⅲ	猪	桡骨（左）	2.2	-16.9	8.5	46.5	16.5	3.3
a—40	Ⅲ	猪	下颌（左）	2.7	-9.7	6.9	40	14.5	3.2
b—14	Ⅲ	猪	桡骨（左）	6.1	-8.6	7.6	32.2	11.3	3.3
a—31	Ⅲ	猪	下颌（左）	6.8	-7.4	7.3	39.3	14.1	3.2
a—33	Ⅲ	猪	下颌（左）	7.5	-10.3	7.1	40.5	14.7	3.2

续表

实验编号	Period	物种	部位	产率(%)	$\delta^{13}C$(‰)	$\delta^{15}N$(‰)	C%	N%	C/N
a—30	IV	猪	下颌（左）	1.8	-9.5	5.5	40.5	14.6	3.3
a—29	IV	猪	下颌（整个）	2.9	-12.2	6.4	39.1	14.1	3.2
a—34	IV	猪	下颌（左）	3.1	-7.2	5.9	37.6	13.8	3.2
b—46	IV	猪	桡骨（左）	4.5	-7.9	8.1	47.4	16.9	3.3
a—32	IV	猪	下颌（左）	5.6	-11.6	6.0	41.6	15	3.3
b—51	IV	猪	桡骨（左）	5.8	-12.4	9.8	43.6	15.5	3.3
b—48	IV	猪	桡骨（左）	6.0	-8.0	6.8	47.4	17.1	3.2
a—45	ELG（L）	猪	下颌（左）	1.4	-11.1	7.4	32.2	12.2	3.3
a—46	ELG（L）	猪	下颌（左）	2.5	-9.2	8.9	38.8	14.1	3.1
a—47	ELG（L）	猪	下颌（左）	5.5	-15.6	9.0	42.2	15.2	3.3
b—45	ELG（U）	猪	桡骨（左）	2.6	-7.3	6.1	44.9	16.3	3.2
a—44	ELG（U）	猪	下颌（左）	3.0	-8.1	9.6	37.7	13.2	3
a—42	ELG（U）	猪	下颌（左）	3.9	-17.3	10.4	41.3	14.8	3.3
a—41	ELG（U）	猪	下颌（左）	1.9	-10.6	10.7	39	13.9	3.2
b—50	ELG（U）	猪	桡骨（左）	2.7	-11.9	4.8	48	17.1	3.3
a—43	ELG（U）	猪	下颌（左）	3.2	-9.1	8.2	32.7	12.8	3.3
b—28	ELG（U）	猪	桡骨（左）	11.5	-11.7	8.2	47.5	17.1	3.2
b—52	I	绵羊	桡骨（左）	2.1	-13.8	6.8	46.7	16.5	3.3
a—20	II	绵羊	下颌（左）	2.4	-12.1	5.0	31.1	12	3.2
b—20	II	绵羊	桡骨（左）	1.5	-16.2	6.5	27.4	9.7	3.3
a—24	II	绵羊	下颌（左）	4.6	-12.0	4.8	40.8	14.8	3.2
a—13	II	绵羊	下颌（左）	4.8	-14.5	7.0	40.7	14.6	3.3
b—31	II	绵羊	桡骨（左）	4.8	-14.4	8.1	48.4	17.1	3.3
b—44	II	绵羊	桡骨（左）	6.4	-15.1	7.1	50.3	17.9	3.3
a—25	II	绵羊	下颌（左）	8.2	-12.7	4.7	41.6	15.1	3.2
a—27	III	绵羊	胫骨（右）	2.2	-14.3	7.4	41.1	14.8	3.3
a—26	III	绵羊	胫骨（右）	3.0	-14.6	7.4	40	14.3	3.3
b—12	III	绵羊	下颌（左）	6.8	-14.9	5.4	46.4	16.3	3.3
b—33	III	绵羊	桡骨（左）	7.8	-17.1	5.2	46.3	16.4	3.3
a—28	III	绵羊	胫骨（右）	8.3	-17.5	7.3	41.1	14.8	3.2

续表

实验编号	Period	物种	部位	产率(%)	$\delta^{13}C$(‰)	$\delta^{15}N$(‰)	C%	N%	C/N
b—2	Ⅲ	绵羊	桡骨（左）	8.9	-15.2	6.6	48.6	17.1	3.3
a—12	Ⅳ	绵羊	下颌（左）	1.3	-14.4	9.2	39.9	14.3	3.3
a—9	Ⅳ	绵羊	下颌（左）	4.6	-13.8	5.2	41.5	15	3.2
a—10	Ⅳ	绵羊	下颌（左）	5.2	-18.4	6.0	48.2	16.9	3.3
a—8	Ⅳ	绵羊	下颌（左）	7.6	-17.3	6.6	47.5	16.6	3.3
b—1	Ⅳ	绵羊	桡骨（左）	1.1	-13.8	11.0	18.9	7.3	3
a—11	Ⅳ	绵羊	下颌（左）						
b—7	Ⅳ	绵羊	桡骨（左）	5.4	-16.0	6.0	41.1	14.4	3.3
a—19	ELG（L）	绵羊	下颌（右）	6.1	-17.9	5.9	38.3	13.6	3.3
a—16	ELG（U）	绵羊	下颌（右）	1.1	-15.6	6.2	46.7	16.5	3.3
b—32	ELG（U）	绵羊	桡骨（左）	1.2	-16.6	6.4	39.3	13.8	3.3
a—14	ELG（U）	绵羊	下颌（右）	2.9	-18.1	6.9	36.7	12.9	3.3
b—37	ELG（U）	绵羊	桡骨（左）	3.1	-15.6	7.5	41.5	14.8	3.3
b—42	ELG（U）	绵羊	桡骨（左）	6.1	-15.4	6.2	49.2	17.5	3.3
b—35	ELG（U）	绵羊	桡骨（左）	6.6	-15.0	8.0	40.3	14.5	3.2
a—17	ELG（U）	绵羊	下颌（右）	1.0	-19.6	6.7	41.5	14.8	3.3
b—36	ELG（U）	绵羊	桡骨（左）	1.7	-19	3.8	47.1	16.6	3.3
a—15	ELG（U）	绵羊	下颌（右）	2.3	-18	3.6	46	15.9	3.4
a—52	Ⅱ	鹿	下颌（左）	4.9	-19.8	4.2	47.2	16.9	3.3
b—5	Ⅱ	鹿	肱骨（右）	5.1	-21.9	4.5	28.6	10.1	3.3
b—10	Ⅱ	鹿	肱骨（右）	5.5	-19.8	5.0	47.2	16.9	3.3
b—6	Ⅱ	鹿	肱骨（右）	8.7	-16.2	6.1	46.9	16.5	3.3
b—18	Ⅱ	鹿	肱骨（右）	7.6	-20.3	3.9	40.8	14.6	3.3
b—16	Ⅱ	鹿	肱骨（右）	1.7	-20.2	4.2	46.4	16.3	3.3
b—29	Ⅱ	鹿	肱骨（右）	3.2	-17.6	4.0	47.5	16.6	3.3
a—53	Ⅱ	鹿	下颌（左）						
b—38	Ⅲ	鹿	肩胛（右）	5.7	-18	3.7	46.4	16.5	3.3
b—26	Ⅲ	鹿	肩胛（右）	2.8	-20.3	3.1	40.7	14.7	3.2
b—43	Ⅲ	鹿	跖骨（左）	3.8	-17.7	4.3	42.7	15.5	3.2
b—39	Ⅲ	鹿	肱骨（左）	5.5	-18.7	3.9	42.2	15.2	3.2

续表

实验编号	Period	物种	部位	产率（%）	$\delta^{13}C$（‰）	$\delta^{15}N$（‰）	C%	N%	C/N
a—51	IV	鹿	下颌（左）	7.6	-18.1	5.2	47	16.4	3.3
a—49	IV	鹿	下颌（左）	7.9	-19	3.4	42.9	15.4	3.2
a—48	IV	鹿	下颌（左）	1.7	-20.3	4.3	35.9	13	3.2
b—13	IV	鹿	肱骨（右）	2.5	-17.4	3.5	46.8	16.6	3.3
a—50	IV	鹿	下颌（左）	2.1	-20.1	3.5	46.5	16.6	3.3
b—34	ELG（L）	鹿	肩胛（右）	5.1	-18.9	4.0	41.9	14.7	3.3
b—40	ELG（L）	鹿	肩胛（右）	4.9	-7.9	8.9	38.2	14.2	3.1
b—53	ELG（U）	鹿	胫骨（右）	3.7	-10.4	5.6	43.2	15.6	3.2
b—30	ELG（U）	鹿	胫骨（右）	3.8	-9.1	5.7	45.4	16.2	3.3

注：? 表示没有文化分期的信息，I、II、III、IV 分别代表二里头文化一期至二里头文化四期，ELG（U）、ELG（L）分别代表二里岗上层、二里岗下层。

二里头遗址所有动物的 C、N 同位素测试结果见表1、图1。图1显示：除个别猪的碳同位素值偏入高 C_3 食物范围内以外，其余所有动物的同位素值较明显的聚为三组，猪、狗、牛聚为一组，鹿、羊各自成组。

三例鹿（b—29，b—18，a—52）的同位素值游离在同类动物的数据簇之外。其余鹿的 C 同位素均值为 -19.0±1.1‰（n=17），表明其食物结构以 C_3 类食物为主。N 同位素值介于 3.1‰—5.2‰，平均值为 4.0±0.5‰，位于食草动物的范围之内。样品 b—29 为三例游离个体之一，具有同类动物中最高的 $\delta^{13}C$ 值（-16.2‰）和第二高的 $\delta^{15}N$ 值（6.1‰），同位素数据落于绵羊的数据簇内，表明其食物组成可能与绵羊的类似。也不排除为野生的幼年鹿个体，仍处于哺乳期或哺乳效应仍然较明显的影响整个骨骼胶原蛋白的同位素信息。样品 a—52 具有最高的 $\delta^{15}N$ 值（6.7‰），比其他个体平均值高 2.7‰，介于同位素营养级间的富集范围（3‰—5‰），而 $\delta^{13}C$ 值（-19.6‰）与均值接近，因此可能也为幼年个体，受到哺乳效应的影响。研究表明，密闭的森林系统环境下，动植物的 $\delta^{13}C$ 值会更低，样品 b—18 的 $\delta^{13}C$ 值（-21.9‰）最小，可能因为其经常觅食于更加密闭的森林系统有关，进食更多 $\delta^{13}C$ 值偏负的植被有关。

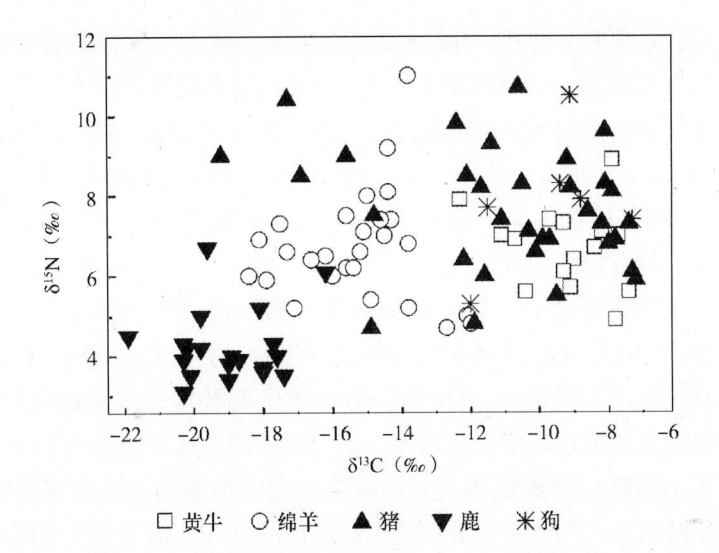

图1 二里头遗址动物骨胶原的 $\delta^{13}C$，$\delta^{15}N$ 散点图

绵羊（除 a—12、a—19）的 $\delta^{13}C$ 值介于 -18.4‰— -12.1‰，平均值为 -15.5±1.5‰（n=28），$\delta^{15}N$ 值介于 4.6‰—8.1‰，平均值为 6.3±1.0‰（n=28）。依据简单二元混合模型，绵羊的食物结构中以 C_3 类植物为主，也包含一定量的 C_4 植物，营养级水平也位于典型的草食动物范围之内。a—12、a—19 的 $\delta^{13}C$ 值分别为 -14.4‰、-13.8‰，$\delta^{15}N$ 值为所有绵羊中最高，分别为 9.2‰、11.0‰。与其他绵羊同位素值的平均值相比，a—12、a—19 的 $\delta^{13}C$ 值分别富集 1.1‰、1.7‰，$\delta^{15}N$ 值分别富集 2.9‰、4.7‰，均接近营养级间富集值（1‰—1.5‰，3‰—5‰），表明这两例个体仍在哺乳期或刚刚断奶不久，其骨胶原同位素值仍受哺乳效应的影响。a—12、a—19 的动物考古学鉴定结果也表明这两例个体的年龄偏小，为幼年个体，与同位素的分析结果吻合。

黄牛、狗和绝大多数猪的同位素值聚在一组，具有所有动物中最高的 $\delta^{13}C$ 值。反映了这三种动物的食物组成中均以 C_4 类食物为主。

黄牛的 C、N 同位素范围分别为 -12.3‰— -7.4‰，4.9‰—8.9‰，平均值分别为 -9.2±1.4‰（n=16），6.7±1.0‰（n=16）。如上所述，较高的 $\delta^{13}C$ 值和典型食草动物的 $\delta^{15}N$ 值表明，黄牛的食物组成以 C_4 类植物为主。

所有猪的 $\delta^{13}C$ 值和 $\delta^{15}N$ 值分别介于 -19.2‰— -7.2‰和 4.7‰—

10.7‰。$\delta^{13}C$值和$\delta^{15}N$值的波动范围都很大，暗示了广泛的食物来源及多样化的生存环境，这与猪作为杂食性动物的生活习性相符合。从图1可以明显地看到，猪的同位素数据组可以进一步分为三组。第一组为具有较低的$\delta^{13}C$值（-16.8±1.7‰，n=5）和较高的$\delta^{15}N$值（8.9±1.0‰，n=5），表明其消耗了大量的C_3类和高$\delta^{15}N$值的食物。绝大多数个体属于第二组，具有较高的$\delta^{13}C$值（-9.7±1.7‰，n=27,）和波动较大的$\delta^{15}N$值，表明其摄食了大量的C_3类食物。第三组仅有一例个体，b—25，其$\delta^{13}C$值（-14.91‰）和$\delta^{15}N$值（4.74‰）均较低，反映了其较低的营养级及摄食了大量的C_3类植物。猪的同位素数据较明显地聚为三类，与其饲喂模式和生存环境明显相关。第一组中的个体可能为幼年野猪，也可能为人工饲喂了较多C_3类食物的家养幼猪。遗憾的是，没有获得这些样品的年龄信息，所以不便做定论。第三组的唯一个体b—25的同位素信息与典型的中国北方地区的野猪特征一致。然而，不论原因如何，第一组与第三组个体总共只有6例，其同位素分布不是典型的北方家养猪的特征，不能代表二里头遗址家养猪的情况，因此，在下文的分析讨论中将其排除。

6例狗中，样品b—55、b—56明显游离于同类个体之外。将其排除后的其余4例个体的$\delta^{13}C$和$\delta^{15}N$均值分别为-9.3±1.7‰（n=4）和7.8±0.4‰（n=4），表明其食用了大量的C_4类食物，包括一定量的动物蛋白。b—55的$\delta^{15}N$值（10.5‰）最高，$\delta^{13}C$值为-9.1‰，表明其摄食了大量的以C_4类食物为食的动物蛋白。b—56具有最低的$\delta^{13}C$值（-12.0‰）和$\delta^{15}N$值（5.3‰），暗示其食物组成以C_4类植物为主。

如前所述，传统的北方旱作农业是以C_4类的粟、黍种植为主。二里头遗址的浮选分析也表明，尽管已经形成了较为完善的五谷种植制度，但粟和黍仍然是先民最重要的种植作物。孢粉分析研究表明，当时二里头遗址所处的历史时期气候趋于干冷，植被类型为以落叶阔叶林为主的针阔混交林。这种环境不适宜C_4植物生长，二里头遗址的自然植被当以C_3类型植被为主。

如下图所示（图2），鹿的C、N稳定同位素均为所有动物中最低，不同于同为草食性动物的家养动物牛和羊，因此二里头遗址的鹿基本不存在被人类大量驯养的可能性。最低的C、N稳定同位素值表明C_3植物在鹿食物结构中的重要地位，符合二里头遗址以C_3类型为主的自然植被状态下野生动物的饮食结构。家养动物中，与绵羊主要以 C_3 类型植物为食的同位素分布特征不同，猪、狗、黄牛的 C 同位素数据分布较为相近且最为偏正，反映了 C_4 食物在这三种家畜食物结构中的重要地位。依据当地种植农业植物类型以 C_4 类为主，而自然植被以 C_3 类为主的特点，我们认为先民以大量的粟黍作物及其副产品喂养这三种家畜，而绵羊主要食用自然环境中大量存在的 C_3 类植物，只有较少量的人工添加的粟黍等 C_4 植物及偶尔采食到的 C_4 类野草。与黄牛相比，猪和狗的同位素分布更为接近，且其 N 同位素值均略高于黄牛，表明其食物中包含一定量的动物蛋白。考虑到猪和狗的杂食性，其食物中的动物蛋白应该来自于先民的食物剩余和生活垃圾。显然，二里头出土的常见哺乳动物中，鹿主要以自然环境下的植被为食。家畜的食物结构的差异应该源自先民对其采取的不同的饲养模式。绵羊以放养为主，也辅以喂养粟黍作物及其副产品如秸秆等，猪和狗以喂养粟黍作物及其副产品为主，其中可能很大一部分是人的残羹剩饭，牛则喂养粟黍作物及其副产品为主，也进行一定程度的放养或喂食青草。

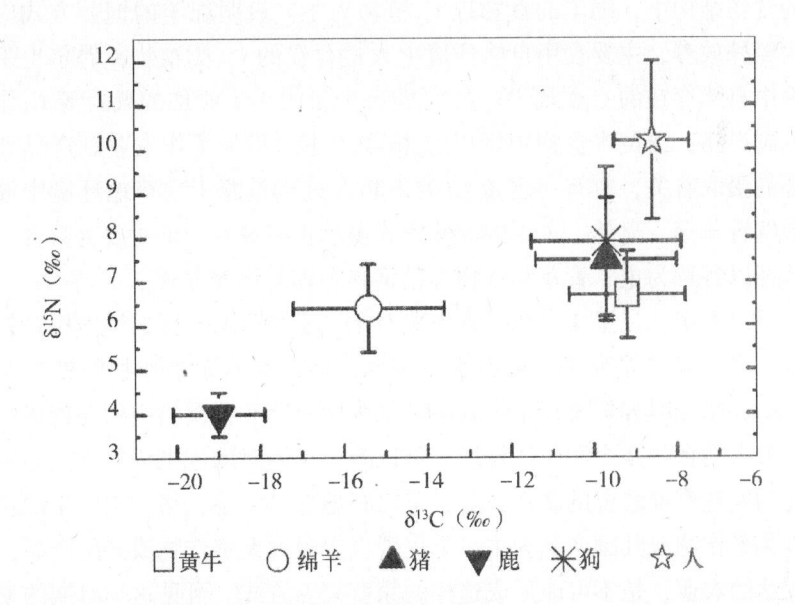

注：人的数据来源于张雪莲等所做的分析工作。

图 2　二里头遗址动物与人骨骼胶原蛋白的 $\delta^{13}C$，$\delta^{15}N$ 标准误差棒图

从上述同位素分析结果来看，猪和狗总体上都表现出以 C_4 食物为主的食谱类型，以喂养来自 C_4 类粟黍作物及其副产品为主，猪和狗食物中的动物蛋白则主要为人类食物残余和生活垃圾，而从 $\delta^{15}N$ 值可以看出，狗的食物中包含了更多的动物蛋白，显然，这当与其较之猪摄取了更多的人类残羹冷炙、剩骨残肉等生活垃圾有关。二里头文化的居民具有最高的 $\delta^{13}C$ 值和 $\delta^{15}N$ 值，表明粟作农业产品（包括粟类植物以及以粟类副产品为食的动物）在先民的食物中占主导。猪、狗的 $\delta^{13}C$ 值和 $\delta^{15}N$ 值，与人的数据均较为相近，这反映了粟作农业对这两种家畜的巨大影响。同时，考虑到先民养猪目的主要是获取肉食资源，为最快限度地增肥，先民可能会把谷糠、碎米和多余谷物用来饲养家猪。与养猪不同，如果残羹冷炙等生活垃圾足以保证狗的正常生理活动，在物质生产并不富裕的当时，先民应不会主动向其喂食其他食物。因此，与猪相比，它们与人类的食谱也更为接近。可见，狗与粟作农业之间的密切关系是经由人作为中介建立起来的，这与猪的情况有所差别。

二里头遗址的自然环境中以 C_3 植物为主，而这两个遗址的草食性家畜的食物结构中，绵羊的食物以 C_3 植物为主，表明绵羊的饲养方式应主要为野外放养，主要食用自然环境中大量存在的 C_3 类植物，偶尔也采食环境中自然存在的 C_4 类野草，并可能有少量的人工添加的粟黍等 C_4 作物及其副产品；而黄牛食物中则以 C_4 植物为主，当与粟作农业副产品如谷草等的摄取有关，也有一定量 C_3 类植物，这当是源于在草地环境中放养或喂饲青草等。显然，黄牛的饲养方式虽然也有放养，但主要为喂养，当是选择以谷草为主、青草和谷物等精饲料为辅的饲养方式。

可以看出，二里头文化时期先民对不同家畜采取不同的饲养模式较为稳定：绵羊以放养为主，黄牛既有放养，但以喂养粟黍作物的副产品为主，猪和狗以喂养粟黍作物及其副产品为主，猪和狗食物中的动物蛋白则主要为人类食物残余和生活垃圾。可以看出，当时的家畜饲养方式与粟作农业的发达有着紧密的联系，除了羊以野地放养为主，猪、狗、牛的食物都以粟黍作物或其副产品为主，羊也喂以少量的粟黍作物或其副产品，没有发达的农业，是不可能形成这样的家畜饲养方式。可见这一时期的家畜饲养业是在发达的粟作农业的基础上发展起来的，同时也利用当时的野地植物资源放养绵羊、黄牛，利用谷草等人与猪狗不能利用的粟黍作物的副产品喂养牛羊，体现出多样化的饲养方式。这种多样化的家畜饲养化方式最大限度地利用了各种食物资源和生态资源，为二里头文明畜牧业的发展奠定了基础。

二 二里头文化的家畜畜产品开发

家养动物可以为人类提供主产品与次级产品这两类动物产品（animal products）。主产品（primary products）指动物终其一生只能一次性提供的动物产品，如肉、骨骼与脂肪，次级产品（secondary products）则指动物一生中可以反复利用的动物产品，如奶、毛与畜力。动物产品的利用方式不同对于人类社会的影响极大。新石器时代早期驯化了动物和植物，只是对动物进行了初级开发利用，仅开发了家养动物的主产品，又称"食物生产革命"。对动物的次级产品的开发利用则扩大了对动物产品的利用，而且可以从同等数量的动物获得更多的动物产品产出，大大改进了人类开发利用家养动物的能力，改善了人类的劳动生活条件，对古代社会尤其是复杂社会的经济与社会发展有着极大的影响。

猪主要给人类提供肉食，其年龄结构可以给我们提供以肉产品开发为主的家养动物的年龄结构，也是我们讨论牛羊等草食动物的畜产品开发策略的重要的动物年龄结构资料。

我们记录了猪的每一件下颌所代表的年龄（之所以选择下颌，是因为在各解剖学部位中下颌出土最多，而且就目前而言此部位判断猪的年龄最准确），然后以 M^3 的萌出作为分界线（M^3 萌出之前的属于未成年猪，萌出之后的属于成年猪）进行统计（表2）。同时，我们也对二里头遗址幼年猪（小于等于0.5岁）的个体数进行了统计，发现在所有未成年猪中，可以确定属于幼年的个体所占的比例比较高，例如，二里头一期出土的两件未成年猪下颌均属于幼年猪；二里头二期幼年猪占此期出土全部未成年猪的35.9%，二里头三期占28.81%，二里头四期占50.27%。可见，从死亡年龄来看，二里头遗址未成年猪的数量占绝对的支配地位，而成年猪的数量仅占极少的一部分，同时，幼年猪的死亡率偏高。这是典型的以利用动物的肉产品为主要目的的家畜畜产品开发策略。

表2　　　　　　　　　二里头遗址猪年龄结构的统计

分期		未成年	成年	无法判断*
二里头一期		2	1	
二里头二期		110	8	40
二里头三期		59	8	8
二里头四期		366	21	33
二里岗早期		41	4	2
二里岗晚期		78	11	9
汉代		10	1	2
合计	数量	666	54	94
	百分比	81.82%	6.63%	11.55%

*注：表中的"无法判断"指的是无法判断下颌代表的是成年猪还是未成年猪，因为我们根据牙齿的萌出以及磨蚀只能给出一个大概的年龄范围，此范围正好跨越成年和未成年两个年龄段。

（一）羊的畜产品开发策略

养羊存在不同目的。英国学者塞巴斯蒂安·佩恩（Sebatian Payne）曾对分别以产肉、吃奶和产羊毛为主要目的家羊的屠宰模式与死亡年龄结构进行了研究，并提供了不同模式下羊在各个年龄段的存活率曲线。[①] 如果养羊的主要目的是肉类产品，人们会在羊达到最佳产肉的年龄段时杀掉大多数的年轻公羊，只留很少的一部分的公羊作为种羊繁育后代。如果产奶是唯一目的，人们会杀掉大部分年龄2个月内的公羊，而保留大部分母羊用来作为未来的奶用羊。如果出羊毛是养羊的主要目的，则保留较多的成年个体，产羔仅限于羊群的换代需要，不留作种羊的公羊一般都被阉割掉，但羊到了老年之后容易掉羊毛，所以成年羊一般在六七岁以后会被大量杀掉。

一般而言，把多数羊养到年龄较大的时候再宰杀，可以作为出现家畜的次级产品开发和畜牧业日益专业化之后的证据。需要强调的是，通常难以确凿无疑地把家畜的死亡年龄结构和每一种具体的家畜开发策略都对应起来，因为家畜的屠宰策略可能反映了古代先民的多种目的，如开发毛、

---

① Payne S., Kill-off patterns in sheep and goats: The mandibles from Asvan Kale, *Anatolian Studies* 23, 1973, p. 282.

奶、肉或出于生计考虑而避免风险的畜牧策略。但是，如果杀羊时更优先选择年龄较老的个体进行宰杀，尤其是老年的雄性个体，仍然是专业化的羊毛开发最有力的证据，因此羊的死亡年龄结构还是推断养羊目的的主要手段。当然，无论养羊的目的主要为了开发奶或奶制品还是主要为了开发羊毛，养羊的牧民或农民都会存在吃羊肉的现象，考古遗址的生活垃圾堆积中出现的羊骨主要是古人吃羊肉而留下的食余垃圾。只不过主要目的不同的畜产品开发策略会影响养羊人的杀羊策略，进而会造成考古遗址出土的羊的死亡年龄结构出现差异。

羊的死亡年龄可以根据其骨骼的骨骺愈合状况、头骨骨缝闭合状况、牙齿的萌出与磨蚀状况、角的发育状况等进行推断，其中通过羊的下颌牙齿的萌出与磨蚀状况来推断羊的死亡年龄最为有效。本文主要根据对羊牙齿萌出和磨蚀状况进行观察、记录与量化统计来推断羊的死亡年龄结构。我们记录羊萌出的牙齿主要根据 Grant[①]和 Payne 设计的羊下颌颊齿磨蚀阶段的记录方法。[②] 我们在记录二里头遗址羊的牙齿磨蚀阶段采用的是 Grant 的记录方法，根据具体遗址出土的羊下颌不同颊齿磨蚀与萌出级别的组合情况，对羊的年龄级别的推断方法做出相应调整。这种方法我们在其他文章中已经有具体论述，此不赘述。[③]

根据上述研究方法，我们对二里头遗址的畜产品开发策略进行了进一步探讨。

二里头遗址在二里头文化一期时羊的下颌牙齿标本极少，这里不予以讨论。从二里头文化二期出土可做年龄分析的带牙齿的下颌骨共26件，大部分的羊在3岁以前被宰杀，其中约有35%的羊在1岁以前就被宰杀了，3岁以后被宰杀的羊约为25%，6岁以后宰杀的羊则不到5%（图3a）。这明显是与以开发肉食资源为主要的畜产品开发策略相对应的。

[①] Grant A. The use of tooth wear as a guide to the age of domestic animals. In B. Wilson, C. Grigson, and S. Payne (Eds.), *Ageing and sexing animal bones from archaeological sites*, Oxford: British Archaeological Reports British Series 109, 1982, pp. 91 – 108.

[②] Payne S. Reference Code for Wear States in the Mandibular Cheek Teeth of Sheep and Goats. *Journal of Archaeological Sciences*, 1987 (14): pp. 609 – 614.

[③] 李志鹏：《晚商都城羊的消费利用与供应——殷墟出土羊骨的动物考古学研究》，《考古》2011年第7期，第76—87页。

398 / 夏商都邑与文化(二)

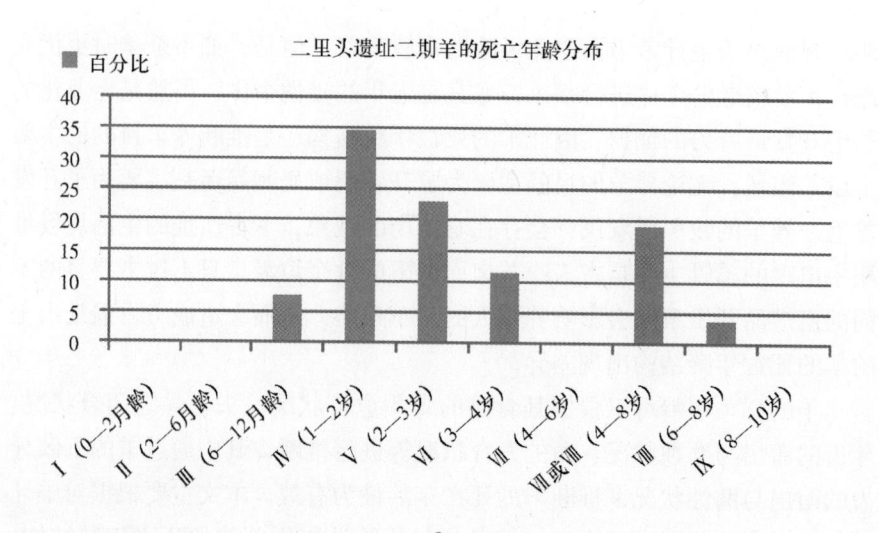

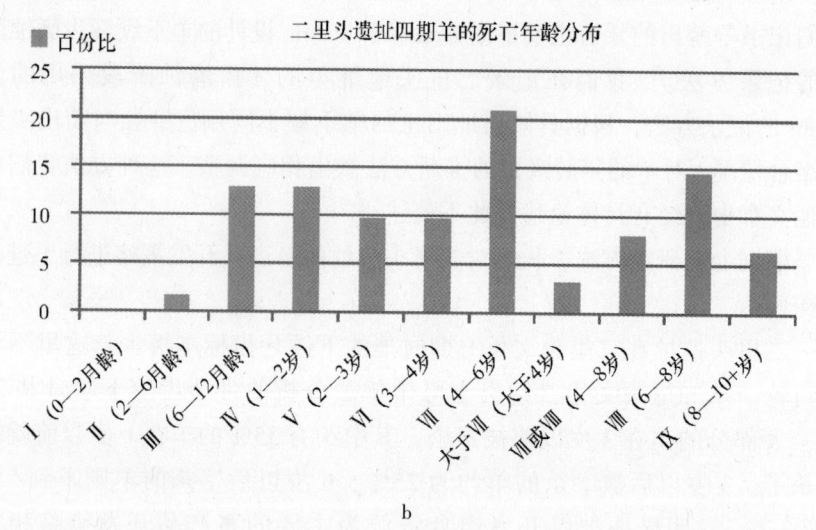

图3 基于羊下颌牙齿萌出与磨蚀状况所得二里头遗址二期（a）和四期（b）羊的死亡年龄分布

二里头文化三期的材料较少，难以进一步讨论，但也大体符合以产肉为主要目的的屠宰模式。到了二里头文化四期，出土可做年龄分析的带牙齿的下颌骨共62件，大多数的羊（超过60%）在3岁以后才宰杀，年龄超过6岁的羊的比例也超过20%（图3b），这说明这一时期养羊的主要目的不是为了获得肉食，而是为了获得奶或毛等产品。但是二里头文化四期时遗址不见2个月以下的羔羊，2—6个月宰杀的羊不到2%，1岁以下被宰杀的羊则不到15%，同样不存在开发羊奶模式下大量宰杀羔羊的现象，因此这一时期更符合养羊以产羊毛为主要目的的屠宰模式，但肉食的利用仍然占有一定的重要性。

总的来看，二里头遗址二期、三期为以利用肉食为主要目的而养羊的畜产品开发策略，四期则为以产羊毛为主要目的而养羊的畜产品开发策略，这说明二里头遗址居民开发利用羊的方式发生了变化。二里头遗址动物骨骼的锶同位素分析表明[1]，二里头文化二期时，分析的样本中有6个个体的羊骨，分析结果显示二里头遗址的羊可能都不是本地出生的，而且至少来自两个不同地区，到了二里头文化三期，锶同位素分析的样本较少，只有3个个体的羊骨，但有分析结果显示有2个个体是二里头遗址当地出生，二里头文化四期分析的样本有6个个体的羊骨，分析结果显示其中有5个个体是当地出生，另1个可能非本地出生。这说明二里文化二期时二里头遗址居民吃羊肉很可能主要依赖外面供应的羊，这些羊可能主要是其他地区遗址或本地区其他遗址居民所蓄养，其养羊目的主要是为了获取肉产品，最少部分用来供应二里头这样的中心遗址。之后，二里头当地养羊的规模开始扩大，到了二里头文化四期则可能主要为当地养羊，这恰好与二期以产肉为主要目的的养羊模式向以产羊毛为主要目的的养羊模式转变有一定的对应关系，很可能为了获取羊毛，刺激了二里头遗址当地居民自己养羊，或者说当地居民自己养羊后开始转变对羊的利用方式，开始扩大开发羊毛的规模。

此外二里头遗址到了二里头文化四期逐渐走向衰落，宫殿区出现了较多的灰坑等日常生活垃圾遗迹，表明二里头遗址的中心区域可能开始被普通平民或一般贵族占据。我们分析的资料主要来自遗址的中心区域，二里遗址二期、三期时的羊可能主要是王室和高级贵族所食用的，二里头文化四期时的羊可能主要是普通平民或一般贵族所食用的，不同社会阶层食用的羊的死亡年龄似乎显示了不同的屠宰模式，可能表明当时为不同阶层服务的养羊经济的目的存在差异，以产肉为主要目的的养羊经济可能主要为王室和贵族服务，以开发羊毛为主要目的的养羊经济的主体则可能是普通平民或一般贵族。这个假设还需

---

[1] 赵春燕、李志鹏、袁靖等：《二里头遗址出土动物来源初探——根据牙釉质的锶同位素比值分析》，《考古》2001年第7期，第68—75页。

要对二里头文化时期不同地区不同等级的遗址进行更系统的动物考古学研究，相信在更多遗址的动物骨骼材料得到分析后会有比较明确的结论。

二里头遗址开发利用羊的方式还表明当时同一遗址在不同时期对羊的开发方式也存在变化，二里头遗址在遗址兴盛时期虽然羊的数量也较多，但却由主要来自外地的供应逐渐变为主要由遗址当地供应，而且从以产肉为主要目的的养羊经济转变为以开发羊毛为主要目的的养羊经济。这可能暗示当时的都城遗址与一般遗址居民开发利用羊的方式存在一定的差异，在不同等级的遗址之间或遗址本身等级发生变化时，随着居民结构的变化，羊的开发利用方式也随之发生了转变。因此，二里头遗址羊的开发方式的变化可能与当时为不同阶层服务的养羊经济的目的存在差异有关。但进一步的结论还需要对更多遗址与遗址内更多区域的动物骨骼资料进行分析后才能得出。

（二）黄牛的畜产品开发策略

二里头遗址中出土了比较丰富的牛骨遗存，经鉴定均属于黄牛。根据牙齿萌出的时间，牛的死亡年龄大致可被分为三个阶段，即 M^1 萌出为 6—14 月龄；M^2 萌出为 14—26 月龄；M^3 萌出及全部前臼齿替换乳臼齿为 26 月龄以上。我们通过对二里头遗址出土的黄牛上颌（之所以选择上颌，首先，是因为颌骨对于判定牛年龄相对较准确；其次，二里头遗址出土的黄牛上颌相对于下颌多）的观察和统计，得出二里头遗址黄牛的死亡年龄分布：6—14 月龄 1 个，占 3.12%；14—26 月龄 13 个，占 40.63%；大于 26 月龄 18 个，占 56.25%（表3）。由此可见，黄牛的死亡年龄中小于 2 岁的未成年个体占总数的 43.75%。未成年个体占有这么高的比例，与自然界中野生动物年龄组合明显不同，我们推测未成年黄牛绝大部分是二里头古代先民为了取得肉食而宰杀的，而相当多的黄牛在成年后被宰杀，既有可能是因为当时饲养黄牛到接近成年或刚成年时再宰杀，如比较集中丁3岁左右宰杀，也有可能是为了利用畜力，如用来拉车、负重。从目前的资料来看尚不好断定。

表3　　　　　　　　二里头遗址黄牛上颌所代表死亡年龄统计表

分期	M^1萌出	M^2萌出	M^3及前臼齿萌出	合计
二里头二期		1	2	3
二里头三期		2		2
二里头四期	1	6	9	16

（作者单位：李志鹏　中国社会科学院考古研究所
　　　　　　　司艺　河南大学历史文化学院
　　　　　　　杨杰　暨南大学）

二里头遗址出土玉器的
工艺技术分析

叶晓红

如果说中国古代文明是一个连续性的文明①，那么从艺术品来看，最具代表性的莫过于玉器。考察半个多世纪以来的考古资料，玉器在文明起源阶段广泛分布于全中国：西辽河流域的兴隆洼、红山等文化；黄河流域的仰韶、大汶口、龙山、二里头等文化；长江流域的河姆渡、马家浜、崧泽、良渚等文化；以及岭南地区的石峡文化等。玉器发轫于新石器时代中晚期，绵延数千年而不绝，其功能随着社会的复杂化不断发展变化：或作为通天的神器，充当人与自然之间沟通的重要媒介；或象征着王权，协调着人和人之间的复杂关系；或成为特殊的服饰符号，彰显着君子之美德。

在中国文明起源阶段，玉器作为神权、王权的象征，具有丰富的精神内涵，一定程度上反映了原始社会的意识形态，已有不少学者对此进行过深入研究。然而，玉器作为原始社会一种独特财富，不断得到积累，这个积累的过程需要加工技术的支持和足够的矿物资源保证，这可能是文明探源研究中有关玉器的另外两个重要方向。本文主要探讨其一——加工技术。

王巍曾提出，在开展中华文明探源研究时，既要注重连续性发展过程，又要注重阶段性变化。② 就玉器技术而言，其发展过程正是如此：首先，具有明显的连续性；其次，在不同地区具有先后或快慢的特点；此外，在某些特殊阶段，玉器技术发生了革命性变化。比如，新石器时期的玉器切割技术包括两类，砂绳切割技术和锯片切割技术。这两类切割技术

---

① 张光直：《连续与破裂：一个文明起源心说的草稿》，《九州学刊》1986年第1期，第1—8页。

② 王巍：《追问中华文明五千年——探源工程十年回顾》，《中国文化遗产》2012年第4期，第28—33页。

在距今8000年前的兴隆洼文化中均已出现，此后一直持续应用于各地。直至新石器时代晚期，砂绳切割技术一直盛行于西辽河流域和长江流域，但锯片切割技术在黄河流域的利用程度相对高过砂绳切割技术，在龙山文化晚期开始出现大型锯片切割的发展趋势。到龙山时期结束，切割技术发生了根本性变革，锯片切割技术完全取代了砂绳切割技术，大型开片技术发展至成熟阶段，这个技术变革便鲜明地体现在二里头文化玉器上。

除了切割技术，钻孔、减地、阴刻、打磨等都是早期玉器加工的关键技术。而加工方式和工具性质等技术要素是各类玉器技术的核心问题，利用传统的肉眼观察或光学显微镜，很难给出科学的回答。近年来，我们应用现代自然科学测试技术，观察和测量加工过程中产生的微痕，并结合实验考古的对比分析，尽量使玉器技术研究走上定性与定量研究相结合的科技考古之路。本文以二里头遗址出土玉器为例，采用先进的扫描电子显微镜（Scanning Electron Microscope，简称 SEM）下的微痕分析技术，尝试对二里头玉器的加工方式、加工工具进行探索。

一 研究方法

（一）几个技术术语

研究术语的统一，是玉器技术研究更好的开展和交流的基础，下文介绍与本次研究相关的几个重要术语。

1. 砂绳切割技术

将解玉砂蘸水并充分附着于绳子或皮条上，便是新石器时期人类用于玉器切割、琢磨的砂绳。砂绳切割技术即：以双手掌握砂绳两端，或将其绑缚于木弓两头，在玉料上往复运动摩擦，完成分割玉料的技术（附图1）。

玉器砂绳切割技术在新石器时期的黄河下游地区利用程度不高，最早见于北福地遗址出土玉玦的二次加工（切割玦口），在仰韶文化晚期、大汶口文化、龙山文化偶尔可见该技术用于开料或二次加工环节。例如，西朱封遗址出土的几件玉器：玉簪 M202∶3（附图2），采用砂绳切割技术塑造外形；玉冠饰 M202∶1（附图3），采用先钻孔后穿砂绳镂雕的工艺；锛 C∶121（附图4），采用砂绳切割技术开料。

砂绳切割技术是新石器时期玉器技术自石器技术发展而来的第一次技

术革命，为我国灿烂的史前玉器文化做出了不可替代的贡献。

2. 锯片切割技术

以片状或锯片状工具进行玉料分割的技术。当工具为硬度高于闪石玉的石英岩、硅质岩或石英含量较高的岩石材料制成的石片，可以直接用于玉料分割；若以硬度低于闪石玉的石质、竹质、木质或金属材料制成的片状工具，需要附着蘸水的解玉砂进行施工（附图5）。锯片切割技术同样被用于开料或二次加工的各环节。

锯片切割技术自8000年前出现，发展至距今4000年前后，成为主要的玉器切割技术。龙山时期，该技术开始朝着大尺寸发展，西朱封遗址出土的4孔玉刀M202∶6，最长处达23厘米（附图6）。到了二里头时期，大型玉兵器最长达66厘米（附图7），大型锯片切割技术可谓当时的高科技，如此集中地出现在二里头文化二里头遗址，充分说明当时的高科技在中央集权掌控下，服务于权力核心，并随着中原核心文化的扩张向四方传播。[①]

可以说，在文明起源的关键阶段，我国玉器技术发生了第二次重要变革，这在我国古代玉器技术史上具有里程碑意义。

3. 轮盘切割技术

玉器轮盘切割技术最早出自《天工开物》："凡玉初剖时，冶铁为圆盘，以盆水盛沙，足踏圆盘使转，添沙剖玉，逐乎划断。"文献中记载的装置接近于近代加工玉器的水凳机。用于玉器加工的轮盘最早可能是由高硬度的石料制成，由于切割工具是圆盘状，在玉器上造成的切割痕与砂绳切割和锯片切割差异明显。

此次我们考察二里头遗址出土玉器时，未发现轮盘切割技术的应用。

4. 钻孔技术

钻孔技术包括琢击、实心钻和管钻3类。钻孔方向有单向和对向2种。

琢击钻孔：以琢击技术对向或单向打出孔洞，然后再进行打磨，琢击会在玉料表面产生较深的破裂，打磨之后常会残留疤痕，后逐渐被其他钻孔技术所取代。

实心钻孔，也叫桯钻，用硬度高的石英岩、燧石或石英含量高的硅质

---

① 许宏：《最早的中国》，科学出版社2009年版。

岩等石料制成钻头，直接钻孔（附图8）；或者用花岗岩等硬度稍低的石料制成钻头，添加解玉砂进行钻孔。这两种情况造成的孔洞形状不同、孔壁表面微痕分布及形态不同，这些特点是判断钻孔过程中有无使用解玉砂的重要依据。

管钻技术相对于实心钻而言，可以更容易地钻出直径较大的孔，早期可能使用竹管之类添加解玉砂进行施工（附图9）。

实心钻和管钻相对于琢击钻孔更复杂。如果转动石钻头或竹管进行钻孔，可能需要传统木工用的弓钻[①]之类的工具装置；如果不转动钻具，玉器则需要安置在一个可转动的圆盘中心，圆盘之下圆心处需要安置一个"轴承器"（附图9左下），使圆盘能够顺畅转动，这个装置接近于新石器时期轮制陶器的轮盘装置。我们通过实验发现，使用圆盘和"轴承器"的钻孔效率远高于弓钻装置。早期的轴承器可能用比较致密结实的岩石或木材制成。邓聪根据珠海宝镜湾、澳门黑沙的环玦作坊遗址出土的一类具有乳突的石器，研究认为是一种辘轳轴承器，被用来实现环、玦管钻穿孔的传输转动力和约束轴运动的连接部件。[②] 近期，笔者就澳门黑沙（附图9左下）、珠海宝镜湾出土的辘轳轴承器，进行了表面使用痕迹的SEM观察，发现轴承器上部乳突周围的磨痕是由均匀的完全圆周运动造成，说明该石器在使用过程中的运动方式和产生磨耗的规律性特点。此项研究将于另文详细介绍，在此不赘。

5. 阴刻技术

阴刻，是指在玉器表面刻画线条，以构成图案纹饰的工艺技术。玉工可手持具有锋利的尖端或短刃部的工具，在玉器表面做点状或线状刻画运动，此类工艺常见于二里头遗址出土的大型玉兵器表面。阴刻工具可能是由致密且坚硬的石英岩、石英片岩等石料制成。经SEM观察，阴刻造成的刻画痕迹呈直沟槽状，沟槽侧壁比较光滑，通过分析复杂阴刻痕的相互叠压关系，可进一步复原纹饰的加工工序。

6. 减地技术

减地也叫起凸，玉工通常手持砺石类工具摩擦玉器表面某些部位，使之成为地底，未磨部位以某种图案或纹样突出底面。这种工艺以线面结合

[①] 陕西省考古研究院、北京大学考古文博院、中国社会科学院考古研究所、周原考古队编：《周原——2002年度齐家制玦作坊和礼村遗址考古发掘报告》，科学出版社2010年版，第678页。

[②] a. 邓聪：《新石器时代玉石作坊》，李世源、邓聪：《珠海文物集萃》，香港中文大学中国考古艺术研究中心2000年版。b. 邓聪：《澳门黑沙玉石作坊》，澳门民政总署文化康体部2013年版。

的方式更好地呈现玉器的形体起伏和立体感，红山文化、龙山文化玉器常见此种工艺。然而，随着大型锯片切割技术的异军突起，二里头玉器趋向于大型、平整的片状，大型玉器上较少见到减地工艺。仅一些小型玉器，如鸟首玉饰2002VM3∶13①，通体用减地方式进行圆雕，使其栩栩如生。又如绿松石龙形器2002ⅤM3∶5②鼻梁的第2、4节闪石玉组件和第3节绿松石组件，也使用了减地工艺。

减地工具根据加工需要会被制成不同形状、尺寸，其工作面可能是平面、弧面等。加工时手持工具，往复运动，类似于各类形状的"锉"。减地造成的微痕呈平行排列的沟槽状，随着加工方向改变，会在玉器表面造成很多相交的小磨面，小磨面相交之处，会出现明显的"分岔"状的微痕，相互交错。

7. 打磨技术

打磨的方式和工具近似于减地，但二者加工目的完全不同。打磨的目的是为了修整破裂面或一些二次加工而成的毛坯表面，包括减地造成的加工面。经过打磨可将玉器表面因前期加工造成的痕迹除去，使之看起来更加光滑圆润，最终呈现出玉器独特的光泽。玉工通常手持小型打磨工具，在玉器表面往复运动摩擦；也可以手持玉器，在较大的打磨工具上往复运动摩擦。打磨这个行为同样会在玉器表面留下证据——平行排列的沟槽状磨痕，与减地工艺的微痕类似。通过SEM观察沟槽排列的方向、尺寸变化等特点，可以判断打磨方向和打磨分级情况，如粗磨、细磨等，还可推测打磨工具的特点。

8. 解玉砂

章鸿钊曾对我国解玉砂的种类和产地进行过较为详细的介绍。③ 当使用硬度较低的石料、竹子或绳子等材料制成的工具时，必须附着硬度较高的沙子，才能施工于闪石玉料。这些工具承载着解玉砂，并使之按玉工设计的路线运动，其间真正对玉料产生磨耗作用的是解玉砂。8000年前，兴隆洼先民已熟练掌握砂绳切割技术，说明解玉砂已是当时开器技术中的

---

① 鸟形饰（2002ⅤM3∶13），见许宏、陈国梁、赵海涛《二里头遗址聚落形态的初步考察》，《考古》2004年第11期，图版捌·3左。

② 绿松石龙形器（2002ⅤM3∶5），见中国社会科学院考古研究所二里头工作队《河南偃师二里头遗址中心区的考古新发现》，《考古》2005年第7期，第18页，图版陆、柒·3。

③ 章鸿钊：《石雅》，《地质专报》乙种，1921年。

重要组成。

二里头遗址处于伊洛河之间,河滩砂资源丰富,易于采集。此次实验考古中所用解玉砂采自洛河南岸,成功地完成了实心钻、管钻、锯片切割、砂绳切割等实验。

(二) 本次研究的关键方法:微痕分析

科学的观察、记录玉器上所保留的技术信息,结合实验考古制品的对比分析,是研究古代玉器技术的关键。传统的肉眼或显微镜下的观察,或许能对相关技术做出一个正确的判断,但无法进一步解释更多问题。

玛格丽特·萨克斯(Margaret Sax)最早利用 SEM 进行玉器微痕分析,通过观察微痕的正面、纵剖面形态,并以此为判断加工技术的依据。[1] 近年来,我们经过大量实验和 SEM 对比分析,发现 SEM 精确的测量技术或许能用来解决更多科学问题,如加工方式[2]、工序、工具的性质特点、解玉砂的粒度和粒级等。

通过微痕观察和测量,可以获得的信息如下。

(1) 玉器表面存在一些肉眼、高倍数码相机甚至光学显微镜都难以观察的微痕,包括使用痕和加工痕。比如,鸟首玉饰 2002 V M3:13 (附图 10) 下方榫部有一对向钻孔 (附图 11),在两孔相接处,有软物质长期摩擦造成的微痕,经 SEM 观察,判断是长期穿绳使用造成的磨痕 (附图 12)。又如,绿松石龙形器 2002 V M3:5 的鼻头,背面打磨得很平整,在 SEM 下可以很清楚观察到分级打磨特点 (附图 13、图 14)。

(2) 通过调整 SEM 样品台或印模摆放角度,可以准确记录微痕的形态并精确测量微痕的尺寸,如长度、宽度、深度、角度等,这些数据是进一步分析加工工具的科学依据。

(3) 经 SEM 放大观察,可识别每一条加工痕由诸多更细小的微痕排

---

[1] Margaret Sax, Nigel D. Meeks, Carol Michaelson, Andrew P. Middleton: The identification of carving techniques on Chinese jade, *Journal of Archaeological Science* 31 (2004) 1413–1428. Margaret Sax, Nigel D. Meeks, Janet Ambers, and Carol Michaelson, The Introduction of Rotary Incising Wheels for Working Jade in China, Scientific Research on The Sculptural Arts of Asia, *Proceedings of the Third Forbes Symposium at the Freer Gallery of Art*, Edited by Janet G.. Douglas, Paul Jett, and John Winter, (2007) 1202–1220.

[2] 邓聪、刘国祥、叶晓红:《玉器考古学研究方法和举例》,《名家论玉》(一),科学出版社 2009 年版,第 274—300 页。

列组合而成，微痕的尺寸范围、均匀程度、排列是否规律，是判断加工方式和工具性质的关键所在。

（4）以可见光为光源的传统观察技术，不仅放大倍数有限，而且总会存在观察死角的问题，比如沟槽、孔洞等部位。而复制微痕获得的印模上，痕迹的凹凸起伏与玉器表面正好相反，易于观察玉器上的沟槽、孔洞等处。

关于微痕复制中标本选取、复制步骤和注意事项，以及SEM分析方法，笔者曾在论文①中做过介绍，在此不再赘述。

（三）实验考古
1. 实验目的和原则

开展玉器实验考古的目的，是希望了解不同实验条件下的结果，科学地分析实验结果与实验条件之间的因果关系，最终能以动态的实验过程解释这些静态的出土玉器，复原特定文化下的玉器技术。

实验考古需要遵循两个原则。

其一，开展控制实验，根据特定的文化背景和自然条件，合理限定实验条件，其中最重要的是实验工具的材料和制作。比如，针对二里头遗址玉器所开展的锯片切割实验，实验工具包括三类：第一类，附着解玉砂的竹片；第二类，根据二里头遗址出土石器、石料中的常见岩性，考察周围自然环境，采集合适石料，制成石片；第三类，依据二里头时期已出现机械性能较高的青铜器及其化学配方，制作出青铜刀和锯。

其二，科学地对比分析实验制品和出土玉器，寻找技术的规律性特点。不同人员的实验过程可能存在差异，在加工方式和工具完全相同的情况下，其实验制品在肉眼观察时多少会有差异，但技术微痕在SEM下观察却具有相同规律性特点。比如，使用解玉砂实心钻完成的孔，看起来像钝的铅笔头，孔壁上不均匀或断断续续分布一些圆周状沟槽；不使用解玉砂钻成的孔，孔洞平直如锥状，孔壁上均匀分布着圆周状沟槽。这些现象就是不同钻孔技术的规律性特点，可以合理解释出土玉器上孔洞内壁形态的差异。

---

① 叶晓红：《出土玉器的微痕研究——以二里头遗址出土玉器为例》，中国社会科学院考古研究所博士后出站报告，2013年。

2. 实验工具

玉工在某些加工环节中，所用工具不便附着解玉砂，只能直接使用硬度较高的石质工具，这些工具可能是由石英岩或石英含量高且结构致密的其他岩类制成，此类岩性常见于二里头遗址出土的石器、石料。① 当石质工具直接施工于玉料表面时，石料和玉料相互磨耗，通过微痕观察及分析，可以初步了解石料的性质特点。

关于钻孔、切割等技术，玉工可能会直接使用高硬度的石质工具，也可能会以较低硬度的工具附着解玉砂施工。后一种情况中，工具的材质判断相对较难。

二里头遗址出土了大量石器、骨器和青铜工具。以往研究证明，作为中原地区青铜冶金业快速发展并形成特色的关键时期，二里头先民已能够通过控制锡、铅含量来制作性能要求不同的青铜器。二里头出土的一件铜刀2004YLVT85南扩④A∶3和一件铜戈2003YLVT34④C∶3的锡含量高达30%左右。② 根据现代金属学研究，锡含量对青铜的机械性能会产生影响，锡含量在30%之内，随着含量增加青铜硬度最高增至布氏硬度HB420③—HB375。④ 参照金属材料硬度换算关系，相当于维氏硬度HV431—383。⑤ 据矿物硬度对照表⑥，闪石玉的维氏硬度处于正长石（维氏硬度HV930）—石英（维氏硬度HV1120）之间。因此，不携带解玉砂的情况下，高锡青铜工具不能直接攻克闪石玉料。

本次实验中使用工具的情况如下：

---

① 中国社会科学院考古研究所：《二里头（1999—2006）》附表，文物出版社2014年版。
② 中国社会科学院考古研究所：《二里头（1999—2006）》，文物出版社2014年版。
③ 根据现代金属学研究，锡含量增加至30%之前，青铜的机械性能与锡含量变化的简单对应关系为：

Sn（%）	抗拉强度（千克/毫米^2）	延伸率（%）	硬度（HB）
5	25	18	50
10	28	10	60
15	32	5	85
20	32	1	150
25	25	<1	280
30	10	0	420

见田长浒《中国铸造技术史（古代卷）》，航空工业出版社1995年版。
④ 万家保：《殷商青铜盔的金相学研究》，"中研院"历史语言研究所，1970年。
⑤ 刘鸣放、刘胜新主编：《金属材料力学性能手册》，机械工业出版社2012年版。
⑥ 张蓓莉主编：《系统宝石学》（第二版），地质出版社2006年版。

(1) 解玉砂。

解玉砂为采自洛河沿岸的河滩砂（附图15），少砾，未筛选，石英含量大于50%，在无序排列情况下，对砂样进行定方向径测量①，90%以上的砂粒粒度在0.20毫米—0.50毫米之间，平均粒径0.371毫米，按目前应用较广的对数粒级划分方案②，相当于 Φ 值1—2的中砂—粗砂级别。

(2) 青铜工具。

根据二里头遗址出土青铜质工具的成分配比，我们定制了锡含量约30%的青铜工具，包括刀、钻、锯、凿等，拟开展锯片切割实验、钻孔实验等。

(3) 竹质工具。

我们利用二里头考古队院内采集的竹管进行了管钻实验（附图9）。此外，利用竹片完成了锯片切割实验（又见附图5）。

(4) 石质工具。

二里头遗址出土了大量石器、石料，其中石英岩、花岗岩、安山岩等石料在二里头遗址和周边自然环境中均属于常见岩性（附图16），我们采集石料制成钻头、石片等（附图17），分别在使用和不使用解玉砂的情况下，开展了实心钻实验和锯片切割实验。

此外，我们根据二里头遗址出土砺石的材料情况，选择不同粒度的砂岩进行了分级打磨实验（附图18）。

3. 实验结果及微痕SEM观察

(1) 青铜工具实验。

无论锯片切割还是钻孔实验，青铜工具携带解玉砂施工非常困难。即便在一定深度的孔内，青铜钻具也难以控制解玉砂进行有效钻进。本次青铜工具实验结果不理想，但还不能断然判定二里头时期玉器技术中没有使用青铜质工具，需要在完善材料和实验的基础上进一步论证。

(2) 竹质工具实验。

此次我们在附着解玉砂的情况下顺利完成锯片切割实验（附图5）和管钻实验（又见附图9）。管钻实验效率较高，8个小时管钻深度为1.3厘米，锯片切割深度仅0.6厘米。

---

① 蔡小舒、苏明旭、沈建琪：《颗粒粒度测量技术及应用》，化学工业出版社2010年版。
② 本文在岩石粒度及解玉砂粒度划分上采用的是对数粒级划分方案，由于这种粒级划分的最大优点在于用数理统计的方法处理粒度分析资料，故应用广泛，具体划分及对应 Φ 值，见乐昌硕《岩石学》，地质出版社2005年版。

管钻实验后，经磨耗的解玉砂粒度在0.09毫米—0.31毫米之间，平均粒径约0.195毫米，基本相当于Φ值2—3的细砂—中砂级别（附图19）。管钻造成微痕的特点是，圆周状沟槽，不均匀分布，平均宽度约0.0015毫米（附图20、附图21）。

竹质锯片切割造成玉料表面微痕的特点是，直线状沟槽，断断续续、不均匀分布，平均宽度0.006毫米（附图22）。

（3）石质工具实验。

分别在使用和不使用解玉砂的情况下，完成实心钻实验和锯片切割实验。花岗岩制成的钻头，在使用解玉砂时，5小时钻进深度约5毫米（附图23左上）；用石英岩制成的钻头，不使用解玉砂时，12小时钻进深度为10毫米（附图23右下）。花岗岩中石英含量本不低，因此，在添加解玉砂的情况下效率颇高。

使用解玉砂钻成的孔，孔洞形态类似于汉斯福德（Hansford）所描述的"用钝的铅笔头"[①]，底部较圆钝，孔底部可见均匀的圆周状沟槽，孔壁不平直、呈起伏不平状，且少见明显的圆周状沟槽（附图24）。不使用解玉砂，使用石英岩钻头直接钻出的孔，孔壁平直似锥形，整个孔壁上均匀分布圆周状沟槽（附图25）。

附着解玉砂的实心钻实验完成后，经磨耗的解玉砂粒度在0.02毫米—0.09毫米之间，平均粒径约0.047毫米，基本相当于Φ值7—9的粉砂—泥砂级别，实验造成微痕的平均宽度约0.006毫米。直接使用石英岩质钻头完成实心钻实验后，玉料孔壁上微痕的平均宽度约0.017毫米。

直接使用石英岩质石片完成锯片切割后，玉料切割面上微痕呈直线状沟槽，平均宽度约0.007毫米（附图26）。

此外，使用解玉砂进行加工时，无论附着工具是竹质、石质，由于解玉砂所受工具的控制不均匀，砂粒的运动并不整齐划一，往往会造成玉器上凹凸不平的微观表面形态。例如本次实验中，使用了解玉砂的竹管管钻实验（再见附图20）、竹片锯片切割实验（再见附图22）、花岗岩实心钻实验（再见附图24），以及砂绳切割实验（附图27），均造成玉器表面这类现象。这种现象出现的原因是加工工具（包括解玉砂）的硬度并非远远超过被加工的材料。新中国成立前的翡翠器物表面常会出现这种现象，

---

① S. H. Hansford, *Chinese Jade Carving*, Lund Hu, London and Braford, 1959.

也是由于玉工所使用的磨料硬度不高造成，该现象曾被形象地称为"橘皮效应"。

总结实验中因解玉砂造成的影响有两点：其一，微痕在玉料加工面上分布不均匀；其二，加工面上或多或少可以观察到凹凸不平的"橘皮效应"。这些特点或许对我们判断玉器技术中使用解玉砂的方式有一定指导意义。

此外，解玉砂的平均粒度和粒级在施工前为 Φ 值 1—2 的中砂—粗砂级别，完成各类实验之后，收集起来的解玉砂平均粒度和粒级变化较大。如，管钻之后，解玉砂属于 Φ 值 2—3 的细砂—中砂级别；实心钻之后，解玉砂属于 Φ 值 7—9 的粉砂—泥级别。解玉砂的磨耗程度到底受到加工方式还是附着工具的影响更大，本次实验中还不明了。但是，加工面上的微痕，与解玉砂在施工前后的粒度有相关性，我们可以根据微痕尺寸对解玉砂平均粒度、粒级做一定推算。

二 二里头遗址出土玉器的微痕分析举例

自 1959 年至今，二里头遗址已发掘 50 余年，遗址中陆续出土了上百件玉器，玉器类型包括：牙璋、圭、刀、戈、璧、钺、柄形饰、环、坠饰等。这次我们在肉眼观察的基础上，选择几件代表性器物进行微痕分析，包括：鸟首玉饰 2002ⅤM3：13、柄形饰 2001ⅤM1：3（附图28）、绿松石龙形器 2002ⅤM3：5 上的绿松石鼻头和第二节闪石玉质鼻梁（附图29）以及七孔刀 1975ⅦKM7：3[①]（附图30）。

我们对上述二里头遗址出土玉器进行局部微痕复制，就钻孔、切割、减地、阴刻及打磨技术进行 SEM 微痕分析，并结合实验制品做了对比研究，总结了二里头文化玉器工艺技术的微痕特征和相应的工具特点（表1）。举例分析如下。

（一）钻孔技术

二里头遗址出土玉器的钻孔技术，包括管钻和实心钻两类。实心钻的

[①] 中国社会科学院考古研究所：《偃师二里头——1959年~1978年考古发掘报告》，中国大百科全书出版社1999年版，第341页，图238—4，图版168—1。

钻孔尺寸通常较小，可小至2毫米左右，钻孔方向包括对向和单向。我们以鸟首玉饰2002ⅤM3∶13和柄形饰2001ⅤM1∶3为例，分析如下。

1. 实心钻技术——以鸟首玉饰2002ⅤM3∶13为例

鸟首玉饰（又见附图10），整体近圆柱形，淡青色闪石玉，质地细腻，长约9厘米，顶端雕成一鸟首状，中部以两组交叉的凸起条状纹饰代表双翅，下端收为一短榫，榫中部有一对向钻成的小孔，孔以下部位已残损。通过SEM观察，可见两孔相接处有圆周状沟槽，孔壁相对光滑，钻孔时可能使用了解玉砂（又见附图11、附图31）。此外，从两孔相接处可以观察到长期穿绳造成的使用痕（又见附图12）。

SEM测出圆周状沟槽的宽度约为0.009毫米，根据实验数据对比分析，解玉砂在实验前的粒度约为0.30毫米—0.75毫米，相当于Φ值1—2中的砂—粗砂，小部分超出粗砂粒度，但未达Φ值0的巨砂级。

2. 单向钻孔——以柄形饰2001ⅤM1∶3为例

柄形饰2001ⅤM1∶3（又见附图28），淡青色闪石玉，顶部为蘑菇状，器身亚腰，两节相接处有一小圆孔，下端为一短榫。两节相接处曾断裂，出土后被黏结，断裂之处刚好是圆孔所在的位置。圆孔一端孔径稍大，单向钻成。

从SEM图像上可以观察到，孔（印模）的下半部复制有孔壁的微痕，上半部复制的却是残留于孔壁表面的胶面（附图32），观察复制有微痕的一半孔壁，从前到后分布有较均匀的圆周状沟槽，沟槽之间的距离相当，应当是使用硬度高过闪石玉的石质钻头直接钻孔而成。一组沟槽宽度约为0.3毫米，组成一组沟槽的磨痕有5条左右，微痕宽度约0.15毫米（附图33）。推测制成钻头的岩石与实验中选用的石英岩属于同一粒级，但粒度稍小。

（二）锯片切割技术——以柄形饰2001ⅤM1∶3为例

锯片切割技术是二里头文化大型玉兵器最关键的开片技术。[①] 切割痕在后期加工中通常会被磨去，观察二里头出土的大型玉兵器如刀、璋、戈等，仅在其背面或者侧面偶尔残留着锯片切割痕迹。此次我们观察柄形饰

[①] 邓聪：《中国玉器素材的开片三部曲——谈二里头玉器开片技术（提要）》，《二里头遗址与二里头文化研究：中国·二里头遗址与二里头文化国际学术研讨会论文集》，科学出版社2006年版。

（再见附图28）时，偶然发现在其榫部底端残留有切割痕，这个切割痕尺寸虽小，却正好方便进行微痕复制和观察。

柄形饰底部仅4毫米左右，被打磨成近圆形，但没有将切割痕和切割之后打断造成的破裂面完全磨去，给切割技术研究留下了非常好的证据（图34）。SEM图中，右侧为切割后打断造成的破裂面，左侧为切割痕。切割痕最宽处约1毫米，切割面上同一方向平行排列的沟槽，分布规则而均匀，应当由片状石质工具切割造成。当放大至500倍时，切割面上沟槽平均宽度为0.009毫米（附图35）。推测当时用来切割的片状石质工具与实验中石英岩粒级相当，粒度可能稍大。

（三）减地技术——以鸟首玉饰2002ⅤM3∶13和龙形器2002ⅤM3∶5为例

鸟首玉饰2002ⅤM3∶13（再见附图10），交叉收拢的翅膀及共分5节的尾部，便是减地工艺打造出的线状浅浮雕（附图36）。减地造成的磨痕平均宽度约0.0065毫米（附图37）。减地工具很可能是一种石质小工具，即砺石，材质应当是石英含量高、粒级小的砂岩，如中粒—细粒砂岩等。

绿松石龙形器2002ⅤM3∶5的鼻部由绿松石鼻头和呈3截组合的鼻梁构成，鼻梁的第1、3截均是闪石玉，第2截为绿松石（再见附图29）。鼻头梁部和3截鼻梁都以减地技术打造成线状浅浮雕，每截鼻梁都被设计成数节。以第2截鼻梁为例，由于在弧面上进行减地加工，磨面方向不断改变，磨面相交处的分岔状特点颇为明显（附图38、附图39）。

（四）阴刻技术——以七孔刀1975ⅦKM7∶3和龙形器2002ⅤM3∶5为例

阴刻工艺常见于二里头大型玉兵器。阴刻时通常不便使用解玉砂，工具必须致密坚硬，可能是石英岩、石英片岩等制成，因此刻划痕迹的纵剖面通常比较光滑。如七孔刀（又见附图30）表面的阴刻线（附图40），SEM下观察到，原本肉眼可见的纹饰是经多次刻划而形成（附图41），在放大至1600倍时，可见微痕呈直沟槽状，沟槽侧壁较光滑（附图42）。

玉器表面的阴刻纹饰往往很复杂，通过SEM观察可明确所有阴刻痕的相互打破关系。以七孔刀一处纹饰为例，横向阴刻痕打破了斜向阴刻痕

(附图43)。以此类推，可以复原整个纹饰的刻画顺序。这种方法对于复原具有复杂纹饰的玉器工艺非常有效。

又如，绿松石龙形器的每一节鼻梁的两端，都有阴刻造成的两道细小的锥状纹（图44为鼻梁外表面上的加工痕；图45为鼻梁端面上的加工痕）。这类半圆锥体高约2毫米—4毫米，底直径约1毫米。鼻梁外表面上的圆锥状阴刻微痕打破横向阴刻线（图44），端面上的圆锥状阴刻微痕打破该面的磨痕（图45），可见这一类精细的阴刻技术为一节鼻梁加工工序的最后环节。

（五）打磨技术——以龙形器2002ⅤM3∶5和鸟首玉饰2002ⅤM3∶13为例

绿松石的莫氏硬度为5—6，二里头石器中常见的砂岩类砺石可以直接作为绿松石的打磨工具。肉眼观察绿松石龙的鼻头背面打磨非常平整（附图46），在SEM下观察该面至少经过两个级别的打磨，可简单分为粗磨和细磨。粗磨痕残留在该面的边部，粗磨工具粒度大，耗料快，造成的磨痕平直且深刻（附图47中部）。细磨痕打破并除去了大部分粗磨痕，细磨与粗磨方向基本一致，偶尔可见其他方向的磨痕（附图47左部）。SEM测出组成粗磨痕的沟槽宽度约0.030毫米（再见附图13），组成细磨痕的沟槽宽度约0.018毫米（再见附图14）。用于粗磨的砺石可能是使用粗粒砂岩制成（附图48、附图49），用于细磨的砺石可能是使用中粒（附图50、附图51）—粗粒砂岩制成。此处分析的仅是绿松石龙的鼻头背面，打磨虽然精细但远不如器物正面，正面的打磨可能会使用更细的砺石，如细粒砂岩（附图52、附图53）、粉砂岩等（附图54、附图55）。

绿松石龙的鼻头端面为半圆形（附图46），通过SEM观察，可见半圆形面的打磨从多个方向进行，第一组磨痕沿着垂直于鼻头底面方向打磨产生，之后被第二组平行于底面的磨痕打破，第二组又被第三组接近垂直于底面的磨痕打破（附图56、附图57）。

减地工艺的最后环节也是打磨，如果不改变砺石的粒级，且运动方向几乎一致的情况下，二者难以区别，例如鸟首玉饰的榫部，减地造成的地底部位，几乎分不清减地痕和打磨痕（附图58）。打磨环节若改变砺石运动方向，或可区分这两类微痕，比如在鸟首玉饰尾部的线状浅浮雕的起凸部位，玉工从垂直于线状凸起的方向对其进行打磨，SEM下可见线状凸起面上的打磨痕迹与地底面上的减地磨痕几近垂直，且前者明显叠压在后者之上（附图59）。

三 结论和余论

本次研究挑选了二里头文化的柄形饰、鸟首玉饰、绿松石龙形器（局部）和七孔刀作为研究对象，数量不多，但就工艺技术研究而言具有代表性，且器物均保存良好。我们在肉眼观察的基础上，对钻孔、切割、减地、阴刻及打磨等技术痕迹进行了 SEM 分析，获得了一些初步认识。

第一，通过 SEM 观察微痕，可以判断使用解玉砂的方式，结合实验和 SEM 对比分析可以初步确定解玉砂的粒度和粒级。

当工具的平均硬度低于闪石玉时，钻孔或切割需使用解玉砂。蘸水的解玉砂颗粒附着在携带工具上，随之运动并摩擦玉料的加工面，处于工具底部的颗粒受到有效控制，在加工面上造成相对均匀的沟槽。随着工具深入玉料，上部的解玉砂颗粒因重力下沉，受控制的程度远不如工具底部，这些颗粒进一步磨耗旧的加工面，将原先的沟槽磨平，只有局部较深刻的沟槽会保留下来。因此，SEM 下观察，不同加工部位的沟槽分布不均匀，大部分加工面相对光滑，仅接近底部的沟槽看起来更为明显且均匀。结合实验考古和 SEM 观察结果，二里头玉器的钻孔技术中存在使用解玉砂的情况，钻头可能是莫氏硬度不足 6.5 的石质或者竹质等材料制成，解玉砂粒级相当于中砂—粗砂级。

第二，当工具平均硬度高于闪石玉时，可直接施工，整个加工面上沟槽分布均匀。根据 SEM 测量的沟槽宽度推测，打磨或减地技术中的石质工具可能是用不同粒级的砂岩制成，如粗粒、中粒、细粒砂岩等。钻孔、阴刻及切割技术中的石质工具可能是用石英岩或石英含量较高的岩石材料制成。

第三，SEM 观察时需要注意微痕的形态特征、排列组合特点、相互叠压关系，这些是判断工具形状和施工方式的依据。利用 SEM 的测量技术，能测算出微痕的有关尺寸，结合实验可对工具的性质特点进一步分析（附表1）。

第四，根据二里头遗址出土玉器技术微痕 SEM 分析结果，未发现使用砂绳切割技术和轮盘切割技术的相关证据。另外，此次考察二里头遗址出土玉器和西朱封遗址出土玉器，我们发现钻孔技术都非常成熟稳定。考虑龙山时期制陶业已相当先进，快速转动的轮盘装置是其关键技术之一，结合此次实验考古，我们推测龙山和二里头时期（甚至更早时期）的玉器钻孔技术中，可能使用了转盘和辘轳轴承器装置。

附表1　　　　　　　　　二里头玉器技术微痕 SEM 观察和分析

工艺技术	正面观察	纵向观察	微痕形状及组合	判断工具性质及特点
对向钻孔	圆形，两孔稍微相错	两孔形状接近于圆锥体状，孔壁非直边，两孔稍微相错造成中心轴不在一条直线上，见附图11	成组的、直径渐变的圆周状沟槽均匀分布于孔底部及附近表面，较远的孔壁上沟槽分布不均匀，见附图31	（1）钻头可为硬度较低的石质或竹质，运动方向垂直于玉器表面，一端钻至中部，再由另一端对向钻穿；（2）附着解玉砂，解玉砂粒级相当于砂—粗砂；（3）有穿绳使用经历，见附图12
单向钻孔	圆形	孔呈圆锥体状，孔壁为直边，见附图32	成组的、直径渐变的圆周状沟槽均匀分布于孔壁表面，见附图33	（1）钻具运动方向垂直于玉器表面；（2）未附着解玉砂；（3）钻头为硬度较高的石英岩或石英含量较高的硅质岩、花岗岩、安山岩等制成
锯片切割	单向切割，切割面平整；切割面一侧为打断造成的破裂面，见附图34	切割纵剖面平直，见附图34、附图35；若切割方向经改变，切割面相互斜交	由于切割面小，切割仅发生于一个方向，因此形成一个方向上平行排列的平直沟槽，见附图35	（1）手持片状石质工具，往复运动；（2）未使用解玉砂；（3）石质工具由硬度较高的石英岩或石英含量较高的硅质岩、花岗岩、安山岩等制成
减地	减地磨去的部分与未磨而凸起的部分相映而成直线状、曲线状或者设计所需形状，见附图36、附图38、附图39	纵剖面呈起伏状，反映在印模上凹、凸正好相反，见附图38、附图39、附图58	同一方向减地打磨造成平行排列的沟槽，见图58；不同方向打磨造成的痕迹在交界处产生分岔，见图36、附图38、附图39	（1）手持砺石类打磨工具，往复运动造成摩擦，工具可能因工艺需要而具有多种尺寸和形状，目的是将表面多余部分磨去，使需要的部位凸起；（2）未附着解玉砂；（3）砺石为中—细粒砂岩制成
阴刻	细窄线状，根据设计组成各种图案，见附图40	平直线状，见附图41、附图42	每条痕迹相对光滑，见图42	（1）手持具有尖端或者锋利短刃部的石质工具，在玉器表面做点状或者线状刻、划；（2）未附着解玉砂；（3）工具多为石英岩、石英片岩等
打磨	平整、光滑程度因打磨级别而存在差异	平整，光滑程度因打磨级别而存在差异，见附图46、附图47等	同一方向打磨造成平行排列的沟槽，见附图13、附图14；若存在分级打磨，后期打磨痕迹会打破前期打磨痕迹，见附图47、附图57等	（1）手持砺石类打磨工具，往复运动造成摩擦，或者手持小型玉器在较大的打磨工具上，往复运动进行摩擦，打磨工具的工作面根据需要可能是平面或其他形状；（2）打磨常常分级别进行，一般细磨痕迹打破或去除粗磨痕迹；（3）根据需要粗粒砂岩、中粒砂岩、细粒砂岩等制成不同粒级的砺石

附图1　砂绳切割技术实验（麻绳，河滩砂）

M202∶3
附图2　西朱封遗址出土玉簪

M202∶1
附图3　西朱封遗址出土玉冠饰

C:121（临朐博物馆）
附图4　西朱封遗址采集玉锛

附图5　锯片切割实验（竹片，河滩砂）

M202:6
附图6　西朱封遗址出土四孔刀

420 / 夏商都邑与文化(二)

附图7 二里头遗址出土大型玉兵器

附图8 实心钻实验（石英岩、花岗岩制成钻头）

左下图为澳门黑沙遗址出土的辘轳轴承器06G8
附图9 管钻实验（竹管，河滩砂）

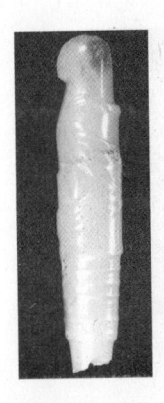

二里头遗址出土玉器的工艺技术分析 / 421

2002 V M3∶13
图10 二里头遗址出土鸟首玉饰

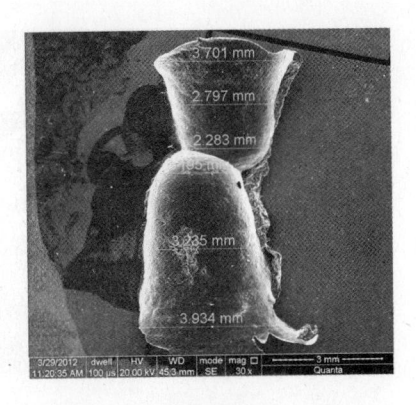

SEM30倍
2002 V M3∶13 榫底部的对向钻孔
附图11 鸟首玉饰

SEM300倍
2002 V M3∶13 榫底部孔的穿绳使用痕
附图12 鸟首玉饰

SEM800倍
2002 V M3∶5 鼻头背面粗磨痕
附图13 二里头遗址出土绿松石龙形器

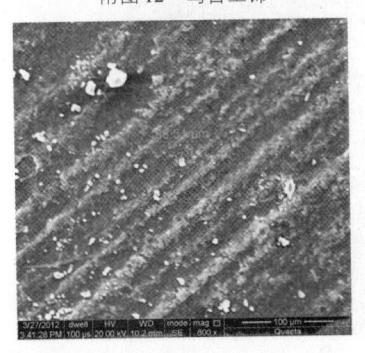

SEM800倍
2002 V M3∶5 鼻头背面细磨痕
附图14 二里头遗址出土绿松石龙形器

SEM60倍
附图15 采自洛河沿岸的河滩砂作为解玉砂

附图16　二里头遗址出土的石料

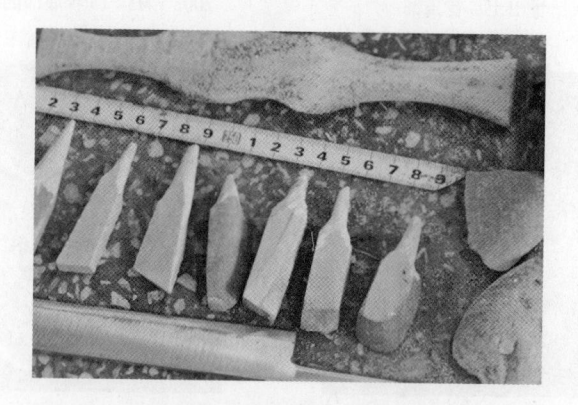

附图17　实验中制成的各类工具

附图18　二里头遗址出土的砺石

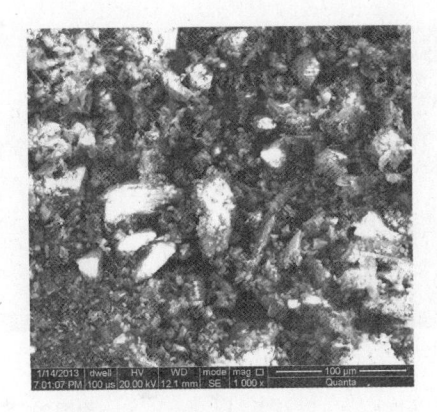

SEM1000 倍

附图 19　管钻实验（竹管、河滩砂）后的解玉砂

SEM1200 倍

附图 20　管钻实验（竹管、河滩砂）后孔洞内壁的微痕

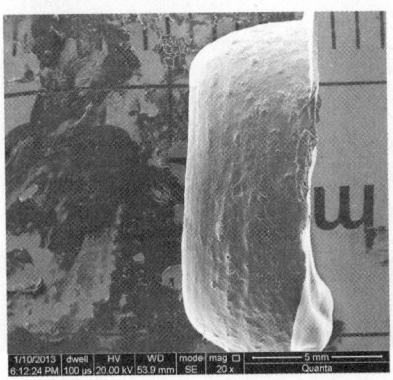

SEM20 倍

附图 21　管钻实验（竹管、河滩砂）后形成的孔洞形态

424 / 夏商都邑与文化(二)

SEM300 倍
附图 22　锯片切割实验（竹片、河滩砂）后切割面的微痕

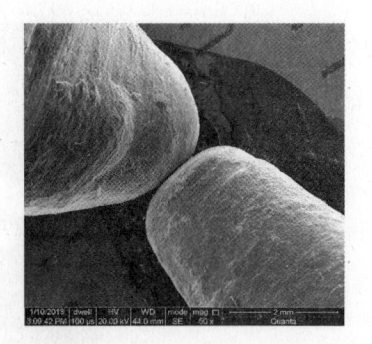

SEM50 倍
附图 23　实心钻实验（左上使用花岗岩制成的钻头，添加河滩砂；右下直接使用石英岩制成的钻头）后的孔洞形态

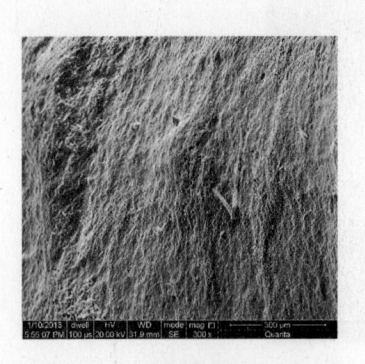

SEM300 倍
附图 24　实心钻实验（花岗岩钻头、河滩砂）后孔洞内壁的微痕

SEM400 倍
附图 25　实心钻实验（石英岩钻头）后孔洞内壁的微痕

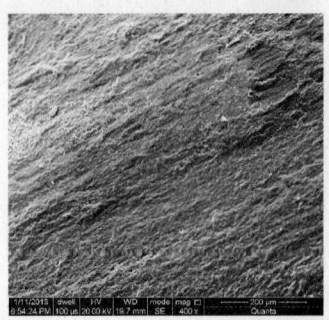

SEM400 倍
附图 26　锯片切割实验（石英岩片）后的切割面

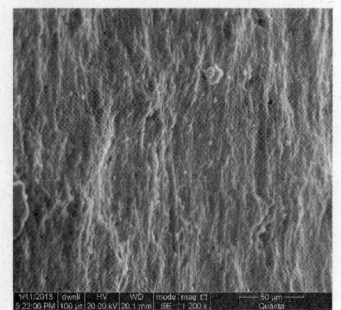

SEM1200 倍
附图 27　砂绳切割实验（麻绳、河滩砂）后的切割面

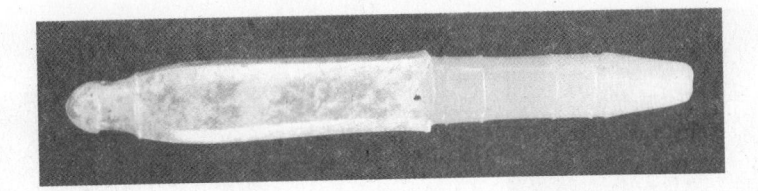

二里头遗址出土玉器的工艺技术分析 / 425

2001 V M1：3
附图28 二里头遗址出土的柄形饰

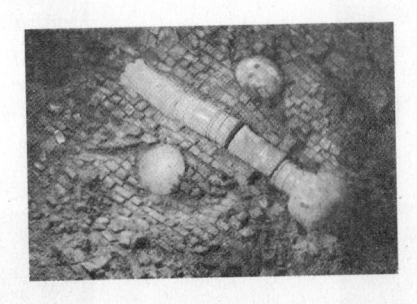

2002 V M3：5 的头部
附图29 二里头遗址出土的绿松石龙形器

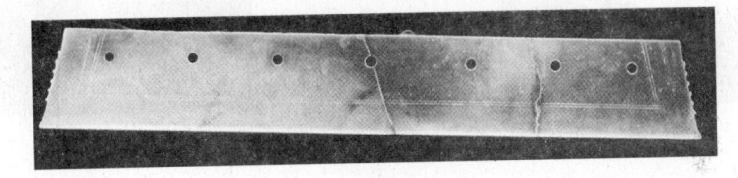

1975 Ⅶ KM7：3
附图30 二里头遗址出土的七孔刀

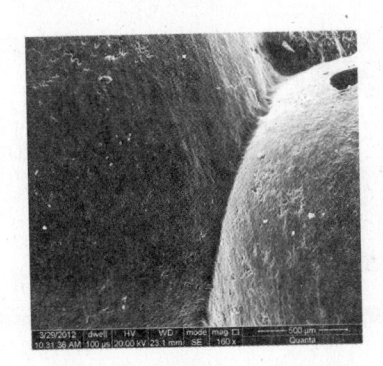

SEM160倍
2002 V M3：13 榫底部对向钻孔孔壁上的微痕
附图31 鸟首玉饰

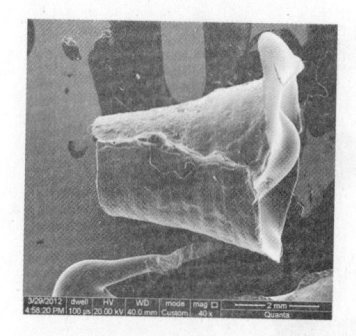

SEM40 倍
2001ⅤM1∶3 的单向钻孔孔壁形态
附图32　柄形饰

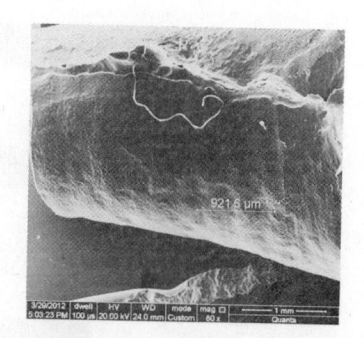

SEM80 倍
2001ⅤM1∶3 的单向钻孔孔壁上的微痕
附图33　柄形饰

SEM14 倍
2001ⅤM1∶3 底部的锯片切割面
附图34　柄形饰

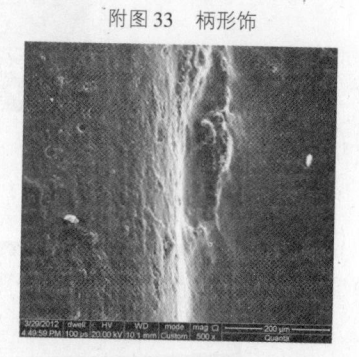

SEM500 倍
2001ⅤM1∶3 底部的锯片切割面上的微痕
附图35　柄形饰

SEM13 倍
2002ⅤM3∶13 榫部因减地造成的浅浮雕
附图36　鸟首玉饰

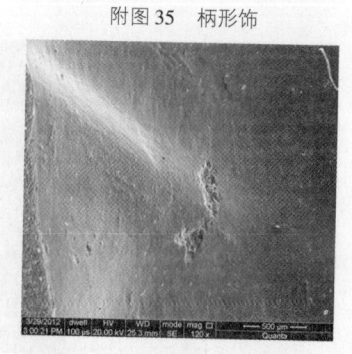

SEM120 倍
2002ⅤM3∶13 榫部的减地微痕
附图37　鸟首玉饰

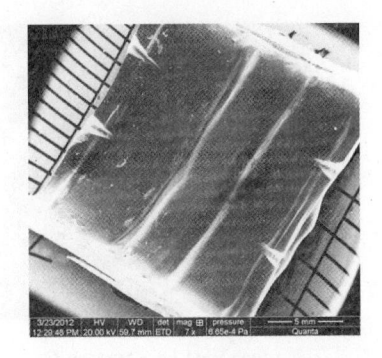

二里头遗址出土玉器的工艺技术分析 / 427

SEM7 倍
2002ⅤM3∶5 第二节鼻梁上减地造成的线状浅浮雕
附图38 绿松石龙形器

SEM100 倍
2002ⅤM3∶5 第二节鼻梁上减地微痕
附图39 绿松石龙形器

1975ⅦKM7∶3 阴刻痕的硅胶印模
附图40 复制七孔刀

SEM160 倍
1975ⅦKM7∶3 上阴刻微痕
附图41 七孔刀

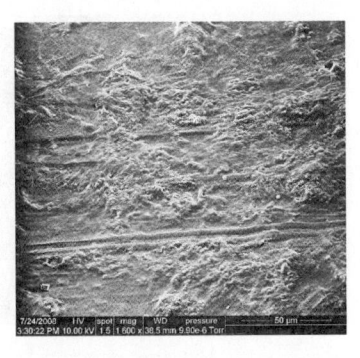

SEM1600 倍
1975ⅦKM7∶3 上阴刻微痕
附图42 七孔刀

SEM160 倍
1975ⅦKM7∶3 阴刻痕的相互叠压关系
附图43 七孔刀

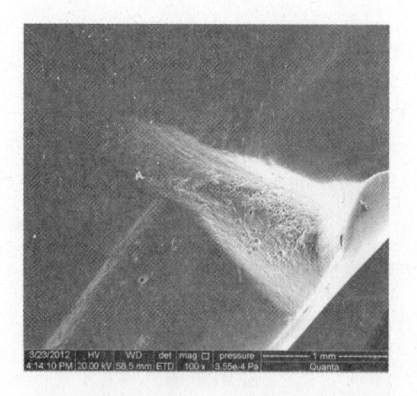

428 / 夏商都邑与文化(二)

2002ⅤM3:5 SEM100倍
附图44 位于绿松石龙形器第二节鼻梁外表面一端的圆锥状阴刻痕

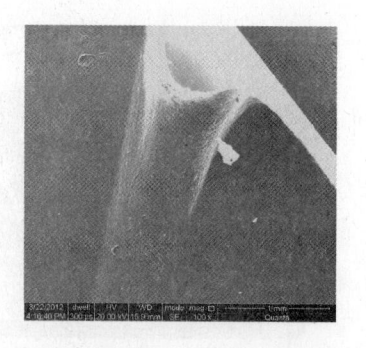

2002ⅤM3:5 SEM100倍
附图45 位于绿松石龙形器第二节鼻梁的半圆形端面的圆锥状阴刻痕

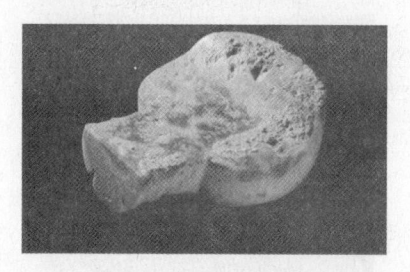

2002ⅤM3:5 鼻头背面
附图46 绿松石龙形器

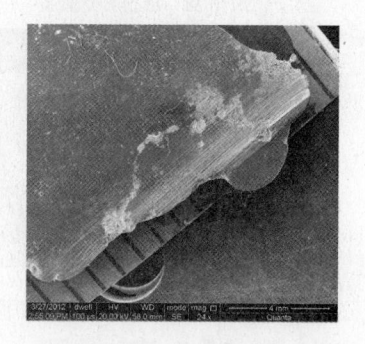

2002ⅤM3:5 SEM24倍
附图47 绿松石龙形器鼻头背面分级磨痕

附图48 二里头遗址出土砺石（粗粒砂岩）

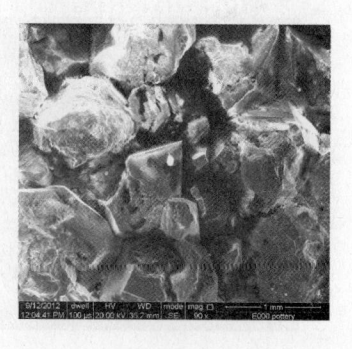

SEM90倍
附图49 二里头遗址出土砺石（粗粒砂岩）

二里头遗址出土玉器的工艺技术分析 / 429

附图 50 二里头遗址出土砺石（中粒砂岩）

SEM100 倍
附图 51 二里头遗址出土砺石（中粒砂岩）

附图 52 二里头遗址出土砺石（细粒砂岩）

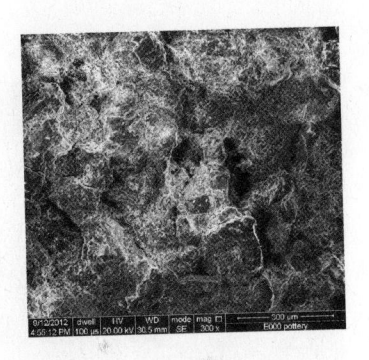

SEM300 倍
附图 53 二里头遗址出土砺石（细粒砂岩）

附图 54 二里头遗址出土砺石（粉砂岩）

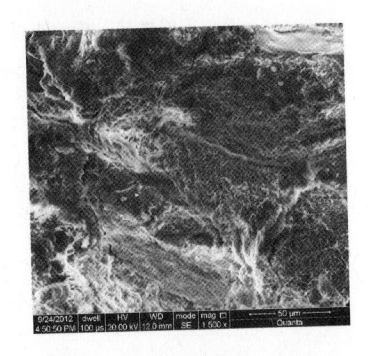

SEM1500 倍
附图 55 二里头遗址出土砺石（粉砂岩）

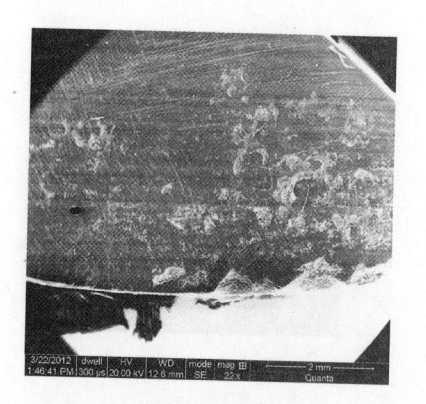

2002 V M3:5　SEM22倍
附图56　绿松石龙形器鼻头端面

2002 V M3:5　SEM150倍
附图57　绿松石龙形器鼻头端面上有多方向的磨痕

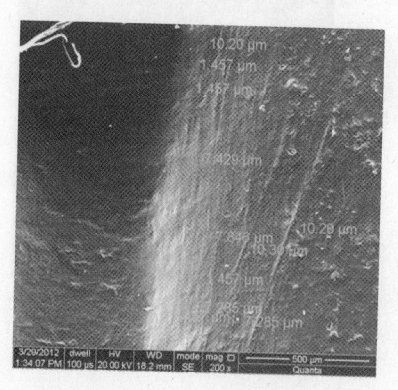

2002 V M3:13　SEM200倍
附图58　鸟首玉饰榫部，减地造成的地底部位微痕

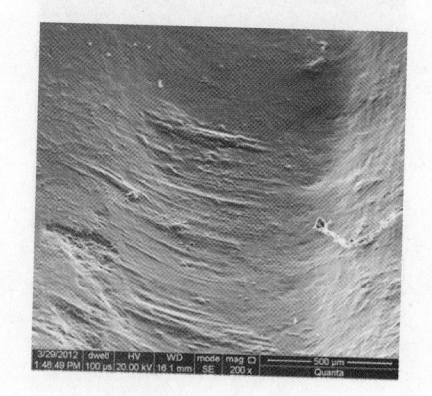

2002 V M3:13　SEM200倍
附图59　鸟首玉饰榫部，减地造成的起凸部位微痕

(作者单位：中国社会科学院考古研究所)

偃师商城遗址出土人骨与牙齿中铅含量的检测

赵春燕　谷　飞

一　前言

　　铅是一种重金属，对于人体而言没有任何的生理功能。理论上讲，人体中应该完全没有铅这种物质，但是铅在自然界中存在广泛，因此人体很难避免摄入。而铅一旦进入人体就无法排出体外，并通过血液循环分布到全身各组织器官，其中约91%—95%以不溶性的磷酸铅形式沉淀于骨骼，对身体的损害是全面而且长期的。由于骨铅的半衰期较长，并可保持相对稳定，故能较好地反映累积铅接触量。[①] 有学者通过研究发现，现代人骨中的铅负荷是史前时代的500倍。[②] 说明随着现代工业的发生和发展，带来了环境中的铅污染，也带来了人体内的铅污染。但是，在中国几千年漫漫历史长河中，存在着不同的历史时期，特别是在金属冶炼产生和发展的不同阶段，人类生存的环境是否因此而发生了变化，这些变化是否对人类产生了影响，都是值得探讨的问题。

　　偃师商城遗址发现有一定数量的随葬青铜器，而且早在二里头时期即存在着铅锡青铜器物[③]，这些含铅器物的生产和制作过程中难免会对周围的环境造成污染，从而间接污染人类；更直接的是使用各种含铅青铜器（如烹饪器、酒器、水器等）烹煮食物和盛放酒水等，将可能导致食物酒

[①] 秦俊法主编：《微量元素铅与人》，河南医科大学出版社2001年版。

[②] 梁奇峰、李京雄、丘基祥：《环境铅污染与人体健康》，《广东微量元素科学》第10卷第7期，2003年，第57—60页。

[③] 赵春燕、杜金鹏、孙淑云等：《河南偃师二里头出土部分铜器的化学组成分析》，《文物保护与科技考古》，三秦出版社2006年版。

水受到铅污染，长期食用这些受污染的食物有可能导致人体内的铅中毒。因此，有必要对偃师商城遗址出土的人类遗骸进行铅含量检测，以判断这些出土人类遗骸中是否存在铅污染或铅中毒的现象。本项研究是中国社会科学院知识创新工程课题之一"中原地区青铜时代都城遗址人口迁移、资源控制与社会复杂化进程的研究"的一部分，前期我们已完成了对二里头遗址出土部分人骨及土壤的铅含量检测，发现在所检测的 22 例个体除 1 个个体外，其骨骼中铅元素含量全部低于土壤背景值，说明当时土壤环境中的铅元素对人类影响很小。其中 1 例骨骼中铅元素含量远远高于土壤背景值的个体为二里岗时期的一名婴幼儿，骨铅含量为 274 微克/克，可以推断其生前体内铅含量达 428 微克/克，远远高于现代医学铅中毒的标准。据此可以推测该婴幼儿死于体内铅中毒。[①]

在上述研究基础上，我们利用电感耦合等离子体质谱分析技术，对偃师商城遗址出土的人类遗骸进行了铅含量检测，并且探讨了人类遗骸与土壤铅含量的关系等问题。

二　检测

（一）样品的采集

本次研究根据田野发掘出土的人类遗骸数量及样品保存状况，选择了偃师商城遗址出土的 8 份人类遗骸样品作为研究对象，这些样品分别来自二期和三期。其时代特征、考古编号及取样部位等均列于表中（表1）。

表1　偃师商城遗址出土人类遗骸的铅含量检测结果（微克/克）

实验室编号	出土单位	分期	性别	年龄	采样部位	铅含量	采样部位	铅含量
2012618—Y3	96YSⅡT11M23	二期	男	40±	牙齿	1.39	肢骨	1.5
2012618—Y14	96YSⅡT11M24	二期	女	30-40	牙齿	1.22	肢骨	1.14
2012618—Y2	96YSⅡT11M31 一号人	二期4段	男	35±	牙齿	1.73	肢骨	2.8
2012618—Y12	96YSⅡT11M31 三号人	二期4段	?	10	牙齿	1.61	肢骨	1.72
2012618—Y15	99YSⅣT55M68	二期4段	女	30-35	牙齿	0.409	肢骨	1.06

[①] 赵春燕、赵海涛、陈国梁、许宏：《二里头遗址土壤中微量元素与人体健康的初步研究》，见本文集。

续表

实验室编号	出土单位	分期	性别	年龄	采样部位	铅含量	采样部位	铅含量
2012618—Y5	96YSⅡT11M30	三期4段	男	50±	牙齿	1.02	肢骨	1.42
2012618—Y13	83YSⅢT2M14	三期6段	男	20-30	牙齿	0.68	肢骨	0.622
2012618—Y7	99YSⅣT55M69	无	女	30±	牙齿	0.912	肢骨	1.35
2012117—YT1	填土					20.80		

(二) 样品的预处理与测定

我们选择偃师商城遗址出土的 8 份人类牙齿和骨骼样品作为研究对象，样品的预处理是在中国社会科学院考古研究所化学实验室内进行的。首先用工具打磨每一个样品表面，除去任何可见的污垢或杂色物质，之后用纯净水超声清洗 3 次，每次 20 分钟；再加入 Milli Q 超纯水，超声清洗 3 次，每次 20 分钟。清洗后的样品加入 5% 稀醋酸（优级纯），超声清洗 30 分钟，浸泡 7 小时，将稀醋酸倒掉，再加入 Milli Q 超纯水，超声清洗 3 次，每次 20 分钟。然后样品放入恒温干燥箱干燥后，于 825℃ 下灼烧 8 小时。灰化后的样品经研磨、过筛、溶解等过程，上机检测。所用仪器为 ELAN DRC—Ⅱ 型电感耦合等离子体质谱仪，所得结果仍见表1。

三 讨论

(一) 偃师商城遗址出土人类遗骸与土壤铅含量的关系

影响人体中微量元素摄入平衡的地球化学环境因素可以分为自然和人为两个方面。自然环境因素主要包括岩石、土壤、水、气候、地貌等。岩石是主要成土母质，不同时代、不同成因岩石其元素组成特别是微量元素的种类和含量不同，由此形成的土壤、水等环境介质中营养与有害物质也不同，而土壤决定了农作物的生长及其品质。微量元素组成特征便可经过食物、水等食物链传递而作用于人体，从而影响人体健康。人为环境因素即指人为活动形成的污染性地球化学环境，主要包括废水、废气、废渣以及烟尘往往含有许多有机和无机污染物。[1]

---

[1] 何燕、周国华、王学求：《从微量元素与人体健康关系得到的启示》，《物探与化探》第 32 卷第 1 期，2008 年，第 70—73 页。

偃师商城遗址经考古发掘曾发现一些与铸铜相关的遗存和遗迹现象。① 因出土遗存比较少，无法准确推测当时的铸铜活动范围和规模，因而也就无从判断其产生的对环境的污染状况。我们只能从土壤和人骨中所含铅含量来大致评估一下。

为了更好地说明偃师商城遗址出土人骨中铅含量与土壤的关系，将人骨和土壤中铅元素的检测数据表示在柱状图中（图1）。图中横坐标表示不同期别中不同个体的牙齿和骨骼样品；纵坐标表示铅元素含量。黑色柱子是偃师商城遗址当地土壤（填土）背景值。

从表1的数据和图1的显示可知，本次检测的8个个体，无论牙齿还是骨骼中的铅含量均远远低于土壤背景值。

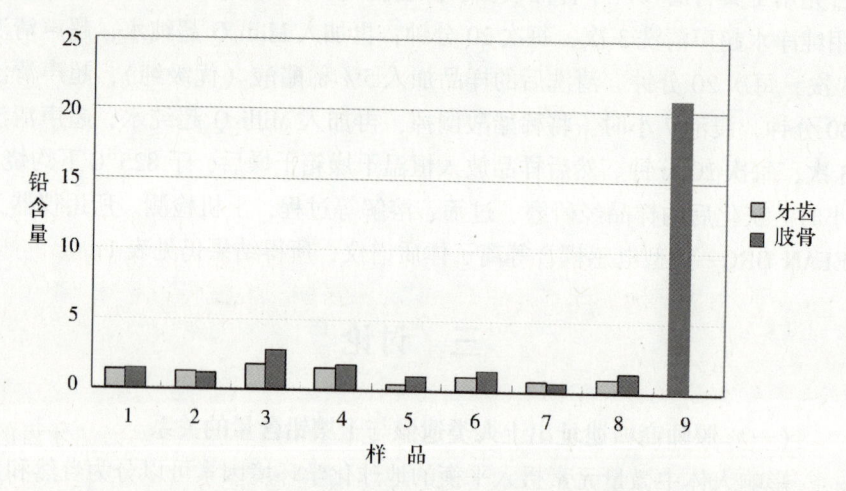

图1 偃师商城遗址人类遗骸和土壤中铅元素含量的柱状图

首先，我们考察一下偃师商城遗址的周围环境是否受到了铅污染，土壤样品铅含量的检测平均值为20.8微克/克，根据国家公布的《土壤环境质量标准》（GB15618—1995）中规定，土壤中铅含量小于或等于35微克/克即为一类土质，也就是说，偃师商城遗址当时的周围环境土壤铅含量低于国家土壤环境质量标准（GB15618—1995）中规定的土壤铅含量标准值，因此，可保证当时的粮食和水源没有受到铅污染。

---

① 中国社会科学院考古研究所：《偃师商城》，科学出版社2013年版，第722页。

其次，再来考察一下偃师商城遗址出土人类遗骸的铅污染问题。现代医学研究表明，人体中血铅小于100微克的时候是正常的。当达到100微克—200微克的时候，属于轻度中毒；达到200—450微克，为中度铅中毒，重度铅中毒在450微克以上。因为人类血液中的铅90%以上沉积在骨骼中，依此推算，偃师商城遗址出土人类遗骸生前体内血铅含量大致在0.45微克—3.11微克，属于正常范围内，而且低于环境背景值，可以推断偃师商城遗址出土的人类基本未受到铅污染。

上述检测结果也许可以从一个侧面说明，偃师商城遗址当时的铸铜或类似手工业活动规模不大，没有对环境造成比较严重的污染。

（二）偃师商城遗址出土人类遗骸铅含量与年龄之间的关系

本次检测的8个个体中，除一例标本为未成年人以外，其余7个个体均为成年人，包括4例男性和3例女性。由于牙齿中的铅含量反映的是个体牙釉质形成期即少年时期所摄入的铅元素水平，而骨骼中的铅含量反映的是个体成年时期所摄入的铅元素水平，所以，二者需分开讨论。

从表1的数据分析可知，偃师商城遗址出土的7个成年个体牙齿中的铅含量平均值为1.05微克/克；而7个成年个体骨骼中的铅含量平均值为1.41微克/克；表明大部分个体在成年后体内铅含量略有增加。

（三）偃师商城遗址出土人类遗骸铅含量与性别之间的关系

本次检测的8个个体中，包括4例男性和3例女性。4例男性牙齿的铅含量平均值为1.21微克/克，骨铅含量平均值为1.59微克/克。3例女性牙齿的铅含量平均值为0.85微克/克，骨铅含量平均值为1.18微克/克。由于男性群体骨铅含量平均值与齿铅含量平均值之差大于女性群体，表明男性群体成年后其体内摄入的铅元素水平高于成年女性群体。

四 结语

环境中各种微量元素对人体的影响虽然已逐渐为人们所认识，但研究尚处于初始阶段，与古代人文、地理、环境相结合而开展的研究工作做得更少。而且土壤中微量元素的种类众多，选择何种元素作为研究对象也是首先要考虑的问题。首先，要选择对人体健康产生影响的元素；其次，出土人类骨骼长期埋藏在土壤中，其中的微量元素含量有可能影响到人骨内的微量元素含量，有鉴于此，在对出土人类遗骸进行微量元素检测的同时，对同一遗址的土壤中的元素含量进行检测，就显得十分必要。相对而言，古代人类生存环境与当代相比要单纯得多，环境因素对人体的影响因素也较少，土壤中微量元素对人体的影响具有重要的学术价值。

本次对偃师商城遗址出土8个人类遗骸个体铅含量的检测结果可以得到以下几点认识：

（1）偃师商城遗址当时的周围环境土壤铅含量低于国家土壤环境质量标准中规定的土壤铅含量标准值，因此，可保证当时的粮食和水源没有受到铅污染。偃师商城遗址出土人类遗骸的齿铅与骨铅含量均低于环境背景值，可以推断偃师商城遗址出土人类基本并未受到铅污染。

（2）数据分析可知，偃师商城遗址出土的7个成年个体牙齿中的铅含量平均值低于骨骼中的铅含量平均值；表明大部分个体在成年后体内铅含量略有增加。

（3）数据分析还表明，偃师商城遗址出土的男性群体骨铅含量平均值与齿铅含量平均值之差大于女性群体，表明男性群体成年后其体内摄入的铅元素水平高于成年女性群体。

（4）上述结果是建立在本次检测数据基础之上而得出的。更进一步的研究正在进行中。

首都师范大学考古系研究生赵伟巍同学在出土人骨标本的采集过程中给予很大帮助，特此表示感谢。

本文由国家自然科学基金项目（批准号：21271186）、国家社会科学基金项目（批准号：12BKG019）和中国社会科学院哲学社会科学创新工程（批准号：11120131001040）共同资助。

（作者单位：中国社会科学院考古研究所）

夏代时期的太行山东麓地区

张渭莲

太行山东麓地区西依太行山，东临古黄河，北据燕山，南望嵩山，自成一个相对独立的地理单元。这一地理单元平面呈南北走廊态势，北达燕山漠北，南通中原腹地。地理位置上的独特性使得这一区域先秦时期的考古学文化呈现出复杂而特殊的内涵。本文拟以夏代为例对该地区考古学文化遗存的年代框架、文化内涵及平面格局等问题做一探讨。

一　时空框架的建构

太行山东麓地区夏代时期的考古学文化遗存，大致以滹沱河为界分为两个大的区域。其中滹沱河以南地区为南区，滹沱河以北地区为北区。

（一）北区

该地区相当于夏代的文化遗存主要发现于易县下岳各庄[1]、七里庄[2]、安新辛庄克[3]、容城白龙[4]、午方[5]、任丘哑叭庄[6]、定州尧方头[7]、唐县

---

[1] 拒马河考古队：《河北易县涞水古遗址试掘报告》，《考古学报》1988年第4期。
[2] 段宏振、任涛：《河北易县七里庄遗址发现大量夏商周时期文化遗存》，《中国文物报》2006年12月8日第2版。
[3] 保北考古队：《河北安新县考古调查报告》，《文物春秋》1990年第1期。
[4] 保北考古队：《河北省容城县白龙遗址试掘简报》，《文物春秋》1989年第3期。
[5] 河北省文物研究所：《河北容城县午方新石器遗址试掘》，《考古学集刊》（5），中国社会科学出版社1987年版。
[6] 河北省文物研究所等：《河北省任丘市哑叭庄遗址发掘报告》，《文物春秋》1992年增刊。
[7] 河北省文物研究所、保定市文物管理处：《河北定州市尧方头遗址发掘简报》，《考古》2004年第9期。

北放水①、南放水②、淑间③、涞水渐村④、庞家河⑤、房山塔照、镇江营⑥等遗址。依据地层关系和出土遗物特征的演变，可将这些遗存分为如下五期。

第一期典型单位有任丘哑叭庄H96、H115、H42等。本期陶器中夹砂陶多为褐色，泥质多为灰色。陶色多不甚均匀，胎较厚，制作粗糙，与龙山晚期工整之风反差明显。纹饰除素面磨光外，以篮、方格和绳纹为主，弦纹和附加堆纹数量亦不少。绳纹浅而凌乱，篮纹亦浅而乱，多横篮纹，方格纹印痕亦较浅。流行鸡冠耳。常见器物有大口瓮、小口瓮、鼓腹罐、鬲、子口缸等。小口瓮方唇或圆唇，折肩鼓腹，小平底，腹最大径在上腹部，腹部多有鸡冠状錾，器表多饰篮纹。大口瓮高直领，鼓腹，小平底，腹最大径在上腹部，器表饰篮纹加附加堆纹。侈口鼓腹罐，最大径在下腹部，腹饰方格纹部分被抹平。鸡冠耳罐圆唇窄沿，小平底，器表饰斜绳纹，多被抹去。鬲折沿方唇，高颈，腹饰旋断绳纹。

第二期典型单位有安新辛庄克H1；徐水文村H2、H8⑦；任丘哑叭庄T94③；唐县北放水ⅠH24等。本期陶器的特征可以安新辛庄克为例：夹砂陶占陶片总数的60%，夹砂陶中有褐、黑陶和极少量的黑陶。泥质陶中有黑、褐、灰和少量红陶。纹饰中绳纹占50%以上，多为较规整的浅细绳纹，素面磨光次之，还有极少数附加堆纹、弦断绳纹、篮纹和画纹。陶器多为手制，个别器物为轮制。器形有甗、鬲、盆、尊、簋、罐、豆等。鬲均为高直领，袋足外撇，实足根较高，整体呈高长方体。盆大口平底，折腹。豆有盘形豆和碗形豆两种，前者豆盘较浅，器表有绳纹，后者豆盘较深。甗敞口鼓腹，腰部有附加堆纹一周，其上有指压印纹。

---

① a. 徐海峰、高建强：《河北唐县北放水遗址考古发掘取得重要成果》，《中国文物报》2006年11月10日。b. 徐海峰：《北放水遗址夏时期文化遗存发现的意义》，《中国文物报》2007年10月19日。c. 徐海峰：《太行山东麓北部地区夏时期考古学文化述论》，《早期夏文化与先商文化研究论文集》，科学出版社2012年版。
② 南水北调中线干线工程建设管理局、河省省文物局等：《唐县南放水》，科学出版社2011年版。
③ 刘连强：《河北唐县淑间遗址考古发掘获重要成果》，《中国文物报》2006年12月15日。
④ 河北省文物研究所：《河北涞水渐村遗址发掘报告》，《文物春秋》1992年增刊。
⑤ 拒马河考古队：《河北易县涞水古遗址试掘报告》，《考古学报》1988年第4期。
⑥ 北京市文物研究所：《镇江营与塔照》，中国大百科全书出版社1999年版。
⑦ 沈勇：《论保北地区的先商文化》，北京大学硕士学位论文，1988年。

第三期典型单位有易县下岳各庄 H4；徐水韩家营、文村 H4[①]；容城上坡 T41③[②]、午方 J1、白龙 H1、H2、H4；任丘哑叭庄 T47②A、T101②、T65②A、H2、H9；唐县北放水、淑闾Ⅰ H176；定州尧方头 H5、H1等。本期陶器的特征可以容城白龙 H2 为例：陶器以泥质陶为主，夹砂较少。黑色和褐色较多，灰陶极少。磨光和素面较多，纹饰以细绳纹为主，有些器物上施附加堆纹、弦纹。陶器制法以手制为主，一器兼用几种制法的现象也很普遍。一般器壁较厚，内壁刮磨刷等修整痕迹比较常见。器形有鬲、甗、罐、盆、豆、瓮、尊等。鬲高斜领，束颈明显，肥袋足外鼓，高锥足，整体呈长方体，但较上期为矮。甗侈口鼓腹，腰部饰附加堆纹，其上有压印纹。深腹罐大口鼓腹，平底，器表饰绳纹。小口罐束颈鼓腹，平底，腹饰斜绳纹。豆多浅盘，盘外壁饰绳纹。

第四期遗存以易水为界可分南北二区，北区遗存较少，仅有涞水渐村 H11。南区较为丰富，主要有易县七里庄 H245、下岳各庄 H5、H23；徐水大赤鲁 H1[③]；容城上坡 T40③；任丘哑叭庄 T63②A、H59；唐县南放水 H142；定州尧方头 G1 等。易水以北地区可以涞水渐村 H11 为例：从陶质看可分夹滑石末、夹砂和泥质陶三类，泥质陶较少。夹滑石末陶中有灰皮褐胎、褐色、黑皮褐胎、黑皮灰胎、灰色和红褐色陶。夹砂陶中有黑皮褐胎、褐色、红褐色和灰色陶。泥质陶中有灰色和黑皮褐胎陶。夹滑石末和夹砂陶多施绳纹、弦断绳纹和交错绳纹，泥质陶多为素面。有个别彩绘陶。陶器多为手制，个别鬲足为模制。陶器种类有鬲、甗、器盖等。鬲侈口束颈，腹部略鼓，有实足根。甗大侈口，上腹微鼓，袋足肥硕。

易水以南地区以唐县南放水为例，以夹砂灰陶为主，有一定数量的夹砂黑灰陶和黄褐陶。器表纹饰以绳纹为主，绳纹较细。陶器器类有蛋形瓮、鼓腹罐、深腹豆、蘑菇钮器盖等[④]。鬲束颈鼓腹，袋足较肥硕，锥足较高，器表饰绳纹。盆大口平底，腹饰绳纹。豆有盘形豆和碗形豆两种，后者腹较深。

[①] 沈勇：《论保北地区的先商文化》，北京大学硕士学位论文，1988 年。
[②] 河北省文物研究所等：《河北容城上坡遗址发掘简报》，《考古》1999 年第 7 期。
[③] 沈勇：《论保北地区的先商文化》，北京大学硕士学位论文，1988 年。
[④] 吉林大学边疆考古研究中心：《河北唐县南放水遗址 2006 年发掘简报》，《考古》2011 年第 4 期。

第五期遗存以易水为界可分为南北二区，北区典型单位有房山塔照H54、H57、H110、H112、镇江营H327、H485、H522、H679、H680、H681、H1338；涞水渐村H1等。南区典型单位有易县下岳各庄H7；容城上坡H34；任丘哑叭庄H61、H76。易水以北地区以涞水渐村H1为例，以夹滑石末陶为主，泥质陶次之，夹砂陶极少。夹滑石末陶中有黑皮褐胎、红褐、褐色和灰色陶。泥质陶中以灰陶为主，还有黑陶和红褐陶。夹砂陶中所夹砂粒很小，多为褐色陶。夹砂、夹滑石末陶多施绳纹、交错绳纹、弦断绳纹等，泥质陶多为磨光或素面，还有少数划纹。陶器多为手制，个别为模制。器形有鬲、甗、盆、罐、豆、小口瓮等。房山塔照H54的陶器分夹细砂、粗砂和泥质三类，以夹细砂陶为主，泥质陶次之，夹粗砂陶最少。陶色中以褐陶为最多。纹饰除素面外，以细绳纹为主，另有部分划纹。陶器器类有鬲、甗、罐、尊、盆、瓮等。筒腹鬲敞口直腹，下有实足根。绳纹盆大敞口，鼓腹平底。鼓腹鬲卷沿束颈，三足内收，颈腹及足部饰绳纹。罐束颈鼓腹，平底。瓮多折肩，口径小于肩径。甗敞口平底，素面无纹。尊大侈口，折腹平底。

易水以南地区以易县下岳各庄和任丘哑叭庄为例，陶器以夹砂和泥质灰陶为主，黑、褐、红陶数量较少。器表纹饰以绳纹居多，素面和磨光亦占一定比例。器类有鬲、甗、罐、盆、豆、盂等。陶器制作工整，陶胎较薄。鬲卷沿，下有肥袋足，实足根较高，腹饰绳纹。甗敞口鼓腹，下有三肥袋足，腹饰绳纹。盆卷沿平底，器表饰绳纹。盂束颈鼓腹。盘形豆口沿外卷。

上文提及的属于第一期的任丘哑叭庄H96、H115等单位出土的陶器以夹砂褐陶和泥质灰陶为主，陶色多不均匀，陶胎较厚，制作粗糙。器表纹饰以篮纹居多，器类以大口瓮、小口瓮、子口缸、小口罐为主，这些特点与本地龙山时代晚期遗存极为接近。但亦呈现出一些较晚的特点。本期遗存与南区第一期遗存有某些相类之处，似是时代风格所致，其年代可能与二里头一期相当或略早。

属于第五期的任丘哑叭庄H61：8、H76：4薄胎灰陶绳纹鬲与郑州二里岗H9：36[①]相似，年代应与后者相近。容城上坡H34：37卷沿绳纹鬲，薄胎，锥足较高，与南区正定西房头墓葬所出相近。涞水渐村H1出土过两件筒腹鬲，

[①] 河南省文化局文物工作队：《郑州二里岗》，科学出版社1959年版。

从形制上看晚于蔚县三关 M2008：1①，早于四十里坡H28：11②，与北票丰下 T23③：1③ 和蔚县三关采集品④更为接近，其年代应当在夏代晚期⑤，如此看来，北区夏代的第五期应当为夏代晚期，大致相当于二里头文化第四期。

属于第四期的渐村 H11 被 H1 打破，H11：10 陶鬲足尖外撇的风格与围坊 T2③：13⑥ 类似，其年代大致相当于二里头文化第三期。

由是，可以基本确定北区一期至五期的年代约略与二里头文化一期至四期大致相当。

(二) 南区

这一地区夏代的考古学文化遗存极为丰富，代表性的遗址有邯郸涧沟、龟台⑦、大寒南岗⑧、磁县界段营⑨、南城⑩、下七垣⑪、武安赵窑⑫、邢台葛庄⑬、鹤壁刘庄⑭、临城补要⑮等。依出土遗物形制变化，可将这一地区夏代时期的文化遗存分作五期。

---

① 张家口考古队：《蔚县夏商时期考古的主要收获》，《考古与文物》1984 年第 1 期。
② 张家口考古队：《蔚县考古纪略》，《考古与文物》1982 年第 4 期。
③ 辽宁省文物干部培训班：《辽宁北票丰下遗址 1972 年发掘简报》，《考古》1976 年第 3 期。
④ 张家口考古队：《蔚县考古纪略》，《考古与文物》1982 年第 4 期。
⑤ 李伯谦：《论夏家店下层文化》，《纪念北京大学考古专业三十周年论文集》，文物出版社 1990 年版。
⑥ 天津市文物管理处考古队：《天津蓟县围坊遗址发掘简报》，《考古》1983 年第 10 期。
⑦ 北京大学、河北省文化局邯郸考古发掘队：《1957 年邯郸发掘简报》，《考古》1959 年第 10 期。
⑧ 中国社会科学院考古研究所安阳队：《安阳大寒村南岗遗址》，《考古学报》1990 年第 1 期。
⑨ 河北省文物管理处：《磁县界段营发掘简报》，《考古》1974 年第 6 期。
⑩ a. 河北省文物研究所：《河北磁县南城遗址发掘获重要发现》，《中国文物报》2009 年 2 月 25 日。b. 石磊、王会民、梁亮：《河北磁县南城遗址浅析》，《早期夏文化与先商文化研究论文集》，科学出版社 2012 年版。
⑪ 河北省文物管理处：《磁县下七垣遗址发掘报告》，《考古学报》1979 年第 2 期。
⑫ 河北省文物研究所等：《武安赵窑遗址发掘报告》，《考古学报》1992 年第 3 期。
⑬ a. 河北省文物研究所：《河北邢台市葛庄遗址北区 1998 年发掘简报》，《考古》2000 年第 11 期。b. 河北省文物局第一期考古发掘领队培训班：《河北邢台葛庄遗址 1996 年发掘简报》，《河北省考古文集》(二)，北京燕山出版社 2001 年版。
⑭ 河南省文物局：《鹤壁刘庄——下七垣文化墓地发掘报告》，科学出版社 2012 年版。
⑮ a. 北京大学考古文博学院等：《河北临城县补要村遗址南区发掘简报》，《考古》2011 年第 3 期。b. 北京大学考古文博学院等：《河北临城县补要村遗址北区发掘简报》，《考古》2011 年第 3 期。

第一期典型单位有磁县白村①等。本期陶器以泥质陶为主，约占60%，夹砂陶占40%。陶器外表色泽不匀，夹砂陶以红褐陶为主，次为灰褐陶，泥质陶也以红褐陶为多，次为黑皮红陶和灰褐陶。陶胎较厚，火候较低。器表以素面和磨光居多，纹饰以篮纹为主，绳纹和附加堆纹次之，另有少量弦纹、划纹、坑点纹、网格纹和涡纹等。典型器类有鼎、甗、罐、甑、盆、瓮、器盖等。本期陶器胎厚色杂，制作较为粗糙，以平底器为主。敞口罐形鼎宽沿束颈圜底，扁锥足，腹饰篮纹。宽折沿甑腹饰篮纹，近底处和底部有排列有甑孔。鼓腹罐亦宽折沿，颈部有一周附加堆纹，其下饰绳纹或篮纹，鼓腹平底。小口瓮为小口直领，平凸肩，腹最大径在肩部，下腹急收，腹饰篮纹，有加双耳或无耳之分，小平底。器盖有黑皮陶大器盖和碗形小器盖两种，前者形体较大，口内敛，后者敞口，形体较小。

第二期典型单位有磁县下七垣④层、H61、磁县白村H14、H73；鹤壁刘庄M4、M11、M14、M15、M16、M17、M31、M153、M94；辉县孟庄M1、M43、M52②等。本期陶器的特征可以磁县下七垣④层为例：陶质以夹砂灰褐陶最多，其次是泥质黑陶，灰陶较少。素面占35.8%。纹饰有绳纹、篮纹、附加堆纹、坑点纹、云雷纹、方格纹、三角纹等，以绳纹为主，占45.7%。绳纹较乱不甚规整。深腹罐口沿和底沿饰花边为本期特色，此外平底器数量亦较多。常见器类有鼎、罐、鬲、甗、盆、豆等。鼎有平底罐形和圜底盆形两种形制，足有柱足和扁锥足之分。鬲侈口高直领，袋足较肥，高锥足尖，绳纹至足尖，绳纹较粗而僵直。鼓腹罐侈口，腹部饰绳纹，其上有箍状附加堆纹。深腹罐方唇或圆唇，腹饰绳纹或方格纹，平底。盆多为大平底浅腹。此外还有鬶和筒形罐。

第三期典型单位有石家庄市庄H1③；正定西房头M④；临城补要H14；内丘南三岐T10①⑤；邢台葛庄H78、曹演庄T27（5）⑥；磁县南城

---

① 张晓峥:《河北邯郸白村遗址》,《中国考古新发现年度记录（2010）》,《中国文化遗产》2011年增刊，9—11页。
② 河南省文物考古研究所:《辉县孟庄》,中州古籍出版社2003年版。
③ 唐云明:《河北境内几处商代文化遗存记略》,《考古学集刊》（2），中国社会科学出版社1982年版。
④ 河北省文物研究所调查资料。
⑤ 唐云明:《河北境内几处商代文化遗存记略》,《考古学集刊》（2），中国社会科学出版社1982年版。
⑥ 河北省邢台市文物管理处:《邢台粮库遗址》,科学出版社2005年版，第41—64页。

M38、M7、M73；安阳大寒南冈 H8；鹤壁刘庄 M10、M37、M39、M95；淇县宋窑 T301④①；辉县孟庄 M45、M51、H413、H199 等。本期陶器可以辉县孟庄 H199 为例：泥质陶略多于夹砂陶。陶色以灰陶为主，有少量黑陶和褐陶。纹饰以绳纹为主，篮纹亦较多，方格纹和楔形点纹次之，另有少量附加堆纹。素面陶占陶片总数的 30%。此外还有少量云雷纹、圆圈纹、划纹等。陶器多见压印花边和舌状鋬、鸡冠形鋬。器形以各种罐为多，有深腹罐、圆腹罐、橄榄形罐、长颈罐，鬲数量较少，卷沿高领，足上多刻有竖向和横向凹槽。深腹罐卷沿，腹壁近直。圆腹罐多尖唇，卷沿长颈，少量肩部饰有楔形点纹，口沿外用泥条附加出花边，有的腹部饰有篮纹。橄榄形罐形体较瘦，厚胎，多为夹砂褐陶。长颈罐颈部多有抹刷痕，颈肩交界处多饰楔形点纹。鼎的数量也不多，一般为罐形，卷沿深腹，圜底或平底，足一般在腹中部，足多为肩凿形，外侧有按窝。蛋形瓮数量较多，有平底、圈足两类，腹部一般饰有鸡冠状鋬。

第四期典型单位有鹿泉北胡庄 H142、115②；临城补要 H126、H247、H237、H252；内丘南三岐 T9 ③、T9 ①；邢台葛庄 93H02、H024、96G104、曹演庄 T25④、TG④、H95；邯郸北羊台 H8、H01、H02、H03、H04、H012③；磁县界段营 H8、南城 M23、M45、M15、M36、滏阳营；④安阳鄣邓 H18⑤、鹤壁刘庄 M93、M262、M275、M159、M323；淇县宋窑 T301③、T302④—⑫；辉县孟庄 M26、M10、M8；修武李固 D1③a、③b；新乡李大召 H205、J2⑥ 等。除新乡李大召 H205、辉县孟庄 H413 和李固部分单位泥质陶较多外，其他单位夹砂陶均多于泥质陶。以补要 H126 为例，陶器以夹砂陶为主，约占整个陶器群的 95%，泥质陶较少。陶色以灰陶为多，约占 77% 以上，黑陶次之，为 19.2%，红褐陶数量较少。纹

---

① 北京大学考古系商周组：《河南淇县宋窑遗址发掘报告》，《考古学集刊》（10），地质出版社 1996 年版。
② 河北省文物研究所：《鹿泉北胡庄遗址发掘报告》，待刊。
③ 河北省文物研究所等：《河北邯郸市峰峰矿区北羊台遗址发掘简报》，《考古》2001 年第 2 期。
④ 乔登云：《河北磁县几处先商遗址的考古发现与探索》，《早期夏文化与先商文化研究论文集》，科学出版社 2012 年版。
⑤ 河南省文物考古研究所：《安阳鄣邓》，大象出版社 2012 年版。
⑥ 郑州大学历史文化学院考古系：《新乡李大召——仰韶文化至汉代遗址发掘报告》，科学出版社 2006 年版。

饰以绳纹为主，约占49%，旋纹次之，还有少量篮纹和附加堆纹。素面数量较多，约占46%。器类有鬲、甗、鼎、罐等。鬲侈口鼓腹，腹饰绳纹。深腹罐腹部较瘦，饰有绳纹，平底。盆大口平底，腹多饰旋断绳纹。

第五期遗存发现较多，滹沱河至漳河流域典型单位有鹿泉北胡庄H124、H95；正定西房头M；元氏南程H13、H35①；赞皇南马H99②；临城补要H250；邢台葛庄93H03、96H30、沙河马庄H80③；武安赵窑H5、H12④；邯郸涧沟57T3③、③a、H4、H8、龟台57H55、义西H4、H5⑤、北羊台H3、薛庄⑥；磁县下七垣H95、T7③、南城M32；涉县台村H7⑦。

漳河至沁河流域典型单位有安阳小屯西地H49、H50⑧、梅园庄、孝民屯部分单位⑨、西高平H78、H84⑩、彰邓H1、H7、H32；鹤壁刘庄M96、M218、M240、M126、M298、M315；淇县宋窑T12④、T302③；辉县孟庄M6、孙村H68、H125、H135⑪；长垣宜丘H2、H4⑫；修武李固H1、H15、T1⑤c；新乡潞王坟商代下层⑬、李大召H218、H299；焦作府城H50、H119⑭等。

特征：除辉县孟庄H119和邢台葛庄H30泥质陶多于夹砂陶以外，

---

① 河北省文物研究所等：《南程遗址发掘简报》，《文物春秋》2010年第2期。
② 徐海峰：《河北赞皇南马遗址》，《中国考古新发现年度记录（2010）》，《中国文化遗产》2011年增刊，第11—13页。
③ 赵战护等：《河北沙河马庄商代聚落遗址》，《中国考古新发现年度记录（2010）》，《中国文化遗产》2011年增刊，第13—16页。
④ 河北省文物研究所等：《武安赵窑遗址发掘报告》，《考古学报》1992年第3期。
⑤ 河北省文物研究所等：《邯郸市峰峰电厂义西遗址发掘报告》，《文物春秋》2001年第1期。
⑥ 井中伟等：《河北邯郸薛庄遗址考古发掘取得重要收获》，《中国文物报》2008年5月2日。
⑦ 河北省文物研究所等：《河北涉县台村遗址发掘简报》，《河北省考古文集》（三），科学出版社2007年版，第3—17页。
⑧ 刘一曼：《安阳小屯西地的先商文化遗存》，《三代文明研究》（一），科学出版社1999年版，第148—161页。
⑨ 中国社会科学院考古研究所：《殷墟发掘报告（1958—1961）》，文物出版社1987年版，第121—128页。
⑩ 河南省文物考古研究所：《安阳市西高平遗址商周遗存发掘报告》，《华夏考古》2006年第4期。
⑪ 郑州大学历史学院考古系等：《河南辉县孙村遗址发掘简报》，《中原文物》2008年第1期。
⑫ 郑州大学历史与考古系等：《河南长垣宜丘遗址发掘简报》，《中原文物》2005年第2期。
⑬ 河南省文化局文物工作队：《河南新乡潞王坟商代遗址发掘报告》，《考古学报》1960年第1期。
⑭ 袁广阔、秦小丽：《河南焦作府城遗址发掘报告》，《考古学报》2000年第4期。

其他单位均以夹砂陶为主。以邯郸义西遗址为例，陶器以夹砂褐陶为主，约占91.7%，其余为夹砂红陶、泥质红陶和泥质类褐陶。陶器纹饰以绳纹为主，占有纹饰陶片总数的99%，其次为弦纹、弦断绳纹、戳印纹和附加堆纹等。以葛庄H30为例，陶器以泥质陶为主，约占62%，夹砂陶次之，约占48%。陶色以褐陶为主，约占45%，黑陶和灰陶次之，红陶较少。纹饰以绳纹居多，约占41%，素面和磨光亦占一定比例，此外还有少量弦纹、旋纹和附加堆纹。常见器类有鬲、甗、罐、豆、盆等。鬲侈口鼓腹，腹部饰绳纹。罐侈口深腹，腹部微鼓，平底。豆浅盘，圈足较高。瓮小口广肩，鼓腹平底。盆大口平底，腹饰绳纹。

以上将太行山东麓地区南区的考古学文化遗存分作五期。其中以磁县白村为代表的第一期遗存，从陶质、陶色、纹饰和典型陶器来看，与本地龙山时代晚期的文化遗存有着密切的联系，或者说本期保留了较多的后岗二期文化因素。但与后岗二期文化相比，又出现了一些新的因素，比如陶胎明显变厚，陶色不纯，器物流行宽折沿的作风等等，这些新的因素使得这些遗存有别于后岗二期文化。因此可以断定第一期的年代约相当于二里头一期或更早。

以邯郸涧沟、龟台部分遗存为代表的第五期遗存，从文化面貌上看，与以二里岗H9为代表的早商最早阶段的遗存极为近似，如陶器以灰陶为主陶胎较薄，器表以绳纹居多，绳纹较细而整齐等，但也存在着细微的差别，以二里岗H9为代表的遗存陶胎更薄，绳纹更为细密，器型更为精致。所以第五期遗存的年代已接近于二里岗H9阶段，大致相当于二里头文化第四期，略早于二里岗H9阶段。

属于第二期的下七垣④:1334罐形鼎形制与二里头ⅤH12:3、ⅤH110:11[①]相似，T7④:1260箍状堆纹瓮与二里头ⅤM23:2[②]近似。属于第三期的南冈H8出土的三足皿为瓦足，瓦状足主要流行于二里头遗址一期、二期，二里头三期以后罕见，因此第三期的年代不早于二里头二期。

---

① 中国社会科学院考古研究所:《偃师二里头（1959—1978年考古发掘报告）》，中国大百科全书出版社1999年版，第101页。

② 同上书，第130页。

属于第四期的刘庄 M262 出土的爵与二里头三期的ⅥM7：5① 相似，但前者的窄流较长且近平。M159 的角瘦腹，圜底，下有三矮锥足，与二里头二期ⅥM8：2② 爵造型几乎完全相同，略有不同的是，前者腹部有管状流。刘庄 M262 和 M159 还出土有袋足鬶，形状接近二里头二期ⅤM22：8③，但腹部较后者粗胖。因此第四期的年代大致相当于二里头三期偏晚阶段。

由此可大致对五期遗存的年代作出推断：

第一期约相当于二里头文化第一期或略早；第二期与第一期之间存在着一定缺环，大致相当于二里头文化第二期偏晚；第三期相当于二里头文化第三期早段；第四期相当于二里头文化第三期晚段；第五期相当于二里头文化第四期早段。

夏代时期太行山东麓南北二区的考古学文化均分为五期，时间大致自二里头一期至二里头四期，各期之间文化的连续性比较强，除第一期与第二期之间外，各期间未发现有大的缺环。南北区的考古学文化的分期与年代情况大致对应如下（表1）：

表1　　　　　　　　　南北区考古学文化分期与年代情况

	二里头文化一期	二里头文化二期晚段	二里头文化三期早段	二里头文化三期晚段	二里头文化四期早段
南区	第一期	第二期	第三期	第四期	第五期
北区	第一期	第二期	第三期	第四期	第五期

二　文化构成剖析

夏代时期太行山东麓地区的考古学文化面貌比较复杂，不仅不同时期各地文化面貌不同，即便同一时期不同地域的文化差异也很大。

夏代第一期时，南部地区是以磁县白村为代表的遗存，北部地区则以哑叭庄遗存为代表，二者可能以滹沱河为界。从总体特征来看，二者有许

---

① 中国社会科学院考古研究所：《偃师二里头（1959—1978 年考古发掘报告）》，中国大百科全书出版社 1999 年版，第 254 页。
② 同上书，第 136 页。
③ 同上书，第 134 页。

多共同之处，如陶器均以泥质陶居多，约占整个陶器群的60%，夹砂陶较少；陶器外表的色泽斑驳不匀，以褐色为主；器表除素面和磨光外，有篮纹、绳纹和方格纹；器类有罐、瓮、盆、钵等。但它们之间的差异也同样明显：南区的陶器器表纹饰以篮纹为主，北区则以绳纹居多；南区存在的鼎、大口篮纹罐、侈沿鼓腹盆未见于北区，北区的鬲、小口绳纹瓮、大口瓮亦未在南区发现，最为有趣的是，南北二区虽均受到山东龙山文化的影响，但北区所接受的东方因素更多。显然，这是两类不同的遗存，只是由于目前发现较少，尚不能对此进行更充分地讨论。

夏代第二期和第五期之时，太行山东麓地区的考古学文化呈现出极为复杂的状态。下面分四个区域对这些遗存的内涵做一剖析。

(一) 永定河以南、易水以北地区

该地区以涞水渐村、庞家河、房山塔照、镇江营为代表的遗存，其文化因素的构成主要包括如下两组：

A组包括绳纹鼓腹鬲、素面折肩鬲、筒状鬲、绳纹袋足甗、鼓腹绳纹罐、敞口簋、圈足碗形豆、折腹尊、折肩瓮和算珠形纺轮等，以及喇叭状铜耳环、臂钏。这组遗物与分布于燕山南北地区的夏家店下层文化典型器物别无二致。

在涞水渐村、房山塔照等遗址中，还发现有侈口袋足绳纹鬲、旋断绳纹盆、旋断绳纹、有腰隔的甗等，此乃B组，此部分因素与下岳各庄文化标准器极为相似。

以上两种因素之中，以A组即夏家店下层文化因素为主，B组数量较少，因而其文化性质当属于夏家店下层文化。

从遗迹方面来看，太行山东麓地区的塔照墓葬与以赤峰大甸子[①]为代表的燕北地区的夏家店下层文化或可称之为夏家店下层文化的核心区有某些相似之处，如均为长方形竖穴土坑墓，以单人葬为主，葬具为木棺，流行侧身屈肢葬，均发现有殉牲现象，随葬品多为鬲、罐、盆、豆等陶器。但亦存在一些差异。首先是合葬墓在塔照占36%，且多为同性合葬，大甸子主要是成人与儿童的合葬。其次，塔照墓葬的头向以向东为主，大甸子均为西北向。再者，塔照的侧身屈肢葬仅超一半，大甸子占到了3/4。

---

① 中国社会科学院考古研究所：《大甸子》，科学出版社1996年版。

陶器方面，太行山东麓地区的夏家店下层文化遗存和夏家店下层文化核心区的遗存均以夹砂陶为主，但前者中夹砂陶数量在90%以上，而后者仅占70%左右，且前者流行的夹云母习俗在后者中并不常见。从陶色看，前者中褐陶远远高于后者，灰陶数量则少于后者。纹饰方面，前者的绳纹占50%—60%左右，远远高于后者；前者的绳纹加划纹数量则少于后者。二者虽均有彩绘，但风格并不相同，前者的彩绘图案多为直线云雷纹，而后者是以曲线弧形为主。陶器种类方面，涞水渐村、房山刘李店等地出土的筒状鬲、房山塔照、西义安出土的折腹尊等，与后者同类器别无二致，刘李店、西义安、塔照遗址的喇叭装耳环、臂钏等装饰品亦与后者相似，但二者中不同器类所占的比例不尽相同，个别器物甚至互不相见。

总之，太行山东麓地区的夏家店下层文化与燕北地区夏家店下层文化核心区域的遗存从总体上看属于同一个文化系统，但从细部看，亦存在不少区别。这类遗存似乎与分布于京津唐地区的蓟县张家园[①]、围坊[②]、大厂大坨头[③]等遗址为代表的大坨头类型较为接近，可以归入大坨头类型。但是太行山东麓地区的这类遗存与京津唐地区尤其是大坨头、张家园等地相比，有着自己的独特的个性。二者虽然都以夹砂陶为主，但前者的夹砂陶占95%以上，远远超过了京津唐地区。从陶色看，二者的陶器器表色泽斑驳不均，以褐色为主，多手制，纹饰以绳纹为主，但前者的绳纹包括粗、中、细绳纹，多见绳纹抹光和弦断绳纹。从器物种类看，二者常见器物均有鼓腹鬲、筒腹鬲、折肩鬲、折肩尊、绳纹盆、腰部带附加堆纹的甗，但在具体形态上仍有区别，如前者的鬲和甗袋足较瘦削，多有小实足根，与京津唐地区袋足肥硕无实足根的风格不同。此外前者常见的折肩大平底绳纹罐、簋等不见于京津唐地区。这些差异或许与其所处的地理位置有关。

---

① a．天津市文物管理处：《天津蓟县张家园遗址试掘简报》，《文物资料丛刊》1，文物出版社1977年版。b．天津市历史博物馆考古队：《天津蓟县张家园遗址第二次发掘》，《考古》1984年第8期。c．天津市历史博物馆考古部：《天津蓟县张家园遗址第三次发掘》，《考古》1993年第4期。

② 天津市文物管理处考古队：《天津蓟县围坊遗址发掘简报》，《考古》1983年第10期。

③ 天津市文化局考古队：《河北大厂回族自治县大坨头遗址试掘简报》，《考古》1966年第1期。

(二) 易水以南、滹沱河以北地区

该地区主要遗址有易县下岳各庄、容城午方、唐县北放水等。其文化面貌较为复杂，大致可以分为六组：

A 组由高直领或矮领束颈鼓腹鬲、侈口旋断绳纹甗、敞口鼓腹绳纹盆、小口鼓腹绳纹罐、小口束颈绳纹瓮、旋断绳纹瘦腹罐、浅盘绳纹豆等陶器组成，这部分数量最多，构成了该文化最重要的主体部分。

B 组即岳石文化的因素，如夹砂类器物表面的刷痕、器口及器底的迭边、陶器外表色泽的斑驳等均为岳石文化的特有风格。任丘哑叭庄、安新辛庄克、容城上坡和唐县北放水等遗址发现的盘形豆、碗形豆，容城白龙、安新辛庄克和任丘哑叭庄的泥质磨光褐陶盂、侈口鼓腹罐等陶器形制简直与岳石文化同类器毫无二致。此外下岳各庄文化中常见的加按窝或楔形点纹的甗腰除其上下腹饰有绳纹外，其余也与岳石文化风格相似，这组因素或可能是直接来自岳石文化分布区，或可能是受后者影响而产生。

在这类遗存中也能见到筒腹鬲、折肩鬲、鼓腹鬲、肥袋足绳纹甗带高实足根的鼓腹鬲、敞口折腹尊、敛口钵、算珠形纺轮、喇叭状耳环、臂钏以及盘状器等，即 C 组，与夏家店下层文化同类器极为相似。

北放水、下岳各庄等地出土的蛋形瓮，敛口鼓腹，下有较矮的圈足，这种器物为光社、白燕、东下冯一类遗存最具代表性的遗物，此乃 D 组，其发现应与晋中晋西南地区同期遗存亦存在着一定的联系。

任丘哑叭庄、唐县淑间和容城午方等遗址发现有卷沿束颈薄胎绳纹鬲、侈口深腹绳纹罐、侧装扁三足盆形鼎等陶器和牛角状石镰、矩形石刀、牛角状石镰等石器，此为 E 组。这些遗物可能与南部的下七垣文化有密切关系。

这类遗存中亦发现一些北方青铜文化的代表性器物，即 F 组。如易县下岳各庄出土的銎铤镞、喇叭状铜耳环、盘状器、尧方头遗址出土的铜泡、哑叭庄遗址出土的环首铜刀等，显示出与北方青铜文化之间的交往。

由此可以看出，易水以南、滹沱河以北地区的夏代遗存以 A 组因素最具特色，同时包含有 B、C、D、E、F 组等不同文化的因素，这类遗存可称之为下岳各庄文化，其主体成分当为 A 组因素，至于其他几种文化因素，大约是下岳各庄文化在其形成和发展过程中，受到了本地文化传统及周边考古学文化的影响而产生的。它与周边考古学文化的关系显然有疏

有密，如其与岳石文化、夏家店下层文化、下七垣文化关系最为密切，相较而言，与山西同期遗存较为疏远一些。

（三）滹沱河以南、淇河以北地区

这一地区夏代时期的考古学文化遗存以邯郸涧沟、龟台、磁县界段营、下七垣、邢台葛庄、鹤壁刘庄、安阳小屯西地等为代表，其文化内涵可以分作以下几组：

A组主要包括一组独具特色的陶器群，由绳纹高锥足鬲、绳纹甗、楔形点纹深腹罐、卷沿大平底绳纹盆、小口绳纹瓮、大侈口碗形豆等陶器组成，这组陶器数量最多，构成了该文化的主体部分。

在这类遗存中，存在不少与二里头文化相类似的器物，即B组。磁县下七垣遗址第4层发现的罐形鼎，束颈平底，与偃师二里头H110：11①极为相似，唯后者腹部较鼓。下七垣同一单位还出土有附加堆纹罐，侈口鼓腹，器表饰多道附加堆纹，与二里头M23：2②几乎完全相同。鹤壁刘庄M159、M262、M147的爵、角、鬶与二里头文化二、三期的器物非常接近，M218和M117的豆，浅盘折沿，圈足高而细，与二里头M21：5③较为相似，唯后者腹更浅一些。此外，邢台葛庄H2、小屯西地H49的捏沿罐，正定西房头、石家庄市庄、邯郸白村、辉县孟庄的侧装扁三足鼎等，均与二里头文化的同类器极为相似。以上这些大概是受二里头文化影响而产生的。

C组即岳石文化因素亦较多，如邢台葛庄、磁县南城、鹤壁刘庄、辉县孟庄的浅盘豆，高圈足，盘内或有一圈弦纹或旋纹，南城还发现有碗形豆，腹较深，圈足较矮胖，与岳石文化同类器完全相同。安阳鄣邓和磁县南城的宽沿圜底锥足鼎、邯郸北羊台的束颈鼓腹盂、葛庄和小屯西地发现的细泥鼓腹盆，南城出土的高领圜底锥足鼎等都在岳石文化中能找到大量相似的器形。

内邱南三歧、邢台葛庄、临城补药、鹤壁刘庄、辉县孟庄等地发现有单耳罐、单耳鬲、蛋形瓮、敛口斝等，即D组，与晋中、晋西南同期文

---

① 中国社会科学院考古研究所：《偃师二里头（1959—1978年考古发掘报告）》，中国大百科全书出版社1999年版，第101页。

② 同上书，第130页。

③ 同上书，第346页。

化遗存相似。

此外这类遗存中还发现有旋断绳纹鼓腹罐、旋断绳纹盆等，即E组，与北区的下岳各庄文化极为相似，当是受其影响而产生。

上述各组中，以A组即下七垣文化数量最多，亦最具特色，此乃下七垣文化区别于其他考古学文化之所在。B组和C组数量也不少，反映出二里头文化和岳石文化对下七垣文化亦产生了较大的影响。来自晋中和晋西南的D组和下岳各庄文化的E组数量较少，下七垣文化与这两种文化的关系可能较为疏远一些。

（四）沁河流域

在太行山东麓地区的南端以焦作府城、新乡李大召等为代表的遗存，其文化因素的构成大致可以分为如下三组：

A组拥有一批风格独特的陶器群，包括深腹圜底罐、捏沿罐、圆腹罐、花边罐、带鸡冠鋬的甗、大口尊、覆盘形器盖等，这群陶器从形制至纹饰以及组合，均与以二里头遗址为代表的二里头文化完全一致。

B组如浅盘豆、碗形豆、细泥鼓腹盆，形制与岳石文化同类器非常相似，应是受后者影响而产生。

府城和李大召还出土有较多的蛋形瓮，与晋中晋南同期遗存风格一致，其来源当与后者有关。

总体看来，以上三组中，以A组数量最多，显然这类遗存可归入二里头文化。B组和C组数量较少，显示出二里头文化与东西相邻地域的考古学文化之间的交流。

太行山东麓地区发现的二里头文化遗存与二里头文化核心区相比存在若干共同之处，如陶器均以夹砂灰陶和泥质灰陶为主；器表的纹饰以绳纹为多，存在少量方格纹；器类均以深腹罐、圆腹罐、捏沿罐、鼎、甗、大口尊、豆、绳纹盆、覆盘形器盖、绳纹鬲为主，反映出二者属于同一个大的文化系统。但也存在一些小的差异，如前者中蛋形瓮、盘形豆和碗形豆等的数量多于后者，后者常见的刻槽盆、三足皿、爵、鬹、盉等器物在前者中少见或未见。或许是与下七垣文化相邻的缘故，前者中鬲的比例一直比较高，如李大召遗址略早的H205中鬲占全部陶器的19%，较晚的H299中竟然占到了32%。

三　平面格局的演变

夏代时期太行山东麓地区的文化格局极为复杂，不同时期、不同性质的考古学文化争相登场，在这一地区的舞台上上演了一幕幕精彩的画面。

相当于夏代第一期时，中原核心区的王湾三期文化最终演变成新砦期文化。新砦期文化虽有龙山时代的影子，但更多的是新出现了一系列新的文化因素，如陶器器壁较厚，陶色不大均匀，出现了一部分棕褐色陶器，器表纹饰以印痕较浅的斜篮纹和粗细不一形态多变的方格纹为主，器形不甚规整，主要陶器有折沿圜底罐形鼎、折沿平底深腹罐、折沿深腹盆、盆形甑、钵状刻槽盆、直领小口平底瓮、高领罐、折肩器盖等。[1]

这一时期的太行山东麓地区也经历了同样的蜕变。分布于滹沱河以南地区以白村为代表的遗存，与滹沱河以北地区以哑叭庄遗存为代表的遗存，便是这种蜕变的体现。二者均脱胎于龙山时代的后岗二期文化，又在此基础上融入了新的时代元素。目前这类遗存发现不多，对于二者的分布界限以及文化特征、文化性质等问题尚不能进行更进一步地探究。此外由于它与第二期的遗存存在较大的缺环，对于它的去向也无法做出更多的推测。

夏代第二期至夏代第五期时，以伊洛流域为核心的中原地区为二里头文化的分布区，以泰沂山脉为中心的海岱地区为岳石文化所占据，燕山南北地区为夏家店下层文化分布区，晋西南的涑水一带分布的是与二里头文化有某种亲缘关系的东下冯文化，晋中的太原盆地和忻定盆地则为杏花村、东太堡和游邀类遗存所控制。在绵延700多公里的太行山东麓走廊地区，由北向南分布着四支性质不同的考古学文化，即夏家店下层文化、下岳各庄文化、下七垣文化和二里头文化。不过，这四支考古学文化并非一直存在于太行山东麓地区，并且它们的分布范围也有不小的变动。因此，可以将夏代第二期至第五期分作两个大的时段，来动态观察太行山东麓地区文化格局的变迁。

大约在这一时期的早段，即夏代第二期和第三期时，自易水以南至卫河一带为下岳各庄文化和下七垣文化分布区，二者以滹沱河为界，分别占据着太行山东麓的北区和南区。这两支考古学文化的分布地域、文化面貌

---

[1] 赵芝荃:《试论二里头文化的源流》,《考古学报》1986年第1期。

和性质都不相同，但二者间还是存在着若干相似之处。这种相似性固然有时代相同、地域邻近的因素，但更重要的，在这两支考古学文化形成和发展过程中，都受到了来自太行山西麓和古黄河以东的泰沂地区的影响。

夏代第二期之时，滹沱河以南地区受到了来自太行山西麓地区的强烈影响，高直领袋足鬲的突然出现便是最好的证明。除了高直领袋足鬲之外，大量的单耳罐、敞口罐、圆腹罐、花边罐亦集中涌入，此种状况以鹤壁刘庄和辉县孟庄墓地反映得最为典型。这两处墓地初期时，存在数量较多的只随葬单耳罐、敞口罐、圆腹罐或花边罐的墓葬，也有部分随葬单个高领鬲的墓葬。较晚时候，除随葬罐、高领鬲的墓葬外，新出现了浅盘豆、敞口簋、蛋形瓮、盆形侧装扁足鼎。此外，刘庄的墓葬中还较多地发现了石棺或简化石棺。

滹沱河以北地区即北区和南区一样，在夏代二期、三期时，受到了来自太行山西麓地区的强烈影响，高直领袋足鬲亦同时出现在这个地区。北区因未能发现这一时期的墓葬，因此无法进行更进一步地分析，但从仅有的材料看，高直领鬲、蛋形瓮等器物的源头亦如南区一样，指向了太行山的另一侧。

这些因素在太行山东麓地区稍早的文化遗存中并未发现，而在太行山另一侧的山西地区广为流行，如临汾盆地、太原盆地和忻定盆地的夏县东下冯①、汾阳杏花村②、太原光社③、许坦④、东太堡、狄村⑤、忻州游邀⑥等地常见高领鬲、单耳罐、敞口罐、圆腹罐、花边罐、蛋形瓮等器物。太原许坦曾集中发现过石棺墓群，在已发掘的十五六座墓葬中，有五座是用石片砌成棺的形状，四周用自然石块砌成椁或棺壁，上面再用大石片覆盖。这些墓葬大约长2米，宽和高约0.50米，均为单人葬，随葬品有高直领鬲、单耳鬲、单耳罐、圆腹罐、平底盆、簋、侧装扁三足鼎、甗等。显然，太行山东麓地区的这类因素来自山西地区。

到了这一时期的晚段，即夏代第四期和第五期之时，太行山东麓地区的文化格局又发生了不小的变动，这个变动主要发生在太行山东麓地区的

---

① 中国社会科学院考古研究所等：《夏县东下冯》，文物出版社1988年版。
② 国家文物局等：《晋中考古》，文物出版社1998年版，第158—163页。
③ 解希恭：《光社遗址调查试掘简报》，《文物》1962年第4—5期。
④ 高礼双：《太原市南郊许坦村发现石棺墓葬群》，《考古》1962年第9期。
⑤ 山西省考古研究所：《太原狄村、东太堡出土的陶器》，《考古与文物》1989年第3期。
⑥ 忻州考古队：《忻州游邀考古》，科学出版社2004年版。

北端和南端。二里头文化的典型遗址突然出现在沁水流域，夏家店下层文化也降临在易水以北地区。这两支考古学文化几乎同时驻足太行山东麓地区，使得这一地区的文化面貌变得极其复杂。

以偃师二里头遗址为代表的二里头文化主要分布于以豫西的伊洛河流域为中心的广大地区，这支文化拥有一支以深腹罐、圆腹罐、盉、爵、三足皿、大口尊为代表的陶器群，率先铸造出鼎、盉、斝、爵等青铜礼器，并且修筑有体量巨大、结构复杂的大型建筑，学术界一般认为这一文化的创造和使用者为以夏族为主体的人群。二里头文化在太行山东麓南端一带的着陆，向我们传递出的是处于繁荣期的二里头文化向外扩张的信息。

前面我们已经分析过，太行山东麓地区的夏代第四期大约相当于二里头文化的三期晚段。这一时期距离二里头文化进入繁荣阶段的第二期已有相当长的时间。虽然二里头文化因素降临太行山东麓地区的时间不算太早，但二里头文化对这一地区的影响却很早便已发生。

大约在夏代第二期，在太行山东麓地区便能看到二里头文化的影子。如下七垣第四层和 H61 以及磁县白村出土的罐形鼎、侧装扁三足鼎、堆纹罐、蘑菇钮器盖，与二里头文化中心区的同类器基本相同。夏代第三期时，二里头文化的影响更为明显，不仅在豫北冀南的辉县孟庄、大寒南冈、淇县宋窑、鹤壁刘庄等遗址出土有二里头文化的典型器，甚至临近滹沱河的石家庄市庄、正定西房头亦发现盆形侧装扁足鼎等器物。二里头文化对太行山东麓地区的影响一直持续到了夏代第四期，在鹤壁刘庄 M159、M262、M147 甚至发现了爵、鬶、角等二里头文化的礼器。埋葬制度是诸多习俗中最为保守，亦是最难改变的，上述这几座墓葬典型二里头文化陶器的出土，反映出此时二里头文化对于该地区影响的强烈程度。或许这几座墓葬为与商人通婚的夏人或其盟邦所遗留，如果是这样的话，更可以说明这一时期商人与夏人关系的密切程度已经超越了以往任何一个时期。

但是，也应当看到，尽管夏代第四期时，二里头文化对于该地区的影响达到了极盛，但这种影响仅限于豫北地区，其他地区基本已不见二里头文化的踪迹。与二里头文化的大幅撤退相反，来自东方的岳石文化加强了西进的脚步。

岳石文化对于太行山东麓地区的影响始于夏代第三期，在鹤壁刘庄、淇县宋窑、辉县孟庄等地便已有浅盘豆出现，到了第四期，除上述地点外，在磁县南城、邢台葛庄、鹿泉北胡庄等亦发现有类似的器物。初始时期的浅盘豆常常与高领鬲搭配作为随葬器，后来更与束颈鼓腹鬲、平底盆、深腹盆、平底鼎等组成相对固定的组合，出现在墓葬中，显然此时的浅盘豆，已完全融入进下七垣文化之中，成为它的重要组成部分。这一地区的岳石文化因素除浅盘豆外，还有碗形豆、素面罐、细泥鼓腹盆、束颈盂、宽沿圜底锥足鼎等，这些因素一直持续到下七垣文化最末期，显示出岳石文化与下七垣文化之间独特而亲密的关系。

这一时期太行山东麓地区的北端为夏家店下层文化分布区。夏家店下层文化分布于北起西喇木伦河，南逾海河，西起桑干河上游，东至辽河左近的广大地区。这一文化拥有一群风格独特的陶器群，包括筒腹鬲、鼓腹鬲、折腹尊、绳纹盆和绳纹甗等，流行佩戴喇叭状耳环和臂钏，年代与夏代和商代早期相当。夏家店下层文化可分为三个类型，即药王庙类型、大坨头类型和壶流河类型。[1]

涞水渐村为太行山东麓地区发现的年代最早的夏家店下层文化遗址。上文已分析过，这类遗存与京津唐地区的大坨头类型极为接近，可以归入这一类型。也就是说，大概在夏代第四期即二里头文化三期晚段之时，大坨头类型的分布范围已延伸到了永定河以南的易水流域。到第五期时，大坨头类型的势力在这一地区不断加强，房山镇江营与塔照也相继被纳入大坨头类型的范围之中，但与此同时，涞水渐村等地却又出现了包括筒腹鬲、鼓腹盆和绳纹罐在内典型的药王庙类型的因素。筒腹鬲是分布于老哈河及大小凌河一带的药王庙类型的典型器物，这类器物在太行山东麓地区的出现，意味深长。可能到了这一时期，药王庙类型的势力得到了较大的发展，已开始了对易水流域的入侵。

总之，夏代时期的太行山东麓地区由于其地理位置的特殊性，成为多种人群交流汇聚之地，并因此造就了其文化的独有风格。尤为重要的是，商人自很早起便辗转于走廊地区的中南部，在此积蓄了足够的力量之后，终于南下灭夏，建立了商王朝。也许这便是夏代时期太行山东麓地区给予中原核心地区最大的回馈。

（作者单位：河北师范大学）

---

[1] 李伯谦：《论夏家店下层文化》，《纪念北京大学考古专业三十周年论文集》，文物出版社1990年版。

夏时期太行山西麓考古学文化谱系研究

常怀颖

一 缘起

太行山两翼自古以来是南北交流的通道。中原与北方草原地区的交流，除经关中、河西走廊通往西域的丝路故道之外，沿太行山、南流黄河两条南北通道与蒙古高原沟通的交通孔道，也是极应受到关注的路线。从夏商考古学研究角度而言，对于这一区域的研究，有助于了解夏商王朝核心区域与其北境的文化互动、经济关系，乃至探讨两个王朝对北方的控制能力。但长期以来，在文献描述之外，对于夏商时期这一地区考古学文化的格局，缺少大空间范围的细致观察。这其中，对太行西麓的研究尤为薄弱。一方面，因为种种原因，太行山西麓是山西省考古工作较为薄弱的地区，基础材料积累不足。由于材料缺乏，对很多问题的探讨自然受到局限；另一方面，既往研究多集中于对某个小流域或小自然地理单元进行分析，而少有从整体上去把握这一区域文化演变格局的研究，更缺乏对不同区域间的对比考察。

近年来，基本建设的开展和考古研究课题意识的增强，太行山西麓的材料积累有了很大改观，这使得对这一区域开展初步整合研究有了可能。有鉴于此，本文不揣浅陋，拟对太行山西麓的夏时期遗存进行一番初步梳理。

太行山西麓从南至北大体有三个地理单元，最南端是清、浊漳水上游的长治盆地及其周边区域；长治盆地以北是滹沱河上游的忻定盆地；忻定盆地以北是桑干河流域的大同盆地。因材料所限，本文目前仅能讨论前两个区域。

二　长治盆地考古学文化的分期与特征

本文所称长治盆地，旧称上党盆地，盆地东北部为太行山，西侧为太岳山，南端为王屋山。这一区域在主要的水系有清漳河、浊漳河上游、沁河及其支流流经区域。依行政区划主要包括今山西省的长治市、晋城市与晋中市南部的榆社、左权两县。这一地区二里头文化时期考古工作起步较晚。20世纪80年代中后期，以长治小神遗址的发掘为代表，本地区二里头文化时期的考古工作才得以展开。至2009年止，长治盆地共发现了二里头文化时期的遗存近十处（图1），其中仅有长治小神①、屯留西李高②、榆社台曲③、古县、望北、赵店④等数处经正式发掘的资料得到正式公布。

（一）地层关系

截至2009年，长治盆地二里头文化时期发掘面积较大且公布材料较为丰富的遗址以长治小神、榆社台曲与屯留西李高为代表。

小神遗址二里头文化时期遗存材料公布缺乏地层关系的全面交代，从现有报告及部分遗迹平面图中可以梳理出下列九组地层关系：

(1) H32→H33→H39

(2) H32→H48

(3) M7→H35→H36

(4) H67→H85→H81→H82→H84

(5) H83→H78、H84

(6) H69→H78

(7) H72→H73→H77

(8) H72→H73→H79→H74

(9) TG1①→②→③→④→⑤→⑥

---

① a. 山西省考古研究所晋东南工作站：《山西长治小神村遗址》，《考古》1988年第7期。b. 山西省考古研究所晋东南工作站：《长治小常乡小神遗址》，《考古学报》1996年第1期。

② 山西省考古研究所：《山西屯留西李高遗址发掘》，《文物春秋》2009年第3期。

③ 山西省考古研究所：《山西榆社台曲遗址发掘》，《三晋考古》（一），山西人民出版社1994年版。

④ 山西省考古研究所晋东南工作站：《山西黎城古文化遗址调查报告》，《文物季刊》1998年第4期。

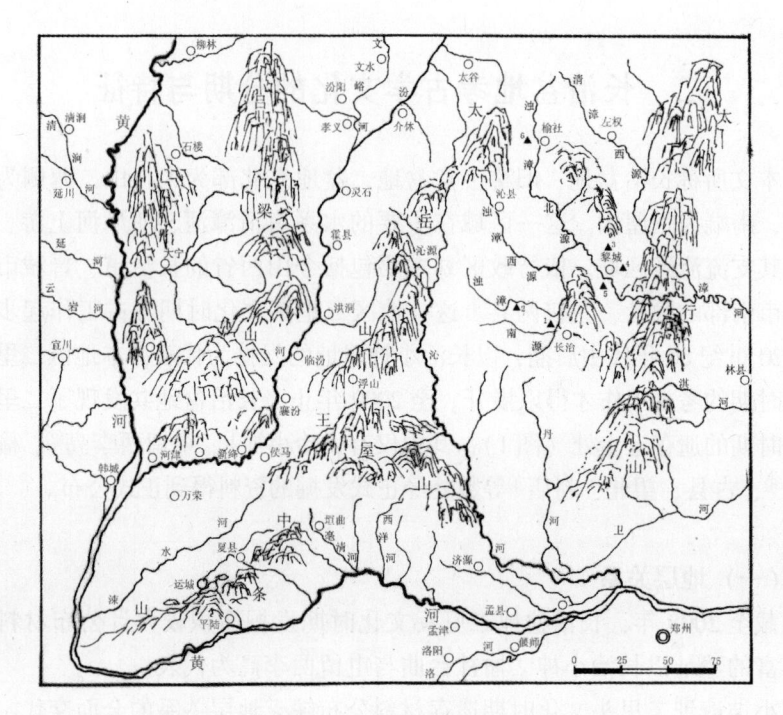

1. 小神 2. 西李高 3. 古县 4. 望北 5. 赵店 6. 台曲

图1　长治盆地二里头文化时期主要遗址分布示意图

台曲遗址二里头文化时期遗存皆出自各探方第③层。

西李高遗址提供二里头文化时期地层关系一组：

T7、8①→H10→H12→H16→H17

另外，原简报提及，西李高遗址"文化层堆积较浅，灰坑均开口于耕土层之下，打破关系较为复杂"。但是由于原简报提供信息过少，无法详加验证。

除上述发掘材料外，在清、浊漳河流域的部分调查材料也可作为参证材料。①

（二）陶器形制分析

长治盆地各遗址二里头文化时期遗存比较丰富，器类亦较多样。总体

---

① 中国国家博物馆、山西省考古研究所：《晋东南地区早期文化的考古调查与初步认识》，《文博》2011年第2期。

看，三足器、平底器、圈底器皆有一定的比例。其中鬲、鼎、盆、豆、罐、瓮等几类器物形制演变轨迹较为清晰，是分期断代的重要依据。

鬲：皆为卷沿，根据整体形态差异可分为三型。

A型高领鼓腹。数量较少，根据颈部变化形态差异可分为三式。

Ⅰ式：高领甚直，唇缘或经压印成为花边。标本西李高H18∶31（图2∶1）。

Ⅱ式：高领斜侈。标本西李高H21∶16（图2∶2）。

Ⅲ式：侈领略矮。标本小神H91∶45（图2∶3）。

B型矮领鼓腹。数量较少，根据腹部形态差异可分为两式。

Ⅰ式：矮领鼓腹，唇缘或经压印成为花边。标本西李高H18∶23（图2∶4）。

Ⅱ式：矮领，腹部变瘦。标本小神TG1④∶11（图2∶5）。

C型筒腹。数量不多。根据腹部形态差异可分为两式。

Ⅰ式：侈领较高，下腹略收。标本西李高H18∶30（图2∶6）。

Ⅱ式：侈领较矮，下腹较直。标本台曲T19③∶1（图2∶7）。

甗：陶甗在本地区二里头文化时期较为常见，但复原器甚少。所见者皆有箅托。标本西李高H18∶4、古县采集0∶17、小神H83∶41（图2∶8、9、10）。

鼎：数量甚少，皆盆形。根据盆腹差异可分为两型。

A型：深腹。标本小神H92∶1（图2∶11）。

B型：浅腹。标本小神H82∶15（图2∶12）。

器物期段	鬲 A	鬲 B	鬲 C	甗	鼎 A	鼎 B	斝 A	斝 B
一期	Ⅰ 1.西李高 H18∶31	Ⅰ 4.西李高 H18∶23	Ⅰ 6.西李高 H18∶30	8.西李高 H18∶4			Ⅰ 13.西李高 H18∶27	
二期	Ⅱ 2.西李高 H21∶16	Ⅱ 5.小神 TG1④∶11		9.古县采集 0∶17	11.小神 H92∶1	12.小神 H82∶15		

460 / 夏商都邑与文化(二)

续图

器物\期段	鬲			甗	鼎		斝	
	A	B	C		A	B	A	B
三期	Ⅲ 3. 小神 H91∶45		Ⅱ 7. 台曲 T19③∶1	10. 小神 H83∶41			Ⅱ 14. 小神 H91∶11	15. 小神 H72∶14

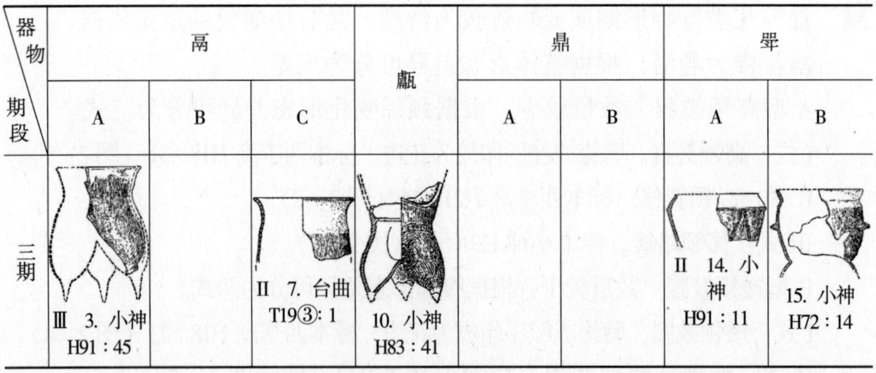

图 2 长治盆地二里头文化时期陶鬲、甗、鼎、斝分期图

斝：数量极多。根据口部形态差异可分为两型。

A 型：敛口。根据颈部形态差异可分为两式。

Ⅰ式：肩部较圆溜。标本西李高 H18∶27（图 2∶13）。

Ⅱ式：微折肩，上腹常见五花大绑式附加堆纹。标本小神 H91∶11（图 2∶14）。

B 型：侈口。标本小神 H72∶14（图 2∶15）。

盆：数量种类甚多，根据盆腹差异可分为四型。

A 型：深腹盆，根据盆腹差异可分为两亚型。

Aa 型：深弧腹。根据沿腹形态差异可分为两式。

Ⅰ式：宽沿，斜腹微鼓。标本西李高 H18∶5（图 3∶1）。

Ⅱ式：沿略窄，深鼓腹较直。标本小神 H83∶6（图 3∶2）。

Ab 型：深直腹。根据腹部形态差异可分两式。

Ⅰ式：深腹微鼓。标本西李高 H18∶22（图 3∶3）。

B 型：鼓腹盆，根据沿颈形态差异可分为两式。

Ⅰ式：束颈，宽折沿。标本西李高 H18∶40（图 3∶4）。

Ⅱ式：窄沿，凸肩，下腹急收。标本小神 TG1③∶8（图 3∶5）。

C 型：浅腹盆，敞口平底，较常见。标本小神 H91∶4（图 3∶6）。

D 型：折腹盆。数量甚少。标本赵店采集∶1（图 3∶7）。

簋：数量极少，形态不固定。标本西李高 H18∶38、小神 H13∶1、台曲 T18③∶1（图 3∶8、9、10）。

细柄豆：数量较少。根据豆盘内有无折棱形成的小浅盘可分两型。

A 型：浅盘。标本小神 H69：1（图3：11）。

B 型：深盘，标本小神 H83：42（图3：12）。

罐：数量较多，种类繁杂。根据整体形态差异可粗略分为深腹罐、圆腹罐、高领罐、折肩罐、大口罐等五型。

A 型：深腹罐。数量最少，标本西李高 H18：32（图4：1）。

B 型：圆腹罐。数量较少，标本西李高 H18：14（图4：2）。

C 型：高领罐。数量较多，圆唇，有的唇缘压印成花边，上腹微鼓。标本西李高 H26：1、小神 TG1③：7（图4：3、4）。

D 型：折肩罐。数量较多，根据肩部形态差异可分为两式。

Ⅰ式：矮领，腹较深，肩部折转较圆。标本西李高 H31：4（图4：5）。

Ⅱ式：腹较浅，硬折肩。标本古县采集：16（图4：6）。

E 型：大口鼓腹罐，形体较小。数量较少。根据沿面形态差异可分为两式。

Ⅰ式：窄沿较直立，鼓腹较直。标本西李高 H18：12（图4：7）。

Ⅱ式：窄沿斜侈，鼓腹。标本古县采集：13（图4：8）。

瓮：根据整体形态差异可分为小口瓮、平口瓮、蛋形瓮三类。

小口瓮：数量较少，根据口领形态差异可分为两式。

Ⅰ式：侈领小口，肩领相接处较圆转。标本西李高 H18：33（图4：9）。

Ⅱ式：束颈，口略大，肩领相接处折转较硬。标本小神 H81：11（图4：10）。

平口瓮：数量较少。标本赵店采集：02（图4：11）。

蛋形瓮：数量甚多，修复者较少，上部皆为敛口，但唇沿形态有折沿和无沿两种。前者标本西李高 H18：2、小神 H86：12（图4：12、13）；后者标本西李高 H18：1、小神 H84：2（图4：14、15）。

蛋形瓮下部形态较多。根据足、底形态差异可分为四型。

A 型：四足。数量较少。标本小神 H91：150、TG1④：19（图5：1、2）。

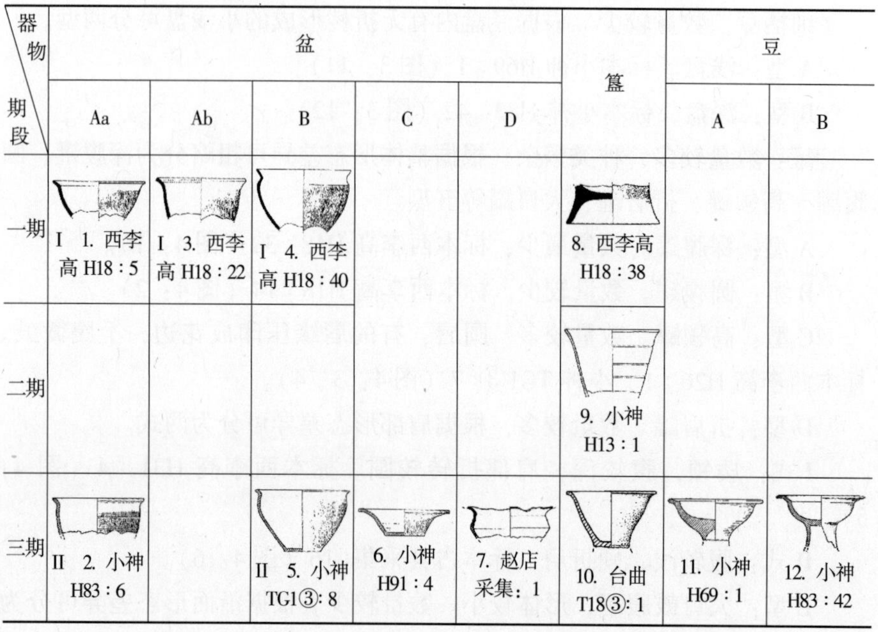

462 / 夏商都邑与文化(二)

器物 期段	盆					簋	豆	
	Aa	Ab	B	C	D		A	B
一期	I 1. 西李高 H18:5	I 3. 西李高 H18:22	I 4. 西李高 H18:40			8. 西李高 H18:38		
二期						9. 小神 H13:1		
三期	II 2. 小神 H83:6		II 5. 小神 TG1③:8	6. 小神 H91:4	7. 赵店 采集:1	10. 台曲 T18③:1	11. 小神 H69:1	12. 小神 H83:42

图 3　长治盆地二里头文化时期陶盆、簋、豆分期图

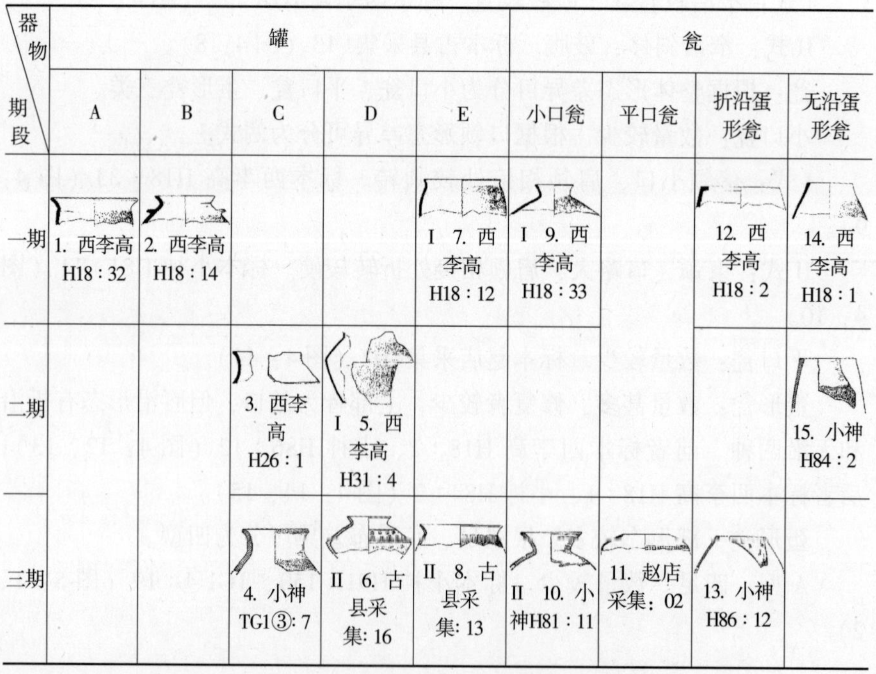

器物 期段	罐					瓮			
	A	B	C	D	E	小口瓮	平口瓮	折沿蛋形瓮	无沿蛋形瓮
一期	1. 西李高 H18:32	2. 西李高 H18:14				I 7. 西李高 H18:12	I 9. 西李高 H18:33	12. 西李高 H18:2	14. 西李高 H18:1
二期			3. 西李高 H26:1	I 5. 西李高 H31:4					15. 小神 H84:2
三期			4. 小神 TG1③:7	II 6. 古县采集:16	II 8. 古县采集:13	II 10. 小神 H81:11	11. 赵店 采集:02	13. 小神 H86:12	

图 4　长治盆地二里头文化时期陶罐、瓮分期图

B 型：三足。标本台曲 T18③：2（图5：3）。
C 型：平底。标本小神采集：49（图5：4）。
D 型：圈足。标本西李高 H18：35、小神 H91：35（图5：5、6）。
管流爵：标本小神采集：63（图5：7）。

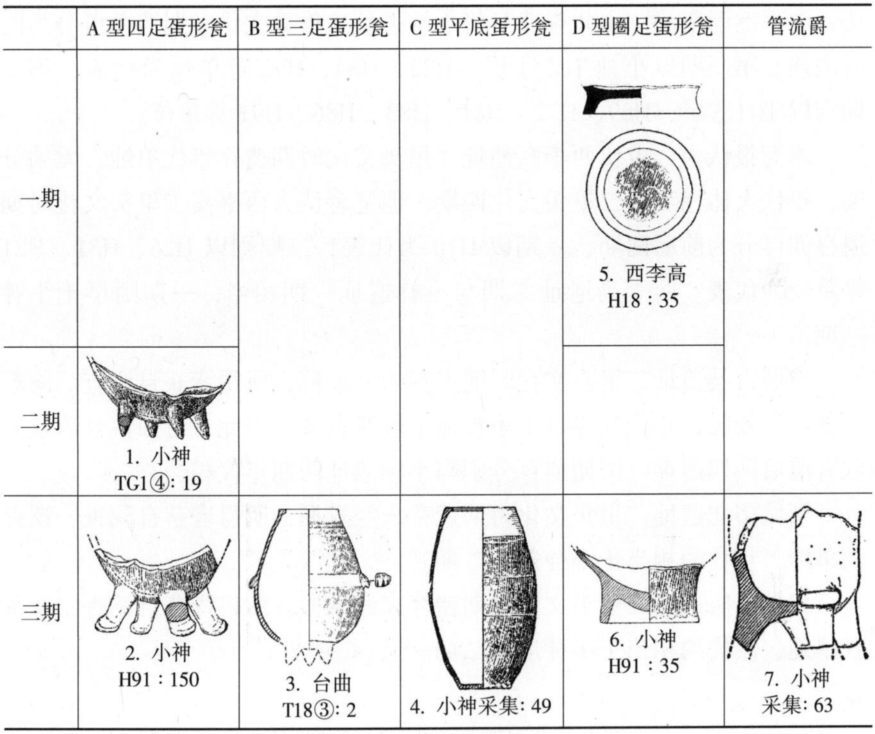

	A 型四足蛋形瓮	B 型三足蛋形瓮	C 型平底蛋形瓮	D 型圈足蛋形瓮	管流爵
一期				5. 西李高 H18：35	
二期	1. 小神 TG1④：19				
三期	2. 小神 H91：150	3. 台曲 T18③：2	4. 小神采集：49	6. 小神 H91：35	7. 小神 采集：63

图5 长治盆地二里头文化时期陶蛋形瓮、管流爵分期图

（三）分期与年代推定

由于长治盆地二里头文化时期遗存缺少必要有效的地层且遗物并非特别丰富，因此较难进行十分细致的分期研究。

原发掘报告认为，小神遗址年代接近，无法进行细致分期。严志斌[1]、蒋刚[2]等学者的研究虽提及小神遗址二里头文化遗存年代与东下冯

---

[1] 严志斌：《试析长治小神遗址的二里头时期遗存》，《北方文物》1999 年第 1 期。
[2] 蒋刚：《太行山两翼北方青铜文化的演进及其与夏商西周文化的互动》，吉林大学博士学位论文，2006 年。

三四期相当,但并未对其详加分析,而仅是作为同一时期的遗存一并加以对比研究。笔者认为,结合太行山东麓冀南与冀中地区与晋西南运城盆地①、晋中地区②二里头文化时期器物形态演变规律可知,高领鬲的演变规律为领部由直渐侈,领部高度逐渐降低;矮领鬲演变规律则是腹部逐渐变瘦;陶甗盆甑部分由较肥到较瘦直;高领罐演变规律则为领部逐渐变矮,腹部逐渐变浅。由此规律可将小神遗址二里头文化时期遗存可分为前后两期。第一期以小神 TG1④层、H82、H84、H92 等单位为代表;第二期则以 TG1③层、H69、H72、H81、H83、H86、H91 等单位。

原简报认为,屯留西李高遗址二里头文化时期遗存年代单纯,无须分期,年代大体相当于二里头文化四期。但笔者认为西李高二里头文化时期遗存亦可分为前后两期,一期以 H18 为代表,二期则以 H26、H31、H21 等单位为代表。西李高遗址二期与小神遗址一期相当,一期则早于小神一期。

黎城古县遗址二里头文化时期遗存未经发掘,所得皆获自调查。陶甗上部盆甑较肥,年代当略早于小神遗址较瘦直者。因此,可知古县遗址大致有前后两期遗存。两期遗存分别与小神遗址两期年代相当。

黎城望北遗址二里头文化时期遗存未经发掘,所得皆获自调查,遗存较单纯,年代约相当于小神遗址二期。

黎城赵店遗址二里头文化时期遗存未经发掘,所得皆获自调查,遗存较单纯,年代约相当于小神遗址二期。

表1　　　　　二里头文化时期长治盆地居址分期对照表

遗址 \ 期段	一期	二期	三期	资料来源
小神		1	2	③
西李高	1	2		④

---

① 常怀颖:《夏商时期古冀州之域的考古学研究》,北京大学博士学位论文,2010 年,未发表。
② 常怀颖:《也论夏商时期晋中地区的诸遗存》,《三代考古》(四),科学出版社 2011 年版。
③ 山西省考古研究所晋东南工作站:《长治小常乡小神遗址》,《考古学报》1996 年第 1 期。
④ 山西省考古研究所:《山西屯留西李高遗址发掘》,《文物春秋》2009 年第 3 期。

续表

期段\遗址	一期	二期	三期	资料来源
古县		1	2	①
望北			√	①
赵店			√	①
台曲			√	②

榆社台曲遗址二里头文化时期遗存较单纯，年代约相当于小神遗址二期。

由上述分期，可将本区二里头文化时期遗存整合分为三期（表1），由于材料尚不丰富，暂不对其分段。

一期：材料不多。本期炊器以陶鬲、甗为主，偶见陶鼎、斝。陶器制作较为粗糙。由于目前材料较少，这一时期器物种类尚不甚丰富。本期高领鬲（H18：31）形态与东下冯遗址第Ⅱ期H61：2，北放水H24：1、东太堡59B276形态接近（图5）。因此，与邻近地区相比，本段年代大体相当于二里头文化二期晚段。

二期：材料较丰富，本期炊器组合与上一阶段相同，但陶鼎、斝数量增加，器形与第一段有所变化。其他常见器类在这一时期基本都已出现。陶器制作开始较精细。本阶段高领鬲西李高H21：16，形态与运城盆地的东下冯H7：1、太行山东麓的容城白龙0：3、磁县界段营H8：35同类器接近；矮领鬲小神TG1④：11，形态与太行山东麓邯郸涧沟H8：6同类器接近（图5），因此本段年代约相当于二里头文化三期。

三期：材料较丰富，本期炊器组合与上一阶段相近，唯陶鼎数量锐减。陶器种类较为丰富，盆、豆数量较上期更多，陶器制作较为精细。本期高领鬲有小神H91：45，形态与运城盆地东下冯H418：37、晋中地区白燕T127③D：2、太行山东麓白龙H2：30接近；筒腹鬲有台曲T19③：1，形态与东下冯H64：14、太行山东麓邯郸龟台57H57：187接近（图6），因此本期年代约相当于二里头文化四期。

---

① 山西省考古研究所晋东南工作站：《山西黎城古文化遗址调查报告》，《文物季刊》1998年第4期。

② 山西省考古研究所：《山西榆社台曲遗址发掘》，《三晋考古》（一），山西人民出版社1994年版。

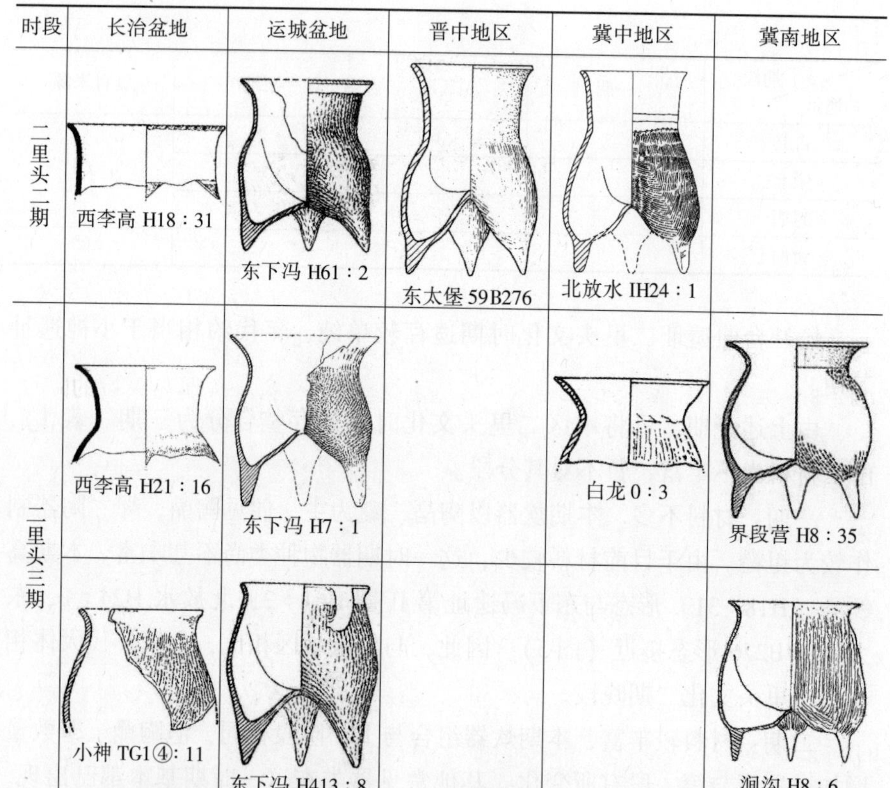

466 / 夏商都邑与文化(二)

时段	长治盆地	运城盆地	晋中地区	冀中地区	冀南地区
二里头二期	西李高 H18:31	东下冯 H61:2	东太堡 59B276	北放水 IH24:1	
二里头三期	西李高 H21:16	东下冯 H7:1		白龙 0:3	界段营 H8:35
	小神 TG1④:11	东下冯 H413:8			涧沟 H8:6
二里头四期	小神 H91:45	东下冯 H418:37	白燕 T127③D:2	白龙 H2:30	
	台曲 T19③:1	东下冯 H64:14			龟台 57H57:187

图 6　长治盆地与周邻地区陶鬲分期对比图

（四）各期陶器遗存的特征

从整体的文化面貌看，长治盆地二里头文化时期各期之间文化面貌差异不甚明显。下面我们从陶系、炊器组合变化、其他标志性器物数量变化等方面予以分析。

1. 陶系

第一期：本期仅有西李高遗址陶系统计描述，该遗址以夹砂陶为主，泥质陶次之。陶器火候较高，陶色以灰陶为主，褐陶较少。纹饰以各类绳纹为主，但滚压不甚规整，散乱。不见篮纹、方格纹，本期有少量的附加堆纹和刻划纹。本段中有一定比例的篮纹。磨光陶和素面陶在本段比例较高，平底器底部较少有绳纹滚压。附加堆纹在本段比例较高。本阶段戳压印纹的比例不高。

第二期：本期以小神遗址统计数据为例，泥质陶比例最多，占63%；夹砂陶次之，占37%。陶色仍以灰陶为主，约占85.6%，红褐陶占8.7%，黑皮陶占5.7%。本期纹饰以绳纹占绝大多数，约占67.4%，但较特殊处在于小神遗址有近6%的篮纹和极少量的方格纹。本期仍有较多的附加堆纹、刻划纹。本期素面陶和磨光陶的比例较高。

第三期：本期无较准确的统计数据，以台曲遗址的陶系描述作为参证。台曲遗址泥质陶未经淘洗，所以夹砂陶与泥质陶区别不明显。本期以灰陶为主，有部分颜色发黑，且陶色不匀，该遗址另有部分灰褐及棕褐陶，也有少量褐胎黑皮或灰皮陶。本期纹饰以绳纹为主，另有部分素面、磨光和附加堆纹、旋纹及三角划纹。

2. 器物群中的炊器特征与组合变化

二里头文化时期本区缺乏准确的器类组合数据，因此无法精确说明炊器的组合比例变化。总体说来，本区域始终以鬲为最主要的炊器，甗、斝次之，鼎的数量一直较少。本区内未见分体的陶甗。炊器组合中可能有部分夹砂罐作为补充。这里仅对以上四种器类的形制变化规律略作总结。

鬲：本地区以高领鬲最为常见，领部演变规律与周邻地区相同，需要指出的是，本地区高领鬲唇缘作花边状的作风比例较高。本地区矮领鬲数量比例甚少，少见同时期太行山以东常见的矮领翻缘鬲。同时，本地区不见晋中地区较多见的单把鬲、深袋足无实足根鬲及太行山东麓常见之折肩鬲。从鬲足形态观察，本地区表面有捆扎凹槽的鬲足比例较小。

甗：本地区陶甗较常见，陶甗大多有箅托，器表腰部附加堆纹十分常见，上部盆甑部分多见双鋬手，这些形态特点与周邻地区差别不大。

斝：本地区陶斝比例较高，陶斝以敛口斝最为常见，形态与晋中、晋西南及太行山东麓冀中、冀南地区的同类器形态相同。敞口斝数量较少，同类器仅见于晋中地区。

鼎：本地区有一定数量的陶鼎，但缺少罐形鼎，盆形鼎形态与晋西南最为接近。

3. 器物群其他主要器物特征与组合变化

二里头文化时期本区器物群相对较为简单，本地区最为突出的特点就是各类蛋形瓮较其他地区更为丰富，且种类较多。其中四足蛋形瓮的数量之高，与周邻地区迥异。

三 忻定盆地考古学文化的分期与特征

本文所称忻定盆地是指滹沱河中上游流经的 C 字形山间盆地。盆地北部为恒山山脉，西侧为云中山，南部为系舟山，东部为五台山山系。本地区水系为滹沱河及其中游支流牧马河、云中河、清水河等。依行政区划为今忻州地区所辖的繁峙、代县、原平、忻州、定襄、五台等市县。这一地区考古工作开展较晚，从 20 世纪 80 年代吉林大学与山西省考古所合作对忻州游邀遗址的调查开始，方开启了这一地区夏商时期考古学的研究。近 30 年来，在这一地区已公布了近 10 处遗址的材料（图7）。2006 年起，国家博物馆考古部等单位在滹沱河上游地区进行了详细的区域系统调查，目前原平、代县、繁峙三县汉以前的调查材料已经公布。[1]

（一）地层关系

忻定盆地二里头文化时期遗存以忻州游邀[2]、尹村[3]、原平唐昌[4]、定

---

[1] 山西省考古研究所等：《滹沱河上游先秦遗存调查报告（一）》，科学出版社 2012 年版。
[2] 吉林大学边疆考古研究中心等：《忻州游邀考古》，科学出版社 2004 年版。
[3] 阎向东：《论忻定及太原盆地夏时期考古学文化》，北京大学硕士学位论文，1998 年，未发表。
[4] 侯毅：《原平县唐昌遗址试掘简报》，《文物季刊》1989 年第 2 期。

襄青石、五台下西①遗址为代表，另外五台阳白②、代县东段景、原平西会、定襄汤头、麻河沟、西高蒋③等数处遗址的材料可以参照。

1. 游邀 2. 尹村 3. 唐昌 4. 青石 5. 东段景 6. 西会 7. 汤头 8. 麻河沟 9. 西高蒋

图7　忻定盆地二里头文化时期主要遗址分布示意图

忻州游邀遗址二里头文化时期遗存有代表性的地层关系有如下几组：
（1）H502→H590→H588、H621

---

①　山西省考古研究所、忻州市文物管理处：《忻阜高速公路考古发掘报告》，上海古籍出版社2012年版。

②　山西大学历史系考古专业、忻州地区文物管理处、五台县博物馆：《山西五台县阳白遗址发掘简报》，《考古》1997年第4期。

③　侯毅：《山西滹沱河流域考古调查报告》，《山西省考古学会论文集》（三），山西人民出版社2000年版。

（2）H502→H514→H582

　　（3）H570→H623→H582

　　（4）H115→H164→H183→H185

　　（5）H200→H129

第（1）、（2）、（3）组地层关系中，仅有H502、H514、H582发表有器物；第（4）、（5）组地层关系中，仅H183、H129两单位发表有器物。除上述单位外，发表器物较多的单位还有H2、H3、H593等单位。

忻州尹村遗址二里头文化时期遗存相关地层关系有如下两组：

　　（1）T124③→④→H13→H8

　　（2）M3→H14

在第（2）组地层关系中，M3为早商时期遗存。

定襄青石遗址2007年由山西省考古所大规模发掘，但材料尚未全部发表。从公布的情况可知，该遗址可利用的地层关系有如下几组：

　　（1）T9②→H2、H3、H7→H13→H12

　　（2）T24①→H24→②→H25

　　（3）H26→T6②→H13

　　（4）T64②→H126→H127、H147

　　（5）T52②→H108、H109→H111→H112

　　（6）T71②→H103上→H113、H115

　　（7）H54→H61→T33②

　　（8）T54②→H121→H117→H111、H122→H112、H118

　　（9）H99→T73②→H102、H115、H119→H124→H125

　　（10）H26→T26②→H11→H30→H40

　　（11）H26→T26②→H11→H50、Y2

　　（12）H70→T36②→H87

　　（13）T63②→H120→H147→Y5

在第（1）组地层关系中，H12为龙山时期遗迹；第（4）、（13）组地层关系中H147、Y5为龙山晚期遗迹单位；第（6）组地层关系中H113、H115为龙山晚期遗迹单位；第（10）组地层关系中H30为龙山时期遗迹单位；第（11）组地层关系中H50、Y2为龙山时期遗迹单位。

下西遗址发表地层关系中，仅有一组地层关系有效：

　　西部探方④→⑤→⑥→⑦→⑧→⑨→⑩→⑪→⑫

(二）陶器形制分析

忻定盆地各遗址二里头文化时期遗存丰富，器类亦较多，其中鬲、斝、罐、盆、豆几类器物形制演变轨迹较为清晰，是分期断代的重要依据。

鬲：根据整体形态差异可分为六型。

A 型：高领双錾鬲，领部略矮，表面或有篮纹，袋足肥大，双錾一在袋足，一在两袋足之间，实足根较高，有的有捆扎凹槽痕迹，器表多饰以散乱绳纹。标本游邀 H2：55（图 8：1）。

B 型：高领鬲，根据领腹实足根形态差异可分为三式。

Ⅰ 式：高领较直，口沿或有花边装饰，领部器表有较浅的篮纹或绳纹，袋足肥大，实足根较高，表面略有捆扎痕迹，器表绳纹散乱。标本游邀 H2：54（图 8：2）。

Ⅱ 式：高领斜侈，袋足变瘦，实足根较高外撇，器表绳纹浅细。标本尹村 T124④：43、青石 H13 上：3（图 8：3、4）。

Ⅲ 式：领部变矮，外侈近卷，腹较瘦，实锥足较高，器表绳纹滚压较深。标本青石 H24：1（图 8：5）。

C 型：矮领鬲，卷沿。根据领腹形态差异可分为三式。

Ⅰ 式：肥袋足，器表绳纹散乱。标本尹村 H5：45（图 8：6）。

Ⅱ 式：卷沿较宽，沿下多加贴泥条加固，颈部收束较甚，器表绳纹较细。标本青石 H13 上：2、青石 H103 上：6（图 8：7、8）。

Ⅲ 式：卷沿，颈腹相接处有较明显的折痕，器表绳纹细而规整。标本青石 H26：1、青石 H54：1（图 8：9、10）。

D 型：单把鬲。根据领及錾手差异可分为两式。

Ⅰ 式：领部较矮，錾手高处略高于鬲口。标本游邀 H183：3（图 8：11）。

Ⅱ 式：领部较高，錾手高处略低于鬲口。标本尹村 T124③：24（图 8：12）。

E 型：蛇纹鬲。根据有无錾耳可分为两亚型。

Ea 型：无錾耳蛇纹鬲。数量不多。标本尹村 T121③：12（图 8：13）。

Eb 型：双耳鬲。数量不多。标本尹村 H12：1（图 8：14）。

F 型：直口鬲。数量甚少。标本下西 T511：4、东段景采集者（图 8：15、16）。

鼎：数量不多，有罐形锥足鼎和方足鼎两类。前者标本游邀 H584：24

（图8∶17）。方足鼎，目前尚无复原器，足底多有凹窝。标本尹村 T122③∶26（图8∶18）。

甗：目前尚未发现复原器，需根据上部盆甑部分下部陶鬲部分分别分析之。

盆甑部：根据口腹形态差异可分为三式。

Ⅰ式：侈口，微束颈，腹瘦而深，下腹多有双鋬手，器表绳纹较散乱。标本游邀 H582∶9（图9∶1）。

Ⅱ式：侈口，束颈不甚明显，腹较圆，双鋬手位置上移。标本尹村采02（图9∶2）。

Ⅲ式：侈口，束颈不明显，腹更浅圆，双鋬手已非每器皆有。标本青石 H25∶2、下西 T4⑥∶2（图9∶3、4）。

陶鬲部分：所见者皆有箅托，根据袋足形态差异可分为两式。

Ⅰ式：袋足较肥鼓，实足根甚高，器表多有捆扎凹槽，器表绳纹散乱。标本游邀 H584∶23（图9∶5）。

Ⅱ式：袋足较瘦，实足根较高，部分有捆扎凹槽，器表绳纹较规整。标本尹村 T102②∶25（图9∶6）。

本地区较晚时的遗存中未见较完整的鬲部，但残片所见甗下部皆有箅托，标本青石 H103上∶8、下西 T5⑨b∶4（图9∶7、8）。

罕：根据整体形态差异可分为四型。

A型：敛口。根据口腹形态差异可分为四式。

Ⅰ式：卷沿内敛，沿微上翘，圆肩，腹较深，器表绳纹散乱，有五花大绑式的附加堆纹，腹中皆有双鋬，袋足较肥矮，实足根较高。标本游邀 H2∶140（图9∶9）。

Ⅱ式：敛口上翘，折肩，腹深瘦，器表绳纹较规则，仍有五花大绑式的附加堆纹，腹中有双鋬。标本尹村 T124③∶18（图9∶10）。

Ⅲ式：敛口近平，圆肩近折，腹较深，器表绳纹细而规则，仍有五花大绑式附加堆纹。标本青石 H109∶2（图9∶11）。

Ⅳ式：卷沿，圆肩，腹肥圆而浅，肩部有附加堆纹，少见五花大绑式附加堆纹。标本青石 H26∶2（图9∶12）。

B型：敞口罕。上部盆腹肥大，有双鋬，器表绳纹散乱，实足根较高，表面有捆扎凹槽。标本游邀 H2∶52（图9∶13）。

C型：尊形罕。根据腹足形态差异可分为两式。

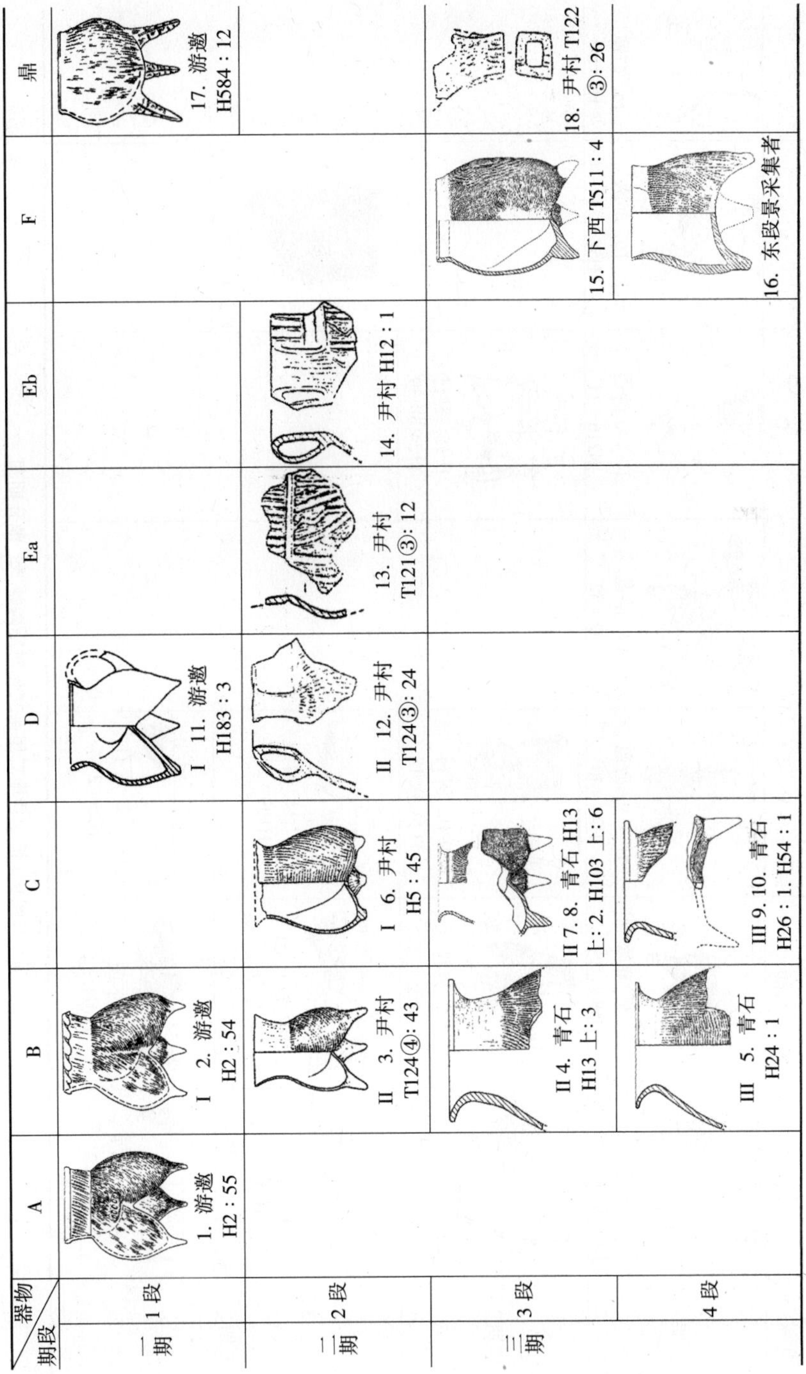

图 8 忻定盆地二里头文化时期陶鬲分期图

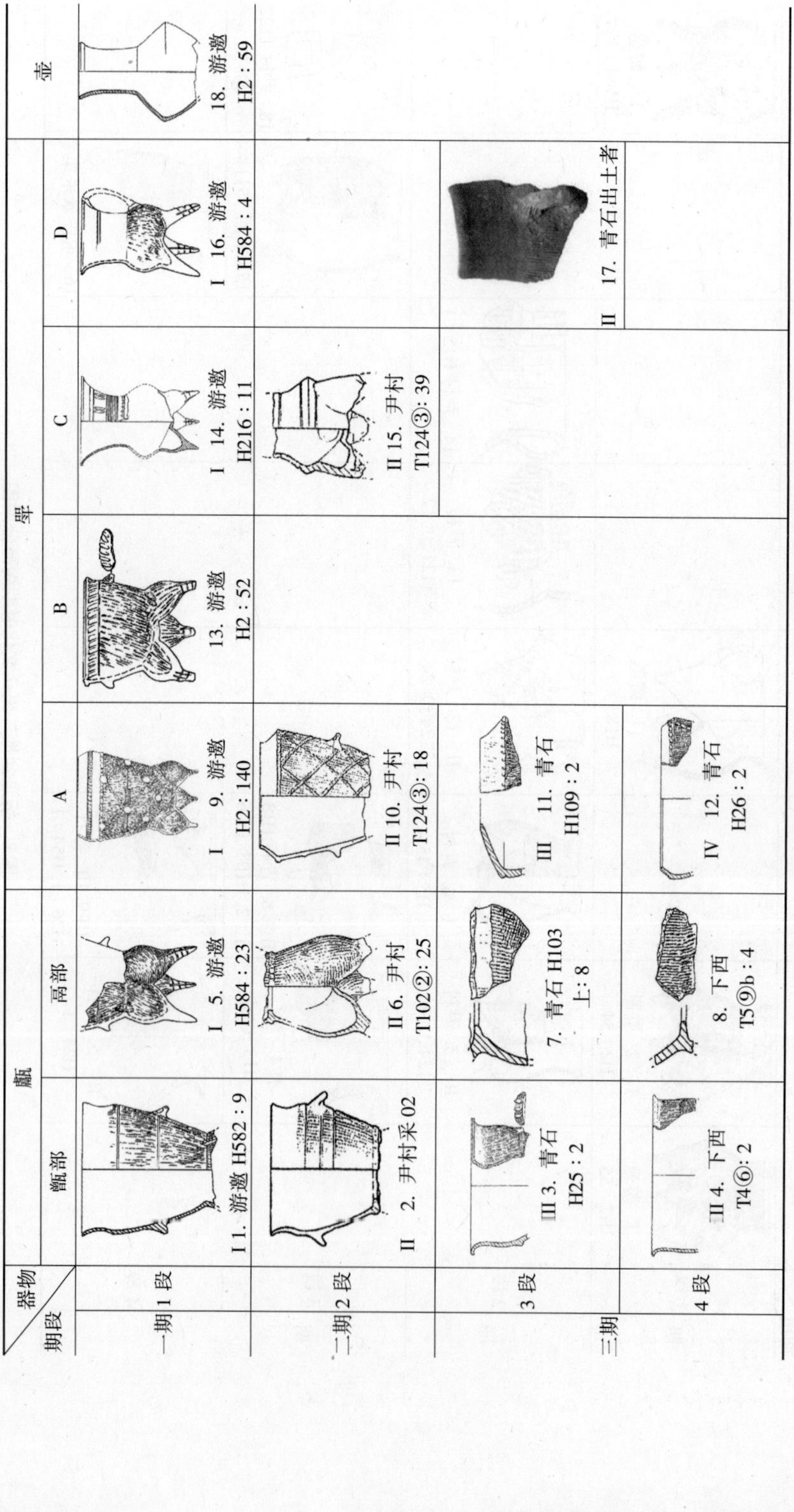

474 / 夏商都邑与文化(二)

图9 忻定盆地二里头文化时期陶甗、斝、鼎分期图

Ⅰ式：喇叭口，高领，上腹较深，腹中较圆，袋足较深肥，实足根上有捆扎凹槽痕迹。标本游邀 H216：11（图9：14）。

Ⅱ式：腹中微折，袋足略浅。标本尹村 T124③：39（图9：15）。

D型：单把斝。根据腹把形态差异可分为两式。

Ⅰ式：高领，鋬耳上端连于口沿，实锥足甚高，表面有捆扎凹槽痕迹。标本游邀 H584：4（图9：16）。

Ⅱ式：领部变矮，鋬耳位置变矮，上端连于领下部。标本青石遗址出土者（图9：17）。

盆：根据整体形态差异可分为三型。

A型：深腹盆，数量较多，根据沿腹形态差异可分为四式。

Ⅰ式：圆唇，卷沿甚短，腹弧直较深，腹多见双鋬，肩部多有戳印的楔形点纹，下腹部饰以绳纹。标本尹村 H8：9（图10：1）。

Ⅱ式：圆唇或尖圆唇，卷沿较短，腹较深，偶见双鋬，器表绳纹深直。标本尹村 H5：49（图10：2）。

Ⅲ式：圆唇，卷沿较宽，上腹较鼓，腹部不见双鋬，器表饰以绳纹。标本青石 H13上：7（图10：3）。

Ⅳ式：圆唇，卷沿较平，下腹微鼓，器表饰以旋纹。标本青石 H126：8（图10：4）。

B型：浅腹盆。数量较多，根据盆腹形态差异可分为四式。

Ⅰ式：圆唇，腹斜侈较深，腹部未见双鋬，器表多饰篮纹。标本游邀 H2：109（图10：5）。

Ⅱ式：卷沿较短，腹微鼓斜侈，器表饰绳纹。标本尹村 H9：7（图10：6）。

Ⅲ式：卷沿较宽，腹斜侈较浅。标本青石 H13上：11（图10：7）。

Ⅳ式：圆唇无沿，腹斜侈。标本下西 T6⑥：2（图10：8）。

C型：鼓腹盆。数量较少，根据盆腹形态差异可分为三式。

Ⅰ式：卷沿较宽，上腹微鼓，器表饰旋断细绳纹。标本游邀 T50④：2（图10：9）。

Ⅱ式：卷沿束颈，腹甚鼓，上腹压印圆圈纹或云雷纹。标本青石 H25：1（图10：10）。

Ⅲ式：卷沿较宽，腹较鼓。标本下西 T4⑥：1（图10：11）。

豆：皆细高柄。根据整体形态差异可分为两型。

A 型：盘形。根据盘腹形态差异可分为两亚型。

Aa 型：盘斜腹。根据盘腹形态差异可分为三式。

Ⅰ式：卷沿较平，盘腹下部多见折棱。标本游邀 H2：100（图 10：12）。

Ⅱ式：卷沿，沿面前端微卷，沿面后端有折棱。标本尹村 H14：14、青石 H13 上：13（图 10：13、14）。

Ⅲ式：浅盘，宽折沿，沿面后端折棱明显鼓出。标本青石 H26：5（图 10：15）。

Ab 型：盘直腹。标本游邀 H2：56（图 10：16）。

B 型：碗形。根据盘腹形态差异可分为两亚型。

Ba 型：弧腹。根据盘腹形态差异可分为两式。

Ⅰ式：短沿微折，盘腹斜侈较深。标本游邀 H2：66（图 10：17）。

Ⅱ式：卷沿较宽，微束颈，腹较鼓。标本青石 H70：2（图 10：18）。

Bb 型：斜直腹，短折沿。标本游邀 H508：2、尹村 T102②：34（图 10：19、20）。

壶：有一定数量，与高领罐的差别在于颈部更细长。标本游邀 H2：59（图 10：18）。

罐：根据整体形态差异可分为五型。

A 型：深腹罐。数量不多，根据沿腹形态差异可分为两式。

Ⅰ式：卷沿较宽，束颈较明显，器表饰较细密绳纹。标本青石 H117：4（图 11：1）。

Ⅱ式：卷沿较宽，微上翘，束颈，唇缘多有凹槽，器表饰细绳纹。标本青石 H126：9（图 11：2）。

B 型：圆腹罐。数量较多，根据腹部最大径形态差异可分为三式。

Ⅰ式：束颈，领部较高，腹部最大径近下腹。标本游邀 H593：3（图 11：3）。

Ⅱ式：矮领，腹部最大径近腹中。标本青石 H103 上：5（图 11：4）。

Ⅲ式：矮领，圆腹。标本青石 H126：5（图 11：5）。

C 型：高领罐。数量甚多。根据领肩形态差异可分为两式。

Ⅰ式：束颈，高领较直，斜折肩，口肩径相当，下腹变短，器表素面。标本游邀 W501：1（图 11：6）。

Ⅱ式：高领变矮，斜折肩，肩腹饰绳纹。标本青石 H121：4（图 11：

7）。

D型：尊形罐。束颈较高，圆肩较鼓，口径大于肩颈，器表多有刻划纹。标本尹村T124③：42、青石H70：6（图11：8、9）。

E型：折腹罐。标本游邀H2：58（图11：10）。

F型：双耳罐。领部变矮，下腹较扁。标本游邀M131：10（图11：11）。

鬶：数量不多。标本游邀H584：2（图11：12）。

鸭形壶：数量较少。标本游邀584：7（图11：13）。

圈足盘：数量较多，圈足上多有圆形或"L"形镂孔。标本游邀H228：1（图12：1）。

小口瓮：根据领部形态差异可分为两型。

A型：腹较瘦直，较深，腹部双錾较高。标本游邀H2：104（图12：2）。

B型：腹较圆鼓。根据领部形态差异可分为两式。

I式：侈领较高，圆肩。标本游邀H584：22（图12：3）。

蛋形瓮：复原器较少，根据足部形态差异可分为两型。

A型：多足蛋形瓮。常见为三足，但也存在一定数量的四足者。四足者如标本游邀H2：61、下西T611：6、下西T4⑦：3（图12：4、5、6）。三足者如标本尹村H13：8（图12：7）。

B型：圈足蛋形瓮。数量较多，但无复原器，目前无法准确分式。从整体变化趋势来看，蛋形瓮器体由矮胖逐渐变为瘦长，器表装饰从篮纹到散乱绳纹再逐渐演变为较规整的旋断绳纹。标本尹村H8：12、尹村H1：37、青石H13上：4、青石H99：4（图12：8—11）。

单把杯：数量不多，根据腹部形态差异可分为两式。

I式：腹微折，多素面。标本游邀T535④：1（图12：12）。

II式：直腹。标本尹村H5：60（图12：13）。

管流爵：数量不多。标本尹村H11：2（图12：14）。

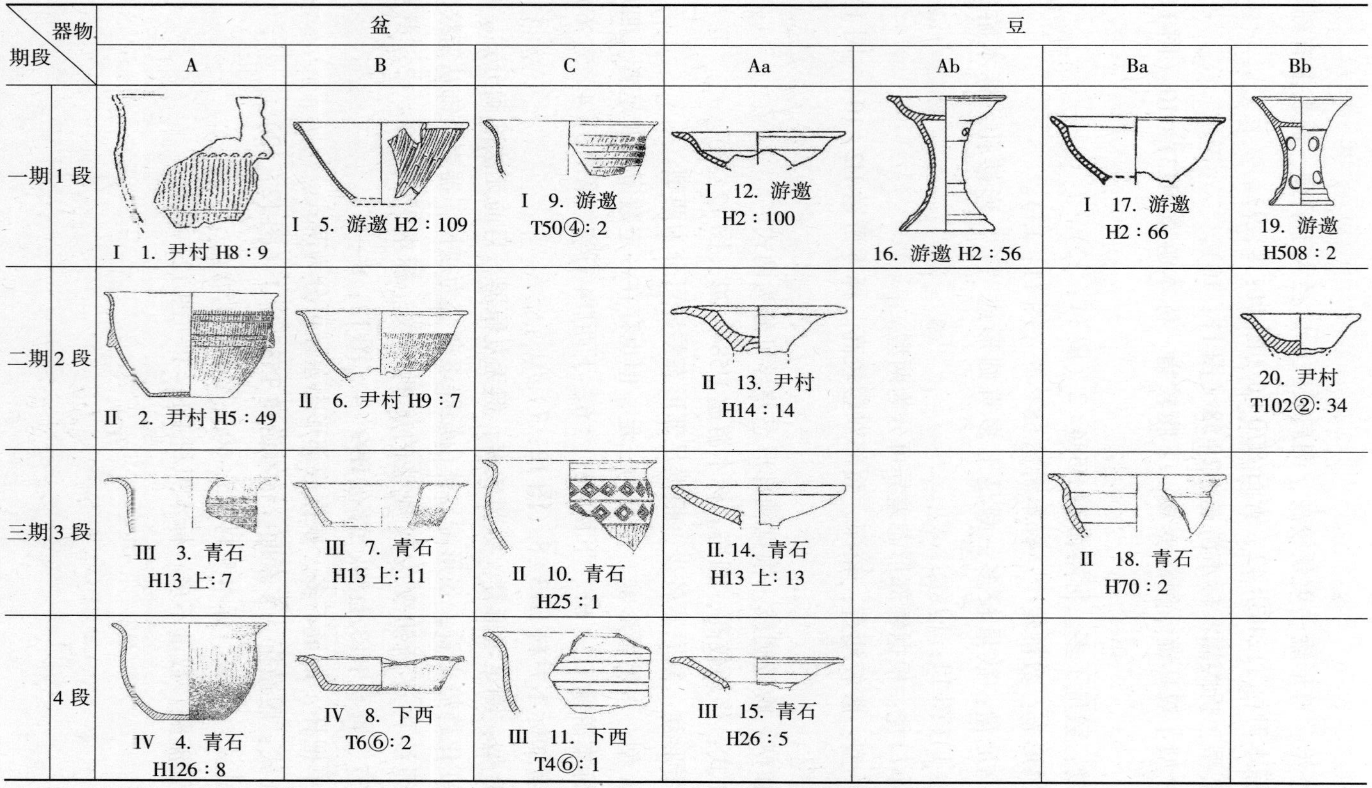

图 10 怀定盆地二里头文化时期陶盆、豆分期图

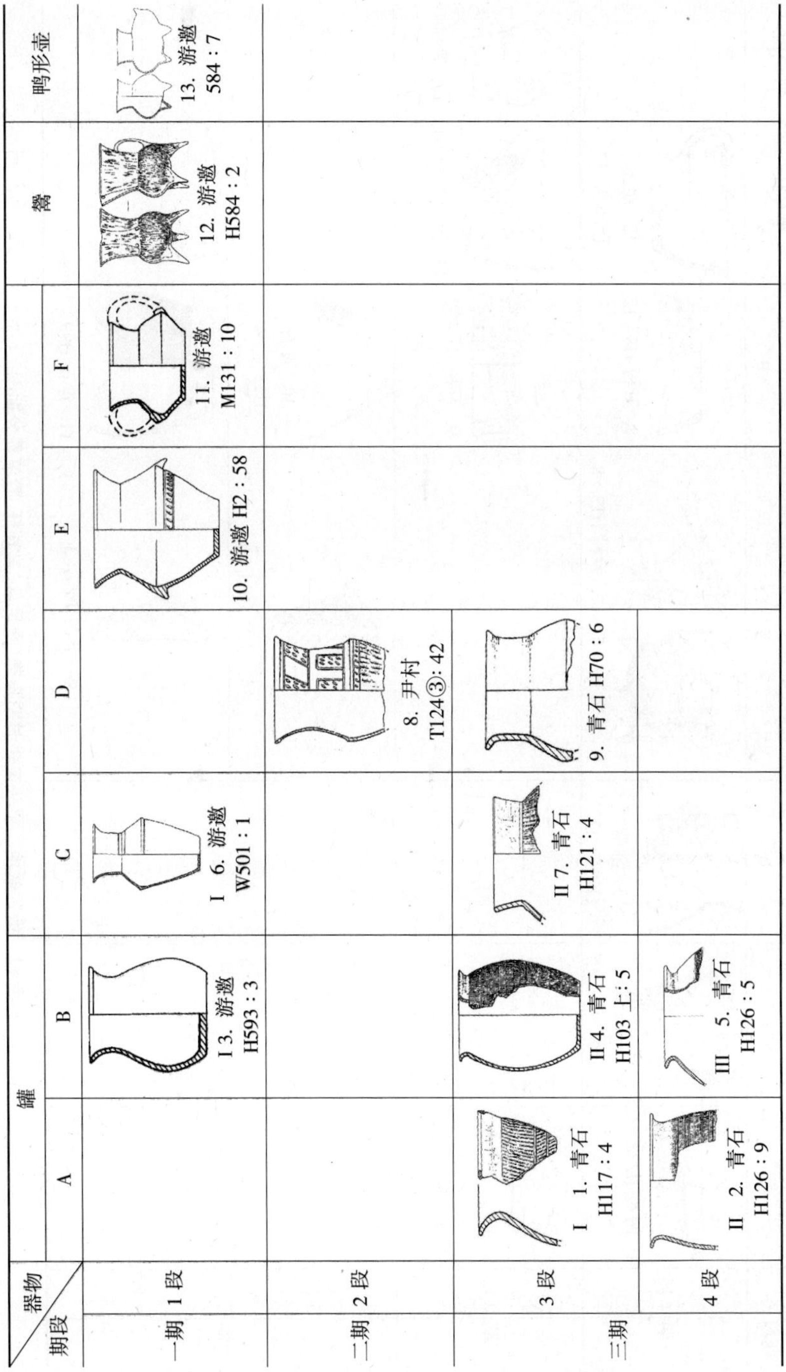

图 11　忻定盆地二里头文化时期陶罐、甗、鬲、鸭形壶分期图

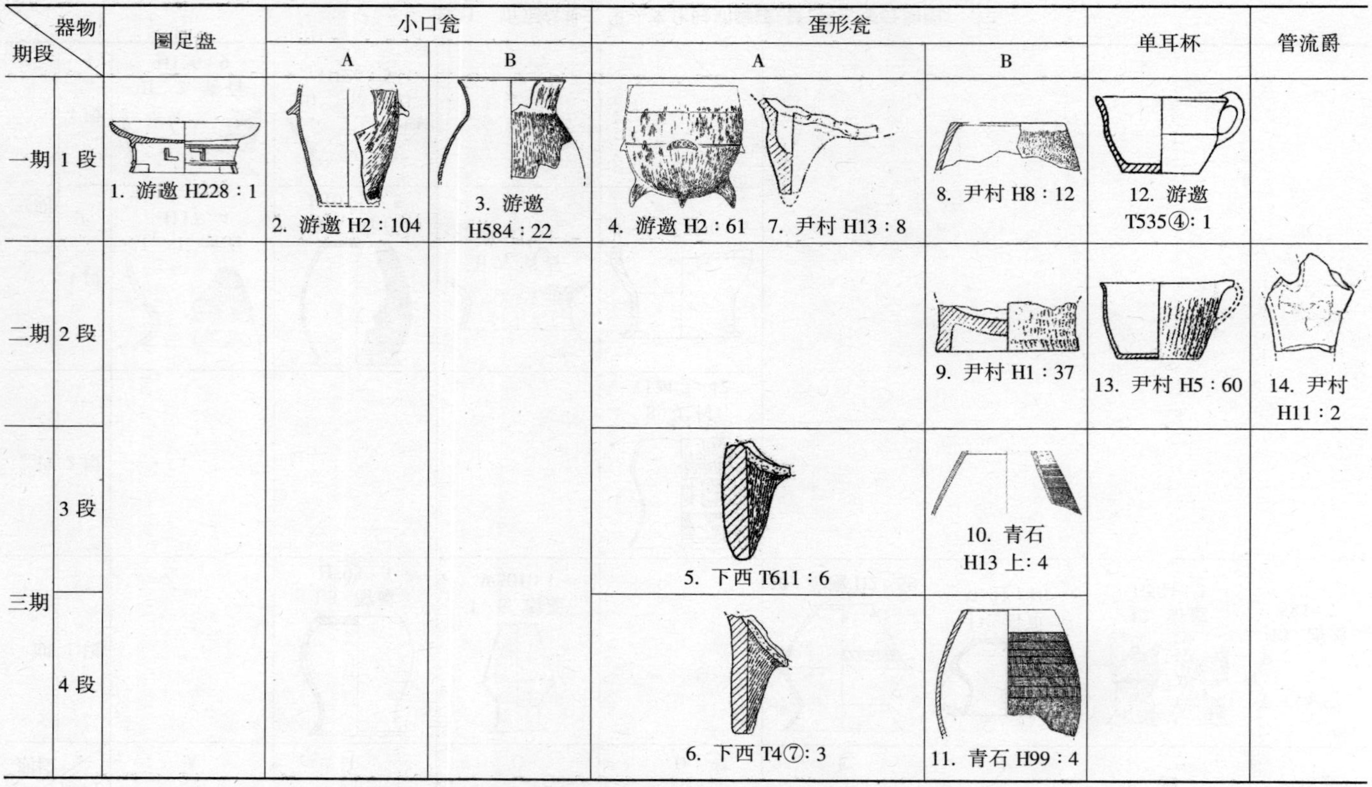

图 12　忻定盆地二里头文化时期陶瓮、圈足盘、单耳杯、管流爵分期图

（三）分期与年代推定

游邀遗址最初发表简报，将遗址内遗存分为早晚两期，认为晚期已进入夏纪年，早期则相当于龙山时期。但发掘者也认为"遗址早晚两期遗存尚能进一步分期"。因此，在正式报告出版时，发掘者将游邀遗址二里头文化时期分为三组：第一组以 H129 和 H3 为代表；第二组以 H2 为代表；第三组以 H584 为代表。① 张忠培对这一意见提出修订，认为 H3 可能略早于 H129。② 阎向东在游邀遗址材料尚未全部发表的情况下，就较少的材料认为，游邀遗址晚期遗存文化面貌接近，无须过分细分。但是这一意见在当时并不受重视。

进入新世纪后，有部分青年学者重新审视游邀遗址晚期遗存，认为游邀遗址晚期遗存细分的依据似乎不足。赵菊梅就认为，游邀遗址夏代遗存的年代跨度不是很大③，蒋刚从其说，将游邀遗址晚期遗存年代划定在夏代早期，亦即相当于二里头文化一期、二期之时。④ 本文认为，游邀遗址晚期遗存年代跨度并不大，但也绝非不可以细分。从文化面貌看，以游邀遗址 H1、H3、H129 三个单位为代表的遗存，矮领陶鬲实足根不明显，篮纹比例甚高，更接近原报告所划定的早期遗存风格，可将其单独划出，但这一阶段当属于龙山时期向二里头文化时期过渡的阶段，应相当于中原腹心地区的新砦类遗存一样，笔者有另文专论此事。⑤ 因此，笔者认为游邀遗址二里头文化时期遗存属于同一阶段，暂时无需须细分。

忻州尹村遗址发掘资料及阎向东研究⑥证明，尹村遗址 T124③、④、T102②、H1、H5、H14 等单位虽然存在相互打破关系，但从器物形态观察，文化面貌基本一致，无须对其分段。但以从尹村遗址第（1）组地层

---

① 吉林大学边疆考古研究中心等：《忻州游邀考古》，科学出版社 2004 年版。
② 同上书，第 147 页。
③ 赵菊梅：《晋陕高原夏商时期考古学文化格局研究》，吉林大学硕士学位论文，2004 年，未发表。下引赵菊梅观点如无特别注明，皆出于此文，因篇幅限制不再另外注明。
④ 蒋刚：《太行山两翼北方青铜文化的演进及其与夏商西周文化的互动》，吉林大学博士学位论文，2006 年，第 99 页，未出版。
⑤ 常怀颖：《冀州之域龙山至夏时期的"过渡期"遗存蠡探》，待刊。
⑥ 阎向东：《论忻定及太原盆地夏时期考古学文化》，北京大学硕士学位论文，1998 年，未发表。下引阎向东观点如无特别注明，皆出于此文，因篇幅限制不再另外注明。

关系 T124③→④→H13→H8 及 H8、H13 两单位的遗存观察，其物质文化面貌则与游邀遗址二里头文化时期遗存相近，较尹村 H1 等单位年代略早。由此，笔者赞同阎向东将尹村遗址分为前后两段的意见，第一段有 H8、H13 两单位；第二段以 T124③、④、T102②、H1、H5、H14 等单位为代表。尹村遗址两段遗存前后相接并无年代缺环，第一段与游邀遗址二里头文化时期遗存年代相当。

定襄青石遗址发掘面积较大，所获遗存的丰富程度仅次于游邀遗址。但由于材料整理时间较短，所公布的材料仍然不是十分充分。原报告没有对遗存进行详细的分期，仅就现有地层关系及出土遗物材料重新分析，可将该遗址的遗存分为紧密联系的三段。从发表的材料可知，打破第②层的灰坑与各探方第②层基本可以视作为二里头文化时期最晚的遗存，可以 H24、H26、H126 作为代表单位。叠压于各探方第②层下的单位则可根据地层关系，同时参照尹村、游邀遗址已知的鬲、甗、斝、盆等器物的演变规律，分作前后两段。第一段单位较少，可以 H87 为代表，第二段遗存则可以 H13 上、H103 上为代表。从陶鬲、盆的形态观察，H87 出土的陶鬲、盆与尹村 T124③出土的同类器相近，年代当与尹村遗址第二段的T124③、④诸单位年代相当。第二、三段遗存在既往忻定盆地的发掘材料中没有可以参照的，但从器物形态观察与第一段遗存有明显的承袭关系。

五台下西遗址虽然发掘面积有限，但该遗址仍提供了较好的地层关系，只是由于灰坑材料没有公布，仅以地层的出土物很难准确进行细密排比。从现有材料观察，大体可将下西遗址的材料分为前后两段。遗址西部四个探方的第 10、11、12 层作为一个阶段，年代与青石遗址第二段遗存相当。第④—⑨层作为第二段，年代与青石遗址第三段遗存大体相当。

原平唐昌遗址经调查、试掘各一次，试掘中获得有一组地层关系：③→H3，但由于 H3 发表陶甗的甑部一件（原简报定为尊），陶鬲或斝袋足残片一件，从器物形态观察与未公布地层关系的 H1、H4 差别不大，因此将其作为同一时期的遗存。从上述单位二里头文化时期的器物形态观察，与游邀遗址 H1、H3、H129 三个单位较为相似，因此，本文暂将其划为同一时段的遗存。

东段景	光社

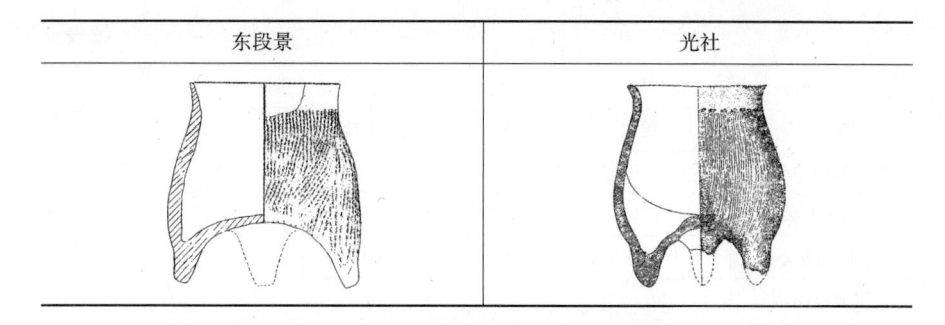

图 13　东段景、光社遗址采集直口鬲对比图

代县东段景遗址未经发掘，从采集器物看，深腹罐，矮领圆腹；三足蛋形瓮实足根甚高且细，从器物形态看，可知其年代大体相当于定襄青石遗址 2 段。值得注意的是，东段景遗址另有一件陶鬲，直口直腹，联裆，实足根甚粗，与光社遗址所出者有相似之处（图 13）。这一现象显示两遗址年代、文化性质可能相近。

原平西会遗址采集二里头文化时期遗物面貌接近，从发表的陶鬲、斝形态观察，其年代约相当于游邀遗址同时期遗存。

表 2　　　　　　　　二里头文化时期忻定盆地居址分期对照表

期段　遗址	一期　1 段	二期　2 段	三期　3 段	三期　4 段	资料来源
忻州游邀	√				①
忻州尹村	1	2			②
定襄青石		1	2	3	③
五台下西			1	2	③

① a. 忻州考古队：《山西忻州市游邀遗址发掘简报》，《考古》1989 年第 4 期。b. 吉林大学边疆考古研究中心等：《忻州游邀考古》，科学出版社 2004 年版。
② 原始资料现藏北京大学考古文博学院，本文所引及者见阎向东《论忻定及太原盆地夏时期考古学文化》，北京大学硕士学位论文，1998 年，未发表。
③ 山西省考古研究所、忻州市文物管理处：《忻阜高速公路考古发掘报告》，上海古籍出版社 2012 年版。另有部分原始资料现存忻州市文物管理处，本文所引者见笔者参观调查及张光辉《晋中二里头时期文化遗存的分期与谱系》，中央民族大学硕士学位论文，2009 年，未出版。下引张光辉观点如无特别注明，皆出于此文，因篇幅限制不再另外注明。

续表

期段 遗址	一期 1段	二期 2段	三期 3段	三期 4段	资料来源
代县东段景				√	①
原平西会	√				
定襄汤头			√		
定襄麻河沟	√				
定襄前高蒋		√			

定襄麻河沟遗址二里头文化时期可能存在早晚两段遗存。其浅腹盆器表饰篮纹，盆腹较浅；粗柄豆上部较曲；陶甗上部盆甑部分直口折肩；蛋形瓮上部饰篮纹的特征与游邀遗址 H1、唐昌 H1 同类器物形态相同，年代应该相当。而其陶甗腰部较细，鬲足实足根尖直且无凹槽等特点来看，这一部分遗存与定襄青石遗址第一段面貌相近。

定襄前高蒋遗址采集二里头文化时期遗物面貌接近，从发表的陶鬲、斝形态观察其年代约相当于尹村遗址第二段。

由上述遗址的分期串联，笔者将忻定盆地二里头文化时期遗存分为三期四段（表2）：

一期 1 段：本段遗存较为丰富。炊器组合以鬲、斝、甗为基本组合。本阶段不见矮领双鋬鬲，高领鬲开始出现无双鋬者，单把鬲也在本阶段出现。陶甗在本阶段开始基本上皆为侈口。陶斝、盆、豆、罐等器类形态在本阶段十分丰富。本段年代约相当于二里头文化二期。

二期 2 段：本段遗存较丰富。炊器组合中，双鋬高领鬲消失，无鋬耳的高领鬲、矮领鬲在本阶段占据主流地位。新出现蛇纹鬲，与双带耳蛇纹鬲等新器型。陶甗整体形态趋瘦小。陶斝中侈口者消失。粗柄镂孔豆、圈足盘、长颈壶、盉等器物消失。本段年代约相当于二里头文化三期。

三期 3 段：本阶段遗存较少，以青石遗址第一段为代表。考古学文化在本阶段变化较大。本阶段蛇纹鬲、单耳鬲、双耳鬲、敞口斝、鼎、折肩罐、单耳罐、双耳罐、四足蛋形瓮等器物在本阶段消失。本段年代约相当

---

① 侯毅：《山西滹沱河流域考古调查报告》，《山西省考古学会论文集》（三），山西人民出版社 2000 年版。

于二里头文化四期偏早。

三期4段：本阶段遗存不多，器类较上一阶段更少，单耳斝、高领罐、粗颈小口瓮等器类消失。新出现有联裆直口鬲等器物。本段约相当于二里头文化四期偏晚。

(四) 各期陶器遗存的特征

从整体文化面貌变迁来看，忻定盆地二里头文化时期三期间变迁较明显。下面我们从陶系、炊器组合变化以及其他标志性器物的变化等方面予以分析。

1. 陶系

本地区由于种种原因，除尹村遗址外没有准确的陶系统计数据，因此对于忻定盆地陶系仅能以各遗址的总结描述简要分析之。

一期1段：以尹村遗址H8、H13的统计可知，本阶段夹砂陶占66%；陶色以灰色为大宗，但深浅不一，有少量的褐色陶与磨光黑陶。本段纹饰以绳纹为主，多为浅细凌乱的绳纹、麻点式、旋断绳纹之分。本阶段仍有一定数量的篮纹，但较龙山阶段已明显减少。另有一定数量的附加堆纹、戳印纹、方格纹、镂孔等纹饰种类，新出现零星蛇纹和楔形点纹。

二期2段：本阶段夹砂陶比例上升，占8成以上，部分单位如青石H13上，甚至达到90%。但夹砂陶所夹砂粒较细。陶色仍以灰陶为主，此外还有灰黑陶、灰皮褐陶与褐色陶，还有极少量的磨光黑陶。本阶段绳纹以麻点式绳纹最为多见，中粗绳纹、旋断绳纹比例较高，还有极少量的细绳纹。附加堆纹、楔形点纹和蛇纹比例上升明显。新出现有压印的回纹、圆圈纹等纹饰。

三期：本阶段统计数据公布者仅有青石遗址的部分单位，仍以夹砂陶占绝对优势。陶色以较规整的灰陶居多，褐陶比例明显下降，但有一定数量的黑皮陶。陶器纹饰以滚压规整的细绳纹最为常见，素面陶有较明显的增多。附加堆纹、镂孔等纹饰在本阶段数量锐减。篮纹、蛇纹、方格纹等纹饰在本阶段数量锐减。

2. 器物群中的炊器特征与组合变化

一期1段：本阶段陶鬲种类较单一，绝大多数为高领鬲，也有一定数量的单把鬲。高领鬲中，大部分皆附加以鋬手，而无鋬手的口沿多饰以花边。本阶段陶斝种类繁多，数量也极多。陶斝中以大型的敛口斝数量最多，三袋足肥鼓，实足根较粗壮。新出现的泥质单把斝或敞口尊形斝较有特色。本阶段陶鬲较宽肥，个体较大，因此在其腰部往往有纵向的"扉棱"用以加固甑、鬲之连接。从炊器组合来看，陶斝在炊器组合中占有较大的比例，这一现象特色十分突出，可能是本地区重要的地方特色。在本阶段有零星的瓮形或罐形陶鼎在炊器组合中作为补充。

二期2段：本阶段陶鬲种类大为增加，蛇纹鬲、矮领侈沿鬲等新器类纷纷出现，使炊器组合中鬲、斝的比例趋近相当。陶斝形制依旧保持了纷杂的特点，但总体数量有所下降。陶鬲在本阶段开始趋于细瘦。本阶段仍有零星的陶鼎存在。

三期：本期炊器最大特色在于，高领鬲、斝数量明显锐减，矮领与高领侈沿鬲明显增加。在炊器组合中陶鬲的数量已经占据绝对优势，而斝的比例减少明显。本期陶鼎已经甚为罕见。本阶段出现的直口筒腹鬲、罐形鬲很有地方特色，但其来源及流传情况不详。

3. 器物群其他主要器物特征与组合变化

忻定盆地二里头文化时期的器物群有很强的地方特色，具体表现在如下几类器类上。

盆：忻定盆地二里头文化时期陶盆数量种类众多，与晋中地区差异较大。时代较早的陶盆器表多饰以斜向篮纹，也多装有鋬手。二里头文化二期与三期时，深腹盆与浅腹盆形态较特别。深腹盆盆腹较深直，浅腹盆斜侈较甚，与邻近的晋中地区迥异。三期以后，陶盆逐渐与晋中盆地相近甚至于相同。

粗柄镂孔豆：此类器物在忻定盆地数量较多，而周邻地区十分罕见。原平唐昌遗址所见的带双耳的粗柄豆更是不见于其他地区。但此类器物在二里头三期以后也消失不见。

高领罐：本地区高领罐十分常见，其领部刻划繁缛纹饰与硬折肩的作风在其他地区较为罕见。

折腹罐：折腹罐在晋中与忻定盆地之外较为少见。

双耳罐：双耳罐除西北及关中西部以外在河套地区较为常见，而罕见于二里头文化时期中原北部地区的其他地点。但在二里头文化二期以后消失。

蛋形瓮：此类器物在忻定盆地数量较多，有多足和圈足两种形态。但从现有材料看，后者数量略多。从形态看，忻定盆地的圈足蛋形瓮与太行山东麓的同类器形态相同，圈足底面滚压绳纹的作风也与太行山东麓冀中地区如出一辙。

高领壶：此种器物在晋中地区及忻定盆地的二里头文化时期皆有所见，但在忻定盆地的高领壶领部更细，但流传时间较短。

圈足盘：此类器物在龙山时期多见于中原腹心地区，二里头文化时期冀州区域内较为少见。从时代来看，这一器物在忻定盆地二里头三期文化以后消失，圈足盘圈足之上镂孔形态多样，并不与中原腹心地区完全一致，其发展可能自成体系。

粗颈小口瓮：二里头文化时期周邻地区小口瓮颈部皆较细，而在忻定盆地出现的粗颈小口瓮，圆肩斜深腹，腹部多见双鋬，这种器形除忻定盆地外多见于河套地区。

鸭形壶：这种器形二里头文化时期除长江下游地区外仅见于二里头遗址，但在忻定盆地二里头文化出现，而周邻地区皆不见此器，较为特殊。

管流爵：此类器物在忻定盆地出现较晚，流行时间也较短。

四　长治、忻定两盆地夏时期考古学文化的比较

两地夏时期大部分遗存的年代相当于中原地区二里头文化二期至四期，可以从如下几个方面进行比较。

（一）期别对应与分布特征

在太行山西麓面貌较为清晰的两个地理单元中，皆有自身的分期体系，以二里头文化的分期作为标尺，可以将二者的期别进行对应串联如下（表3）。

表3　二里头文化时期太行山西麓不同地理单元分期对应表

二里头文化		长治盆地		忻定盆地	
期		期	段	期	段
四期	偏晚	三期	3	三期	3
	偏早				
三期	偏晚	二期	2	二期	2
	偏早				
二期	偏晚	一期	1	一期	1
	偏早				
一期	偏晚			"过渡期"遗存？	
	偏早				

目前两盆地内仅发现了相当于二里头文化二期至四期的遗存，缺乏年代较早的单位，忻定盆地中有个别单位的年代可能略早，有可能早至相当于中原腹心地区的"新砦期"前后，但与后续遗存尚存在缺环，对于此类遗存，笔者将另文讨论。①

1. 长治盆地

长治盆地经正式发掘的遗址多在盆地内冲积平原的高地上。但是在国家博物馆对襄垣县浊漳河干流的调查过程中发现②，河道两侧的台地上也多见有二里头文化时期的遗址。但由于长治盆地经科学发掘的遗址少，经系统调查区域面积也较小，所以对长治盆地二里头文化时期的遗址分布规律尚无法确定。从已发掘遗址的情况来看，各遗址均缺乏高等级遗存，遗址等级接近，因此尚无法确定长治盆地中的区域性中心。

2. 忻定盆地

由于基础工作好于长治盆地，因此发现的二里头文化时期遗址数量远多于后者。但这一区域中的遗址所见遗迹、遗物均缺乏高等级指标意义的标志物，因此可以说尚未发现地区性中心，盆地内遗址等级近似。

从分布看，经发掘的遗址和系统调查的二里头文化时期遗存多分布于滹沱河支流河谷两侧的山前台地的前、后缘或冲积扇上，但河流上游的干流两岸发现的遗址明显偏少，部分遗址甚至发现于半山腰。国家博物馆考古部在区域系统调查中发现这一规律，认为这一现象与居住取水便利有关，但因为需要防御夏季山洪及夏季滹沱河水量不稳定，所以不在干流两岸定居。③

（二）陶系与纹饰

首先对比陶系。

相当于二里头文化二期时，长治盆地仅有少量遗存发现，公布了陶系统计的遗存更少。从少量的线索观察，该地区这一时期的遗存以夹砂陶为主，泥质陶次之。陶器火候较高，陶色以灰陶为主，褐陶较

---

① 常怀颖：《冀州之域龙山至夏时期的"过渡期"遗存蠡探》，待刊。
② 中国国家博物馆、山西省考古研究所：《晋东南地区早期文化的考古调查与初步认识》，《文博》2011年第2期。
③ 山西省考古研究所等：《滹沱河上游先秦遗存调查报告（一）》，科学出版社2012年版。

少。忻定盆地此期夹砂陶占六成左右，陶色以灰色为大宗，但深浅不一，有少量的褐色陶与磨光黑陶，火候似不太高。两地在陶系角度面貌接近。

相当于二里头文化三期时，长治盆地以小神遗址公布的陶系统计数据为准，泥质陶超越夹砂陶成为最多的种类。陶器火候较高，陶色以灰陶为主，占八成以上，褐陶、黑陶的比例皆不到一成。而忻定盆地则相反，夹砂陶比例再次上升，占8成以上，部分单位如青石H13上，甚至达到90%。但夹砂陶所夹砂粒较细。陶色仍以灰陶为主，此外还有灰黑陶、灰皮褐陶与褐色陶，还有极少量的磨光黑陶。从陶系看，两地区的陶系差异明显。

相当于二里头文化四期时，长治盆地的陶质情况不明，从台曲遗址的情况判断，这一时期纯泥质陶的比例似乎有所下降，至少可以视为淘洗不净，但该地区以灰陶为主。忻定盆地仍以夹砂陶占绝对优势。陶色以较规整的灰陶居多，褐陶比例明显下降，但有一定数量的黑皮陶。

其次对比纹饰。

相当于二里头文化二期时，长治盆地以滚压不规整、散乱的各类绳纹最为常见，少见篮纹、方格纹，附加堆纹、刻划纹的比例不高。磨光陶与素面陶的比例较高。平底器底部较少绳纹滚压。忻定盆地本阶段纹饰也以各类绳纹为主，多为浅细凌乱的绳纹、麻点式、旋断绳纹之分。本阶段仍有一定数量的篮纹，虽较龙山阶段已明显减少，但比例仍高于长治盆地。忻定盆地的附加堆纹、戳印纹、方格纹、镂孔等纹饰种类数量多于长治盆地，新出现零星蛇纹和楔形点纹不见于长治盆地。

相当于二里头文化三期时，长治盆地仍以绳纹占绝大多数，附加堆纹与刻划纹的比例有所增加。绳纹在这一时期的长治盆地开始规整。素面陶和磨光陶的比例在这一时期仍然较高。忻定盆地在这一时期以麻点式绳纹最为多见，中粗绳纹、旋断绳纹比例较高，还有极少量的细绳纹。附加堆纹、楔形点纹和蛇纹比例上升明显。新出现有压印的回纹、圆圈纹等纹饰。这些新现象说明忻定盆地在二里头三期前后与长治盆地的差异十分明显。

相当于二里头文化四期时，长治盆地陶器纹饰仍以绳纹为主，另有部分素面及磨光陶，新出现了一定比例的旋纹、附加堆纹和三角划纹。忻定盆地在这一时期陶器纹饰以滚压规整的细绳纹最为常见，素面陶有较明显的增多。附加堆纹、镂孔等纹饰在本阶段数量锐减。篮纹、蛇纹、方格纹等纹饰在本阶段数量锐减。

(三) 炊器组合

二里头文化时期长治盆地缺乏准确的器类组合数据，因此无法说明炊器的组合比例变化。总体说来，本地区始终以鬲为最主要的炊器，甗、斝次之，鼎的数量一直较少。本地区未见分体的陶甗，炊器中可能选用了部分夹砂罐作为补充。

相当于二里头文化二期时，长治盆地以鬲最为常见，有少量的陶斝和甗，未见陶鼎。陶鬲中不见单把鬲或带鋬耳的鬲。忻定盆地的炊器则相对显得组合更为丰富，该地以附加鋬耳的高领鬲最为多见，也有一定数量的单把鬲。居于第二位的炊器是种类繁多，数量也极多的陶斝。泥质单把斝或敞口尊形斝较有特色。在忻定盆地，陶甗也有一定数量。从炊器组合来看，陶斝在炊器组合中占有较大的比例，这一现象特色十分突出，可能是本地区重要的地方特色。在本阶段忻定盆地有零星的瓮形或罐形陶鼎在炊器组合中作为补充。

相当于二里头文化三期时，长治盆地仍以无鋬耳的各式陶鬲作为炊器的主体，有一定数量的陶斝与甗作为补充。新出现的盆形或侧装三角扁足的鼎，在这一时期长治盆地的陶器组合中较为显眼，显然是外来的新生事物。忻定盆地陶鬲种类大为增加，蛇纹鬲、矮领侈沿鬲等新器类纷纷出现，使炊器组合中鬲、斝的比例趋近相当。陶斝形制依旧保持了纷杂的特点，但总体数量有所下降。陶甗在本阶段开始趋于细瘦。本阶段仍有零星的陶鼎存在，但与长治盆地迥异的是，忻定盆地内盆鼎凤毛麟角。

相当于二里头文化四期时，长治盆地的陶鬲形态开始逐渐固定下来，陶甗、斝的数量进一步减少，鼎的比例与前一阶段相近。忻定盆地鬲、斝数量明显锐减，矮领与高领侈沿鬲明显增加。在炊器组合中陶鬲的数量已经占据绝对优势，而斝的比例减少明显。本期陶鼎已经甚为罕见。

(四) 其他器物组合与特征

忻定盆地二里头文化时期偏早阶段的粗柄镂孔豆、圈足盘、高领壶、高领罐、折腹罐、双耳罐、粗颈小口瓮、鸭形壶在长治盆地极为罕见。

管流爵在长治盆地和忻定盆地都有所见，应是两地共有之物。

蛋形瓮在两盆地数量都不少，有多足、圈足、平底三种形态。但从现有材料看，长治盆地以多足蛋形瓮数量稍多，而忻定盆地圈足蛋形瓮的数量略多。从形态看，忻定盆地的圈足蛋形瓮与太行山东麓的同类器形态相同。

	鬲	甗	斝	
东下冯类型	东下冯 H61:2 东下冯 H417:41	东下冯 T261②B:3	东下冯 H535:15	垣曲商城 H119:14
小神类型	小神 H91:45 西李高 H21:16	小神 H83:41	小神 H91:11	西李高 H18:27
白燕文化	北垣底 H2:8 白燕 H98:176	白燕 IH98:8	白燕 F1:23	宏寺采 FH:30

续图

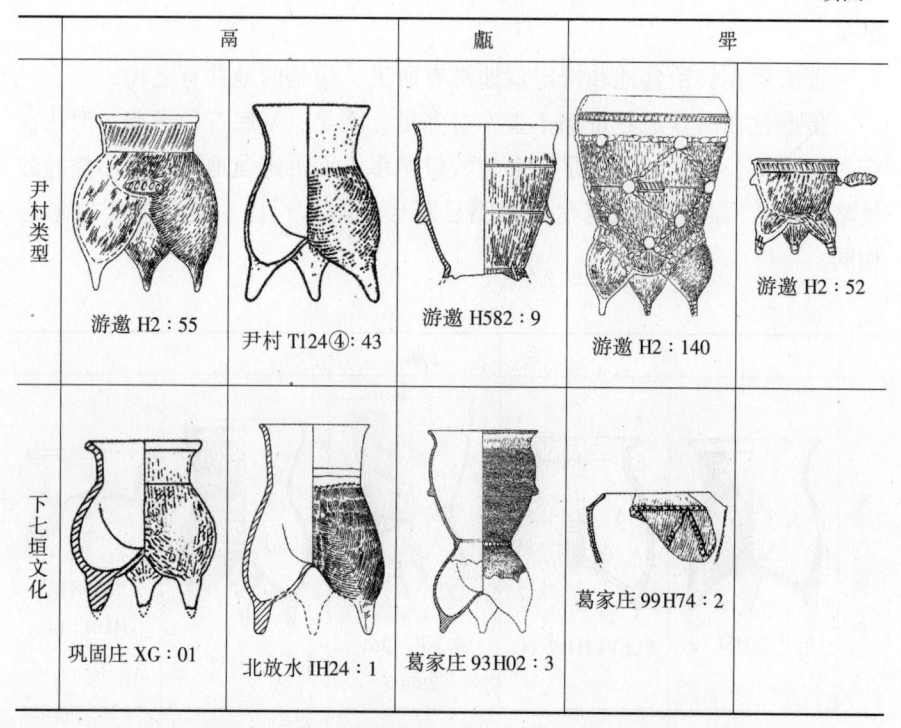

	鬲		甗	斝
尹村类型	游邀 H2：55	尹村 T124④：43	游邀 H582：9	游邀 H2：140	游邀 H2：52
下七垣文化	巩固庄 XG：01	北放水 IH24：1	葛家庄 93H02：3	葛家庄 99H74：2

图14　太行山西麓与周邻考古学文化遗存炊器对比图

（五）小结

从整体情况来看，太行山西麓的长治、忻定两盆地在二里头文化时期的文化面貌存在差别，且呈现出较为明显的阶段性特征，似乎不能划归同一文化区。

在相当于二里头文化二期前后，长治、忻定盆地虽然都以陶鬲作为主要炊器，但在文化面貌上存在很大的差异。长治盆地以高领筒腹鬲、通体滚压绳纹的高领鬲最为常见，而忻定盆地则以高领正装双鋬鬲、联裆鬲作为主要的陶鬲。忻定盆地不同于长治盆地的另一个现象是，陶斝在炊器组合中所占的比例很高，敞口高领斝、单把敞口斝与当地龙山时期的陶斝一脉相承。而长治盆地陶斝的比例则没有长治盆地那样高，形态上也是以双带耳敛口斝、鼓腹双鋬斝最为常见。形成这种差异，实际上源于两地的文化渊源不同。忻定盆地二里头文化时期的文化源于本地的龙山时期遗存，而长治盆地的遗存则与晋中地区乃至太行山东麓冀南地区的龙山遗存关系更密切。

在相当于二里头文化三期前后，长治、忻定盆地似乎走上了不同的发展道路。长治盆地在文化上越来越与晋中、运城盆地的文化接近，以盆形鼎、较规整的高领筒腹鬲为标志，东下冯类型及晋中盆地的考古学文化遗存似乎在这一时期进入长治盆地。忻定盆地则开始与太行山东麓的冀中、冀南文化面貌趋同。

在相当于二里头文化四期前后，长治盆地继续与晋中、运城盆地的文化面貌保持一致。而忻定盆地则继续与太行山以东区域保持一致。

五　与周邻考古学文化的关系

对长治及忻定盆地夏时期考古学面貌的认识，长期以来一直存在较大的分歧。简而言之，大体有如下几种分歧。

对于长治盆地的考古学文化，长期以来缺乏较为系统的观察。新世纪以来，一些青年学者开始关注这一区域，逐渐形成了两类观点，一种观点以严志斌[1]与蒋刚[2]先生的意见为代表，认为此类遗存与晋中的二里头文化时期遗存相同，属于他们命名的晋中地区二里头文化至晚商时期的考古学文化"白燕文化"。另一种观点则认为，以西李高、小神遗址为代表的考古学文化遗存，兼有晋中二里头文化时期遗存与太行山东麓下七垣文化的特点，又有自身的地方特色在内，可能是两个文化共同作用的结果，因此，可暂称其为"小神类遗存"[3]。

对于忻定盆地夏时期的考古学遗存，学术界一致的意见是认为与晋中地区不同，但命名如何却有不同。阎向东根据北京大学在忻州尹村发掘的材料，率先认为太原与忻定盆地的夏时期遗存是不同的考古学文化，可以各分为两期，忻定盆地可命名为"尹村类遗存"，太原盆地则称为白燕四期遗存。[4] 张忠培则根据对于陶鬲的梳理，讨论了晋中与滹沱河流域考古学文

---

[1] 严志斌:《试析长治小神遗址的二里头时期遗存》,《北方文物》1999 年第 1 期。
[2] 蒋刚:《太行山两翼北方青铜文化的演进及其与夏商西周文化的互动》,吉林大学博士学位论文,2006 年,未发表。
[3] 常怀颖:《也论夏商时期晋中地区的诸遗存》,《三代考古》(四),科学出版社 2011 年版。
[4] 阎向东:《论忻定及太原盆地夏时期考古学文化》,北京大学硕士学位论文,1998 年,未发表。

化的谱系问题。① 段天璟则主张二里头时期太原盆地为杏花文化,忻定盆地则以游邀晚期文化为代表。② 杨建华③、赵菊梅④则提出这一时期的考古学格局是以南部的晋中类型和北部的内蒙古河套类型组成的,且晋中地区的考古学文化遗存性质并不单纯,太原北部以许坦、东太堡遗址为代表的遗存与白燕遗址为代表的遗存间有较大的差异,但具体此类遗存属于何种考古学文化,她却并未指出。张光辉则认为以白燕文化命名晋中二里头文化时期遗存,分尹村类型和白燕类型两类,可分为前后三期。⑤ 笔者认为,晋中与忻定盆地的考古学文化遗存是有所区别的。忻定盆地二里头文化时期遗存以尹村遗址为代表,可称为"尹村类型";晋中盆地二里头文化时期遗存可称为"白燕文化"。二里头文化时期太原北部的遗存具有独特的面貌,似乎不归属于上述任何一支考古学文化,可称为"许坦类型"⑥。

	鼎	平底盆	鼓腹盆	深腹盆
白燕文化		河家庄 H5:6	杏花村采集 042	罗家曲 LLH1:6
小神类型	小神 H92:1	小神 H82:15	小神 H91:4	小神 TG1③:8	西李高 H18:22

---

① 张忠培:a.《客省庄与三里桥文化的单把鬲及其相关问题》,《宿白先生八秩华诞纪年文集》,文物出版社 2002 年版;b.《杏花文化的侧装双鋬手陶鬲》,《故宫博物院院刊》2004 年第 4 期;c.《漳沱河上游和桑干河流域的正装双鋬鬲》,《新世纪的考古学——文化、区位、生态的多元互动》,紫禁城出版社 2006 年版。

② 段天璟:《二里头时期文化格局》,吉林大学博士学位论文,2005 年,未发表。

③ 杨建华、赵菊梅:《晋中地区与晋陕高原及中原文化的关系》,《公元前 2 千纪的晋陕高原与燕山南北》,科学出版社 2008 年版。

④ 赵菊梅:《晋陕高原夏商时期考古学文化格局研究》,吉林大学硕士学位论文,2004 年,未发表。

⑤ 张光辉:《晋中二里头时期文化遗存的分期与谱系》,中央民族大学硕士学位论文,2009 年,未发表。

⑥ 对"许坦类型"的讨论,在本文中不再展开,将另文予以讨论。

续图

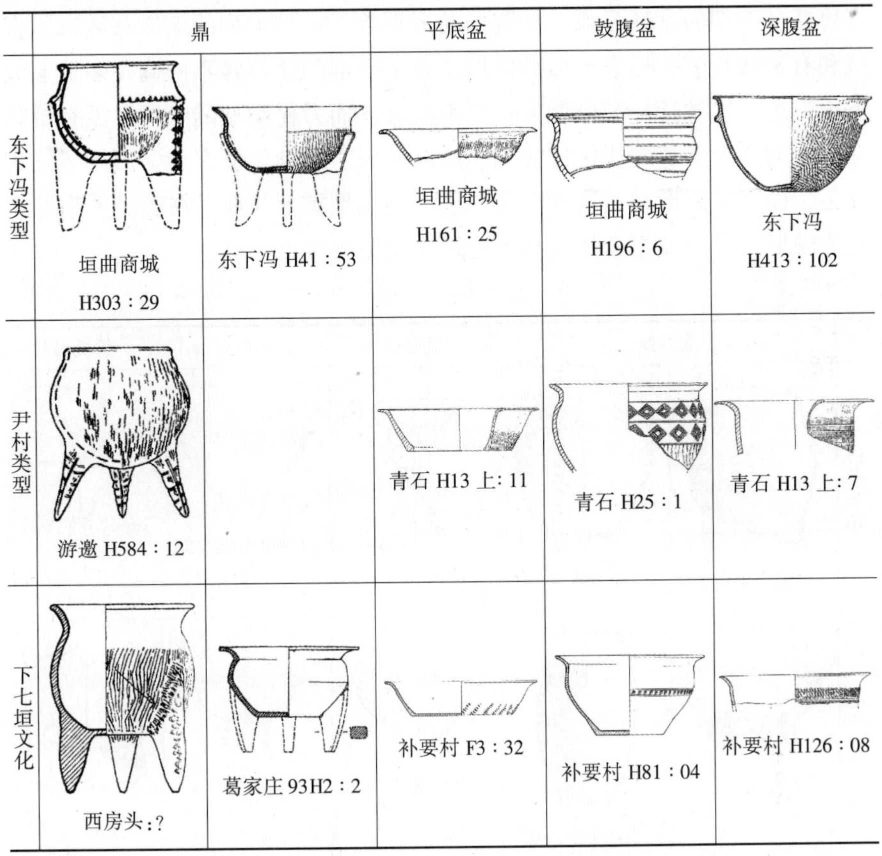

	鼎		平底盆	鼓腹盆	深腹盆
东下冯类型	垣曲商城 H303：29	东下冯 H41：53	垣曲商城 H161：25	垣曲商城 H196：6	东下冯 H413：102
尹村类型	游邀 H584：12		青石 H13 上：11	青石 H25：1	青石 H13 上：7
下七垣文化	西房头：？	葛家庄 93H2：2	补要村 F3：32	补要村 H81：04	补要村 H126：08

图15　太行山西麓与周邻考古学文化遗存炊器、盛器对比图

　　将小神类型、尹村类型和白燕文化、二里头文化东下冯类型以及太行山以东的下七垣文化放在一起进行观察，则可发现小神类型与二里头文化东下冯类型、白燕文化的关系更为密切；而尹村类型在承袭本地龙山文化的基础上，与下七垣文化关系更为密切。

　　从炊器组合看（图14、图15），白燕文化的双鋬手高领鬲、肥袋足高领鬲，东下冯类型领部饰有绳纹的高领鬲在小神类型中皆能有所发现，而基本不见于尹村类型。而尹村类型常见的正装双鋬高领肥袋足鬲源出本地龙山时期遗存，腹部较瘦的高领鬲则与下七垣文化的同类器相同。从陶甗的形态看，小神类型的陶甗腰外有附加堆纹，腰内有箅托，但腰外没有纵向的鋬耳装饰，上部的盆甑深直而少弧曲，这一特征与白燕文化、东下冯类型相同。尹村类型的陶甗腰外有附加堆纹并有纵向的鋬耳装饰，腰内有箅托，上部的盆甑深弧。从陶斝的形态看，小神类型的陶斝有敛口、直口和有带状耳三种形态，但总体形态看上下部的比例并不协调，多呈上大下小形态。这种特征与白燕文化更为接近。而尹村类型的陶斝不见有带状耳者，陶斝上下部的比例较协调。从陶鼎看，小神类型多为盆形侧装三角扁足，而罕见罐形鼎，这种组合与东下冯类型类似。而尹村类型的陶鼎主要为罐形，器形及组合特征与下七垣文化更为接近。

	蛋形瓮		盘形豆	碗形豆	管流爵
白燕文化	薛家会 H1:5	白燕 H98:181	白燕 IF1:6	白燕 IH1062:55	罗家曲 LL01
小神类型	小神 TG1④:19	小神采集:49	小神 H69:1	小神 H83:42	小神采集:63
东下冯类型	东下冯 H23:2	东下冯 H418:36	东下冯 H1:9	东下冯 H62:6	
尹村类型	游邀 H2:61	尹村 H1:37	尹村 H14:14	青石 H70:2	尹村 H11:2

续图

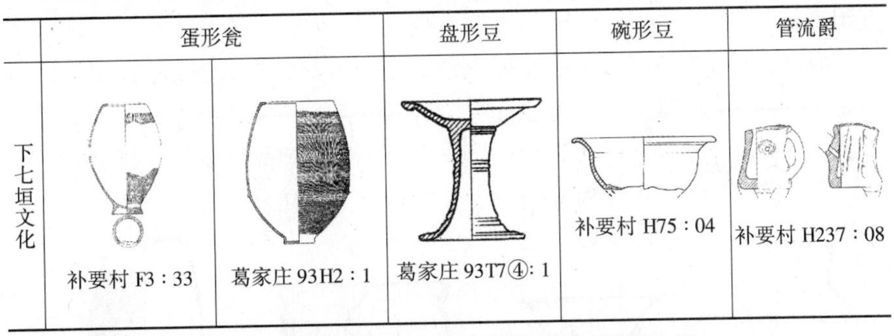

	蛋形瓮		盘形豆	碗形豆	管流爵
下七垣文化	补要村 F3：33	葛家庄 93H2：1	葛家庄 93T7④：1	补要村 H75：04	补要村 H237：08

图 16 太行山西麓与周邻考古学文化遗存盛器对比图

从盆、豆两类盛器来看（图15、图16），斜直腹平沿大平底盆多见于尹村类型，形态与下七垣文化同类器相同，而不见于小神类型。深鼓腹磨光戳印纹盆在太行山西麓也仅见于尹村类型，而此类器物确非东下冯类型与白燕文化的特征器物。从深腹盆的形态也可以说明，小神类型的陶盆与白燕文化、东下冯类型更为接近，而尹村类型则与下七垣文化相似。陶豆的情况与陶盆类似，相当于二里头文化二期时，尹村类型的柄部镂孔豆是当地龙山时期同类器物的延续，而二期以后常见的盘形豆、碗形豆两类器物与太行山东麓的下七垣文化同类器形态相似。而小神类型常见的陶豆则与之有较大的差别，而与东下冯类型更为接近。

从蛋形瓮的形态看，小神类型的蛋形瓮有平底、圈足和多足三类，其中以多足蛋形瓮数量最多。这种情况与白燕文化和东下冯类型更为接近。尹村类型的蛋形瓮则以圈足者数量最多，不但形态与太行山东麓的下七垣文化相近，甚至于圈足底部滚压绳纹的作风都如出一辙。

从这些分析可以看出，长治盆地二里头文化时期的小神类遗存与忻定盆地的尹村类型虽然同在太行山西麓，但文化面貌并不相同，不能划归同一支考古学文化。

两相比较，笔者认为，以西李高、小神遗址为代表的考古学文化遗存，兼有晋中二里头文化时期遗存与太行山东麓下七垣文化的特点，又有自身的地方特色在内，可能是两个文化共同作用的结果，因此，本文暂称其为"小神类遗存"。小神类遗存（图17）的分布区域主要在太行山西麓的长治盆地，流行年代大体在二里头文化二期至四期时。虽然目前材料尚不甚丰富，但从考古学文化因素角度而言，大致可将其陶器群分为五组：

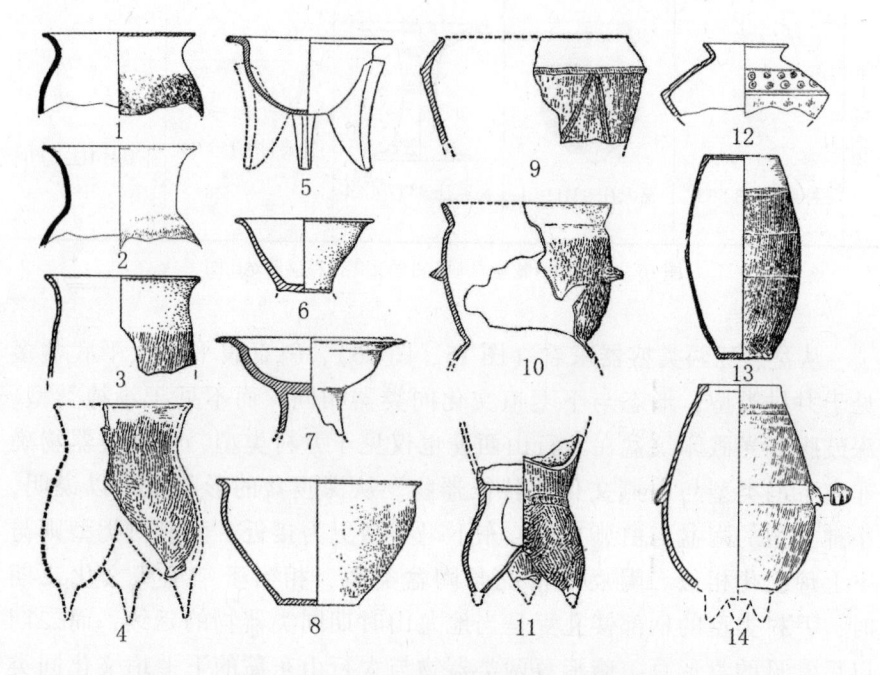

图17　二里头文化时期小神类遗存基本器物组合

甲组：以高领筒腹鬲、通体滚压绳纹的高领鬲、双带耳敛口罂、鼓腹双鋬斝、深直腹旋纹盆、敞口斜直腹簋、喇叭口束颈小口瓮、折肩小口罐、双鋬圆腹罐、花边口高领罐、四足蛋形瓮等器物为主。本组器物是该类型最为常见也最具地方特色的遗存。

乙组：以高领鼓腹鬲、盆形鼎、平口瓮、大口罐等器物为基本组合，数量较多。本组器物与晋西南地区的二里头文化东下冯类型关系密切。

丙组：有箅托甗、三足蛋形瓮等器物，数量较多。本组器物与晋中地区的白燕文化关系密切。

丁组：以花边高领鬲、腹有折棱的细柄豆、大平底盆等器物，有一定数量。本组器物当与太行山东麓的下七垣文化有关。

戊组：以管流爵、簋为代表，数量甚少，本组器物当与二里头文化二里头类型有关。

从文化因素角度的分组可以看出，这种组合与晋中地区白燕文化白燕类型①有很大的差别。

而以游邀、尹村、青石遗址为代表的忻定盆地二里头文化时期遗存，可称为"尹村类型"。这一类型目前仅见于滹沱河上游的忻定盆地，年代约相当于二里头文化二期至四期。本类型陶器群大体可分为如下几组（图18）：

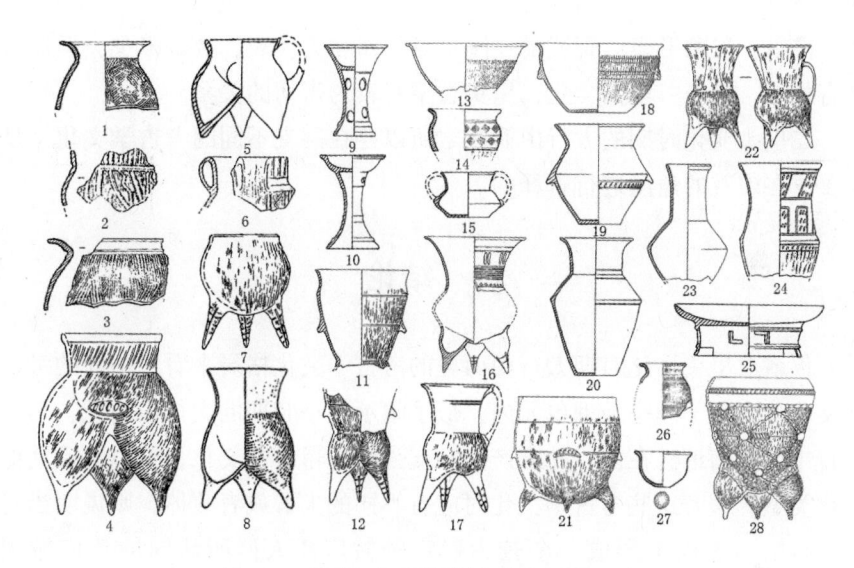

图18 二里头文化时期尹村类型基本器物组合

甲组：以高领正装双錾鬲、敛口罐形鼎、方足鼎、联裆鬲、敞口高领斝、单把敞口斝、高领壶、镂孔豆、篮纹浅腹盆、高领折肩罐等器物为基本组合。此组器物为本地数量最多、最具特点的器物，当是尹村类型最主要的器物群。

乙组：以单把鬲为代表，有一定数量，应与尹村类型以南的许坦类型关系密切。

丙组：以蛇纹鬲、双耳罐等器物为代表，此组器物当与朱开沟文化或其他同时期西北方考古学文化有较为密切的关系。

丁组：以高领鬲、敛口五花大绑式斝、三足蛋形瓮为代表，数量较

---

① 常怀颖：《也论夏商时期晋中地区的诸遗存》，《三代考古》（四），科学出版社2011年版。

多，此类器物出现时间较早，晚期数量锐减。此组器物与白燕文化关系密切。

戊组：以旋断绳纹盆、大平底盆、肩部拍印雷纹的鼓腹盆、折棱细柄豆、碗形豆、圈足蛋形瓮、平口瓮等器物为基本组合。此组器物出现时代较晚，但数量众多，此类器物应与太行山东麓的下七垣文化各类型有密切的关系。

己组：以鸭形壶、管流爵、圈足盘等器物为代表，数量极少，但器形极有特点，应与二里头文化二里头类型有较为密切的关系。

二里头文化时期的太行山西麓之所以存在两支不同的考古学文化，是需要放在宏观的角度进行解释的。

六 结论

仅就二里头文化时期太行山西麓的考古学文化格局来看，不同的考古学文化分布在不同小地理单元内，似乎暗示这一时期的太行山西麓，乃至于晋中、晋南地区在内，并未产生一支强势的考古学文化，可以统摄其他文化类型。假若这些考古学文化对应有不同的人群或者政体，则说明当时的太行山西麓尚未形成一个较为稳定的被广泛人群所认同的"广域国家"。从文化分布面貌而言，太行山西麓的二里头文化时期更像是由不同的地方"古国"或族群各自为政，但有一定联系的社会状态。

从宏观角度来看，二里头文化时期，太行山西麓的晋东南长治盆地出现了小神类遗存，忻定盆地出现尹村类型，是与太行山东西两麓夏商考古学文化的大格局分不开的。

在二里头文化二期以降，太行山东西两麓的整体格局是，太行山以东是属于先商文化系的下七垣文化诸类型的分布范围，而从豫北到河洛之间，则是属于夏文化系的二里头文化的分布范围。[1] 晋西南地区为二里头文化所控制[2]，因此分布着二里头文化东下冯类型。这一时期，从晋中到太行山西麓各地考古学文化样态，正是在这一大文化格局之下形成的。

---

[1] 常怀颖：《夏商之际豫北诸遗存的年代与性质》，《中国历史文物》2009年第6期。
[2] 常怀颖：《夏商时期古冀州之域的考古学研究》第三、五章，北京大学博士学位论文，2010年，未发表。

笔者曾经对晋中盆地的考古学文化进行过梳理，发现晋中地区二里头文化时期至早商时期大体存在三支考古学文化（类型）。相当于二里头文化时期，晋中地区的文化遗存应该作为一支截然不同于早商时期的考古学文化看待，可统称为"白燕文化"。而北部的太原盆地与南部以祁、太、平三县为中心地区之间的差别，应是同一考古学文化下不同文化类型的区别，可将其细分为"许坦类型"和"白燕类型"。早商时期晋中地区的考古学文化遗存则可称为"早商文化晋中类型"[1]。

白燕文化的源头当是源自本地龙山时期的文化，但从文化间的相互关系来看，东下冯类型深受二里头文化的影响，白燕文化与东下冯类型相互间有影响，但影响的施与方与授予方以目前的材料尚难确定。

尹村类型当源自忻定盆地的龙山时期遗存。进入二里头文化时期以后，尹村类型与白燕文化间相互皆有影响，但二者间的相互影响却非引导两支文化前进的主要动力。在太行山以东的下七垣文化，通过滹沱河谷的交通孔道，对尹村类型施加了强烈的影响。这种影响力的作用在尹村类型的陶器群中十分明显，不少器类与陶器风格互见于太行山两麓。从文化样态来看，我们甚至可以将尹村类型视为下七垣文化与白燕文化的一种中间过渡形态的遗存。

小神类遗存的出现与尹村类型有一定的相似性，它深受东下冯类型和白燕文化影响，又在一定程度上受到下七垣文化漳河与补要类型的影响体现出一种文化交流中介的形态。

从以上的分析我们可以看出，太行山西麓两类过渡形态的考古学文化类型出现，实际上体现出了太行山两麓三方面的文化共性：

第一个方面，太行山两麓的各考古学文化核心是一致的。大约从龙山时代向二里头文化的过渡期开始，冀州之域内的各考古学文化类型间虽有各自的地方特色，但保持了一定的共有特性，区别于其周邻。在这一区域内，以有实足根绳纹鼓腹陶鬲的出现标志，以鬲、甗为中心的器物群，在冀州之域内的各考古学文化蓬勃兴盛起来，以此区别于其南方以深腹罐、陶鼎为中心的二里头文化器物群；其东方以素面甗、鼎为中心的岳石文化器物群；其北方以素面筒腹鬲为中心的夏家店下层文化器物群，以及其西

---

[1] 常怀颖：《也论夏商时期晋中地区的诸遗存》，《三代考古》（四），科学出版社2011年版。

方以单双耳罐、陶鬲为中心的朱开沟文化器物群。这种高度统一性，在整个二里头文化时期内持续发展、未曾中断，且对于其南部被二里头文化所深刻影响的区域也逐渐以浸润的方式扩大自身的特性，同时消弭二里头文化的影响。

第二个方面，太行山东西两麓属于同一文化版图。太行山曾经被认为是东西两个独立发展的文化区域。有学者也从陶器群的考察出发，以太行山为界，将其分为东西两个版图，认为两者间有明显的差异，应属东西两区，两者间的关系是互动，而非同一文化版块。① 但是，从前文的陶器群分析中处处显示出，千里太行，绝非文化屏障。太行山间的水流，皆自太行以西穿山而出进入华北平原，山间河谷所形成的"太行八陉"（轵关陉、太行陉、白陉、滏口陉、井陉、飞狐陉、蒲阴陉、军都陉），历史上各个都是文化传播的孔道隘口。②

按照文献记载，至迟在晋朝就有所谓"太行八陉"之谓。《读史方舆纪要》引《述征记》云："太行首始河内，北至幽州，凡百岭，连亘十三州之界，有八陉。"而八陉实际上也是利用太行山东西之间的水流河谷的道路通道。

轵关陉在最南，是利用沁水河谷自济源进入山西的隘口，其西北为山西垣曲；太行陉在沁阳，是利用丹河河谷入山西的隘口，所以又叫丹陉，其西北为山西晋城；白陉在辉县、淇县间，具体地点不详，当是利用卫河支流河谷穿越太行的隘口，其西为山西陵川；滏口陉在武安，是利用漳水河谷通过太行山的隘口，其西为山西长治；井陉在今井陉县，是利用滹沱河支流绵河河谷通过太行的隘口，其西为山西平定；飞狐陉在易县，是利用易水河谷翻越太行的隘口，其西则是山西代县；蒲阴陉在蔚县，是利用壶流河河谷形成的隘口，隘口西则为山西广灵；军都陉在昌平，则是利用桑干河穿过太行的隘口，其西为河北怀来。

让我们依旧从南向北地去看太行山东西从二里头文化时期以来的考古学文化交流。

二里头文化时期，在太行南端东麓，先后为二里头文化豫北类型与下

---

① 蒋刚：《太行山两翼北方青铜文化的演进及其与夏商西周文化的互动》，吉林大学博士学位论文，2006年，未发表。

② 王尚义：《刍议太行八陉及其历史变迁》，《地理研究》第16卷第1期，1997年。

七垣文化辉卫类型、漳河类型，分别利用沁水、丹水、淇河及卫河支流以及漳河影响山西东南部的长治盆地，在长治盆地以西的二里头文化东下冯类型与白燕文化的共同作用下，就形成了二里头文化时期的小神类型，也正因如此，小神类型也就出现了文化的中介样态。

再向北，滹沱河作为山西河北间最大的一条河流，使得太行山两麓的考古学文化相似性极其明显。太行山以西的尹村类型与晋中白燕文化最具代表性的高领鬲通过滹沱河水系的井陉、飞狐，强烈地影响着太行山以东的下七垣文化补要类型与下岳各庄类型。在向北，太行山以西的考古学文化面貌不详，但从尹村遗址所见的蛇纹器来看，太行山以东的夏家店下层文化通过壶流河进入晋北再向南影响忻定盆地当不是不可能。

在最北端，桑干河使得夏家店下层文化壶流河类型与大坨头文化相互间关系紧密。

实际上，二里头文化时期，太行山两麓的考古学文化面貌强烈的一致性早就得到了考古学家的关注。张渭莲就曾因为滹沱河上下游文化面貌的一致性，认为晋中的白燕文化实际上是下七垣文化的一支，可称为"下七垣文化杏花村类型"，而晋中也就是文献记载的先商故地"蕃"①。而刘绪则一针见血地指出，太行山两麓间最主要的交通道路应有两条——其一"是由蔚县一带溯桑干河而上经雁北"西进可至河，南下则入汾；其二"是由石家庄一带溯滹沱河而上，经忻州"北上可至河，南下可入汾；②其三则是在太行山南的羊肠道。③

在早商时期，太行山两麓的考古学文化面貌一致更是无须多论。至晚商时期，商文化虽有退缩但至少在滹沱河以南，太行山西麓的长治盆地与太行山以东的豫北冀南文化面貌完全一致。

由此可见，夏商之际的太行山东西，作为一个整体的文化版图是没有问题的，而且，时代愈早，两者间的相似性更为接近，至少在晚商时期以前，太行山东麓的易水以南与太行山西麓的吕梁以东文化版图的一致性是十分明确的。

---

① 张渭莲：《商文明的形成》，科学出版社2008年版。
② 刘绪：《北方考古二题：2008年内蒙考察收获笔谈》，《三代考古》（三），科学出版社2009年版。
③ 刘绪：《论卫怀地区的商文化》，《纪念北京大学考古专业三十周年论文集》，文物出版社1990年版。

在先秦地理划分体系中①，冀州在《禹贡》体系中作为九州之首，地位之高令人瞩目。② 而所谓冀州的自然地理范围中，大致与《尔雅·释地》所说的"两河间曰冀州"相近，恰是以太行山为界的今行政区划中的山西、河北中西部与豫北地区。

《禹贡》体系的地理划分，不但是一个经济自然地理的划分，也是文化的分布格局。从太行山西麓二里头文化时期考古学文化的格局而言，这种划分是有其潜在的历史渊源的。

第三个方面，太行山两麓各考古学文化间的交流影响，远大于它们与冀州之域之外考古学文化的往来互动，且这一趋势随时代的发展而越发强烈；冀州之域内考古学文化的类型也随着整合的进程而减少，商文化的版图也随之在冀州之域内不断扩展。

（作者单位：中国社会科学院考古研究所）

---

① 先秦的地理划分体系大致有"域分"和"国分"两类，前者以《尚书·禹贡》、《周礼·职方氏》、《逸周书·职方》等"九州"的划分方式为代表；后者则以《诗经》"十五国风"等按照民间义艺和风俗等地域差别进行划分。前一种划分方式侧重于各地的经济地理差异，而后者则侧重于民俗文化。前者的划分方式似乎略早于后者。

② 前贤对于冀州地位之高，有着不同的解释。一种说法认为《禹贡》各州的排序与大禹治水的先后有关，孔颖达《尚书正义》、苏东坡《东坡书传》等主此；一种说法则将其与五行次序相关联，托名郑樵的《六经奥义》、洪迈《容斋随笔》等主此说；刘起釪在《〈禹贡〉冀州地理丛考》中则认为这是由于冀州为尧舜禹等古帝王之居的原因。本文认为最后一种说法较符合逻辑。

丹江流域二里头时代遗存试析

彭小军

丹江西源秦岭南麓，横穿商丹盆地，东至紫荆关附近入豫境，南经南阳盆地西南边缘，在鄂西北丹江口注入汉水。作为连接关中、伊洛盆地与江汉平原之间的关键通道①，丹江流域及其周围地区在中国早期文明的形成和发展过程中扮演着极为重要的角色。尤其是在华夏文明结束多元、进入一体化阶段的二里头时代②，在中原文明借道丹江、强势挺进江汉平原的大背景下③，丹江流域及其周围地区显示出异彩纷呈的文化态势，但其中的许多细节我们仍未能全面地把握，而这些信息对于探究在早期王朝文明扩张压力下区域社会之历史变革无疑是有所裨益的。本文试图在分析典型遗址出土材料的基础上，廓清丹江流域二里头时代遗存的发展进程和文化特征，从而概况性地呈现该地区考古学文化在二里头文化南下浪潮的冲击下所发生的格局变迁。

一 丹江流域二里头时代遗存的发现和研究简史

丹江流域二里头时代遗存最初发现于 20 世纪 50 年代，由于文物普查和丹江水库建设的需要，文物考古工作者先后调查发现了商县紫荆④、郧

---

① 侯甬坚：《丹江通道述论》，《陕西师范大学学报》1985 年第 3 期。
② "二里头时代"的时间跨度，应约当公元前 2000—前 1500 年。见许宏《略论二里头时代》，中国殷商文化学会编《2004 年安阳殷商文明国际学术研讨会论文集》，社会科学文献出版社 2004 年版。
③ 向桃初：《二里头文化向南方的传播》，《考古》2011 年第 10 期。
④ 王富昌：《1950 年代以来商洛考古工作综述》，《商洛学院学报》第 24 卷第 5 期，2010 年。

县三房包子、杨溪铺、大沟港、均县习家店、花果园、谭家沟等遗址①，并发掘了均县花果园、乱石滩②、郧县大寺③、淅川下集④等遗址。然而，由于当时的考古工作正处于资料积累阶段，尤其是中原地区二里头时代遗存的认知体系尚未建立，在能够公布的有限资料中，发掘者只能将一些相当于二里头时代的遗存笼统地归至龙山文化。⑤

直至70年代初淅川下王岗遗址的发掘，才真正掀起了丹江流域二里头时代遗存探索的正式帷幕。1972年刊布的下王岗遗址发掘简报将出土遗存分为早一期、早二期、中期、晚一期、晚二期、先商文化、西周文化等时期，并认为其中的"先商文化"为"'二里头—洛达庙'类型的文化"⑥。这是在丹江流域首次发现并明确识别出的二里头文化遗存，为该流域同时代遗存的继续发现和研究提供了线索与标尺。尽管发掘者认为先商文化与晚二期遗存"有着一脉相承的关系"，但由于当时材料和视角的局限，简报只能将"晚二期"遗存大致归为"新石器时代的龙山文化"，而这类遗存的年代和性质恰恰成为后来讨论的焦点。

最初学术界多认为下王岗晚二期遗存为"河南龙山文化"⑦，或是"河南龙山文化的一个地域类型"⑧。后来，学者们注意到晚二期遗存与河南龙山文化存在着一定的差异，又将其从河南龙山文化系统中剥离出来，认为它属于"长江中游龙山文化"⑨、"湖北龙山文化"⑩ 或"相当于桂花

---

① 中国社会科学院考古研究所长江工作队：《湖北郧县和均县考古调查与试掘》，《考古学集刊》（4），中国社会科学出版社1984年版。
② 中国社会科学院考古研究所长江队：《湖北均县乱石滩遗址发掘报告》，《考古》1986年第7期。
③ 长办文物考古队直属工作队：《1958年至1961年湖北郧县和均县发掘简报》，《考古》1961年第11期。
④ 原长办考古队河南分队：《淅川下集新石器时代遗址发掘报告》，《中原文物》1989年第1期。
⑤ 长办文物考古队直属工作队：《1958年至1961年湖北郧县和均县发掘简报》，《考古》1961年第11期。
⑥ 河南省博物馆等：《河南淅川下王岗遗址的试掘》，《文物》1972年第10期。
⑦ a. 李文杰：《试论青龙泉文化与屈家岭、庙底沟二期文化的关系》，《中国考古学会第二次年会论文集》，文物出版社1980年版。b. 李绍连：《试论中原和江汉两地区新石器时代文化的关系》，《中原文物》1981年特刊。
⑧ 中国社会科学院考古研究所编：《新中国的考古发现与研究》，文物出版社1984年版。
⑨ 何介钧：《长江中游原始文化初论》，《湖南考古辑刊》第一辑，岳麓书社1982年版。
⑩ 方酉生：《论湖北龙山文化》，《江汉考古》1985年第1期。

树三期文化"①。这是对丹江流域新石器时代末期——二里头时代遗存认识的一个重要变化，学者们开始摆脱早期相对贫乏的考古学文化术语，在区域类型思想的指导下建立适应本地区的更为独立、细化的年代框架。

随着相关研究的深入以及周边地区考古学文化及分期的丰富，在同时期公布的均县花果园②、乱石滩③、淅川下集④、郧县青龙泉、大寺⑤等遗址的出土资料中，发掘者对于曾经判断的部分"龙山文化"的年代和性质亦有了更为具体的认识，纷纷认为它们与下王岗"晚二期很相似"，主张"把它命名为'乱石滩文化'"⑥；与此相伴，可能受到了新砦期发现给予的启示，赵芝荃、李龙章先生开始将"晚二期"遗存归至"二里头文化早期遗存"⑦，且"与新砦期、二里头一期文化的内容相仿"，明确将其纳入二里头时代。不过，这些认识或表述似乎并未得到下王岗发掘者的认同，80年代末期出版的下王岗正式报告将原简报描述的晚二期、先商文化遗存划分为龙山文化、二里头一期和三期文化，但又特别指出龙山文化为"丹江流域龙山文化时期的遗存"⑧，虽未单独命名，但表现出对其独立性的关注。尽管学者们的表述不尽一致，但均认可这些遗存之面貌的相同性。

无论是将下王岗"晚二期"类遗存表达为"丹江流域龙山文化时期的遗存"还是"乱石滩文化"，其性质和内涵都是一致的，如大寺发掘报告就将两者等同⑨；而前两者与"二里头文化早期遗存"的表述却有着不同的内涵和意义，这是对相关遗存文化性质的不同认识。事实上，这些认

---

① 严文明：《龙山文化和龙山时代》，《文物》1981年第6期。

② 中国社会科学院考古研究所长江工作队：《湖北郧县和均县考古调查与试掘》，《考古学集刊》(4)，中国社会科学出版社1984年版。

③ 中国社会科学院考古研究所长江工作队：《湖北均县乱石滩遗址发掘报告》，《考古》1986年第7期。

④ 原长办考古队河南分队：《淅川下集新石器时代遗址发掘报告》，《中原文物》1989年第1期。

⑤ 中国社会科学院考古研究所：《青龙泉与大寺》，科学出版社1991年版。

⑥ 中国社会科学院考古研究所长江工作队：《湖北均县乱石滩遗址发掘报告》，《考古》1986年第7期。

⑦ a. 李龙章：《下王岗晚二期文化性质及相关问题探讨》，《考古》1988年第7期。b. 赵芝荃：《试论二里头文化的源流》，《考古学报》1986年第1期。c. 赵芝荃：《简析淅川下王岗晚二期文化和先商文化》，《中原文物》1989年第2期。

⑧ 长江流域规划文物考古队河南分队：《淅川下王岗》，文物出版社1989年版。

⑨ 中国社会科学院考古研究所：《青龙泉与大寺》，科学出版社1991年版。

识上的差异一直持续到新世纪，如樊力先生在多项研究中强调"晚二期"或"乱石滩文化"遗存与二里头文化某些文化因素接近，但存在早晚之别①；而董琦先生则将下王岗发掘报告中的龙山文化与二里头一期文化合并为一期作二里头文化下王岗类型早期②，这一观点获得了一些学者的支持③；《中国考古学·夏商卷》认为下王岗报告中的"二里头文化一期"遗存中的二里头文化特征比较寡淡，不属于二里头文化④，一些学者在研究中也持此看法。⑤ 因此，如何看待"晚二期"类遗存以及下王岗报告中提及的"二里头文化一期"遗存的性质和年代成为丹江流域二里头时代考古工作的一个重要问题。

在丹江下游二里头时代考古持续探索的同时，丹江上游地区的焦村、龙头梁⑥、沟滩⑦、紫荆⑧、东龙山⑨等遗址也进行了调查或试掘，且明确提及发现了二里头时代或二里头文化晚期遗存。尤其是东龙山遗址的发掘，深化了学术界对于丹江流域二里头时代格局的认识。其二里头时代遗存被划分为"夏代早期"、"夏代晚期"，且分属不同考古学文化。其中，"夏代早期"遗存被命名为"东龙山文化"，年代与二里头文化一期、二期相当；"夏代晚期"遗存被称为"二里头文化之'商洛类型'"，年代

---

① a. 樊力：《乱石滩文化初论》，《江汉考古》1998年第4期。b. 樊力：《丹江流域新石器时代遗存试析》，《江汉考古》1997年第4期。c. 樊力：《豫西南地区新石器时代文化的发展序列及其与邻近地区的关系》，《考古学报》2000年第2期。

② 董琦：《虞夏时期的中原》，科学出版社2000年版。

③ a. 楚小龙：《二里头文化初步研究——以陶器遗存为中心》，武汉大学硕士学位论文，2004年，第47页。b. 徐燕：《豫南地区二里头时期遗存的相关问题试析》，《华夏考古》2009年第2期。c. 赵东升：《论鄂豫陕间二里头文化时期的文化格局及势力变迁》，《中原文物》2013年第5期。

④ 中国社会科学院考古研究所编：《中国考古学·夏商卷》，中国社会科学出版社2003年版，第96页。

⑤ a. 袁广阔：《二里头文化研究》，郑州大学博士学位论文，2005年，第46页。b. 常怀颖：《淅川下王冈龙山至二里头时期陶器群初探》，《四川文物》2005年第2期。c. 胡刚：《汉水流域夏商时期考古学文化研究》，西北大学博士学位论文，2013年，第79—80页。

⑥ 陕西省商洛地区图书馆：《陕西洛河上游两处遗址的试掘》，《考古》1983年第1期。

⑦ 商洛地区调查组：《丹江上游考古调查简报》，《考古与文物》1981年第3期。

⑧ a. 商县图书馆等：《陕西商县紫荆遗址发掘简报》，《考古与文物》1981年第3期。b. 丁宜涛：《西安紫荆遗址发现二里头文化陶文》，《考古与文物》1983年第4期。c. 王世和、张宏彦：《1982年商县紫荆新石器时代遗址的发掘》，《文博》1987年第3期。

⑨ a. 陕西省考古研究院：《商洛东龙山遗址Ⅰ区发掘简报》，《考古与文物》2010年第4期。b. 陕西省考古研究院、商洛市博物馆编著：《商洛东龙山》，科学出版社2011年版。

相当于二里头文化三期、四期。① 尽管学术界在东龙山二里头时代遗存的形成与发展方面做了较多研究②，但对于其与丹江下游同期诸遗存之间的交流互动关系着墨较少。

近年来，丹江流域二里头时代考古工作进入了更加繁荣的阶段，先后发掘了淅川马圈王、下寨、下王岗、盆窑、单岗，邓州穰东（即陈营），方城八里桥，郧县辽瓦店子、店子河、青龙泉，丹江口熊家庄，十堰双坟店、张湾方滩，房县七里河等遗址，获取了大量的文化遗存，为学术界进一步了解丹江流域二里头时代的社会图景提供了信息支撑。

整体来看，丹江流域二里头时代早期遗存需要进一步辨别和分析，而早晚遗存之间的年代框架亦需要观察和讨论。这些都关系到丹江流域二里头时代诸遗存之间的交流和互动。

二　丹江流域二里头时代典型遗址的分期

丹江流域经过发掘且材料较为丰富的遗址有东龙山、下王岗等遗址。现以此为典型遗址进行年代框架的构建。

（一）淅川下王岗遗址

下王岗遗址龙山晚期至二里头时期的地层叠压关系共计 36 组，其中具有分期意义的地层关系仅 7 组。根据这些地层叠压关系并结合陶器类型学的比对，我们将下王岗遗址龙山晚期至二里头文化时期遗存分为四组。

第一组多为原报告中的"晚二期"遗存，以 H2、H8、H10 及 T4、T5、T6 的第②层、T8 的第③层为代表。陶器群以夹砂灰陶和泥质黑陶为主，夹砂黑陶次之，泥质和夹砂褐陶相对较少。器类包括釜形鼎、球形釜、小口瓮、粗柄豆、细高柄豆、单耳罐、双耳罐、花边罐、甑、鬶形盉、平底盉等。组合较为复杂，文化因素呈现出多样性，含有部分客省庄文化晚期因素，也具有江汉平原地区石家河文化晚期和中原地区龙山文化晚期的制器风格。从出土的鬶形盉、甑、小口瓮、粗柄豆等器物形制特征

---

① a. 陕西省考古研究院、商洛市博物馆编著：《商洛东龙山》，科学出版社 2011 年版，第 276—281 页。b. 张天恩：《论关中东部的夏代早期文化遗存》，《中国历史文物》2009 年第 1 期。
② a. 井中伟：《老牛坡类型及相关遗存再探讨》，《边疆考古研究》第 2 辑，2003 年。b. 张天恩：《论关中东部的夏代早期文化遗存》，《中国历史文物》2009 年第 1 期。

来看，其年代与中原地区"新砦期"遗存较为接近。

第二组以 H41、H77、H82、H91、H107、H248、H263、H278、H291 及 T14、15、16、20 第②B 层、T8、9、17、23 第②层为代表。主要器类有深腹罐、圆腹罐、双耳罐、单耳罐、釜形鼎、高领球形鼎、粗柄豆、细柄豆、圈足盆、平底盆、小口瓮、甗、钵、杯、豆、盉等。深腹罐、粗柄豆、细柄豆特征与二里头文化一期遗存相近。双耳篮纹罐与稍柴遗址的出土物相似。

由于地层叠压关系的缺乏，我们仅根据类型学区分出第三、四组。其中第三组以 H16、H224 及 T12、18、19、20 第②A 层为代表，器类有鼎、花边罐、大口尊、盆、甗、钵、双耳壶、小口瓮、敛口瓮、敛口罐、细柄豆等。此组陶器形制接近二里头文化三期同类器物。第四组以 H62、H65、H249、H250、H279、H283、H290、H310 为代表，器类有鼎、圆腹罐、大口尊、豆、曲腹盆、小口瓮、甗等。

在类型学比较观察的基础上，将下王岗遗址龙山晚期至二里头文化时期遗存分为三期四段。其中，第一期包括第 1、2 组，且它们分别为第 1、2 段，年代分别相当于新砦期、二里头文化一期；第 3、4 组分别为第二期、三期，年代各自相当于二里头文化三期、四期。

(二) 东龙山遗址

东龙山遗址相当于二里头时代的遗存包括报告中提及的龙山晚期、夏代早晚期等。根据报告中提及的地层叠压关系，我们将东龙山遗址二里头时代遗存分为五组。

第一组以 ⅢH198 为代表。器物群多为素面，形制偏小。主要器形有鏊敛口鼎、尊形器、折腹豆、素面盆、钵、斜壁杯、平底盘、敛口瓮、圜底罐、双耳罐、花边罐、折沿鼓腹罐、花边钮器盖等。

第二组以 ⅢH176、ⅢM57 等为代表。夹砂陶占主体，陶色以灰陶、灰褐陶为主，素面占有一定比例，纹饰主要有弦纹、绳纹、篮纹。器形有瓿、罐形甗、单耳罐、高领圆腹罐、带流单耳壶、平底小罐、喇叭口细颈壶、侈口深腹瓮等。

第三组以 Ⅲ区②层、ⅢH225、ⅢM81 等为代表。陶器仍以夹砂陶为主，纹饰以绳纹为主，还有弦纹、附加堆纹、按窝纹、篮纹等。存在扁足鼎、大口尊、附堆纹敛口圆腹瓮、伞形钮器盖等，单耳罐、三耳罐、带流单耳壶、喇叭口细颈壶在此期并未见到。

第四期以 H9、H18、H30、H155、H130 等为代表。以泥质陶为主，陶色多为灰陶和灰褐陶，存在一定数量的红陶和红褐陶，纹饰以绳纹为主，有弦纹、附加堆纹、按窝纹、方格纹、篮纹、戳印纹等。器形有釜形鼎、花边扉棱联裆鬲、花边罐、深腹罐、小口折肩罐、篮纹双耳罐、矮圈足簋、索状堆纹大口缸、敛口瓮等。

第五组以 H14、H26、H34、H131、H188 等为代表。陶色依然多为灰陶和灰褐陶，纹饰以绳纹为主，还有弦纹、附加堆纹、按窝纹、方格纹等。器形有钵形鼎、联裆甗、分裆鬲、双耳罐、带鋬鼓腹罐、卷沿盆、立耳鼎、四系罐、方格纹大口缸、敛口双系瓮、器盖。

从地层叠压关系来看，东龙山遗址第一组遗存要晚于客省庄二期文化，而早于东龙山类型遗址二组。且从文化面貌上看，更接近新砦期遗存。

东龙山遗址第二组部分陶器与二里头一期陶器比较接近，比如较多的篮纹和方格纹，篮纹高领鼓腹罐、平底盘等器物。

东龙山遗址第三组陶器与二里头二期陶器相同点较多。如东龙山遗址第三组的花边口罐是二里头文化二期盛行的器物，扁足鼎、篮纹大口尊等显然是受到二里头文化的影响，因而第三组年代大致相当于二里头文化二期。

东龙山第四期、五期遗存与二里头类型晚期比较接近，如陶质以夹砂灰陶为主，纹饰以粗绳纹为主，基本不见篮纹、方格纹；同时，大口尊、弧腹盆、带鋬瓶、敛口瓮、刻槽盆、大口缸等与二里头遗址三期、四期同类型器器形十分相似。结合地层关系则可判断出第四、五组年代分别相当于二里头三、四期。通过对下王岗、东龙山遗址的分析，则可大致把握丹江流域二里头时代遗存的年代序列。以此为参照，我们初步构建起丹江流域二里头时代遗存的年代框架。

三 丹江流域区域二里头时代的文化格局

在上述分期的基础上，我们结合已有研究成果，对丹江流域的文化格局进行概括性分析。从出土陶器资料来看，新砦期——二里头文化一期阶段，丹江流域的文化面貌较为多样，仅在丹江下游地区就存在着五类文化因素器物，分别是石家河文化、后石家河文化、王湾三期文化煤山类型、二里头文化、客省庄二期文化。其中，以罐形Y足鼎、罐形柱足鼎、长颈假圈足壶、浅盘圈足豆等为主要器物的后石家河文化因素占主体，早前的石家河文化、王湾三期文化煤山类型、客省庄二期文化势力的影响逐渐减少，新砦——二里头一期文化的微弱影响开始进入丹江下游地区。在丹江上游，东龙山遗址分别存在王湾三期—二里头文化、齐家文化、老牛坡类型、后石家河文化等因素的陶器。其中，老牛坡类型因素陶器占据相当数量。

同时由于此时后石家河文化的衰落，其对东龙山类型的影响程度开始下降。例如，东龙山类型所见圜底罐形制与纹饰均发生较大变化。无论是带花边装饰的圜底罐还是卷沿、束颈圜底罐，均饰错落绳纹，显然与后石家河文化陶釜常见篮纹装饰不同，或受丹江流域以外文化势力的影响而另成体系。相反，随着东龙山类型的发展与壮大，其对丹江下游地区的影响增强，影响范围从淅川地区不断南推至郧县一线，如辽瓦店子遗址第三期遗存中所出土的单耳罐以及双耳罐，下王岗后石家河晚期遗存所出土单耳罐、双耳罐等。可以说，在新砦期至二里头文化一期，东龙山类型开始发展壮大，东龙山类型对石家河文化的影响成为此时丹江流域文化格局的主要形式。

与此同时，中原腹地新砦期文化遗存形成，并演变为二里头文化。此时东龙山类型与新砦期—二里头一期文化之间存在一定的联系。东龙山遗址第二组所见双腹豆、长体觚、篮纹侈口鼓腹罐、平底盘为新砦—二里头一期文化常见器物，偃师二里头一期所见的花边罐则很可能与东龙山类型陶器有着一定的渊源。

在丹江下游，新砦—二里头一期文化保持对后石家河文化的深远影响，并成功介入到淅川地区，遏制了后石家河文化向北的发展势头，如淅川下王岗遗址后石家河晚期遗存所见单耳罐形鼎、盆形鼎、敛口罐、高柄豆以及下寨遗址所见陶觚、高柄豆均是典型的二里头文化器物。[①]

从二里头文化二期开始，丹江流域临近区域出现多处二里头文化据点，其内部的文化面貌发生了一些变化，错综复杂的文化势力开始趋向一致。在郧县辽瓦店子、十堰熊家庄等遗址中，均发现典型二里头文化遗存，说明二里头文化势力已进入丹江下游、丹江口库区地区。由于受到二

[①] 李素婷、陈爱兰：《河南：发掘47万平方米，工程涉及330处文物点》，《中国文物报》2010年3月5日。

里头文化向南扩张的冲击，丹江下游地区的后石家河文化已走向末路，上游地区的东龙山类型也进入发展的末期阶段，该类型中二里头文化因素正在不断增强。似乎可以说，在二里头文化此轮的扩张下，最先受到冲击并改变文化发展轨迹的是丹江下游地区；与此稍有不同的是，盘踞丹江上游地区的东龙是文化仍然顽强保留着自身的传统。不过，二里头王朝对丹江流域的扩张风暴已然来临。

至二里头三期，二里头文化在丹江流域的势力扩张明显加速并达到顶峰。丹江乃至汉水中游地区已完全为二里头文化所控制。这一阶段丹江流域所发现的二里头遗址数量极为丰富，如商洛东龙山、紫荆，淅川下王岗、盆窑，十堰熊家庄等；并且这些遗址应是二里头文化的地方类型。不过，尽管二里头文化占据了丹江流域，但在该地区之前非二里头文化传统的影响仍然存在。例如，在商洛东龙山遗址，二里头文化因素占据主导地位，代表齐家文化的陶器以及源自后石家河文化的陶器群基本消失；而属于东龙山类型主体因素的喇叭口圆腹罐、花边口圆腹罐、花边口带鋬罐、敛口瓮等陶器仍有少量分布，但多数器形发生了较大的变异，源自客省庄文化二期的陶器群中的双耳罐仍有少量分布，只是在形态上发生了一定程度的变化。以丹江流域为通道，二里头文化牢牢控制住了江汉平原乃至长江中游地区。

二里头四期，二里头文化在丹江流域势力维持原有面貌。在东龙山、下王岗、盆窑、熊家庄等遗址中均发现了二里头文化遗存。与大多数地区二里头文化的扩张相近，丹江流域的二里头文化往往以抢占战略要地为主要目的，进而控制该地区的咽喉要道，所以这一区域二里头文化遗址呈点状分布。相比晋南、豫东地区，丹江流域二里头文化并不发达，除个别遗址之外，大多数遗址规模小，等级低，而且文化内涵不丰富，文化势力错综复杂。不过，整体来看，丹江流域二里头时代的文化格局经历了由多样到相对统一的漫长过程。

上述分析可见，二里头时代早期丹江流域存在着土著文化与二里头文化势力犬牙交错存在的局面。随着二里头王朝在丹江流域的艰难扩张，土著势力不断受到压制并退缩，直至消失。但最终二里头文化仅以据点的方式占领了丹江流域，才逐渐开始了其对长江中游地区的控制和影响之路。

（作者单位：中国社会科学院考古研究所）

岳石文化衰变原因新探

庞小霞

公元前 2000 年前后，岳石文化在海岱地区代替龙山文化而出现，其持续约 400 多年，大体和中原地区的二里头及二里岗文化时代相当。岳石文化是一支青铜时代的文化，具有一定的先进性。然而值得注意的是，岳石文化和之前的山东龙山文化相比，在文化面貌上存在较大反差，而且似乎透漏出岳石文化发生了"衰变"。这种衰变已被学界所指出，并对产生衰变的原因给予了不同的解释。在学界不同的意见中笔者认为近年一些学者将这种"衰变"现象和该地区文明化进程结合起来进行的深层次探讨值得重视。[①] 岳石文化的出现的确改变了海岱地区的文化格局和向文明社会迈进的步伐。海岱地区的岳石文化没有继承龙山文化的繁荣而再创辉煌并首先在此地形成中国历史上最早的王朝国家，相反其被纳入到以中原夏商王朝为中心，或在其强烈影响下发展的轨道上来。对岳石文化的这种认识有助于我们对其衰变原因进行宏观、系统的分析，同时也表明探讨这一问题对于海岱地区文明化进程的研究及中国古代文明形成的模式和机制等问题均具有重要意义。本文将在前人研究的基础上，对海岱地区岳石文化衰变的原因进行新探讨。

一 两种观点的不合理性剖析

在考察学界以往关于岳石文化衰变原因的研究时，笔者发现这个问题的本身首先要弄清楚。岳石文化衰变原因的分析应包括两个方面：其一，为何龙山文化晚期如此繁荣的文化突然就变成了岳石文化这种看似落后的

---

① 参看 a. 王巍《公元 2000 年前后我国大范围文化变化原因的探讨》，《考古》2004 年第 1 期。b. 许宏《"连续"中的"断裂"》，《文物》2001 年第 2 期。

文化。换言之，就是考察发生这种"衰变"的突变原因。其二，为何岳石文化存在时间约400年，并没有一个发展的繁盛期，似乎一直比较稳定。换言之，我们要探讨其呈现出这种相对落后的文化面貌的长期原因。

关于岳石文化衰变原因学术界除了洪水说、气候变寒说还有另外两种解释。其一，认为经济繁荣和人口膨胀使岳石文化的制陶业向实用性和通俗性转变从而总体看起来呈现衰变。① 然而据目前的考古发现，岳石文化时期遗址的数量不仅比龙山文化时期大大减少，而且也大大少于其后的商文化遗址，这已经被在山东各地区进行的众多考古发掘和调查所证实。岳石文化遗址的减少、聚落规模的缩小表明这个时期相对于之前的龙山文化人口应是减少了。近年对史前人口进行研究的学者指出，山东省人口数量在龙山时代晚期为161.4万人，二里头时代仅为34万人。就整个黄河中下游地区而言，龙山时代的人口数量远远高于其后的二里头时代②，此处具体数据有待商榷，但人口明显减少情况应是可信。未与龙山文化进行对比而盲目的根据岳石遗址的分布就得出人口增加的结论，难免有失偏颇。至于岳石文化的经济繁荣一说，笔者认为判断某一考古学文化的经济发展繁荣的标准学界看法不一，加之岳石文化提供的材料使得对其进行社会经济状况的分析困难较大，目前对此只能暂且搁置。但是进入文献记载以来及现代社会经济发展情况给我们的启示是：经济繁荣发展了，社会物质产品丰富了，人们的生活水平提高了，其日用品是朝着质量好、品种全的方向发展而不是反之。我们承认岳石文化的制陶传统发生了转变后并不一定意味着整个文化就真的大大退步了，但是将这种转变归结为经济繁荣和人口增加，与目前的考古实际是不符的。

其二，认为新兴产业特别是冶铜业的出现是导致岳石文化衰变的主要原因。③ 岳石文化目前和龙山时期相比尽管发现不少青铜器，但是都是小件制品且多属于工具类，形制简单，多为单面范铸，技术具有原始性。考古发现中日常工具主体是石器，日用品则以陶器为主。所以据发现的十几件青铜器很难推出青铜业在当时的社会生活中占据重要地位，恰相反制陶业和石器加工业在社会生活中仍发挥着重要作用。新兴的青铜业就是在商

---

① 王富强：《关于岳石文化陶器"骤变"原因的探讨》，《华夏考古》2001年第1期。
② 王建华：《黄河中下游地区史前人口研究》，科学出版社2011年版。
③ 聂新民：《山东龙山文化部分石陶玉器制作工艺的探讨》，《史前研究》1988年增刊。

代大放异彩之时也没有导致制陶业的衰退并进而使一个文化消退，即使是与之大体同时的二里头文化有着较为先进的铸铜业仍未出现如此情况，因而这种观点比较牵强。

二 自然环境因素是岳石文化衰变的直接原因

环境考古显示大约公元前2000年前后，在全国范围内普遍存在一次气温降低事件和大洪水。[①] 在山东地区大致相当于龙山文化晚期和岳石文化早期这个时间段内同样表现出气候冷凉。气候冷凉导致人们的生存环境发生较大改变，特别是对于鲁东南和鲁中南的稻作农业区的影响更大，最终造成海岱文化衰落[②]。但是关于降温持续的时间及环境是否是导致文化衰变的主要原因等问题尚需进一步探讨。

多数学者认为全国范围内的这次降温时间在公元前2000年前后，而各地区由于区域地理位置的差异，起始和结束的时间可能会有所不同。最近山东沂沭河上游的环境考古表明，开始于龙山晚期的气候冷凉持续到岳石文化初期，其后岳石文化的气候条件又开始好转。[③] 而这种结论在以前的自然剖面的定性分析中也曾得出过。[④] 显然这次气温降低可能导致岳石文化早期发展受挫，然而整个岳石文化约400年时间，早期之后的很长时间仍然表现文化面貌的落后恐不能用单一的气候问题来解释。

关于我国公元前2000年的大洪水，这在众多古文献和近年的燹公盨铭文中均有记载。考虑到海岱地区的地形和地貌，大洪水对这一地区破坏和冲击要超过黄河流域的上、中游地区，特别是鲁西北平原地区可能更突出。当洪水来临，那些位于台地、堌堆的遗址可能被保住，但是农作物、

[①] a. 吴文祥、刘东生：《4000BP前后降温事件与中华文明的诞生》，《第四纪研究》第21卷第5期，2001年。b. 夏正楷、杨晓燕：《我国北方4kaBP前后异常洪水事件的初步研究》，《第四纪研究》第23卷第6期，2003年。c. 孔昭宸：《中国北方全新世大暖期植物群的古气候波动》，《中国全新世人暖期气候与环境》，海洋出版社1992年版。

[②] 方辉：《岳石文化衰落原因蠡测》，《文史哲》2003年第3期。

[③] 齐乌云等：《山东沭河上游史前文化人地关系研究》，《第四纪研究》第26卷第4期，2006年。

[④] a. 王永吉、李善为：《青岛胶州湾地区20000年以来的古植被与古气候》，《植物学报》第25卷第4期，1983年。b. 韩有松、孟广兰：《青岛沿海地区20000年以来的古地理环境演变》，《海洋与湖沼》第17卷第3期，1986年。

周围植被等则或许遭受毁灭性破坏。显然洪水对于文化的衰变应起到一定作用。但与气候变冷事件相同,这种直接影响也应是一时的,而不可能持续影响近400年的整个岳石文化时期。

总之,低温和洪水对于岳石文化早期的发展确曾起到很大抑制作用,以至使岳石文化面貌呈现"衰落"迹象,这些应是岳石文化发生衰变的突变原因或曰直接原因。但是笔者不认为岳石文化的衰变主要由上述环境原因导致,长期落后更有其他原因。

三 龙山文化晚期海岱地区内部政治经济控制系统失衡是其文化衰变的重要原因

海岱地区龙山文化时期社会进一步向前发展,聚落和聚落群空前发展,聚落分化更加复杂,中心或核心聚落群出现。城址普遍出现,一些规模较大的城址很可能已具都城的雏形。大型墓葬的地位和规模凸显出来,墓葬的等级分化更为剧烈。总之,海岱地区至龙山文化晚期,社会阶层和等级分化严重,社会组织和结构复杂,官僚机构或已存在,王者雏形出现,礼制初步形成,社会进入了邦国阶段。[①] 尽管海岱地区龙山文化晚期社会复杂化程度很高,但是和二里头国家相比,其社会内部并没有一个跨地理单元的强大政权存在。海岱地区聚落考古材料的分析表明,龙山文化晚期其内部呈现的是一种多中心或多势力并立的政治格局,在这种政治控制系统中,一旦发生前文所言的低温、洪水甚至战争等天灾人祸,相对分散平衡的政权不易被集中并统一调配资源,其走向崩溃也就在所难免。另一方面,近年有学者通过对遗址中墓葬、聚落及单个家户材料的分析,指出海岱地区的经济体系是一种以控制财富为主的财政结构,即贵族控制贵重物品的开发和生产,用其交换日用品,并将其作为等级象征物进行再分配。这种社会的经济策略是以贵族物品的生产和掌控为重心,这种社会通过特殊的居住和埋葬方式及使用贵重物品——特别是长途交换的贵族物品——来显示地位和权力。[②] 笔者赞同上述观点,海岱地区的这种经济体系,尤其贵族物

[①] 参见高江涛《中原地区文明化进程的考古学研究》,社会科学文献出版社2009年版,第488—499页。

[②] 刘莉:《中国新石器时代——迈向早期国家之路》,文物出版社2007年版,第227—228页。

品的获得使得整个上层社会更多地依赖外部,这样一旦影响贵重物品获得的任何一个环节发生变化,这个社会的经济体系就会遭受重大打击,如资源产地社会发生变化、贵重物品的运输交通被破坏等。笔者曾对中国新石器时代出土的绿松石器作过研究,海岱地区并非绿松石的产地,但是从大汶口文化开始就一直对绿松石情有独钟,而对花厅墓葬和西朱封墓葬中随葬绿松石的分析显示,大汶口文化晚期的一些地区及龙山时代,在海岱地区绿松石已经成为贵族专享的奢侈品。[①] 而我国史前绿松石的主要产地之一很可能就是鄂西北、陕南及河南淅川一带。这一地区龙山文化晚期属于中原龙山文化区,绿松石的开采和运输被中原文化区的贵族所控制。特别是,中原地区在海岱龙山文化末期时已经进入最早的王朝国家,其对东方地区的政策可能是抑制其发展。显然对于依赖贵重物品控制整个社会的海岱地区来说,中断和破坏绿松石的正常供给应是抑制海岱地区发展的重要手段之一。其实龙山文化晚期海岱地区内部已经有迹象表明,其贵重物品的供给出现了问题,蛋壳黑陶曾经很长一段时间是海岱地区上层贵族控制的一种礼器或曰奢侈品,这种蛋壳陶曾经出现在很远地区的陶寺遗址的大墓中,但是在龙山时代末期,其首先在其生产地海岱地区消失了,这也许可看作以贵族物品的生产和掌控为重心的经济体系崩溃的表现。

总之,海岱地区在龙山文化末期,自身的政治体制和经济策略已经难以适应其社会发展的需要,在遭遇数百年难见的低温及洪水的袭击下,其更难加以调控,直接导致该文化更快地走向了崩溃。

四 岳石文化内政治实体的松散性是其长期衰落的重要原因

相当于中原地区的二里头文化二期至四期这个阶段,岳石文化几乎分布于海岱地区全境,并呈现一种比较稳定的状态。在整个岳石文化分布范围内可细分为6个不同的类型,即照格庄类型、郝家庄类型、王推官庄类型、安邱堌堆类型、尹家城类型、下庙墩类型。[②]

---

① 庞小霞:《中国出土新石器时代绿松石器研究》,《考古学报》2014年第2期。
② 方辉:《岳石文化区系类型新论》,《海岱地区青铜时代考古》,山东大学出版社2007年版,第137—169页。

从文化的总体分布格局来看，岳石文化的各个类型的分界几乎均和自然地貌的分割相吻合，每个文化类型的分布范围多属于一个小的地理单元，很少有横跨两个地理单元的类型。如郝家庄类型主要分布于鲁北淄、潍、弥河流域；尹家城类型主要分布于汶泗流域；王推官庄类型分布于鲁西北古济水、徒骇河、马颊河的山前冲积平原；下庙墩类型主要分布于沂沭河流域。山东中部的泰、鲁、沂、蒙山将六个类型分成南北两列，不存在以某个类型为中心周围其他类型环绕分布的向心式分布格局。此外，岳石文化目前似乎并不存在一个中心分布区。换言之，岳石文化整个分布范围之内找不出一个较密集分布遗址且伴有规模较大、等级较高聚落群出现的地区。或言岳石文化内部没有出现一个凌驾于其他类型之上的核心类型。岳石文化这种分布似乎显示其不存在如二里头国家这样强有力的政权中心，而很可能是由多个分散的规模势力大体相当并相互竞争的政治实体所组成的松散联合体。

分析岳石文化因素两次向外大量扩散的背景我们更能得出岳石文化内部属于分散的若干政治实体的结论。岳石文化因素向外输出有两个高潮。[①] 一是，夏末商初，这一时期主要是向郑州和洛阳地区扩散。二是，二里岗上层文化时期，扩散的地域主要是郑州地区、江淮东部和宁镇地区。夏末商初，岳石文化因素可能主要由商夷联盟的下七垣人带到郑洛地区。正是在这种夷商联合的大好契机之下，主要代表商人的下七垣文化迅速进入郑州地区，其吸收来自岳石文化和二里头文化的大量因素，并逐渐融合最终形成内涵丰富、充满勃勃生机的早商文化。与此同时，正如有学者指出的，下七垣文化内部从一种由多个酋邦控制政权转变为商王国的过渡也许正发生在灭夏之前不久[②]。可以说下七垣文化在夏末早商的战争背景中历经了一次质的突变和飞跃。而岳石文化尽管属于这个同盟军中的一员，而且似乎还起着举足轻重的地位，但在这种难得机遇中其似乎并没有太多的变化。主要体现在：在空间地域上，岳石文化仍局限于其在二里头文化三期之时就已占领的豫东地区，并未向西大力扩展自己的势力范围；就其内部来看，二里头和先商文化的影响主要在豫东、鲁西南地区，中部

---

① a. 赵海涛:《试论岳石文化与周围同时期文化的关系》，中国社会科学院研究生院，2003年硕士论文。b. 高江涛、庞小霞:《岳石文化时期海岱文化区人文地理格局演变探析》，《考古》2009年第11期。

② 刘莉:《中国新石器时代——迈向早期国家之路》，文物出版社2007年版，第218页。

和东部的多数地区并没有这种战争留下的考古学证据。似乎仅有豫东、鲁西南的安邱堌堆类型的岳石人参与了这场战争。

二里岗上层时期，岳石文化因素大量扩散则主要是由于商文化强劲势力的东扩引起的，同样是一种扩张，此时的商文化更是表现出一种为我所用的姿态，商文化腹地小双桥遗址大量岳石文化的出现是这种情况的最好注脚。而面临危机，岳石文化毕竟实力单弱，鲁西南和鲁中这些地区的岳石人主要选择了逃离，其中一支就被迫迁徙远走他乡，这就是在江苏高邮所发现的周邶墩二期遗存①，还有些则可能逃亡到近处的鲁中南山地。同时鲁北大辛庄的岳石人则选择了与商文化的妥协，并最终融合成商人的一部分。岳石文化在商文化的东渐中不同地区表现的不同情况似乎表明在岳石文化内部没有一个强大的中心性的统一的政治集团来应对外来的危机，它更像是由中型规模势力相当的若干政治实体所组成的松散联合体。

五　岳石文化的自我封闭性是其衰落的另一重要原因

通过对岳石文化与其他同时代考古学文化的交流考察似乎也印证了上述观点。赵海涛曾就岳石文化与同时代周边考古学文化的交流做过专门研究，笔者也对其进行过深入分析，基本赞同其得出的结论。② 即岳石文化周边的考古学文化几乎均吸收了岳石文化的因素，除了斗鸡台文化、点将台文化、湖熟文化等少数几个吸收岳石文化较少外，其余的考古学文化和遗存均吸收、融合了大量的岳石文化的东西；相反岳石文化中则仅见到下

---

① 1993年南京博物院在对周邶墩遗址发掘中发现一些遗存与第一类遗存风格迥异，内含有大量的岳石文化遗物，于是将这类遗存称"第二类遗存"。将周邶墩第二类遗存与尹家城类型的同类器物演变进行比较，并结合该遗址 ^{14}C 测年，该遗存年代晚于尹家城类型，约在公元前1400年前后，笔者赞同该遗存可能是尹家城类型的部分人群由于受到商人征伐而南迁的结果。可参看：a. 张敏、韩明芳《江淮东部地区古文化的初步认识》，《中国考古学会第九次年会论文集》，文物出版社1997年版。b. 田名利《试论宁镇地区的岳石文化因素》，《东南文化》1996年第1期。

② a. 赵海涛：《试论岳石文化与周围同时期文化的关系》，中国社会科学院研究生院，2003年硕士论文。b. 庞小霞：《夏商时期海岱地区考古学文化的历史地理研究》，北京大学博士后出站报告，2009年。

七垣、夏家店下层、二里头、湖熟文化等文化因素,且包含的量相对少得多。这反映了岳石文化在与其他文化的交流中表现更多的是一种单向的输出式的交流,而非双向的输出与交流,或言双向互动。换言之,岳石文化中少见其他文化因素的现象似乎表明该文化对其他文化具有一定的封闭性。

从岳石文化与其他文化交流的空间地域来看,这种交流多发生在岳石文化与其他文化的交汇地区,从岳石文化和二里头及下七垣两种文化交流看,后两种文化因素主要出现在岳石文化分布的西部边界。岳石文化中的二里头文化因素目前主要是在豫东鹿台岗遗址发现,如该遗址被认为属于岳石文化遗存的T27⑤中的平底爵、大口尊等。岳石文化中具有下七垣文化特征的深腹盆和碗形豆同样是从鲁西北至鲁西南递减,越接近下七垣文化分布区,数量越多,卷沿绳纹罐则仅在鲁北地区发现。① 与此同时在岳石文化分布的东部照格庄类型甚至中部的郝家庄、尹家城类型都少见下七垣和二里头文化的影响。但是相反在下七垣和二里头的中心分布区均发现大量的岳石文化因素。岳石文化因素在下七垣文化的中心分布区如容城②、永年③、定州④、新乡⑤等地均有发现,在二里头文化的核心分布区伊洛河流域的岳石文化因素也有较多发现。⑥ 这至少说明与这两种文化相比,前者的兼容并蓄能力更强些,而后者相对要封闭些。

一个文化只有在不断地与其他文化的互动交流中,不断吸取其他文化先进因素,并加以融合使之成为自己的一部分,这样才可能在文化的互动交流中保持可持续发展与繁荣。中原地区的二里头文化恰恰具备了这种兼

---

① 赵海涛:《试论岳石文化与周围同时期文化的关系》,中国社会科学院研究生院,2003年硕士论文,第26页。
② 保北考古队:《河北容城白龙遗址试掘简报》,《文物春秋》1989年第3期,其中图四的几件浅盘豆12、13、16。
③ 邯郸地区文物保管所:《河北省永年县何庄遗址发掘简报》,《华夏考古》1992年第4期,其中的浅盘豆T9②:2及T12②:2。
④ 河北省文物研究所等:《河北省定州市尧方头遗址发掘简报》,《考古》2004年第9期,其中的小口瓮H4:9。
⑤ 河南省文物局文物工作队:《河南新乡潞王坟商代遗址发掘报告》,《考古学报》1960年第1期,其中的甗T3:88。
⑥ 主要在二里头遗址中有较多发现。参见中国社会科学院考古研究所《偃师二里头》,中国大百科全书出版社1999年版。

容并蓄,包纳四方的文化特性,这应该是导致其最终脱颖而出进入早期王朝国家的重要原因之一。正相反,岳石文化经历最初的创伤后,一蹶不振,文化面貌上长期落后于之前的龙山文化更落后于二里头文化,其文化的封闭性难辞其咎。

六 余论

海岱地区在公元前2000年之后,岳石文化代替龙山文化出现,文化发生明显衰落,导致这一现象的原因有直接的环境原因,更主要是龙山晚期内部政治和经济控制系统的失衡。而岳石文化持续数百年一直没有繁荣发展,甚至被纳入到以中原夏商王朝为中心,或在其强烈影响下发展的轨道上来的原因更多更复杂,岳石文化的内部多中心松散政治统治及文化的封闭性是诸多原因中的两个。

值得注意的是,近年有学者研究一个文化衰落或曰崩溃原因时,指出山东岳石文化的衰落是由于中原核心区的兴起和强大导致的[1],或曰中原地区龙山文化到二里头文化的兴起是导致周边山东龙山文化、陶寺文化、关中地区龙山文化、石家河文化,甚至良渚文化衰变、消亡的主要原因。[2] 对这种认识,笔者认为这是不同的问题,其实文明的崩溃更多的是分析文明自身发展中正处于高度发展却突然出现了倒退现象的原因,而不只是谈周边地区衰落和一个中心地区发展的关系。不可否认中心地区的发展尽管对周边某个地区的发展有抑制,但在华夏族群的形成的早期阶段中原地区的这种抑制并不起决定作用。

最后,我很赞同这种观点即社会发展进程不是直线前进的,不具有预定性和方向性。在早期文明起源的过程中,社会在向复杂化演进中会受到各种外部和内部因素的影响。外部因素如生态环境、地理资源等,内部因素则有社会经济体系、政治取向、礼仪力量、领导策略等。环境条件等外部因素至关重要,但并非是引起社会变化的唯一或主导因素。显然不同社会的政治和经济系统以及人类应对外部压力的各种活动才最终导致社会变

---

[1] 张锟:《东夷文化的考古学研究》,中国社会科学院研究生院博士论文,2010年,第90—100页。

[2] 徐良高:《文明崩溃理论与中国古代文化衰变现象研究》,《中国历史文物》2009年第4期。

化的产生。① 所以说岳石文化衰落并最终没有进入国家形态原因是多方面因素综合作用的结果，但我想今后主要还应集中于对这些内部因素的分析。此处对岳石文化的内在特性的分析正是这种尝试，相信今后随着反映岳石文化内涵的考古学材料增加，这种探讨将会更加深入。

（作者单位：中国社会科学院考古研究所）

---

① 刘莉：《中国新石器时代——迈向早期国家之路》，文物出版社 2007 年版，第 226—231 页。

小双桥遗址与白家庄期商文化研究三题

李宏飞

一 非商方向

杨锡璋先生曾通过对商代宫殿区的位置、小屯宫殿区的布局、西北冈西区大墓的排列、殷墟的墓向、殷墟车马坑与大墓的关系、乙七基址前祭祀坑的分析后指出："殷人重视东北方，至少在殷代王室及高级贵族中，东北方是被认为尊位的。"[1] 这一观点后来被用以从"建筑朝向所反映的观念"来论证二里头遗址和偃师商城是"两个不同族属的文化遗迹"[2]。

一个十分有趣却值得重视的现象是：在二里头遗址，宫殿和其他重要建筑基址、墓葬的朝向都为南偏东。与之不同，偃师商城不论城垣或宫殿朝向都呈南偏西，后者恰与郑州商城、湖北盘龙城城垣、殷址方向一致，其角度大致在南偏西数度至 20 度之间。同期的夏县东下冯城址，从残存的东西两面城墙南段来看，走向类似。甚至到商代晚期，安阳殷墟的宫殿、宗庙基址、王陵、大多数墓葬（包括带墓道大墓和著名的妇好墓）、祭祀坑的纵轴也呈现如是偏角，凡坐北朝南的建筑基址，朝向都略偏西。有一条墓道为甲字形大墓，除大司空村的两座外，其余墓道都开在墓圹南端，有的还特意明显折向西南（如西区 M93）。大城北垣东段作倾斜状，使城东北隅呈一抹角，偃

---

[1] 杨锡璋：《殷人尊东北方位》，《庆祝苏秉琦考古五十五年论文集》，文物出版社 1989 年版。
[2] 高炜、杨锡璋、王巍、杜金鹏：《偃师商城与夏商文化分界》，《考古》1998 年第 10 期。

师和郑州的两座商城也惊人的相似。以上现象已不能简单视为一种偶然巧合，而应看作建筑物主人即商代统治集团的某种观念，或即所谓"殷人尊东北方位"观念的反映。

确如杨先生所言，以往发现的商代都邑及地方城邑、宫殿宗庙基址的朝向均为"南偏西"，王陵和多数墓葬的墓向均为"北偏东"，呈现"东北—西南"的规律性方向，或可称为"商方向"。

在以往的研习中，笔者曾在小双桥遗址的发掘简报[①]中发现其夯土建筑基址的朝向为"南偏东"，并非以往规律性认知的"商方向"，不妨暂且将其称为"非商方向"。新近出版的发掘报告[②]更为全面系统地报道了小双桥遗址以往的考古收获，更多的考古材料仍然支持笔者过去得出的认识。

发掘者曾对小双桥遗址至今高出地面 12 米的"周勃墓"夯土台基进行钻探，结果表明这实际上是一处东西长约 50 米，南北宽约 40 米，面积 2000 余平方米的商代夯土台基，朝向为"西北—东南"的"非商方向"。此外，小双桥遗址中心区发现有 95ZX Ⅳ HJ1、95ZX Ⅴ HJ1、95ZX Ⅴ HJ2、95ZX Ⅴ HJ5、2000ZX Ⅴ HJ6、1996ZX Ⅷ HJ1、1996ZX Ⅷ HJ2 等夯土建筑基址，这其中但凡能搞清楚平面形状的，无一不是"非商方向"。此外，Ⅳ区的 F1 残留的 4 个柱洞连成一条东西向的直线，与"非商方向"垂直，Ⅴ区的 F3 保存较为完好，朝向为"南偏东"，即"非商方向"（图 1）。

不同于二里岗期与洹北期、殷墟期长期保持的"商方向"，小双桥遗址发现的夯土建筑基址呈现出与此前和此后均截然不同的"非商方向"。那么，如何理解小双桥遗址夯土建筑基址的"非商方向"？

发掘者在报告的绪言中提及："遗址北部地势较高，一道西北—东南走向的土岗从遗址中部穿过，该岗脊现已被人为修成了一条引黄河水进入郑州市的灌渠"，似乎"非商方向"是受到了特定地理环境的影响所致。但情况似乎没有这么简单，因为发掘者在报告的绪言中还指出："小双桥遗址周围在新石器时代已是古人类集中居住的地方，形成了众多的聚落遗

---

① a. 河南省文物研究所：《郑州小双桥遗址的调查与试掘》，《郑州商城考古新发现与研究 1985—1992》，中州古籍出版社 1993 年版。b. 河南省文物考古研究所、郑州大学文博学院考古系、南开大学历史系博物馆学专业：《1995 年郑州小双桥遗址的发掘》，《华夏考古》1996 年第 3 期。
② 河南省文物考古研究所：《郑州小双桥：1990—2000 年考古发掘报告》，科学出版社 2012 年版。

526 / 夏商都邑与文化(二)

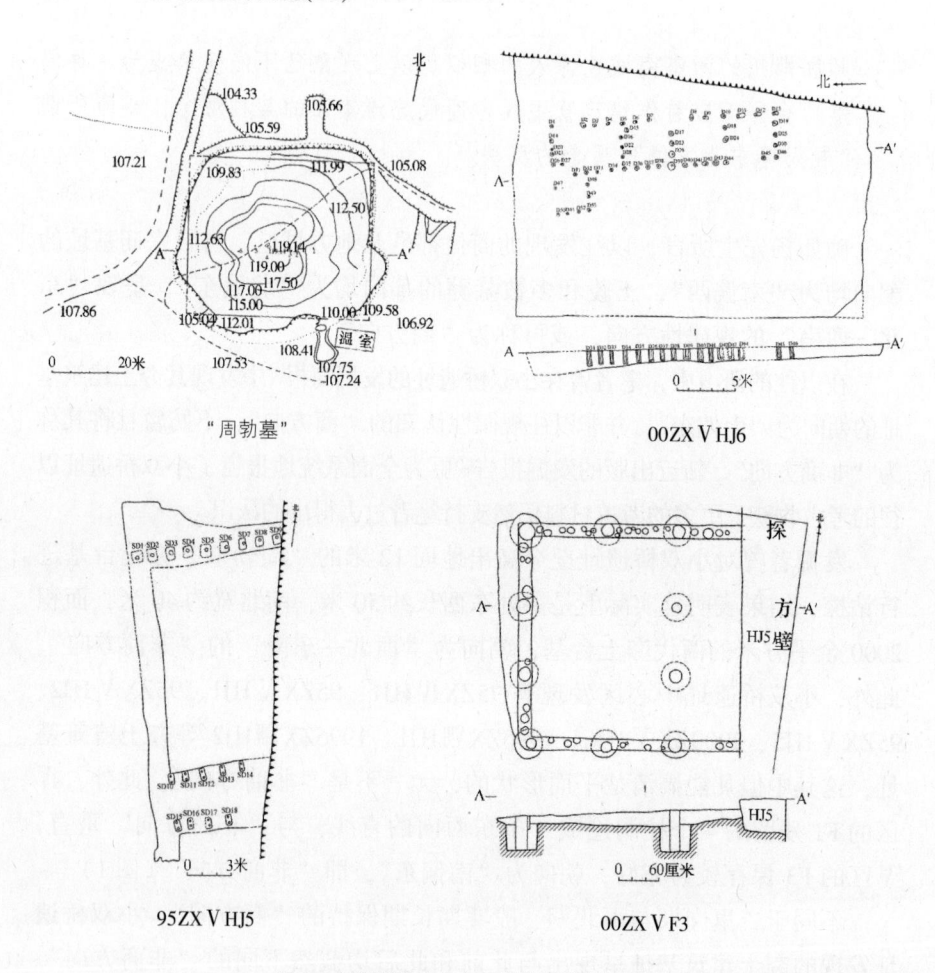

图1 小双桥遗址夯土建筑基址的非商方向

址……龙山时期到夏代,这一带也发现不少古代文化遗存;到了商代早中期,整个郑州西北部乃至荥阳市东北、黄河以南的广大地区,文化遗址分布更为密集,该现象表明这一时期的考古学文化空前繁荣,文化遗址多达十余处,而且曾出土过重要文化遗物。"这表明郑州西北部的广大地区均适宜人居,对于新都的选址没有必要因为小双桥遗址所在的特定地理环境而破坏此前已遵循百年以上的"祖宗家法",完全可以选取另外一处适合"商方向"的特定地理环境营建新都。

与其说商人营建新都受到了特定地理环境的影响,倒不如将其视为当时统治者的刻意行为。小双桥遗址距离郑州商城仅有约20公里,两者的主体堆积年代先行后续，对于"邦畿千里"的商王朝来说，如此近距离的统治中心迁移显然不是统治范围的变化导致，其原因应来自商王朝内部。《史记·殷本纪》中"自中丁以来，废适而更立诸弟子，弟子或争相代立，比九世乱，于是诸侯莫朝"的记载表明，危机确实来自商王朝内部。

针对商王的继承制度，陈梦家先生曾指出：

> 大乙以后的继统法略可分为三期：第一期大丁以至祖丁以兄为直系，惟沃丁弟大庚为例外，沃丁不见于卜辞；第二期小乙以至康丁以弟为直系，凡此兄弟长幼关系，均可由卜辞得其明证；第三期武乙以至帝辛传子，实与周制相同。[1]

商王太戊传子仲丁的情况却非常特殊：根据卜辞世系表（图2），商王太戊之前有兄长小甲为王，之后有弟弟雍己在位，不论是以兄为直系或以弟为直系，都不应是太戊之子仲丁继承王位。

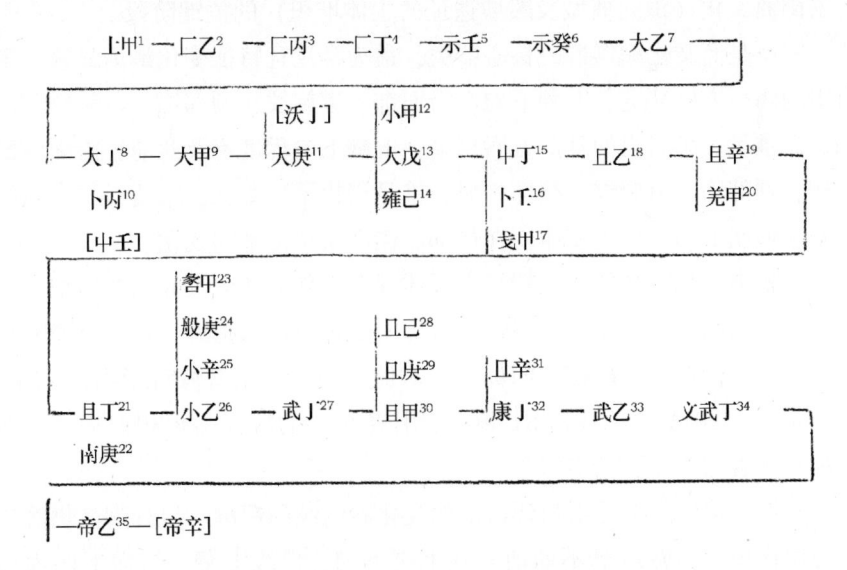

图2 卜辞世系表（陈梦家，1956）

---

[1] 陈梦家：《殷虚卜辞综述》，中华书局1956年版。

结合《史记·殷本纪》中"争相代立"的记载可知,仲丁应是王位争夺中的得胜者。作为胜利者,近距离迁都不会对商王朝造成"伤筋动骨"的影响,同时也可以有效摆脱亳都内长期以来形成的盘根错节的复杂关系网,并加强对反对势力的控制。在这样的历史背景下,小双桥遗址夯土建筑基址的"非商方向"更有可能是商王仲丁针对反对势力和守旧势力进行的一场"礼制改革"的产物。宁可抛弃长期坚持的"商方向"而选择前朝崇尚的"二里头方向",改变建筑朝向无疑是十分危险的,这或许是"非商方向"仅在白家庄期"昙花一现"的原因。

二 第Ⅵ组与第Ⅶ组

邹衡先生曾将商文化分为三期七段14组[1],其中的第Ⅵ组即通常所说的"白家庄期",为郑州地区作为商王朝核心区的最后阶段,至第Ⅷ组,包括洹北商城在内的殷墟遗址群已成为商王朝的"新邑",直至帝辛失国。第Ⅶ组是衔接郑州商文化(郑州商城及小双桥遗址的主体堆积)与安阳商文化(洹北商城及殷墟遗址的主体堆积)的关键阶段。

陶鬲是商文化陶器群的核心器类,最为常见且特征变化最为显著。第Ⅵ组的陶鬲方唇甚宽,上翻下勾,沿面饰一道旋纹,颈部饰二道旋纹,高裆,高锥足。第Ⅶ组的陶鬲方唇稍窄,上翻下勾程度不及此前,沿面内凹为槽,颈部饰一道旋纹,裆部稍矮,锥足稍粗矮。要之,第Ⅵ组与第Ⅶ组陶鬲在形制上的差异主要体现在口部、裆部及实足根的变化。

二里岗文化陶鬲的变化特征主要体现在口部的变化及绳纹的粗细。绳纹由细变粗的特征变化自不待言,口部的变化更容易把握,是二里岗文化陶鬲在时代特征方面最精准的标尺。对此,邹衡先生曾敏锐指出:"前4种(A型、AB型、B型和B1型——引者注)的特征是很相似的,仅在口部有显著的变化"[2](图3)。

殷墟文化的陶鬲并不强调口部的变化和绳纹的粗细。尽管陶鬲仍然流行方唇作风,但宽度已不如前,并不再下勾,口缘上翻,沿面下凹为槽

---

[1] 邹衡:《试论夏文化》,《夏商周考古学论文集》,文物出版社1980年版。
[2] 邹衡:《试论郑州新发现的殷商文化遗址》,《夏商周考古学论文集》,文物出版社1980年版。

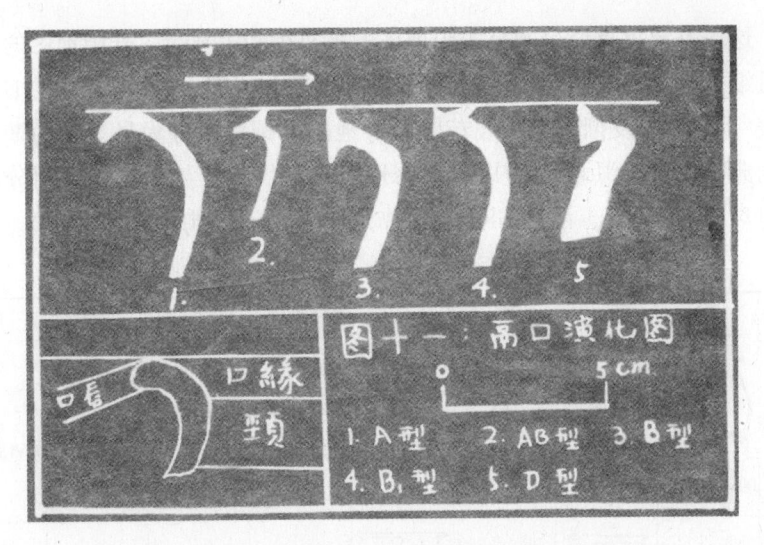

图3 郑州所出商代陶鬲"鬲口演化图"（邹衡，1955）

（与二里岗文化深腹罐口缘相似），也流行齐方唇。殷墟文化的陶鬲变化特征主要体现在器体、裆部和实足根的变化，器体由长方体演变为扁体，裆部由高变矮至近平，实足根由高瘦变矮粗最终消失。①

可见，二里岗文化的陶鬲变化特征主要体现在口部和绳纹的变化，殷墟文化的陶鬲变化特征主要体现在器体、裆部及实足根的变化。第Ⅵ组与第Ⅶ组的陶鬲形制特征的变化实际上是商文化的陶鬲从强调口部和绳纹的变化向强调器体、裆部和实足根的变化的关键转折点。这一重大转变的背后是商王朝的统治中心从郑州地区向冀南豫北地区迁移的重大历史背景。

囿于材料局限，邹衡先生列举的第Ⅵ组典型单位主要分布于郑州商城，"以郑州白家庄商代上层、房基 G10、商城北墙陶器墓 CNM5、铜器墓 M2 为代表"②，第Ⅶ组典型单位主要分布于藁城台西商代遗址，"以河北藁城台西商代中期为代表，以房基 F6 和墓葬 M14 为典型单位"③。小双桥遗址是目前发现的第Ⅵ组规模最大、规格最高的都邑级聚落，该遗址的发掘对于了解第Ⅵ组的文化面貌提供了丰富材料。随着邢台和安阳地区考古材料的日益丰富，第Ⅶ组的文化面貌也愈发清晰起来。

---

① 邹衡：《试论殷墟文化分期》，《夏商周考古学论文集》，文物出版社1980年版。
② 邹衡：《试论夏文化》，《夏商周考古学论文集》，文物出版社1980年版。
③ 同上。

这里需要重点讨论的是安阳地区的第Ⅵ组和第Ⅶ组。安阳地区的第Ⅵ组可细分为早、晚两段，早段以西郊乡H3[1]为代表，晚段以洹北H7[2]为代表（图4）。发掘者将洹北花园庄等地的发掘材料分为早、晚两期，早期的典型单位以洹北花园庄G4[3]为代表，年代大体与邹衡先生划分的第Ⅶ组对应[4]。此外，洹北H8[5]亦可作为安阳地区第Ⅶ组的典型单位。

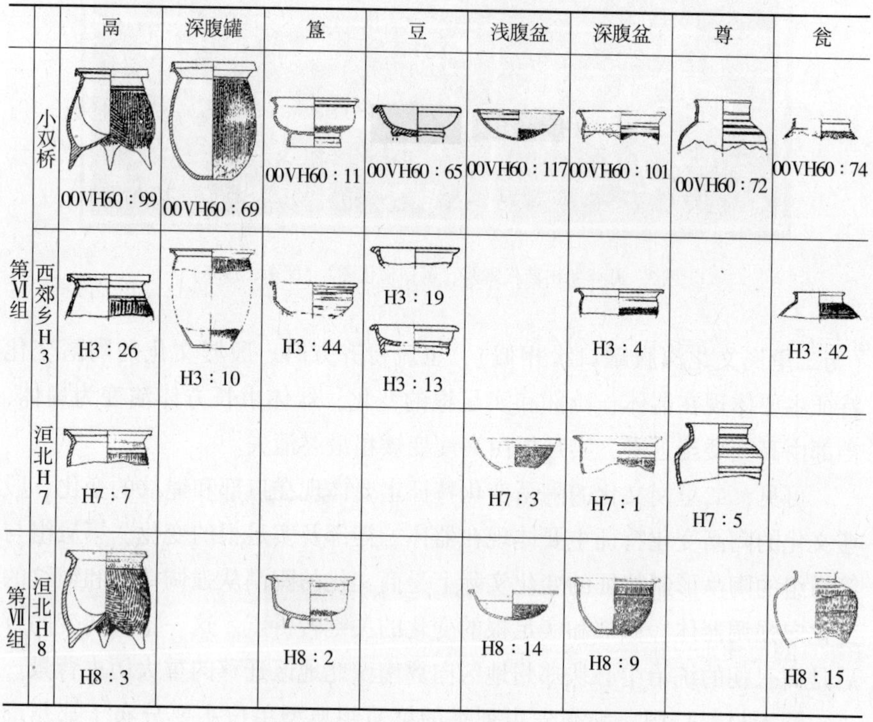

		鬲	深腹罐	簋	豆	浅腹盆	深腹盆	尊	瓮
	小双桥	00VH60:99	00VH60:69	00VH60:11	00VH60:65	00VH60:117	00VH60:101	00VH60:72	00VH60:74
第Ⅵ组	西郊乡H3	H3:26	H3:10	H3:44	H3:19 H3:13		H3:4		H3:42
	洹北H7	H7:7				H7:3	H7:1		H7:5
第Ⅶ组	洹北H8	H8:3		H8:2		H8:14	H8:9		H8:15

图4 第Ⅵ组与第Ⅶ组陶器对比

---

[1] 西郊乡H3材料来源：侯卫东《试论漳洹流域下七垣文化的年代和性质》，《早期夏文化与先商文化研究论文集》，科学出版社2012年版。
[2] 中国社会科学院考古研究所安阳工作队：《河南安阳市洹北商城的勘查与试掘》，《考古》2003年第5期。
[3] 中国社会科学院考古研究所安阳工作队：《1997年安阳洹北花园庄遗址发掘简报》，《考古》1998年第10期。
[4] 中国社会科学院考古研究所：《中国考古学·夏商卷》，中国社会科学出版社2003年版。
[5] 中国社会科学院考古研究所安阳工作队：《河南安阳市洹北商城的勘查与试掘》，《考古》2003年第5期。

小双桥00VH60开口于第④A层下，所出陶器数量较多，器类丰富，是小双桥遗址主体堆积偏早阶段的典型单位之一。西郊乡H3所出陶鬲H3∶26的宽方唇、沿面饰一道旋纹、束颈、颈部饰二道旋纹的特征与小双桥00VH60∶99相同，深腹罐H3∶10的方唇、折沿、鼓腹、平底、腹部饰纵向粗绳纹的特征与小双桥00VH60∶69相同，簋H3∶44的浅腹外鼓的特征与小双桥00VH60∶11相同，真腹豆H3∶19的圆唇、窄沿、鼓腹的特征与小双桥00VH60∶65相同，深腹盆H3∶4的宽折沿、颈部饰数周旋纹的特征与小双桥00VH60∶101相同，瓮H3∶42的圆唇、矮领、颈部以下饰绳纹的特征与小双桥00VH60∶74相同，可知西郊乡H3与小双桥遗址主体堆积的偏早阶段大体相当，陶器形制和组合受到了来自都邑聚落小双桥遗址的影响。小双桥遗址主体堆积的偏晚阶段已不具备都邑性质。[①]《史记·殷本纪》："帝中丁迁于隞，河亶甲居相，祖乙迁于邢"，关于相都与邢都的地望，史家多指向冀南豫北地区。洹北H7所出陶鬲、深腹盆、浅腹盆和尊的形制特征与西郊乡H3所出器物基本相同，但陶鬲H7∶7的束颈特征已不如前，具有冀南豫北地区的地方特征。由于二里岗文化的陶器形制和组合具有由中心都邑向周边地区扩张的"一元化"特征[②]，地方特征的出现表明商王朝此时的都邑已迁至冀南豫北地区。

洹北H7与洹北H8相距仅1.2米，但两者所出器物形制差异显著（图5）。洹北H7所出陶鬲H7∶7肩部饰二道旋纹，H8所出陶鬲的肩部则多饰一道旋纹，且上腹部所饰绳纹有越过旋纹的趋势；洹北H7所出深腹盆H7∶1的上腹部仅饰旋纹不饰绳纹，H8所出深腹盆H8∶9的绳纹则越过旋纹至折沿下；洹北H7所出浅腹盆H7∶3鼓腹却不下垂，洹北H8所出浅腹盆H8∶14则出现了明显的垂腹现象；洹北H8所出陶簋H8∶2相比第Ⅵ组的陶簋腹部明显加深。可见，洹北H8已具备第Ⅶ组的典型特征。

综上可知，第Ⅵ组早段的西郊乡H3所出器物形制和组合受到来自都邑聚落小双桥遗址的影响，年代大体相当于商王仲丁、外壬在位时期。第Ⅵ组晚段的洹北H7所出陶鬲出现冀南豫北地区的地方特征，表明此时商王朝的都邑已迁至冀南豫北地区，年代应不早于商王河亶甲在位时期。第

[①] 李宏飞、王宁：《试论小双桥遗址的商与夷》，《夏商都邑与文化》（一），中国社会科学出版社2014年版。

[②] 秦小丽：《中国初期王朝国家形成过程中的地域关系——二里头、二里岗时代陶器动态研究》，《古代文明》第2卷，文物出版社2003年版。

Ⅶ组的洹北 H8 所出陶器的地方风格更为凸显，考虑到器物形制的变化需要一定的时间，加之商王河亶甲在位时间较短①，推测洹北 H8 的年代已相当于邢都诸王的在位时期。

洹北 H7 和 H8 的年代直接关系到洹北商城的性质问题。发掘者指出，洹北商城外城"基槽的夯填时间晚于宫殿区内大部分基址的年代……多数基址的年代可能早到中商二期"②，可知外城的年代晚于第Ⅶ组；洹北商城宫城"始建年代可能不早于中商二期晚段，废弃年代不明"③，可知宫城的年代不早于第Ⅶ组偏晚阶段；一号宫殿"废弃年代有可能是中商三期（洹北花园庄晚期），但始建年代目前还难以确定"④，可知并无证据表明一号宫殿的年代可至第Ⅶ组；二号宫殿"使用年代也属洹北花园庄晚期或中商三期偏早阶段，其废弃年代可能也在中商三期"⑤，可知二号宫殿的使用和废弃年代均在第Ⅷ组之内。由此可见，并无证据表明洹北商城的外城、宫城、一号宫殿和二号宫殿的年代可早至第Ⅶ组，现有材料均将其年代指向第Ⅷ组。

根据目前的材料，洹北商城宫城城墙以内的夯土建筑基址群可分为南、北两组（图5），南组基址包括已经发掘的一号宫殿和二号宫殿，北组基址包括机场围沟剖面上的25处夯土基址（后证实其中的F19实为宫城北墙）。北组基址与南组基址差异显著，两者应存在性质上的不同，原因有三：

其一，北组基址与南组基址的年代不同。宫城内"多数基址的年代可能早到中商二期"，这里的"多数基址"指的便是北组基址，年代主要是第Ⅶ组。南组基址的一号宫殿并无证据可早至第Ⅶ组，二号宫殿的使用和废弃年代均在第Ⅷ组之内。可见，北组基址与南组基址并不共时。

其二，北组基址与南组基址的规模不同。一号宫殿东西长约173米，南北宽85米—91.5米，面积近1.6万平方米（包括庭院）；二号宫殿东西长92米，南北宽61米—68.5米，面积5992平方米（包括庭院）。相

---

① 《今本竹书纪年》："九年，陟。"供参考。
② 中国社会科学院考古研究所安阳工作队：《河南安阳市洹北商城的勘查与试掘》，《考古》2003年第5期。
③ 中国社会科学院考古研究所安阳工作队、中加洹河流域区域考古调查课题组：《河南安阳市洹北商城遗址2005—2007年勘查简报》，《考古》2010年第1期。
④ 中国社会科学院考古研究所安阳工作队：《河南安阳市洹北商城宫殿区1号基址发掘简报》，《考古》2003年第5期。
⑤ 中国社会科学院考古研究所安阳工作队：《河南安阳市洹北商城宫殿区二号基址发掘简报》，《考古》2010年第1期。

比之下，北组基址普遍规模较小。

其三，北组基址与南组基址的相关遗存文化面貌不同。机场围沟壁面上发现10座与北组基址层位相同的灰坑，这些灰坑与基址夹杂分布，年代既有属第Ⅶ组者（如H8），也有早至第Ⅵ组晚段者（如H7），所出陶器器类丰富，极富生活气息，包括绳纹鬲、圆络纹鬲、敛口罩、甗、甑、簋、缸、尊、大口尊、浅腹圜底盆、浅腹平底盆、深腹平底盆、圆腹圜底罐、圆腹平底小罐、小口矮领瓮等。南组基址的一号宫殿和二号宫殿不见与之共时的灰坑，相关遗迹所出陶器器类较少，可能具有特殊用途，多为深腹平底盆、圆腹圜底罐和器盖等，反而与小屯东北地54号基址的相关遗迹所出器类①相似。

对比可见，北组基址更像是"宫殿区"建立之前的一处居民点，年代从第Ⅵ组偏晚阶段延续至第Ⅶ组。洹北花园庄东地也发现过类似的居民点②，年代亦可早至第Ⅵ组③。

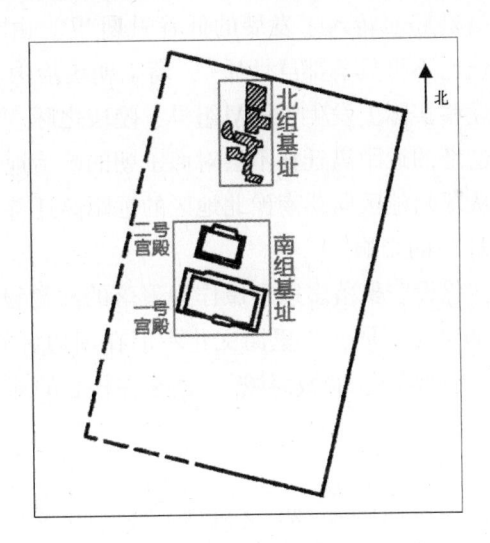

图5　洹北商城宫城范围内建筑基址分布

---

① 中国社会科学院考古研究所：《安阳殷墟小屯建筑遗存》，文物出版社2010年版。
② 中国社会科学院考古研究所安阳工作队：《1998—1999年安阳洹北商城花园庄东地发掘报告》，《考古学集刊》第15集，文物出版社2004年版。
③ M11所出陶簋M11:7的浅腹外鼓的特征与小双桥00VH60:11相同，而与第Ⅶ组陶簋的深腹特征差异显著，该墓还随葬有流行于第Ⅵ组的敛口罩M11:8和尊M11:5，据此可知其年代可早至第Ⅵ组。

已有的考古材料表明，第Ⅵ组偏晚阶段至第Ⅶ组时的洹北地区至少分布着2处居民点，现有材料皆将洹北商城外城、宫城、一号宫殿和二号宫殿的年代指向第Ⅷ组，大体相当于商王盘庚、小辛、小乙在位时期。第Ⅵ组晚段至第Ⅶ组时的商王朝都邑应不出冀南豫北地区，但具体的地望，尤其是"河亶甲居相"的地望还有待于进一步的考古调查、发掘与研究。

三 白家庄期崩溃

已有的研究成果显示，商文化早商期第Ⅵ组基本延续了第Ⅴ组的分布范围，"唯独在东方地区有明显扩张态势"，至第Ⅶ组"商文化分布的主要特点即是聚落的大规模空间移动。其分布重心大体由前四段的伊洛、郑州一带移动到了豫北、冀南、豫东、鲁西地区。但是，这种空间移动基本没有超出早商文化前段分布所及的范围"，进而认为"早商文化已由此前逐步向外推进的昌盛局面转入了发展的低谷时期"[①]。由于主体堆积偏晚阶段的小双桥遗址已不再具备都邑性质[②]，商王朝统治中心自郑州地区向冀南豫北地区的迁移实际上发生于第Ⅵ组早、晚段之际。如果说商都从郑州商城向小双桥遗址的近距离迁移不会对商王朝的政治地理格局产生重大影响，统治中心从郑州地区向冀南豫北地区的远距离迁移则确实对商王朝造成了"伤筋动骨"的影响。

相比二里头文化设防聚落多以环壕作为聚落的防御设施[③]，少量城址分布于"边境"的情况不同，二里岗文化不但在周边区修筑了盘龙城[④]、垣曲商城[⑤]、东下冯商城[⑥]、府城商城[⑦]，甚至在核心的郑洛地区也修筑了

[①] 王立新：《试论早商文化的分布过程》，《中国考古学的跨世纪反思》（下），商务印书馆（香港）有限公司1999年版。

[②] 李宏飞、王宁：《试论小双桥遗址的商与夷》，《夏商都邑与文化》（一），中国社会科学出版社2014年版。

[③] 李宏飞：《二里头义化设防聚落的环壕传统》，《中国国家博物馆馆刊》2011年第6期。

[④] 湖北省文物考古研究所：《盘龙城：1963—1994年考古发掘报告》，文物出版社2001年版。

[⑤] 中国历史博物馆、山西省考古研究所、垣曲县博物馆：《垣曲商城（一）：1985—1986年度勘察报告》，科学出版社1996年版。

[⑥] 中国社会科学院考古研究所、中国历史博物馆、山西省考古研究所：《夏县东下冯》，文物出版社1988年版。

[⑦] 袁广阔、秦小丽：《河南焦作府城遗址发掘报告》，《考古学报》2000年第4期。

郑州商城①、望京楼商城②和偃师商城③等城址。这里关注的是这些城址的废弃年代。

郑州商城内的大型夯土建筑基址至第Ⅵ组已废弃④，但发现有一批年代属于第Ⅵ组的铜器墓⑤，南关外和紫荆山北铸铜作坊延续至第Ⅵ组⑥，张寨南街和向阳回族食品厂的窖藏铜器于第Ⅵ组埋入。⑦这表明，尽管商王室已迁往小双桥遗址，20公里以外的郑州商城仍然与商王室关系密切，直至统治中心最终迁离郑州地区。至于年代可晚至第Ⅶ组的南顺城街铜器窖藏⑧，将在下文对其背景进行讨论。

望京楼商城的废弃年代"约相当于二里岗上层二期晚段或更迟一些的时期"⑨，即第Ⅵ组晚段或更晚。

府城商城的发掘者将该遗址发现的第Ⅵ组遗存细分为了"两个年代组"，城内一号宫殿废弃于"白家庄晚期"⑩，即第Ⅵ组晚段。

盘龙城上层宫殿基址（F1、F2、F3）和城墙皆废弃于"二里岗上层二期晚段"⑪，即第Ⅵ组晚段。

偃师商城四号、五号宫殿及Ⅱ号建筑群至"第三期中段"时已废弃，城内亦未发现"第三期中段"及以后新建的大型夯土建筑基址。⑫偃师商城"第三期中段"相当于第Ⅴ组。

垣曲商城内大型夯土建筑基址材料尚未发表，根据南城墙已发表的材

---

① 河南省文物考古研究所：《郑州商城：1953—1985年考古发掘报告》，文物出版社2001年版。
② 郑州市文物考古研究院：《望京楼二里岗文化城址初步勘探和发掘简报》2011年第10期。
③ 中国社会科学院考古研究所：《偃师商城》第1卷，科学出版社2013年版。
④ 陈旭：《郑州商城宫殿基址的年代及其相关问题》，《中原文物》1985年第2期。
⑤ 王炜：《郑州商城铜器墓研究》，《中国国家博物馆馆刊》2013年第9期。
⑥ 陈旭：《郑州商代铸铜基址的年代及相关问题》，《中原文物》1992年第3期。
⑦ 陈旭：《郑州杜岭和回民食品厂出土青铜器的分析》，《中原文物》1986年第4期。
⑧ 河南省文物考古研究所、郑州市文物考古研究所：《郑州商代铜器窖藏》，科学出版社1999年版。
⑨ 郑州市文物考古研究院：《望京楼二里岗文化城址初步勘探和发掘简报》，《中国国家博物馆馆刊》2011年第10期。
⑩ 袁广阔、秦小丽：《河南焦作府城遗址发掘报告》，《考古学报》2000年第4期。
⑪ 湖北省文物考古研究所：《盘龙城：1963—1994年考古发掘报告》，文物出版社2001年版。
⑫ 中国社会科学院考古研究所：《中国考古学·夏商卷》，中国社会科学出版社2003年版。

料，有学者认为垣曲商城的城墙废弃年代为"二里岗上层偏晚阶段"①，即第Ⅴ组。

东下冯遗址中区第七地点的解剖沟 T7700 内压在"城墙夯土"（3D 层）和"保护城墙的斜坡"（3C 层）之上的 3A 层为"商代二里岗期上层文化层"，3B 层均为"商城城壕的上层堆积"；中区第五地点的 3B 层为"商代二里岗期上层文化层"，"此层叠压于商代圆形建筑基址群及商代城墙的散水之上。出土陶片很少，其中可辨认的器形仅有圆圈纹的鬲和细深腹的大口尊"②。颈部饰同心圆的陶鬲流行于第Ⅳ组和第Ⅴ组，可知东下冯遗址的城墙和圆形建筑基址群至迟于第Ⅴ组已废弃。

通过上述梳理，可按废弃时间将二里岗文化诸城址分为甲、乙两组。

甲组城址　包括晋南的东下冯商城、垣曲商城和豫西的偃师商城，至迟于第Ⅴ组已废弃。已有的研究成果显示，商王朝自建立伊始便开始了持续的对外扩张，但在山西地区始终并无大的作为，尽管二里岗下层时期进入晋南，但至二里岗上层时期即已退出③，此后的运城盆地④和垣曲盆地⑤近乎成为了"无人区"。洛阳盆地的情况类似，"随着偃师商城这座区域性都邑的废弃，此区的人口在随后的晚商时期大幅度减少，有些地段甚至成为无人区"⑥。偃师商城所在的洛阳盆地向西北渡过"大河"可至垣曲商城，穿越中条山可达东下冯商城，商王朝在晋南的"局部收缩"直接反映在了这条交通路线上。

乙组城址　包括望京楼商城、府城商城和盘龙城，至第Ⅵ组晚段废弃。小双桥遗址废弃于第Ⅵ组晚段，郑州商城也于此时彻底废弃。以二里岗文化诸城址为骨架构建的二里岗政治地理格局在第Ⅵ组晚段遭到了"伤筋动骨"的全面破坏，可视为"白家庄期崩溃"的重要表现之一。都

---

① 王睿：《垣曲商城的年代及其相关问题》，《考古》1998 年第 8 期。
② 中国社会科学院考古研究所、中国历史博物馆、山西省考古研究所：《夏县东下冯》，文物出版社 1988 年版。
③ 王立新：《试论早商文化的分布过程》，《中国考古学的跨世纪反思》（下），商务印书馆（香港）有限公司 1999 年版。
④ 中国国家博物馆田野考古研究中心、山西省考古研究所、运城市文物保护研究所：《运城盆地东部聚落考古调查与研究》，文物出版社 2011 年版。
⑤ 中国国家博物馆考古部：《垣曲盆地聚落考古研究》，科学出版社 2007 年版。
⑥ 中国社会科学院考古研究所二里头工作队：《河南洛阳盆地 2001—2003 年考古调查简报》，《偃师二里头遗址研究》，科学出版社 2005 年版。

邑几经变动的商王朝尽管在第Ⅷ组试图营建洹北商城，但工程尚未竣工即告废弃，此后的"大邑商"不再筑城，商文化分布地域内也没有再现二里岗时期"城址林立"的局面①，这似乎意味着商王朝在"白家庄期崩溃"之后开始寻求构建另一种政治地理格局。

如果说宏观聚落分布态势的转变可以界定第Ⅵ组和第Ⅶ组之间发生的重大转变，"郑州式铜方鼎"的散播则可透过器物为进一步理解"白家庄期崩溃"提供重要的考察视角。

所谓"郑州式铜方鼎"指的是郑州张寨南街、向阳回族食品厂和南顺城街铜器窖藏所出大型青铜方鼎。张寨南街出土2件（杜岭一号、杜岭二号），向阳回族食品厂出土2件（H1:2、H1:8），南顺城街出土4件（96ZSNH1上:1、96ZSNH1上:2、96ZSNH1上:3、96ZSNH1上:4）。②这3处铜器窖藏均分布于郑州商城的内城墙以外不远处，似乎强调与内城的关系，却又避开内城的范围。

根据形制和纹饰特征可将"郑州式铜方鼎"分为甲、乙两组（图6）。

甲组铜鼎 斜腹，鼎足下半部分收束明显，上腹部饰细阳线兽面纹，鼎足上部饰横带状兽面纹。标本杜岭一号、杜岭二号及向阳回族食品厂H1:8。

乙组铜鼎 腹近直，鼎足下半部分收束不明显，上腹部饰粗阳线兽面纹，鼎足上部饰纵向兽面纹。标本南顺城街96ZSNH1上:1。南顺城街96ZSNH1上:2、96ZSNH1上:3、96ZSNH1上:4为南顺城街96ZSNH1上:1的简化体，可纳入乙组铜鼎范畴。

此外，向阳回族食品厂H1:2的斜腹，鼎足下半部分收束明显的特征与甲组铜鼎相同，上腹部饰粗阳线兽面纹的特征与乙组铜鼎相同，整体特征介于甲组铜鼎与乙组铜鼎之间。

---

① 目前公布的材料中仅有河南辉县市孟庄遗址声称发现有"殷墟文化城址"，但由于报告（河南省文物考古研究所：《辉县孟庄》，中州古籍出版社2003年版）报道的"殷墟文化遗存"所出部分陶器（如鬲ⅧT114H386:1、鬲XXT29H3:1、豆ⅧT10③:1、豆XXT26③:2）实为西周遗物，故其"殷墟文化城址"尚需存疑。

② 河南省文物考古研究所、郑州市文物考古研究所：《郑州商代铜器窖藏》，科学出版社1999年版。

538 / 夏商都邑与文化(二)

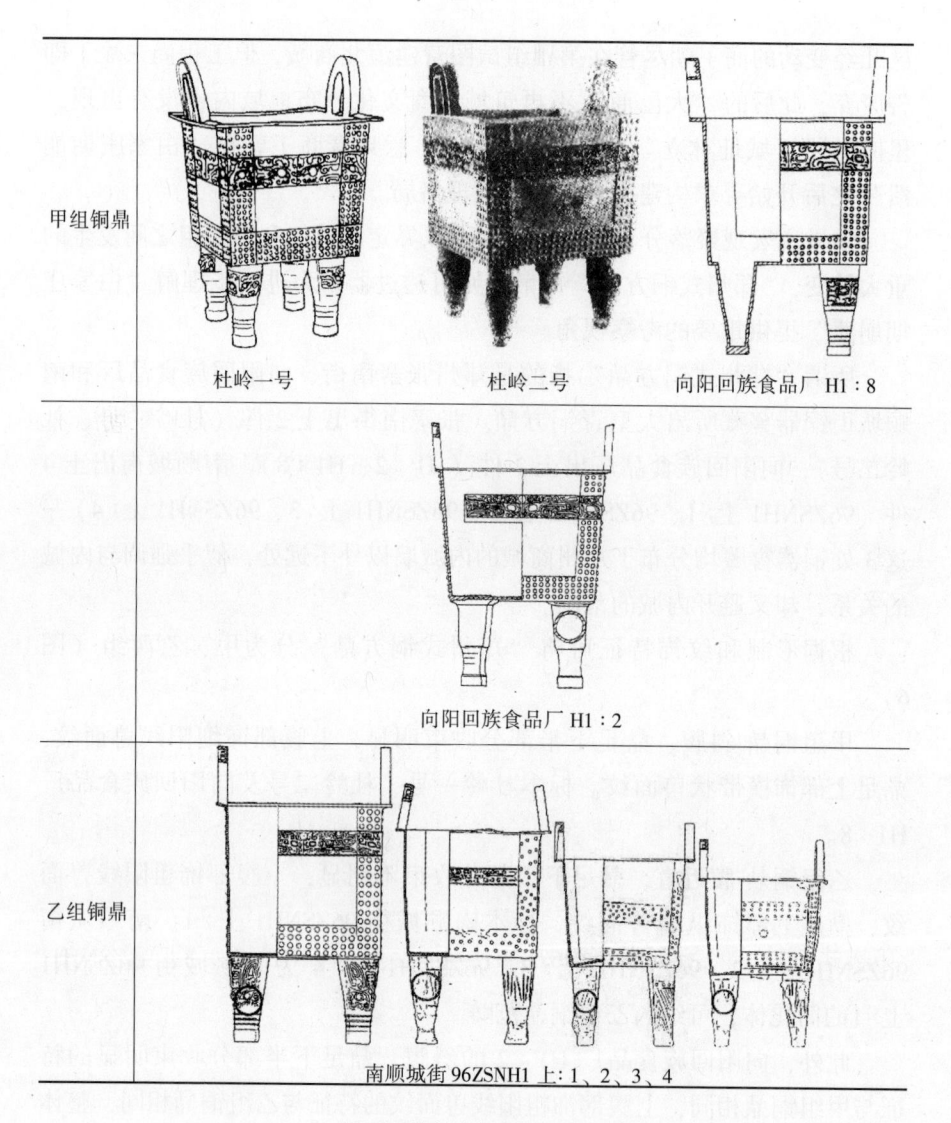

图6 "郑州式铜方鼎"分组

（表格内容：）
- 甲组铜鼎：杜岭一号、杜岭二号、向阳回族食品厂 H1:8
- 向阳回族食品厂 H1:2
- 乙组铜鼎：南顺城街96ZSNH1 上:1、2、3、4

已有学者指出，向阳回族食品厂 H1:8 的铸造技术较 H1:2 原始，进而认为 H1:8 的铸造年代早于 H1:2。① 由于向阳回族食品厂 H1:8 属于甲组铜鼎，向阳回族食品厂 H1:属于甲组铜鼎向乙组铜鼎的过渡形态，可知甲组铜鼎年代应早于乙组铜鼎。

---

① 李京华：《郑州商代大方鼎拼铸技术试析》，《文物保护与考古科学》1997年第2期。

向阳回族食品厂铜器窖藏 H1 的层位关系是"第⑤层→H1→H4",第⑤层所出陶片为第Ⅵ组特征,故其埋藏年代不晚于第Ⅵ组。张寨南街铜器窖藏所出陶片的最晚特征为第Ⅵ组,故其埋藏年代不早于第Ⅵ组,同时考虑到张寨南街铜器窖藏所出铜鼎组合早于向阳回族食品厂铜器窖藏所出铜器组合,可将张寨南街铜器窖藏的埋藏年代定在第Ⅵ组。南顺城街铜器窖藏 H1 下层堆积所出陶鬲 H1 下:15 和 H1 下:31 的齐方唇、粗矮锥足的特征可晚至第Ⅶ组,故其年代不早于第Ⅶ组。

张寨南街和向阳回族食品厂发现的铜器窖藏或与商王朝统治中心于第Ⅵ组迁离郑州地区有关,但第Ⅶ组时的郑州地区显然已不再是商王朝的统治中心,为何仍会出现南顺城街铜器窖藏?《郑州商代铜器窖藏》的结语认为南顺城街铜器窖藏所出 4 件铜鼎"似应具有列鼎的性质"。既然是"列鼎",需要具备形制和纹饰特征的统一性。相比 96ZSNH1 上:1,96ZSNH1 上:2 上腹部所饰条带状兽面纹已局限于乳钉纹侧栏以内,兽面纹由粗阳线简化为细阳线,纹饰构成亦有所简化,鼎足的纵向兽面纹也简化为纵向三角形纹,侧栏和底栏内填散乱乳钉纹;相比 96ZSNH1 上:2,96ZSNH1 上:3 上腹部的简化兽面纹已被横向略斜条带内填散乱乳钉所代替;96ZSNH1 上:4 与 96ZSNH1 上:3 特征基本相同,唯两纵栏和底栏内填乳钉相对工整。伴随尺寸和重量的渐次减小以及纹饰的渐次简化,96ZSNH1 上:2、96ZSNH1 上:3、96ZSNH1 上:4 的铸造水平也明显不如 96ZSNH1 上:1,亦不及年代相对较早的张寨南街和向阳回族食品厂所出"郑州式铜方鼎"。考虑到 96ZSNH1 上:2、96ZSNH1 上:3、96ZSNH1 上:4 的口长、口宽、足高、耳高和重量相对接近(表1),却与 96ZSNH1 上:1 差距相对较大的情况,不排除 96ZSNH1 上:2、96ZSNH1 上:3、96ZSNH1 上:4 是为了与 96ZSNH1 上:1 配套成为"列鼎"而铸造的。若此,则 96ZSNH1 上:2、96ZSNH1 上:3、96ZSNH1 上:4 的铸造年代应不早于 96ZSNH1 上:1 的铸造年代。

表1　　　　　　　　　　"郑州式铜方鼎"数据统计

	口长(cm)	口宽(cm)	通高(cm)	足高(cm)	耳高(cm)	壁厚(cm)	重量(kg)
杜岭一号			100			0.4	86.4
杜岭二号			87			0.4	64.25

续表

	口长(cm)	口宽(cm)	通高(cm)	足高(cm)	耳高(cm)	壁厚(cm)	重量(kg)
向阳回族食品厂 H1:2	55	53	81			0.7	75
向阳回族食品厂 H1:8	53	53	81			0.6—0.8	52
南顺城街96ZSNH1 上:1	51.5	51.2	83	24	16	0.5-1	59.2
南顺城街96ZSNH1 上:2	44.5	43.5	72.5	24	12		26.7
南顺城街96ZSNH1 上:3	42.5	42	64	22	10		21.4
南顺城街96ZSNH1 上:4	38	36	59	21	10		20.3
前庄方鼎	50	50	82	23.5	14	0.6	不足40
新干大洋洲墓 XDM:8	58	49.7	97	28.3	17.5	0.4	49

由于商王朝至迟在第Ⅵ组已经可以铸造出杜岭一号、杜岭二号、向阳回族食品厂 H1:8 及 H1:2 这样的水平相对较高的"郑州式铜方鼎",铸造水平相对较低的96ZSNH1 上:2、96ZSNH1 上:3、96ZSNH1 上:4 的出现表明郑州地区的铜器铸造水平出现了明显的下降,这样的变化应与商王朝都邑迁离郑州地区有关。这意味着96ZSNH1 上:1 铸造于郑州地区仍为商王朝统治中心之时,96ZSNH1 上:2、96ZSNH1 上:3、96ZSNH1 上:4 则有可能是统治中心迁移之后为了与96ZSNH1 上:1 配套成为"列鼎"而铸造的。若此,则表明"郑州式铜方鼎"在"白家庄期崩溃"之后的郑州地区出现了年代上的纵向散播,也意味着商都(已迁离郑州地区)以外的其他地区也开始具备铸造铜容器的能力,尽管其铸造水平相对较低。

山西平陆县前庄遗址[1]所出"郑州式铜方鼎"[2]可归入本文划分的甲组铜鼎。由于上文将96ZSNH1 上:1 的铸造年代定为郑州地区仍为商王朝统治中心之时,则其至迟铸造于第Ⅵ组早段,那么年代上相对更早的甲组铜鼎的铸造年代便有可能早至二里岗上层时期。前庄遗址濒临黄河北岸,地势险峻,但该遗址的内涵与这批铜器似乎并不相称,于是有学者将其与附近的所谓"粮宿商城"联系起来。[3] 不论是否与其相关,"郑州式铜方鼎"在晋南的出现显然意味着当地与郑州商城存在重要关联。

---

[1] 李百勤:《山西平陆前庄商代遗址清理简报》,《文物季刊》1994 年第 4 期。
[2] 卫斯:《平陆县前庄商代遗址出土文物》,《文物季刊》1992 年第 1 期。
[3] 卫斯:《山西平陆前庄方鼎的历史归属与年代问题》,《中国历史文物》2007 年第 2 期。

"礼乐征伐"是早期国家正常运作的重要内容,集中体现在对内的"礼乐"和对外的"征伐"。正所谓"器以藏礼",礼制需要礼器作为实物载体。在广域王权国家的形成阶段,青铜礼器的出现扮演了十分重要的角色,二里头文化的青铜礼器以铜爵为核心,消费范围仅局限于二里头遗址内。[1]"郑州式铜方鼎"出现于晋南的情况表明,青铜礼器的消费范围已远远超出了都邑的范围。目前尚无证据表明晋南地区有仿制"郑州式铜方鼎"的能力,这可能意味着商王朝对晋南的控制仍然处于礼制的范畴,以赏赐换取忠诚,而维持礼制的先决条件是商王朝对青铜礼器铸造技术的垄断。与前庄方鼎共出的陶鬲(图7)已与典型商式鬲在形制上出现显著差异,似乎意味着该地区在这批铜器埋入之时已脱离了商王朝的直接控制。这与上文提及的商人在二里岗上层时期退出晋南的"局部收缩"遥相呼应。

	郑州式铜方鼎	共出陶鬲
前庄	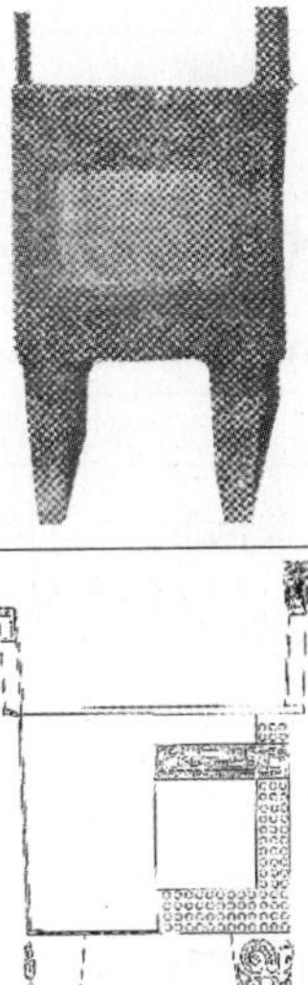	
大洋洲墓	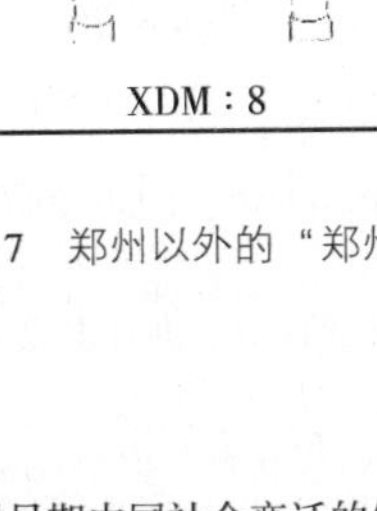 XDM:8	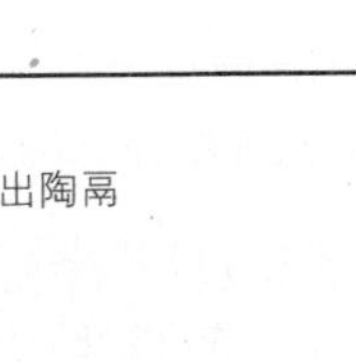 XDM:608

图7 郑州以外的"郑州式铜方鼎"及其共出陶鬲

---

[1] 李宏飞:《铜器对早期中国社会变迁的作用试析》,《南方文物》2011年第4期。

如果说前庄方鼎的散播仍属商王朝维持礼制的物化表现，江西新干县大洋洲墓出现变体"郑州式铜方鼎"的情况则是"白家庄期崩溃"的又一典型实例。大洋洲墓出有6件方鼎，其中时代特征最早的XDM:8上腹部饰细阳线兽面纹的特征与本文划分的甲组铜鼎特征相似，但其鼎足上部饰浮雕状纵向兽面纹与殷墟妇好墓所出司母辛鼎相似，其年代有可能晚至殷墟二期。

讨论大洋洲墓不可避免要涉及吴城遗址。小双桥遗址所出陶鬲可分为A、B两型，吴城遗址"一期早段"亦可见到形制相似的陶鬲。1974年秋QSWT7第⑥层是吴城遗址"一期早段"最重要的典型单位，该层所出A、B型鬲均流行于第Ⅵ组，但束颈程度已不及小双桥遗址所出者。该层及压在其上的1974年秋QSWT7第⑤层所出陶鬲的器体普遍较大，类似的"大型鬲"少量见于小双桥遗址和邢台东先贤遗址①，大体流行于第Ⅵ组和第Ⅶ组之际（图8）。据此推测，吴城遗址"一期早段"的上限大约相当于第Ⅵ组晚段。

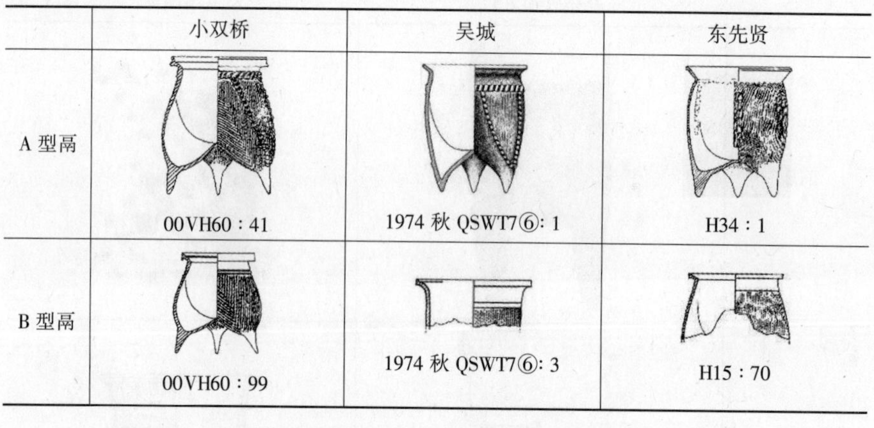

	小双桥	吴城	东先贤
A型鬲	00VH60:41	1974秋QSWT7⑥:1	H34:1
B型鬲	00VH60:99	1974秋QSWT7⑥:3	H15:70

图8　吴城遗址一期早段陶鬲与商文化陶鬲对比

可见，大洋洲墓与吴城遗址所出遗物中的年代偏早者均不过第Ⅵ组。商人在第Ⅵ组之前已经到达赣西北，九江龙王岭②、德安石灰山③

---

① 邢台东先贤考古队：《邢台东先贤商代遗址发掘报告》，《古代文明》第1卷，文物出版社2002年版。

② 江西省文物考古研究所、九江市文化名胜管理处、九江县文物管理所：《九江县龙王岭遗址试掘》，《东南文化》1991年第6期。

③ 江西省文物工作队、德安县博物馆：《江西德安石灰山商代遗址试掘》，《东南文化》1989年第Z1期。

等遗址便发现混合有二里岗文化与土著文化因素的文化遗存,由此构成以盘龙城为核心的商王朝攫取江南铜矿资源的关系网。由于统治中心的转移对商王朝政治地理格局产生了"伤筋动骨"的影响,包括盘龙城在内的二里岗文化诸城址遭废弃,依托盘龙城而存在的关系网也"牵一发而动全身"遭到破坏。已有学者指出:"如果盘龙城的主要功能确系作为南北运输线路上的枢纽,那么它的衰落应该视为商京畿地区对这条交通线路失控的一个信号。另一方面,根据其物质文化的发达程度和社会政治系统的复杂化程度判断,以吴城为中心的地区日益成为一个脱离核心地区晚商政权控制的政治实体。"① 尽管尚无过硬证据表明吴城文化的兴起缘自盘龙城人群的南下,但吴城文化的分布地域处于二里岗文化的边际之外,年代上限早不过第Ⅵ组,至少可以表明"白家庄期崩溃"之后地方势力的兴起。

二里岗政治地理格局的崩溃可视为吴城文化兴起的重大历史背景,但单纯依靠摆脱中央王朝的统治并不足以支撑这一高度发达的青铜文化。严格意义上说,大洋洲墓所出方鼎中仅有 XDM：8 可纳入"郑州式铜方鼎"的范畴,XDM：8 在继承"郑州式铜方鼎"基本形制特征的基础上,于鼎耳之上增加卧虎形象。进一步的变体 XDM：12 的口沿上出现吴城文化代表性的燕尾纹,这显然意味着吴城文化有能力铸造青铜礼器,且其铸造水平相比商王朝毫不逊色。一旦丧失对青铜礼器铸造技术的垄断,商王朝的礼制在这一地区便无法像往常一样正常运转。吴城文化分布地域毗邻九瑞矿集区,一旦掌握青铜礼器铸造技术,便轻而易举地为地方势力的自行运转注入动力。与大洋洲墓"郑州式铜方鼎"共出的是吴城二期的陶鬲,此时吴城文化陶鬲的典型风格已经形成,与"一期早段"陶鬲浓厚的商式风格相去甚远。相比铜器风格仍然与商文化存在文化交流的情况,迥然不同的陶器群更加鲜明地显现出地方势力的兴起与壮大。

要之,所谓"白家庄期崩溃"是在商王朝内忧外患的大背景下出现的,就目前而言,在考古材料上的表现至少有以下两点:(1)统治中心自郑州地区迁往冀南豫北地区导致二里岗文化诸城址的废弃,对二里岗政

---

① 刘莉、陈星灿:《中国早期国家的形成——从二里头和二里岗时期的中心和边缘之间的关系谈起》,《古代文明》第 1 卷,文物出版社 2002 年版。

治地理格局产生了"伤筋动骨"的影响;(2)"郑州式铜方鼎"散播至吴城文化的情况表明,商王朝丧失了对青铜礼器铸造技术的垄断,维护商王朝正常统治秩序的礼制遭到破坏,地方势力借此兴起并壮大。

(作者单位:北京大学考古文博学院)

一年成聚 二年成邑

——对于三星堆遗址一期文化遗存的两点认识

雷 雨

三星堆遗址自1934年以来，总共进行了17次、面积近10000平方米的考古发掘工作，获得大批实物资料。该遗址的文化遗存共分四期，其中第一期遗存属新石器时代晚期文化，其时代跨度、文化面貌与公布材料早、外界比较熟知且同处成都平原的宝墩文化几乎完全相同。由于种种原因，迄今为止，三星堆遗址的考古材料，只有1934年燕家院子地点[1]、1963年月亮湾地点[2]、1980年三星堆地点[3]、1986年三星堆祭祀坑[4]和1998年仁胜墓地等[5] 5次发掘、不到3000平方米的发掘资料正式对外公布或有所提及，且多为发掘简报或发掘追记（仅《三星堆祭祀坑》为较为全面和大型的正式报告），因此外界包括学界对三星堆遗址的认识大多局限于青铜时代，而对三星堆遗址新石器时代文化（一期文化）的认识少之又少，仅限于1963年月亮湾地点[6]、1980年三星堆地点[7]、1984年西泉坎地点[8]、1986年三星堆地点[9]及其出土和对外公布的少量器物。分布范围小，堆积薄，遗物少，聚落等级不高，这是外界对三星堆遗址一期文化的普遍认识。

---

① 葛维汉：《汉州发掘简报》，《华西边疆研究会会志》第6卷，1936年。
② 马继贤：《广汉月亮湾遗址发掘追记》，《南方民族考古》第五辑，1992年。
③ 四川省文物管理委员会等：《广汉三星堆遗址》，《考古学报》1987年第2期。
④ 四川省文物考古研究所：《三星堆祭祀坑》，文物出版社1999年版。
⑤ 四川省文物考古研究所三星堆遗址工作站：《四川广汉市三星堆遗址仁胜村土坑墓》，《考古》2004年第10期。
⑥ 马继贤：《广汉月亮湾遗址发掘追记》，《南方民族考古》第五辑，1992年。
⑦ 四川省文物管理委员会等：《广汉三星堆遗址》，《考古学报》1987年第2期。
⑧ 陈显丹：《广汉三星堆遗址发掘概况、初步分期》，《南方民族考古》第二辑，1989年。
⑨ 同上。

2006年至2013年，四川省文物考古研究院在《广汉三星堆——1980—2000年考古发掘报告》[1]的整理过程中，通过对历年发掘资料的全面梳理，发现三星堆遗址一期文化遗存的分布范围以及遗物数量远较以往的认识宽泛和丰富。

一　分布范围

三星堆遗址总共进行的17次考古发掘分布于23个发掘点，分别是1934年燕家院子地点、1963年月亮湾西地点、1980年三星堆北地点、1982年三星堆南地点、1984年西泉坎地点、1984年三星堆北地点、1986年三星堆北、南地点、1986年三星堆祭祀坑、1988年三星堆城墙地点、1990年东城墙地点、1991年西城墙地点、1994年南城墙西、中、东、南地点、1997年仁胜墓地、1999年月亮湾城墙地点、2000年月亮湾西地点、2005年青关山地点、2013年青关山地点、2013年仓包包城墙地点和2013年真武宫城墙地点，其中一期文化遗物分布于除1934年燕家院子地点、1986年三星堆祭祀坑、1994年南城墙中、南地点以外的所有发掘点，也就是说共有19个地点发现有三星堆一期的文化遗物，其中发现有明确地层堆积的地点共有14个，分别是1963年月亮湾西地点、1980年三星堆北地点、1982年三星堆南地点、1984年西泉坎地点、1984年三星堆北地点、1986年三星堆北地点、1990年东城墙地点、1994年南城墙西地点、1997年仁胜墓地、1999年月亮湾城墙地点、2000年月亮湾西地点、2013年青关山地点、2013年仓包包城墙地点、2013年真武宫城墙地点。

粗略地估算，以有明确地层堆积为标准计算出来的三星堆遗址一期文化遗存的分布范围约为3.7平方公里，除此之外，还有约1.3平方公里的分布范围虽未发现有三星堆一期的地层堆积，但在晚期地层或遗迹单位中伴随有一期遗物的出土，两者合计约5平方公里（图1）。

根据已公布的数据，与三星堆一期文化同时期的宝墩文化城址群各城址的面积分别为：

新津宝墩古城——以第二期城址城墙壕沟的外侧边为界，城址面积

---

[1]　四川省文物考古研究院：《广汉三星堆——1980—2000年考古发掘报告》，文物出版社2015年版。

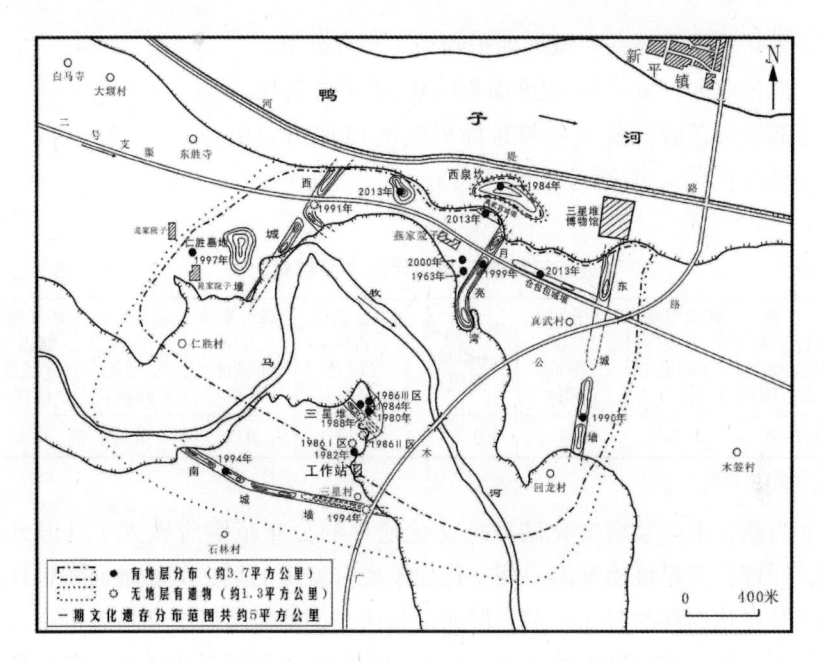

图1　三星堆遗址一期文化遗存（地层及遗物）分布范围示意图

约2.76平方公里（一期城址面积约0.66平方公里）。①

温江鱼凫古城——城址面积约0.4平方公里。②

郫县古城——城址面积约0.33平方公里。③

大邑盐店古城——城址面积约0.3平方公里。④

---

① a. 成都市文物考古工作队等：《四川新津县宝墩遗址调查与试掘》，《考古》1997年第1期。b. 中日联合考古调查队：《四川新津县宝墩遗址1996年发掘简报》，《考古》1998年第1期。c. 成都市文物考古研究所、四川大学历史系考古教研室、早稻田大学长江流域文化研究所：《宝墩遗址——新津宝墩遗址发掘与研究》，有限会社阿普（ARP），2000年。

② a. 成都市文物考古工作队等：《四川温江县鱼凫村遗址调查与试掘》，《文物》1998年第12期。b. 李明斌、陈云洪：《温江县鱼凫村遗址1999年度发掘》，成都市文物考古研究所编《成都考古发现（1999年）》，科学出版社2001年版。c. 李明斌、陈云洪：《温江县鱼凫村新石器时代晚期遗址》，中国考古学会编《中国考古学年鉴（2000年）》，文物出版社2002年版。

③ a. 成都市文物考古工作队等：《四川省郫县古城遗址调查与试掘》，《文物》1999年第1期。b. 成都市文物考古研究所等：《四川省郫县古城遗址1997年发掘简报》，《文物》2001年第3期。c. 成都市文物考古研究所等：《四川省郫县古城遗址1998—1999年度发掘收获》，成都市文物考古研究所编《成都考古发现（1999年）》，科学出版社2001年版。

④ 陈剑：《大邑县盐店和高山新石器时代古城遗址》，中国考古学会编《中国考古学年鉴（2004年）》，文物出版社2005年版。

崇州紫竹古城——城址面积约 0.2 平方公里。①
崇州双河古城 ——城址面积约 0.15 平方公里。②
都江堰芒城古城 ——城址面积约 0.15 平方公里。③
总计：约 4.29 平方公里（表1）。

表1　　　　　成都平原新石器时代遗址面积对比表　　　（单位：平方公里）

三星堆遗址一期（文化遗存分布范围）	新津宝墩古城（城址面积）	温江鱼凫古城（城址面积）	郫县古城（城址面积）	大邑盐店古城（城址面积）	崇州紫竹古城（城址面积）	崇州双河古城（城址面积）	都江堰芒城古城（城址面积）
3.7—5	2.76	0.4	0.33	0.3	0.2	0.15	0.15

当然，上述宝墩文化诸城址文化遗存的分布范围应该大于其城址面积，同理，三星堆遗址第一期文化如发现有城址的话，其城址面积也理应小于其文化遗存的分布范围，但无论如何，即使将宝墩文化城址群中最大的城址——新津宝墩古城 2.76 平方公里的城址面积扩大 1/3，视为其文化遗存的分布范围，仍不到 3.7 平方公里，依然小于以有明确地层堆积为标准计算出来的三星堆遗址一期文化遗存的分布范围。因此，就分布范围而言，三星堆遗址应该是同时期（三星堆一期——宝墩时期）成都平原最大的一处中心聚落，这一点是可以肯定的。

二　遗物数量

据不完全统计（未含 2005 年青关山地点、2013 年青关山地点、仓包包城墙地点和真武宫城墙地点），三星堆遗址一期文化已出土陶片（器）约 58388 片/件，占整个三星堆遗址已统计出土陶片总数（530000 片/件）的 11% 左右，考虑到 1984 西泉坎、1990 年东城墙、1991 年西城墙、1994 年南城墙等发掘地

---

① a. 叶茂林、李明斌：《宝墩文化发现新遗址》，《中国文物报》2000 年 7 月 12 日第 1 版。b. 叶茂林、李明斌：《崇州市紫竹古城》，中国考古学会编《中国考古学年鉴（2001 年）》，文物出版社 2002 年版。
② 成都市文物考古工作队：《四川崇州市双河史前城址试掘简报》，《考古》2002 年第 11 期。
③ a. 成都市文物考古工作队等：《四川都江堰市芒城遗址调查与试掘》，《考古》1999 年第 7 期。b. 中日联合考古调查队：《都江堰市芒城遗址 1998 年度发掘工作简报》，成都市文物考古研究所编《成都考古发现（1999 年）》，科学出版社 2001 年版。

一年成聚　二年成邑　/　549

点或同一发掘地点为数不少的探方由于经费、人员、重要遗迹保护等各种因素的制约，没挖到底甚至刚进入三星堆文化层便停工回填了（这样的探方面积占到了整个三星堆遗址近 10000 平方米总发掘面积的 1/3），一期文化的陶片（器）对应于发掘面积的实际数量还应有较大幅度的增加（图2、图3）。

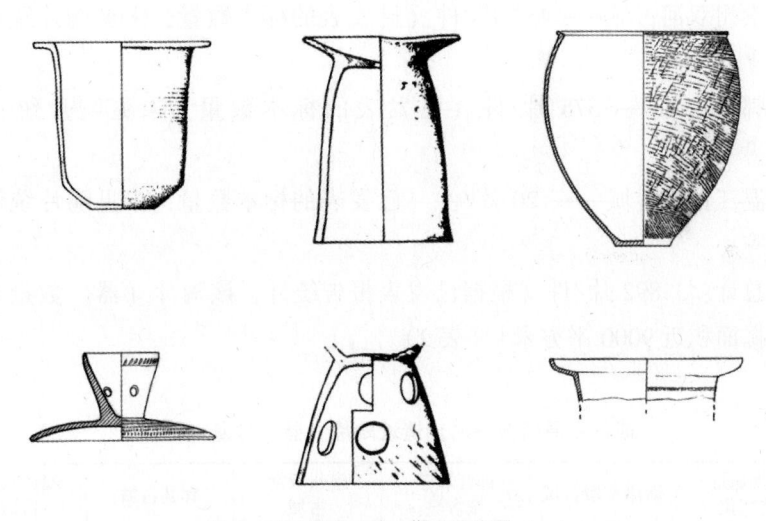

图2　三星堆遗址第一期文化陶器（一）

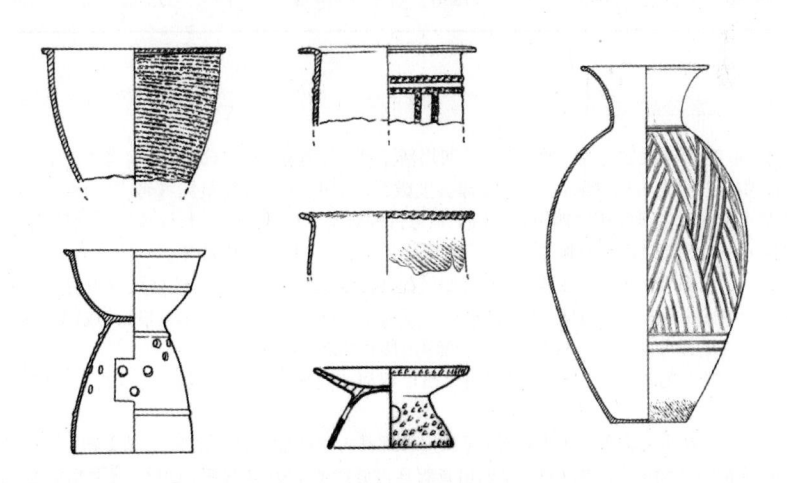

图3　三星堆遗址第一期文化陶器（二）

根据已公布的数据，同时期的宝墩文化城址群各城址出土陶片（器）数量分别为：

新津宝墩古城——21095 片/件（陶片统计数字+未见统计数字但已发表线图或照片的标本）。[①]

都江堰芒城古城——11850 片/件（陶片统计数字+未见统计数字但已发表线图或照片的标本）。[②]

崇州双河古城——452 片/件（已发表的标本数量，未见陶片统计数字）。[③]

郫县古城——375 片/件（已发表的标本数量，未见陶片统计数字）。[④]

温江鱼凫古城——120 片/件（已发表的标本数量，未见陶片统计数字）。[⑤]

总计：33892 片/件（根据已发表报告统计，该陶片（器）数量对应的发掘面积近9000 平方米）（表2）。

表2　　成都平原新石器时代遗址陶片（器）数量对比表　　（单位：片/件）

三星堆遗址一期文化	新津宝墩古城	都江堰芒城古城	崇州双河古城	郫县古城	温江鱼凫古城
58388	21095	11850	452	375	120

[①] a. 成都市文物考古工作队等：《四川新津县宝墩遗址调查与试掘》，《考古》1997 年第 1 期。b. 中日联合考古调查队：《四川新津县宝墩遗址 1996 年发掘简报》，《考古》1998 年第 1 期。c. 成都市文物考古研究所、四川大学历史系考古教研室、早稻田大学长江流域文化研究所：《宝墩遗址——新津宝墩遗址发掘与研究》，有限会社阿普（ARP），2000 年。

[②] a. 成都市文物考古工作队等：《四川都江堰市芒城遗址调查与试掘》，《考古》1999 年第 7 期。b. 中日联合考古调查队：《都江堰市芒城遗址 1998 年度发掘工作简报》，成都市文物考古研究所编《成都考古发现（1999 年）》，科学出版社 2001 年版。

[③] 成都市文物考古工作队：《四川崇州市双河史前城址试掘简报》，《考古》2002 年第 11 期。

[④] a. 成都市文物考古工作队等：《四川省郫县古城遗址调查与试掘》，《文物》1999 年第 1 期。b. 成都市文物考古研究所等：《四川省郫县古城遗址 1997 年发掘简报》，《文物》2001 年第 3 期。c. 成都市文物考古研究所等：《四川省郫县古城遗址 1998—1999 年度发掘收获》，成都市文物考古研究所编《成都考古发现（1999 年）》，科学出版社 2001 年版。

[⑤] a. 成都市文物考古工作队等：《四川温江县鱼凫村遗址调查与试掘》，《文物》1998 年第 12 期。b. 李明斌、陈云洪：《温江县鱼凫村遗址 1999 年度发掘》，成都市文物考古研究所编《成都考古发现（1999 年）》，科学出版社 2001 年版。c. 李明斌、陈云洪：《温江县鱼凫村新石器时代晚期遗址》，中国考古学会编《中国考古学年鉴（2000 年）》，文物出版社 2002 年版。

根据以上两点对比，可以认为，三星堆遗址一期文化遗存分布范围之广、遗物之丰富，在四川乃至整个长江上游的新石器时代遗址中都是罕见的，就分布范围和遗物的丰富程度而言，三星堆遗址应该是长江上游最大的一处新石器时代晚期遗址，后期恢弘的三星堆古城和发达的青铜文明之所以产生于此，是与三星堆遗址在新石器时代晚期所拥有的特殊地位和丰富的文化积累有密切关联的。根据成都平原史前城址群的情况分析，三星堆遗址一期文化如此大的分布范围，没有城墙显然是说不过去的，可能正是由于三星堆遗址一——四期上下两千年连续不断的发展演变，使得一期城墙受到了二期及其以后人们活动的严重破坏，起码地表上是看不见了，不排除将来有一天在地下发现其遗存。

（作者单位：四川省文物考古研究院）

透过青铜器的高精细照片进行纹饰研究

［日］广川守　［日］内田纯子　岳占伟

绪言

泉屋博古馆在日本京都，是保管并展出住友家收藏品的一家私立博物馆。住友家自17世纪末以来开发铜矿以及营业精炼而发财，在19世纪至20世纪初期收藏了许多中国青铜器，其收藏的质与量都使其跻身为世界上无可比拟的博物馆之一。

近年泉屋博古馆进行中国青铜器为主的收藏品照片的数字摄影。原来使用大行正片为基础数据，目前重点变换为大规模尺寸的数字摄影。自2008年来，具体计划拍摄高精细照片以及建立数字数据库，在关西学院大学深井纯先生的协助下，进行拍摄。深井先生近20年来在日本关西地区的几家美术馆参与文物的拍摄计划，进行开发。

由文物数字图像数据库阅览程序系统，近几年来重点进行高精细图像阅览系统的开发。[①]

高精细照片的各张照片档案的尺寸巨大化，例如10年前一张只有约64MB，近年能拍到200MB至几GB的莫大尺寸了。以前一般研究者使用的电子计算机效能也较小，很难阅览巨大尺寸的照片，不过近年电子计算机性能也进步许多，原来在博物馆等大行显示设备才能播放的高精细照片也可以用到个人研究者的研究时在电子计算机上播放使用。然而，为了在青铜器研究上多用高精细照片，自2009年泉屋博古馆进行拍摄馆藏青铜

---

① 《金屬工芸の小宇宙—高精細畫像でみる刀装具—》，《高精細畫像による文化財研究》第二號，関西學院大學博物館開設準備室，2012年。

器的高精细照片，至今已拍完150件青铜器的约2000张照片。

一 高精细照片拍摄的性质

本研究使用的摄影仪器为 Phase One 公司的 P45 相机（机身：SINAR 公司制 P2，镜头：Schneider 公司制 Supersymmar 150）。P45 的 CCD 传感器尺寸为49.1毫米×36.8毫米，有效画素为7216×5412 pixels（pixel size 6.8 μm），其传感器的面积比普通数字相机约大4倍，因此，画素等倍的图像非常清晰，优于将图像放大。又能把所摄影的数字图像在计算机屏幕中放大10倍以上，比肉眼实际观察更详细。

另外，可拍摄对焦范围较大的图像，例如使用普通数字相机拍摄器物的细部，必须将器物接近至镜头对焦极限，以致焦距（拍摄对象至镜头的距离）甚短，必然对焦范围也狭小；若使用P45拍摄相同范围的图像时，能够于较远处拍摄、焦距设定较长，使对焦范围较大而取得全体对焦和清晰的图像。（例如接近于P45镜头效能极限拍摄时，能拍到对物40多倍倍率的图像。）

因此，如先拍摄在青铜器曲面上表现的纹样之中宽20厘米多的范围之后，以1平方厘米范围放大到计算机屏幕，图像可清晰展现，进而观察其细部。能俯瞰且同时观察到极细部分的状况，在青铜器纹样的研究上是甚有效的仪器[①]。

二 青铜器纹饰观察的必要

在殷墟后期达到高峰期的殷墟孝民屯铸铜遗址出土的大量铸范，引起了对于施纹方法的热烈讨论。岳占伟等提出了铸范直接施文法、模型施纹与铸范施纹的混合法。[②]

铸范确实反映青铜器铸造之前的状况，对其在青铜器施纹方法的研究

[①] ［日］广川守：《高精细画像を活用した青铜器研究》，《美术フォーラム21》Vol. 19, 2009年。
[②] a. 岳占伟、岳洪彬、刘煜、［日］内田纯子：《殷墟陶范的施纹方法》，《考古学集刊》18，科学出版社2010年版。b. Lukas Nickel, Imperfect Symmetry: Re-Thinking Bronze Casting Technology in Ancient China, *ArtibusAsiae*, Vol. LXVI, 2006. c. 李永迪：《模乎范乎——从史语所所藏安阳出土铜器、陶范、白陶谈殷商期青铜器的纹饰制作》，《第四届国际汉学会议》发表提要，"中研院"历史语言研究所，2012年。

是重要且必须的。但是，我们观察到的绝大部分铸范是铸造青铜器后废弃遗物，在取出青铜器时，其表面很可能剥离。再者，若铸范因烧成温度不够而软质，在废弃后也会磨损或受风化作用，而不能保持原来的表面状态。铸范上沙粒不齐的表面与雕刻，或添加的纹饰部分也会阻碍纹饰的详细观察。虽然铸范出土量非常大，但是其中包含的铸范所属时期、器类、纹饰种类等有限，还无法讨论全体青铜器的施纹方法与其演变。另外，制造后的作品，即青铜器本身的观察，并不太被重视。青铜器上面纹饰细部的演变过程、器类上的差异，以及由于纹饰种类不同所造成的表现方法差别与及其演变等，关于铸范的施纹方法还不十分清楚，必须观察铸范和青铜器双方才能够了解青铜器施纹方法以及纹饰的演变。

本文尝试透过新的数字数据——高精细画像观察细部，讨论青铜器纹饰。以下将介绍数例。

三 透过高精细画像的纹饰研究

（一）纹饰的演变阶段

由内田纯子从前所进行的研究[①]可知：

1. 二里岗时期（商代早期）

纹饰特征为凸线以及较宽凸带的纹饰。施纹方法自铸范直接施纹法开始，渐渐导入模型施纹法。

2. 商代中期

纹饰发展为细线饕餮纹与粗线饕餮纹，也出现立体性浮雕纹样。施纹方法为利用模型的立体性纹样，凸出部内壁为凹槽。

3. 殷墟时期（商代后期）

殷墟一期时，饕餮纹分为细线饕餮纹、粗线饕餮纹、轮廓饕餮纹，以及浮雕饕餮纹。至殷墟二期，发展为浮雕饕餮纹，有散开的饕餮纹、浮雕粗线饕餮纹、浮雕颜面饕餮纹，以及传统性平面的细线饕餮纹。同时在形制上，尺寸较大的器物以及动物型尊等立体造型器物也开始出现。

上述纹饰的变化，反映了铸范施纹方法以及制作方法上的变化。下文

[①] a. 難波純子：《初現期の青銅彝器》，《史林》第72卷2号，1989年。b. 難波純子：《殷墟前半期の青銅彝器の編年と流派の認識》，《史林》第73卷6号，1990年。

将以泉屋博古馆藏品中各时期纹饰种类较丰富的爵、尊、瓿,以及鸮鸮卣为例,透过高精细画像讨论并分析其纹饰演变。

(二) 泉屋博古馆藏品中的爵、尊、瓿

泉屋博古馆收藏的爵[①]包含以商代后期(殷墟时期)为中心的许多作品,纹饰种类也丰富。爵39(图1:1),属于二里岗上层期,在颈部饰有细线饕餮纹,在腹部饰有粗线饕餮纹,为两种风格饕餮纹饰在同一器物上的珍贵例子。爵40(图1:3),饰有所谓粗线饕餮纹,属商代中期的偏早阶段的圆底爵。爵42、43、44、45、46,饰有散开饕餮纹。散开饕餮纹是由独立的凸带表现角、眉毛、耳、口、躯体等各器官的浮雕纹样之一,出现于殷墟二期、流行至殷墟四期,为殷墟时期代表性饕餮纹。爵43,相当于殷墟二期偏早,为散开饕餮纹爵。爵44、45为殷墟二期晚段至三期的作品。典型的浮雕式散开饕餮纹派生了平面性散开饕餮纹,例如爵42、46。

1、2. 爵39　3、4. 爵40
图1　爵表面的粗线饕餮纹

---

① 以下作品编号为《泉屋博古》上的编号。泉屋博古馆:《泉屋博古——古铜器编》,京都,2002年。

另外，泉屋博古馆收藏的尊与瓿也比较多。尊68（图2：1）相当于商代中期的截头尊；尊70的下腹部收束较小，圈足中部张出，作为中型青铜尊早段的特征，其铸造技术以及纹饰的发展阶段相当于殷墟一期的水平，笔者认为接近于殷墟一期。

1、2. 尊68 3、4. 尊71
图2 尊表面的粗线饕餮纹

尊71（图2：3）、尊72、尊73相当于殷墟二期的有肩尊，饰有粗线饕餮纹。三者纹饰的图案以及状态比较接近，尊72的时代较早一点，尊74形制较大，铸造精致，是保存较佳的作品，其表面上饰有浮雕式散开饕餮纹。尊69（图4：3）为方尊，属殷墟三期至四期。

瓿的形态与尊类有所差别，但是纹饰的图案或结构有共通性，本文一起讨论其纹饰。瓿109属于殷墟一期至二期，瓿111也是殷墟一期至二期的大型粗线饕餮纹瓿。

1. 二里岗时期至商代中期纹饰的演变

在此透过爵与尊上的纹饰讨论偏早的饕餮纹：

爵39，颈部的细线饕餮纹部分以范线为界线，左右凸线不连续，因此笔者认为由铸范直接施纹（图1：2）。凸线直立而其基部呈现为直角，笔者认为先将较细的工具垂直插入陶范黏土，再雕刻纹样。涡纹前端粗而圆而后端渐浅而尖，前者即是工具插入于腹部的起点，后者则是将工具拔出的终点。腹部上的粗线饕餮纹的凸面几乎平坦，实际上有若干凹凸，即是埋葬时及出土后产生的铜锈，或者是出土后没有削平，留下铸造后原来的状态。凸部的高度与颈部细线的高度约相当，直立且轮部稍微圆。特别涡纹先端为斜倾渐浅部分以及平坦的部分，也与颈部的细线饕餮纹接近。凹槽部分基本上平坦，没有光泽。部分凸部好像有意外延长线，笔者认为是雕刻时跑刀现象。两种纹样凸部几乎垂直而立起，都是由同样技法雕刻在铸范上，应是铸范直接施纹。

爵40，凸部表面留下细的斜向擦痕，其上生铜锈，因此能判断铸造后被锉过。饕餮纹尾部为二条螺旋涡纹，即是二条凸线络卷。凸部宽度不一致，轮廓较乱，凸线局部不水平，呈斜走状。在凹槽部分能看到原来画的水平底稿线的痕迹（图1：4）。即是在陶范上先画的底稿线被放弃，这种线不会由模型施纹法造成。因此笔者认为该器纹是由铸范直接施纹法造成。

尊68，粗线饕餮纹在角背方或体躯下面排列十字形羽毛纹，相当于商代中期的阶段。凸线明显地直立，其表现接近于爵39腹部或爵40的纹样。凸部表面平坦而光泽，没有锉的痕迹。凹槽部分比较宽，十字型的羽毛纹之间以及嘴巴之间的空间等皆平坦。局部能看到削割的痕迹。

如此，二里岗至商代中期的爵与尊上的饕餮纹凸部皆较高而直立。其中留下铸范上被放弃的雕刻线或疤痕，笔者判断该期青铜礼器上的纹饰是由铸范直接施纹法造成。

2. 殷墟一期至二期纹饰的演变

尊71，局部纹饰不清楚，但在铸造比较精致且保存较好的部分仍能观察到主纹高于地纹，主纹上面平坦，地纹细且上端较尖（图2：4）。饕餮纹嘴巴部分的凹槽部位较细而不齐。

尊72，部分地涡纹的内壁对角线成为斜面，如涡纹的底稿线（图5：4）。饕餮的嘴巴表现出牙齿，其部分凹槽较宽而平坦。饕餮主纹内部的羽毛纹或涡纹上的凹线连续，可能由模型施纹。

尊73，饕餮纹角内的涡纹上，部分线断绝，主纹上凹线可能由模型施纹。

瓿109，体为扁平球形。表面上无空排列羽毛纹和涡纹表现为细线饕餮纹，其凸部表面平坦，主要能看到水平方向的锉擦痕迹，凸部涡纹的凸线部分分歧，形成多重涡纹。肩上部的两条纹样带与腹部的主纹样带、腹部下方补助纹样带的纹饰凹凸及结构都基本相同，即凹线的宽度一致，反而凸部宽度不一致。笔者认为凸部是雕去底稿纹的轮部之外部所留下的纹饰，因此笔者认为由模型施纹。

瓿110，腹部饰勾连雷纹，肩部饰轮廓表现的龙纹，两种纹饰的主纹轮部都不整齐而较乱，表面留下被锉的痕迹，范线（范的合线）部分，左右主纹的线不对合，地纹也不连续。主纹空间的涡纹及并行线的先端细而尖，亦有与地纹同宽的圆圈纹，即是将铸型直接施纹做的。因此笔者认为至少地纹部分由铸型直接施纹，主纹的线不稳定的原因可能为主纹也是由铸型直接施纹造成的。

瓿111，主纹线连续而顺畅，饕餮的角、尾等线的先端连续至地涡纹。主纹直立较低，高度与地纹差不多，主纹的涡纹之中连续的是凹线，在主纹的曲折部分的较宽空间里排列F字形的羽毛纹的变形。在此部分表现细腻的毛线，在尖部夔龙纹的主纹上排列单纯涡纹，地纹上能看到单纯的一重螺旋涡纹以及较大的非连续二条螺旋的涡纹（图5：5）。

再者，还没有机会摄影高精细画像，按照上述视觉，肉眼观察到"中研院"历史语言研究所收藏的殷墟出土的商代晚期（殷墟时期）早段的铜爵。

"中研院"历史语言研究所收藏的铜爵中饰有细线饕餮纹的有：西北冈1488号墓出土的铜爵R017691，西北冈1001号大墓出土的铜爵R011001，西北冈M1885号墓出土的铜爵R001063。[1]

爵R017691，出土时已变形，复原为圆底爵。其纹样为排列大小涡纹而表现饕餮纹，是二里岗时期至殷墟时期的过渡期性细线饕餮纹，涡纹凸线比凹槽部狭窄，涡纹均为单纯的涡纹。

爵R011001，爵底部进一步圆底化，器型稳定，器型相当于殷墟一期晚段的爵。其纹样排列为大小涡纹而表现饕餮纹的角、嘴巴以及躯体等，是典型的细线饕餮纹，其涡纹的凹线连续，凸线的先端较平坦，但是饕餮的角下方，嘴巴后方所置的羽毛纹由凸线表现。

爵R001063，是殷墟二期典型的圆底爵，这件爵的饕餮纹与R011001类似，眦部下垂，原来表现鼻的涡纹已消失等方面，与其有微细的差异。

---

[1] 李济、万家保：《殷虚出土青铜爵形器之研究》，"中研院"历史语言研究所，1966年。

纹样上涡纹的凹线比凸线较细，小型的涡纹部分，凹线呈单纯的涡纹，反而角等大型涡纹部分成为二条螺旋涡线。

"中研院"历史语言研究所收藏的铜爵中饰有粗线饕餮纹的有：西北冈1022号墓出土的铜爵R001051，西北冈1049号墓出土的铜爵R001052。

爵R001051，是殷墟早段少数能看到的平底爵之一，与二里岗时期的平底爵相比，腹部高而颈部矮，只是饰有"申"字纹与蕉叶纹。腹部饰有平面性粗线饕餮纹。其主纹表面在地涡纹圆出来，主纹上的凹线稍微凹进去，涡纹隅角的毛纹由凹部表现。

爵R001052，相当于殷墟二期晚段的圆底爵。腹部饰有粗线饕餮纹，纹饰图案和结构与R001051相似，表面有圆味的主纹浅凸出来。

泉屋博古馆的爵41相当于殷墟三期的粗线饕餮纹爵，饕餮纹尾部变为鸟形。此纹样的主纹凸部比地纹高，在主纹上面表现凹线连续的羽毛纹与涡纹。地纹的涡纹（以下称为地涡纹）凸部上端尖，应是在铸范上直接雕刻的线，其凹部连续排列C字形，应是雕刻底稿纹饰的轮廓而成。

泉屋博古馆的爵47也相当于殷墟三期的粗线饕餮纹爵，与爵41同样由较高的主纹和上端尖的地纹构成。

如上述，殷墟一期至二期出现了主纹与地纹分离的新纹样。[1] 这个现象以前也曾引起关注，不过纹样状态一直没有深入讨论，透过高精细画像的观察，笔者认为这时期主纹高度明显减少，而凸部直立不明显的形制剖面的较低，再者，在殷墟二期主纹剖面保持同样形制而增加高度，变为立体性浮雕状纹样。我们必须考虑在商代中期至殷墟一期的纹样状态上明显的变化不仅是图案上的单纯变化，而且铸范施纹法上有很大的变化，是由新的技术发明呈现新的纹样。

3. 殷墟二期至三期的散开饕餮纹演变

爵43上散开饕餮纹的各部分，不顺于画面的纵横轴，自由地表现，且较宽。散开饕餮纹的主纹上充满了大小涡纹，地涡纹在主纹剩下的空间里并有圆形的和方形的。凸线有的超过原来的底线。主纹上的涡纹以及地涡纹凸线都直立且细，都是由模型施纹的铸范上直接施纹。

属于殷墟二期晚段至三期的爵44（图3：1）、爵45（图3：3）的主纹

---

[1] M. Loehr, The Bronze Styles of the Anyang Period, *Archives of the Chinese Art Society of America*, vol. VII, 1953.

较细，且主纹排列较斜倾，多用稍小一重涡纹。在地纹的较大空间里配列较大的多重涡纹。爵44上多用T字形涡纹（图3：2），而爵45主纹上的凸线为左右配列L字型线，凹部为S字形的配列（图3：4，图4：5）。笔者推测在底稿上连续配列S字形，沿着其轮廓在铸范上雕刻细L字形线。自这种典型的散开饕餮纹派生的平面性散开饕餮纹能在爵42和爵46上看到。主纹稍高于地纹。在爵42主纹上面有圆味，不管画面的纵横轴、自由舒畅，地涡纹不仅为二条络卷的螺旋涡纹，而且大小涡纹组合，充满于主纹的间隙。在爵46上主纹由细轮廓平行，而且上面表现为平坦的凸线，主纹纵横轴稍微斜倾。地涡纹以单纯涡纹以及左右配列L字形的特殊涡纹为主。

透过主纹的结构或地涡纹特长来比对，爵43演变为爵42和爵44之后又演变为爵45和爵46。笔者推测这些组合的涡纹是表现上的差异。

1、2. 爵44 3、4. 爵45 5、6. 爵46
图3 爵表面的散开饕餮纹

尊74（图4：1）上的散开饕餮纹的角、耳、体躯、眼睛、下颚等器官独立，由浮雕表现，其上面平坦而光泽，由细的凹线表现涡纹（图4：2）。例如尾巴部分配列S字形及C字形的涡纹，其空间加上毛纹，因此一件看起来复杂的纹样其实只是配列涡纹的单纯结构而已。同时期的爵上散开饕餮纹的凸线细而直立，推测为铸范直接施纹，尊74主纹的涡纹上，凹线连续，推测为模型施纹。一方面，地纹部分凸线细，其空间配列方形的大小涡纹。大多数为单纯涡纹，与爵的地纹很接近。

方尊69（图4：3）上的散开饕餮纹的主纹为浮雕，稍窄，屈曲部分较方形。主纹上面配列单纯的C字形涡纹，其空间充满并行线（图4：4），此类配列与爵44和爵45相同。

1、2、6. 尊74　3、4. 尊69　5. 爵45
图4　尊、爵表面的散开饕餮纹

时期上很接近的爵与尊上的散开饕餮纹结构也相互接近，不过在爵上先由模型施纹而造成主纹，其上面的涡纹是在铸范上直接施纹，在尊上则是在模型上一起雕刻主纹与涡纹，之后在铸范上翻印而成。

散开饕餮纹在殷墟二期新出现之后，至殷墟四期，被使用在几种器类上。爵的纹样画面较小，而尊及罍等大型器类的纹样画面较大，主纹上涡纹的状态因器物大小而有差异，纹样图案与其他纹样也有很大的差别，底稿图案则有共通特长。散开饕餮纹不仅是殷墟青铜器上使用的图案之一，而且施纹法临机应变，涡纹形状以及结构也有共通的一派纹样，笔者认为这一派纹样表示一个工匠集团。

四　地纹涡的表现与演变

充填主纹空间的地涡纹的使用时期以殷墟时期为中心，延续至西周中期。以很细而密集的涡纹构成，其形状也由主纹形状变化，因此我们需要把握与主纹的配置关系而进行地涡纹的观察。我们使用高精细照片，在电脑上能够先看全体，之后随意选择一个地方而扩大观察。因此在地涡纹状态的观察方面，高精细照片是很有效的方法。

（一）殷墟时期的地涡纹

殷墟时期的地涡纹多数为非常尖而卷，涡线的间隔也一致。涡线的凹槽部分基本上平坦，有的器物上凸线几乎直立，有的器物上凸线侧壁倾斜，也有凸线顶部为曲面的，也有尖的，还有平坦面的。

1. 涡线间隔

图1例示方尊。在浮雕散开饕餮纹的主文空间充填大小各样的方形涡纹。较大的涡纹四方为12毫米，六周凸线宽度一致，凹槽宽度也保持一致，因此方形的涡纹全体上浮出明晰的对角线的视觉效果（图5：1）。涡纹的拐角配列整齐的例子能在鸮鸮卣87看到之外，带有圆味方形地涡纹的分裆鼎02（图5：2）、方罍114（图5：3）等，在殷墟晚段的各种器类上常见。在殷墟早段的铜器例如尊74、爵等上面也可以看到。带有圆味方形涡纹的尊72、尊73上面也有涡纹拐角的配列整齐。这是殷墟时期地涡纹的特征。

1. 尊69 2. 分裆鼎02 3. 方罍114 4. 尊72 5. 瓿111
图5　地涡纹的详细状态

2. 涡纹凸线的剖面与顶面加工

方尊69凸线的顶面平坦，且保持一定的宽度，凸线之间的凹槽部分底面完全平坦，凸线侧壁几乎直立。因此，凸线的剖面呈冂状。其他器物的涡纹，属于殷墟早段的尊72、尊73的主纹与地涡纹同高，涡纹的凸线宽度不一致，但是其顶面平坦（图5：4）。殷墟二期至三期的瓿110凸线故意作为平坦的样子。殷墟二期瓿111的凸线部分作为平坦，但是同一个涡纹上部分带有曲面，不能认为是故意的加工（图5：5）。

比这些较晚的铜器上，3件鸱鸮卣之中鸱鸮卣87带有明显的平坦面，鸱鸮卣88和89的凸线、顶面没有加工痕迹。方罍114的凸线上面完全平坦而涡线的宽度也统一。反而鬲、鼎02与卣90上看不到顶面加工的痕迹。之前观察中，除了如尊72、尊73主纹与地纹同高的例子之外，主纹较高于地纹而作为浮雕的例子中，到比较晚段才出现涡纹顶部做为平坦化加工的例子。

3. 涡纹中心部的末端处理

涡纹中心的凸线前端与涡纹同高而作为平坦的例子中，有时前端部分平面呈圆形。但是同一个饕餮纹里面也有前端为直角的，也有渐细的例子。从这些前端部的状况推测，在铸范上施涡纹时，上自外侧向中心雕刻涡纹。

（二）地涡纹与主纹的关系

主纹与地涡纹不会完全分开。较尖锐的主纹先端经常延长到地涡纹。

透过高精细照片的观察，在主纹呈浮雕状的例子中，主纹先端至地涡纹的连续部分产生较大高低段差。如尊76上，主纹先端减高而连续到地涡纹（图6：1）。这种现象在卣90和卣92，方罍114等很多其他的铜器上也能看到。另外一种是主纹先端与地涡纹有较大的段差，分裆鼎02即是如此（图6：4）。在方尊69上，这两种情况混在一起。因此这两种现象发生并没有一定规律，可能借由工匠的恣意造成的（图6：2、图6：3）。

根据我们的观察，不断连续到地涡纹的例子较多，因此地涡纹不仅是充填主纹空间的装饰，也是工匠企图作为与主纹相连的延长部分。尊76（图6：5）和分裆鼎02的涡纹上的减高部分侧面能看到使用工具加工的痕迹。将涡纹雕刻在铸范时，加工为主纹先端自然地延长到涡线。

这种自主纹先端延长的涡纹向内旋回到达中心之后，再向外旋出，且自涡纹脱出，连续到旁边的地涡纹，成为二条螺旋涡纹。有一种在中心部分二条线连续的，也有另一种二条线完全分开的。

二条螺旋状涡纹基本上限于自主纹延长的涡纹。这种涡纹的各线间隔也一致，拐角的配列整齐。若二条螺旋涡纹凹槽的宽度作为一致，必是比单纯螺旋涡纹更精确的规格。

1. 尊76　2、3. 69尊　4. 分裆鼎02　5. 尊76

图6　地涡纹与主纹的关系

　　主纹与地纹分开，不造成二条螺旋涡纹的铜器也可以看到。这种例子具体在爵上能经常看到。与爵同样施纹面积较小的觚之中，觚62、63、64饰有二条螺旋涡纹，觚65不造成二条螺旋涡纹。其他器类上几乎造成二条螺旋涡纹，推测华中地区制作的铜器中能看到不造成二条螺旋涡纹的铜器。例如虎卣95（图7：1）、瓿形卣91（图7：2）、有边瓿113（图7：3）、鼓131等上面的主纹与地涡纹分开表现。

（三）西周时期的地涡纹

在殷墟时期发达的地涡纹继续到西周中期。除最开始时期的涡纹以外，西周的涡纹比殷墟时期的涡纹，凸线细而浅。簋25的涡纹多卷，看来整齐，不过凸线非常细而凹槽部分较宽，凸线也较低，全体涡纹给人非常平坦的印象（图8：1）。凸线宽度不一致，带圆味的拐角部分较粗而直线部分较细。与殷墟时期铸范上深而宽度一致的雕刻涡纹不同。几乎没有凸线是铸造后切削所致，还是铸范制造阶段上造成，目前很难判断。也不能判断是否反应制作技术上的差异。如上述，西周时期涡纹的凸线太细而低，因此陶范上以及青铜器上不能加工，无法有平坦化的趋势。

西周时期的地涡纹的特征不仅是主文空间充填的涡纹。在器腹部施纹的斜格乳钉纹上也能看到。泉屋博古馆收藏的3件斜格乳钉纹簋中，2件属于殷墟时期（无耳簋18、19），1件属于西周时期（双耳簋26）。双耳簋26带有"白作宝尊彝"铭，其纹样、双耳兽头，以及垂耳等部分很接近于山西天马曲村墓地出土铜簋。以乳钉纹周围饰有的方形涡纹来对比，殷墟时期的簋18上凸线顶面完全平坦，全体凸线深且凸线和凹槽部分的宽度稳定（图8：2）。而双耳簋26的凸线非常细而宽度不一致（图8：3）。

再讨论主文先端与地涡纹的关系。笔者观察到在西周时期铜器上，主纹先端延长为二条螺旋涡纹。没有主纹与地纹分开的例子，两者非常接近。主纹的浮雕较高的例子上涡纹也非常细而浅，因此有明显的段差。没有看到如殷墟时期的高度渐减的例子。西周早期卣96（见卣）上主纹先

1. 卣95　2. 卣91　3. 瓿113
图7　主纹与地涡纹的分开表现

端延长为二条螺旋涡纹，但是其连接点不顺畅，推测为勉强联系的痕迹（图8：4）。

1. 簋25 2. 簋18 3. 簋26 4. 卣96

图8　西周时期的地涡纹

五　小结

本研究透过高精细画像观察商周青铜器，进一步讨论并理解了以下几个重点。

（1）针对泉屋博古馆所藏的青铜器之中爵、尊、瓿的三类青铜器，进行施纹方法差异的分析，了解时期的不同可以反映施纹方法的差异。

（2）由爵、尊上面的散开饕餮纹，可知直接施纹或模型施纹的差别可能按照器物的大小变动。不过，也得知虽然使用的施纹方法不同，但图案底稿上的涡纹形制仍会相同。

（3）殷墟时期的地涡纹和西周时期的地涡纹在形制、施纹方法等方面有明显的差异。

未来笔者希望试着分析地涡纹的密度以及线的宽度是否因分期而演变。同时，对全器上浮出明晰的对角线的视觉效果的涡纹，进行四角角度变化的分析。目前笔者已经准备在实体显微镜上输入尺寸而测定涡纹线的宽度和密度，将来试着处理所摄影的高精细画像以分析线的宽度以及地涡纹四角的角度。

　　本报告只对几种器类青铜器纹饰进行分析，今后将增加数据的数量和种类，继续进行研究。

（作者单位：广川守　日本泉屋博古馆
内田纯子　"中研院"历史语言研究所
岳占伟　中国社会科学院考古研究所）

从社会到图像

——商周"兽面纹"含义再析

郭明建

  图像遗存历来是考古学研究关注的重点，因为通过这些图像有时可以穿越漫长历史，直接看到古人直观的形象或他们精神世界的某些物质表现。尤其是秦汉以来的图像，与或详或略的文献进行对照研究后，我们对它们的理解往往会变得更加生动而具体。

  相比之下，上古时代的图像遗存就有所不同。由于时间久远，且缺乏文字记载，对它们往往相对生疏。这时不得不采取望"图"生义或以今论古的方法予以阐释，这种做法虽实属无奈，但疏漏或臆断却在所难免。

  笔者认为，对上古图像的研究应使用系统论的方法。理由有二：首先，图像本身就是一个系统的产物。这个系统的外延可以扩展至整个人类社会。其中，自然环境、精神信仰、政府意志、文化传承等大方面的因素对图像本身的影响尤大。具体到图像本身，与之关系较密切者则有图像的创造者、制作者和使用者（包括他们的思想、地位、社会关系等）以及图像的载体（包括载体的功用、材质、制作工艺等），等等。其次，由于缺乏文献记载，对上古图像的解释更应综合各种相关的研究成果，而不能局限于望图生义，只有尽量系统、完整的分析上述各要素，才能更准确地定位图像的内涵。

  商周时期青铜器等器物上常见的"兽面纹"（由于学术史上的原因，它又常被称为饕餮纹）的研究就是一个非常典型的上古图像研究课题，对其内涵的解释也可谓仁者见仁智者见智。大体来说，兽面纹内涵的解释又可以分为两个层次，即第一个层次，它是什么，第二个层次，它有什么功能，而第一个层次又为第二个层次的基础。对于第一个层次，比较有代表性的观点有：第一，艺术化的动物形象说，其中又以主张为牛者为主。如陈梦家认为"自宋代以来称为'饕餮纹'的，我们称为兽面纹的，实际上是牛头纹"①；李泽厚也"基本同意它是牛头纹"②。此外这种观点还包括虎首说、羊首说等。第二，神话动物说。如《吕氏春秋》记载的"周鼎著饕餮，有首无身，食人未咽，害及其身，以言报更也"就是其中最早的一种③，也是我们一直将其称为"饕餮纹"的缘由，此外这类观点还有李济的肥遗说④，邱瑞中的立体龙首说⑤，以及其他不确指其为何种动物的观点等。第三，纯粹图案说。如国外学者白戈立认为"商代的花纹是一种纯粹的图案艺术，各个母题并无特殊的象征性"，罗越和艾兰也有相似的看法。⑥ 对于第二个层次，除了上述认为兽面纹是纯粹图案者外（其实这也是一种解释，即认为兽面纹的功能为单纯的装饰），大都认为它与宗教活动有关。其具体观点有：第一，将其解释为某种神灵，如主张兽面纹为羊头的丁山认为"它是公直无私、敢于阻击凶邪的吉祥大神"⑦，李泽厚在同意兽面纹为牛头纹后，进一步解释它"具有肯定自身、保护社会、'协上下'、'承天休'的祯祥意义……是当时巫术宗教仪典中的圣牛……它一方面是恐怖的化身，另方面又是保护的神祇"⑧。第二，将其解释为宗教仪式中的道具，如张光直在继承李济肥遗说的同时，认为兽面纹是帮助巫觋通天地的动物的形象⑨，江伊莉则认为兽面纹是萨满教面具，并带有精灵变形的意味。⑩ 第三，将其解释为商人的祖神像或图腾。如杭春晓认为兽面纹是不同于卜辞中"帝"的商人祖神形象，并认为在祭祀中，它起到沟通祭祀者和祖先的作用。⑪ 韩湖初认为兽面纹"从神情和形貌上看更像

---

① 陈梦家：《殷代铜器》，《考古学报》第七册，中国科学院，1954年。
② 李泽厚：《美的历程》，第二章"青铜饕餮"，文物出版社1982年版，第36页。
③ 《吕氏春秋·先识览》。
④ 李济：《殷墟出土青铜斝形态之研究》，《中国考古报告集新编·古器物研究专刊》第3本，"中研院"历史语言研究所，1968年。
⑤ 邱瑞中：《商周饕餮纹更名立体龙首说》，《内蒙古师范大学学报》（哲社版）1989年第4期。
⑥ 转引自艾兰《早期中国历史思想与文化》，辽宁教育出版社1999年版，第230页。
⑦ 丁山：《中国古代宗教与神话考》，龙门联合书局1961年版，第281—296页。
⑧ 李泽厚：《美的历程》，第二章"青铜饕餮"，文物出版社1982年版，第36—38页。
⑨ 张光直：《商周神话与美术中所见人与动物关系之演变》及《商周青铜器上的动物纹饰》，《中国青铜时代》，生活·读书·新知三联书店1983年版。
⑩ 江伊莉：《商代礼仪艺术中的祖先神与兽面》，《中国国际商文化学术讨论会论文集》，中国大百科全书出版社1998年版。
⑪ 杭春晓：《商周青铜器之饕餮纹研究》，文化艺术出版社2009年版，第181—130页。

牛……饕餮一族是以牛为图腾的炎帝族的后代"[1]。

纵观上述观点，可见其论证要么立足于图像本身特征，要么对应古文献记载，要么结合人类学或甲骨文研究成果，其结论都有一定可信性。而随着目前材料的进一步积累，笔者认为则可以进一步运用系统论的方法，再次分析这一问题。

一　对兽面纹本身的分析

"兽面纹"图案以商代和西周早期最为典型，其中又以殷墟期最盛。要运用系统论方法分析这一图案，就必须从它本身的图像特征入手。目前来看，商周时期的兽面纹主要见于青铜器和玉器、漆器等高端器物上，且其构图已经基本走向成熟的"程式化"。而这种程式化的构图，不仅是方便图案的制作，也暗示了其思想渊源的一致性。

仔细观察这一时期较完整的兽面纹图案，可以发现其构成以及它与器物本身整体装饰的关系是很复杂的。其中"兽面"本身就包括角、耳、眉、眼、鼻、口（颔）、牙、身、足（爪）等部分，而青铜器等器物上除兽面纹之外往往还有底纹和其他装饰。之前很多学者就已经对兽面纹和其他青铜纹饰做过详细的形式分析[2]，所以本文不再赘述。而归纳前辈学者的研究成果，可以看到兽面纹的构成和布局大都遵循一个如下的程式化模式：（1）兽面的角、眼、鼻是"兽面"的基本元素和主要表现部分（当然也有一些限于构图，非常简单，以至于角和鼻都不明显的兽面纹，但数量较少），其他器官则可以根据图案的复杂程度添加。（2）尤其晚商时期开始，兽面纹本身经常以浅浮雕形式嵌于器表的云雷纹等底纹中，其四周又经常有夔龙纹、凤鸟纹等配饰。（3）兽面纹在器物上的布局，大都以器物的棱或某面的中线对称构图，很多图形既可以组合成图，又可以单独成图（即很多兽面纹似乎可以分解为两个相对的夔龙纹）；兽面纹的各部分的大小形状也可以根据构图面的长宽随意调整，很多部分可以舍弃——

---

[1] 韩湖初：《略论青铜饕餮的"狰狞美"》，《华南师范大学学报》（社科版）1998年第4期。

[2] 如：a. 高本汉《中国青铜器新论》，《远东博物馆馆刊》1937年第9期（英文）。b. 容庚、张维持《殷商青铜器通论》，文物出版社1984年版。c. 陈公柔、张长寿《殷周青铜器上纹饰的断代研究》，《考古学报》1990年第2期，等。

对此雷德侯形象的称为"可以拼合的模块"①。(4) 在有兽面纹的器物上,它大都是器物的主要纹饰,但在器表各种装饰的表现力度上,它有时并不显眼。如动物造型的觥、尊等器物,整体造型明显是表现的主体,而其上的兽面纹有时则非常"隐蔽";又如很多青铜器上有立体的兽首、鸟、蛇等形象,其表现强度也似乎并不低于兽面纹;只有云雷纹等底纹和条带、曲线等简单纹饰似乎只具备装饰作用,其表现力度低于兽面纹(图1)。这四个特征中,第一个方面主要涉及兽面纹的"内容",后三个方面则主要涉及兽面纹的"表现形式"。而结合上述分析,本文可得出两个初步的结论:首先,兽面纹的原型或者说其表现的主题应与一种有角动物有关。其次,在商代和西周早期,兽面纹是青铜器等高端器物上最普遍、最重要的纹饰,但其表现形式既程式化又多样化,这说明它是被当时社会上层(或整个社会)普遍接受和使用的一种常见纹饰,而不是专属于少数人的专有纹饰。

图1 "兽面纹"与青铜器的整体装饰(妇好偶方彝)

---

① [德]雷德侯:《万物——中国艺术中的模件化和规模化生产》,第2章"复杂的青铜铸造术",生活·读书·新知三联书店2005年版。

二 关于渊源问题

在探讨上古图像的内涵时,其渊源往往是最受关注的问题之一。因为一旦了解了某一图像的渊源,就在一定程度上知道古人为何要创作这个图像。而长时段的物质变迁,也正是考古学最擅长的研究之一。

至于商周时期兽面纹的来源,目前时代较早、较明晰的线索为良渚文化的"兽面纹"(当然,良渚文化中的兽面纹可能来源于更早的高庙文化、崧泽文化等,但它们与商周时期的兽面纹差距较大,所以本文不再分析)。对此,李学勤曾做过系统的研究,并总结了两者在八个方面的相似之处。[①] 总体看来,单从图像本身的特征看,良渚"兽面纹"可以说比他任何图案都更与商周兽面纹相似。尤其是它们构成兽面的主体部分均为眼、鼻、口;两者均以各种简单线条纹饰——如螺旋纹、云雷纹和各种曲线等——为底纹,并配饰"鸟纹"等辅助形象的构图模式;还有它们均以器物的棱或器面中线为轴对称分布的特征。(图2:1)但这些相似性却无法回避两者在时空上的巨大差异:从时间上看,良渚文化的下限年代为公元前2500年[②],它与二里岗文化的上限间隔约900年;从空间上看,良渚文化主要分布于长江下游的环太湖地区,而商代和西周王国的主要领地在黄河流域,长江下游地区则涉足很少。所以,笔者认为即使两者有传承关系,也有一个中转的过程和区域。

根据目前的考古资料,黄河中下游地区龙山文化和二里头文化的某些图像应该与商周兽面纹有更直接的联系。不过这些图像目前还比较零散,只能做管中一窥。

这些图像中属于龙山文化的主要是山东两城镇、江苏洋渚遗址出土以及上海博物馆、天津艺术博物馆、台北故宫博物院等博物馆或个人收藏的一些玉器上的纹饰(图2:2、3)。这些玉器的器型主要是玉圭,对此邓淑苹曾做过系统的介绍和研究。[③] 属于二里头文化的图像则主要是二里头

[①] 李学勤:《良渚文化玉器与饕餮纹的演变》,《东南文化》1991年第5期。

[②] 在这里我们采用栾丰实先生的观点。参见栾丰实《再论良渚文化的年代》,《故宫学术季刊》第20卷4期,2003年。

[③] 邓淑苹:《雕有神祖面纹与相关纹饰的有刃玉器》,《刘敦愿先生纪念文集》,山东大学出版社2008年版。

文化铜牌饰上的"兽面纹"(图2:3),对此王青等人也做过系统研究。①此外,河南新砦遗址一件陶器盖上的也有类似图像②,而近年来二里头遗址出土的绿松石龙形器也是这种图像的重要发现③(图2:4)。

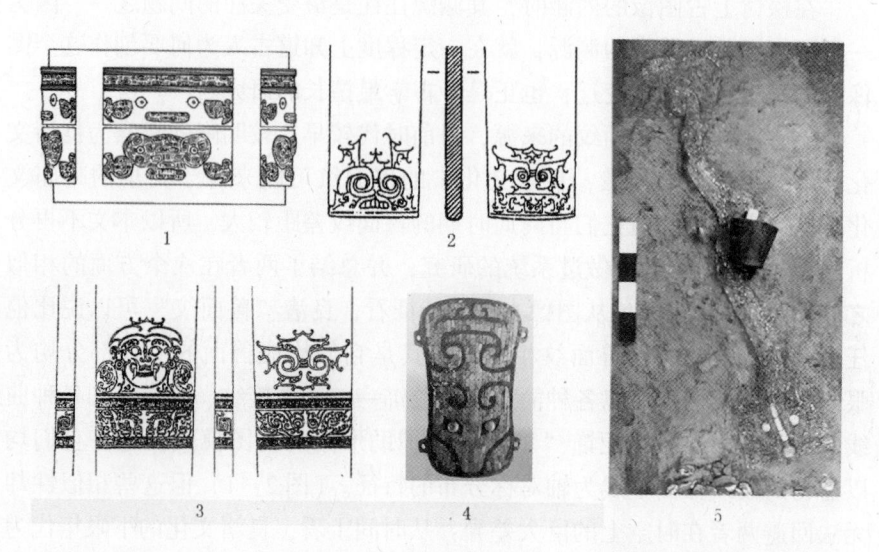

1. 玉琮(福泉山M9:21)　2. 两城镇玉锛(圭)　3. 台北故宫博物院神祖纹玉圭
4. 铜牌饰(二里头84VIM11:7)　5. 绿松石龙形器(二里头02VM3)

图2　商代之前的几种"兽面纹"

与良渚文化和商周时期的"兽面纹"相比,这一时期的图案颇为抽象。在内容方面,眼睛仍是这些图像表现的主要器官,鼻在很多图案上也较明显,此外龙山文化的大多数图案上部都有类似冠的部分。在表现形式上,这一时期的图案均比较简单,都是平面线刻或镶嵌的形式。由于图像比较抽象,各种线条构成的主体图案和底纹有时颇不易判断。但从目前的线索来看,这些所谓的"兽面纹"可能都名不副实。如龙山时期几件玉圭上的纹饰,从故宫所藏神祖面纹玉圭的图像(图2:3)看来可能是简化了的头带冠冕的神人形象,而二里头遗址绿松石龙形器的出土,则说明

---

① 王青:《镶嵌铜牌饰的初步研究》,《文物》2004年第5期。
② 北京大学考古文博学院、郑州市文物考古研究所:《河南新密市新砦遗址1999年试掘简报》,《华夏考古》2000年第4期。
③ 中国社会科学院考古研究所二里头工作队:《河南偃师二里头遗址中心区的考古新发现》,《考古》2005年第7期。

了二里头文化铜牌饰上的图案应该是变体的龙的形象，具体来说应该是一种立面的、如龙在云气中若隐若现的形象。

总之，通过以上分析，笔者认为商周兽面纹对之前的"兽面纹"在构图上可能有所借鉴，但在内涵上却没有什么直接联系。这也与良渚文化、夏、商非相同族群的传统观点一致，而这也同时意味着商周兽面纹应该为商人自己创造的图案。

三　商代的宗教和动物资源

上文的分析涉及了解释商周兽面纹含义的两个重要线索，即图案特征和渊源问题，这也是本文上述"图像产生的系统"的两个重要部分，而以往学者的研究也多着力于这两点。同时上述分析也使我们看到，只通过这两个方面解释兽面纹的含义是不够的，兽面纹的图案特征只是说明它的原型应与一种有角动物有关，而渊源分析则显示它与商周之前的纹饰没有内涵上的紧密联系。所以，本文还应从这两个最突出的已知线索出发，进一步到整个商代社会中寻找更多信息——即运用系统方法，构建起一个从社会背景到图案表现的兽面纹含义解释体系。

社会是包罗万象的，但幸运的是，并非商代社会所有内容都与兽面纹有关。所以本节只分析与兽面纹关系最紧密的两个方面，即商代的宗教和动物资源。

首先本文要分析的是商代宗教。之所以首先分析它，是因为商代是一个宗教氛围非常浓厚的社会，从晚商卜辞的内容看，宗教生活影响到商代社会的各个方面。兽面纹是一种人们的精神表现，自然也不应例外。

对于先商与早商时期的宗教信仰，目前的资料尚少，不足论证。而根据卜辞的记载，可以大体了解晚商时期的宗教系统。大体来说，这个系统比较完备，其信仰的神灵有上帝、自然神和祖先神三种——其中又以上帝的地位最高，权势最大；晚商时期商人（至少是社会上层）投入大量人力、物力对神灵进行祭祀，并通过占卜等活动获得它们的庇佑和神示。[①]

---

① 关于晚商时期的宗教崇拜系统，很多学者有相关的著述，综述类的如宋镇豪、刘源《甲骨文殷商史研究》，福建人民出版社2006年版，第290—328页。

正是商人这种对宗教活动的极大重视，使得很多学者认为此时最常见、最重要的兽面纹就是一种神像。然而，晚商卜辞虽然绝大多数与宗教占卜有关，却并未对兽面纹有任何记载。上文中，笔者认为兽面纹应与某种有角动物有关，而在商人的信仰系统中也并未见到任何动物崇拜的迹象。商代的神灵虽然很多，却没有一个是来源于动物的。如果说商代有某些动物确有宗教色彩，那就是人们虚幻出的龙和凤。在甲骨文中，龙字和凤字已明显存在，从字形看，它们分别源于中的虫（或蛇）和鸟，但其头部均"戴冠"，显示出神化的特性（图3）。而卜辞和古文献中记载则说明了其职能所在。对于凤，卜辞中有"于帝史（使）凤，二犬"，"燎帝史（使）凤，一牛"等记载①，《诗经》中则有"天命玄鸟，降而生商"等传说②，可以推断在商代的信仰系统中，凤有上帝使臣的职能。对于龙，在上文分析中，已经看到在二里头文化中它已经是一种非常重要的神化动物，而《山海经·大荒西经》和《史记·夏本纪》中也有夏启乘龙和帝孔甲豢龙的记载；③ 在商代，卜辞中则有"壬寅卜，宾贞：若兹，不雨。禘，惟兹邑龙，不若，二月。王占曰：禘，惟兹邑龙不若"，"乙未卜，龙无其雨"，"其作龙于凡，有雨，吉"等关于龙和降雨的记载④，裘锡圭也认为"古代遇到旱灾还往往作土以求雨……商代已经有土龙求雨之事"⑤。而根据商代上帝、土、方、河、岳以及部分祖先神都有支配天气的职能，所以笔者推断龙和凤一样，也是商代神灵的使臣，并且主管降雨。

既然龙凤为神灵的使臣，那么就很容易联想到居于双龙或双凤之间的"兽面"即神灵的形象。那么事实是否如此？又为什么这一图像与有角动物，特别是牛的形象相近呢？下面笔者就对商代的动物资源做一下简要分析。

---

① 《甲骨文合集》14225、14226。
② 《诗经·商颂·玄鸟》。
③ 《山海经·大荒西经》：西南海之外，赤水之南，流沙之西，有人珥两青蛇，乘两龙，名曰夏后开（启）；《史记·夏本纪》："帝孔甲立，好方鬼神，事淫乱。夏后氏德衰，诸侯畔之。天降龙二，有雌雄，孔甲不能食，未得豢龙氏。陶唐既衰，其后有刘累，学扰龙于豢龙氏，以事孔甲。孔甲赐之姓曰御龙氏，受豕韦之後。龙一雌死，以食夏后。夏后使求，惧而迁去。"
④ 《甲骨文合集》94正反、13002、29990。
⑤ 裘锡圭：《说卜辞的焚巫尪与作土龙》，《甲骨文与殷商史》，上海古籍出版社1983年版。

图3　商代甲骨文中的"凤"和"龙"字

根据商代的考古发现，商人对于动物资源的利用是极为广泛的。殷墟等遗址中历年发掘出大量动物骨骼，其种类有牛、马、羊、狗、猪、鸡、象、鹿、猴、鸟、鱼、蚌、龟等，既有家畜，又有渔猎对象。从数量上看，这些动物骨骼中以鹿、牛、羊、猪、狗的数量最多，而结合晚商卜辞的记载，可见在牛、羊、猪、狗等家畜在此时已经大量饲养。而这些家畜的用途除了食用和制作骨器外，另外一项重要作用就是祭祀——对此甲骨文中有大量记载，在田野考古也曾发现很多用牛、羊、猪、狗祭祀或随葬的祭祀坑、奠基坑和墓葬等。[①] 当然，除此之外，龟甲和牛肩胛骨等还有一种特殊作用，即占卜。

综合以上两种分析，笔者认为兽面纹的原型主要就是牛首，完整表现的兽面纹图案——包括占据主要地位的牛首等动物首、夔龙纹和凤鸟纹等配纹、云雷纹等底纹以及兽面纹图案各种变幻和抽象的表现方式——则是对神灵和祭祀场景的一种或实或虚的表现和烘托。

在上文的分析中，通过对兽面纹图案特征的分析，笔者认为它的原型与有角动物有关。而结合上述对于商代动物资源的分析，笔者认为这一原型主要就是牛首，其次是羊首、鹿首等动物首，而这也是兽面纹从数量上看大多数与牛首相似，只有少数与羊首、鹿首等动物首相似的原因。商人

---

① a. 中国社会科学院考古研究所：《中国考古学．夏商卷》，中国社会科学出版社2003年版，第372—373页。b. 中国社会科学院考古研究所：《殷墟的发现与研究》，科学出版社1994年版，第415—418页。

之所以选择牛首作为兽面纹的主要原型,笔者认为是基于以下几个原因:(1)牛是商代最重要的动物资源,在商人的生活中有重要的实用价值。上文我们已经提及牛、羊、猪、狗是商代主要的动物资源,而在殷墟大司空制骨作坊、北辛庄、花园庄南地的发掘中,又可以看到牛骨的数量是最多的。[1](2)牛在商人的历史和生活中具有特殊意义。在《世本》、《山海经》等古文献中就记载有商人的先祖王亥"服牛"和因牛被杀的故事[2],晚商卜辞中记载的祭祀牺牲也以牛和羊最多,而根据《大戴礼记》的记载,用牛做牺牲的"太牢"的级别最高,用羊为牺牲的"少牢"级别次之。[3]尽管这些记载可能并不都是精确的商代史实,但商代牛在动物中地位较高的事实一览无余,而商人选择用牛骨作为占卜主要材料的做法,也暗示了它在商人生活和信仰中的特殊意义。

以牛首为主要原型的兽面纹之所以出现在青铜器等"重器"上,也与它们的作用和地位有关。除了在日常生活过程的实际功能,牛首和很多青铜器应该主要是祭祀活动的重要道具,一方面真实的牛首作为牺牲出现在祭祀仪式上,甚至可能放于某些青铜器中;另一方面,伴随着祭祀仪式中乐舞、供酒、献牲、焚燎等活动的进行,青铜器上的"兽面纹"图案似乎也变为了一种动态画面,或者说是对虚幻的人神交流场景的一种记录——兽面纹变幻抽象的表达方式和云雷纹等底纹铺垫出一种若隐若现的神灵来临的背景,而夔龙纹和凤鸟纹则是神灵的使臣;牛首等牺牲在祭祀仪式上是不可能被神灵食用的,但人们肉眼无法看到的神灵享受的过程则赋予了这些牺牲和"兽面纹"神圣的意义;或许,在商人的脑海中,上帝等神灵已经被幻化成"兽面"的形象。总之,兽面纹图案既是基于现实的祭祀场景,又添加了人们的想象和希望,它既是一种祭祀礼仪中的道具,又在祭祀后将那种氛围和神灵的威势带入到商人的生活中。

最后,关于"兽面纹"的表现方式,笔者要补充一点。通过上文的分析,可以看到兽面纹的内涵是复杂的,它既有现实的基础,又有人们想象的成分。而这种虚实结合的表现形式,正是宗教图像的特点之一。不

---

[1] 中国社会科学院考古研究所:《中国考古学·夏商卷》,中国社会科学出版社2003年版,第372—373页。

[2] 王国维:《殷卜辞中所见先公先王考》,《观堂集林》卷九,中华书局2004年版。

[3] 《大戴礼记·曾子天圆》:"诸侯之祭,牲牛,曰太牢;大夫之祭,牲羊,曰少牢;士之祭,牲特豕,曰馈食。"

过，这种表现方式并不是从商代开始的，上文提及的二里头时期的龙的形象，甚至更早的良渚文化的"神人兽面纹"等，应该是更早的宗教图像，而商代兽面纹应该也正是在继承这些更早图像的表现方式之上创作出来的。

（作者单位：中国国家博物馆田野考古研究中心）

百年来刻画符号研究述评

牛清波

"刻画符号"是刻划或描绘在陶器、玉石、龟甲、兽骨、鹿角、木锥上的表示一定意义的符号，是研究文字形成的重要材料。① 文字的形成是历史进入文明阶段的标志，研究文字的形成是文明史研究的重大课题。② 刻画符号蕴涵了丰富的远古文化信息，具有重要的史学、社会学、民族学价值。本文对百年来的刻画符号研究进行梳理、评述，以期进一步推动刻画符号的相关研究，敬祈方家指正。

一 萌芽阶段（20 世纪上半期）

中国考古学起步较晚，20 世纪初，随着西方近代考古学的传入，中国考古学开始起步。瑞典学者安特生 1914 年受聘于北洋政府担任农商部矿政顾问，1923—1924 年，他在甘青地区开展考古工作，发现了一些刻齿骨板及彩陶符号，著录于 1925 年发表的《甘肃考古记》中。③ 1933 年，著名文字学家唐兰在《殷契佚存》序中指出，安特生《甘肃考古记》中著录的齿状骨板不是文

---

① 参阅沙宗元《文字学术语规范研究》，安徽大学出版社 2008 年版，第 114 页；语言学名词审定委员会《语言学名词》，商务印书馆 2011 年版，第 22 页。
② 英国学者丹尼尔在美国的一次关于美索不达米亚考古的研讨会上提出，"5000 人以上的城市"、"文字"、"大型礼仪性建筑"是文明的三要素。美国学者亨利·摩尔根认为，文明"始于表音字母的发明和文字的应用"。1977 年，日本学者贝塚茂树在《中国古代史学的发展》一书的补记里，举出"青铜器"、"宫殿基址"、"文字"三项文明要素。1983 年，夏鼐先生在日本作"中国文明的起源"公开演讲，提出"国家"、"城市"、"发明文字能够利用文字作记载"、"冶炼金属"是文明的标志。这些标志中以文字最为重要。参阅李学勤《中国古代文明十讲》，复旦大学出版社 2005 年版，第 27、34—36 页；夏鼐《中国文明的起源》，中华书局 2009 年版，第 80—82、96—106 页；黄德宽先生汉字理论课讲义。
③ 安特生（J. G. Andersson）著，乐森㻛译：《甘肃考古记》（Archaeological Research in kansu），《地质专报》甲种第 5 号，1925 年发行，文物出版社 2011 年版。

字,"其实契也";其著录的彩陶图案,如 ⊢⊣、⊗、⫯、◣乃"真文字,反谓图形"。"此陶器之时代,当在四千余年以前,则其文字古拙,较之商周,自当有殊,然其为同一本源。"① 这一观点,在两年后出版的《古文字学导论》中有较为详细的论述②。据^{14}C 测定,辛店文化距今 3400—2800 年,相当于商代晚期和西周早期。尽管唐先生把辛店文化的年代上推过早,而且辛店期彩陶图符与文字的关系尚有进一步探讨的必要,但他开启了以文字学视角研究彩陶符号的先河。后来,陈梦家先生在《殷墟卜辞综述》中指出,唐兰先生举出的辛店时期彩陶符号"混杂在不同幅的图象之中,成为组成此整幅图像的一部分","不是文字"③。

1930—1931 年,"中研院"历史语言研究所傅斯年、李济、董作宾、梁思永、吴金鼎、郭宝钧、刘屿霞等先生对山东章丘县龙山镇城子崖龙山文化遗址进行发掘,这是中国考古学家发掘的第一处史前遗址。在两万余片陶片中发现 88 片上"刻有记号",其中 3 片属于龙山文化,其余为两周文化。④ 1934 年,巴尔姆格伦(Nils Palmgren)在《半山及马厂随葬陶器》中著录了一些马家窑文化彩陶罐、壶,上面彩绘有符号,作者认为是"陶工的标记"⑤。1936—1937 年,施昕更等先生对浙江杭县良渚文化遗址进行了发掘,发现了 5 个刻画符号,作者称为"记号文字"⑥。1937 年,何天行先生在《杭县良渚镇之石器与黑陶》中公布了一件良渚文化陶器,系收购所得,上面刻有 8 个符号。他认为这些符号为初期象形文字,时代必早于甲骨及金文,当为古代越族文化的表现。⑦ 1940 年,吴金鼎先生主持对苍洱境内的马龙遗址进行了发掘,在新石器时代陶器上发现了 24 种刻画符号(原报告称为"记号"),均由

---

① 《殷契佚存》唐序,金陵大学中国文化研究所丛刊甲种,北京图书馆出版社影印本,1933 年刊行。
② 唐兰:《古文字学导论》,齐鲁书社 1981 年版,第 77—78 页。
③ 陈梦家:《殷虚卜辞综述》,中华书局 1988 年版,第 74—75 页。
④ "中研院"历史语言研究所:《城子崖》,1934 年,第 53—54 页。转引自李孝定《从几种史前及有史早期陶文的观察蠡测中国文字的起源》,《南洋大学学报》第三期,1969 年;又见李孝定《汉字的起源与演变论丛》,台湾联经出版事业股份有限公司 1986 年版,第 43—73 页。
⑤ [瑞]巴尔姆格伦(Nils Palmgren):《半山及马厂随葬陶器》,《中国古生物志》丁种第三号第一册,实业部地质调查所、国立北平研究院地质学研究所印行,1934 年。转引自陈昭容《从陶文探索汉字起源问题的总检讨》,"中研院"《历史语言研究所集刊》第五十七本第四分,1986 年。
⑥ 施昕更:《良渚(杭县第二区黑陶文化遗址初步报告)》,1938 年,第 24—25 页。
⑦ 何天行:《杭县良渚镇之石器与黑陶》,1937 年;又见西安半坡博物馆《史前研究》,三秦出版社 2000 年版,第 552—557 页。

"人字形和方格形两种基本因素组合而成"①。此外，在50年代的考古调查中，也有零星刻画符号发现。②

20世纪上半期，随着中国考古学的诞生和考古工作的初步开展，我国境内发现了一些刻画符号，主要集中于黄河流域。这些符号，立即引起了学者们的关注，他们从文字学、社会学等角度进行了初步研究，这一时期可以看作刻画符号研究的"萌芽阶段"。

二 发展阶段（20世纪60—80年代）

中华人民共和国成立后，中国考古学的各项工作开始逐步开展。1954—1957年，考古工作者对西安半坡遗址进行发掘，在饰有宽带纹或大的垂三角形纹的直口钵的外口缘发现113个刻画符号，属于仰韶文化。这批材料著录在1963年出版的《西安半坡》考古报告中。后来，在临潼姜寨③、铜川李家沟④、临潼零口、临潼原头⑤等地也发现了此类符号。半坡刻画符号年代较早，数量丰富，系科学发掘所获，是探讨社会形态、文字起源的重要材料，引起了国内外的广泛关注。60年代之前，中国文字起源研究一直以文献记载和神话传说为据。文字学著作中关于汉字起源的论述也大都辗转相引，观点相似。半坡刻画符号的发现，为汉字起源研究带来了新的契机，引起了学界的广泛讨论。报告整理者认为，这些符号可能是代表器物所有者或器物制造者的专门记号，是人们有意识刻画的，代表一定的意义，是当时人们对某种事物在意识形态上的反映。⑥ 郭沫若⑦、

---

① 吴金鼎、曾昭燏、王介忱：《云南苍洱境考古报告》，"国立中央"博物院筹备处印行，1942年，第15、35—36页。

② a. 石兴邦：《沣镐一带考古调查简报》，《考古通讯》1955年第1期。b. 黄河水库考古工作队：《黄河三门峡水库考古调查简报》，《考古通讯》1956年第5期。

③ 半坡博物馆等：《姜寨——新石器时代遗址发掘报告》，文物出版社1988年版，第141—144页。

④ 西安半坡博物馆：《铜川李家沟新石器时代遗址发掘报告》，《考古与文物》1984年第1期，第26—30页。

⑤ 王志俊：《关中地区仰韶文化刻划符号综述》，《考古与文物》1980年第3期，第15页。

⑥ 中国科学院考古研究所、陕西省西安半坡博物馆：《西安半坡》，文物出版社1963年版，第196—198页。

⑦ 郭沫若：《古代文字之辩证的发展》，《考古学报》1972年第1期，第2页。

于省吾[1]、李孝定[2]、陈炜湛[3]、王志俊[4]、陈全方[5]等先生认为半坡刻画符号属于文字的范畴；高明[6]、汪宁生[7]、严汝娴[8]等先生认为这些符号可能只是标记，不是文字甚至与文字无直接关系；裘锡圭先生[9]认为半坡刻符"不是文字。除了有少量符号（主要是记数符号）为汉字所吸收外，它们跟汉字的形成大概就没有什么直接关系了。还有学者用彝文和女书文字对半坡符号进行了释读，认为他们是彝文或女书文字的鼻祖。[10]

1974年出版的《大汶口》考古报告[11]，公布了大汶口墓地、陵阳河遗址出土的5个刻画符号。后来，在莒县杭头[12]、大朱家村[13]、蒙城尉迟寺[14]等遗址也发现了此类符号，王树明先生[15]对其进行了系统梳理

---

[1] 于省吾：《关于古文字研究的若干问题》，《文物》1973年第2期，第32—35页。

[2] 李孝定：《从几种史前及有史早期陶文的观察蠡测中国文字的起源》，《南洋大学学报》第3期，1969年，第1—28页；又见李孝定《汉字的起源与演变论丛》，台湾联经出版公司1986年版，第43—74页。

[3] 陈炜湛：《汉字起源试论》，《中山大学学报》1978年第1期，第72页。

[4] 王志俊：《关中地区仰韶文化刻划符号综述》，《考古与文物》1980年第3期，第19页。

[5] 陈全方：《周原出土陶文研究》，《文物》1985年第3期，第67页。

[6] a. 高明：《略谈古代陶器符号、陶器图像和陶器文字》，《学术集林》卷二，上海远东出版社1994年版；又见高明《高明论著集》，科学出版社2001年版，第229—242页。b. 高明：《论陶符兼谈汉字的起源》，《北京大学学报》1984年第6期，第47—59页。

[7] 汪宁生：《从原始记事到文字发明》，《考古学报》1981年第1期；又见汪宁生《民族考古学探索》，云南人民出版社2008年版，第27—82页。

[8] 严汝娴：《普米族的刻划符号——兼谈对仰韶文化刻划符号的看法》，《考古》1982年第3期，第312—315页。

[9] 裘锡圭：《汉字形成问题的初步探索》，《中国语文》1978年第3期；又见裘锡圭《裘锡圭学术文集》语言文字与古文献卷，复旦大学出版社2012年版，第25—39页。

[10] a. 李乔：《半坡刻划符号研究中的新发现》，《云南民族学院学报》1990年第3期，第44—47页。b. 李乔：《再次证明半坡陶文是古彝文始祖》，《楚雄师专学报》1992年第2期。c. 李荆林：《女书与史前陶文研究》，珠海出版社1995年版，第187页。

[11] 山东省文物管理处、济南市博物馆：《大汶口》，文物出版社1974年版，第73页。

[12] 山东省文物考古研究所、莒县博物馆：《莒县杭头遗址》，《考古》1991年第12期，第1057—1071页。

[13] 山东省文物考古研究所、莒县博物馆：《莒县大朱家村大汶口文化墓葬》，《考古学报》1991年第2期，第169—173页。

[14] 中国社会科学院考古研究所：《蒙城尉迟寺》，科学出版社2001年版，第117—119、255页。

[15] 王树明：《谈陵阳河与大朱村出土的陶尊"文字"》，《山东史前文化论文集》，齐鲁书社1985年版，第249—308页。

研究，创建颇多。大汶口文化的刻画符号形体更为复杂，出现了复合符号及繁简并存现象，似乎与文字的关系更为密切，和半坡刻符显然不同。于省吾[①]、唐兰[②]、李孝定[③]等先生认为他们是文字并对其进行了释读；汪宁生[④]等先生持相反意见。1984年《青海柳湾》考古报告出版，首次公布了发掘出土的大量彩陶刻画符号。[⑤]后来尚民杰先生在整理柳湾文物库房过程中，又发现45种彩陶符号，认为柳湾彩陶符号是在彩陶器大规模制造的情况下，制陶业内部不同劳动分工的产物，是"制陶工匠们留下的一种不定型的、表示一种临时意义的特殊标记"[⑥]。

此外，在上海马桥遗址[⑦]、上海青浦崧泽遗址[⑧]、山东滕县北辛遗址[⑨]、江苏吴县澄湖古井遗址[⑩]、陕西宝鸡北首岭[⑪]、陕西商县紫荆[⑫]、甘肃镇原常

[①] 于省吾：《关于古文字研究的若干问题》，《文物》1973年第2期，第32页。

[②] a. 唐兰：《关于江西吴城文化遗址与文字的初步探索》，《文物》1975年第7期，第72—73页。b. 唐兰：《从大汶口文化的陶器文字看我国最早文化的年代》，《光明日报》1977年7月14日；又见《大汶口文化讨论文集》，齐鲁书社1981年版，第80—81页。

[③] 李孝定：《再论史前陶文和汉字起源问题》，"中研院"《历史语言研究所集刊》第50本第3分，1979年；又见李孝定《汉字的起源与演变论丛》，台湾联经出版公司1986年版，第185—227页。

[④] 汪宁生：《从原始记事到文字发明》，《考古学报》1981年第1期；又见汪宁生《民族考古学探索》，云南人民出版社2008年版，第27—82页。

[⑤] 青海省文物管理处考古队、中国社会科学院考古研究所：《青海柳湾》，文物出版社1984年版，第165—169页。

[⑥] 尚民杰：《柳湾彩陶符号试析》，《考古与文物》1990年第3期，第29—34页。

[⑦] a. 上海市文物保管委员会：《上海马桥遗址第一、二次发掘》，《考古学报》1978年第1期，第109—136页。b. 张明华、王惠菊：《太湖地区新石器时代的陶文》，《考古》1990年第10期，第904页。

[⑧] a. 上海市文物保管委员会：《崧泽》，文物出版社1987年版，第1—3、87页。b. 上海市文物保管委员会：《上海市青浦县崧泽遗址的试掘》，《考古学报》1962年第2期。c. 黄宣佩、张明华：《青浦县崧泽遗址第二次发掘》，《考古学报》1980年第1期。

[⑨] 中国社科院考古研究所山东队、山东省滕县博物馆：《山东滕县北辛遗址发掘报告》，《考古学报》1984年第2期，第159—190页。

[⑩] a. 南京博物院、吴县文管会：《江苏吴县澄湖古井群的发掘》，《文物资料丛刊》第9辑，1985年，第1—22页。b. 张明华、王惠菊：《太湖地区新石器时代的陶文》，《考古》1990年第10期，第904页。

[⑪] 中国社会科学院考古研究所：《宝鸡北首岭》，文物出版社1983年版，第1、48—52页。

[⑫] a. 王宜涛：《商县紫荆遗址发现二里头文化陶文》，《考古与文物》1983年第4期。b. 商县博物馆、西安半坡博物馆、商洛地区图书馆：《陕西商县紫荆遗址发掘简报》，《考古与文物》1981年第3期。

山[1]、陕西秦安王家阴洼[2]、陕西绥德小官道[3]、河南淅川下王岗[4]、宜昌杨家湾[5]、河北藁城台西[6]、河北磁县下七垣[7]、河南郑州南关外[8]、江西清江吴城[9]等地也发现了刻画符号。

  这一阶段，中国考古学发展迅速，考古学人配合国家基本建设积极开展考古勘探与发掘，将科学技术应用到考古学中，立足中国实际建立考古学理论体系，初步开展古代文明起源的相关探索，有力推动了刻画符号的相关研究。刻画符号的发现地从黄河流域逐步扩展到长江流域及南方地区。刻画符号的研究逐步深入，吸引考古学、语言文字学等领域专家的参与，研究范围扩大。一些学者已注意到刻画符号的地域及时代特点，对特定区域文化的刻画符号进行探究。如王志俊先生[10]对关中地区仰韶文化的刻画符号进行了统计分析和考释。王树明先生[11]对大汶口文化的刻画符号进行了研究释读。有的学者对已发现的几批重要刻画符号作历史性考察，进而判定刻画符号的性质，如高明[12]、李孝定[13]、裘锡圭[14]等先生。还有学

---

[1] 参阅中国社会科学院考古研究所泾渭工作队《陇东镇原常山遗址发掘简报》，《考古》1981年第3期，第208—210页。

[2] 甘肃省博物馆大地湾发掘小组：《甘肃秦安王家阴洼仰韶文化遗址的发掘》，《考古与文物》1984年第2期，第1—17页。

[3] 陕西省考古研究所陕北考古队：《陕西绥德小官道龙山文化遗址的发掘》，《考古与文物》1983年第5期。

[4] 河南省文物研究所、长江流域规划办公室考古队河南分队：《淅川下王岗》，文物出版社1989年版，第280、283页。

[5] a. 宜昌地区博物馆：《宜昌杨家湾新石器时代遗址》，《江汉考古》1984年第4期，第27—37页。b. 余秀翠：《宜昌杨家湾在新石器时代陶器上发现刻划符号》，《考古》1987年第8期，第763—764、733页。

[6] 河北省文物研究所：《藁城台西商代遗址》，文物出版社1985年版，第90—98、11—14页。

[7] 河北省文物管理处：《磁县下七垣遗址发掘报告》，《考古学报》1979年第2期，第185—214页。

[8] 河南省博物馆：《郑州南关外商代遗址的发掘》，《考古学报》1973年第1期，第65—91页。

[9] 唐兰：《关于江西吴城文化遗址与文字的初步探索》，《文物》1975年第7期。

[10] 王志俊：《关中地区仰韶文化刻划符号综述》，《考古与文物》1980年第3期，第19页。

[11] 王树明：《谈陵阳河与大朱村出土的陶尊"文字"》，《山东史前文化论文集》，齐鲁书社1985年版，第249—308页。

[12] 高明：《论陶符兼谈汉字的起源》，《北京大学学报》1984年第6期，第52页。

[13] 李孝定：《从几种史前及有史早期陶文的观察蠡测中国文字的起源》，《南洋大学学报》第3期，1969年；又见李孝定《汉字的起源与演变论丛》，台湾联经出版公司1986年版，第43—74页。

[14] 裘锡圭：《究竟是不是文字——谈谈我国新石器时代使用的符号》，《文物天地》1993年第2期。

者利用已发现的刻画符号对中国文字起源及形成问题进行探讨，如李孝定①、裘锡圭②、杨建芳③、张光裕④、陈昭容⑤等先生。

三　深化阶段（20世纪90年代至今）

90年代以来，中国考古学以地层学、类型学为基本方法，进一步吸收先进的考古学方法、理论，广泛利用现代自然科学技术，大规模地开展聚落考古、城址考古、祭祀遗址群考古等工作。"夏商周断代工程"、"中华文明探源工程"等文化工程的实施，有力地推动了中国古代文明的研究。考古学及古代文明研究的丰硕成果，为刻画符号研究的深化奠定了坚实基础。

1983—1987年，考古工作者对河南舞阳贾湖遗址进行发掘，在出土遗物中发现17个刻画符号，分别刻画于龟甲、骨、石器、陶器上，距今8000多年。报告整理者张居中先生将符号分为三类：具有原始文字性质类、记号类、数字类。⑥贾湖遗址刻于龟甲上的符号，因契刻手法、载体等与甲骨文相似，且年代久远，成为学者们关注的焦点。饶宗颐先生指出："一个分明是目字，一个是日字，另一个有点像举手人形……这三个字，都与殷代甲骨文形构非常接近。"⑦唐建先生认为，贾湖刻符"应被断定为文字，至少应被断定为文字前书写系统，并与后来的文字系统的发

---

① a. 李孝定：《从几种史前及有史早期陶文的观察蠡测中国文字的起源》，《南洋大学学报》第3期，1969年；又见李孝定《汉字的起源与演变论丛》，台湾联经出版公司1986年版，第43—74页。b. 李孝定：《再论史前陶文和汉字起源问题》，"中研院"《历史语言研究所集刊》第50本第3分，1979年；又见李孝定《汉字的起源与演变论丛》，台湾联经出版公司1986年版，第185—228页。c. 李孝定：《符号与文字——三论史前陶文和汉字起源问题》第二届国际汉学会议研讨会论文集；又见李孝定《汉字的起源与演变论丛》，台湾联经出版公司1986年版，第267—280页。

② 裘锡圭：《汉字形成问题的初步探索》，《中国语文》1978年第3期；又见裘锡圭《裘锡圭学术文集》第4卷，复旦大学出版社2012年版，第25—39页。

③ 杨建芳：《汉字起源二元说》，《中国语文研究》1981年第3期。

④ 张光裕：《从新出土的材料重新探讨中国文字的起源及其相关的问题》，香港中文大学《中国文化研究所学报》第12卷，1981年。后来，结合新发现的材料，张先生又提出了新的观点。参见《中国文字起源的省思》，《雪斋学术论文二集》，艺文印书馆2004年版。

⑤ 陈昭容：《从陶文探索汉字起源问题的总检讨》，"中研院"《历史语言研究所集刊》第五十七本第四分，1986年。

⑥ 河南省文物考古研究所：《舞阳贾湖》，科学出版社1999年版，第984—991页。

⑦ 饶宗颐：《符号、初文与字母》，上海书店出版社2000年版，第24—25页。

展直接有关",是商代甲骨文的直接历史来源,中国文字是由契刻发展而来。① 另外,蔡运章②、刘志一③、冯凭④等先生也对贾湖刻符进行了探讨。

1986—1992年,安徽省文物考古研究所对蚌埠双墩遗址进行了发掘,出土600余件刻画符号,著录于2008年出版的《蚌埠双墩》报告中,以双墩遗存为代表的考古学文化被命名为"双墩文化"⑤。双墩文化刻画符号在安徽定远侯家寨遗址也有发现。⑥《蚌埠双墩》报告对600余件刻画符号进行了细致分类和研究,整理者是徐大立先生。徐先生是双墩刻画符号的主要发现者和整理者,他的相关研究成果主要有:《蚌埠双墩新石器遗址陶器刻划初论》、《试析双墩遗址植物类刻划符号》、《蚌埠双墩遗址"❏"形刻划符号释义》、《从蚌埠双墩遗址的巢居刻划谈起》、《双墩遗址地面房屋建筑刻划符号解析》等。⑦

此外,葛英会先生从文字学角度对双墩刻画符号进行了考察和部分释读。⑧ 黄德宽师从双墩遗址的出土遗物入手结合淮河流域的地域文化运用内证法对部分双墩几何形符号进行了释读。⑨ 安徽蚌埠春秋钟离君柏墓墓葬形制及埋葬方式透露着丰富独特的地域文化信息,冯时先生对其进行了精彩解读,并运用追溯法对双墩相关新石器时代刻画符号进行了释读。有趣的

---

① 唐建:《贾湖遗址新石器时代甲骨契刻符号的重大考古理论意义》,《复旦学报》1992年第3期,第94—103页。
② 蔡运章、张居中:《中华文明的曙光——论舞阳贾湖发现的卦象文字》,《中原文物》2003年第3期,第17—22页。
③ 刘志一:《贾湖龟甲刻符考释及其他》,《中原文物》2003年第2期,第10—13页。
④ 冯凭、吴长旗:《舞阳龟甲刻符初探》,《中原文物》2009年第3期,第51—56页。
⑤ 安徽省文物研究所、蚌埠市博物馆:《蚌埠双墩——新石器时代遗址发掘报告》,科学出版社2008年版。
⑥ 阚绪杭:《定远县侯家寨新石器时代遗址发掘简报》,《文物研究》第五辑,黄山书社1989年版。
⑦ a. 徐大立:《蚌埠双墩新石器遗址陶器刻划初论》,《文物研究》第五辑,黄山书社1989年版,第246—258页。b. 徐大立:《试析双墩遗址植物类刻划符号》,《东南文化》2006年第6期,第69—70页。c. 徐大立:《蚌埠双墩遗址"❏"形刻划符号释义》,《东南文化》2007年第6期。d. 徐大立:《从蚌埠双墩遗址的巢居刻划谈起》,《学术界》2004年增刊。e. 徐大立:《双墩遗址地面房屋建筑刻划符号解析》,未刊稿。
⑧ 拱玉书、颜海英、葛英会:《苏美尔、埃及及中国古文字比较研究》,科学出版社2009年版,第127—128页。
⑨ 黄德宽:《蚌埠双墩遗址几何类刻划符号试释》,《东南文化》2012年第3期。

是，冯先生与黄德宽师所用方法不同，得出的结论却惊人的一致。[①] 双墩刻画符号有单体符号和组合符号，黄亚平、孙莹莹先生从符号构成方式角度对双墩刻画符号进行了分析，认为像双墩刻画符号这样的"前文字"对成熟文字的影响主要在构造原理上。[②] 王蕴智先生对双墩刻画符号的载体、构形等进行了研究，认为它应该是一种地域性的具有特定表意功能的符号系统，从某种意义上说也可以把它看成是一种地域性的原始文字。[③] "蚌埠双墩遗址暨双墩文化学术研讨会"（2005）与"双墩遗址刻画符号暨古代文明起源国际学术研讨会"（2009）的召开为双墩刻画符号的深入研究提供了平台。与会学者各抒己见、深入交流，对一些问题形成了一致看法。[④]

考古发现的刻画符号多以单个为主，即"一器一符"，没有语境，难解其意。随着发掘工作的进行，"一器多符"的陶器也时有发现。江苏吴县澄湖古井群遗址中发现一件黑陶鱼篓形罐，腹部并列刻划4个符号。[⑤] 张明华[⑥]、李学勤[⑦]、董楚平[⑧]、杨振彬[⑨]等先生对其进行了深入研究。浙江余杭南湖发现一件黑陶罐，肩至上腹部按顺时针方向连续刻出8个符号[⑩]，李学勤先生释读为："朱旍去到石地，在石的境界网捕老虎。"[⑪] 江苏扬州龙虬庄遗址发现一片泥质磨光黑陶盆口沿残片，表面乌黑发亮，胎

[①] 冯时：《上古宇宙观的考古学研究——安徽蚌埠双墩春秋钟离君柏墓解读》，"中研院"《历史语言研究所集刊》第八十二本第三分，2011年，第399—492页。

[②] 黄亚平、孙莹莹：《双墩符号的构成方式以及对文字形成的影响》，《中国海洋大学学报》（社会科学版）2011年第1期。

[③] 王蕴智：《双墩符号的文化特征及其性质》，《中国海洋大学学报》（社会科学版）2011年第5期。

[④] 黄德宽：《"蚌埠双墩遗址刻画符号暨早期文明起源国际学术研讨会"会议综述》，《中国文字学报》第三辑，商务印书馆2010年版，第1—9页。

[⑤] a. 南京博物院、吴县文管会：《江苏吴县澄湖古井群的发掘》，《文物资料丛刊》第9辑，1985年，第1—22页。b. 张明华、王惠菊：《太湖地区新石器时代的陶文》，《考古》1990年第10期，第904页。

[⑥] 张明华、王惠菊：《太湖地区新石器时代的陶文》，《考古》1990年第10期。

[⑦] 李学勤：《良渚文化的多字陶文》，《吴地文化一万年》，中华书局1994年版，第7—9页；

[⑧] 董楚平：《"方钺会矢"——良渚文字释读之一》，《东南文化》2001年第3期。

[⑨] 杨振彬：《长江下游史前刻划符号》，《东南文化》2001年第3期。

[⑩] 余杭县文管会：《余杭县出土的良渚文化和马桥文化的陶器刻划符号》，《东南文化》1991年第5期。

[⑪] 李学勤：《试论余杭南湖良渚文化黑陶罐的刻划符号》，《浙江学刊》1992年第4期。

亦呈黑色，烧成火候较高，陶片内壁有 8 个刻画符号。① 饶宗颐②、周晓陆③、王晖④、刘志一⑤等先生有精彩的释读。山西襄汾陶寺遗址发现了一件陶扁壶，扁壶的正面（鼓腹一侧）和背面（平腹一侧）各朱书一个符号。扁壶上的符号学者一般都认为是文字，与甲骨文、金文同属汉字体系。正面之字可确定为"文"字。背面文字，意见不一。罗琨⑥、何驽⑦、王晖⑧、冯时⑨等先生，认为扁壶背面符号应为一字；李学勤⑩、蔡运章⑪等先生认为应看作二个或三个字。1991—1992 年，山东大学历史系考古实习队对山东邹平丁公遗址进行了第四、第五次发掘，在探沟 50 的 H1235 之中发现一件刻有多个符号的龙山文化陶片（H1235∶2）⑫《考古》杂志社还组织了专家笔谈。⑬ 学者们一般认为丁公陶文是山东龙山文化时期的文字，11 个文字之间不是孤立的，应自上而下、自右而左顺序而读。但对这些文字的认识不同，大致有三种观点：（1）丁公陶文与甲骨文是同一系统的

---

① 龙虬庄遗址考古队：《龙虬庄——江淮东部新石器遗址发掘报告》，科学出版社 1999 年版，第 204 页。

② 饶宗颐：《谈高邮龙虬庄陶片的刻划图文》，《东南文化》1996 年第 4 期；又见饶宗颐《饶宗颐二十世纪学术文集》，中国人民大学出版社 2009 年版，第 104—106 页。

③ 周晓陆：《生命的颂歌——关于释读龙虬庄陶文的一封信》，《东南文化》1998 年第 1 期。

④ 王晖：《中国文字起源时代研究》，《陕西师范大学学报》2011 年第 5 期。

⑤ 刘志一：《龙虬庄陶文破译》，《东南文化》1998 年第 1 期。

⑥ 罗琨：《陶寺陶文考释》，《中国社会科学院古代文明研究中心通讯》第 2 期，2001 年；又见谢希恭主编《襄汾陶寺遗址研究》，科学出版社 2007 年版，第 624—629 页。

⑦ 何驽：《陶寺遗址扁壶朱书"文字"新探》，《中国文物报》2003 年 11 月 28 日；又见谢希恭主编《襄汾陶寺遗址研究》，科学出版社 2007 年版，第 633—636 页。

⑧ 王晖：《从战国楚简文字看陶寺遗址陶文"尧"字的释读问题》，《纪念徐中舒先生诞辰 110 周年国际学术研讨会论文集》，巴蜀书社 2010 年版，第 232—237 页。

⑨ 冯时：《"文邑"考》，《考古学报》2008 年第 3 期，第 273—287 页。

⑩ 李学勤：《中国文字与书法的孪生》，《中国书法》2002 年第 11 期；又见《中国古代文明研究》，华东师范大学出版社 2003 年版，第 511—515 页。

⑪ 蔡运章：《远古刻画符号与中国文字的起源》，《中原文物》2001 年第 4 期，第 33 页。

⑫ a. 山东大学历史系考古专业：《山东邹平丁公遗址第四、五次发掘简报》，《考古》1993 年第 4 期，第 295—299 页。b. 山东大学历史系考古专业、邹平县文化局：《山东邹平丁公遗址试掘简报》，《考古》1989 年第 5 期，第 391—398 页。

⑬ 王恩田、田昌五、刘敦愿、严文明、李学勤、张学海、张忠培、陈公柔、邵望平、郑笑梅、俞伟超、高明、栾丰实、黄景略、裘锡圭、蔡凤书等：《专家笔谈丁公遗址出土陶文》，《考古》1993 年第 4 期。

文字;① (2) 丁公陶文是另一系统的文字;② (3) 丁公陶文是被淘汰的古文字。③ 此外,也有学者对丁公陶文的真实性提出异议。④

这一时期发现刻画符号的重要遗址还有:内蒙古赤峰三座店遗址、⑤ 黑龙江肇源县小拉哈遗址和白金宝遗址⑥、甘肃庄浪徐家碾遗址⑦、周口郸城县段寨遗址⑧、河南南阳八里桥遗址⑨、湖北秭归柳林溪遗址⑩、湖北宜昌杨家湾遗址⑪、湖北宜昌中堡岛遗址⑫、湖北宜昌路家河遗址⑬、湖北荆州阴湘城遗⑭、湖北天门肖家屋脊遗址⑮、湖北天门邓家湾遗址⑯、湖北房县七里河遗

---

① a. 李学勤:《邹平丁公陶文试探》,《国际汉学》第二辑,大象出版社1998年版,第3—11页。b. [日] 松丸道雄:《发现中国最古老的文字——记山东出土的"刻字"陶片》,蔡哲茂译,《故宫文物月刊》11,1995年,第102—109页。c. 冯良珍:《日本部分学者关于丁公陶文的见解》,《语文建设》1993年第9期,第19页。

② 冯时:《山东丁公龙山时代文字解读》,《考古》1994年第1期。

③ 徐基:《龙山文化丁公陶书简论》,《东南文化》1994年第3期。

④ 曹定云:《山东邹平丁公遗址"龙山陶文"辨伪》,《中原文物》1996年第2期。

⑤ a. 郭治中、黄莉:《内蒙古赤峰发现一处保存完整的夏家店下层文化山城遗址》,《中国文物报》2005年12月16日第1版。b. 郭治中、胡从柏:《内蒙古赤峰三座店夏家店下层文化石城》,《2006中国重要考古发现》,文物出版社2007年版,第45—49页。

⑥ a. 黑龙江省文物考古研究所、吉林大学考古系:《肇源白金宝——嫩江下游一处青铜时代遗址的揭示》,科学出版社2009年版,第1—3、21、31、206—207页。b. 黑龙江省文物考古研究所,吉林大学考古系:《黑龙江肇源县小拉哈遗址发掘简报》,《考古学报》1998年第1期。

⑦ 中国社会科学院考古研究所:《徐家碾寺洼文化墓地——1980年甘肃庄浪徐家碾考古发掘报告》,科学出版社2006年版,第115—119、166页。

⑧ 周建山、杜红磊:《郸城发现大汶口文化晚期刻符陶片》,《中原文物》2010年第3期。

⑨ 北京大学考古学系、南阳市文物研究所、方城县博物馆:《河南方城县八里桥遗址1994年春发掘简报》,《考古》1999年第12期。

⑩ a. 国务院三峡工程建设委员会办公室、国家文物局:《秭归柳林溪》,科学出版社2003年版,第116—119页。b. 周国平:《柳林溪遗址出土的刻划符号及初步研究》,《2003三峡文物保护与考古学研究学术研讨会论文集》,科学出版社2003年版,第118页。

⑪ a. 余秀翠:《宜昌杨家湾在新石器时代陶器上发现刻划符号》,《考古》1987年第8期,第763—764、733页。b. 余秀翠:《宜昌杨家湾遗址的彩陶和陶文介绍》,《三峡考古之发现》,湖北科学技术出版社1998年版,第180—183页。

⑫ 国家文物局三峡考古队:《朝天嘴与中堡岛》,文物出版社2001年版,第166、284—285页。

⑬ 长江水利委员会:《宜昌路家河——长江三峡考古发掘报告》,科学出版社2002年版,第6、122页。

⑭ 贾汉清:《论江汉地区二例相关的史前陶文》,《江汉考古》2003年第2期,第31—36页。

⑮ 湖北省荆州博物馆、湖北省文物考古研究所、北京大学考古学系:《肖家屋脊》,文物出版社1999年版,第1—6、218—225、348页。

⑯ 湖北省文物考古研究所、北京大学考古系、湖北省荆州博物馆:《邓家湾》,文物出版社2003年版,第1—4、233—236页。

址①、湖北随州金鸡岭遗址②、四川崇州宝墩遗址③、上海青浦福泉山遗址④、浙江桐乡新地里遗址⑤、杭州萧山跨湖桥遗址⑥、江西清江吴城遗址⑦、上海马桥遗址⑧等。相关研究成果主要有：《浙江跨湖桥遗址所出刻划符号试析》⑨、《跨湖桥契刻考释》⑩、《跨湖桥遗址所出刻画符号补释》⑪ 等。

刻画符号的不断发现和陆续公布，为研究提供了丰富的材料。然因散见于考古简报和发掘报告中，不利于进一步的研究。一些学者对其进行了收集整理，主要有王蕴智先生的《远古符号综类摹萃》⑫、黄德宽师《汉字的形成》⑬、谢端琚、瓯燕《黄河上游史前陶器符号与图像研究》⑭、杨振彬《长江下游史前刻划符号》⑮、孙莹莹《试论新石器时代陶器符号的前文字属性》⑯、谢亮《建国以来出土刻划符号综论》⑰ 等。袁广阔、马保春、宋国定先生合著的《河南早期刻画符号研究》是区域刻画符号研究的一部力作，收集了河南出土新石器时代至商代早期的刻画符号，探讨

---

① 湖北省文物考古研究所：《房县七里河》，文物出版社2008年版，第1—2、301页。

② 湖北省文物考古研究所、随州市博物馆：《随州金鸡岭》，科学出版社2011年版，第209—267页。

③ 成都市文物考古工作队：《四川崇州市双河史前城址试掘简报》，《考古》2002年第11期。

④ 上海市文物管理委员会：《福泉山——新石器时代遗址发掘报告》，文物出版社2000年版，第1—4、125页。

⑤ 浙江省文物考古研究所、桐乡市文物管理委员会：《新地里》，文物出版社2006年版，第375—572页。

⑥ 浙江省文物考古研究所、萧山博物馆：《跨湖桥》，文物出版社2004年版，第2—9、110、187、196页。

⑦ 江西省文物考古研究所、樟树市博物馆：《吴城——1973—2002年考古发掘报告》，科学出版社2005年版，第375—390页。

⑧ 上海市文物管理委员会：《马桥1993—1997年发掘报告》，上海书画出版社2002年版，第240—252页。

⑨ 王长丰、张居中、蒋乐平：《浙江跨湖桥遗址所出刻划符号试析》，《东南文化》2008年第1期，第26—29页。

⑩ 柴焕波：《跨湖桥契刻考释》，《湖南考古辑刊》第8集，岳麓书社2009年版，第156—159页。

⑪ 牛清波：《跨湖桥遗址所出刻画符号补释》，《中原文物》2013年第1期。

⑫ 王蕴智：《远古陶器符号综类摹萃》，《中原文物》2003年第6期。

⑬ 黄德宽先生汉字理论课讲义。

⑭ 谢端琚、瓯燕：《黄河上游史前陶器符号与图像研究》，《考古学集刊》第16辑，科学出版社2006年版，第89—123页。

⑮ 杨振彬：《长江下游史前刻划符号》，《东南文化》2001年第3期。

⑯ 孙莹莹：《试论新石器时代陶器符号的前文字属性》，中国海洋大学硕士学位论文，2011年。

⑰ 谢亮：《建国以来出土刻划符号综论》，安徽大学硕士学位论文，2011年。

了刻画符号的定名、分类及其与汉字起源的关系等问题。① 良渚文化玉器发达,上面也刻画了一些符号,邓淑苹先生对其进行了梳理研究。②

刻画符号数量的丰富、古代文明研究的深入③、民族学、人类学、考古学、比较文字学等学科的介入,使得刻画符号的研究视野更为广阔,研究方法更加科学多样。高明④、裘锡圭⑤等先生相关学术观点的改变,反映了刻画符号研究的深化。饶宗颐先生,从世界观点出发,把我国境内的刻画符号与闪族字母、苏美尔线性文字对比,对19组刻画符号进行了解释。且提出建立"史前文字学"的远见,"其研究方法及着眼点,不尽与古文字学的一般研究方法相同",贡献了此领域的第一本学术专著《符号·初文与字母——汉字树》。⑥ 林巳奈夫先生《良渚文化和大汶口文化中的图形记号》一文⑦把良渚文化和大汶口文化中的符号进行了比较研究。拱玉书、颜海英、葛英会先生所著《苏美尔、埃及及中国古文字比较研究》,把我国史前的刻画符号与苏美尔、埃及的刻画符号进行了比较研究,探讨了陶器符号的性质及其在文字起源中的作用。⑧ 李学勤先生

---

① 袁广阔、马保春、宋国定:《河南早期刻画符号研究》,科学出版社2012年版。
② 邓淑苹:《中国新石器时代玉器上的神秘符号》,《故宫学术季刊》第10卷第3期,1993年。
③ 陈星灿:《从一元到多元:中国文明起源研究的心路历程》,《中原文物》2002年第2期;又见陈星灿《中国文明起源研究的过去和现在》,2012年12月4日陈先生在安徽大学所作的学术报告。
④ 高明:《论陶符兼谈汉字的起源》,《北京大学学报》1984年第6期,第52页;又见高明《高明论著集》,科学出版社2001年版,第1—16页。原文收入论文集时,作者的观点已发生变化,删去了有关大汶口符号的论述。新的看法,见高明《略谈古代陶器符号、陶器图像和陶器文字》,《学术集林》卷二,上海远东出版社1994年版;又见《高明论著集》,科学出版社2001年版,第229—242页。
⑤ 裘先生认为大汶口文化的陶器符号跟古汉字相似的程度很高,似乎存在着一脉相承的关系,它们"应该已经不是非文字的图形,而是原始文字了"。裘锡圭:《汉字形成问题的初步探索》,《中国语文》1978年第3期。又见裘锡圭《古代文史研究新探》,江苏古籍出版社1992年版,第257页。后来,裘先生又否定此说,认为把大汶口符号看作原始文字根据不足,把它们看作古汉字的前身更为妥当。裘锡圭:《文字学概要》,台湾万卷楼出版公司1995年版,第36页;裘锡圭:《究竟是不是文字——谈谈我国新石器时代使用的符号》,《文物天地》1993年第2期。
⑥ 饶宗颐:《符号·初文与字母——汉字树》,上海书店出版社2000年版,第6页。
⑦ [日]林巳奈夫:《良渚文化和大汶口文化中图像符号》,《东南文化》1991年第3、4期。
⑧ 拱玉书、颜海英、葛英会:《苏美尔、埃及及中国古文字比较研究》,科学出版社2009年版,第40—190页。

《安诺石印的启发》一文①，把中亚安诺遗址（公元前2200—1700年）发现的一枚石印上的文字与姜寨彩陶上的刻画符号进行了比较，二者十分相似，而石印上的符号能够连缀起来，具有文字的功用，这对如何看待中国的陶器符号产生了很大启发。李维明先生从考古学文化入手，运用定量分析法开启了刻画符号的微观研究，取得了重要的研究成果。② 雒有仓③、马锦卫④等先生还分别从青铜器族徽文字、彝族文字等视角对刻画符号进行了部分探讨。

刻画符号研究的深入推动了汉字起源与形成等相关研究的进展，王蕴智⑤、蔡运章⑥、黄德宽⑦、王震中⑧、赵慧⑨、王晖⑩等先生利用出土的刻画符号对汉字起源问题有精彩探讨。来国龙先生从世界文字起源研究视角审视当前汉字起源的研究方法，颇具启发意义。⑪ 何崝先生所著《中国文字起源研究》，汇集了新石器时代及三代的文字符号，对文字生成机制有独到论述，并对夏代文字、商周文字及南方文字问题进行了探讨。⑫ 此外，一些学者还利用刻画符号来窥探远古先民的生活方式，如徐大立先生⑬的《从蚌埠双墩遗址的巢居刻划谈起》、《双墩遗址地面房屋建筑刻划符号解析》，王宁远先生的《仙坛庙干栏式建筑图案试析》、《遥远的村居——良渚文化的聚落和居住形

---

① 李学勤：《安诺石印的启发》，《中国书法》2001年第10期；又见李学勤《中国古代文明研究》，华东师范大学出版社2009年版，第482—486页。
② a. 李维明：《郑州商文化陶字符量化分析》，《南方文物》2012年第3期，第38—44页。b. 李维明：《二里头文化陶字符量化分析》，《考古与文物》2012年第6期，第50—56页。
③ 雒有仓：《商周青铜器族徽文字综合研究》，陕西师范大学博士论文，2007年。
④ 马锦卫：《彝文起源及其发展考论》，西南大学博士论文，2010年。
⑤ 王蕴智：《史前陶器符号的发现于汉字起源的探索》，《华夏考古》1994年第3期。
⑥ 蔡运章：《远古刻画符号与中国文字的起源》，《中原文物》2001年第4期。
⑦ 黄德宽先生《汉字理论课讲义》，第三讲——汉字的形成。
⑧ 王震中：《从符号到文字——关于中国文字起源的探讨》，《考古文物研究》，三秦出版社1996年版；又见王震中《中国古代文明的探索》，云南人民出版社2005年版，第50—102页；又见王震中《中国文明起源的比较研究》，中国社会科学出版社2013年版，第223—270页。
⑨ 赵慧：《对近二十年来关于汉字起源问题讨论的思考》，河北大学硕士学位论文，2008年。
⑩ 王晖：《中国文字起源时代研究》，《陕西师范大学学报》2011年第5期。
⑪ 来国龙：《文字起源研究中的"语言学眼光"和汉字起源的考古学研究》，《考古学研究》（六），科学出版社2006年版，第53—78页。
⑫ 何崝：《中国文字起源》，巴蜀书社2011年版。
⑬ 徐大立：《从蚌埠双墩遗址的巢居刻划谈起》，《学术界》2004年增刊；又见徐大立《双墩遗址地面房屋建筑刻划符号解析》，未刊稿。

态》。① 还有的学者注意到刻画符号对判定考古学文化具有重要价值。②

四 存在的问题及研究展望

综上所述，我们欣喜地看到，百年来，刻画符号的发现范围不断扩大，从山东到关中，从黄河流域到长江流域、辽河流域进而扩展到淮河汉水流域及南方地区。尽管中国考古学起步较晚，但一代代学人的不懈努力使中国考古学事业取得了快速发展，中国考古学在借鉴世界先进考古理念的同时结合自身实际建立了科学的理论体系，为刻画符号研究奠定了坚实的基础。更为幸运的是，中国刻画符号一经发现即引起了考古学家、文字学家的高度关注，可以说中国刻画符号的发现与研究是同步进行的。百年来，我国刻画符号的研究取得了丰硕成果，但仍然存在着诸多问题，也还有很大的开拓空间。概而言之，主要有以下几个方面：

（1）"刻画符号"、"刻划符号"等相关名称有待界定和规范。目前，各家所用术语不一，即便名称一致，内涵也不尽相同。"正名"是相关研究顺利进行的前提。

（2）刻画符号的整理工作有待进一步加强。材料是一切研究的基石，材料的丰富与否直接关系着研究结论的可信度。目前，国内发现的刻画符号较为丰富，然多散见于考古简报及报告中，全面系统的收集整理工作亟待开展。此外，有些符号尚未完全公布，不利于进一步研究。

已有的整理多关注符号形态、刻划方式、载体等信息，对刻画符号的出土环境（刻符器物的位置、与墓主的关系（就墓葬而言）、伴随的相关出土物等）关注不够，甚至忽略。然而，出土环境等信息恰是推进刻画符号研究深入的关键因素。③

（3）刻画符号释读的科学、规范性水平有待提高。目前已发现的刻

---

① 王依依、王宁远：《仙坛庙干栏式建筑图案试析》，《东方博物》第十六辑，2005年。
② 李维明：《二里头文化陶字符量化分析》，《考古与文物》2012年第6期。李先生在文中指出："二里头文化演进过程中，存在一些因素变化现象……观察二里头文化陶字符演进过程，可以看出一些重要的分界现象。"
③ 关于考古材料的收集整理，陈星灿先生指出，要"调整和提高考古材料收集的目标（不能只关注大遗址和墓葬）和质量（收集对了解社会经济有益的方方面面的资料）"，不然，"许多量化研究单靠目前粗放的发表资料是难以完成的"。参见陈星灿《何以中原？》，《读书》2005年第5期，第36页。

画符号，有些象形性较强，"视而可识"，有些却颇为抽象。大家仁者见仁智者见智，各抒己见，这无疑推动了刻画符号的研究。然细细审查，不难发现有些释读，过于臆测，甚至失之于荒谬。刻画符号的释读线索虽然有限，但并非无迹可寻。从符号本身出发，考察相关符号及其文化背景，利用区域文化的传承性特点，借鉴民族学、人类学、社会学等相关学科的研究成果进行立体考察分析，所得结论似乎更接近事实的真相。

（4）刻画符号背后的文化内涵、符号的传播流变及与相关考古学文化关系的揭示有待展开，相关研究待进一步拓展。刻画符号是先民智慧的结晶，是探究远古社会的活化石，蕴含着丰富的远古文化。社会学、动物学、历史地理学等都可以从相关视角，窥探刻画符号的秘密。

（5）古代文明的研究成果待充分借鉴、吸收。刻画符号研究是古代文明研究的重要内容之一，古代文明的相关研究成果对刻画符号有重要的参考价值。随着中华文明探源工程等项目的实施，古代文明研究取得了一系列重要成果。[①] 遗憾的是，刻画符号的整理研究尚未充分吸收这些成果。

（作者单位：南阳师范学院文学院）

[①] 详参科技部社会发展科技司、国家文物局博物馆与社会文物司编《中华文明探源工程文集》，科学出版社 2009 年版；中国社会科学院考古研究所网站：http：//www.kaogu.cn/cn/news1.asp? CategoryID=282。

编 后 记

为纪念偃师商城遗址发现30周年，2013年10月28日至29日，中国社会科学院考古研究所、中国殷商文化学会、河南省文物局、河南省偃师市人民政府共同发起、主办了"夏商都邑考古暨纪念偃师商城发现30周年国际学术研讨会"［详见《夏商都邑与文化（一）》卷首的会议综述］。

会议收到论文或提要60余篇，数量多，涉及议题广，质量较高，作者群老中青兼备，百家争鸣。这使我们极感欣慰，有了编好会议文集的底气。在会上，即与刘绪教授等商定了《夏商都邑与文化》的文集名称。同时，我们又向与会学者正式约稿，得到大家的积极响应。最后，共收到正式论文52篇。有的学者未能与会，但提交了论文，也有与会者更换了选题，但都与本文集的主题相关，故一并收入。

今年春季，我所决定于2014年10月召开的"纪念二里头遗址发现55周年学术研讨会"之际，出版该研讨会的论文集，作为《夏商都邑与文化》的续编。考虑到两部文集的篇幅容量，兼顾议题的相关性，我们把上述52篇中的一部分论文，移至《夏商都邑与文化（二）》，希望作者与读者谅解。移入第二集的论文，以即将出版的《二里头（1999—2006）》考古报告作者群成员的文章为主，也有的是应作者的请求移入第二集的。好在两部文集联袂出版，或可收相得益彰之效。

"夏商都邑考古暨纪念偃师商城发现30周年国际学术研讨会"及其文集《夏商都邑与文化（一）》获得中国社会科学院"中国社会科学论坛"项目的资助；"纪念二里头遗址发现55周年学术研讨会"及其文集《夏商都邑与文化（二）》获得中国社会科学院创新工程的资助。蒙中国社会科学出版社副总编辑郭沂纹女士的好意，两部文集得以在该社出版。在此，对相关单位及责任编辑郭鹏先生、特邀编辑丁玉灵先生的大力支持与辛勤付出，表示由衷的感谢。同时，也向在"纪念二里头遗址发现55

周年学术研讨会"召开之前，即拨冗提交正式论文的诸位学者致以诚挚的谢意。

会议文集编撰过程中，中国社会科学院考古研究所赵海涛、黄益飞，中国社会科学院研究生院李翔等都付出了不少精力，在此也一并致谢。

谨以这两部文集，纪念偃师商城遗址发现30周年、二里头遗址发现55周年。

许 宏
2014年6月30日